DAS MITTELALTER
GESCHICHTE UND
KULTUR

中世纪
历史
与文化

[德]约翰内斯·弗里德—著
李文丹　谢娟—译

九州出版社
JIUZHOUPRESS

前　言

中世纪末期，有人开始将人类历史划分为古代、中世纪和近代，尽管随着时间的推移，它的形态有所改变。正如荷兰的语言学家和历史学家约翰·赫伊津哈（Johan Huizinga）所指出的，该时代划分模型可能建立在15世纪在宫廷宣谕官中普遍流传的三分法基础之上。这种三分法把极富传奇色彩的远古时期与他们自己的时代区分开来，并在其间插入一个"中间时期"（temps moien），换句话说，也就是可以追溯到最古老的历史记忆的时期。像这样对现在、鲜活的记忆和理想的史前时代的区分，当然与这种观念相符：在我们生活的时代和世界各文化中有不同称谓的英雄、诸神时代或族长、女族长时代之间，存在一段历史时期。然而，单单识别出这个过渡时期本身并不导致"中世纪"概念的产生。在处理这个问题上，伟大的人文主义学者弗拉维奥·比翁多（Flavio Biondo）采取了比他那时所有的尝试（无论是宫廷宣谕官还是大众想象中的）都更明确、更具学术性的方法，在撰写于1439年至1453年并于1483年付梓的《自罗马帝国衰落以来的历史》（*Historiarum ab inclinatione Romanorum imperii decades*）中，他将西罗马帝国灭亡后的一段时期称为"中间时期"，即410年野蛮的哥特人占领罗马到作者生活的时代；1469年，受过人文主义思想熏陶的科西嘉阿莱里亚主教安德烈亚（Johannes Andreas）致信大学者、枢机主教库萨的尼古拉时，赞美收信者精通三个时代——"较早时代"（priscae [tempestates]）、"中间时代"（media tempestas）、"较近时代"（nostra tempora）——的历史和文学方面的知识，表明安德烈亚理解这种概念。1493 年，通过拉丁语编年史作者哈特曼·舍德尔（Hartmann Schedel），这个说法传到了德意志人文主义者那里。但直到那时，还没有人认为它是一个单独的时期。直到百年后巴洛克和启蒙时期的作者们才提出这个概念，不过他们对中间时期的时间界定并不严格且不统一，有些观点认为从君士坦丁大帝时期（或从 500 年或 600 年）到宗教改革时期，有人认为截止时间为 700 年，另一些人认为是 1100 年左右，还有些人以 1453 年土耳其人攻占君士坦丁堡为结束时间，而这些只是众多时间界定中的几个而已。这使中间时期成了一个久远的封闭时代，不再与现在相关，从而得以确定该时期自身的特征。马上，人们就为这个严格的时间框架贴上了特别的标签。自此以后，中世纪的特点从野蛮、黑暗的变化到富有意义、光明的，这种发展本身带来了特殊的危险。事实上，直至今天，各种民族主义和意识形态都热衷于按照自身的需求来定义中世纪。

因此，可以说这本书选择的研究对象长期以来富有争议，由矛盾和对立的传统塑造而成。本书并不假设存在统一的中世纪的图景，也不想构建独立的封闭整体，而是更多地想要尝试追寻中世纪千年的发展轨迹。本书中对中世纪的开始时间和结束时间的划分与界定仅受德国大学惯常做法的影响，在德国，从约 500 年到约 1500 年这段历史时期都由教授中世纪的授课人员负责；在其他国家与地区，中世纪的时间界定有很大的区别，这对"中世纪"观念的价值倾向产生了深远影响。[1] 因此，如果在以下的行文中间提到"中世纪"，并不指任何建立在某种统一性上的实体，它仅仅指如上所说的 1000 年左右的时间范围。

需要交代的是，本书涉及的内容虽横跨千年，但也希望向读者呈现生活在那个时期的有血有肉的人物形象，而非仅仅是一些历史发展趋势和结构，因此无法顾及整个时代所有的细节。这就要求对内容做特别严格的甄选，而这种选择不免带有主观色彩。历史叙述有时难免节外生枝，出现一些零落的或非核心的知识点，但之后会再次集中，加快叙述节奏。本书不时地在这里或那里连带讲述一些典型事例，它们可以被视为一种反映人类精神的文化演变的征候，或者是有助于观察知识文化的社会发展过程。同样基于这种处理方式，本书选择了一些历史事件的重要时刻，旨在呈现政治和政权领域事件的复杂性。全书刻意避免使用如僧侣、骑士或市民这些过于抽象的概念，而是聚焦于具体的单个历史人物，如这部分以某个教宗为线索，另一段落以某个国王、学者、传教士或勇于冒险的商人为中心。他们与陌生文化和人物的接触与交往，他们对新的观念、宗教运动和科学法则的反应，他们的活动范围，他们的知识文化的扩展，这些都被置于诸政治势力、"国际"交流日益频繁、社会复杂性增长及社会功能分化的框架下来进行检视。

本书主要将目光投射到文化演变及其持续与断裂的方面，就像自然演变一样，它的发展并不带有目的性。只有在回顾历史时，文化的演变在历史学家看来才是线性的、有逻辑的和朝向进步方向的。它因此是一种构想，必然带有主观性，不同于我们人类所航行、移动与行动于其中的所有现实领域。它是一种假说，其可行性取决于无法证实的假设、个人的经验和所熟悉的构造模型。一个普遍的统一的历史是不存在的，因此不存在与"我的"现实一样的"你的"现实，即使它们都是"现实"。同样，由于诸事件是同时发生的，因此无法形成有效的记述，因为一旦要做这样的记述，述者就总是陷入只能面向过去的困境，只能是后续对一些东西做出考虑、合并或描述，而它们是同时发生且相互影响的，并且互为条件产生影响。这符合我们人类的认知能力，它没有赋予我们在事件发生的同时直接直观地去理解事件的能力，而总是让我们只能在事后回顾反思，经过第三方信息的补充，且运用各种各样必要的方法和巧妙手法来进行构建。倒叙、事情还未发生便做出预示，还有离题插入少量文字等，这些都只是不尽如人意的文学手法而已；出于相同的原因，简短的重复是不可避免的——那完全是有意为之的。尽管如此，我们始终关注着一个整体，即此前提到的文化的演进，它从相互影响的政治、社会、宗教以及最广义的文化、经济、科学和各种自然力量中汲取动力而得以发展，而指引着它穿过各种偶然与必然、计划与反应罗织的迷宫的，正是那些所谓"中间"世纪中的理性文化的发展。

这本书的目标读者是对历史感兴趣但还没有被哪个专业领域所蒙蔽的

朋友。非德语文献的引用采用目前市面上容易找到的译本中的德语译文。本书中的插图的选择遵循了两个目标：勾勒出宗教精神思想世界的发展，更清楚地从视觉上呈现那一时期人们的认知方式发生的变化；与此同时，让读者能够时刻谨记文化演进。在图书馆中，以这一千年欧洲的历史与文化为主题的文献浩如烟海，没有哪本书能够提供全面的参考文献，任何一份都是不完整的，这就为作者的主观强调留下了空间。本书主观选择的书目仅限于必须提到的，并不是所有参考过的文献都列出来，而是偏重最新的反映学术发展的文献。除了少数例外，在尾注中只是标示了直接引文的来源。

在撰写这本书的过程中，我得到许多人的帮助。我首先要感谢沃尔夫冈·贝克（Wolfgang Beck），感谢他的耐心和宽容，感谢德特勒夫·菲尔肯（Detlef Felken），没有他的善意但执着的督促，该书不可能完成。此外，我还要感谢沃尔夫拉姆·布兰德斯（Wolfram Brandes）、约格·布施（Jörg Busch）、赫里伯特·穆勒（Heribert Müller）、克尔斯丁·舒梅尔－艾尔（Kerstin Schulmeyer-Ahl）、芭芭拉·施里本（Barbara Schlieben）、丹尼尔·傅勒（Daniel Föller）、彼得·格左拉（Peter Gorzolla），在我撰写本书的不同阶段，他们对某个单独的部分或者完成的初稿提出了中肯的建议，尽可能地批评和改正构思与细节，在成书过程中提供了各种方式的帮助。亚历山大·格勒（Alexander Goller）完成了索引表。我非常感谢以上所有这些人。在写作过程中，给予我最大耐心与持续不断的帮助的自然是我亲爱的妻子，《中世纪历史与文化》谨献给她。

约翰内斯·弗里德（Johannes Fried）
2008年复活节于美因河畔法兰克福

目　录

前　言　1

第一章　波埃修斯与欧洲的崛起　1
第二章　大格里高利和法兰克人的新兴权力　22
第三章　查理曼与第一次"罗马帝国的复兴"　41
第四章　王国的巩固与罗马帝国的第二次复兴　74
第五章　末世危险地临近了　106
第六章　"真正的皇帝是教宗"　130
第七章　教宗分立的漫长世纪　150
第八章　天主的代理人　210
第九章　法理高奏凯歌　239
第十章　理性之光　286
第十一章　君主制　322
第十二章　对最后的审判与重生的期待　384

结语：黑暗的中世纪？　432
注　释　450
参考文献　471
缩略语　478
出版后记　479

第一章

波埃修斯与欧洲的崛起

他是那个时代最博学的人,却命丧行刑者之手。他出身于罗马最高贵的元老家族之一。在(东)哥特国王狄奥多里克(Theoderich)的拉文纳宫廷中,他曾是显贵、执政官和大臣。然而,他却仍然沦为蛮族统治者的受害者。狄奥多里克处死了他的大臣,此后,国王自己和他的国家也不能长久了。同时代人觉得这位暴君已跌入埃特纳火山和地狱,然后他又时不时地像野蛮骑士一般从那里杀将回来,宣告着灾祸的降临。很快,狄奥多里克死于526年。他处死大臣的具体理由未经审查,也没有任何犯罪举证,似乎仅仅是国王的猜忌便让这位有名的罗马人倒下了。这个糟糕的错判令哥特人马上就后悔了,但已来不及补救。

然而他的一生是一场胜利!西方世界要将理性文化的觉醒归功于这个人:阿尼西乌斯·曼里乌斯·塞维里努斯·波埃修斯(Anicius Manlius Severinus Boethius)。理性文化似乎既被祝福又受诅咒。波埃修斯建树颇多,他为不熟悉希腊文化的西方拉丁世界留下了一部极富影响力的学术译著,堪称一部教导人们如何使用理性的指南。这本薄薄的小册子只包含了亚里士多德《工具论》的前三篇,简要介绍了一种思维方式。这种思维方式服从于可习得的规则,因此可以在逻辑上进行检验、校正、理解,它还遵从因果律。在恰当的时候,在理性长期失落又重新被发现的10世纪,这些短小的文章成为人们手中的重要工具,其价值无法用黄金衡量。它们陪伴着中世纪长达数百年,其门徒遍布从苏格兰到西西里、从葡萄牙到波兰的各个地方。由此，西方世界的学术研究成为可能。使欧洲壮大的并不是皇帝和国王们，而是这部译作所激发的明确的思维方式，以及随之而来的对理性的运用。

此外，波埃修斯还有自己的著作。首先是《分类之书》(Liber de divisione)，它是对"分类"的简明介绍，其中论述了被系统地分类、按逻辑"区分"的世界秩序以及统领它的方向。这位罗马人的文化遗产还包括一篇同样简明的论算术的论文和一系列对音乐的说明。它们同样引用了古希腊的作品，并为西方思想未来的发展指明了方向。"原理""主体""本质"这样的基础概念通过波埃修斯进入了欧洲学术话语。他并没有发明这些术语，而是运用了它们，并且向人们示范应该如何运用，这对未来而言至关重要。他提醒人们知识并不来自所认知的事物，而是进行思考与认识的主体的认知能力所固有的。此外，波埃修斯似乎还发明了"四艺"(quadrivium)[①]的概念。与包括语法、修辞、雄辩术在内的"三艺"相比，它是一个将"博雅技艺"(freie Künste /liberal arts)中的四门数学或算术学科总括起来的术语。

根据传统说法，波埃修斯在狱中经受了酷刑的折磨。在被处决前的几个月里，波埃修斯撰写了他最重要的作品《哲学的慰藉》。这本小册子不算太厚，却思想精深，它见证了古典文化在最终熄灭前发出最后的火光。在中世纪和近代，人们上百次地抄写它，反复地阅读它、评论它、思考它，在印刷时代把它列入最早付梓的一批书。由于这本书，但丁幻想在日光照耀的天堂里遇到这位罗马人，这位罗马人正和伟大的基督教先贤们在一起，其中包括托马斯·阿奎那、大阿尔伯特、可敬者比德、所罗门以及其他杰出的智者(《天堂篇》，第十章，124—129)。它在我们的时代也产生了回响，例如纳粹独裁统治的受害者阿尔布雷希特·豪斯费霍尔(Albrecht Haushofer)创作的《莫阿比特十四行诗》(Moabit Sonnets)。不过，波埃修斯是新柏拉图主义者，《哲学的慰藉》没有提及全部特别属于基督教的思想，而是严格限制在新柏拉图主义的传统之内。

[①] "四艺"指算数、几何、天文、音乐。(本书脚注均为译者注，下文不再一一说明。)

身陷囹圄的波埃修斯在书中展开了一场"内心对话"。书中的哲学女士和命运女士是智慧与命运的化身，通过和她们对话，他饱受折磨的灵魂从枷锁中解脱出来。他思考神的预知和预定，思考"目的"、"理性"、人类的情感和自由意志，思考"偶然"与"必然"，思考真正的至福，借此他忘却了所有的痛苦。此时，尘世的财富与成就抑或众人的赞誉都如青烟般转瞬即逝。唯有在神那里，在（以新柏拉图主义的方式）向着真福直观（Gottesschau）①的自由飞升中，人才能真正获得拯救。濒死的波埃修斯用"哲学女士"的话告诫读者，"我们对神的期盼和祷告不是徒劳的……迫切需要的是真诚（Wahrhaftigkeit）；因为在洞悉万物的法官眼中，你已经在行动"，全书以此作结。在数百年乃至上千年的时间里，波埃修斯讨论的主题支撑着基督教。人们不断丰富且进一步思考这些主题，例如他对自由意志的探讨直到21世纪的今天仍然意义深远。

罗马人的这部作品在语言上也是巧夺天工。它为后世提供了题材和体裁，贡献了文学之样本、音律和韵律的程式。它将古典诗学的典雅优美呈现在读者眼前，中世纪的诗人都将之视为指导与典范。

> *Ó qui pérpetuá mundúm ratióne gubérnas*
> *Térrarúm caelíque satór, qui témpus ab aévo*
> *Iúre iubés stabilísque manéns das cúncta movéri...*

"啊！你遵照恒定的秩序为世界掌舵／天与地的造物者／你让时间发轫流向永恒／自身却岿然不动／万物因你而运动……"《哲学的慰藉》一书中最著名、最常被引用和改写的一首诗如此开篇。这本书提醒人们学术与生活是统一的，它通过新柏拉图主义的路径推进了神学与哲学之辩。在中世纪与现代，理性与信仰日趋严重分化与对立，正是由此发端。盎格鲁－撒克逊人阿尔昆（Alkuin）将这部作品带到了查理曼的宫廷及法兰克人的王国，自此它开始产生影响。早在10世纪，一位圣加伦修道院的僧侣便断

---

① 真福直观（beatific vision），或荣福直观，指上帝的概念通过经典、教士所传达，难免不够真切；当圣徒死后升天到达天堂，可在那里直面三位一体的天主。

言，波埃修斯的学说"更多地属于哲学而非公教神学"[1]。然而，《哲学的慰藉》也激发了西方世界对波埃修斯的神学专著展开讨论。《论三位一体》和波埃修斯的其他著作在9世纪便为人知晓，在12世纪时促使神学发生了向以理性为特征并由理性所引导的科学的转化，因而使神学在大学里广受欢迎。12世纪的大哲学家彼得·阿贝拉尔（Peter Abaelard）这样赞美波埃修斯："他是拉丁世界最伟大的哲学家。"[2]

在古代晚期，波埃修斯是最后一位重要的新柏拉图主义者。他和他的同代人卡西奥多鲁斯（Cassiodorus）的辞世标志着一个世界的沉没。先前各种哲学流派、教育机构和宗教创造了众多财富，它们曾令古代世界和古代晚期乃至罗马帝国的拉丁西方世界引以为傲，如今全都消耗殆尽。大多数学派失去了他们的赞助者，即使是柏拉图曾经主持的雅典学园（Akademie）也关闭了。拜占庭在非洲、意大利和西班牙的复兴则熄灭了它最后的火花。许多学派被取缔、噤声，要么消失，要么成为边缘。其中最重要的包括斯多噶派、亚里士多德主义、新毕达哥拉斯主义、神秘主义、怀疑主义、秘传宗教、密特拉-狄俄尼索斯崇拜（或摩尼教）。残存的少数文人醉心于用浮夸冗繁的风格取代明晰的表达，艺术停滞在圣像的形式主义上。留下的只有基督教、它的教会及其异端。基督教无法否认的事实是，它自身源于犹太教并深受其他教派影响，尽管基督教与犹太教和异教间的敌意在不断滋长。犹太教自身得以幸存，而犹太人被迫流散，适应多种不同的环境，并开始分化为在伊比利亚半岛生活的塞法迪犹太人（Sefarad）和向中欧迁移的阿什克纳兹犹太人（Aschkenas）①。仅仅在近东、拜占庭和受希腊共通语影响的阿拉伯地区（arabische Koine），些许包括哲学、医学、宇宙学和地理学在内的古希腊学术遗产得以保留下来。也只有在那里，希腊语的原始文献或是它们的阿拉伯语翻译本流传到了后世。

拉丁西方的教父们——波埃修斯尽管也是基督徒，但通常不包括在内——无论如何也与哲学家不同。尽管他们受过良好的语法学或修辞学

---

① 在希伯来语中，Sefarad 意为"富饶之地"，指物产丰饶的西班牙地区；而 Aschkenas 即亚实基拿，犹太人认为他是日耳曼先祖。

的教育，其至就像奥古斯丁（Augustinus）和哲罗姆（Hieronymus）那样，曾有志于成为雄辩家和律师。如今，教父们着手研究《旧约》和《新约》中的启示问题，公然反对旧式的教育模式，发展出了属于自己的文学体裁，体现为护教、阐释、劝勉、布道和虔敬的作品，而非科学研究与实验的作品。他们的语言、知识、思想和信仰为随后诸世纪确立了范式。最终，教父们鼓吹一种文化教育的"简化主义"（Simplismus），使人们不再需要知道传统的教育内容。不断乞灵于异教诸神的伟大诗人们长期受到贬损。基督与朱庇特有何相干？基督教作家笔下更多的是悲叹或责难。维吉尔、奥维德或贺拉斯的诗句被遗忘了，日后，人们不得不费力地在古代图书馆的故纸堆里搜寻它们，抄写它们的残篇断简。到了10世纪，这些诗篇才开始影响中世纪作家和诗人的语言，并由此开启了一个蓬勃的复兴时代。

只有一条知识的涓涓细流从古代晚期流入了中世纪。这条细流携带了少量教育著作，包含四五部书，据推测其中最早的作品产生于公元400年左右。这是一部用于教授"技艺"（artes）的"基督教化的教学用书"，其影响可见于哲罗姆、奥古斯丁以及之后的卡西奥多鲁斯和其他作家的各式作品残篇。[3] 圣奥古斯丁以其《论基督教教义》（De doctrina christiana）为圣经研究奠定了理论基础，并借此为"博雅技艺"正名。奥古斯丁的这部作品自加洛林时代以来被反复研读，然而，尽管它很重要，研究却还远远不够。奥古斯丁是北非的希波勒吉乌斯的主教。在这部著作中，他聚焦于"事物"与其"符号"上，也就是符号学，即理解与表述："事物通过符号被认识。"（I, 2.2.4）中世纪对文本与世界的阐释都根植于这部作品，直至12、13世纪，亚里士多德式的新认知方式才出现。此外，卡西奥多鲁斯以奥古斯丁的作品为蓝本撰写了一部相对短小精悍的教科书。这部小书经由中世纪盛期的诸多手抄本流传于世，它传达了一套基督教的教育规划，并全面概述了其中的科目。这部《指南》（Institutionen）用寥寥数笔勾勒出各项"博雅技艺"，与老式教科书不同的是，它只限于"七艺"。最后，中世纪还有一部《语文学与墨丘利的婚约》（De nuptiis Philologiae et Mercurii），它更全面地介绍了古代的教育经典。这部著作由马蒂安努斯·卡佩拉（Martianus Capella）于4世纪或5世纪时以诗歌的形式写成，被当作庆祝语文学与墨丘利订婚的贺礼。中世纪的人们极为喜爱这部寓言式的有关技艺的基础教程。它仅存的一份手稿发现于9世纪，此后，人们将其纳入基础教学的书目。

波埃修斯沦为了阴谋与猜忌的牺牲品，此时，欧洲大地上曾经繁荣的行省如今业已衰落。雅典和罗马的古典文化变得陈旧、虚弱，它们从内部轰然倒塌。恰好在一个世纪以前，即410年，阿拉里克（Alarich）①攻陷罗马。这在七百余年以来尚属首次，它既使人震惊又具有标志性意义。在5世纪，蛮族又两次洗劫了罗马城。然而"罗马陷落了，什么能留下呢？"远在巴勒斯坦的哲罗姆是富有洞见的，他在第一次蛮族入侵之际就表达了自己的忧心（书信123）。当时，奥古斯丁也奋而执笔，以辩护的方式记录下罗马帝国的衰落。他的《上帝之城》（De civitate Dei）为基督教救赎史谱写了最详尽的蓝图，其影响延续至今。奥古斯丁指出，最后的异教徒错误地认为，罗马毁灭的原因在于人们怠慢了对众神的崇拜。奥古斯丁认为，是罗马人自身的衰败导致了罗马的毁灭。一千年以后，15世纪的人文主义者不愿再接受这样的观点，他们把帝国的毁灭归因于哥特人的征服。

无论人们向哪边望去，大地上都是战火连连，东方同西方一样无法幸免。包括"永恒之城"（Roma aeterna）罗马在内的大都市连同它们的公共建筑一并化为废墟。那些大理石构筑了古代的宫殿和庙宇，也塑造出众神和英雄；而如今，除了少数大理石用于兴建教堂外，余下的都躺在平民的石灰窑里，人们正靠着它们艰难度日。不是什么文化断裂折磨着人们，而是极度的贫穷，它侵蚀并摧毁了所有的文化。饥饿和恐惧夺去了人们对美的感受，也掠走了人们对"金色罗马"的记忆，伟大的诗人们曾经那般歌颂它。"罗马已逝！"（Roma fuit！）11世纪的大诗人拉瓦丹的希尔德贝（Hildebert von Lavardin）在台伯河畔望着罗马城的遗迹和废墟时如是感叹。诗人痴迷地望着矗立的断壁残垣，望着残存可见的艺术珍品，此时在

---

① 阿拉里克一世（约370—约410年），西哥特国王（395—410年在位）。一般认为，他是西哥特王国的缔造者。

他的笔下，罗马仿佛奇迹般复活了："罗马，没有什么能与你相提并论。"（Par tibi, Roma, nihil）最初是蛮族统治着大半个残破、衰弱的罗马帝国，然而6世纪猖獗的瘟疫摧毁了它最后的生机，民众、城市、生活和文化也都随之消亡。

那些野蛮的族群和部落说着各种古老的日耳曼方言，他们曾无法与地中海世界的多元文化相适应。如今在罗马的阴影下，在罗马帝国的土地上，他们逐渐融合成各个可辨别的民族，譬如哥特人、法兰克人或伦巴第人（Langobarden）。在那里他们奋力抢占，同时也继承了罗马的财富和制度、价值观与精神遗产。在文学高度发达的古典世界之上，他们带来一个无文字书写的、全然依靠口传的蛮族文化。对此，古典世界不仅无力反抗，反而是逐渐依赖它。这些蛮族为世界带来了什么？尽管蛮族尚无书写文化，然而20世纪对他们的研究给出了新的解答。关键的结论是，他们注入了新的思维方式，而不是单纯地服从于既往：他们倾向于综合地而不是分析地解决问题。本质上他们选择因时因地制宜，而不愿把所生活的世界抽象。换言之，他们无法把外在环境系统化，并对其分门别类，而是热爱熟悉和传统的事物。[4] 我们可以谨慎地将这样的观察应用于所谓的民族大迁徙时代和中世纪早期。那个时代的人们，身处面临剧烈变革的社会，为了接近古代晚期的兴盛文化，不得不高强度地学习，因为与今天相比，糟糕的沟通条件延长了人们获取知识的过程。现代发展心理学在研究文化比较时指出，基于蛮族传统的知识与文化构成，蛮族很难推进到业已高度发达的古典文明，也无法适应罗马世界盛行的精致的生活方式。

然而这些外族人带着所有蛮族都有的决心，想要在战胜先进文明的同时效仿他们——（西）哥特国王阿陶尔夫（Athaulf）留给我们的事迹正是如此。他的内兄和前任国王是声名狼藉的阿拉里克，他曾在410年攻陷罗马，不久死在科森扎（Cosenza）附近的布森多河（Busento）畔。和阿拉里克一样，阿陶尔夫再次洗劫了西罗马。随后，他离开了生灵涂炭的意大利，试图经由西班牙将目标转向谷物丰饶的非洲。尽管这次行军在高卢和西班牙北部就搁浅了，但由此西哥特王国的版图得以确立，图卢兹成为王国的中心。

历经长年的跋涉和野外作战，阿陶尔夫的军队已不会开垦他们劫掠而来的土地。百姓忍受着饥饿和贫穷。国王用手中的剑请求罗马皇帝的帮助，皇帝尽管被迫应允，却从未兑现诺言。哥特人只好自食其力，与当地民众妥协。阿陶尔夫俘虏了西罗马帝国公主加拉·普拉西提阿（Galla Placidia），迫使公主下嫁于他。（普拉西提阿下葬于帝国之城拉文纳，她的石棺至今令世人惊叹。）在阿陶尔夫与罗马公主的婚礼上，这段著名的讲话流传后世：他，阿陶尔夫，曾热切地期望将罗马的名字抹去，把罗马帝国变为哥特帝国。然而他旋即发现，他的亲兵仍是无拘束的野蛮人（effrenata barbaries），拒绝服从法律；他也意识到，没有法律，任何国家都不能长存。因此，他要努力重建帝国，重新抬高罗马之名，并以罗马复兴开创者（Romanae restitutionis auctor）的身份载入史册。当然，流传于世的是这段讲话的拉丁文记载，而非阿陶尔夫使用的哥特语，实际上，这段记载听起来相当有"罗马味"。[5] 阿陶尔夫究竟说了什么？他怎样理解"罗马"？他意在借此表达什么？这些都消散在历史的迷雾中不得而知。

"复兴罗马"成了接下来数百年乃至整个中世纪的标语。它在古代晚期业已开始，14、15 世纪的文艺复兴仅仅是完成了这项使命。事实上，古典时代的丰厚遗产经由哥特王国得以留存。阿陶尔夫所考虑的，其他蛮族首领也丝毫没有忽视。"复兴罗马"这张蓝图在历史长河中以不同面貌出现，也以不同方式被付诸实践：在罗马城内它为教宗与市民所继承，被异端和叛乱者使用。而在永恒之城以外，它为皇帝、城市、文人与学者所青睐。复兴之计划、愿景、诉求如宽广的洪流，将古典时代与长达数百年的中世纪联系在一起。直到近代，人们才与这种复兴的理念挥手作别。

诚然，当波埃修斯丧命于绞刑架之时，人们的当务之急仍是去挽救尚能保存的古典文化。卡西奥多鲁斯肩负了这一使命。弗拉维·马格努斯·奥勒里乌斯·卡西奥多鲁斯是罗马贵族，出身于显赫的奥勒留家族（Gens Aurelia），他是哥特国王宫廷内的执政官和大臣。他与波埃修斯的案件有所牵连，然而幸免于难。在东哥特王国陷落之际，他适时地去乡间隐修，并在卡拉布里亚创建了维瓦里乌姆（Vivarium）修道院。卡西奥多鲁斯以他的鱼塘命名了这所修道院，在那里，他鼓励修士们勤勉地抄写基督教文献。这可以被视作拯救世界文化遗产的重要壮举，没有他们的工作，我们今日的世界将会极其贫瘠。卡西奥多鲁斯自身的著作也举足轻重。作为国王的"秘书"，他代为草拟官方文书。他将这些作品编撰为《文牍十二编》（Variae），它们得以传之后世，借此我们今天能够熟知狄奥多里克这位生长于君士坦丁堡的哥特国王。此外，卡西奥多鲁斯还撰写了《圣俗著作指南》（Institutiones Divinarum et Saecularium Litterarum），即上文提到的博雅技艺的教科书。他的著述还包括一本分量略轻的《世界编年史》以及一部《哥特史》。尽管这部《哥特史》如今已然失传，然而作为卡西奥多鲁斯的后辈史学家，约尔达内斯（Jordanes）在撰写《哥特史》（Getica）时很可能逐字地或者在大意上参考了卡西奥多鲁斯的著作，因此也可以说这部《哥特史》得以部分流传。卡西奥多鲁斯另一部重要的作品是《教会史》（Historia tripartita），他撰写此书时使用的也是古代晚期古希腊文的史料，因而面对中世纪以来基于这一主题的种种传说，这部《教会史》为之树立了典范。

哥特人的早期历史几乎不为人知。约尔达内斯认为哥特人发迹于斯堪的纳维亚（也许这同样见于卡西奥多鲁斯的《哥特史》中），这一观点如今基本上已被推翻。当今学者认为哥特人和哥特王国可能出现于3世纪，他们既不属于纯正的日耳曼语族群，也不仅仅是欧罗巴人。哥特人应当是多起源的，在亚洲的游牧民族向西压进时，哥特人开始在黑海北部海岸定居，也就是多瑙河下游、第聂伯河下游和克里米亚半岛北部。这一进程甚至可能也波及罗马人的范围。匈人的侵略迫使哥特人向西躲进罗马人的领地，困境使他们变得危险。哥特人的主教乌尔菲拉（Ulfilas）称哥特人为"好战者"[6]。378年，在国王阿塔纳里克（Athanarich）的率领下，哥特人在亚德里亚堡（Adrianopel）打败了一支由罗马皇帝瓦伦斯（Valens）亲率的部队，皇帝因此阵亡。

然而，哪里有危险，哪里就有救赎。4世纪初以来，罗马人向哥特人派遣基督教传教士，希望他们通过皈依而彻底转变思想，适应陌生的世界、价值观和思维方式。相反，蛮族把与陌生世界的碰撞视为挑战。而基督教也遇了到异教徒的些许抵抗，阿里乌（Arian）教派最终在哥特人中取得了胜利；最初的罗马化也随之发生。人们甚至开始谈论哥特殉道者。乌尔菲拉主教是其中之一，他生于一个希腊-卡帕多西亚家庭。他将《圣经》翻译为哥特方言，这是一项艰巨的使命，也造就了天才的作品，它能为一个口语社会创造文字与文学。然而，由于大环境的动荡不安，哥特人在读写文化上并未取得迅猛进展。乌尔菲拉的《圣经》翻译极尽依赖古希腊语，这反映出蛮族在面对陌生的以书本为基础的宗教和神学时，在语言、语义逻辑和注疏上所遇到的困难，它也展现出蛮族为了弥补文化差异而进行的全方位的学习。

天国在哥特人看来就像国王的宫廷。处理"仁爱"（拉丁文词根为miseri-cordia）这一基督教的核心美德对乌尔菲拉主教来说尤为困难，他时而将它译为"可怜的心"，时而译为"愉悦"，时而译为"友好"。[7]类似地，同情也很难进入哥特人的心，俘获他的灵魂。然而无论如何，乌尔菲拉的翻译是一项英勇壮举，他将《圣经》这一最古老的复合文本转化为日耳曼语言。遗憾的是，这部翻译只是以断片的形式流传后世，它保存在昂贵的《银色圣经抄本》（Codex argenteus，它以银色墨水在紫色的羊皮纸上写成）中，如今是瑞典乌普萨拉大学图书馆最珍贵的馆藏。书中散落的一页保存在施派尔（Speyer），沃尔芬比特尔（Wolfenbüttel）还藏有其中保罗《罗马书》的双语残篇。除此之外，在哥特人向地中海高等文化转变的进程中，只有极少的和无足轻重的书写文献偶然地得以流传至今。再者，迄今为止，除了少数简单的短语，古法兰克与伦巴第的文献悉数失传，汪达尔人的语言遗迹我们也不得而知。蛮族时代得以保留的文化遗产完全取决于一小群人，他们便是通晓拉丁文的知识精英。直到爱尔兰人和盎格鲁-撒克逊人的时代，随后在查理曼和他的儿子虔诚者路易在位期间，这一形势才有了变化，各种文献才开始以民间方言的形式记录在羊皮纸上。

向西方的长途迁徙使哥特人分为西哥特和东哥特两部分。这一分化是在何时、何种情况下发生的，这些问题至今仍不明朗。从哥特人留下的零散的日历来看，在4世纪时还只有一支哥特人（gutpiuda）。直到400年左右，东、西哥特才开始分化。然而在《哥特史》中，约尔达内斯根据他所处的政治局势，错误地将此进程推测为 3 世纪发生的事情。约尔达内斯参考的史料很可能来自上文提到的卡西奥多鲁斯。这位狄奥多里克大帝的博学大臣，是天才的历史杜撰者，我们不能信赖卡西奥多鲁斯对历史的建构。他声称自己从遗忘的深渊中挽救了东哥特国王的谱系，我们可以认为，就是他重新发明了阿马尔（Amaler）家族的历史。他将狄奥多里克大帝的祖先追溯至英雄伽普特（Gapt），这样在高贵的罗马社会中，他的君主所在之宗族便享有光荣的历史和与之相应的尊敬了。

东哥特人发展为独立族群的历史记载也是语焉不详。这一进程发生在阿提拉死后（453 年），东哥特人摆脱了匈人的统治，在意大利建立了政权。在一次宴席上，狄奥多里克阴险地将统治罗马的蛮族国王奥多亚克（Odoaker）杀害，并将王后投入监狱活活饿死。可以看到，波埃修斯的惨死（按照罗马法被处以叛国罪）绝非这位国王治下的偶然事件，尽管在后世的记载中，这位哥特国王被赋予了种种神话传说。同所有暴君一样，狄奥多里克将"正义之爱"视为自己的信条。[8] 他用"公民身份"（civilitas）的概念施行统治，这一概念应归功于波埃修斯。在法律、居住和宗教领域，狄奥多里克试图借此概念使他的数千名精兵悍将与数量更庞大的罗马市民和平共处，国王禁止罗马市民持有武器。[9] 为了促进"共同和平"，狄奥多里克还颁布了将"蛮族与罗马人"一视同仁的法令，然而随着哥特人的统治走到尽头，这项政策落空了。[10] 狄奥多里克的法令部分脱胎于罗马法，部分看上去十分现代。至此，哥特人也要面对他们从未经历的死刑。例如，煽动民众或军队将被处以火刑（法典 107），亵渎坟茔同样是死罪（法典 110）。因受贿而作伪证者，若出身社会底层（humiliores），则被判处极刑；若来自社会上层（honestiores），则没收其财产（法典 91）。自由民身份的儿童，若被父母出于贫困而卖掉，仍不会失掉其自由（法典 94）。自由民未经法庭许可不得被监禁（法典 8）。

东、西哥特王国建立在旧罗马帝国的土地上，它们没有从帝国的联盟中分裂出去，尽管它们与远在君士坦丁堡的罗马皇帝的联系日渐微弱。451 年，匈人在阿提拉的率领下攻打高卢，西哥特人与罗马将领埃提乌斯（Aetius）在卡太隆尼平原上联合作战，共同保卫领土。匈人一方得到了一队勃艮第人的帮助，而后者被全部歼灭。如果说中世纪盛期的《尼伯龙根之歌》(Nibelungenlied) 是基于特定历史场景创作的，那么这段历史则可能是这部史诗的原型。也可以说，拉丁文学的传统在西哥特王国保存下来。西哥特国王尤里克 (Eurich, 卒于 484 年) 为哥特人编撰了《尤里克法典》(Codex Euricianus) 和《西哥特罗马法典》(Lex Romana Visigothorum)，前者依照日耳曼法成文，后者依照罗马法成文。他的继任者阿拉里克二世 (Alarich II, 卒于 507 年) 为他治下的罗马臣民编撰了《阿拉里克法律辑要》(Breviarium Alaricianum)。哥特国王们的统治期内还产生了一系列法令集，这些成文法一直沿用至中世纪盛期。它们将"罗马人"从"哥特人"中分离出来，并形成"成文法区域"(Pays du droit écrit)，这对中世纪盛期学术的兴起至关重要。[11]

然而，此时的哥特人深受法兰克人的威胁。法兰克国王克洛维 (Chlodwig) 十分好战，他成功击垮了托洛桑 (Tolosaner) 王国，并将哥特人驱赶至高卢的最南端，迫使他们来到塞蒂马尼亚 (Septimanien) 和西班牙 (507 年)。在那里，新的哥特王国诞生了。在随后的两个世纪中，托莱多 (Toledo) 成了王国的宗教和世俗中心。原本信奉阿里乌教派的哥特人在国王雷卡雷德一世 (Reccared, 卒于 601 年) 的统治时期皈依了天主教。在托莱多举行的西哥特-西班牙宗教会议上，人们修订了古典时期的教会法，这种方法此后被整个天主教会采用。这个王国内也诞生了天主教会的最后一位教父：主教圣依西多禄 (Isidor von Sevilla, 亦作"塞维利亚的伊西多尔"，卒于 636 年)。他编撰的《词源》(Etymologiae) 保留了有关基础教育的知识，它也是中世纪最广为流传的著作之一。这位博学的主教还有其他著述，它们展现了依西多禄对古典科学体系的全面了解，也见证了古典科学如何被西哥特人保留和发扬。在 8 世纪晚期的加洛林文艺复兴中，它们再次为人所用，大放异彩。事实上，哥特人与罗马教会、罗马教宗间并未建立法律上的联系，这在古代晚期也是常态，哥特-西班牙的天主教徒更多地保持了自身的独立性。尽管阿拉里克二世在他的王国内认可了天主教会的合法性，但是在撰写《法律辑要》时，他还是有意略去了教会应服从教宗的段落。直到 11 世纪的教会改革中，西班牙才被纳入罗马教宗的普世主教区（Universalepiskopat）①。

然而，西哥特王国推行了国王加冕的涂油礼，这表明了王国与教会间的紧密联系。最终，内部冲突和王位之争导致哥特王朝急速分崩离析。711年，也就是哥特人的最后一位国王罗德里克（Roderich）执政之时，"阿拉伯人"（柏柏尔人穆斯林）横渡直布罗陀海峡，侵入伊比利亚半岛。在此之前，这个国家还遭受了瘟疫和饥荒。事实上，很可能是内讧中的一方求助了穆斯林，进而引狼入室。然而后世的记载充满传说色彩，不足以成为确凿的证据。

诚然，无论在狄奥多里克的东哥特王国还是在阿陶尔夫的西哥特王国，继任者们都未能实现他们的复兴计划。这未竟的事业在数世纪后最终由法兰克人完成。法兰克的伟大君主克洛维是狄奥多里克的同代人，他缔造了一个以巴黎为中心的王国，其领土历经数次变迁形成了今天的法国，德国的历史也为这一进程所塑造。除了一小部分区域，克洛维将直至莱茵河的整个高卢置于其统治之内。他征服了西哥特人和阿勒曼尼人。随后，根据传说的记载，克洛维带领他的臣民——也许经过了些许犹豫——皈依了天主教，而不像其他日耳曼部族那样信奉阿里乌教派。此举保证了法兰克人获得罗马教会的支持，并促成了根本意义上的历史转折。克洛维自己的受洗毋庸置疑，然而他周遭的确切情况就不甚明朗了。这段历史的真相湮没在传说的迷雾里，没有人会为之惊诧。

法兰克人的"起源"也混沌不清，他们对自己族群的祖先一无所知。他们何时自称为"法兰克人"，何时在情感上对法兰克形成身份认同，也是无迹可寻。也许法兰克人或者他们中的一支自称为"西坎布里人"（Sugamber），这一称谓曾出现在老普林尼（Plinius）笔下。法兰克人最早的自我指涉是"著名的法兰克人"（Gens Francorum inclita），这一称谓记载在他们最古老的法律文献《萨利克法典》（Lex Salica）序言的最后。这部法典完成于克洛维（卒于511年）统治末期，由于成书较晚，因此它提供的证据有限。法兰克人的第一位历史学家是高卢－罗马人图尔

---

① 在中世纪教权和王权之争中，格里高利七世公开提出罗马教宗是普世主教，唯有教宗具有任免其他主教的权力，要求世俗君主放弃神职叙任权。

的格里高利（Gregor von Tours），他于 6 世纪末开始撰写《法兰克人史》。格里高利认为法兰克人起源于匈牙利西部的潘诺尼亚（Pannonien）平原（Ⅱ, 9），他所依据的史料现今业已失传，或者他的论断基于伦巴第人入侵意大利的事实。四分之三个世纪后，编年史家"弗莱德加"（Fredegar）①将法兰克人起源说嵌入神话体系，他认为法兰克人是特洛伊王普里阿摩斯（Priamus）的后代，与突厥人（Türken）②有亲缘关系，他们像罗马人的祖先们一样逃离了特洛伊的大火（Ⅲ, 2）。他还写道，法兰克国王墨洛维（Meroveum）为他的母亲和海怪米诺陶洛斯（Minotaurus）所生（Ⅲ, 9）。就是依据这个神话，法兰克诸王后来被称为"墨洛温王朝的王"（Merowinger）。特洛伊族源说随着时间不断发酵，五百年后它重新出现在《法兰西大编年史》（Grandes chroniques de France）中，最终也留在了哈布斯堡皇帝马克西米利安（Maximilian）在因斯布鲁克宫廷教堂内的墓碑上。

　　传说的多样性折射出法兰克人起源的历史模糊不清。然而，法兰克人对古代欧罗巴神话和维吉尔的直接借鉴反映了蛮族对罗马世界的文化适应（Akkulturation），以及罗马世界对蛮族的文化渗透。事实上，法兰克民族很可能由塔西佗时代的众多小部族发展而成。"法兰克"这一泛称常常使人认为法兰克人是单一种族，这或许要归结于 3 世纪的罗马人。他们选取了这样一个日耳曼语词，并且不加区分地用来指称克洛维的萨尔法兰克人（Salfranken，又称萨利安法兰克人）和科隆地区的莱茵法兰克人（Rheinfranken，或称利普里安法兰克人）③。也许正是在此时，罗马提供的援助——尤其是经济扶持——使法兰克部族乃至他们的国家得以建立和壮大。财富与权力的紧密结合成为日后西方历史发展的显著特征。著名的

---

① "弗莱德加"是近代早期西方文献学家为《弗莱德加编年史》著作"设定"的编撰者名字，至于其编撰者是否真的名曰"弗莱德加"，甚至这套史书是否为同一个人所编撰，至今尚无定论。
② 据《弗莱德加编年史》（陈文海教授有节译），法兰克人先祖自特洛伊迁至马其顿，分为两支，一支向西，首领为 Francione，随其名称为"法兰克"；另一支向东，首领为 Turchot，随其名称为"突厥"（Turcorum）。编年史成书时期正值突厥汗国活跃时期，或许有关联。
③ 利普里安人（Ripuarian），其变体有 Ripaurii 和 Riparii。根据 Walter Copland Perry 的说法，这个词可能源自罗马词语 ripa，意为河滨，指代莱茵河滨的居民。

"波伊廷格地图"（Tabula Peutingeriana）是中世纪（12世纪）仅存的罗马地图副本，其名得自早前的收藏者、奥格斯堡的人文主义者康拉德·波伊廷格（Konrad Peutinger）。它的原本成稿于4或5世纪，该地图显示法兰克仅仅占有莱茵河右岸的土地，与克桑滕（Xanten）①隔岸相望。在4世纪中叶，萨尔法兰克人已作为罗马帝国的盟军（Foederaten）驻扎在莱茵河左岸，也就是今天的布拉特班（Brabant）境内。他们从那里出发，公元500年左右，他们在克洛维的率领下几乎征服了高卢全境。克洛维的胜利建立在其父希尔德里克一世（Childerich）的功业之上，后者同样靠成为法兰克国王和罗马盟友攫取了权力与影响力。

希尔德里克死于481年或482年，他的墓地直至17世纪都完好无损。直到1653年考古学家才在图尔奈（Tournai）——它或许是萨尔法兰克的第一座都城——发现并开掘了这座陵墓，凭借墓中带有镜像印章的金色戒指确定了墓主的身份。希尔德里克的墓葬充分展现了蛮族对罗马世界的文化适应，人们也借此分析出这些珍贵文物的来源，它们奠定了墨洛温王朝的统治基础。这批宝藏于1831年在巴黎的王家图书馆被盗，迄今下落不明，所幸此前它已悉数公之于众。拿破仑是出身平民的新贵和法国的第一位皇帝，他仿照墓葬中这位法兰西开国君主的装束为自己和皇后约瑟芬定制了加冕礼的皇袍。宫廷画师雅克-路易·大卫（Jacques-Louis David）在其画作中反复再现了这一样式。据推断，希尔德里克的陪葬品可能产自拜占庭或者地中海东面的作坊。[12]它表明法兰克国王与拜占庭皇帝间存在着正式交往。20世纪80年代，考古学家再次在希尔德里克墓中挖掘出独特的、极具文化史意义的文物。安放国王的木制墓室位于坚固的坟茔内，国王与一位女性合葬于一处，陪葬品包括镶有黄金和贵榴石的礼仪佩剑、金色辔头的战马等。在主陵墓下方的三个深坑内还埋有至少21匹战马，它们陪伴国王进入永恒的彼岸。墓中的公牛崇拜并未像设想的那样在法兰克神话中找到出处。然而考古学家推断，供国王在黄泉路上使用的200枚

---

① 克桑滕是现今德国西部北莱茵-威斯特法伦州的城市，位于莱茵河下游的左岸。

迪纳厄斯银币（Silberdenaren）①和100多枚苏勒德斯金币（Goldsolidi）②证明了国王与罗马人之间的联盟协议。这也是墨洛温王朝崛起的源泉。希尔德里克墓中发现的镀金十字胸针连同其他证据显示了蛮族宗教文化和基督教文化的融合。此时基督教已开始在国王宫廷内发挥影响，克洛维的受洗也正在准备中。[13]

墨洛温王朝将罗马遗留下的军事、民政管理系统作为自身的统治基础。其中，国王的罚令权（Königsbann）体现了罗马和法兰克元素的融合，它赋予国王下令禁止和处罚的权力。墨洛温王朝的权力还依赖于国王的财富，后者同样源于罗马的经济援助，并通过征服而增长。这些蛮族国王将无主的土地和大庄园（Latifundien）据为己有，事实上所有被征服地区的无主之地都置于国王的管辖之下。国王要么将其划作私用，要么转赠给亲信。国王的宝座、陈列的金制礼仪佩剑以及王室礼服等成为统治象征，它们鲜明地展示了国王的尊贵。贵重的礼物、奢华的盛宴、国王用以表达其权威的高压恐怖等，这些既是制度的影响，又体现了个人态度。教会是王权得力的帮手，是保存书写文化的据点。尽管如此，书写文化仍逐渐衰退，人们仍在使用无法保存的莎草纸，由此文献也随之流失，这一时期的历史终归全部沉入了黑暗。

墨洛温人并未像西哥特人那样，使古典文化突然消亡。古典文化在墨洛温王朝经历了转型、退化，随着元老院贵族的流亡从北方回到了南方，最终才逐渐沉入时代的洪流里。一些习惯和机构甚至在墨洛温王朝结束后才消失，另一些则持续更久。例如南高卢教区的划分模仿了古代晚期的城邦规划，一直保持到了近代。在城市中，手工业生产尽管衰败了，但是并未消亡。律师行业仍在法国的南高卢地区活跃。然而，墨洛温的国王们也不像西哥特国王那样热衷在国内推行罗马法，他们将其交给地方的法官们，而这些法学家并不参与法兰克王国的立法。《萨利克法典》是法兰克

---

① 迪纳厄斯（denarius）是罗马从公元前211年开始铸造的小银币。它是流通中最常见的硬币，直到公元3世纪中期被安敦尼银币（antoninianus）取代。
② 苏勒德斯或苏币（solidus）最初由戴克里先发行，在君士坦丁堡铸造，主要用于税收、国际贸易和其他外交大额支付。

王国最重要的法典，它的编撰既没有法学家的参与，也不受由2、3世纪罗马法学家奠定的法学传统的影响，而后者一直延续到西哥特王国。罗马法就此长久地沉睡了，直到中世纪盛期才被重新唤醒。这使得人们的思维失去了敏锐、条理和逻辑性，法律精神的重建随着中世纪的发展才慢慢完成。[14]

克洛维死后，按其意愿，法兰克王国分给了他的四个儿子。这一分配原则为后世的法兰克人继承，直到在9、10世纪将晚期的加洛林王朝埋葬。而与此同时，再没有一个蛮族王国如此处理王国的遗产和王位的继承，再也没有人如此分裂国王的统治。在各种棘手的王位继承斗争中，没有谁在削弱王权上比法兰克王国的分割更为有效。分裂后的法兰克王国亦没有形成稳定的政权，尽管这样的传统不断催生出相似的边界划分。在这一时期发展壮大的地区，即下属王国，分别有：（1）纽斯特利亚（Neustrien）①，其中心是法兰西岛（Ile-de-France）；（2）奥斯特拉西亚（Austrien）②，其中心在马斯河（Maas）和莱茵河流域，这里也是加洛林家族的发源地；（3）勃艮第（Burgund）③，其命名来自被匈人入侵而衰亡的勃艮第王国，其中心为里昂。这些地域的边界在一定程度上是由语言决定的，然而语言的不同绝不是主要因素。

人们不能指望在这些不稳定的下属王国中诞生巨大变革。它们大都承袭了罗马的遗产，粗略看来，很可能是东罗马帝国也就是拜占庭推动了这一进程。在波埃修斯的时代，统治东罗马帝国的是查士丁尼大帝（Justinian）。他施行了一系列影响深远的复兴政策。查士丁尼派军队收复了落入蛮族统治的西部省份：他们在北非的迦太基（Karthago）攻打汪达尔人，在西班牙地中海沿岸的卡塔赫纳（Cartagena）攻打西哥特人和其

---

① 纽斯特利亚是法国的一个历史区域，范围南起阿基坦，北至英吉利海峡，包括现在法国北部大部分地区，巴黎和苏瓦松均位于这一地区。
② 奥斯特拉西亚前身为梅斯王国，涵盖了今天法国东部、德国西部、比利时、卢森堡和荷兰等地区。
③ 勃艮第人属于东日耳曼民族的部落，因战争迁移到日内瓦湖畔，向西发展，逐渐控制了现在法国境内的罗讷河和索恩河流域，建立起勃艮第王国。公元534年，被法兰克王国吞并，勃艮第成为法国东部的公爵领地。

他分裂势力，当然他们首先主要在罗马及意大利与东哥特人交战并遭遇顽强抵抗。贝利撒留（Belisarius）和纳尔塞斯（Narses）是查士丁尼委任的帝国指挥官。贝利撒留青年时代从军，是久经沙场的宿将，而纳尔塞斯是宦官，他们曾于不同时期在一定区域内重建了东罗马帝国统治。然而，战争给国家和人民造成了沉重的负担。以君士坦丁堡为中心建立的政治、经济集权体制既绑架了被收复省份的发展机会，也削弱了其生产和抵抗的力量。事实上，这一举措仅仅加快了古典时代的罗马帝国最终走向衰落与崩塌。

在查士丁尼及其继任者的帝国内，文化也高度集中在君士坦丁堡。雅典学园由柏拉图创立，亚里士多德曾在此执教，如今它被视为异教哲学的温床而被迫关闭。529年起，查士丁尼下令编撰罗马法法典《民法大全》（Corpus Juris Civilius），又称《查士丁尼法典》（Corpus Juris Justiniani），它包括《法典》（Codex）、《学说汇纂》（Digesten）和《新律》（Novellen）。学园的关闭和法典的编撰都对中世纪科学文化产生了深远影响。在东罗马帝国，失去学园的带动和学派的多样性，科学的发展逐渐停滞，也不再有根本上的创新；而在西部，随着《学说汇纂》被重新发现，《查士丁尼法典》在11世纪末开始获得广泛接受，它引发了西方以大学为基础的学术勃兴。

拜占庭被各方外力所困扰。5世纪匈人入侵后，中亚草原的铁骑随之成群结队而来，威胁着君士坦丁堡和拉丁西方。在南面，新近皈依伊斯兰教的阿拉伯人奔袭而来，他们向北和向西的扩张几乎没有遭遇抵抗。东罗马帝国遭受了重大的领土损失，只有极少部分在日后得以收复。在查士丁尼去世的一百年后，除了少数沿海地带，帝国永远失去了意大利最富饶的地区。而叙利亚和非洲那些富裕的省份，在奥古斯丁时代还是帝国重要的粮食和油产地，如今永远地落入穆斯林手中。多瑙河地区的广大土地归属于斯拉夫人、阿瓦尔人（Awaren）①、佩切涅格人（Petschenegen）和保加利亚人。蛮族国王统治了西班牙和高卢，丝毫不受拜占庭的挑战。这次重

---

① 阿瓦尔人是古代欧亚大陆的一支游牧民族。他们约在6世纪时迁徙到欧洲中部和东部。到9世纪初以前，一直统治潘诺尼亚平原。

大动荡的余波一直延续到今天。

事实上，查士丁尼重建的罗马政权甚至没能持续二十年。在伦巴第人于568年入侵意大利时它戛然而止。这支伦巴第人来自潘诺尼亚平原，由国王阿尔博因（Alboin）①率领，在意大利建立了自己的王国，定都帕维亚（Pavia）。此时，东罗马帝国已经在与哥特人的战争中国力殆尽，再也无力抵抗新的入侵。伦巴第人很快占领了波河平原（Po-Ebene）、斯波莱托（Spoleto）和贝内文托（Benevent）。只有热那亚、威尼斯、那不勒斯和阿马尔菲（Amalfi）的沿海地区能够抵御这些内陆征服者，这要得益于他们的舰队。他们在名义上听命于东罗马皇帝，事实上却或多或少地获得了独立。也正是这一时期，威尼斯开始崛起。东罗马皇帝在意大利的代理人是总督（Exarch），他住在拉文纳。此时，只有一条狭窄、不安全的陆上走廊连接着拉文纳和罗马，他顽强地抵抗着侵略者的每一次进攻，最终只得向法兰克人求助，请他们赶走意大利的伦巴第人。此外，意大利"靴子"的最南端省份掌握在拜占庭-希腊人手中，它们是阿普利亚（Appulien）、卡拉布里亚（Kalabrien）和西西里。西西里在9世纪被阿拉伯人占领。诸如拉文纳总督、罗马主教（教宗）和那不勒斯主教这样的地方势力负责组织防御。此时，教宗成了罗马这座永恒之城的政治领袖，来自君士坦丁堡的援助则与日剧减。因为对东罗马皇帝来说，抵御来自阿拉伯人、阿瓦尔人和保加利亚人的侵略则更为迫在眉睫。

同此前的汪达尔人相似，伦巴第人也是天生的征服者。他们知道如何最好地利用占领的土地，并懂得快速地学习。然而，他们彼此间却四分五裂。他们的国王阿尔博因死于同胞的谋杀，便可以证明。伦巴第人在米兰、都灵这样的大城市建立了公爵国。国王定居在帕维亚，然而他无法实行有效的统治。特别是斯波莱托和贝内文托的公爵们能够维持很大区域内的自治。此外，由于侵略者人数太少，不足以压制过去罗马帝国的居民，因此他们不得不认真对待古代晚期以来的残留势力，这包括城市上层阶级、特定的社会和组织结构、文字以及法律知识。古典文化在伦巴第王国

---

① 阿尔博因（？—572年或573年），伦巴第人领袖，征服了意大利南部，在波河河谷地带建立起伦巴第王国。

尤其在罗马涅（Romagna）①从未完全消失。罗马帝国的本土文化得以继续发展，并融入了伦巴第的特色，这条衔接了古代晚期和中世纪的链条并非无足轻重。加洛林王朝正是受惠于此；众多事物都可以在这条连续的链条上找到其基础，其中包括 11、12 世纪文艺复兴中兴起的法理学和同时代产生的公证制度，在日后对欧洲法律的发展至关重要。

古典世界日渐枯萎，在其漫长而参差不齐的转型过程中最终消失。西班牙、高卢（直至莱茵河畔）以及北部、中部、南部的意大利，或者西西里，这些地方成为独立之地，有各不相同的继承者。复兴的罗马–拜占庭统治维持得最为长久，其影响直至西班牙和西哥特王国，查理曼也从中获益。拜占庭对伦巴第和意大利南部的意义也举足轻重，直到 11 世纪诺曼人到来，这才迫使拜占庭的势力退出这片土地。总督在拉文纳和罗马的代理统治持续到 8 世纪中叶，此后其主导地位逐渐被伦巴第人、法兰克人和教宗制取而代之。西方拉丁世界这种非同时性的萎缩产生了独特的张力，其影响直至现代时期仍在显现。在它的边界内，学术文化、相互竞争的利益和势力不断涌现，他们一代代地热衷于搜集材料，推进对传统的思考和研究，这也正是他们的需要。

然而，就像冰川融化，这个世界在其消失过程中留下的痕迹随处可见。罗马文明延续了上百年，也许今天的莱茵河、多瑙河和南英格兰还能勾画出它的文化界线。在这里，罗马帝国的民众长久地在场。无论是政权更迭抑或蛮族文化的入侵，"朝向罗马"（Romorientierung）这一确凿的、潜意识上的进程从未消解。它也许只剩下一个昏暗的意识，也许仅仅是一个暗示，它意味着在阿尔卑斯山的那一边，精神与文化的中心仍然存在，每个人都感到自己与之有关。在罗马的彼岸居住着古代意义上的"野蛮人"。根据其当时的物质、社会和文化发展水平，他们相对于罗马而言处于低等文化，只拥有极少的铁器；没有城市，没有铺设的道路，通信受限；只有纯粹的口头文化而没有文字，在很长时间内偶尔使用凿刻的符文作为咒语或简单的名字；没有科学，也没有任何持久的历

---

① "罗马涅"一词本意为罗马人的居住地，5 世纪见于拉丁文献记载。之后具体指东罗马帝国在意大利的统治区域，即拉文纳总督区。

史传统。他们小规模的社会联系恰好形成了面对面的社群（Face-to-Face-Gesellschaft），他们的宗教崇拜鲜为人知。老普林尼或塔西佗在《日耳曼尼亚志》（Germania）中记载的事情在4、5或6世纪的法兰克人或者其他日耳曼民族中已经无影无踪。几乎没有任何幸存下来的古老的蛮族文化进入书写时代。只有10、11世纪刻在纪念碑上的英雄赞美诗保留了下来，这些诗文的篇幅较以往更长，它也是蛮族逐渐融入地中海高级文化的标志之一。冰岛史诗《埃达》（Edda）产生于13世纪，它囊括了异教徒与基督教、学者与民间的文化记忆。[15] 如果我们试图从中追溯一千年以前"民族大迁徙"时代（或者基于上述原因，更确切地说是"民族形成"时代）的历史，甚至到塔西佗的记载，并从《埃达》的文学母题（Motiven）中重构它们之间的关联，则这在方法论上是不可靠的，尽管童话作家雅各·格林（Jacob Grimm）这样做了。由此可以看到，我们所观察的西方世界的北部、南部、东部和西部，对接受和继承高等书写文化有着完全不同的启动环境。离地中海高等文明越远的地方，高等文明遭到的拒绝和限制就越明显，其同化效应也更为迟缓和微弱。只有爱尔兰的情况与众不同，西方学术的复兴则从那里受益，尽管波埃修斯的作品并未在爱尔兰产生任何影响。

第二章

大格里高利和法兰克人的新兴权力

罗马教宗格里高利一世（590—604年在位，又称"大格里高利"）被誉为圣彼得最杰出的继承人之一。他最初任职罗马总督，并成为城市的最高执政官，随后，他长期担任罗马教宗在君士坦丁堡宫廷的宗使（Apokrisiar）。他出身于同时代最富声望的罗马贵族家庭，也是最后一位受过完整古典教育的教宗。在他之后，通俗化与野蛮化成为正统。直到数世纪后，中世纪才依靠自身的力量而不是古典文明的直接帮助，达到了同等高度的文化水平。格里高利在神学上著述颇丰，他的《圣经》注疏、布道词和书信不断吸引着信徒走上他的道路。天主教会的礼拜仪式音乐现今以他命名，称为"格里高利圣咏"。尽管这些最古老的礼拜书的收集和整理可以追溯到格里高利的时代，但圣咏的最终形成晚于格里高利的初创。

末期的罗马帝国已完全基督教化，人们生活在对末日降临的期盼中，相信最后的审判、天主的公正和灵魂的永恒。589年台伯河洪水泛滥，洪水破坏了古城罗马。诸如此类的自然灾难和伦巴第人的不断入侵使人们人心惶惶，更加深了他们对末日的信仰。此时的基督教鼓励人们释放出所有的精神力量，坚定信念，为即将到来的动荡做好准备。大格里高利深谙于此，他以此教导基督徒，劝勉他们要牢记灵魂的力量，心向永恒之物，而不是消极避世。他号召人们过沉思的生活，在修道中获得灵性。在私人生活中，格里高利也将这些原则一以贯之，他家境优渥，便将丰厚的财产捐赠给教堂和城市的修道会。

格里高利一世遵循着圣哲罗姆以降创立的释经学说，从不同的层面解释《圣经》文本的意义。也就是说，释经不应仅仅满足经文的字面含义，而应理解它多重的隐喻含义。比喻–类型学分析（allegorisch-typologisch）和道德阐释（moralische Auslegung）在此时已臻于完美。其中，基督被视为新郎，教会和信徒个人的灵魂是新娘。日后，在中世纪盛期，人们在法学层面上进一步阐释了这些直观的形象和比喻。在《约伯道德书》（*Moralia in Job*）中，格里高利以类型学的分析，将约伯解读为基督及其受难的预兆。这一著作无疑是中世纪最重要的灵修读物之一，它广为流传并影响深远。也许更具分量的是《教牧法规》（*Regula Pastoralis*），它对日后的教会高层和主教们来说具有纲领性。人们反复地阅读和领悟，甚至把它作为一种"王侯镜鉴"（Fürstenspiegel）而广泛推广。即使在一个世俗化的社会，这本薄薄的小册子也并未失效。《教牧法规》是格里高利献给东罗马帝国拉文纳主教约翰的著述，在开篇的题词信中，这位未来的圣徒勾勒了自己的理念："谁以正当的方式掌权了，就断然应思考，他怎样生活，怎样生活得好；他怎样传道，怎样将道传好；怎样意识到自身的弱点，既不失谦卑，又不减损生活的奋进，切莫让学说欺骗了生活，让自负败坏了学说。"也就是说，人要做到知行合一："牧者若是在生活中领悟到了善，也应通过布道将其传播出去。"此外，格里高利的书信集按年份编纂，生动记载了他对教会的管理，在这一点上，中世纪早期的任何一位教宗都无出其右。

格里高利另一影响深远的著作是《对话录》①。不过有研究者认为《对话录》与格里高利的文风不符，它并非出自教宗本人手笔，而是由他的周边人士所著。这部作品着重记述了努西亚的圣本笃（Benedetto da Norcia）②的一生，圣本笃被视为修道僧侣的理想化肖像。《对话录》的其余部分由其他圣徒事迹构成，尤其对僧侣与修道院长着墨最多，这些

---

① 全名《教宗格里高利就意大利教父们的神迹的四卷本对话录》（*Dialogorvm Gregorii Papae Libre Qvatvor de Miracvlis Patrvm Italicorvm*）。
② 本笃（约480—547年），意大利灵修家、本笃会会祖、西方教会隐修制度创始人。创办本笃隐修会母院于意大利卡西诺山，他所制定的隐修院规章，为后期各隐修院所采用。他的灵修精神为"祈祷与工作"（ora et labora）。

圣徒都堪为典范。在书中，圣本笃施行了十二个神迹，被称作"有福之人"（Benedictus 的直译）。他在一生中经历了七站旅程，从苏比亚科（Subiaco）的洞穴、从大地的深渊攀登到卡西诺山（Monte Cassino）的顶峰，并从那里进一步来到地表上空，爬上高塔，最终几乎登上天穹。在凝视了整个世界后，圣本笃终于在墓中看到自己与亡故的妹妹思嘉（Scholastica）①团聚了。十二次与七次，从下到上，从内到外，在赐福与知识的统一中，《对话录》充满象征的语言揭示了这位圣人的人生真义。同时，一幅作者的精神自画像也在这个文本中闪耀着光芒。

《对话录》的文学创作和呈现也许还要归功于教宗的亲信和书记官，是他们记录并编审了文本。然而，圣本笃在世时并未留下任何蛛丝马迹，人们甚至怀疑他是否真的存在过。②不过，在罗马和意大利中部以外，在稍晚的时代和更边缘的地区，尤其在盎格鲁－撒克逊人和高卢人中间，对本笃的圣徒崇拜和因他建立的修道团体并不在意这一点。同样，流传至今的《圣本笃会规》也可能是杜撰的，为格里高利后人所著。也就是说，至少格里高利并不知道《会规》的存在，而该文本的早期历史也是混沌不明，最远只能追溯到 7 世纪中叶。直到查理曼的时代，更大程度上是在其子虔诚者路易及他的顾问阿尼亚纳的本笃（Benedikt von Aniane）③的推动下，《会规》才成为中世纪修道院的唯一指导原则。它一直持续到托钵修会兴起的 13 世纪，后者最终背离了这一规章。

早期教父遇到的难题也同样困扰着格里高利，即，科学与宗教、经院

---

① 圣思嘉生于 480 年。在本笃离家建立修道院后，思嘉也建立了女隐修院。本书作者约翰·弗里德教授认为，思嘉与本笃就是学识渊博的（女性）与被祝福的（男性），是一对很有意思的组合。这种组合反映了当时一种很急迫的冲突，只针对教宗自己：格里高利在以僧侣身份修行并于 590 年成为教宗之前，享受了最高的世俗教育。参见《圣本笃不曾存在》，德文网址：http://www.zeit.de/2010/16/GES-Interview。
② 本书作者相信圣本笃是中世纪的人造形象，本笃及所有的本笃神话，都是集体记忆中的植入物。不过他承认，许多历史学家坚信本笃是真实的历史人物，大约在 480—547 年之间生活于意大利。参见《圣本笃不曾存在》。
③ 阿尼亚纳的本笃，本名维帝沙（Witiza），原为查理大帝身边的贵族武士，醉心于修道理想，于 779 年在法国的阿尼亚纳建立修道院，以圣本笃会规为尊，遂以"阿尼亚纳的本笃"或"本笃第二"见称于史册。虔诚者路易赞同维帝沙修道之举，在 817 年下诏，命令全国的修道院均实行圣本笃会规。其著有《隐修院规范典章》（*Codex Regularum Monasticarum et Canonicarum*）等。

哲学与赐福是否及在何种程度上能彼此相容？基督教教育或任何形式的宗教学习是否行之有效？信仰与异教知识的冲突是否更为不可调和？这些问题在随后的数百年中依旧悬而未决。不仅是基督徒，穆斯林与中世纪的犹太人同样为之所困。他们做出的解答相互矛盾，没有任何说法是确凿的。总体而言，人们认为启示高于科学的解释，其后果随处可见。异端学说、基于学术的怀疑主义、对《圣经》和其他宗教信条的质疑不断招致敌视和迫害，甚至火刑、石刑和血腥的暴政也随之产生。基督教对此负有无可推卸的责任。这一问题引发了欧洲思想史上的诸多争论。对此，格里高利的回应是激进的，这仿佛给予古代晚期教育致命一击，并最终将其葬送。人们将这位教父的教育目标称为"幸福的单纯"（Simplismus），格里高利热衷于传布这一理念，然而这与他自身的教育相距甚远。（F. 施耐德）

知识的跨文化交流并不限于宗教，基督教从根本上改变了蛮族的社会和政治关系，其影响甚至比它在基督教化的罗马帝国所留下的更为深刻。蛮族学会了统治，学会了整合新的宗教崇拜，学会了整合因部族扩大而产生的新的社会机构，这些机构包括王国、法律和法庭。正是在此刻，蛮族与古代晚期法律文化的理性主义第一次相遇，欧洲历史从此在社会、政治、教会和精神领域彻底地转向。在这一过程中，世俗统治与对基督的服从相互渗透。教会将统治理念与罗马的法律思想神圣化、精神化，又为蛮族世界带来全新的、前瞻性的价值观和社会规范，蛮族人并不熟悉这套社会解释框架。当这些蛮族首次接触到地中海高等文化时，他们才开始凝聚，并几乎超越此前所有的远古部落结构。在此前，平信徒、神父、僧侣间，或者已婚的、未婚的、丧夫的女性间没有在情感和规范上形成差别。这些社会尚不具备完善的规范系统和与之相应的司法、监督机构，缺乏刑罚的意识。而他们面对的是一个基督教帝国，它拥有教会法、罗马法树立的典范。于是，传统的个人协议消失了，各部落就维护、重建与规范和平所展开的谈判也被舍弃，一套外来的统治实践渗进蛮族原有的社会与价值秩序中。从一开始这里便渗透了教会的原则。

罗马法与教会法的规范在刑法领域的逐步应用尤为明显，例如引入死刑与体罚。然而，对法律新知识的运用也使人们感到痛苦。全然陌生的罪行与相应罪名被公之于众。此前，人们面对冲突时自有处理策略，最好的结果是当事双方达成和解，最坏则导致了"自力救济"（复仇［feud］）和无休止的血亲复仇（Blutrache）。公共惩罚（öffentliche Strafe）的机构只有在事关叛国罪时才介入。[1] 为了阻止冲突升级，6世纪产生的民众法（Volksrecht）① 规定了受伤情况下的赔偿金额，被砍断手、鼻的人，高贵的、低贱的人，育龄妇女、少女等将分别获得不同等级的补偿。然而，假如国家任命的法官无法作出判决，和解办法仍由冲突双方协商决定。

只有极少数罪行能受到公共惩罚的制裁，即使是谋杀罪也被排除在外。公共刑罚的适用对象包括：（1）与继母通奸，即《圣经》所记载的最严重的乱伦，在人们寿命短、婚嫁早的时代它相当具有吸引力，犯此罪者将被处以死刑[2]；（2）破坏安息日的人触怒了天主，应缴纳罚金[3]；（3）堕胎也在不久后受到处罚，成文于8世纪中叶前、尽显教条主义的《巴伐利亚法》（Ⅷ，21）对此给予启发性的解释："获得肉身的灵魂若是无法来到尘世，无法接受重生的圣礼（洗礼），将遭受永恒的惩罚，堕胎使它们下了地狱。"此类法律规范的影响显著，不过影响是逐渐展现的。在罗马法与教会法准则的影响下，一场持续上百年之久的斗争拉开了序幕，它抵制血亲复仇与私刑审判（Selbstjustiz），寻求对罪行进行公共诉讼（öffentliche Verfolgung）与国家惩罚。其中，查理曼的统治和12世纪刑法的入罪（Kriminalisierung）成为分水岭，此后，公共惩罚取得节节胜利，如今它已完全渗入人们的生活。

文化适应的过程进展顺利，却也招致了新的危险。例如，伦巴第人不断进攻和威胁东罗马帝国在意大利的最后一块根据地。尤其是帝国的城市罗马和拉文纳必须背水一战。大格里高利组织人们抵抗和防御，主教在罗马和总督区的政治领导职能也得以增强。事实上罗马也维持了自由。最初信仰阿里乌教派的伦巴第人迅速皈依天主教，他们的王后泰奥德兰德（Theodelinde）来自巴伐利亚的公爵家族阿吉洛尔芬家族（Agilolfinger），为他们带来了公教信仰。大格里高利将镶嵌宝石的珍贵十字架——它象征

---

① 又称部族法、民族法，即指习惯法为主的日耳曼法，与之相对的是"法学家法"罗马法。

着即将降临的天国——赠予王后以示感谢。这件礼物被称为"格里高利十字架",保留至今。伦巴第人的皈依使军事压力有所缓解,然而局面未能如教宗所愿长久地持续下去。相反,伦巴第人重整装备,以更高昂的热情向罗马,向这"世界的女主人"(Herrin des Orbis)进军,因为他们现在是天主教徒了。

欧洲西北部的爱尔兰人(在欧洲大陆常被称作"苏格兰人")和盎格鲁-撒克逊人从未臣服于罗马:罗马舰队没能渡过爱尔兰海,盎格鲁-撒克逊人在4世纪末和5世纪才从一片未被征服的土地迁徙至不列颠,而此时罗马帝国在那里的统治已结束。即便如此,两地人民仍受罗马的影响,并很快成为拉丁文化的载体。最迟至5世纪,基督教传教士来到了四分五裂、邦国林立的翡翠岛(爱尔兰别称)。充满传奇色彩的传教士圣帕特里克曾是不列颠的罗马公民,他在童年被绑架至爱尔兰并成功逃脱,如今以主教的身份重返爱尔兰,为了给那里的人们施洗,此外我们对他的生平一无所知。帕特里克的事迹常常与帕拉迪乌斯(Palladius)的故事相混淆,后者是第二批从高卢前往爱尔兰的传教士,这样的错乱常见于当时的历史记忆。

爱尔兰教会自发地组织起来了,这一进程意义深远,此时它并不在罗马教会的影响范围内。修道院、修道院院长和修道院主教构成了一种特殊的组织形式。修道院主教没有自己的教区,仅仅负责授圣职,他们服从于各自的修道院院长。只有到了12世纪,当爱尔兰岛被征服者威廉的继承人并入盎格鲁-诺曼帝国后,爱尔兰人才接受了罗马教宗的统治,并采用欧洲大陆的教会法。然而,天主教信仰还使这些凯尔特人继承了古典教育。他们尤其注重语法,很快因为出色的拉丁语、希腊语知识而扬名。此外,圣帕特里克的精神遗产在这里转化为独特的宗教实践:自愿的流放、无目的的朝圣。它们像爱尔兰艺术中神秘的编织物一样,缠绕交错,引导人们走向天主所期望的地方。朝圣(Peregrinatio religiosa)使爱尔兰人成为中世纪早期信仰的传播者。修道院院长圣布伦丹(Brandan)和他的同伴们便是这样的传播者,他们先后在几处土壤肥沃、羊群遍野的地方停留,最后抵达一座小岛。继而,这座小岛突然开始浮动,原来它是一头鲸鱼。正是在这里,布伦丹接到了天主的指示,掉头回去了。这则传说迅速传播开来，深受欢迎，圣布伦丹因此成为海员的守护神，庇护着远洋的水手乃至15、16世纪伟大的探险家。

同圣布伦丹一样，圣科伦巴（Columban）和他的同伴们也离开了群岛。他们在法国找到了帮手，在孚日山脉西面，他们与当地的贵族结盟，一同建立了吕克瑟（Luxeuil）修道院，不久它就声名远扬。从这一地区被驱逐后，科伦巴一行前往意大利北部，在那里建立了博比奥（Bobbio）修道院。高卢（Gallus）作为科伦巴的同伴之一，也是瑞士圣加伦修道院的创始者，这座修道院正是以他之名命名。所有这些地方都成了书写文化的中心，拥有丰富的藏书，影响广泛。7世纪早期以来，博比奥成了爱尔兰文化在欧洲大陆的一处堡垒。此外，爱尔兰的朝圣者还来到了查理曼的宫廷，致力于传播他们的知识与信仰。探讨统治伦理与劝诫诸侯的著述最早便出自爱尔兰文人之手，在他们看来，劝诫法兰克国王是善意的赠予。

盎格鲁－撒克逊人最初被视为荒原上的异教徒[①]，他们从日德兰南部的盎格鲁地区，从易北－威悉河下游地区，以及从弗里斯兰（Friesland）向不列颠群岛迁徙。在到达不列颠后，他们才接触了新的宗教。在萨顿胡（Sutton Hoo）出土的独特的墓葬见证了盎格鲁－撒克逊国王的财富：棺椁是一只镶金的船，里面藏有华丽的兵器和珍贵的银盘。盎格鲁－撒克逊人的皈依要归功于大格里高利。这位教宗在市场上购买不列颠群岛的奴隶，将其释放，培养为神父。日后，当罗马的僧侣和其修道院院长奥古斯丁前往不列颠传教时，教宗命这些昔日的奴隶以传教士的身份回到家乡。奥古斯丁成了坎特伯雷首位大主教。自此，盎格鲁－撒克逊人一直与罗马教会保持着紧密联系，这密切的关系直到宗教改革时才破裂。除了坎特伯雷，约克则是更古老的教会中心，其皈依的历史可以追溯到罗马时代。如果没有相应的教育，传教的工作将举步维艰。于是，在不列颠群岛的修道院和附属学校发展出了独特的学术文化。在约克，阿尔昆接受的教育深受大格里高利和可敬者比德的影响，他日后成为查理曼的老师，将盎格鲁－撒克逊教育带到了法国，功不可没。接受这种教育也为西方拉丁欧洲在学

[①] "异教徒"（Heiden）一词来自"荒原"（Heath）。

术上的统一奠定了基础，也许这是大格里高利推行的所有举措中最为瞩目的一项。尤其是历法计算从比德的学校传到了欧洲大陆，在查理曼的宫廷落地扎根。就复活节变动的日期而言，历法对于基督教世界至关重要。在比德之后，随着新历法在加洛林帝国的广泛使用，以基督降生为起始的纪年法传播开来。最初它只在几个地方推行，日后逐渐成为整个拉丁基督教世界的纪年标准。

不仅是北方促成了文化概念上之欧洲的形成，南方尤其是东南方也功不可没。7世纪初以降，新的危险如同风暴般一触即发。这风暴来自阿拉伯半岛，那里居住着贝都因部落。其早期历史由于文献失传而隐晦不明，仅仅留下了零星的铭文。迄今为止，他们没有形成共同的政治领导组织。然而，先知穆罕默德的传道使阿拉伯完成了统一。穆罕默德登上历史舞台的故事笼罩着神秘色彩。真主的启示被视为《古兰经》的起源，与之相伴的是无法穿透的不确定性和相互矛盾的口述传统。如犹太教和基督教一样，它们模糊了伊斯兰的早期历史，包括穆罕默德从麦加到麦地那的迁徙（Hedschra）[①]和先知的活动。穆斯林的文字记载直到9世纪或10世纪才开始出现。穆罕默德的第一部传记诞生于他去世的一百年之后，其唯一的幸存版本还要再晚一百年。此外，对这份文献的语文学、历史学的批判研究，只激发了西方学界的兴趣。先知穆罕默德的名字意为"有福之人"，对应拉丁文中的"本笃"。与拉丁基督教的圣本笃颇为相似的是，穆罕默德的真实生平也在历史中烟消云散，对它的重构产生较晚，也较为理想化。在这种情况下，人们无法获得任何历史的确定性，它只能在信仰中得以保存。

新的宗教势不可挡地横扫阿拉伯世界。7世纪初开始，阿拉伯卓越的哈里发和指挥官以亚历山大大帝的方式征服了诸国。在数十年内，其领土从阿拉伯半岛和美索不达米亚东部一直延伸到印度河和丹吉尔（Tanger），不久后又扩展至伊比利亚半岛北部的埃布罗河（Ebro）甚至更远的地方。在早期，帝国的中心首先从阿拉伯半岛转移到大马士革，随后在750年

[①] 这次迁徙被称为"希吉拉"，发生于公元622年，后被定为伊斯兰历的开始。

左右转移到幼发拉底河和巴格达。生活在新月下（新月在中世纪被视为穆斯林政权的标志）的基督徒和犹太人，虽然在法律上处于不利地位，但人身无虞。他们的信仰为穆斯林所容忍，他们的宗教被看作"经书的宗教"（Buchreligionen），但他们要支付更高的赋税。犹太人的祖先亚伯拉罕同样被视为阿拉伯人的祖先，而拿撒勒的耶稣、玛利亚之子，被认为是位列穆罕默德之后的先知。

东罗马帝国在与保加利亚人和萨珊波斯的战争后元气大伤，已无力招架穆斯林的冲击。诚然，东罗马帝国皇帝希拉克略（Heraklius，610—641年在位）面对老对手波斯人和阿瓦尔人时取得了一系列重大胜利，阻止了帝国的崩溃。这使得帝国昔日的统治尚能恢复。帝国内部的改革带来了稳定，拜占庭迎来了一次新的文化繁荣，这也对西方产生了间接影响。然而，对波斯人的胜利被证明是一场皮洛士式胜利（Pyrrhus-Sieg）[1]，因为它反而使穆斯林的推进如虎添翼。拜占庭面对哈里发倭马亚（Omar）的进攻无能为力，它最终失去了叙利亚、埃及以及耶路撒冷，帝国在非洲其余地方的统治也接连失守，只有安条克（Antiochia）得以幸存。此外，基督徒的严重分裂削弱了对外敌的抵抗，阵营的一方是在君士坦丁堡统治的东正教徒，另一方是在埃及壮大的"基督一性论"（Monophysiten）[2]信众。受到迫害的基督一性论信众寄希望于入侵者能够给予他们宗教自由，这也无可厚非。他们的教义只承认基督的单一神性，而东正教认为基督有神人二性，统一于一个位格（person）。

拜占庭帝国的版图逐渐收缩到小亚细亚、色雷斯、马其顿、希腊、西西里岛及意大利南部。在中世纪一系列艰苦卓绝、节节溃败的防御战后，

---

[1] 皮洛士式胜利意为代价高昂之胜利，可谓惨胜。皮洛士（前319—前272年）是伊庇鲁斯国王。他曾两次打败罗马，但是罗马人能够在战斗结束后马上补充兵员，而海外作战的皮洛士却迟迟得不到兵力补充。故而两次胜利并未给罗马人以致命打击，相反却为日后皮洛士的失败埋下了隐患。

[2] 基督一性论的主要理论来自亚历山大学派的神学，主张在基督内只有一个性体（monephysis），这个性体存在于一个位格，因为按照某种古代哲学原则，一个完整的性体应具有完整的位格。基督一性论主要局限于东方教会。451年，卡尔西顿公会议试图使基督一性论与正统教义达成共识，但以失败告终，东方教会开始产生分裂。在6世纪，基督一性论信徒被驱逐出教会。

拜占庭最终只剩下了都城君士坦丁堡。最终,在1453年,它被奥斯曼帝国苏丹、伟大的征服者穆罕默德二世攻陷。尽管在西方看来,拜占庭因傲慢、狡猾、思想异端而声名狼藉,然而它仍然值得尊敬。因为数世纪以来,它是西方的挡箭牌,身处拜占庭后方,西方得以聚集、发展自己的力量。随着拜占庭的灭亡,欧洲只能依靠自己了。

即使海洋也不能阻止穆斯林的扩张之势。最初在711年,穆斯林军队在新月旗下穿越了直布罗陀海峡。"直布罗陀"是阿拉伯语词,源自柏柏尔指挥官塔里克·伊本·齐亚德(Tāriq ibn Ziyād)之名,直译为"塔里克的山"。西哥特的王位之争使阿拉伯军队轻易进入了西班牙,两年内他们征服了直至比利牛斯山脉的所有领土。然而,他们的军队没有在这里止步,图卢兹、南部阿基坦先后被攻破,高卢的大门向他们打开了。不久后,也就是自9世纪初开始,来自突尼斯的穆斯林踏平了西西里,继而攻占了意大利南部的阿普利亚和卡拉布里亚。自此西西里岛长时间困于阿拉伯人之手,直至11世纪末,诺曼人才驱逐了穆斯林,在西西里和南意大利建立了自己的王国,王座所在地为巴勒莫。

然而,阿拉伯人并不是破坏地中海世界文化、经济统一的始作俑者。如前所述,拜占庭皇帝查士丁尼的统治已然引发了无可挽回的断裂,尽管他致力于罗马帝国的重建,却仍加快了东方与西方、北方与南方的各自为政。西方世界的中心从地中海向北移动,来到了法兰西岛和马斯河-莱茵河流域,来到了纽斯特利亚和奥斯特拉西亚地区。此后,犹太人成为整个地中海地区新的跨文化传播的使者。这现象从9世纪开始出现,在11世纪达到高潮,在古开罗(Fustat)①藏经室的经卷中有所记载。藏经室是犹太人的宗教密室,它保存的手稿中记载了神的召唤。离散在外的犹太人形成了一个"地中海社会"(Mediterranean society)②,事实上这是当时唯一的社会团体。广阔的视野和远途贸易使犹太人团结在一起,他们的商业活

---

① 福斯塔特,故地在今开罗南部,是埃及阿拉伯化之后的第一个首都。641年,阿拉伯人入侵埃及后,将领阿穆尔·本·阿斯建立了福斯塔特。
② 参见 Shelomo Dov Goitein 的著作 *A Mediterranean Society: The Jewish Communities of the Arab World as Portrayed in the Documents of the Cairo Geniza*。

动遍布世界各地，从印度途经亚丁，再到西西里、西班牙和纳博讷。他们也成了阿拉伯世界与拉丁西方之间的贸易中间商。犹太人社区在南欧的各个港口城市中涌现。装载量更大、更宽敞的大型船只和相对"现代"的贸易组织出现了，使得运输、贸易和商业都更加便利。这些船只携带着货物与知识，还有文学母题、韵律、乐曲和诗句，漂洋过海，一次次的知识传播也由此而推进。

瘟疫过后，全欧洲的人口重新显著增长。早在 9 世纪，卢瓦尔河与莱茵河之间的法兰克王国腹地也出现了居住用地的紧缺。村庄规模不断扩大，人们不断修建新的农庄，又把它们四等分，直到每块分地再也无法养活任何人。随之而来的是大面积的开荒，人们不断拓展区域内部的殖民（Binnenkolonisation），建立新的统治，赋予殖民者新的自由。这些发展进一步推动了聚居的密集、教会机构的创立、公路和街道的修建、交流的顺畅、贸易和运输的欣欣向荣。不断变化的环境也为同时代人们的认知提出了挑战，他们必须适应新的世界观，即基督教的世界观，由学校传播的新的知识方法，以及新的生活条件。

在法兰克王国，加洛林王朝取代了墨洛温王朝的统治。加洛林家族的兴起可以追溯到 7 世纪。随着时间的推移，他们逐渐把持了"宫相"（Maior domus）的职位，这是墨洛温宫廷最重要的职位，任宫相者可谓大权在握，已然是对王权的僭越。加洛林家族还拉拢了家乡奥斯特拉西亚的贵族，而后者在加洛林王朝的崛起中大为获益，他们的财产和势力范围在整个王国内急剧扩张。然而，在加洛林家族内部，对领导地位的争夺却愈演愈烈、斗争不断。

查理曼的祖父查理·马特（Karl Martell）最终在家族的激烈纷争中立于不败，大权独揽。他进而利用这权力推行军事扩张，使宫相的统治遍及阿基坦、卢瓦尔河以南的领地以及普罗旺斯。尽管墨洛温家族仍在名义上掌权，但国王已无法凭借自身的力量行事。相比之下，查理·马特才像真正的国王，虽然实际上他不是。教宗格里高利三世赋予他"次王"

（subregulus）的称号。与此同时，萨拉森人（Sarazenen）[①]的致命威胁依然存在，安拉的大军已逼近图卢兹，整个阿基坦或者说其至少一部分领地已然属于阿拉伯世界。732 年，双方在图尔和普瓦捷之间展开了决定性的战斗。"不可战胜"的查理·马特沉着冷静、骁勇无比，他冲向敌军，杀死了他们的指挥官阿卜杜拉赫曼（Abderrahman），并在基督的帮助下最终战胜了他们。加洛林的史家为此欢呼："他击败了敌人，他是胜利者！"[4]萨拉森人再也没有以征服者的身份回到北方的这些地区，这里与非洲的阿拉伯世界也相距甚远。一位西班牙作者写道，"欧洲人"（Europenses）将以实玛利的子孙们击退了。

然而，为了查理·马特的政权合法化，普瓦捷战役及其后一系列战役的重要性被史学家们夸大和高估了。对于查理来说，这场战役只是众多战役之一；对于阿拉伯人来说，高卢离他们的权力中心路途甚远。尽管如此，胜利者的名声还是传到了台伯河畔。此时，教宗格里高利三世正遭受伦巴第人与日俱增的压力。教宗将两件珍贵的圣人遗物赠予法兰克人，一件是打开圣彼得棺木的钥匙，另一件是圣彼得受难时的锁链，这是意味深长的姿态，教宗以此请求查理的帮助。然而此时，也就是 739 年，查理已与伦巴第人结为同盟，他拒绝了教宗。直到查理之子丕平和查理之孙查理曼即位时，教宗的求援才得到了回应。

在罗马，在教宗大格里高利逝世的一个世纪后，格里高利二世和格里高利三世先后登上了使徒宗座（Apostelthron）。他们不得不与君士坦丁堡的君主、拜占庭的世俗统治者抗争，后者对意大利和西西里增设了新的赋税。一旦罗马主教反对这一举措，拜占庭君主将剥夺罗马主教从西西里教会地产中获得的收入，而是将之据为己有。这场纷争开始使东、西罗马帝国的关系有所松动，预示着罗马教宗将逐渐摆脱拜占庭皇帝的影响。

然而对西方的精神文化而言，更重要的是大格里高利的《对话录》重获新生，它拥有了全新的读者群。在它诞生的一百年后，人们开始逐字研读这部著作。人们开始庆祝圣本笃和他的妹妹圣思嘉的复活，这一活动首

[①] 在西方中世纪的文献里，萨拉森人一般泛指阿拉伯人。

先出现在帝国的边缘而非罗马。法兰克的修士和修女通过秘密的努力寻找独特的圣徒遗物，他们奇迹般地发现了圣本笃和圣思嘉的坟墓和遗体，将它们转移至奥尔良附近的弗洛里（Fleury）和勒芒（Le Mans）。最后，在8世纪初，在卡西诺山建立本笃修道院的时机成熟了。在教宗格里高利二世的敦促下，布雷西亚的伦巴第人彼得纳克斯（Petronax）带领一批罗马的僧侣完成了这项任务，贝内文托的伦巴第公爵吉苏尔福（Gisulf）也给予了大力支持。自此，努西亚的圣本笃和以圣本笃会规为基础的本笃会影响深远。查理·马特的嫡长子卡洛曼（Karlmann）日后退隐到卡西诺山，成为一名僧侣，而卡西诺山修道院也成了西方的宗教中心之一。

法兰克王国正经历翻天覆地的变化。宫相的战争使国家的金钱大量消耗，为了使战争继续，查理·马特将手伸向教会财产，他将王国内所有的修道院和它们价值连城的地产视为己有，无怪乎后世的人认为查理·马特会被投入地狱之火。然而，新的收入来源无疑巩固了宫相的统治，日后也加强了加洛林的王权，查理·马特的不义反而促成了幸事。教会改革也因此变得必要，查理同他的父亲丕平二世一样借助了盎格鲁－撒克逊僧侣的力量，后者主要在王国的东部活动。值得一提的是温弗里德（Winfrid），他此前是温彻斯特附近的诺斯灵（Nursling）修道院院长，曾深受查理·马特及其后代的信任，至少最初是如此。然而，温弗里德希望教宗对其活动给予认可，为此他前往罗马，既是寻求必要的合法性，同时也获得了新的教名卜尼法斯（Bonifatius），并接过了象征大主教荣耀的披肩（Pallium）。事实上只有教宗才有资格授予披肩，温弗里德的披肩正是教宗格里高利三世授予的。之后这位"圣彼得的使者"返回了法兰克王国，通过他的努力，法兰克教会也遵照盎格鲁－撒克逊的传统，与罗马教会建立了前所未有的紧密而牢固的联系。

在法兰克王国东北部的奥斯特拉西亚，尽管卜尼法斯最终成为美因茨大主教，但他的努力收效甚微。只有由他推动创立的富尔达修道院蓬勃发展，他规划建立的主教区却失败了。在巴伐利亚，卜尼法斯更为得心应手，在那里，他不仅获得了宫相的支持，还得到了巴伐利亚公爵奥迪罗（Odilo）的鼎力相助。巴伐利亚的教会问题显而易见，急需进行全面的改革。例如，那里的一位神父以"故乡、女儿和圣灵的名义"（in nomine patria et filia et spiritus sancti）施洗。还有一个名为维吉尔的爱尔兰人，他以"歪曲的、错误的教义"误导人民，他声称"在大地之下还存在另一个世界，居住着另一群人，他们也有自己的太阳和月亮"；他还在公爵面前陷害卜尼法斯；[5] 或许这位维吉尔已经将地球设想为球体了。为了消除这些不端，卜尼法斯在巴伐利亚设立了固定的主教区，分别是雷根斯堡、萨尔茨堡、弗赖辛和帕绍，它们的主教今后将在整个公爵领负责维护教会的学说和秩序。

法兰克人的情况也不容乐观，对他们而言教会改革刻不容缓。王国内第一次宗教会议是"日耳曼宗教会议"（Concilium Germanicum），于742年在卡洛曼的命令下召开，其目的是"革新式微的天主的法律和教会的秩序"。会议决议明确了弊病，指明了宣教与改革的迫切的必要性。从此以后，按照古老的、几乎被遗忘的教会法的规定，宗教会议应每年举行，以便照管教会信众，监督教会纪律。神父必须服从他们的主教，并定期上报自己的工作。假神父、通奸或放荡的执事和神职人员都要免职，他们必须为此悔过。收留情人的修女要剃掉头发，犯同等错误的神父应被痛打，他们在关禁闭的两年只能以面包和水度日，有时还会受到更加严厉的惩罚。天主的仆人禁止拥有武器，他们不得参与任何争斗，不得涉足战争。带领猎犬、苍鹰或猎鹰一齐出动的狩猎活动在当时风靡一时，而这对教会人士也是禁令，并且是日后不断重复的禁令。主教和伯爵应联手共同抗击异教徒的风俗习惯。[6] 总而言之，教会巩固了世俗的统治。

民众也需要转变观念，习得新的知识。此前，他们仍在秘密地庆祝血祭，沉迷于算命和魔法，相信护身符和占卜者，通过法术寻求救恩，敬重迷信（一如现在所说的古老的狂热崇拜）。上述所有行为都要被禁止、被追查，这使得熟悉的生活方式突然间不被接受，充满奇幻的世界图景一下子被剥夺了魅力。新的宗教呼唤一场全面的启蒙。自此，改革者们开始跨文化的学习，其进程持续了数世纪之久。他们甚至没有止步于自身的宗教根基，而是对它提出了质疑。信仰和科学又一次纠缠在一起，煽动着已然爆发的冲突的火焰。在这场冲突中，无论是教会还是王权，无论是当时的社会秩序还是人类自身的观念，都没能幸免。卜尼法斯是坚定而强硬的改革家，奥斯特拉西亚的贵族从来没能与他达成共识。最终，由于与刚刚夺取王位的丕平（751年）意见不合，卜尼法斯发现自己的处境岌岌可危。为了缓解压力，这位盎格鲁－撒克逊人在754年踏上了对弗里斯兰人的宣教之旅，然而他刚刚到达那里便以身殉道了。这位圣徒如今埋葬于他所创建的富尔达修道院。为纪念卜尼法斯和他的精神，今天的德国主教会议仍然在那里举行。

加洛林家族攫取王权的过程伴随着家族内部的血腥斗争、手足相残。查理·马特一生都在为独揽大权而奋斗，他依照墨洛温王室的传统，将法兰克王国分给他的三个儿子：卡洛曼、矮子丕平和格里福（Grifo）。然而这样的平分是徒劳的。首先他们将格里福投入监狱，清除出局；继而卡洛曼也不得不隐退至卡西诺山，成为僧侣。当他再次回到法兰克王国，试图挑战他兄弟丕平的权力时，却在753年骤然离世，原因不明。当时的史学家们没有记载，751年墨洛温的国王如何被废黜，丕平又是如何赢得了法兰克人的认同而登上王位。没有任何加洛林改朝换代的详尽史料流传于世，更不用说失败的一方墨洛温家族。历史总是由胜利者书写，而且是以回顾的姿态，在这一过程中历史任人打扮。人们会怀疑，王朝更迭是否真的是和平过渡？也许这其中的冲突以某种方式与加洛林家族的内部斗争交织在了一起。

在后来的历史记述中，查理曼的传记作家艾因哈德（Einhard）指出，最后一代墨洛温国王已是身家贫穷、大权旁落。据艾因哈德所说，这位国王蓄着长发、胡子蓬乱，他只是徒有国王的空名，平日坐在王位上接见使节，复述人们为他准备好的回应。他同一贫如洗的农民一样坐在牛车上穿过他的王国，而不像一个国王那般骑着高头大马，出现在军队的最前列。在这一点上，艾因哈德认为有必要加以补充。然而，查理曼的传记作家真的了解事实真相么？他执笔之时距离加洛林的改朝换代已将近一百年。他又被准许写什么？

质疑的矛头首先指向了对加洛林政权合法性的叙事，这种叙事在官方的《王国年鉴》（Reichsannalen）中有充分体现。根据《王国年鉴》的记载，丕平向教宗撒迦利亚（Zacharias）请教谁应是国王，究竟是实际握有权力的人，还是名义上被尊为国王的人？然而这样的问题明显是基于8世纪末的教育改革背景，这场改革使人们熟悉了亚里士多德的谓词学说（Prädikabilienlehre），即区分概念（Begriff）与对象（Gegenstand），区分名（nomen）与实（res），在这里也就是区分国王的名号与国王的权力。因此，上述叙事实际上是时代错位的重构，旨在为不具合法性的事件追加合法性依据。这样的回溯颠倒了事件的逻辑顺序，它描述的是结果，而非加洛林人成功的原因。然而，对教权与新的皇权之关系而言，这种描述一直到中世纪盛期仍影响深远。后世的法学家从加洛林编年史家的叙事中推断，教宗有权利（Recht）废黜世俗君主。日后，或许是格里高利七世首先使用了这一权利；随后在1245年，英诺森四世无疑据此废黜了神圣罗马帝国皇帝腓特烈二世。

当然，丕平并没有料想到历史后续的发展，他的成功使他的统治合法化，他新近赢得的王权也一同获得了认可。整个高卢实现了统一，阿勒曼尼亚和巴伐利亚再次牢牢地为法兰克王权所控制。在罗马，人们密切关注着这场改头换面的变化，并承认了其合法性。与此同时，伦巴第国王埃斯图尔夫（Aistulf）在751年征服了拉文纳，这里是东罗马帝国总督的驻地。埃斯图尔夫要求罗马人和教宗成为他的附庸，向其纳贡，并计划随后攻打罗马，此时他已经占领了罗马公国（Dukats）的部分领地。753—754年，教宗斯提凡二世亲自翻越阿尔卑斯山向法兰克人寻求帮助。丕平与父亲不同，这次他答应了教宗的请求。回想起来，教宗的法兰克之旅迈出了最初的、慎重的一步，它使罗马教会逐渐摆脱拜占庭帝国的统治，从而走向完全的独立自主。

新晋法兰克国王丕平安排了一场精心规划的接待仪式。首先是圣德尼（St-Denis）修道院院长弗尔拉德（Fulrad）和法兰克的罗特哈特（Rothad）公爵前往边界迎接教宗；接着是国王的长子查理陪伴他走完最后一百英里路，前往位于马恩河谷（Marnetal）的蓬蒂翁（Ponthion）行宫；在那里，国王亲自向教宗迎面走去，为他牵马，并手执缰绳走上一小段路。丕平的姿态不仅旨在表明对圣彼得继承人应有的尊重，更重要的是有意向那些拒绝援助教宗的法兰克贵族们展示，他所接待的人物享有何等杰出、独特的荣耀，他在宗教权威面前是何等的谦卑。

事实上，法兰克贵族确实不情愿被卷入与伦巴第人的战争，特别是丕平那颇具影响力的王后贝尔特拉达（Bertrada）拒绝参战。只有在基耶尔济（Quierzy）的一次重新召开的王国会议上，国王和教宗的倡议才获得成功，双方结成同盟。随即在圣德尼，教宗斯提凡——不是以个人身份，而是作为在合法性和神秘主义意义上圣彼得的继承者，握有天国钥匙的守门人——为丕平和他的两个儿子查理及卡洛曼举行国王的涂油礼。自此，对天主追随者、天国守门人的信仰深深植根于法兰克人心中。与此同时，斯提凡还授予三位加洛林人，即新王丕平和他的两个儿子以"罗马人保护者"（Patricius Romanorum）的称号。这本不在教宗的职权范围内，因为只有罗马皇帝才可以授予这样的称号。[7] 这一姿态成功地使法兰克人肩负起保护罗马的职责，不过，尽管它的象征性是明确的，但其法律内涵却始终无法落实。丕平从教宗的访问中获得了无可估量的益处，自此，他篡夺的王权无疑不再有污点，反而是享受了天国和使徒继任者的祝福，后者可谓影响甚广。事实上，同代的史家们即刻开始抱怨，谴责教宗承认了墨洛温王朝的覆灭，并使得加洛林人三年前的篡位合法化。然而这种说法在何种程度上是真实的，已无法再被证实。[8]

受膏的国王带领他的大军翻过了阿尔卑斯山。在圣彼得的帮助下，法兰克人成功把伦巴第人打得落荒而逃，迫使战败的国王埃斯图尔夫交还了"圣彼得的司法区"（iusticia b. Petri）——教宗的世袭领地，还有伦巴第人占据的共和国（res publica），也就是罗马帝国的领土，不过这些地区并没有被具体列出。[9] 丕平通过赠予契书将上述领地归还了教宗，满足于伦巴第人向他宣誓效忠。之后，国王再次穿过阿尔卑斯山的关隘返回家乡。然而与此同时埃斯图尔夫撕毁了合约，他威胁教宗并准备再次征服罗马。于是，新的求救信被紧急送往法兰克王国。"请帮助我们，请赶快帮助我们！"教宗亲自执笔，他写信给国王和法兰克人说："我，使徒彼得……我将你们当作我的儿子……我在众民族中选择了法兰克人……我在此敦促你们，劝告你们……保护我的人民……保卫罗马……保护你们的兄弟罗马人,挽救他们于丧尽天良的伦巴第人手中!来吧,来吧,我以鲜活的、真实的天主之名恳求你们,来吧,在你们所饮的、所赖以重生的生命之泉干涸以前,在照亮你们的神圣火焰熄灭最后的火花以前,在你们属灵的母亲、天主神圣的教会被玷污以前……请伸出援手!"[10]

言辞的力量征服了法兰克人,诚然,谁能够拒绝这样的恳求?丕平再次率大军穿过阿尔卑斯山脉,在756年再次击败了埃斯图尔夫。此时,埃斯图尔夫只得在法兰克人的监督下把此前侵吞的所有土地转让给教宗,还被迫交出了王室三分之一的财产,并每年向法兰克人纳贡。伦巴第的王权得以保留下来,尽管此时它已元气大伤,十分虚弱。富有象征意义的一幕是,圣德尼的修道院院长弗尔拉德以法兰克国王的名义,将拉文纳城门和其他场所的钥匙放在了教宗的告解台上,从而象征着将统治权由从前的拉文纳总督手中移交给教宗。[11]丕平显然不希望看到希腊-拜占庭的统治在意大利复兴,不希望看到拜占庭的总督区和罗马公国的重建,更不希望看到皇帝回到这里。于是,他命令埃斯图尔夫的继任者狄西德里乌斯(Desiderius)将曾经的帝国领土"归还"给教宗。[12]丕平与斯提凡早在基耶尔济的会议上就此签署了协议,现在,国王正式将罗马公国、拉文纳总督区、艾米利亚(Emilia)、五城地区(Pentapolis)①、罗马与拉文纳两地之间狭窄的走廊以及意大利中部以西的若干特定地区"赠予"罗马教会。丕平对意大利的领土并没有野心,其子查理曼日后处处遵循丕平留下的先例,唯独意大利问题成为例外。尽管查理曼正式重申了赠土文献的有效性,然而这些地区的捐赠却悬而未决。遗憾的是,无论是查理曼还是丕平捐赠的相关文献都没有流传于世。

即使如此,双方订立的誓约并没有被遗忘。事实上丕平"赠土"可以说是为教宗国的创立奠定了基础,其统治一直持续到19世纪。在丕平赠土的基础上,法兰克国王、皇帝与教宗签署了一系列后续条约(Pacta)。现存最古老的文件是817年虔诚者路易签订的,最后的一次修订由亨利二世在1020年完成——中世纪盛期罗马教廷的教宗国收复计划、诉求和成就,都可以追溯到它的源头:丕平赠土。在此情况下,一份伪造的《君士

---

① 五城地区包括安科纳、佩萨罗、法诺、里米尼、西尼加利亚五个城市。

坦丁的赠礼》(*Konstantinische Schenkung*)则无足轻重。在中世纪晚期和宗教改革中，这份臭名昭著的文献时而仍被视为神圣的，时而遭到唾弃。对现代学术而言，彻底辨明这份文献仍然十分困难，因此它对丕平及其子孙的影响也不容低估，这是本书有悖于主流研究观点的地方。这份文献在9世纪才出现，它诞生于一个完全不同的历史背景中。[13]现在看来，似乎正是由于加洛林王朝的缔造者丕平成功问鼎法兰克人的王位，大格里高利永久击退伦巴第人的理想才成为现实，这一主题在教宗的《圣本笃传》中占据了核心章节。至少站在欧洲的立场上，法兰克人与教宗的结盟堪称世界历史的转折点，它开启了罗马教会与法兰克人，日后与法兰西国王间长期而密切的协作，特别是教会仪式从这一发展中获利。罗马教会推行的是单音旋律咏唱，它强调旋律的统一和清晰，突出每个音符的重量。在加洛林时代这种圣咏名为"格里高利圣咏"，以纪念大格里高利，它被成功引入了法兰克的教会。梅斯（Metz）主教克罗德冈（Chrodegang）派遣自己的合唱团前往教宗的圣乐学校（Schola cantorum）学习这种新的歌唱形式，格里高利圣咏在查理曼帝国的广泛流传正是从梅斯开始的。

　　伦巴第的屈服和圣彼得的胜利并没有带来真正的和平。局势发生了新的变化，教宗选举引发了罗马的党派斗争。狄西德里乌斯放弃了他最初采取的弃权策略，试图与君士坦丁堡的拜占庭皇帝结成同盟，共同对抗法兰克人和教宗。最初他确实获得了一些成功，历史似乎在重演。丕平远在法兰克王国，新教宗保罗一世是斯提凡二世的哥哥，他不得不与伦巴第国王妥协，甚至邀请他前往罗马祷告。然后丕平去世了，他的儿子查理和卡洛曼划分了王国，互相猜疑。查理治下的法兰克王国对伦巴第人的政策相当友好，查理甚至迎娶了狄西德里乌斯的女儿，这令时任教宗斯提凡三世极为不满。教宗写信给查理，认为他不应生下"奸诈、臭名昭著的伦巴第人后代"来"玷污"他的贵族血统。[14]在兄弟卡洛曼去世后，查理才开始重新思考这一点，并且为与狄西德里乌斯的战争做好了准备。现在，他不再需要这样一位伦巴第的岳父了，他与伦巴第公主的离婚相当于对伦巴第的宣战，由此引发的新一轮战争遍及意大利、阿尔卑斯山以北乃至整个欧洲，持续了数世纪之久。

第三章

查理曼与第一次"罗马帝国的复兴"

查理曼的统治最初处在兄弟相争的阴影下,直到他的弟弟卡洛曼过早离世,这才避免了一场公开的战争。然而,独存的查理曼仍然醉心于危险的权力游戏。与他的前人如出一辙,加洛林的统治者在相似的处境中都是老谋深算。卡洛曼的遗孀对其自身和儿子们的命运充满不安,她试图逃往伦巴第国王狄西德里乌斯在帕维亚的宫廷,然而这一计划也许落空了,因为王后和她的儿子们自此在历史记载中不见踪迹,在法兰克人774年征服帕维亚和伦巴第王国时也没有获得他们的消息。查理曼推行的是铁腕政治,丝毫不念及他的近亲。他的长子驼背丕平(丕平四世)虽然继承了先王的高贵名字,却因为驼背的体态而无法胜任高位。在他违背了查理曼的意愿后,父子间出现了长达数年的算计、紧张和冲突,最终查理曼将丕平流放至普吕姆(Prüm)修道院,并将其同伙交送刽子手。在查理曼作为国王的漫长岁月中(768—800年),他有三十年都奔走于战争之中,只有在加冕皇帝后他才致力维护和平的秩序。

查理曼从父亲丕平那里继承权力基础和王国的组织,它们带有鲜明的个人特色,即使是制度性的实体也是如此。中世纪早期和晚期的王权都热衷于展示自身的财富,正如我们前面在希尔德里克一世的墓葬中所看到的。王权表现在黄金夺目的光芒中,体现在诸如王座、王冠这样的权力象征上,抑或反映在充满象征意义的姿态与仪式中。其中,奢华而考究的宴会(convivium)必不可少,这一习俗穿越数百年流传至今。同样源于王权传统的还有"恐怖"(Terror)，它用于形容国王独自用长矛猎获野猪的情形。此外，国王礼赞仪式（Königslaudes）的记载也始于加洛林王朝，它曾令墨索里尼效仿。值得一提的还有战胜者面对战败或屈服的对手所做的"宽恕"(Milde)手势，这一切都可以在加洛林的王权中找到源头。就统治者的实际权力而言，其"亲属与朋友"的力量也不容小觑，王后和太后正是借此获得了政治影响力。这些标志、姿态与人际网络促使王权形成了一套独特的话语表达，它与其他语言一样，在中世纪的变迁中不断发展。它依照具体环境而定，而并非基于抽象思维，这令我们今天的理解困难重重，我们所熟悉的范畴、因果和形式逻辑在此通通失效。在加洛林王朝，国王的"恐怖"胜于论证，亲缘关系比逻辑更有效，这一切直到中世纪盛期才有所改变。然而即使在加洛林时代，尤其是查理曼的治下，制度也并未完全缺席。

制度性建设集中在国王的宫廷内，宫廷绝不仅仅是建筑与设施的集合，而是构成了王国在人才、经济尤其是精神文化上的中心，就制度而言宫廷亦是王权统治的核心所在。宫廷围绕国王而设立，国王犹如一屋之主；王后也在宫廷中占有一席之地，她在王室财产的管理中起决定作用。宫廷随国王在领地的巡游而迁移，法兰西岛、马斯－莱茵河地区和莱茵－美因河地区成为国王停留的重点区域。在查理曼的晚年，亚琛的行宫逐渐成为宫廷的固定驻地。加洛林的国王们与他们的前任统治者墨洛温人有着截然不同的喜好，后者大多以城市为中心施行统治，而前者偏爱荒郊与狩猎圣地作为自己的居留地。所有的宫廷人员均听命于国王的领主式统治。查理曼重新整合了伯爵领地（Grafschaft）的法律、封君封臣关系和采邑制（Lehnswesen），它们是法兰克王国在制度"输出"上最为杰出的贡献，尽管这种统治模式只在王国内部及被它征服的土地上通行。受影响的土地包括意大利、加泰罗尼亚，还有被法王封臣、诺曼底公爵威廉所统治的英格兰。国王需要额外从法兰克、巴伐利亚和阿勒曼尼亚征召大批亲信，派往这些被征服的陌生国度推行王权的统治。

伯爵在固定的领地内长久地代表国王统治，他有权下达国王禁令，致力于维护和平、主持司法，也负责领地的军队招募。所有贵族都囊括在封君封臣的体系中,国王依靠他们统治;封建采邑直到 9 世纪末期才可以被继承。少数领主的地产可以享受豁免权,尤其是主教和修道院的地产。这些领主持有采邑,负有封臣义务,听从国王的直接命令。为了便于王国管理,查理曼向特定的统治区派遣巡使(Missi),巡使通常由一名神职人员和一名世俗官员组成。尽管这些举措未能长久地行之有效,统治中的理性主义却有了长足的发展。

法兰克人的王国(Reich)并非国家(Staat)。对同代人来说它既算不上一个主体,也不能称之为拥有自身"机体"的、虚拟的、神秘主义的"个人"。王国不能脱离国王而存在,王国的职权既无法被清晰界定,也难以描述,其执行能力无法得到保障,因此它也不是独立的法律实体。王国即国王权力和国王统治,它需要不断地得到确认。王国被视为国王的物质财产,在它的疆域内,国王可以或者说应该行使王权。王国是以国王为核心的个人团体,国王既需要贵族的臣服也依靠他们施行统治。"继承人"和"继承"这一法律修辞超越了个体的生命限度,直到中世纪晚期它们的含义才有所改变。此外,尽管"官职"(Amt)和"行政部门"(Ministerium)等词汇在此时已出现,但制度上的行政思想并未诞生,它们所描述的是一种私人的服务形式,这种服务在最初还并非是自由的。这对国王自身也颇为适用,他是"天主的忠臣"、天主的仆役而非国家的管理者。

因此,加洛林的统治团体并不缺乏各式组织机构,他们拥有国王宫廷、封建庄园制(Grundherrschaft)、封君封臣制、采邑制、法庭、伯爵领,诸如此类。它们和繁多的教堂、修道院、主教区共同组成了机构间稠密的关系网。然而在当时来看,这张关系网无论是局部还是整体都不是独立的实体;当时人的认知里缺乏整体性概念,缺乏顺口易记的比喻及解释框架,无法既把握部分与整体,也让它们彼此区分,并使各个部分能系统地整合在一起,没有这样的认知也就无法辨认出一个整体。此外,分离公共与私人的抽象概念也不存在,这一严重缺陷阻碍了人们的各项活动,直到中世纪逐步产生了形式-运作的逻辑思维和法律科学,在此压力下上述阻碍才得以消除。与之相应的是,命令与服从很少能将国王与他所依靠的贵族团结为一体，维系其关系的是"赠予与服务的相互交换"之中的共识和互惠。当然也确实存在贵族畏惧国王的个例。每个贵族在垮台前都会有愿为国王效力的后起者迎头补上。

国王的财物和属于王室的庄园是保障统治的物质手段。国王是最大的土地领主。工商业生产主要聚集在宫廷与修道院周围，这里形成了最早的城市中心。在这个时代已不乏远程贸易、市场和硬通货，然而它们未能在经济活动中占据突出地位，直到人口增长带来了社会结构的改变，大规模的商品交换也随之而来，上述事物才开始兴旺发展。查理曼颁布了一系列法令规范度量与货币，一场根本性的、影响波及整个中世纪的货币改革可归功于国王的天才设计。王室与教会地产的生产与组织也由查理曼悉心管控。他要求农庄田舍书面统计其库存、配备，按时上报近况，这是经济制度上一次全新的创制；国王还亲自照管自己的庄园，甚至养鸡。王后是宫廷的女主人，负责宫廷的管理。我们不得而知的是，国王或王后所下达的要求在何种程度上能够实现，然而目标明确的、理性主义的系统化组织在此时已清晰可见。

封建土地在本质上分为两种，尽管这样的划分并不固定。一种是领主自己的直领地（Herrenland），领主要求农奴为他耕种；另一种是农民的土地，分为"自由"持有地和"非自由"持有地，由领主分配给自由农或农奴耕种。作为回报，这些农民向他们的领主提供实物地租和义务服务。自由农只需要缴纳地租；非自由农所缴纳的地租较少，却要定期为领主提供劳役，通常是每周有三天为领主做工，或者每年有数周为领主耕地和收割。这样的耕作模式并未在领主间达成一致，查理曼希望在全国范围内形成以庄园为单位的组织结构，然而在实践中这种设想只在王室和修道院的领地上得到贯彻。耕种法令在一定程度上抑制了地方领地的分崩离析。马轭的发明至关重要，它可以有效控制马在行进中的受力，从而提高货物运输的效率。重型犁具也在不久后引入，由于它只能由数头耕牛共同牵引，因而为农庄间的互助协作创造了条件。对不平等弊病的控诉催生了一些福利措施，以关照土地更少、更贫困的自由民，然而长久来看，这些农民还是逐渐沦为大领主的附庸。不过，查理曼所统治的是一个新兴的社会，而不是一个行将就木的时代,人们不会担心它的发展是否已经触及天花板。尽管饥荒和瘟疫仍不时降临,人口却仍在不断增长。农业的发展一直持续到 13、14 世纪,这归功于庄园领主的拓荒垦殖与土地兼并,归功于庄园统治的扩张与重整,归功于大部分自治农庄的法律权益得到了更好的保护。因此,只有到 14 世纪遭受农业危机的时候,欧洲社会才开始动摇。

这一时代的教会更加深入地融入了查理曼的统治体系。它关心走向最后审判的基督徒的救赎需要。国王最为重视祈祷、礼拜仪式、教会法律和教会制度。准确无误的祈祷成为戒律,否则,天主怎样听到人们的祈求并给予恩典?当查理曼听到富尔达及其他修道院的僧侣念错拉丁文的时候,他当场加以斥责。他还即刻下令整饬教育,这也为一场彻底的、全面的教育改革拉开了序幕,其规模远超出了礼拜仪式的需要。其中,理解教父们尤其是奥古斯丁的著作甚为重要。查理曼以身作则,据说,希波主教奥古斯丁的《上帝之城》是查理曼最爱的读物;奥古斯丁的《忏悔录》(*Confessiones*)也在此时流传,这两部著作对欧洲文化的影响无可估量。《上帝之城》讨论了人类社会的秩序、"和平"与"公正"、"上帝之城"与"魔鬼之城"的二元对立,讨论了救赎的历史与时间的终结。而《忏悔录》则将目光投向作为个体的人,直指他的自身和自我。"主啊,你在我背后拉着我,使我转身面对着自己,因为我背着自己,不愿正视自己。"(8,16)[1] 奥古斯丁将自我审视与自我剖析视为对罪过的忏悔与生命的自白,认为通过走向更高的存在,人类的自我将获得解放;直到今天它还在西方世界中回响。当文艺复兴和人文主义的拓荒者彼特拉克登上法国的旺图山(Mont Ventoux),在这里开始重新凝视世界与人类之时,他从口袋里拿出的也是《忏悔录》。

查理曼的改革也扩展至宗教仪式领域。查理曼特地向教宗哈德良恳求得来一部圣礼书,其目的在于使王国与罗马教会的礼拜仪式保持一致。查理曼的父亲丕平三世就曾努力维护与罗马教会的紧密关系,他命主教克罗德冈在梅斯教授罗马的教堂圣咏。然而,查理曼收到的圣礼书并非全本,其内容也并非广为人知,人们对此做了不少增补,保留了众多与罗马教会仪式不同的地方。例如在当时的罗马教会,人们同唱的《信经》中不包括

"和子"（filioque）二字①，即未指明圣灵也源自圣子。日后希腊教会正是因为拒绝"和子说"而被斥为异端，查理曼推行的弥撒中则将"和子"加入了《信经》诵读的段落。直至今天，各个地方教会仍在宗教仪式与习俗上存在细微差异。

查理曼全面整饬王国境内的法律与教会，这一行动并非出自罗马教会的授意或命令，尽管法兰克国王已明确地向教宗寻求支持。查理曼通过恳求，从罗马教宗哈德良一世手中获得一套《狄奥尼修-哈德良教令集》（Collectio canonum Dionysio-Hadriana），自此他在全国大力推行这部教会法典。尽管这部法典不断被传抄，它同样未能像国王预期的那样，为国内构建起统一规范，反而是若干偏离正典的法令大行其道。法兰克教会听命于罗马教宗，然而这种服从关系并非是完全的、持续的。直至11世纪的教会改革才实现完全服从，不过这种倾向在加洛林时代已是初现端倪。这一时代出现的伪《伊西多尔教令集》是其中最为激进的举措，对此下文还会予以详述。

查理曼致力于联合罗马教会，他在王国内引入并推行教省制度。这是教会的一种行政区划制度，以教省（Kirchenprovinz）为单位，由大主教管理省内的若干主教区（Diözese）。在实践层面上，这种构想在古代晚期仅仅是星星之火，至查理曼时代则被广泛采用，直到今日仍是教会组织的基本性原则。它逐步赋予教宗强有力的领导权，使之成为教会的首脑，使其控制及于所有大主教、副主教，直至最小的堂区（Parish）。主教区与都主教区（Metropolitan）将定期举办宗教会议，主教有责任到所辖教区巡视（Visitation）。这两种制度使神职人员与民众受到有效管理，也促进了教会的司法管辖。法兰克王国的国家宗教会议由国王召集，它规定国王必须参与。

在教区内，只有教区主教拥有授予圣职的权力。通过大主教、主教、堂区教士这样的层层圣秩，所有民众都被囊括在内。神职人员的教

---

① 《尼西亚信经》最初版本为"我信圣灵，赐生命的主，从父出来"，589年托莱多宗教会议补入"和子"二字，即"我信圣灵……从父和子出来"。东西方教会在此问题上长期争执，西方教会认为圣灵出自圣父和圣子，而东方教会认为圣灵只出自圣父。

育由主教负责，为此他们建立了学校。然而此时尚未形成主教座堂圣职团（Domkapitel），核心的主教教堂也没有教士团体，以上机构在 10 世纪才大量出现，他们的圣俸（Pfründe）将固定地从教会财产中支取。这些神职人员负责建立、管理并维护主教座堂学校，有教长（Magister scholarum）作为其主管。一些主教座堂学校因有良师而格外出众，在中世纪盛期蓬勃发展，在其中孕育了日后的大学。10 世纪起，辩证学与科学在一些顶尖的主教座堂学校中繁荣发展，它们与修道院学校形成竞争之势，然而不久后主教座堂学校全面胜出。

如果查理曼仅仅满足于重整现有的统治，那么他也不会得到 "大"（"曼"，Magnus）的称号。他极大地拓展了王国的疆域，同时致力于维护边境和平；他化归了异教的萨克森人，并拥有强烈的征服欲。在其弟弟逝世后，这位未来成就帝业的统治者先是统一了高卢，随后占领了伦巴第王国并亲自接管了王位。他继而征服了萨克森人，后者数世纪以来一直对法兰克王国边境构成极大威胁。此外，查理曼依靠一些诡计击垮了其表亲、巴伐利亚公爵塔西罗（Tassilo von Bayern）。查理曼之子丕平率法兰克军队彻底战胜了阿瓦尔人，此前他们被视为闪电般的危险。最后，西班牙边区马克（Mark）也被查理曼收入囊中，这块土地包括一连串的伯爵领，从上比利牛斯的乌尔赫尔（Urgell），经由塞尔达尼亚（Cerdanya）延伸到赫罗纳（Girona）与巴塞罗那，其中，加泰罗尼亚的心脏巴塞罗那不久便成为最为强大的统治中心。在这里，法兰克的封建制度首次被引入，罗马的宗教仪式取代了西哥特 – 莫扎拉布（Westgothic-Mozarabic）的礼仪。这一胜利也基于另一历史背景：后倭马亚王朝的科尔多瓦埃米尔（amir）[①]脱离了定都巴格达的新王朝阿拔斯王朝（Abbasiden），因而失去了穆斯林中央政权的支持。在这场争端中，巴格达的哈里发哈伦·拉希德（Harun al Rashid）向查理曼寻求支持，赠予法兰克人耶路撒冷圣墓的钥匙以示友好。正是穆斯林势力的分崩离析才使伊比利亚半岛逐步被收复，最终促成了 10 世纪伊始的光复运动（Reconquista）。除去不列颠群岛和穆斯林统

---

① "埃米尔"是阿拉伯文的音译，意思是指 "统率他人的人" 或 "国王"，最早用于表示哈里发派驻在外的军事统帅及各地总督，亦作为最高级贵族的称号。

治的西班牙地区残存的基督教据点，整个西方‒拉丁欧洲如今统一在法兰克王国的麾下，其后果影响深远，无可估量，这为西方世界整体统一的精神、宗教与文化打上了鲜明的烙印。

事实上查理曼很早就意识到，利剑带来的胜利需要依靠精神来稳固与和深化。人们常常争论，这位伟大的法兰克国王究竟靠文治还是凭武功而名垂青史。就前者而言，查理曼竭力推动文化的革新；就后者，他以节节军事胜利安邦定国。查理曼与学术团体保持紧密对话，他的宫廷是独一无二的教育中心，为随后数世纪树立了榜样。查理曼的继任者同他一样重视政治与学术的互通，事实上正是查理曼的榜样力量推迟了加洛林王朝的衰落。在矮子丕平时期，加洛林宫廷中就出现了空前的文学热潮，查理曼坚定支持并长期推动之。以口口相传为主体的加洛林文化需要靠文教精英阶层来复兴、革新拉丁文研究，在拉丁文以外，再没有其他学术语言或教会语言供他们使用了。这些真正的精英在实践中发展出教会拉丁文与学术拉丁文的精湛技艺。因此，正是拉丁语统一了西方世界，拉丁语为法兰克王国的语言与思维方式打上了一枚"拉丁欧洲"的烙印。

博大的古典教育体系从未被统治者所遗弃，然而学校教育掌握在"私人"而非"公权力"手中，它在黑暗的、文献贫瘠的中世纪早期迅速衰落，这也缘于基督教对古典教育的异教背景和导向还是心存疑虑。尽管墨洛温王朝的国王们享受了相对良好的文化教育，这种教育也并未完全中断，然而知识与技艺还是在不断萎缩与消亡，直到加洛林国王丕平和其子查理曼的时代，古典教育的颓势才得以遏制和扭转。此时，古代的手稿和相关文本仍可以在各地找到，但人们需要费心搜寻，通过耗时耗力的抄写才能挽救这些知识，使它们重新传播。抛开文艺复兴与启蒙运动的倡导来看，古罗马文化正是基于中世纪早期所萌生的兴趣，基于加洛林君主的大力保护才得以长存。

古代书籍的材质通常是相对廉价却不耐磨损的莎草纸，当书写工作大幅减少及莎草纸产量萎缩时，其后果是灾难性的。在中世纪早期，莎草纸的存量不断下滑，只有教宗的文书处一直到11世纪晚期还在使用这种材料。余下的西方世界为了缓解燃眉之急可谓急中生智，他们开始利用更为昂贵却也更为结实的羊皮纸。除了少数特例，记载学术文本的莎草纸卷册无一保存下来，水火之灾、腐烂、虫咬鼠啮使学术传承难以为继，其后果可以清晰地在数字上体现：即使是藏书近乎百万的古代图书馆，它所保存的书籍如今也荡然无存。如果加洛林时代的人们没有系统地搜寻古代文本与手稿，没有抄写它们，也没有使用结实的羊皮纸，那么古典时代的大部分著作，至少拉丁文的学术著作与文学作品，将永远遗失。人们不会读到西塞罗、昆体良、维吉尔、贺拉斯和奥维德，不会接触到《爱的艺术》《高卢战记》，古典时代的基督教作家也将销声匿迹。是查理曼对教育的渴求挽救了这些文本，挽救了"博雅技艺"的古典拉丁学术体系，拯救了"机械技艺"（mechanische Künste）的技法，也拯救了罗马文学艺术独一无二的瑰丽。没有它们，中世纪晚期的文艺复兴也无从谈起。

将人类的能力划分为"博雅的"与"机械的"技艺，源于古希腊罗马的教育学说。"博雅技艺"是指那些不需体力劳动的学科，它们并非用于谋生之路。在古代社会，自由且生活优渥的贵族是从事"博雅技艺"的先决条件，他们的生活需求由一批依附程度不同的劳动者满足。在加洛林时代，这样的社会阶层消失了，取代贵族的首先是神职人员与僧侣，其次是少量世俗人士。"机械技艺"指的是所有需要双手的劳作技艺，例如外科与药学、狩猎、航运、商业和各式贸易。

这些技艺在查理曼的宫廷和王国内重获新生。国王尤为喜爱排箫（Fistula）柔美的音色；恢宏的水力风琴（Wasserorgel）不久后也登上殿堂，这种乐器用水压控制风箱，它曾是古罗马与拜占庭宫廷的必备之物。查理曼的宫廷图书馆则应该是中世纪早期馆藏最佳的图书馆，它保存着一些稀有书目，例如罗马土地测量员留下的介绍土地测量技术的手抄卷。这本手抄卷装饰精美繁复，正是国王的收藏者使这些珍本得以流传至今天。此外，查理曼的宫廷成为教育与学术的中心、知识组织的中枢，这不仅前所未有，后世的王室宫廷也争相效仿，现代政府中的科教部便是它在当下的遗产。

诚然，不菲的开销无可避免。比之当时社会的经济产出和生产率，即现代意义上的国民生产总值（GNP），加洛林宫廷对学术与教育的投入并非一笔小数目，毋宁说，它所占的份额比在当今社会中的还要高。没有这一步，我们今天的知识文化与知识社会也将荡然无存。制作一本羊皮纸的书需要一只小羊，相应地，制作一部大尺寸的精装本需要更多的牲畜。这样的技术条件限制了知识传播自身和传播的速度，但也使知识得以长久保存。在今天，无论是单篇的长文章、书籍全本还是图书馆藏，人们都可以在几分钟甚至几秒钟之内通过电子邮件将其发向世界各地，而此前它们则需要数十年、数世纪才能等到传播的机会，并且机会并不意味着自此便能广为流传。人们需要一个全新的知识社会、一次漫长的凝神屏息，才等到时机将古代积累的知识向子孙后代传递下去。心系基督教世界发展的查理曼恰好具有这样的视野，他的同代人与后继者亦是持之以恒地资助这项事业，为我们今天的知识发展奠定了坚实的基础。

随之而来的巨大的财政压力只有最强大的资助者才能承受。如果没有君主制王朝做保障，一切发展都会延滞，哪怕它最终会实现。修道院是当时唯一能够传承古典文化的机构，如果没有查理曼对它们的大力扶持，这一进程也将更加艰难。正是在修道院的高墙内，记载西方知识与技艺的古版书初具规模，它们为日后主教座堂学校、大学和学术团体所研究的科学与技术奠定了基础。在当时，读与写之间还存在着独特的分别，因为人们不像今天那样能综合地学习它们。"读"被视作"博雅技艺"，"写"则属于"机械技艺"。"写"更是一项少数专家才掌握的技能，因为并非识文断字的人都能写作，而"读"最初也局限为"朗读"。随着中世纪的发展，这种分别才逐渐消失，能读书的人也能写字，自此，西方文明中的文学创作与学术化写作也迎来了持久的繁荣。

在征服伦巴第王国后，查理曼将西方拉丁世界各民族的学者召集至法兰克王国和他的宫廷，为他们安排教会职位与收入，为他们提供物质保障。在法兰克之外，这些学者来自伦巴第、西哥特、巴伐利亚，随后又扩大至萨克森、爱尔兰和盎格鲁-撒克逊，其中包括比萨的彼得、执事保罗（Paulus Diaconus）、意大利人阿奎莱亚的保利努斯（Paulinus von Aquileja）、盎格鲁-撒克逊人阿尔昆，还有他的对手奥尔良主教、西哥特人狄奥多尔夫（Theodulf von Orléans），以及被后者嘲笑的爱尔兰人克莱门斯等。也许查理曼的宫廷中并不存在一个长期的中心学校,这些学者也并非同时在此任教,更没有相当于学院或大学的机构。宫廷中的教学要求并不高,面向宫廷侍臣的子嗣。我们并不清楚法兰克境内有资质的学生是否会聚集于此,其规模如何。对查理曼而言,这些学者偶尔在宫廷出现已经让他满意,查理曼与他们交谈并且聆听他们的指教。更为重要的是,宫廷成了思想革新天然的心脏地带,思想的脉动从这里向整个王国蔓延,而后再向这一中心回流。在这里,所有的脉络汇聚至一起,它们赋予法兰克王国思想上的凝聚力。

查理曼所推动的教育事业有着明确的指向,其首要目标是崇敬天主。为了不辱没神明,礼拜仪式需要准确的语言、无瑕的拉丁文、规范的仪式吟唱以及确凿的知识。此外,随着种种诉求日益复杂,王国的秩序基于公正原则,更需要智慧的行事之道:维持秩序的模式必须有效,评判秩序的标准必须不断发展,知识在实践中必须易于操作。此时,查理曼是秩序之王,痴迷于秩序的思想。土地所有者、货币与度量、众伯爵领所形成的网络和法律、连贯不变的教会教阶组织、国王的宫廷与统治乃至时间,简言之,查理曼想要将这一切系统地、清晰地甚至是模式化地嵌入一种导航体系,它的定位涵盖了空间、社会和时间,迅捷却又安全可靠。这一套用于构建秩序的理性主义将无可限量。

由于不具备现成的知识,法兰克王国和它的宫廷反而保持了蓬勃的进取之势。永不满足的好奇心驱使着学者们和他们的国王奋发向上,尽管奥古斯丁曾警告世人好奇心和随之而来的辨识力会酿成恶果。在"计算"(computus)[①]的领域,即确定年代次序与纪年方面,这一现象尤为明显。什么是时间?查理曼想要知道。自从人类开始思考,他们便致力于此并不断给出新的答案:新石器时代的土方可以测定冬至和夏至,指导播种和收割的时间;有关时间的图像、神话,例如吞噬其子的时间之神柯罗诺斯(Chronos)[②],以及古埃及、古巴比伦、古希腊、古罗马文明中的天文

---

① 在中世纪早期特指通过计算确定复活节日期。
② 克洛诺斯(Cronus)是第一代提坦十二神的领袖,其阉父食子的行为恰恰暗示了"时间吞噬一切"这句古老谚语,人们常常把他和古希腊的时间之神柯罗诺斯(Chronos)相混淆。

理论，《创世记》和《塔木德》①中的六日创世，基督教教父，现代的相对论理论，文人墨客充满隐喻的文学语言，都在探讨"时间"这一现象。中世纪也不例外。自加洛林时代起，对时间的追问为西方的科学研究孕育了雏形，现代的历法、时间理论以及我们以时间为单位的生活方式都受惠于中世纪的发展。查理曼身边和宫廷内的学者此时已可以参考盎格鲁-撒克逊人可敬者比德的相关论述。②

查理曼宫廷中所推行的不仅仅是简单的纪年，尽管此时人们因为实用目的而开始重视历法。²他们的历法计算工作尤为关注《圣经》中天主创世的第四天（创造昼夜）③以及其中的时间标志。为时间订立秩序也就是为生活订立秩序，它涉及三个层面的时间：个人的生活时间，它不应随便被挥霍；历法时间，它应该被谨慎遵守；世界时间，它一直延伸至最后的审判。在这些时间的数字中隐藏着创世的奥秘。相传是查理曼的近臣、萨尔茨堡大主教雅恩（Arn）向皇帝提出了532年的"日-月大周期"学说，即复活节每532年为同一日期、星期、月相。④这一周期在当时被阐释为"100×5+6×5+2"。100意味着神性，6意味着完整；5代表人，2代表两种美德，即在天主处的喜悦与在人自身的喜悦。达到这两种美德的前提也有两种，其一是所有完整之物按照神性的模样被造出，其二是神性自身"完全"地完满了。对中世纪早期的众学者而言，神的尺度与人的尺度不断向他们揭开面纱，他们震惊地凝视着宇宙崇高的秩序与美丽——它那由数字构成的精妙比例，它的节奏与和谐以及造物所展现的天主的精神。天穹的日月星辰散发出的光芒宛若美德的预示，由此学者们用象征的手法为其作注，敦促人们要合理地利用时间。时间是神圣的造物——人们或许可

---

① 《塔木德》(Talmud)是犹太教宗教文献，意为"教导"，源于公元前2世纪至公元5世纪，记录了犹太人口耳相传的生活习惯和律法解释。
② 可敬者比德在《英吉利教会史》中以"基督纪元"为基础，采用从基督诞生时日往前倒数的办法来纪年。于是，公元前的英文缩写为 B.C.；而耶稣基督的诞生年为公元元年，即以 A.D. 为记，意为"主的年代"。
③ 具体见《圣经·创世记》1：14—1：19。
④ 复活节为每年春分月圆之后第一个星期日，每年日期不固定，人们可以根据春分、满月和星期日这三个条件来推算复活节日期。至于532年周期由来，则是："月亮周期"是19年，即在同一月份的同一天出现相同月相；"太阳周期"是28年，即每隔28年，日期和星期序数对应关系重复出现，因而满足相同日期、星期和月相的最小年限是它们的乘积532年。

以发问，创世开始于时间诞生之前还是诞生之后；时间亦是救赎之物，它在人类堕落后延缓了其审判。时间是有重量的、可延展的，使人的生活得以向最高的存在看齐，而不是堕入纸醉金迷、物欲横流的深渊。

近代早期的年代学家，例如约瑟夫·尤斯图斯·斯卡利杰（Joseph Justus Scaliger）[①]，对中世纪的复活节日期计算不以为然，批评 1582 年的格里高利历[②]亦是敷衍了事。然而，这些后世的年代学家忽略了这最初的尝试是何其的必要，他们全然不顾及此前学者的努力。在 11—13 世纪，希尔绍（Hirsau）修道院院长威廉、帕德伯恩的赖纳（Rainer von Paderborn）和罗伯特·格罗斯泰斯特分别对传统历法进行检视，通过实验与计算使其更为精确。这些修订并未直接被推广，因而现代人才会盲目地误解中世纪的成就，对自己的学者与时代沾沾自喜。

在加洛林时代，人们提出的最深奥的问题是"什么是无"，"无"是否为造物，因为天主从他自身创造了这个世界。这并非只是闲暇时的思考，而是在智识上的不断探索与训练，这最终使科学成为可能。对虚无问题的讨论需要全面的分析能力，如果没有这样的提问，没有回答这一问题所需要的基础训练，分析能力这一思考的技艺也不会得到发展。作为一种智识上的能力，人的分析能力灵活机动，能运用在各个领域。由此发展出一种全新的、系统性的行为方式，一种理性的处事原则，它们在各种订立秩序的实践中展现得淋漓尽致。

"知识最先到来，实践紧随其后"，查理曼如是说。他邀请僧侣和教士们作为顾问，其中包括阿尔昆、奥尔良主教狄奥多尔夫和他自己的堂弟科尔比的阿达尔哈德（Adalhard von Corbie），他们分别是盎格鲁-撒克逊人、西哥特人和法兰克人，查理曼自己也就成为这批新兴学者的第一个学生。在今天，至少在我们眼见的社会中，人们的行事正好相反。实践主义居于首位，其后才是对它的反思。中世纪早期的若干世纪里，人们开始使

[①] 斯卡利杰是法国学者恺撒·斯卡利杰之子；他的著作《时间校正篇》（1583 年）比较、修正了古巴比伦和埃及等不同文明的历法计算，使人们能够更加科学地理解古代编年史。
[②] 格里高利历是公历的标准名称，它先由意大利医生、天文学家、哲学家、年代学家阿洛伊修斯·里利乌斯（Aloysius Lilius）与克拉乌（Christophorus Clavius）等学者在儒略历的基础上加以改革而成，后由教宗格里高利十三世于 1582 年颁行。

用学术用语，国王和教会对此予以慷慨不懈的支持，这一切都为欧洲在文化与科学上的繁荣奠定了决定性基础，尽管中世纪饱受诟病。知识、技艺与语言紧密相连，这位英明的国王正是希望能系统地促进语言的发展，才将意大利、盎格鲁－撒克逊、爱尔兰的学者和西哥特人召集至自己的宫廷。通过他们的努力，古代的经典文化著作与七种博雅技艺的教育蓝图得以重见天日。

语言、思想与研究齐头并进，尤其是复兴后的拉丁文法，与亚里士多德的范畴论、西塞罗的修辞学一同重现于世。语言修辞越发精湛，语言又转而影响了思想。"语言模仿"指在不同社会背景、文本语境中使用同一词语，尽管这一现象在语言学意义上常常被误解、误读，但它在两个层面上推动了知识传播与知识生产：其一是将"前世"传于"后世"，将古代文明传入中世纪早期社会；其二是紧随其后，再将学术拉丁文翻译为民间语言。

亚里士多德是西方逻辑思想的祖师。现存最早且完整转译为拉丁文的亚里士多德哲学的文本是《十范畴论》（*Categoriae decem*），为亚氏伪作[①]。这部手稿完成于 795 年，其委托人是里昂大主教雷德阿德（Leidrad）。这位巴伐利亚人一直与查理曼宫廷保持着密切联系，或许此作的原本也保存在那里。此外，中世纪对该文本最早的释读也产生了，这就是学者阿尔昆献给查理曼和其宫廷的两篇著作，一篇是《辩证学》，另一篇为《修辞学》。尽管修辞学的发展源于古希腊罗马的诉讼实践，但现在它已经超出司法的语境，其词锋之犀利已无出其右。在脱离集会与法庭后，修辞成了基础的教学内容，它并非培养学生成为法学家和律师，而是仅仅用于学术训练，有助于拓宽语言的界限。正是由于古代法庭修辞的社会语境不复存在，修辞学才得以成为普适的、着重于语言的知识而被接受。阿尔昆将修辞学与辩证学一同归到逻辑学的范畴中。

盎格鲁－撒克逊人阿尔昆以对话的形式向法兰克国王阐释了他的知识，即国王（查理曼）发问，教师（阿尔昆）回答。国王问曰："修辞学

---

① 《十范畴论》是中世纪学者的拉丁文作品，为亚里士多德《范畴篇》的内容概要，8 世纪起成为西方逻辑学教学的主要材料，也曾被误认为是圣奥古斯丁所作。

的目的何为？"教师答曰："修辞学教导人们言辞得当。"国王问曰："修辞学适用于何物？"教师答曰："适用于万物，适用于人类思想的自然禀赋所能理解的所有学问之事。"……国王问曰："针对一个事实，要阐明多少种相关情境（circumstantiae）？"教师答曰："每个事实总共有七种情境：人物、行为、时间、地点、措施、动机和时机。"一般而言，事实可以拆解为七个问题：施动者何人？所做何事？何时？何地？如何做？为何做？是否能做成？简化为便于记忆的拉丁语短语就是：Quis? Quid? Ubi? Quibus auxiliis? Cur? Quomodo? Quando?。每项事实都至少可以按照以上七种方面进行界定分析。

此外，此前应用于法庭的修辞学术语还有："因果之状态"（status causarum），即辩论双方间核心争执所在，它需要特殊的提问方式，可以拆解为"总体原因"与具体的法律问题；"理性之状态"（status rationales），即逻辑的位置，它可以细分为事实根据、概念归属、行为性质与程序；"法律之状态"（status legales），即法的发现（Rechtsfindung），可以划分为两种，即依照在相应规范之中进行理性权衡的必要性，以及依照简单的文字证明。通过这些区分，因果（causa）的逻辑领域呼之欲出。每项事实、每种现象均可以观察到它的七种情境，每个争议论题、每次对事实的阐释都可以至少从八个分类角度进行分析。由此，人们的分析越发准确、精细、细致。诚然，这是一种源于古代的传统，但现在它开始为西方的科学与世界认知锻造新的基础。

如上所述，差异化、系统化、逻辑分类与恰当的提问成为开启西方学术大门的钥匙。所有的修辞最终都导致越发精确、细化、系统的提问。这般重获生机的修辞学唤醒了人们萌动的好奇心，人们推动它、带领它不断向前。在通往理性的、由理性所引导的科学的道路上，人们迈出了脚步，这是古代所未有的。这门学问所使用的知识技术可以运用至诸多领域，尤其是政治统治与商业的组织中。然而，这次启蒙同样有其副作用，例如它动摇了信仰的根基，触及了社会敏感领域，其后果的显现只是时间的问题。

受关注的还有辩证学中的五种谓项（Prädikabilien）——类、种、（类或种之间的）种差、（类或种的）固有性与偶然性（或为偶发的次要因素）[1]，以及亚里士多德的十种范畴（praedicamenta）。每种范畴并非由复合的词所构成，它们包括实体、性质、关系、地点、时间、所处、所有、（主动）行动、（被动）承受等，借由这种充满野心的表述，亚里士多德认为万物都可以在此框架下被证明。范畴学说揭示了，可感知的世界可以纳入不同的范畴与分类中，其本质与偶然状态可以被区分。加洛林时期的学校教育也以此为导向。此时颇负盛名的师者阿尔昆便援引亚里士多德的思想，教导道："每个人所说的，无一例外能在这十种范畴中找到其位置。"无论在修道院学校还是在日后的主教座堂学校，学生们皆受如此教育。然而需要再次强调的是，上述查理曼所鼓励的教学并非法学家的职业培训，国王意在建立一套综合的学校教育，它以范畴、分析以及揭示天主与人类创造奥秘的理性思考为基础。"人类活动的日常所需推动着我们不断实践"，这便是查理曼对修辞学的认知。此时，人们对世界有了新的理解，其框架由范畴、陈述真理的语句与揭示真理的提问所构成。

查理曼和他的老师阿尔昆继续着他们的对话，由此复兴的修辞学传播至西方世界所有学校，并以相同的方式被讲授，贯穿了中世纪的数百年。此时的修辞学并非局限于遣词造句，它远远超出了"雅言"的艺术，与同时复兴革新并逐渐普及的辩证学相得益彰，为人的认知提供了理论与实践机会。由此衍生出一种全新的思考方式，它开始指导实践，对拉丁世界日后的思想繁荣不可或缺。随着时代的发展，这两门学科也引导人们关注事物的"反面"，不仅要着眼于自身的社会与世界，更要理解外来的他者，在理解中不断接近、吸收并掌握，这也构成了欧洲的知性特征。

棘手的问题接踵而至，新兴的知识迎来了第一次考验。在异端学说面前人们需要保持警醒。例如从西班牙传入的嗣子说（Adoptianismus）被解释为末世降临的标志，希腊人对圣像的痴迷似乎触及了偶像崇拜的禁区。以上两种现象都必须遏止，而查理曼肩负起这一使命。嗣子说基于保罗的学说，声称基督是天主的养子，与普通人无异，查理曼在794年召开

---

[1] 五种谓项或宾词的拉丁文依次为 genus、species、differentia、proprium、accidens。

法兰克福宗教会议驳斥了这一主张。与此同时，对基督、圣徒尤其是圣母之形象的崇敬与狂热崇拜，无论在拜占庭还是在教宗的罗马都已融入人们的日常生活中。这里所说的崇敬（Proskynesis）并非为敬拜（Anbetung）或敬神（Latreia），崇敬可以献给代表神的形象的圣像，而圣像只用于对真神的敬拜。根据柏拉图的学说，神的形象也可以分享神的本质，这其中最著名的事例是君士坦丁皈依基督教的传说。时至今日，罗马诸教堂仍保留着众多在当时备受崇拜的画像板，例如圣母画像《罗马人民保护者》（*Salus Populi Romani*）以及至圣小堂（Sancta Sanctorum）中的基督画像，更不用说东正教会中的圣障①了。一些思维简单的基督徒会将圣像与它所呈现的神本身相混淆。在与穆斯林的战斗中，拜占庭也接触到伊斯兰教反对人像崇拜的思想。此外，拜占庭皇帝的宫廷中出现了基督一性论倾向，与正统教义②不同的是，它声称基督只有神性的本质。因此，东罗马帝国内逐渐形成破坏圣像的势力，政治冲突也由此爆发并波及西方。公元787年，拜占庭皇帝召集第二次尼西亚公会议，废除圣像禁令并重新允许对圣像的敬拜，罗马教宗的一位特使也被邀请出席，然而此次会议并没有法兰克人到场。

查理曼觉得自己受到了冒犯，他命宫廷学者撰写文章批判公会议文件，不过他从君士坦丁堡获得的文件译本错误百出。奥尔良的狄奥多尔夫是西哥特人，他来自反对圣像崇拜的穆斯林西班牙，他从查理曼手中接过了这项工作。他在著作中批判圣像崇拜为"无耻行径"，这也是刚刚复兴的辩证学在法兰克王国中的首次应用，它见证了宫廷学校教育的卓越成效。狄奥多尔夫明确区分了作为类（genus）的像（imago）与被崇拜的像，即作为种（species）的偶像。进一步说，所有偶像都是像，但并非所有的像都是偶像，贪慕虚荣的希腊人混淆了此两者，也混淆了对圣像的"占有"与"崇敬"，混淆了"所有"与"行动"的范畴。圣像的功用仅在于教化不能识字的人，它需要辅之以文字和解释。然而，狄奥多尔夫刚完

---

① 在东方基督教会，圣障（iconostasis）是指教堂里分隔教堂正殿与圣殿的一道墙壁，上面绘有圣像及宗教绘画；也可指放置在教堂里任何位置的可移动圣像画。
② 正统教义认为耶稣的神性和人性统一于一个位格，即"位格合一论"。

成他得意的《查理之作》(*opus Caroli*)，才获得国王的首肯，罗马便传来了消息，教宗哈德良一世间接参加了第二次尼西亚公会议并赞成了会议决定。查理曼不愿与教宗的神学意见相左，只得放弃了之前的所有努力。狄奥多尔夫的骄傲作品此后在宫廷档案馆中沉寂，一直保留至今天。

此时的罗马主教哈德良一世正寻求摆脱拜占庭-罗马帝国的统治。此前教宗受制于遥远的博斯普鲁斯海峡（Bosporus）岸边的政治势力，现在他寄希望于就近向法兰克国王寻求支持，后者不久前在伦巴第称王；然而教宗的意图绝非将遥远的压迫替换为就近的压迫。此时，查理曼是"罗马人保护者"，对罗马拥有无可争议的统治权，毫无疑问，他绝不满足于在罗马扮演次要角色。哈德良一世试图遏制加洛林人南下意大利和罗马的统治计划。查理曼第一次长驱直入罗马是在他攻克帕维亚之后，法兰克人重新确认了其父丕平赠予教会的财产，然而并未使之兑现，这也是查理曼饱受教宗诟病的渊源。教会与王国的关系越发紧张，尤其是查理曼在798年致力于"帝国革新"之时，敌对情绪不断增长。此时，查理曼似乎与东罗马女皇伊琳娜协商，伊琳娜在君士坦丁堡正面临声势浩大的反对势力，同时也担心查理曼入侵帝国的领地达尔马提亚（Dalmatien）。查理曼的传记作家艾因哈德记载了在博斯普鲁斯海峡流传着这样的警句："与法兰克人可以做朋友，但绝不能做邻居。"[3] 也正是在798年，女皇伊琳娜的使者前往法兰克王国，并将"帝国""交与"查理曼，史称"帝国的转交"（imperium tradiderunt），至少查理曼的宫廷做出如上解释。拜占庭人真正转交了何物，我们今天已不得而知。[4]

在法兰克与罗马教会保持外交往来之时，罗马城内和罗马教会里的形势发生了剧变。教宗哈德良一世离世，他的继任者是利奥三世。利奥发现哈德良在教会中的左膀右臂全部反对自己，对教宗的公开批判不绝于耳，血腥的暗杀也接踵而至，不过以失败告终。利奥从险象环生的敌营中惊险脱逃，他随即奔赴查理曼的营地，此时查理曼正准备第四次出征罗马。对利奥的指责——尤其是对他不道德的私生活的批评——并非空穴来风，但显然反对者需要进一步的仔细调查，这也为查理曼加冕为罗马皇帝创造了条件。查理曼意识到利奥所处的困境是难得一遇的机会，因而他毫不犹豫地介入其中，使之为己所用。若如此，查理曼不再需要像先前那样与伊琳娜交涉，而是能够摒弃希腊方面的援助，靠自身力量获得皇帝的称号，因为根据罗马法，罢黜教宗的程序需要罗马皇帝（Imperator）和奥古斯都（Augustus）的参与。查理曼不允许任何针对利奥的正式审判，而是狡猾地通过涤罪宣誓（Reinigungseid）程序①扭转局势，这发生在查理曼加冕之前。自此，"教宗不受任何人审判"[5]这条准则得以确立并在随后的历史中长久地具备法律效力，尽管它最初源于对古代晚期文献的一次伪造。公元800年的圣诞节，已通过宣誓证明清白且未受审判的利奥三世加冕查理曼为皇帝。人们不曾想到，这一举动对欧洲历史的发展产生了何其深远的影响，它也导致帝国及其领导者与东方的拜占庭不断产生纷争。

利奥三世无疑被视为圣彼得最杰出的继任者之一。尽管个人命运坎坷，利奥却成功赢得了加洛林最强大的君主查理曼的支持。虽然东罗马皇帝也在君士坦丁堡获得其大牧首的加冕，然而对历史而言这次加冕仪式只是一次偶然，并没有产生实质性影响。反之，利奥使教宗主持的涂油与加冕更具象征意义与政治效力，他巧妙地令它们与加冕礼上群众的欢呼相融合，使后者退为典礼的背景，从而使加冕本身具有决定意义。具体而言，全套的加冕仪式原本有其固有程序，它以群众决定性的欢呼为起始，其后是授予皇冠确认即位，再之后是神职人员高唱颂赞见证礼成；而现在，涂油与加冕成为典礼的核心步骤，群众的欢呼与神职人员的赞美合二为一，仅仅起锦上添花的确认作用。群众的欢呼仪式遵从了古罗马的习俗，然而在不同文献中记载不同。在法兰克的帝国编年史中，在场的罗马人高呼"查理奥古斯都，天主所加冕，伟大而平和的罗马皇帝，万寿无疆，无往不胜"（Carolo augusto, a Deo coronato magno et pacifico Romanorum imperatori, vita et victoria），而在《教宗名录》（Liber Pontificalis）中，依惯例"奥古斯都"之前加上了"最虔诚的"（piissimo）几个字，"罗马皇帝"改成了"皇帝"。[6]

---

① 涤罪宣誓又称"清白宣誓""共誓涤罪"，或"宣誓断讼""誓证法"，是日耳曼法中的审判方式，即被告以人格宣誓，证明自己无罪；由亲友以宣誓辅助人资格在庭上助誓，支持被告的誓言。助誓之人愈多，对当事人愈有利。

查理曼熟谙宗教仪式的象征语言，他对利奥安排的加冕礼甚为不满，然而也无法挽回。日后，查理曼经由贵族协商，将帝国传给其子路易时，他试图重新恢复古罗马的加冕礼。他亲自在亚琛皇家大教堂为路易戴上皇冠（813年），而没有再让神职人员参与其中。不过这一举动也是徒劳，三年后教宗到访法兰克王国，路易重新接受了他的加冕。自此，涂油与授冠成为（西）罗马皇帝加冕典礼的决定性步骤，并且在整个中世纪，唯有教宗独享为皇帝加冕的权利，而群众的欢呼日益不足为道。直到哈布斯堡王朝的查理五世时，欧洲的政治局势重新洗牌，教宗才丧失了加冕的特权。不过，随着查理曼加冕为皇帝，真实的权力与应有的尊贵、亚里士多德意义上的"实"与"名"合为一体。东罗马女皇伊琳娜似乎默许了查理曼由国王晋升为皇帝。在她被废黜之后，其继任者尼基弗鲁斯（Nikephoros）一度与法兰克人兵戎相见，却都败下阵来，直到十年后（811年或812年）他和他的继任者米海尔一世不得不承认西方世界发展的事实。

罗马教会的宗教仪式自古代晚期以来与皇帝的宫廷仪式日益接近，它表现在典礼、象征性程序与服饰装饰等方面。其发展贯穿了整个中世纪历史，塑造了教宗之权，特别是在世俗-政治的意义上影响尤甚。繁缛的苦路游行敬拜仪式（Stationsgottesdienst）①在罗马的不同教堂内举行，游行通常以拉特兰圣若望大殿为起点，最终到达城内特定的教堂，从而将罗马主教与他的"城"（罗马）联系在一起。利奥三世在位时，美轮美奂的教会建筑在罗马落成，与繁复的宗教仪式相呼应，其中包括两座以马赛克为纹饰的大殿。它们在中世纪晚期被拆除，被今天巴洛克式的拉特兰宫（Palatium Lateranense）所取代，除了几处少得可怜的著名的教堂后殿残迹得以保留，大殿建筑已不见踪影。并且那些在巴洛克时期得以修复的残迹或许已无法准确传达8世纪时教堂所呈现的图景。尽管如此，这些马赛克残迹并不仅仅只有一个代表功能。罗马主教的府邸曾经名为"主教府"（episcopium），后易名为"宗主教府"（patriarchium），在813年首次更名

---

① 亦作"拜苦路"，是指天主教的一种模仿耶稣受难过程的宗教活动，主要进行于四旬期间。耶稣从受审、钉十字架到埋葬，整个受难之路共有14站。

为"拉特兰宫",可见它逐渐与国王和皇帝的宫廷一样,成为"宫殿"。新的命名背后也暗藏着教宗新的诉求,罗马主教渴望建立自己的统治,独立于加洛林的国王和皇帝。利奥的这一目标在他的前任教宗哈德良一世那里便已初具雏形,或者在罗马致力摆脱拜占庭统治时已然付诸实践。然而利奥提出了一套更具野心的纲领,他试图消除任何皇权对罗马以及所有教宗领地(加洛林赠土)的统治,这份纲领开启了一项影响深远的进程,即教宗国的建立。在此后的数世纪中,尽管遇到了若干阻碍与激烈的冲突,教宗的统治最终维持了完整的独立自主与世俗主权。

作为国王的查理曼能征善战;成为罗马皇帝后,查理曼更着眼于维护和平。这需要压制人性中的贪婪,它是所有罪恶的源头,查理曼视之为和平最大的敌人。然而要如何战胜这致命的罪恶?"贪婪"究竟为何物?查理曼的自身经验无法为他提供满意的答案。在当时的人们看来,使人堕落的贪婪源自人们"毫无节制地、胡作非为地欲求财物"[7]。那么怎样的欲求是"毫无节制"与"胡作非为"?已有的统治伦理无法作答,这问题触及的是个体的灵魂救赎,它无关权力统治与政治实践,无关权势的操控,而在于系统地协调社会、时间、空间中相互冲突的利益关系。这里需要的是社会、经济、政治理论以及与之相适应的实践机制,以图掌控其中复杂的局势。然而,查理曼的同代人并不懂得这样的理论与机制,也无这样的雏形,他们所面对的是一套与我们今天截然不同的社会秩序。即使有最为发自内心的对和平的向往,人们也无法将这种个人想法整理为系统的思想。

危机迫在眉睫,"末世必有危险的日子来到"(《提摩太后书》3:1),无论是在希腊、西班牙、罗马还是法兰克王国,人们放眼所见的地方充斥着起义、争斗、异端和信仰的败坏。世界在走向毁灭,若干可靠的迹象都预示着这一点。[8]外部的威胁也接踵而至。首先是来自北方的海盗、陌生的蛮族长驱直入,人们奋力抵抗,查理曼只得通过与其签订协约来消除边界的威胁。南方也陷入动荡,尽管巴塞罗那从基督教敌人的手中成功获得解放,托尔托萨还是三次被攻占,来自西班牙的威胁也没有被消除。穆斯林渴望复仇,他们的舰队突袭了地中海的岛屿以及高卢的海岸。在意大利,贝内文托人反抗着查理曼的统治。此时,被怀疑为异端的希腊人也在帝国的东南方、在威尼斯与达尔马提亚与法兰克的统治相斗争。帝国在东西方的统治问题都有待解决,尤其在尼基弗鲁斯取代伊琳娜成为拜占庭皇帝后,法兰克与拜占庭更是时常产生摩擦与冲突。巩固帝国边防需要不懈的战斗精神、费钱的守卫以及可随时支配的军队。查理曼将这些费用转嫁到帝国所有的封臣尤其是大的教会与修道院身上。

尽管萨克森人被查理曼打败,他们自身却尚未完全融入法兰克王国。查理曼仍要在他们的土地上建立主教区、堂区教堂与修道院。阿瓦尔人也是被征服的部族,但是法兰克人在潘诺尼亚扩张并巩固政权、传播基督教的行动任重道远。来自阿奎莱亚、萨尔茨堡、帕绍和雷根斯堡的传教使团与在此的东正教拜占庭人争相将所在土地划入各自的教省,并互相阻挠对方。整个帝国中的教会秩序处在混乱中,国王派往各个行政区的使者也不断带来坏消息。立法应该向保护弱者的方向再改变,司法还需要持续监管,公正成了这一时代的信条,做到这一切需要高度集中精力,凝聚力量,也需要和平来保障。

自查理曼加冕之日起,这位法兰克国王深感自己身负重任,其统治的开始难道不是与那个面目一新、改头换面且具有末世意味的6世纪黎明相重合?笃信圣哲罗姆预言的学者们如是认为。查理曼以审慎之心登上帝位,他采取一系列维护和平的措施,以增进基督教世界、教会和法兰克人民的福祉。诚然,查理曼所依照的方法基于传统知识,它们迫切需要革新、扩展以及提高效率。那么,如何才能增进经验与知识?在新的手段尚未付诸实践的情况下,如何才能提高人的能力?如何才能求助于社会的文化记忆?又如何才能从它的回答中获得启发?

部分问题最初已经有了答案,然而它们只是被简单地叠加在一起,缺少结构上的彼此关联。[9]基督教信仰的传播与巩固、弥撒仪式的完善以及神的敬拜(Cultus divinus)被视为第一要务。法兰克人是敬畏神的基督徒。高级教士不能滥用他们的权柄,他们的为人处世都应是他人的榜样,大格里高利的《教牧法规》便如是教导。神父若是在道德上不能胜任弥撒的主持,他将被罢免,然而实际的标准却是模糊的。此外,修士和修女应该隐居,仅仅在修道院的高墙内侍奉天主;法律与正义应当一统天下;国王的使者——主教、修道院长、公爵和伯爵——应加强他们的地方控制;人民需要向国王宣誓效忠;孤儿寡母应得到保护;穷人不应受压迫;封臣应恪守其职责;贫困的自由民与资产匮乏的封臣无须履行兵役;乱伦与其他不当性行为应予以严惩;谋杀尤其是近亲谋杀必须得到应有的刑罚;饥荒来临时,人们仍应祈祷,祈求天主的仁慈,应以适当的价格为陷于穷困的人们供应粮食。简言之,与天主的和平、与贵族的和平、与人民的和平被查理曼视为重中之重。他在一生中不断要求人们,聆听天主的教诲并将其付诸实践。和谐、友谊、和平与爱既是手段也是目的。这些美德不仅巩固了王权的统治,也领导人民走向救赎。然而查理曼的设想中仍然缺乏制度设计、结构性的举措以及区域规划。

  危机的根源只能具体地、逐个地列举出来,它们受制于集体的、以交流为导向的社会记忆。查理曼看重宗教礼仪、准确无误的文本、精确的日期计算与医药学,关心用于敬拜的拉丁文、弥撒以及对贫病者的救助,这些事国王交由他的代理人负责检查。世俗领域的知识也同样必不可少,查理曼规定暴力罪犯与叛乱起义以同罪论处;在家中不得持有或穿戴包括盾牌、长矛、铠甲在内的武器装备;谁若是拥有十二胡符(Hufe)①的土地,则必须配有一套铠甲;谁若是在履行兵役时不穿戴铠甲,他将同时失去他的铠甲与采邑;破坏和平的人应在国王面前被审判;谁若是不顾和平协约而继续杀戮,他将失去用于发誓的右手并被国王流放;与斯拉夫人和阿瓦尔人的贸易只能在特定的边境哨所进行,并且应严格控制;武器禁止出口;宣誓效忠的对象只能是皇帝和自己的封君,但是对后者的宣誓必须同样有益于皇帝;人们应恪守法律与公正,应保护穷人与无助的附庸;法令应能惩罚堕落的神职人员、平信徒与出逃的妇女,抵制伪造,应能规范自由民与受财政救济者的婚姻。简而言之,查理曼试图压制那些日常的、熟悉的潜在冲突,压制那些常常导致复仇的践踏法律的行径。这一大堆独立措施被汇总在一起,以求加强帝国的法律与秩序、信仰与敬拜,并带领国

---

① 胡符是德意志农户占有土地的计量单位,也是征税单位,大小因地而异,约合七公顷至十五公顷。

家走向和平。然而，由王权维护的和平需要王权的稳固，为了从末世的堕落中获得拯救，必须着手加强王权的统治。查理曼此时已是年近古稀，力不从心了，他需要为他的宏伟蓝图寻找继任者。

然而就继承问题而言，法兰克人绝无美好的回忆。每位继任者都陷入了争权夺位的内斗并以流血的冲突告终，这不仅发生在墨洛温王朝，在加洛林时期亦如此。至亲反目成仇，竭尽全力将对方除之而后快，失败者或是被流放，或是被迫成为修道院的僧侣，或是成为残废，或是被谋杀，甚至最终引发内战。国王与篡位者之间的斗争不断将贵族与人民卷入致命的战事。查理曼自己也经历了这一切。为了防患于未然，查理曼私下采取了行动。自他的第四或第五位妻子柳特加尔德（Liutgard）去世以来，以及在他加冕为罗马皇帝后，查理曼为了和平、为了控制继承人的数量，不再娶妻，而是仅仅与情妇交往，情妇的儿子不具备继承的合法性，因而也不会加入分割遗产的战争。此外，查理曼提早规划了继承权的分配，帝国将划分为三部分交由他的三个婚生嫡子统治，这样便确保了和平。806年的"王国分割令"（Divisio regnorum）不同于以往的任何传统，它并未采用诸子均分的方式，而这一惯例在此前一直延续至768年。根据查理曼的决定，长子得到了最多的土地，或许这是因为人们认定长子不会有子嗣。然而查理曼的两位较年长的儿子，查理与丕平，都先于父亲离世，幼子路易成了唯一的嫡子，他也被视为罗马皇帝的继任者；此外，丕平之子、查理曼之孙、纯正的加洛林人伯恩哈德也是合法继承人。其祖父查理曼在堂弟阿达尔哈德、瓦拉（Wala）——伯恩哈德的叔祖们——的建议下，计划让伯恩哈德继承其父的遗产，即意大利王国。812年，查理曼最终确定了继承方案，路易于813年在亚琛举行了皇帝的加冕礼，这一举动极不寻常。此次皇位继任的独特之处还在于征求了贵族封臣的同意，即达成"信仰共识"（Consensus fidelium）。这是与宫廷关系密切的贵族首次参与王权并发表意见，自此之后贵族的参与成为惯例。这也是人类历史上的一次转折，自此，正式而有效的统治契约得以形成。

虔诚者路易时代加洛林帝国的危机

在查理曼去世的短短数年后，路易打破了他的誓言。这是国王首次破坏誓约，此种行径在后世不乏追随者。帝国和皇室的和平皆难以为继。根据传统，路易在10世纪得到了"虔诚者"的别名。这位君主曾是阿基坦的下王（Unterkönig）①，换言之，他并非或者不仅仅在法兰克的传统中长大，他也从未接受关于整个帝国统治的教育，事实上，他无法胜任查理曼交给他的使命。例如在他统治的南部王国，路易受西哥特-西班牙传统的影响，与罗马教会关系疏远并对其漠不关心，而非像查理曼那样致力与教会保持一致。成为皇帝后，路易从未拜访罗马，也从未前往圣彼得的墓地朝圣。查理曼所宣扬并践行的"罗马帝国之复兴"遭到抵制，在路易这里简化为"法兰克王国之复兴"。在查理曼尸骨未寒之际，帝国的新君主便将其父最重要的大臣，科尔比修道院院长阿达尔哈德与其弟亚琛的普法尔茨伯爵（Pfalzgraf）②瓦拉驱逐出境；阿达尔哈德曾是罗马教会的尊贵的座上宾，瓦拉则被迫在修道院中接受剃度。尽管如此，查理曼帝国依然成为人们的记忆与理想而永葆生命力，对不断卷入冲突战争的同代人来说，查理曼的和平理念也足以警世，深入人心。

新君主最重要的谋臣是阿尼亚纳修道院院长本笃，他生于西哥特的伯爵之家，在年幼的路易担任阿基坦国王时，本笃便已在阿基坦宫廷中举足轻重，并与查理曼的大臣阿达尔哈德不相为谋。本笃胸怀大略，他致力统一修道院组织，寄希望路易能慷慨相助。与查理曼准许修道院习俗的多样化不同的是，在路易治下，帝国内所有的修道院组织必须遵从圣本笃会规生活。在817—819年的若干宫廷典礼日上，修道院改革以及并行的教会法改革被提上章程并付诸实践。在此背景下诞生的圣加伦修道院的建设方案，清晰展示了修道院庄园与作为其中心的农庄（Wirtschaftshof）实际上如何运作以及应如何运作。这是一种复杂且具备劳动分工的组织，其

---

① 下王即附属于另一国王的国王，例如意大利国王、波西米亚国王之于德意志国王。
② 普法尔茨伯爵即行宫伯爵，又称帕拉丁伯爵（count palatine）。最初负责宫廷司法等事务，约中世纪中期开始持有帕拉丁（普法尔茨）领地，享有特权。

中已发展出冶金、冶铁、麦芽加工、酿造等"作坊"。修道院之间的祈祷协会（Gebetsbünde）与祈祷兄弟会（Gebetsverbrüderung）也促进了统一秩序的形成。名为"记忆书"（Liber memorialis）或者"生命书"（Liber vitae）的新文献体裁随之诞生，修道院以被祈祷者之名义、以修道院恩主之名义写下这种文本，在纪念圣礼中在祭坛上诵读。对历史学家而言，它们又是丰富的研究材料，记录了有关制度化的纪念祷告、名字的编列、仪式的流程的信息，这些纪念文本也为日后的史学书写奠定了基础。

路易的改革热忱深入尘世与贵族的社会结构中。例如法兰克王国对异族通婚有了更严格的规定，这为婚姻法带来重大变革。此前人们遵照圣经中的婚姻戒律，也就是一定程度上允许近亲通婚；而路易将罗马继承法中的七代亲等的亲属关系①引入天主教婚姻法，并规定双方只有在七代亲等的亲属关系外才可成婚。不过在现实层面上新的婚姻法遇到层层困难，例如亲等算法在各地并不统一，对近亲乱伦的界定既无法即刻执行，也无法长期付诸实践，践踏和逃避法律的情况屡禁不止，以至于日后出现了大量诉讼案件。然而在此压力下，人们对亲属关系与"家庭"的理解在随后数世纪中经历了根本性改变，甚至仍然影响着今天的欧洲。此外，以男系亲缘为纽带的、纵贯代际的宗族关系开始形成，不知不觉中形成了贵族世家。不过在1100年前后，即使是法兰西的安茹伯爵或者施瓦本的韦尔夫家族这般显赫贵胄也无法追溯其祖先在10世纪以前的历史，无法确切理清其家族的谱系，尽管他们花了大量精力从事考证。只有在约1100年之后，贵族的家谱才变得更可靠。

然而，路易的改革热情转瞬即逝，棘手的继承问题尤其是皇帝对此自相矛盾、举棋不定的态度终结了改革的进程。这一转折决定了法兰克王国的命运。此前，加洛林家族经历了最幸运的三代，从查理·马特到丕平再到查理曼，他们一代代将王国推至顶峰。在此过程中，诸子分割的原则并未动摇，它不仅继续行之有效，更是为王国的最高首领树立了前所未有的

---

① 根据罗马法的计算法，直系血亲，是从己身上数或下数，以一代（世）为一亲等。旁系血亲，是从己身上数到同源的直系血亲，再由同源的直系血亲下数到所要计算亲等的亲属，合计其代（世）数以定亲等。

权威，打击了反分割派的支持者。然而路易在817年颁布的《帝国授权诏令》（Ordinatio imperii）助长了后者的势力，他将大部分完整的帝国以及皇帝的威仪传给了长子洛塔尔，洛塔尔的两个弟弟丕平和路易（别名日耳曼人路易）拥有各自的下属王国阿基坦和巴伐利亚。这一继承方案种下了分裂的种子，因为它剥夺了路易的侄子、意大利的伯恩哈德的权力；而路易曾亲自在"信仰共识"中宣誓确认了伯恩哈德对意大利的统治，可以说，817年的诏令将伯恩哈德排除出局并最终导致他的死亡。路易的第二段婚姻也是该方案的受害者，第二任王后为路易诞下了他的第四子，这个孩子以"查理"这一尊贵的名字受洗，而他也被排除在继承人选之外。正是路易缺乏目标的分割计划将原本幸而团结的法兰克王国迅速推向分裂的深渊。

路易的第二任王后朱迪特或许与罗贝尔家族（Robertinern）有亲缘关系，甚至可能是这一显赫家族的成员；根据中世纪盛期的《韦尔夫家族史》（Historia Welforum）可以推断她并非韦尔夫人。中世纪的历史记忆与书写无法穿透10世纪的黑暗，对这一时代的众多不当论断也将现代史学研究领上歧途。具体而言，写于12世纪的《韦尔夫家族史》将朱迪特父亲的名字"韦尔夫"（Welf）误解为朱迪特的专有名，而事实上它也许只是王后的别名，这一说法为后世史学所沿用。根据当前的考证，朱迪特的父亲名为华普莱特（Ruadpreht），即罗贝尔（Robert）。朱迪特对路易的统治颇具影响，然而其具体影响也难以确定。或许来自莱茵高（Rheingau）与巴伐利亚的罗贝尔家族一路西迁，在强人罗贝尔（Robert der Tapfere）以及朱迪特的侄子、修道院院长雨果（Hugo dem Abt）的带领下在法兰西岛定居。随后在10世纪晚期，家族后裔雨果·卡佩①登上法兰西王位，开创卡佩王朝，其统治一直延续至法国大革命与19世纪。卡佩家族是迄今存续的古代欧洲贵族中父系血统可追溯至8世纪的唯一家族。卡佩的支系家族也在勃艮第取得王位，日后奥托大帝的第二位妻子、皇后阿德海德（Adelheid）便出身于这一家族。

---

① 相传雨果·卡佩喜欢一种名为"卡佩"（Cape）的短披肩，于是"卡佩"就成了雨果的绰号，人们就把雨果建立的新王朝称为"卡佩王朝"。

路易破坏了812—813年查理曼的继位方案，以及为此奠定基础的806年的"王国分割令"，这种破坏像达摩克利斯剑一样高悬于路易的政权之上；而路易颁布的《帝国授权诏令》尽管早已过时，却持续影响着后世。意大利的伯恩哈德的暴毙使人们意识到新继承方案的问题，矛头开始不断指向路易。"这个蠢货！他穿了一件愚蠢织成的外衣"，路易身边颇有权势的宫廷派系如是说。查理曼的旧臣、科尔比的阿达尔哈德与他的传记作者帕斯卡西乌斯·拉伯图斯（Paschasius Radbertus）此时也无法抑制满腔怒火。阿达尔哈德质问道："究竟是谁将人民的元老院引入如此荒唐的境地？"[10]然而，即使是查理曼被流放的两位堂亲——阿达尔哈德与他的兄弟瓦拉在七年后重新回到宫廷，灾难的局势也无法扭转，因为此前已然做出太多致命的错误决策，统治集团的人事配置一旦确立便无法更改。此外，在伯恩哈德去世数年后（822年），路易意识到自身的错误并举行了公开的教会忏悔，然而本应由国王享有的"荣耀"与强制的"威慑"却因此不复存在。尽管如此，阿达尔哈德仍撰写了一部宫廷秩序书向路易谏言，意在回顾查理曼时期的规定，以加强王权的统治。阿达尔哈德的这部作品在今天已失传，然而兰斯大主教汉克马（Hinkmar）曾读过它，在五十年后法兰克王国面临相似困境之时，汉克马撰写了一部相似的《宫廷秩序论》（De ordine palatii），在其中逐字引用了阿达尔哈德的文本，也为加洛林时期的统治运作留下了宝贵的记载。

相继而来的各分割计划打破了帝国的和平，因为皇帝的子嗣与其身后的贵族势力无法团结，也是因为手腕软弱的皇帝逐渐大权旁落。冲突不断升级，在路易840年离世后，841年各方党派在血腥的丰特努瓦（Fontenoy）战役中厮杀，并最终于843年签订了分割国土的《凡尔登条约》。除去查理三世维持的短暂统一，《凡尔登条约》标志着帝国瓦解的开始，它所保证的和平也稍纵即逝。硝烟与战火不断重燃，加洛林各家族间不再相互信任，帝国各部分间的鸿沟与嫌隙逐步加深。

王权内部的争夺与中世纪的另一个棘手命题紧密相关，它就是世界的秩序为何，即教权与王权之关系。大公教会的普世性与王权、皇权的地方性之对立亟待解决，然而这并非易事。此时，人们感到世俗与教会的统治秩序被破坏，改革势在必行。828年以后，改革的方案不断增多，艾因哈德著名的《查理大帝传》或许便是以传记为名义，实则是写给皇帝的劝勉，其他的献计谏言也纷至沓来。尤其是继任其兄长职务的科尔比修道院院长瓦拉一直致力改革王权与教权的关系，直至最终引发叛乱，导致皇帝被囚。这位被迫遁入僧侣阶层的加洛林贵族或许在以世俗身份效忠查理曼之时便已献上其改革计划。

829年在巴黎召开的主教会议以全新的、彻底的方式重新讨论了王权与教权的关系。494年教宗格拉修一世（Gelasius）致拜占庭皇帝阿纳斯塔修斯（Anastasius）的书信成为纲领性文件，并呈送至在巴黎参会的众主教与修道院长。这封书信或许正是由改革派的若干核心人物发现，他们随后更是投身于制作伪《伊西多尔教令集》的宏大工程中。晚近的研究认为，这部文献包括若干伪造的教宗法令与教会法律文件，假托伊西多尔·麦卡托（Isidor Mercator）之名，于当时或稍晚的时代成书于瓦拉的庇卡底（Picardisch）的科尔比修道院，这里是当时最负盛名的学术中心。瓦拉与他的亲信，尤其是他最重要的帮手帕斯卡西乌斯·拉伯图斯是这次伪造的核心领导者。[11]

格拉修写道："尊敬的皇帝，世界首要由两种权柄统治：主教的神圣权威（sacrata auctoritas pontificum）与国王的权力（regalis potestas）。其中，主教的权柄更具分量，因为在天主的法庭前，主教也要将万民的国王的情况上报。因此，睿智、温和的儿子啊，你拥有管理万民的荣耀，然而在最高的祭司前你仍要俯首屈膝。"[12]自此，"两个权柄理论"塑造了基督教西方对世俗统治的全部理解，尽管它并非"名副其实"。彼世存在的危险敦促人们在此世寻找获得救赎的秩序，而这一秩序掌握在祭司手中。谁还比国王更需要服从于教士？所有的君主伦理都遵从了这一理论，类似的观念也存在于伊斯兰世界。

瓦拉是查理曼的堂亲，也曾是皇帝晚年最重要的贵族顾问，如今作为最活跃的教会改革家大展身手。他的重要作用在于指出该教令集由博学的伊西多尔所编撰，这其中或许也有帕斯卡西乌斯·拉伯图斯的贡献。此外，由拉伯图斯创作的瓦拉传记为后世记载了此次伪造的计划、行动和警示,它所面向的是小范围受众,作者在其中不断为这项工程辩护。作者为这部传记取了个误导性的名字:《阿塞尼的祭文》(Epitaphium Arsenii)。伪《伊西多尔教令集》事件的影响远远超出修道院的范围,而是与整个大公教会息息相关,这与瓦拉在查理曼时代所经历的如出一辙。伪伊西多尔整理、编写教会遗存文献的目的,在于保护神职人员尤其是主教与修道院不受包括国王在内的世俗权力的侵扰,不受都主教专断独裁的侵扰。其方式是加强教宗的司法职权,在教宗与大主教之间设立首席宗主教(Primas-Patriarchen)职,不过后者未能实现。这部伪经在 9 世纪没有激起任何波澜,然而在 11、12 世纪建立以罗马和教宗为中心的教会之改革中,这些文献变得举足轻重。

"王国"即王权所覆盖的地域、世俗统治者的联盟,在加洛林时期,它完全纳入了"教会"即"基督神秘圣体"的范畴内。[13] 对"教会"与"王国"在逻辑上的区分直至 11、12 世纪才逐渐出现。诸如"信仰"、"和谐"、"和平"、"秩序"与"位置"、对天主的"效劳"、"保护"以及"帮助"等概念构成了对不可分割的统一体的解释框架,而世俗思想则无法占据一席之地。世界应朝向基督教、大公教会与基督圣体的方向发展。拉伯图斯从不吝于赞美瓦拉为改革与王权教权之和谐统一所做的努力,正因此"王朝才不会四分五裂",更重要的是,"基督教的荣耀、名誉"与教会的财产都得以保全。瓦拉认识到,"教权"与"王权"间的和谐秩序才是查理曼的法兰克王国存续之基石。然而事实上,尽管查理曼严厉打压,世俗贵族还是展现出其贪婪的一面,并因此对"基督的教士与祭坛的侍者"施加压力,迫使教士们离开他们的神圣职位。在未经审判的情况下,教士们的财产被夺走,修道院也未能幸免于难;主教区的转让违反了教会法,这些都是伪伊西多尔的关注所在。瓦拉主要关心的是保护主教的问题,因此教会与帝国的改革者们向教宗求助,他是尘世最高的也是最后一锤定音的法官。

目光敏锐、忧心忡忡的瓦拉曾在 828 年向皇帝谏言,"一切都在腐朽与败坏"。然而在《阿塞尼的祭文》所做的回顾之外,没有人敢讲出真相,尽管那时"帝国的罪恶还未超出其限度",也就是说,它们还在悄然增长,帝国还处在衰亡的危险中。瓦拉在一份详尽的改革计划中阐明"基督的教会身处何位",彼此处在何种关系中,以及"整个教会的处境"由哪两种"力量"所决定。这两种力量,其一是"国王的权柄,他应在其职位上兢兢业业,而不能见异思迁";其二是"教会主教与教士的权柄,他们负责照看天主的事宜"。这是一份写给皇帝的严正警告,因为眼下皇帝正打算破坏这传统的秩序,这份计划与伪伊西多尔的目标是一致的。

然而问题仍然在加剧。加洛林的统治者尤其是虔诚者路易[14]事实上推行了一种积极介入的教会政策,并将皇权置于"圣彼得的领地"之上。[15] 改革目标正在于抵制以上两种侵犯,将权力关进柜子里。改革者甚至还采用了伪造的方法,自行制作了第一位基督徒皇帝君士坦丁的文件,即著名的《君士坦丁规定》(Constitutum Constantini)。在中世纪这一文本又称作《君士坦丁的赠礼》,因为它被误认为是一份关于赠送、占有与统治权的法律文献,这或许是世界史上最著名的一次造假。据了解,这份伪造文书诞生于圣德尼修道院,作者的名字我们无从得知。也许他来自伪伊西多尔与科尔比的瓦拉的交往圈,甚至或许是作者与此二人通力合作完成了伪造。该文件将教宗与罗马皇帝的地位相等同,因为教宗拥有授予权杖与确认荣誉之权柄;在管理普世教会的职责外,它还认可教宗对整个拉丁西方享有唯一的领导权。这份改革纲领被称作《君士坦丁规定》恰如其分,它严重打压了凌驾于教会之上的法兰克皇权,使其对教会的干预遭到质疑,取而代之的是教宗集中了全部属灵权力,或者至少是教宗可以与法兰克的国王、皇帝并驾齐驱相竞争。此时,在查理曼时期便已盛行的"一元论"(Monismus)思想重焕生机,它视王国与教会为统一整体,区别于政教分离的"二元论"(dualistisch);尽管如此,在当下改革的压力下它开始倾向于教会一边。然而,紧密交织的宗教权力与世俗权力虽然统一于教会,却各司其职,实则形成了对位的局面。

《君士坦丁规定》与伪《伊西多尔教令集》所表现的改革努力在当时的加洛林王朝并未成功,虔诚者路易至死(840年)捍卫其皇权;不过他遇到了重重阻力,在其执政末年,路易再也没有看到显著成果。瓦拉死于流放的途中,圣德尼修道院院长伊尔杜安(Hilduin)不久后被迫逃离西部。然而谁也不曾料到，来自圣德尼、科尔比和瓦拉身边的伪书制作者为其身后的数世纪留下了丰厚遗产，这一思想矿脉一直延续至 16 世纪的宗教改革，持久地影响着欧洲历史的进程。

虔诚者路易的子孙们根据 843 年的《凡尔登条约》统治着分裂的帝国。在国王秃头查理（查理二世）与日耳曼人路易（路易二世）相对长久的任期内，国家也趋向团结与整合。从亚琛延伸至罗马的法兰克中部王国由洛塔尔所继承，然而他的家族最先绝嗣。此时，秃头查理的西法兰克王国被视为加洛林的腹地与最后的堡垒，它比之路易的东法兰克王国享有更发达的文化。诚然，人们日后才意识到西法兰克作为"象征性资本"的价值，因为知识是一笔长线投资，其收益只有随着时间推移才能逐渐显现。西法兰克王国所面临的外敌威胁也促进了知识的发展，这一时代的危机包括维京人入侵、相互竞争的贵族过多以及不断增多的继位斗争。

西法兰克王国的领先还表现在另一层面。诸侯通过缔结契约统一在国王麾下，与此相关的《库莱恩条约》（Vertrag von Coulaines）签订于 843 年 11 月。此前，加洛林三兄弟于同年 8 月签订了分割帝国的《凡尔登条约》。《库莱恩条约》是一份双重条约，首先是秃头查理的属下之间缔约，然后是由国王亲自认可，在此之前，统治集团内的权力互动和权力行使从未得到如此表达。这份条约体现了诸侯间达成的"信仰共识"，体现了"人民"对国王统治的遵从，然而也以新的方式反映出自身局限，即诸侯与国王处在相互依存的关系中。尽管日后随着口传文化的日益盛行，《库莱恩条约》并没有再做改动，然而由此奠定的实践经验保留了其精髓与目标，不断为国王与贵族的权力分配提供指导。它可以被视为欧洲历史上第一部统治契约。作为建国宪章，它不仅为法兰西王国建制，也为其之前的政治体及其政治实践与司法基础确立规范。实际上，它为西法兰克王国乃至法国的独立发展扎下根基，法国历史自此开始书写。

尽管明确的统治契约学说在 16 世纪的反君权运动（Monarchomachen）中才被提出，然而法国的统治契约传统一直在其政治实践中保存与传承。它像一条红线贯穿欧洲历史，在那些深受西法兰克-法兰西传统影响的国家更是显而易见，例如英国 1215 年的《大宪章》（Magna Carta

Libertatum）、1356 年布拉班特（Brabant）的"王侯入城仪式"（Joyeuse Entrée）[①]、加泰罗尼亚－阿拉贡国王与西班牙议会签订的合约，以及众多加冕的宣誓。即使是没有缔结正式契约的地方，统治契约的思想也犹如一张隐秘的票根。在这一传统下，西方的宪政、权力划分、共同决策、民主等思想开始扎根，进而为欧洲近现代史的发展烙下了深深的印记。

---

① 法国的王侯入城仪式指君主第一次进入一个城市时举行的隆重仪式，象征着君主认可城市的权利或特权。

第四章

王国的巩固与罗马帝国的第二次复兴

在通行拉丁语的地区，诸学校及其教育模式相类似，它们为欧洲在精神与智识上的统一奠定了基础，这些地区有盎格鲁－撒克逊、法兰克王国，也包括加泰罗尼亚、意大利乃至教宗所在的罗马。而西班牙与爱尔兰由于历史原因，也就是前者在8世纪早期受阿拉伯人入侵的影响，后者与盎格鲁－撒克逊和法兰克所形成的学术中心相隔绝，而形成了独特的传统。不识字的普罗大众生长在这样的文化环境中，为其贡献了丰富的实践知识。

大型修道院与教会机构不仅是宗教的载体，也是知识文化的主要载体。与古代晚期的传统显著不同的是，知识传承的角色由个人过渡到机构，即修道院学校与教士团学校（Stiftsschule）成为最重要的教育场所。信仰与知识共同成长，直至中世纪晚期才开始分道扬镳。与信仰和知识之统一相伴的是普遍的罪感意识，后者又唤起人们对祷告的广泛需要。这种文化同时囊括了宗教与世俗精英，他们留下的鲜明印记展现了社会与政治的背景环境，在此环境中，文化自身也得以发展。修道院与教会机构之外鲜有学校存在，只有到了中世纪的中后期，以意大利为首的各地才逐渐孕育出世俗学校。正因为教会为教育倾注了无与伦比的努力，正因为学生对教会学校所取得的学术成就引以为傲、充满热忱，最初由蛮族统治的西方世界才在学术上实现了绝无仅有的繁荣。

图尔的学校享有盛誉，阿尔昆曾将其带向全盛时期；在阿尔昆的竞争对手、奥尔良主教狄奥多尔夫的领导下，奥尔良的学校同样出众；前文所述的圣德尼与科尔比更是杰出的教育中心。不久后欧塞尔（Auxerre）涌现出众多教师，在帝国的东部，富尔达、圣加伦、赖兴瑙以及弗赖辛、雷根斯堡均蜚声内外。此外，一些修女院也为教育事业的发展添砖加瓦，著名的有加洛林时代的谢勒（Chelles）修道院、奥托时代所建立的甘德尔斯海姆（Gandersheim）修道院与奎德林堡（Quedlinburg）修道院。在查理曼与虔诚者路易在位时，良好的世俗教育也一时兴起，然而加洛林的兄弟相争所引发的数十年战乱几乎完全阻碍了其发展。战争并非永远是万物之父。

由此引发的是书面教育的广泛宗教化，即教育仅在教士中间展开，只有意大利的世俗社会保留了古典时代以来的读写传统。尽管如此，文学事业还是呈现出复兴之势，主要是在帝国西部，其次是帝国东部，最后才是意大利，因为那里盛行的是一种实用主义的书面文化。自9世纪起，越来越多当时的作品流传下来，一些作品的影响甚至跨越了整个中世纪。赖兴瑙的瓦拉弗里德·斯特拉博（Walahfrid Strabo）曾是查理二世的导师，他为《圣经》作注，这些文字成为《标准释经书》（*Glossa Ordinaria*）的蓝本，一直发行到近代。他的萨克森人好友戈特沙尔克（Gottschalk）[①]根据被迫进入修道院的亲身经历，提出了一种较以往更悲观的预定论学说，他认为一切皆由天主决定，人的意愿极为有限。主教们纷纷反对这一观点，并通过审判将他终身囚禁在奥尔拜（Orbais）修道院。以欧塞尔的海默（Haimo von Auxerre）为标志，欧洲开始了对犹太教的解读，然而此时的接触绝非敌意与歧视。兰斯大主教汉克马便是其中的造势者与评论家，但他更重要的角色是历史书写。若无他的作品，人们对9世纪晚期的历史几乎将一无所知。

圣德尼修道院院长伊尔杜安主持翻译了亚略巴古的伪狄奥尼修（Pseudo-Dionysius Areopagita）的著作。这部著作有关天使与人类的圣统制（Hierarchie）等级，刚由君士坦丁堡传到西方。然而他错误地认为这些文献的作者是圣德尼修道院的守护圣徒、使徒保罗的学生狄奥尼修，他

[①] 戈特沙尔克在孩提时代被送到隐修院，在祝圣为神父之前，他从隐修院中逃跑。829年在美因茨举行的主教会议解除了他的修道义务，但遭到修道院院长赫拉班·摩路斯的反对，因此皇帝路易再次要求他进入修道院。

的同代人也是持此观点。这一事件影响深远。思想深刻却被怀疑为异端的约翰内斯·司各特·爱留根纳（Johannes Scotus Eriugena）在他的圣统制学说与流溢说神学（Emanationstheologie）中引用了伪狄奥尼修，此后他的思想持续地影响着经院哲学与早期神秘主义。由此，独创的神学著作不仅登上西方历史舞台，更重要的是它们激发了人们对等级秩序的思考。此后，人们开始形成等级的思维方式。它塑造了其后的中世纪时期，直至中世纪晚期尤其是文艺复兴的时代，人们才逐渐摆脱等级制思维的影响，这一可见的转变源于西方世界科学的发展。与之相应的是，洛伦佐·瓦拉（Lorenzo Valla）在此时发现了伪狄奥尼修的著作是伪书，它的真实作者应属于古代晚期，他借用了狄奥尼修的大名，以使其神学思想更好地传之后世。这一学术发现也是意大利文艺复兴的辉煌成就之一。

西法兰克王国的富庶招致了更频繁的外敌入侵，尤其是神出鬼没的维京人来向他们勒索贡物。与此同时，随着贵族的势力越发"密集"，王位继承斗争也愈演愈烈。以上两点，尽管不为当时的人们所察觉，事实上均是查理曼的西部王国比之东部更为发达的迹象。然而就另一方面而言，它们又妨碍了西法兰克彰显其王权。在帝国东方，富尔达修道院院长、日后的美因茨大主教赫拉班·摩路斯（Hrabanus Maurus）作为学者影响深远，他撰写了大量的《圣经》评注以及一部庞大的百科全书。摩路斯的百科全书不仅不断被传抄，人们甚至为它配上了一幅幅插图，富尔达修道院的学校因此名扬内外。

使用方言的民间文学与诗歌也在此时起步。8世纪时基本上只有零星词汇与若干边角评注流传于世，在此之后，不仅是翻译、简短的祈祷文以及咒语，更有结构工整、采用古典韵律的《圣经》故事诗歌如雨后春笋般涌现，它们在诸如法兰克、巴伐利亚、阿勒曼尼甚至是萨克森这样的"德语"民族中传播开来。这些作品包括仅剩残篇的古萨克森语《创世记》、古萨克森语的新约叙事诗《救世主》、古高地德语的"塔提安"（Tatian）《四福音合参》[①]、法兰克人魏森堡的奥特弗里德（Otfrid von Weißenburg）

---

① 塔提安是2世纪叙利亚基督徒，约在170年将四部福音书改编为一部连贯的叙利亚文的《四福音合参》。

的《四福音合参》、描写世界末日的巴伐利亚方言作品《穆斯皮利》（*Muspilli*）、蒙德湖（Mondsee）–维也纳残卷《人民的蒙召》、穆尔巴赫（Murbach）赞美诗等，更不用说圣经中的《诗篇》与各种版本的《主祷文》。如今德国人仍将《主祷文》念成"父亲我们的"（Vater unser），而非正确语序的"我们的父亲"，正是源于8、9世纪的直译。这些诗人和学者满怀自豪与信心，将古老的文献转译为自己的民间语言，由此他们的语言也不再是野蛮的语言了。奥特弗里德写道："为何法兰克人不曾想到，用自己的语言歌唱天主的赞歌？"人们从字里行间可以推想，这位魏森堡的歌者如何心潮澎湃地在国王、大主教和主教面前吟咏他的诗作。

盎格鲁–撒克逊人在这个时代也没有沉默。他们的国王、名副其实的阿尔弗雷德大王（卒于899年）命人翻译了格里高利一世的《教牧法规》[①]《对话录》，保罗·奥罗修斯（Paulus Orosius）[②]的著作以及波埃修斯的《哲学的慰藉》。比这些作品更早诞生的是《贝奥武甫》，它是现存为数不多的英雄史诗中最古老的一篇，可以追溯至公元700年。其传奇之处不仅在于史诗本身，更在于它是由一套参照卢恩字母（Runes）而创制的方言字符所写成，并流传下来。而无论是西部还是意大利的罗曼人，都未能保存下类似的作品；早期罗曼语文学仅仅留下了零星的残卷，最早的一部作品是880年后成文的《圣女欧拉丽赞歌》（*Eulalie*），献给巴塞罗那教区女圣徒欧拉丽。蛮族融入地中海高等文化的困难在此又一次显现，但同时我们也看到了知识阶层为了冲破藩篱而付出了极大的努力。

在政治层面上，9世纪充满了分崩离析；这一特征在10世纪逐渐隐去。持续存在的法兰克–加洛林分割法以及诸王国各不相同的扩张策略，使法兰克帝国既难以维系统一又难觅全面复兴的机遇。统治者们各自为政，也觊觎着更多的领土，他们最为关注的便是查理曼此前建立的整个帝国。统一的记忆根植于每位后继者的野心深处，谁若看到帝国统一的机会，哪怕是以并吞兄弟叔侄的领土为代价也在所不惜。这结果便是硝烟四

---

① 《教牧法规》另名 *Cura Pastoralis*，英译本从此名译为《教牧关怀》（*Pastoral Care*）。
② 保罗·奥罗修斯（385—420年），罗马帝国末期的基督教神学家和历史学家，师从奥古斯丁。

起，战争接连着战争。首当其冲的受害者是洛塔尔二世，皇帝洛塔尔一世的次子，他的王国名为"洛塔林吉亚"（Lotharingia），今天的法国洛林的地名来源于此。洛塔尔王国不久便分裂，被东法兰克王国并吞，后者不仅占领了可观的土地，更是凭借囊括科隆、特里尔和亚琛这样的学术传统重镇的优势，获得了重要的文化与象征性资本。在帝国西部，查理二世也就是秃头查理认定自己成功占有了所获封土，随即于869年在梅斯举行国王的涂油礼，以巩固统治的合法性。尽管这并非史无前例，然而这次涂油意义重大，因为掌管涂油的祭司、兰斯大主教汉克马声称，此次涂油礼所使用的膏油是克洛维受洗的膏油，它由一只鸽子从天上衔来，此后保存在兰斯。自此，后世所有法王的加冕都离不开这瓶膏油。与此同时，查理二世还要抵抗兄长东法兰克国王日耳曼人路易的攻势，之后又试图在路易之子小路易（jüngere Ludwig）身上以牙还牙。查理曾威胁说要率领一众精兵强将出征，他们的战马能把莱茵河水饮干，这样军队在鞋子滴水未沾的情况下便可跨过河谷。最后双方于876年在莱茵地区的安德纳赫（Andernach）交手，以小路易的决定性胜利告终。

　　风雨飘摇的帝国仅仅在查理三世（胖子查理）在位时实现了短暂的统一，这还要除去普罗旺斯，因为此时它已是独立王国。查理身体虚弱、性情癫狂，只是比其他的加洛林继承人寿命更长，在他们死后接管了全部疆土。然而这样的统一只维持了三年（884—887年），随后查理被加洛林王室的私生子、克恩滕（卡林西亚）公爵阿努尔夫（Arnulf）废黜取代，并于888年逝世。编年史作者雷基诺（Regino）对此评论道，查理三世死后，"统一的帝国分崩离析，难以为继，各个王国放弃联合，它们不再期待那个天然的统治者，而是各自为政，选取自己的国王。然而命运之轮将它们全部碾碎"。帝国疆土上先是出现了众多不稳定的小型王国，其后才固定为东、西法兰克王国，上、下勃艮第，以及意大利。即使在卢瓦尔河（Loire）以南拥有广袤土地的阿基坦，分裂也是势不可挡，看不到稳定的结果。与此同时，加泰罗尼亚也建立了独立的王朝。法兰克王国的四分五裂持续至19世纪，卢森堡在1869年的《伦敦条约》中宣布中立，它与奥地利及德意志帝国一道成为前加洛林帝国最后的独立政权。

加洛林贵族与诸侯的忠诚使国王的统治得心应手,然而他们索取的回报也价值不菲。以共同协商为基础的政治侵蚀了现有的王权,也使其无法进一步扩展。一些贵族家庭早在9世纪便位高权重,在随后的时代更是寻求强势扩张,例如西法兰克王国的罗贝尔家族、意大利的圭多尼家族(Widonen)以及阿基坦的塞蒂马尼亚的贝尔纳(Bernhard von Septimanien)的后人。东法兰克王国由三至四个家族主导,包括诞生了首位非加洛林系国王的康拉德(Konrad)家族[①]、将康拉德家族赶下王位的柳多尔夫(Liudolf)家族、与柳多尔夫家族沾亲并与康拉德家族为敌的巴本堡(Babenberg)家族,以及占据加洛林东部边区马克的柳特波尔德(Liutpold)家族。

这些加洛林贵族拥有大量封地,横跨整个王国,从大西洋延伸至潘诺尼亚,从艾德河直抵意大利中部,他们掌握的权力时时威胁着王权。虔诚者路易的女婿埃伯哈德(Eberhard)的家族史便展示了这样一个极端事例:作为弗留利(Friaul)边区伯爵,埃伯哈德在施瓦本、佛兰德和马斯河流域拥有大量土地,他与当时的众多学者交好,自身也是文人。他的儿子贝伦加尔一世(Berengar)888年一跃成为意大利国王,此后他击败了众多皇位觊觎者,包括斯波莱托的圭多(Guido von Spoleto)及其子兰贝托(Lambert),加冕为罗马帝国皇帝,直至924年在意大利东北部逝世。即便是艾因哈德这样的人物,其发迹完全归功于查理曼与虔诚者路易,也在帝国各部分拥有广大地产。这些人与其家族的利益盘根错节、延伸甚广。随着帝国接连分割,固有势力也不断重组,区域权力得以集中和发展。例如罗贝尔家族占据了法兰西岛,他们自身及旁系同时也在勃艮第站稳脚跟;康拉德家族则在莱茵-美因地区和西阿勒曼尼亚建立了统治;巴本堡家族占领了法兰克尼亚[②],柳多尔夫家族也就是日后的奥托王朝控制了东萨克森。

随着加洛林帝国内生的自我瓦解,从外部推进至边境的威胁也接踵而至:南面是主要来自西班牙的萨拉森人,北面是诺曼人;自9世纪末,帝

[①] 该家族的康拉德一世911年被推选为新王,也是首位非加洛林家族的国王。
[②] 法兰克尼亚是德国的一个历史地区,中世纪时为法兰克尼亚公国,大致范围是今天巴伐利亚州北部、图林根州南部,以及巴登-符腾堡州一小部分。

国的东南边境不断被匈牙利人侵犯。这些敌人都对帝国虎视眈眈,觊觎着不设防的修道院和聚居区里的财宝。在帝国内部,或多或少,人们普遍缺少必要的防御工事和应对外敌入侵的经验。统治者号召男人们拿起武器,这仅仅能不时抵御穆斯林的入侵,而维京人与匈牙利人则来去如闪电,在加洛林的防御反击准备就绪前便得胜而归。因此人们不断祈福、斋戒和连祷,或是向侵略者送上赎金,或是仓皇逃窜,这反而招致了更多的烧杀抢掠。

来自西班牙的海盗,通常是处在奴隶阶层的、具有斯拉夫血统的萨拉森人,自888—889年起开始在法拉科西内图姆（Fraxinetum）,即今天法国弗雷瑞斯（Fréjus）的拉加尔代弗雷纳（La-Garde-Freinet）附近定居,长达一个世纪。他们四处搜寻造船的原木,俘虏奴隶,烧杀抢掠远至阿尔卑斯山谷地,维埃纳、库尔（Chur）、圣加伦（939年）皆未能幸免,他们还占据了道路要塞,威胁着到罗马朝圣的道路。命运就是这样变幻莫测！这些侵略者出生在奥得河两岸,孩童时代就沦为奴隶被贩卖至西班牙,又不幸成为阉人,受穆斯林的教育长大。他们中的幸运儿或许能成为哈里发和埃米尔的谋士,其余的则像13世纪的马木留克（Mamluken）[①]或者土耳其的耶尼切里（Janitscharen）[②]那样,成为士兵和奴隶猎手。到了11世纪,这一群体产生了自己的精英阶层,他们甚至在西班牙东部建立了独立的政权。有时,本地的领主也与他们结为同盟。意大利国王雨果（卒于947年）就曾煽动法拉科西内图姆的穆斯林反抗其对手皇帝贝伦加尔,而后者则请出匈牙利人做救兵。萨拉森人还俘虏了克吕尼（Cluny）修道院院长马约鲁斯（Maiolus）以索要巨额赎金,直到975年普罗旺斯伯爵拯救者威廉才终结了阿尔卑斯地区的战乱。千禧年之交的这数十年,欧洲形成了独特的共生局面。

维京人的第一次入侵发生在查理曼统治末年的法兰克王国境内,其起因仍不甚明朗,也许它由若干因素共同促成：社会秩序、习俗、对名望与权力的争夺,也许还有相对的人口激增、远近闻名的冒险精神,以及显而

[①] 马木留克是指公元9—16世纪服务于阿拉伯哈里发和阿尤布王朝苏丹的奴隶兵。
[②] 耶尼切里是奥斯曼土耳其帝国的常备军队与苏丹近卫军的统称。

易见的对战利品的觊觎，总之，它可能是上述因素混合的产物。维京人建造的龙船能在深海航行，却又吃水浅、速度快，其动力既可以来自帆，也可以来自桨，移动之灵活令人不可思议。维京人绕着欧洲大陆沿岸航行，他们在法兰克帝国的北面和西面出没，穿过直布罗陀海峡，侵略意大利的海岸，又横扫波罗的海，在俄罗斯地区的大河上畅通无阻直至抵达君士坦丁堡，不过他们的围攻以失败告终。最初地中海世界对维京人而言是陌生的，在洗劫了意大利的沿海小镇卢尼后，他们欢呼庆祝自己攻占了永恒之城罗马。然而维京人很快意识到不仅要劫掠，更要学会统治。在拜占庭，他们成为瓦兰吉（Varangian）守卫①，也就是皇帝的亲兵；在诺曼底和英格兰，维京人建立了当时最为现代的政权；在基辅，他们缔造了或者至少是奠定了以自己民族命名的国家——罗斯（Rus）②；在意大利和加泰罗尼亚，他们建立了强大的公爵国和王国，其后裔的统治一直维持至19世纪的意大利统一。

不列颠群岛更是被维京人频频造访，它们遭遇了维京人最早也是最猛烈的进攻。维京人的到来削弱了国家的生产力。位于诺森伯兰郡（Northumberland）的林迪斯法恩（Lindisfarne）修道院于793年最早遭到洗劫，它古老而富裕，同时是主教的驻地。一个世纪后，维京人的"大军"重新兵临不列颠，审慎的阿尔弗雷德大王只好暂时缓和局面，于是设立了"丹麦法区"（Danelac）作为"丹麦人"的长期定居地，这在9至11世纪乃至今天都深刻影响着东盎格利亚。维京人的目光不断投向更远的北方。不久后，两个小冰期中间出现了回暖的气候变化，维京人进而北上北大西洋，于10世纪期间发现了冰岛并在此定居；到了千禧年前后，冰岛已完成基督教化。在这个时代，"红发"埃里克踏上了格陵兰岛，此后蓬勃的移民潮延续至14世纪；这里一直与挪威紧密相连，直到后来因为过度开垦、管理不善以及新一轮的气候恶化，对格陵兰的垦殖才宣告结束。埃里克的儿子托瓦尔德（Thorwald）带着妻子与牲畜继续向西迁徙，他发

---

① 瓦兰吉人是指公元8—10世纪出现在东欧平原上的诺曼人，他们从北欧沿着商路逐渐来到东欧平原。
② "罗斯"是东欧平原当地居民对于维京人的称呼，一说为北方人。

现了"文兰"（Vinland，今纽芬兰），为其命名并在此定居。维京人的萨迦传说（saga）里的简要记述，基本都已得到考古的证实。纽芬兰北部的兰塞奥兹牧草地（L'Anse aux Meadows）上发现了维京长屋的遗迹，它无疑是斯堪的纳维亚人所建。由于附近再没有其他遗址，学者们推测，此处曾计划建造定居聚落，但是那些足迹至此的维京人中途放弃了，他们最终将土地还给了这里的原住民，也许是因纽特人或者易洛魁人。

对查理曼缔造的强大的法兰克帝国而言，这些"北方人"（音译为"诺曼人"）也构成了难以应对的挑战。这些侵略者被视为由远方国王派来的"海盗"，异域民族的战斗部队。这究竟是一个怎样的民族？他们以何种方式组织？为了能采取恰当的应对行动，人们需要准确地评估危险，因而需要准确的解释模型、准确的背景知识，换言之，人们需要环环相扣的分析和计划来指导行动。然而，此时的法兰克王国尽管正在进行教育改革，面对维京人的入侵却束手无策。只有英国的阿尔弗雷德大王派人去了解维京人的情况，并且即刻着手建造更大更高的船只。例如，在翻译成盎格鲁-撒克逊方言的奥罗修斯的著作中，阿尔弗雷德命人插入了一段斯堪的纳维亚人奥太亚（Ohtere）的记事。奥太亚是一名海豹猎手，曾环行挪威的北角，他于890年拜访了阿尔弗雷德大王，兴奋地向他讲述了北角聚集着众多海豹与海象；这个地方今天已然不复存在。然而在同时期的法兰克文献中却没有显示出对维京人一星半点的好奇与探求心。

对斯堪的纳维亚地区及其社会一无所知，会导致对面临的危险缺乏解释能力，这加剧了人们的无助与恐慌。这样的局面在法兰克人中间尤为普遍，在他们的报告中明显暴露了防御措施的欠缺，而维京人的入侵却没有中断。可预见的战利品不断吸引着全新的、更大规模的、更勇猛的诺曼群体深入欧洲大陆，法兰克人鲜有胜绩，直到诺曼人试图征服这个国家，局面才有所改变。法兰克的王室一败涂地，而佛兰德伯爵、罗贝尔家族及其他地方领主成了自卫反击的主力。866年强者罗贝尔（或为"勇敢者罗贝尔"）在巴黎的保卫战中获胜，他的牺牲名垂史册。[①] 其子厄德（Odo）和

---

① 罗贝尔于866年7月2日死于与诺曼人的布里萨尔特之战。

罗贝尔一世成为西法兰克国王，他们是登上王位的第一代卡佩人，不过是罗贝尔之孙雨果·卡佩正式建立了卡佩王朝。882年维京人长驱直入，重创了亚琛，他们将查理曼的圣玛利亚教堂当作马厩，其后又洗劫了特里尔与美因茨，人们至今能挖掘到被他们焚烧的遗迹。在帝国分裂与维京人入侵之际，普吕姆修道院院长雷基诺被驱逐至特里尔，在这里撰写了一部关于主教如何视察、巡回法庭如何运作的手册《论教会的纪律》(*De ecclesiasticis disciplinis*)。这是一次系统整理历史上的教会法律的尝试，在政治如此动荡的年代，它堪称学术上的奇迹。

10世纪伊始，情况有所改变，诺曼人逐步完成了人类学意义上的分化，丹麦人与瑞典人形成了自己的民族，建立了较为稳固的王权实行统治，基督教传入并最终站稳了脚跟。对英格兰的入侵变成了由国王领导的征服战争，克努特大帝同时统治丹麦与盎格鲁－撒克逊。在11世纪下半叶也出现了哈拉尔德·哈德拉达（Harald Hardrada，无情者哈拉尔德）这样的人物。作为瓦兰吉人他曾在拜占庭效力，赚得了第一桶金，随后他组织了一支军队，一路打到登上挪威国王的宝座。从那里他又向西方进发，征服英格兰，然而最终功败垂成，1066年战死沙场。正是在同一年，在哈德拉达去世的数周后，另一支诺曼人从南面奔袭而来，他们获得了幸运女神的垂青并最终征服了英格兰，这支队伍的领导便是诺曼底公爵威廉。诺曼人的众民族自此逐步登上历史舞台，至今仍影响着欧洲。

意大利走上了一条特殊的发展道路。它的南部属于拜占庭，来自非洲的穆斯林在9世纪占领了西西里；在北部，继加洛林皇室的统治之后，这里形成了独立王国，众多加洛林领主争夺政权，然而他们的统治都未能长久。在位时间最长的是斯波莱托的圭多与斯波莱托的兰贝托，对其王位构成威胁的是弗留利的贝加伦尔。维埃纳的雨果和其子洛塔尔当属最成功的意大利国王，然而他们都英年早逝。他们最后的竞争者、萨克森人奥托继承了王国，丧偶的奥托还迎娶了洛塔尔的遗孀阿德海德。然而在意大利，一切缔造独立王国的努力都落空了，意大利众贵族的不和使分裂局面持续了数世纪之久，直至19世纪的"复兴运动"（Risorgimento），国家才再次实现统一。

雨果保持着与拜占庭的交往，利乌特普兰德（Liudprand）是使者之一，日后他成为克雷莫纳（Cremona）的主教。在君士坦丁堡的经历使他对"希腊人"①颇有微词，皇帝的宫廷仪式与拜占庭的外交令他心生怀疑。利乌特普兰德对当时的意大利国王雨果也心怀不满，因为他前往博斯普鲁斯的危险之旅并未得到应有的回报，他并未获得属于自己的教区。这种负面的刻板印象不断固化，影响深远。在欧洲西方看来，"希腊人"堕入了远离天主的奢靡，"颓废、腐化"、高傲、诡计多端且充满异端思想。西方的知识匮乏再次影响了与他者的文化交往与认知，与"希腊人"有关的知识从来没有在这里流行过。西方人尽管也在粗浅地模仿希腊化时代的王室礼仪，作为自己的宫廷仪式，然而对"希腊人"本身却毫无深入全面的理解。拜占庭皇帝与基督徒、穆斯林、异教徒等不同的文化群体都保持交往，反观"西方人"则缺乏类似的行动。此时自称为"罗马人"的拜占庭人对拉丁西方而言越发疏远，古典文化最终消失殆尽，歧视分裂着基督教世界，将拜占庭从欧洲分裂出来。意大利南部和威尼斯本是西方离博斯普鲁斯最近的地方，在此这样的趋势却是最早显现。

意大利的地中海世界较之基督教西方的其他地区是那么与众不同。这里和法国南部的朗格多克（Languedoc）一样一定程度上保留了古代的城市文化。这些来自古代的城市印记尽管在衰退，但仍表现在人们的经济生活中，表现在具有劳动分工和货币经济特征的贸易中，还体现为延续的文化教育、成文法律与法学训练。此时的法学或许还未成为学校的正式科目，还只是通过法律人的实践来言传身教，而伦巴第王国已经开始重视法官与律师是否受过职业教育，这里形成的法律人团体为11世纪晚期的法学复兴奠定了基础。史学的发展近乎停滞，这一时期唯一重要的史家是执事保罗，他是8世纪卡西诺山修道院的一名僧侣。直到10世纪，文人才纷纷出现。维罗纳的拉瑟尔（Rather von Verona）有着孜孜不倦的灵魂，出于种种原因，他奔波于家乡洛林与意大利之间，致力于钻研奥古斯丁

---

① 此时的欧洲西部称东罗马帝国的居民为"希腊人"，而帝国居民自称为"罗马人"。1557年德意志历史学家赫罗尼姆斯·沃尔夫为了区分帝国的古罗马时期及神圣罗马帝国，用"拜占庭帝国"称呼东罗马帝国，被现代史学所沿用。

的《忏悔录》，对自己的省察也是一丝不苟；韦尔切利的阿托（Atto von Vercelli）是另一位名士，他是睿智、敏锐的时代观察者，也是充满批判精神的教会改革先行者，他的羽毛笔如匕首般直指圣职买卖与神父婚姻；最后是利乌特普兰德，他的史学著作看似冷嘲热讽，实则生动表达了教会改革的诉求，在奥托大帝的扶持下他被任命为克雷莫纳主教。

罗马的局势更是这个时代的特例。教宗制在加洛林王朝早期迎来了黄金时代，这期间最成功的教宗是格里高利四世和利奥四世，随后是尼古拉一世和哈德良二世，以及死于谋杀的约翰八世。尼古拉一世（858—867年在位）的努力奠定了罗马教会在普世教会中的优先位置，使皇帝与国王、主教与诸侯长期听命于罗马教宗，如此成就在加洛林时代无人能及。为中世纪盛期法律编撰奠定基础的《格拉提安教会法汇要》（Decretum Gratiani）收录了大量尼古拉的书信，他的条目仅次于大格里高利。尼古拉下令："罗马教宗的教令即使不在《教会法法典》（Codex canonum）中，也应编撰收录。"[1] 他还将关注的目光投向"亚洲和利比亚（非洲）的基督徒"。萨洛尼卡的西里尔（Kyrill）与美多德（Method）是来自拜占庭的斯拉夫人传教士，他们得到了认可，美多德后来还被授以大主教的职位。摩拉维亚（今捷克东部）与保加利亚的传教使团也受到了教宗的帮助支持。最后，尼古拉还因为洛塔尔二世的离婚案件而插手法兰克王国的命运，他禁止洛塔尔抛弃第一段婚姻中不孕的王后，以至于国王第二段婚姻中的孩子无法获得合法继承权，这意味着洛塔尔王国的终结，以及新一轮的分裂斗争就此拉开序幕。至少在欧洲的核心区域，尼古拉所推行的一夫一妻制最终得以贯彻，甚至教宗的决断在君士坦丁堡也同样有效。两位被尼古拉罢免的大主教惊慌失措地抱怨道，"教宗认为自己是使徒中的使徒，是主宰全世界的皇帝"。事实上，对11世纪那场浩大的教会改革而言，尼古拉在任时的举措仿佛一场预演。罗马教会的图书管理员阿纳斯塔修斯（Anastasius）回忆这位教宗时说道，"你在人世间成为天主的代理"。[2]

越是重要的职位，对它的争夺便越是激烈。一旦教宗失去了国王和皇帝的保护，他的宝座便成为罗马贵族竞相争抢、惨烈厮杀的对象。哈德良二世有过婚姻生活，在他当选教宗之时，他的妻女还都健在，然而她们不久便死于非命；约翰八世丧命于谋杀；9世纪末发生的惨案更是到了骇人听闻的顶峰，教宗福慕（Formosus）的仇敌们将其尸骨从墓中掘出，先放在圣座之上，重新穿上教宗的长袍，随后为了举行罢黜教宗的象征性仪式，又将长袍从尸体上扯下，毁坏了尸体，最后将它扔进了台伯河。这便是897年的"僵尸审判"，堪称中世纪教宗史上最黑暗的深渊，不过日后判决被人修正。此时，教会改革已是迫在眉睫，然而它又是如何发生，由谁来推动的？

教会改革的最初构想以不可思议的方式出现了。罗马，金色的罗马，作为永恒之城的罗马，将由此重生。此时，以罗马复兴为己任的教宗是色尔爵三世（Sergius III，卒于911年），教宗福慕的死敌，他获得了罗马世俗贵族、两任"罗马元老"（Senator）西奥菲拉克特（Theophylact）和他的女婿阿尔贝里克（Alberic）的支持。自封的"元老"称号体现了这些贵族的目标所在。西奥菲拉克特家族一方面积极支持教会改革，另一方面牢牢掌握着罗马的统治；然而此时机会还未成熟，他们的希望最终落空，两位"元老"都没有男性子嗣。但更传奇的是西奥菲拉克特的女儿玛洛齐亚（Marozia），她以"女元首"（patricia）的身份统治罗马城。相传在她的第一次婚姻之前或之中或之后，她拥立她的情人、拉文纳大主教约翰为教宗，史称"约翰十世"。谁又会去推断这一事件的具体时间呢？它可能只是杜撰，是教会法方面的夸张。根据记载[①]，玛洛齐亚最终厌倦了约翰十世，将他绞死在狱中，而与继任的教宗色尔爵三世通奸。她为后者产下了儿子，也就是日后的教宗约翰十一世。在奥托大帝登上王位的那一年，玛洛齐亚从政治舞台上消失了。她第一段婚姻与斯波莱托公爵所生的儿子名为阿尔贝里克二世，他自称为"罗马全体人民的元首与元老"（princeps ac senator omnium Romanorum），其野心和宏图可见一斑。阿尔贝里克让其子以"屋大维"之名受洗，这名字多么富有寓意！它预示着在没有后继

---

① 玛洛齐亚与约翰十世的关系在不同的文献中说法不同。正统教会史家认为这是教廷历史的一段黑暗时期。据利乌特普兰德的记载，玛洛齐亚与约翰十世是情人关系；另有版本则认为约翰十世是她的政敌。而她与色尔爵的传闻，与史实不符。色尔爵是约翰十世（卒于928年）的上三任。

子嗣的情况下，罗马城的宗教与世俗统治将集中在屋大维一人手中。事实也正是如此，在风华正茂的 18 岁那年，屋大维成为罗马教宗，称为"约翰十二世"。屋大维改名为"约翰"，也许是为了纪念母亲的情人或者她的私生子约翰，也可能是认为屋大维这一帝王之名不适合教宗；因此他成了漫长的教会史上第一位改变受洗教名的教宗[①]，他的后继者们也纷纷效仿。当意大利国王伊夫雷亚的贝伦加尔染指罗马时，约翰十二世向萨克森人奥托寻求援助，这和当年哈德良一世求助于查理曼如出一辙。对罗马教会而言，前来的世俗诸侯就是救兵，而约翰十二世自身却未能得救，不久后他被剥夺了教宗的职位。

萨克森的柳多尔夫家族（或奥托家族）的崛起并非偶然，而是循序渐进、准备已久。东法兰克加洛林家族的覆灭是奥托谋取皇权的先决条件，随后取而代之的康拉德一世成了东法兰克第一位非加洛林系国王，康拉德家族成为法兰克最为显赫的权贵。然而康拉德卒于 918 年，死而无嗣，为新的王位争夺敞开了大门，这与在西法兰克的进程截然不同。康拉德去世后的继承问题如何解决，至今混沌不清，历史只留下了胜利者视角的传说与充满疑点的讲述，日后汇聚为捕鸟者亨利（Heinrich der Vogler，亨利一世）的传奇故事。可以肯定的只有：康拉德家族的不同支系关系破裂，他们各自所推选的代表也过于年轻，尚不能胜任王位，于是萨克森人亨利抓住了这一难得的机遇，一举成为东法兰克国王。这其中的过程我们不得而知，为了填补记忆的空白，人们在历史长河中慢慢构建出关于亨利的传说，称其在意外获得王冠时正在捕鸟。

亨利来自柳多尔夫家族，这一家族长久以来与加洛林王室关系密切。他们在肥沃的哈茨山前地带（Harzvorland）拥有大量地产，还侵占了斯拉夫人在易北河与奥德河之间的地盘，获得可观财富，这为亨利攫取法兰克王位奠定了基础。柳多尔夫家族采取的手段不可谓不血腥，侵略紧跟着侵略。他们在幸存者中挑选年轻的俘虏，要么卖给西班牙的穆斯林，要么卖给拜占庭，要么卖到更遥远的哈里发国家做奴隶。编年史家、梅泽堡

[①] 历史上，早期的教宗的牧号均按照自己以前的领洗教名而命名。

（Merseburg）主教蒂特马尔（Thietmar）在数十年后亲自管理教区中的这些斯拉夫人时，还悲叹着他们的命运，因为他们的家庭已是妻离子散、随风而逝了。蒂特马尔知道再做什么也是无济于事，他也不愿享受他的教区从屈服的斯拉夫人身上汲取的利益。这些斯拉夫人是否由衷地、满怀喜悦地皈依基督教，人们已是不得而知。

捕鸟者亨利的王权得到了诸侯的普遍承认，他赢得了阿勒曼尼亚与巴伐利亚，洛林也臣服于他的统治；然而亨利很少也很慎重地使用武力，他更倾向于以友谊作为统一的手段，和约成为诸侯认可国王统治的基础。921年亨利与西法兰克国王、加洛林家族的糊涂查理（Karl der Einfältige）在洛塔林吉亚边境波恩签订协约，协约不仅承认了亨利的王权，也确认了东法兰克王国自此从加洛林王权中脱离。不过，尽管此时坐在东法兰克王座上的是萨克森人，这个国家仍是法兰克人的王国。统治它的萨克森－法兰克宫廷并没有在历史上大放异彩，这里缺少识字的文人，国王的文书处也未能留下什么档案，仅凭这些零星记载，我们甚至无法称其为文书处。

匈牙利人[①]的入侵是对亨利王权的真正考验。这些来自亚洲的游牧民族有着奇异陌生的长相，看上去不像人类而更像魔鬼。对欧洲人而言，他们"不信神"的战斗方式与非基督教的生活习俗令人胆寒。匈牙利人的铁骑于955年逼近奥格斯堡，他们用鞭子驱使着抓来的外国俘虏做冲锋部队，冲击城市的围墙。这次入侵要追溯到亚洲内陆的民族大迁徙，匈牙利人或者说马扎尔人（Magyar）受此影响，被迫向西进入俄罗斯南部草原地带。然而他们在这里也不得安宁，随即陷入了来自亚洲的新冲突中。他们一方面受到佩切涅格人的进攻，后者和他们一样是马背上的游牧民族；另一方面则面临拜占庭的军事扩张，他们只能拼死反抗，并因此损失惨重。敌人还趁着军队外出之际偷袭了他们的毡帐，砍杀或者劫持了他们的妻妾与子女。年复一年，匈牙利人只得不断向西迁移，去西方寻求金银与女人。他们来到意大利，不久后来到亨利的王国，并一路向勃艮第和西班

---

① 马扎尔人是东方游牧民族，9世纪时从乌拉尔山西麓和伏尔加河一带、今巴什基尔地区向西迁徙，于896年在多瑙河盆地定居。"马扎尔"是他们的自称，"匈牙利"则是外界对其的称呼。

牙推进；他们烧杀抢掠，摧毁了修道院与村庄。

在亨利看来，整饬队伍、采用新的战术以及加强纪律都迫在眉睫，这是他最终击退匈牙利人的关键。此外，亨利还修建了大型城堡保卫国家。933年亨利在温斯特鲁特河（Unstrut）战役中大获全胜，并使和平维持了二十年之久，编年史家们纷纷记载了这次胜利。或许亨利在战争中使用了圣矛（die Heilige Lanze）①作为部队标志，这是他不久前获得的，也许是为了宣告对意大利的控制权。圣矛自此成为奥托－萨利安王权的重要统治标志。

亨利同样关心人民的宗教生活。他和王后马蒂尔德在萨克森建立了众多修女院，尤其是奎德林堡深受亨利夫妇的青睐，两人亦安葬于此。在20世纪，奎德林堡被纳粹选为文化圣地，亨利和马蒂尔德的墓地因此被玷污和摧毁了。修女院里残存的宝藏成功躲过了第二次世界大战，却在1945年被一名美国军官侵吞，最终它以戏剧性的方式回到德国，今天仍留在奎德林堡，讲述着亨利登上王权之巅后所获得的财富。梅泽堡主教蒂特马尔是这一时代最重要的史家之一，他便求学于奎德林堡的修道院学校，死于1018年。

亨利所推行的"军队改革"暗示着一场深刻的社会变革。全新的兵种"农民士兵"（agrarii milites）出现了，不过这一名称并不能准确描述这一群体。这至少证明，缺乏史料记载的10世纪并非一潭死水。事实上，在史学上"晦暗不明"的10世纪也出现了根本性变革，只不过当时的史学家屈指可数，这些变革又完全不入他们的法眼。考古学家发现了10世纪一项突破性的技术革新，即脚踏卧式织布机，它堪称一项天才的发明，然而其发明者和发明的背景我们不得而知。[3]最古老的一种脚踏卧式织布机出土于施莱河（Schlei）畔的赫德比（Hedeby），在中世纪早期这里曾是石勒苏益格地区的重要港口；这种织布机代替了过去经线加重锤的（vertikal montiert）立式织布机。在此之前，几乎所有的纺织作业都由

---

① 相传耶稣受十字架刑后，罗马士兵为确认耶稣是否已死，用长矛戳刺耶稣侧腹，此矛即成为"命运之矛"。之后圣矛便在基督徒中流传，直到落入君士坦丁大帝之手，在罗马帝国覆灭后消失。又过了三百年，查理曼宣称重新获得了圣矛，并作为其权力的象征。

妇女在立式织机上操作，她们通常聚集在"妇女作坊"（genicia）里劳动，生产量小。而新式织布机极大提高了生产率，这在于取代垂直纺织的卧式纺织技术可以在横向拓展，两台并排的机器交替作业，因而在更短的时间内可以织出更长、更宽、更精美的布匹。与新兴产业同时出现的还有更多新型工作程序以及后续产业；此时"市场"上出现了崭新的远程贸易，为众多从业者创造了财富，提供了生活保障。它的社会影响也逐渐明朗：纺织业开始需要男人来操作，至少城市里的情形是如此。

另一项不可低估的技术革新是带有垂直水轮的水磨。尽管古罗马的维特鲁威（Vitruv）在书中描述过这种设备，然而在缺水的地中海地区，由牲畜拉动的水平旋转石磨更为流行。法兰克王国则在一开始就采用了垂直水磨，法兰克的领主们还设立了"磨坊禁令"，即农民必须以财物交换磨坊的使用权，这项政策绝不受农民欢迎。利用凸轮轴与齿轮将水能转化为推力，人们开发出广泛的水能利用形式，不仅仅用于锤捣碾磨谷物，而且催生了多种实用技术，例如用于泵动、锻造、漂洗缩绒。简言之，凡是能用水力推动的机械工序都可以被实现。技术革新唤醒了人们的进取精神，更多全新的、基于劳动分工的行业出现了。这些变化最先发生在封建庄园制的框架内，它们从属于整体的社会变革，解放了更多社会生产力，使得工作效率节节攀升，工作负担不断减轻；人们开始追求"更长、更宽、更快"的事物，开始贪婪地渴望"百尺竿头更进一步"。这些变化既塑造了欧洲经济的面貌，也满足了不断增长的人口的物质需要。变革与增长要求更加稠密的交通网络，日后欧洲做到了这一点。技术革新的特征还在于，无论它在哪里出现，都能在整个西方世界迅速传播开来，最终加快了欧洲经济、社会与政治的全面发展。

采矿业也有了新的进展。拉默尔斯贝格（Rammelsberg）的有色金属矿于960年被发现，这座矿山位于哈茨山区（Harz）西北边缘的戈斯拉尔（Goslar）地区，铜和银的储量庞大。由水力推动的排水泵使人们可以进行地下开采，冶炼所需要的能源更多，主要由煤炭提供。1000年前后出现了第一次环境破坏，哈茨山区的植被几乎被砍伐殆尽，人们不得不开始植树造林，更有针对性的林业经济随之应运而生。随着采矿技术的日益现代化，它所带来的收益越发可观，受惠的不仅仅是王室，还有一系列相关产业与经济活动蓬勃兴起，它们都依附于采矿业、冶金业与金属加工业。戈斯拉尔作为国王的行宫所在地更是分享了巨额的利益。产业革新与人口增长所产生的需求进而又促进了交通事业的发展，各地纷纷修建道路与桥梁，市场、货币与税收关卡随之增多，金钱变得越发重要。人们的远行更加便捷，空间上的流动不断拓展。

最终获益的是奥托王朝，它迅速积累了大量财富。例如在特里尔，在众多珍贵的手稿与金饰中，仍依稀可见王国的繁盛之势，在同一时代的西方无出其右。它们是王权强大的象征，富有即意味着强大。在亨利去世时（936年），他并没有分割自己的国家。在他的见证下，长子奥托于930年（大概在美因茨）举行了加冕的涂油礼，尽管亨利本人在继位时拒绝领受涂油。亨利利用宗教力量巩固王权，这使得他区别于他的三位兄弟，进而从"帝国的共有者"（Mittträger）即各路诸侯中脱颖而出。他下决心摒弃法兰克人的分割传统，这项决议尽管在最初遭到抵制，但是随着反对势力被镇压，最终得以推行。或许这也是奥托大帝在936年继承王位时再次举行涂油礼的原因。而这次他把地点选在了亚琛，也许为了洛林，奥托登上了查理曼的宝座。这则不确切的史料或许可以通过其子奥托二世在961年举行的涂油礼被证实。无论事实真相如何，奥托王朝治下"国家"的性质根本地改变了，它不再专属于国王个人，而是由诸侯共同参与王室财产的管理，也就是共同接管加洛林家族的遗产。在此过程中，奥托王朝君主的认可不再重要。

加冕礼如实反映了国家的权力关系。在典礼上，年轻的国王被问道："你是否愿意捍卫天父给予你的信仰并以行动使之荣耀？"答曰："我愿意！""你是否愿意成为神圣教会及其仆人（神职人员）的监护人与守护者？"答曰："我愿意！""你是否愿意依照天父的正义来统治、保护他托付于你的国家？"答曰："我愿意，我承诺将在所有行事中保持忠实，只要我还能得到天主的帮助与众信徒的支持。"随后主教转向民众，问道："你是否愿意臣服于这位领主和君王，捍卫他的王国，坚定地保持忠诚，服从他的命令？"此时教士和民众一齐高呼三遍"是这样！是这样！阿门!"这便是以忠诚换取忠诚,以奉献换取奉献,一种基于神圣仪式的社会交换。在授职仪式上,"人民"由诸侯和贵族代表,"教士"由主教与修道院长组成,他们与君主在天主面前缔结统治的契约,隆重而庄严。未来的统治者也将在天主的注视下履行其职责,即受到神职人员所确立的规范与知识的约束,而非受到人民的监督,因为人民的义务是服从、"拥护"他们的统治者,一同巩固君主的王权。"正义"便是广义的规范,它要求契约中的每一方各尽其职。

有可知的一小部分人不同程度地参与了王权统治,他们彼此相识。科尔维的维杜金德(Widukind von Corvey)是早期奥托王朝的贵族僧侣和编年史家,在他的笔下,在60年的跨度内只出现了130位叫得上名字的同代人物,他们都是奥托时代的宗教或世俗贵族,还有少数人是王后。平民鲜被提及,仅仅在记述瘟疫或饥荒、压迫或剥削时,这位编年史家才会将目光转向他们。为了表现、彰显诸侯的身份与地位,明确他们在统治集团中的人际关系,一些姿态与仪式也是必要的。例如,公爵不仅在君王加冕时需要行跪拜礼,他们也会"服侍"刚刚即位的国王完成加冕礼宴,这一系列仪式第一时间就进行,其意义在于公爵能借此践行许下的服从君主的誓言。不过,上述仪式的象征含义仅仅在奥托帝国内适用,其作用不言而喻:这里是一个半文盲的社会,因而需要用台面上的表演代替"国家理论"的推行。然而人们也应区分仪式(宗教仪式)、仪式化的行动以及礼节,只有宗教性仪式能执行天主的意愿,重新明确天主预设的秩序,而其余的行为只是普通的人类活动。

然而,冲突并未因此而避免。奥托不仅不断和自己的兄长汤格玛(Thangmar)以及弟弟亨利发生争执,为后续接连的不满埋下种子;他还要对付自己的儿子柳多尔夫,后者担心在奥托续弦后自己合法继承人的地位不稳,这也不无道理。只有在奥托解决了这些矛盾后,他的权威才得以稳固。然而,谈论奥托所推行的"政治"是不恰当的,"政治"这一学术概念指产生于集体、为了集体的人类活动,它在10世纪并不存在。若说"政治"在西方的重新诞生,最早也要等到13世纪亚里士多德著作传入的时候,而奥托王朝距此还有几百年。在这时,诸侯并不以"政治"的范畴考虑问题，事实上，人们刚刚开始区分出不同的范畴，因此更倾向于用符号、姿态和仪式明确他们的行动意图。无论是"内政""外交"还是"政治""国家"，这些概念无一形成，没有人将它们作为解释框架或行为模式，没有人将特定的行动与普遍的秩序相联系，更没有人试图建立这样一种思维模式。人们的共生组织遵循着另外的秩序模式，在此社会中，与国王的亲疏远近、身世血统、财产、森林权与罚令权、税收与服役成为贵族们衡量彼此的标准，身份与地位也随之产生。位列七宗重罪的贪婪引导着诸侯的行事，然而教会的规章、对最后审判和地狱之火的恐惧又对此形成约束，将欲望的猛兽困在笼子里。

人们认为，天主也在符号中展现着他的意志，对于能读懂它们的人而言，启示无处不在：它们蕴藏在日月星辰之中，蕴藏在自然界、人类甚至是动物之间。在这套符号系统中，天主与凡人、魔鬼与罪人、宇宙与人世可以相互沟通，天国与尘世、此岸与彼岸可以相互渗透。贵族对权力的欲望、对穷人的压迫还有那些隐匿的罪恶招致了自然灾害、干旱、饥荒与瘟疫，它们将敌人吸引至腹地，让他们在这里耀武扬威，让民众在绝望中死去。天主的正义通过惩罚实现，通过日食和"血雨"，通过血盆大口的狼群与长着双头的牛犊，恐吓着也警醒着世人。每个人都看到了这些启示，能设想出它们的后果。机智的阐释学家总是在事后做出分析。虔诚的人被吓倒了，他们通过呼求、连祷和游行祈求天主的怜悯与慈悲，他们捐建修道院作为祷告的场所，通过献祭与不断的纪念祷告以求消灾免难。人们资助严守戒律的修道士做祷告，资助意愿不断高涨，修道院拔地而起，配置齐全，用来抵御灾难。即使是权贵阶层也积极追求此世的正义，因为他们也担心甚至是极度恐惧全能的天主降下惩罚。

孜孜不倦地致力维护宗教、崇拜圣徒、敬奉天主，是这一时代社会生活不可或缺的部分。教会的敬拜、祷告与圣礼至关重要，人们渴望天主的垂怜，是天主慷慨地赐予人以生命，维护着他的秩序；人们祈祷能持续得到圣徒的帮助，不仅是为了在彼岸获得永恒的至福，克服最后审判的恐惧，也是为了在此世过上赐福的生活。国王也遵从神圣的戒律，通过定期参加宗教仪式而证明自己的虔诚。如果说什么行动可以归类为"政治"，那么国王及其宫廷参与敬拜、祈祷与教会赐福可以算入其中，敬奉天主是统治者的义务所在。

此时，国王的权威前所未有地神圣化了，涂油与加冕仪式使王权与教会紧密相连。比之加洛林时代，这些仪式更为一致也更为繁复。奥托－萨利安王朝的君主们成为"天主的受膏者"（Christus Domini），几乎是"基督的代理人"。作为回报，国王应致力巩固宗教信仰、革除异端。"主啊，你是义人的荣耀，你也对罪人怜悯，你将自己的儿子送与他们，他以鲜血换取了人类的救赎，你消除了一切战争，你是信徒中间的先行者，世间所有王国的权力都建立在你的意志之上"，这便是《罗马－日耳曼主教仪典书》（Pontificale Romano-Germanicum）中所记加冕礼中的祷词。它诞生于奥托一世时代，据记载在美因茨加以修订，上面写道："主啊，我们谦卑地请求你：赐福于你的仆人、坐于王位之上的奥托，他相信你的仁慈；赐予他慷慨的帮助，使他在你的庇护下最为强大，获得你的恩典，战胜所有的敌人；请为他加冕正义之冠、虔诚之冕，他以此全心全意地相信你、服侍你，保护你神圣的教会并使之荣耀，公正地统治你交由他的人民，没有人以奸佞诡计误导他施行不义。主啊，你曾为神父、国王和先知施行涂油，请用这膏油点燃他的心，使之充满对神圣恩典的爱，使他热爱正义，引领人民走向正义之路，以便在身后之年，在你赐予他的国王的荣耀终结之时，他能获得永恒的福报。"

事实上，国王扮演着教会资助者的角色。主教区与修道院的建成都离不开他们的功劳，作为回报，这些地方将不断为国王祈祷。同样，当权者也有责任兴建教会。奥托家族的所作所为为后世树立了榜样，他们着手建立修道院、教会慈善机构和主教区。另外，他们重新组建宫廷礼拜堂（Hofkapelle），这也许不是初创。这一机构将宫廷神职人员、王室的祭祀职责与王室收藏圣物的传统整合在一起，负责操持的人是奥托一世最小的弟弟、科隆大主教兼洛林公爵布隆（Brun，或布鲁诺）。948 年的主教会议在国王行宫驻地因格尔海姆（Ingelheim）召开，会上决定向北欧和斯拉夫地区派遣传教团。此时，哈弗尔贝格（Havelberg）与勃兰登堡两处主教区已经设立。二十年后，经过漫长的交涉，马格德堡大主教区也最终建成。时至今日,奥托大帝作为其创立者仍安葬于马格德堡的主教座堂。

查理曼曾严格推行针对斯拉夫人的隔离政策,而亨利一世与奥托一世则与之不同,在尝试了短暂的镇压与奴役后,国王鼓励斯拉夫人融入自己的国家。自此,两种文化在社会、政治、宗教和物质层面上发生碰撞,开启了相互学习与跨文化交流的进程,尽管彼此间的界限与敌对仍然存在,但这不再是根本上的相互排斥了。跨民族跨语言的婚姻也由此出现,尤其是在贵族中间屡见不鲜。这减轻了传教的困难,也使新的皈依者更易于融入西方文化。

意大利的局势仍不稳定。国王洛塔尔的遗孀、年轻貌美的阿德海德向奥托求助,她需要对付伊夫雷亚的贝伦加尔,后者正觊觎意大利国王的宝座。951年奥托伸出了援手,他救出了阿德海德,将她迎娶回萨克森,并亲自接管了意大利王国。当阿德海德怀孕并为奥托诞下一个皇子后,继承问题也随之而来。因为此时柳多尔夫,也就是奥托第一段婚姻中的皇子,已被指定为继承人。失去母亲的柳多尔夫面对继母时担心自己地位不保,因此向自己的妹夫、萨利安人"红发"康拉德(Konrad der Rote)求助,两人共同策划了一起针对奥托的极具威胁的反叛。趁此机会,匈牙利人在954年再度入侵奥托的国家。一些人指责是叛乱招致了外敌入侵,另一些奥托王朝的对手则着手与匈牙利人签订协约。在奥托终于镇压了内部叛乱与打退匈牙利人的侵略后,斯拉夫人的反抗又接踵而至;紧接着,955年,在斯拉夫人的事端刚被平息时,信使又传来战报,匈牙利人故技重施,入侵了巴伐利亚与施瓦本。匈牙利人的大军围攻奥格斯堡,在那里主教乌尔里希负责组织防御。奥托快马加鞭赶往南方,在莱希(Lech)战役中击败了对手,然而奥托的战术以及战争具体的过程我们不得而知。这场胜利至关重要,它永久地终结了匈牙利人对奥托王国的入侵。

伊夫雷亚的贝伦加尔伺机从这些冲突中坐收渔利。然而当他试图攫取教宗的罗马时,8世纪的政治格局又重现了:此时,西法兰克王国的加洛林家族在垂死挣扎,他们已无力抵抗由伟大的雨果率领的卡佩人建立在法兰西岛的统治。王权日渐衰弱,无暇顾及罗马,对教宗而言唯一可考虑的便是匈牙利人的征服者奥托一世了。于是在教宗约翰十二世的邀请下,萨克森人奥托第二次跨过阿尔卑斯山抵达罗马，并于 962 年 2 月 2 日被约翰十二世加冕为罗马皇帝。然而奥托在次年以渎职之名废黜了约翰十二世。自此意大利与罗马回到了奥托王朝的统治中心。而此时，"德意志人"（die Deutschen，意大利语为"Tedeschi"）第一次以共同体、以民族的面貌登上历史舞台。这一称呼源自他们的民间语言，意思是"说方言的人"。然而学者们很快将它与"条顿人"联系在一起。"条顿人"是一支古代蛮族，曾在公元前 100 年挫败过不可一世的罗马人。

随后"条顿的愤怒"（furor Teutonicus）[①] 被赋予了新的含义，成为"德意志人"的新特征。罗马僧侣圣安德烈的本笃（Benedikt von S. Andrea）悲叹道："不幸的罗马啊，如此多的民族压迫过你、蹂躏过你，现在你又落入萨克森国王的手中了，他将利剑指向你的人民，他摧毁了你的力量，你的金银成了他们的囊中之物。"这番话虽非荒谬，却是片面的。皇帝确实从这片土地上攫取了物质财富，但是也以金银作为回馈，同时他还致力于使这个四分五裂的国家重归和平。奥托和军队年复一年地驻守在南方，尽管如此，他还是未能在罗马实现长久的稳定统治。伦巴第人与罗马人一直把这个萨克森人当作异己，在那时，殖民者丝毫不受欢迎。

以结果衡量，我们很难高估帝国的复兴。奥托家族追寻着帝国的目标，这对此后的王国历史影响深远。科尔多瓦的哈里发在 10 世纪早期脱离了巴格达，自此与奥托王朝的宫廷开始外交往来，然而由于种种原因彼此的关系并未深入。奥托王朝的首要竞争对手是拜占庭，双方既竞争帝国的称号与地位，也争夺意大利的若干省份。这场竞争造成了一系列影响，然而置身时代之中的人们对此并没有察觉。为了征服意大利，奥托王朝投入了大量的人力、物力乃至付出了生命的代价，这已然超出了萨克森王国的经济能力。每次意大利之征都使诸侯耗费财富或者采邑；随着时间的流逝，就连国王的经济生产力也被榨干，在南方的任何获利都于事无补。诚然，正如人们所见，帝国的扩张在长时段而言阻碍了王权的巩固，而王权的巩固本可使这个幅员辽阔、民族众多的国家向内凝聚。

---

① 语出古罗马诗人卢坎的《法沙利亚》，用来形容条顿人在战场上凶猛无情的作风。

奥托一世常年驻守在南方，这在萨克森人之中以及阿尔卑斯山以北的国土内激起了愤怒，就连他的自己人也心生不满。边区马克伯爵（Markgraf）[①]赫尔曼·毕隆（Hermann Billung）与马格德堡大主教阿达尔贝特（Adalbert）曾是奥托的贴身亲信，如今也开始密谋叛乱。奥托匆忙赶回北方，然而在973年的奎德林堡帝国会议后，皇帝不幸去世。他的心脏安葬在梅穆雷本（Memleben），身体安放于马格德堡。奥托的儿子和孙子也将年轻的生命献给了帝国的事业，奥托二世28岁时死在了意大利，其子奥托三世在离世时还不满22岁。成群结队的骑士也在战争中死于非命。鉴于惨痛的教训，奥托的后继者亨利二世与康拉德三世在获得意大利国王和皇帝的桂冠后，退出了意大利，然而这一地区的统治又重新回到了本地人手里。直到神圣罗马帝国皇帝亨利五世尤其是腓特烈·巴巴罗萨的时代，厄运般的征服意大利的政策才再次复兴。

同查理曼一样，来自萨克森的罗马皇帝也把目光投向了君士坦丁堡，在这里一切都是皇家的阵仗。奥托大帝开始了与东罗马的漫长交涉，其中涉及南意大利与威尼斯，这里是拜占庭皇帝领土的最西部。这位萨克森人希望能为自己的继承人迎娶一位"生于紫室者"[②]，即拜占庭的公主，然而此时皇帝膝下并无合适的公主，只有侄女狄奥凡诺（Theophanu）可以出嫁。当时唯一门当户对的生于紫室者安娜已被嫁到罗斯国的基辅，基辅罗斯与东罗马皇帝以及君士坦丁堡关系密切，此时双方正在商议和平联盟。事实上这段婚姻也为这块土地带来祝福，刚刚受洗的基辅罗斯或者说俄罗斯在信仰上越发坚定，它与东正教的结合一直延续到今天。奥托王朝也在与拜占庭的联姻中长久受益，西部帝国的自我意识与对外呈现都深受拜占庭的影响。皇后们也积极参与这些革新之举，她们与皇帝一同出现在肖像中，被视为帝国的共有者（Consors imperii）。

狄奥凡诺的丈夫奥托二世在年轻气盛之时向拜占庭发起了挑战，他自称为"罗马人的皇帝"，而这一称号是他的父亲极力避免的，并因此触动

[①] 边区马克伯爵是德意志贵族头衔，源于加洛林王朝设立的管辖边境马克的军事首领，此处的"伯爵"（graf）头衔与英语中的伯爵并不完全对等。
[②] 紫室是东罗马皇帝的紫色寝宫，因此东罗马皇帝的子女被称为"生于紫室者"。

了拜占庭人敏感的自我意识。在后者看来,"罗马人"(ρωμαίοι)特指他们自己,罗马人真正的皇帝是"巴赛勒斯"(Ρασιλεύς)。奥托的野心远不止于此。在意大利南部,他试图扩展自己的领土以抵御穆斯林的进犯,对皇帝而言,这是在履行他击退异教徒的加冕誓言。异教徒9世纪起开始活跃于意大利南部,而拜占庭明显缺乏应对之策。奥托的举动令东罗马皇帝大为不满,在亚平宁靴子的最南端,也就是克托内(Cotrone)附近的塔兰托海湾,双方摆开了阵势。最终这场战争以拉丁皇帝的惨败告终,尽管他捡回了一条性命,却仍在半年之后死于瘟疫,令他年仅三岁的儿子继承了王位。悲痛啊,这片土地,它的国王仅仅是个孩子!

尽管如此,奥托二世的统治仍以璀璨的文化事业而著称。是否是希腊皇后的到来刺激了萨克森的德意志野蛮人?是的,他们通过皇后的嫁妆了解到东方的艺术,并开始竞相模仿。狄奥凡诺紫色的结婚证书便是一例,它或许由同时代最杰出的艺术家"格里高利经卷"大师(Meister des Registrum Gregorii)绘制并题字。作为抄本插图的装饰画艺术也随之兴起,在赖兴瑙、特里尔、埃希特纳赫(Echternach)和富尔达出现了众多远近闻名的绘画学校。赖兴瑙的作品又反过来在意大利声名鹊起,吸引了诸多模仿者。书籍文化的复兴革新也值得一记,国王们作为图书的委托人与客户,对其发展功不可没。书籍生产成为统治阶级的庄严事务,统治者精美的图像装点着宗教仪式书籍,这与加洛林时代如出一辙。书籍的赠礼被视为统治权的象征。在君主不在场的时候,图像便成了他可见的临在,因而他也可以在祈祷团体中被书籍的使用者感知到。金匠与银匠再次变得紧俏。诗歌艺术重新兴起,不过还仅仅局限在拉丁文领域,民间语言尚未登场。甘德尔斯海姆的赫罗斯维塔(Hrotsvith von Gandersheim)和拉丁文史诗《瓦尔塔里乌斯》(*Waltharius*)是这一时期的代表。其他重要领域还有科学,欧里亚克的吉尔伯特(Gerbert von Aurillac)与马格德堡的欧特里希(Ohtrich von Magdeburg)在皇帝面前争论学科的划分,成为当时的著名事件,整个宫廷的人都在侧耳倾听,并一同见证了萨克森学者欧特里希的失利。

然而,这一切都无法掩盖奥托王朝由盛而衰的事实,其转折点在于军事上的惨败与软弱无力的回击。萨克森人是否已经耗尽了全力？他们是否低估了征服意大利的风险？他们是否理解所面临任务的艰巨性？军队最终被瘟疫席卷，相互为敌的伦巴第人和罗马人并不理会来自北方的外邦领主的和平请求，他们的党派之争耗尽了皇权的力量。奥托二世是第一位尝到苦果的人，他的早逝本是对后人的警示，然而并没有人留心。狄奥凡诺在罗马安葬了她的丈夫，他也是唯一一位葬于圣彼得大教堂的德意志皇帝。其子奥托三世在年仅三岁的时候继承了这笔沉重的遗产。此时，奥托唯一的伯父强辩者亨利（Heinrich der Zanker）威胁他退位，而他摄政的母亲以高超的政治手腕为其保住了皇位。狄奥凡诺也是拉丁西方唯一的共治女皇（Coimperatrix），一位值得纪念的杰出女性。她以"狄奥凡诺皇帝奥古斯都"（Theophanius imperator augustus）的称号进行统治，也难免招致不少非议。

正是在狄奥凡诺摄政期间，也就是在她的帝国处于动荡不安之时，法兰克帝国的西部经历了决定性的转折。王国的稳固迟迟没有到来，加洛林王室的最后一代日渐丧失影响与执行力。糊涂查理只能眼睁睁地看着诺曼人占领了王国的西北部，也就是塞纳河河口与鲁昂地区。埃普特河畔圣克莱（St-Claire-sur-Epte）是诺曼人与法兰克人营地的交界处，双方于911年在这里签订协约，以一种不常见的新办法使占领的进程合法化，即侵略者在占领土地的同时成为国王的封臣。当未来的诺曼底公爵罗珞（Rollo）需要按惯例完成吻脚礼时，他并没有像一位恭顺的封臣那样俯下身来，反而是把查理的脚猛地抬起，以致他的领主，也就是国王失去了平衡，向椅背后面跌了下去。这本是表示服从的姿态，却变得何等傲慢与跋扈。一百年后，圣昆廷的杜多（Dudo von St. Quentin）在他的史书中记下了这一笔。

这件逸事也许只是谣传，然而它反映了1066年黑斯廷斯之战的胜利者——征服者威廉的祖辈所持有的姿态。诺曼底公爵历来被视为能征善战的征服者，他们不仅维持了自己领地的和平，也为日后的法国解除了维京人的侵略危机。封君封臣关系赋予他们合法性，这并非意味着屈从，而是使他们靠横征暴敛和僭越而获得的统治得到法律认可。这样的合法化模式在未来屡试不爽，每当来自诺曼底的诺曼人在新的地方攫取统治权之时，他们便故技重施：在 1130—1139 年，当诺曼人在意大利南部统一若干公爵领地后，他们的君主成为教宗的封臣，而新建立的西西里王国就是他的封地。

在西法兰克王国的其余部分，地方的诸侯势力也不断稳固。如果谁在 10 世纪没有为未来的君主统治打下基础，那么他在日后便无法再求得安稳。加洛林的王权不断陷入危机中，它的末日也悄然到来。长久以来，"法兰西"公爵大雨果比他的封君西法兰克国王拥有更多的权力、更多的伯爵领和主教区，他可以任免这些教区的主教而国王则没有话语权。查理曼的后裔忠实地贯彻着法兰克的均分传统，在有继承权的诸子之间均分财产与领地，直至最后帝国分无可分，在荣耀之外别无他物可以继承。最后一次帝国分割原本定在 953 年，然而它因为后续事件的发展最终流产了。随后，新兴诸侯阶层中最强大的雨果·卡佩将加洛林人彻底赶下王座，或者更确切地说，他没有允许加洛林最后的继承人在 987 年当选国王，反而是自己取而代之，并使自己的家族成为新的王室，其父系后裔一直繁荣至今天。比之加洛林，卡佩王朝的传统发生了改变，王朝的自我神圣化也逐渐形成。雨果之子虔诚者罗贝尔相传是第一位治好瘰疬的人，从此人们相信只有受膏油的国王才具有这种能力。

法兰西王国在王位继承上受到了得天独厚的眷顾，他们的王室子嗣兴旺，法王也不像奥托王朝的君主那般热衷于冒险，将年轻的生命葬送在意大利的疟疾与瘟疫中，也没有陷入争夺继承权的内战。这个新兴的王国不再将恪守法兰克传统视作第一要务，不再依靠凌驾于诸侯之上的封建领主制，相反，他们的统治基础是自身挣得的财富、地产，即王室私产，以及专属于卡佩人的若干完全所有权（allodiale Rechte）。在随后的数世纪中，两者都随着统治阶级权力的增长而扩大。与此同时，由于法王在此之外并无什么长远目标，封臣的背离也不会对已获得的财产造成威胁。988 年在西法兰克王国覆灭后，巴塞罗那、乌尔赫尔、赫罗纳和奥索纳的伯爵博雷尔二世（Borell II von Barcelona, Urgel, Girona und Osona）拒绝承认与僭越的法王之间存在封建契约，这标志着加泰罗尼亚在法律上开始脱离法兰克王国，它的独立进程还要持续数年。法兰西与德意志尽管共同源于加洛林的法兰克王国，却在结构性差异的决定下，自此踏上截然不同的历史发展道路。

此外，东、西法兰克王国也在政治心态上存在着典型的不同，并在这一时代开始显现。法兰西的世俗贵族势力强大，他们与罗马教宗所保持的关系独立于他们的国王。而在奥托王朝，国王习惯于插手诸侯的外交，以至于贵族无法和教宗保持独立自主的关系。直到主教授职权之争（Investiturstreit）的时代，反对国王的德意志诸侯才绕过这一规矩而直接向罗马求助。由此，西部与东部王国也形成了相异的交流方式，其后果影响深远。德意志诸侯会因为政治上的重大事件而紧急求助于教宗，而法国贵族则和罗马教廷缺少这样的互动。

以农业为基础的贵族社会易于触发战争，天然埋下了好斗的种子，因而也确实矛盾重重，人与人之间相互猜忌。奥托王朝忠实的战士韦尔切利主教不断地提醒自己："利奥，要警惕！"他所怀疑的正是自己的君主奥托三世或者是亨利三世。没有任何受托人完全受信任，也没有任何辩护人完全摆脱私心，没有任何统治的建立或扩张不充满嫉妒、争执和暴力。无论这个社会已然基督教化，还是它将要成为基督教社会，如何才能在此建立公正的统治？如何才能留住天主的慈悲？如何才不会将它挥霍呢？

伴随着不断滋生的暴力与不断增长的罪孽，人们渴望全新的救赎的希望与救赎的确信。披坚执锐的领主们极为重视僧侣的祈祷，文明的进步也要求他们收敛对暴力的热衷和恣意妄为。最后，过多的战争耗费，从长远来看吞噬了太多文化资本，也催生了和平战略与复兴政治。因此，基督教的教导重新获得一席之地，它为人们指明了方向。在经历了无度的暴力与痛苦后，和平、谦恭、虔诚便是福音，在肥沃的土地上茁壮成长，而修道院成了整个社会的楷模。

阿尼亚纳的修道院改革早已式微，新的改革冲动继而兴起。新的修道院改革不再仅仅宣扬恪守本笃会规，它要求的是更严格的纪律，以及与之相应的生活方式。此外它还诉求免于世俗权力干涉的自由，因为在历史上，世俗操纵对教会和修道院而言是危险的，无论权力掌握在国王、公爵还是伯爵手中。最后，改革要求修道院处于保护中，可以自由地举行礼拜、祈祷、超度亡灵。位于法国马孔（Mâcon）西北部的克吕尼修道院以前所未有的、堪称典范的方式实现了这些目标。这座修道院于 910 年在阿基坦公爵威廉三世的推动下建成，它不屈从于任何世俗统治，其继承人的任命和修道院院长的自由选举由全体修道院成员决定；它受到罗马教宗的保护，然而并不隶属于教宗的统治；它还免于主教教区职权的干预：这便是 10、11 世纪的克吕尼式的自由，没有人能侵犯他们，无论是国王或皇帝、主教或教宗。修道院院长从主祭坛上拿起权杖，从自己或者毋宁说从修道院在天国的守护者圣彼得那里领受圣职。众多声名显赫、极为成功的修道院院长前赴后继地致力于克吕尼式修道方式的传播。尤其在王国西部和勃艮第，接连有修道院接受这一改革，并且大多数修道院自愿隶属于克吕尼修道院院长。在改革最兴旺之时，有近千家修道院加入了克吕尼的修道院团体。克吕尼运动在 12 世纪逐渐退潮，取而代之的是新兴的改革派修会迅速扩张，以西多会（Cistercians）为代表。在随后的 13 世纪也就是圣路易的时代，克吕尼修道院最终开始依赖国王；在中世纪晚期听命于挂名的修道院院长，最后在 1790 年的法国大革命中寿终正寝。今天这个小村庄只能以其夺目的断壁残垣欢迎四方的宾客。

克吕尼的改革运动扩展至罗马和卡西诺山、盎格鲁-撒克逊的英格兰甚至是西班牙，除了少数特例外，它几乎没有影响到奥托帝国。因为在那里登上历史舞台的是另外的改革派修道院和修道院院长，与克吕尼运动平行发展、互不相交。改革运动以洛林地区为代表并发扬开来，涌现出布罗涅（临近那慕尔）的吉尔哈德（Gerhard von Brogne）、戈尔兹（梅斯南面）的约翰（Johannes von Gorze）等重要人物。这一轮修道院改革运动也波及了西欧的许多地区，尤其是在意大利、法国和勃艮第广泛传播；而莱茵河右岸的修道院则对改革较为犹豫，甚至有人果断地拒绝。直到 1070 年左右的教会改革时代，克吕尼的改革思想才跨过莱茵河，或者说从南面跨过阿尔卑斯山而来，这不排除改革中含有政治目的和反对国王的倾向。希尔绍和锡格堡（Siegburg）成为新兴的改革中心。

中世纪的纪念祷告仪式根植于古代基督教的传统，在加洛林王朝早期，它在国王与皇帝的推动下以新的方式实现了制度化，由此使信仰、教育、社会、政治、艺术、学术和传播紧密相连。它不仅整合了当时人们的行为方式和活动空间，也适应事物的普遍性质，它所提供的解释模式使人们能够衡量相关的社会要素。成立于762年的阿蒂尼（Attigny）的"祈祷协会"或"安魂协会"（Totenbund）是已知最早的祷告团体。它由44名神职人员、主教和修道院院长组成，领袖是梅斯的圣克罗德冈。他们相互承诺，若其中有人去世，在宗教集会上全体教士、修士一起为死去的兄弟举行纪念祷告仪式。这样的祷告协会反映出一种跨教会机构的社会融合、跨地区的共同体组建，它绝不仅仅局限于宗教生活，其影响也波及非教会事务和政治活动。这种团体发挥着长久的影响，1005年在多特蒙德成立的祷告协会便是一例。它由国王亨利二世、众多主教与贵族诸侯构成，据历史记载，他们在至少150年的时间里承担着慈善服务。此外，为了促进和平或因共同利益而缔结的团体也屡见不鲜，在其时代起着至关重要的作用。克吕尼的安魂祷告活动将这一历史进程推向高潮，其组织极为高效，他们将亡者的名字与相应的纪念词写在羊皮纸便条上，送到相关的祷告团体中传阅，后者再在便条上加上自己的纪念语；由此产生了这样一种卷轴，由依次缝在一起的便条构成，记录了人们的虔敬活动。便条在克吕尼的影响范围内四处流传，广泛传播着这种告慰文体——克吕尼修道院为它所照顾的人们共举行了上百次安魂弥撒，施舍救济穷弱者。然而这些卷轴并未跨越语言的边界传向东部帝国，这也是共同体组建以及纪念祷告的排他性的鲜明例证。

诚然，这一时代进入历史记忆的只有特定的少数人。他们来自国王、主教、贵族、修道院院长与僧侣群体。除了少数例外，诸如955年的莱希费尔德（Lechfeld）战役，没有其他任何时段、任何抽象话语、任何组织与机构载入史册。这些人的世俗的与教会的等级阶位在其死后也保持不变，而社会底层没有留下任何记忆的痕迹。召集第一次十字军前往耶路撒冷的教宗乌尔班二世曾是克吕尼的僧侣，他向他曾经的修道院院长雨果请求道："请把你祈祷与安慰的手伸向我吧！"祈祷与政治携手前行。相应地，研究纪念仪式、解释其文献的历史学家们发现了一个个贵族群体，他们人数庞大且彼此相关。事实上，正是纪念文献使人们认识了早期的统治集团，他们包括罗贝尔－卡佩家族、康拉德家族和其他亲属团体，贵族集团如奥托家族的"朋友"，以及广泛的和平联盟。他们在历史中留下的印记既包括个人故事也包括社会关系。如果这些纪念文献无人问津，上述人物也就在历史中悄无声息、无影无踪了。得以流传的祈祷文与仪式范本，向我们展示了那个时代人们的宗教与精神视野是什么样的，他们对待宗教仪式又是何其的认真。

纪念仪式需要巨大的物质开销，包括修道院的专门机构、教堂建筑、圣徒崇拜的器物、绘画、金饰艺术、音乐、礼仪、穷人关怀，凡此种种；纪念仪式也促进它们的发展。所有此类事项都需要资金支持。这使纪念仪式获得了文化影响力，其意义不容小觑。纪念仪式反过来影响了整个社会及其经济。转瞬间，修道院的这些"营生"蓬勃发展、过度发展甚至使修道院不堪重负。纪念仪式促使修道院崛起，释放出社会、经济的巨大活力，影响深远。为了安抚逝者的灵魂，克吕尼修道院将食物分发给穷人，却使修道院的财政吃紧。据估计，在 12 世纪末，修道院每年发放 18,000 顿以上的饭食，少数情况下可超过 30,000 顿。这些数据对当今国家而言或许微不足道，因为我们的人口数以百万计；然而对中世纪盛期修道院的生产力而言，这是一项无法长期维持的任务，况且修道院还要供养自己的成员。这些死者消耗着生者，消耗着那些最富有、最强大的修道院。[4] 纪念仪式的负担过于繁重，几乎是灾难性的。若想长期维持慈善与经济活动的平衡，修道院内部并无足够的知识储备。然而，悼念亡者与文化纪念仪式唤醒了社会活力，事实上，它们迟早会改变这个世界。

纪念仪式可以被视作一种现象。在其中，支配社会及其文化的种种元素都被反映和打破：无论是世俗生活还是宗教，无论是"政治"活动还是经济，无论是学术、艺术、技术还是社会秩序与解释框架，无论是交流与认知方式还是社会的创新能力和活力。例如，欧洲古代流行一种三分的阶层学说，它带有等级意识，即将社会人群分为"祈祷者""战斗者""劳动者"。这一学说于 10 世纪起通行于西欧社会，它并非源于纪念仪式，纪念仪式却极大地塑造了这一学说。纪念仪式为我们提供了一个文本语境，众多事物得以显现其中，例如：国王们的活动空间、修道院的组织、中世纪早期与盛期由贵族构建的教会。这些信息似乎与同时代的社会、文化活动更为吻合，比早前史学界构建的权力与统治的历史更为真切。尤为重要的是纪念仪式的长期影响，它促进了中世纪早期与盛期史学的发展，直接影响了群体和集体的文化记忆。

  这种繁复的纪念仪式与每位僧侣的教育和社会化紧密相关。自加洛林时代以来，包括克吕尼在内的修道院接收小孩子为僧侣。他们六岁左右，易于教化，被称为"献身儿童"（puer oblatus）。他们从小就肩负着家长与亲属的期望，这期望融入他们的血肉中。他们将为亲属们祈祷，以保证他们在此岸和彼岸获得天主的恩典。正是在这样的教育与社会化中，在这样的期望与义务中，大量的革新与灾难性的崩塌同时存在，心灵的相通与修道院的社会现实得以相容。

第五章

末世危险地临近了

这个世界是古老的，它绵延了五千年多年。它正急速走向衰亡，人们相信在创世的六千年后，世界会衰亡。《塔木德》中记载的期限也为基督徒所接受。显然人们不该计算世界末日之期，这只有天父清楚，连天使都无法得知。然而一些学者克制不住好奇心，永远在尝试新的算法。自基督教有史以来一直到中世纪和近代早期，人们坚信，基督将再次到来执行最后的审判，世界末日也将随之降临。由此衍生出对最后审判的恐惧，随着时间的流逝而越发强烈，末世想象占据了人们的灵魂。在《福音书》中的预言、《约翰启示录》、其他的神圣文本以及教父著作的影响下，千禧年之交唤醒了人们对末日即将降临的期望，这既发生在拜占庭也发生在拉丁欧洲。西方的一位学者认为，"撒旦的一千年"已降临[1]，敌基督已被降服，《班贝格启示录》(*Bamberger Apokalypse*)中的图画揭示了这一点。随后的一个世纪中人们不断渲染末世想象。对末世审判的期待发展为新的阶段、新的思潮，有时获得广泛传播，有时只在少数宗派团体中流传。其影响一直持续至马丁·路德的时代乃至20世纪。

我们这代人相信世界将永存，也许会嘲笑甚至斥责那些末世信仰。然而正是这种信仰能使世界地动山摇，无数种文化发端于此。它在学术、文学、艺术和建筑领域激发出众多尝试与作品，它推动教宗、主教、皇帝和国王的行动，最终汇入科学与启蒙的大潮。宗教情愫与虔诚从头到脚都深受末世信仰的影响。对降临的期待不会使人衰弱，相反，正如先知的预言，所有力量得以释放，人们全都全力以赴，虔敬的事业大为发展，改革与创新势在必行。

此外，在9—10世纪，忏悔书从爱尔兰传到了欧洲大陆，在这里广为传播。它告诫人们，即使在此世也能部分地补赎罪过，除非是那些致命的死罪。不同的罪过有不同的补赎方式，这样人们便可以以最轻的罪过面对最后的审判。与圣奥古斯丁的《忏悔录》类似，这种忏悔书包含了一系列提问。例如：你是否做过这件事？你是否做过那件事？它以这种方式敦促人们忏悔自己的罪过，检讨自我。现在，仅仅独自沉思和忏悔已经不够了，人们的灵魂要做好准备迎接"新郎"。这突出表现为上帝和平运动。它于10世纪晚期在法国南部发源，在11世纪传遍诺曼底之外的整个法国。有若干证据显示，这场运动深受启示录中末世想象的影响。因为"如果没有和平，就没有人会望向天主"，一份"上帝和平法令"如是论证。这是历史上最早颁布的相关法令之一。[2] 和平通过共同发誓而缔结，特定的人、物和牲畜将会在特定的时间——比如从周四晚上到周日晚上——置于宣誓人的保护下，任何破坏和平的人会遭到起诉和惩罚。天主和平运动也许影响了意大利北部的城市公社（Kommune）运动，后者也建立在共同宣誓的基础上，其目标是维持城市和平。日后宣誓也用于维持城市的自治，使城市免于伯爵和主教的干预。事实上我们也可以理解为，上帝和平运动在意大利北部衍生出一种特殊模式，那便是城市公社。教会中的最高阶层也陷入了末世恐慌，他们为这个古老的、紧迫的问题寻找答案，不断投入新的力量。末世审判的临近使11世纪的教会改革者们意识到改革的紧迫性，而他们的领袖是教宗格里高利七世。

生活在千禧年之交的人们尤其能感到末日的临近，他们因此更热切地向已知世界的尽头传布福音。圣奥古斯丁曾勾勒出这一使命：世界的毁灭是预定的，然而在此之前，我们要将主复活的福音带到最遥远的海岛。传道工作需要对整个人类居住的世界有所认识，寻求拉丁西方的基督教在世界各地的扩展。"向全世界"传布福音的决心激发了意愿与知识两者的全球化，不过经济的全球化此时还没有出现。传福音的首要目标群体是异教的斯拉夫人，这个民族与基督教西方毗邻，人们认为，他们所生活的地方就是世界的边缘。当时人们对地球的认识十分有限，所有的地理感知都是从直接经验中得来，也就是说，人们的地理概念很少能超出他们家乡的范围，或许为国王效力的贵族能更多地了解这个世界。尽管那一时代的学者能习得些许古典文化，然而这些知识既不适用于当下的政治统治，也无益于延伸至广阔世界的传教事业。为了完成遍及天下的传教使命，人们需要重新发现这个世界，西方开始为此整装待发。

在当时人们的想象中，尽管世界是一个球体，然而人类居住的地方只是一座小岛，它四周都为海洋所环绕。古代的地图反映了这种想象，我们可以参考马克罗比乌斯（Macrobius）在评注西塞罗的《西庇阿之梦》时所画的区域图。这些想象性的作品呈现了整个尘世宇宙的面貌，然而人们无法从中了解具体区域内的国家和人民，它们无法应用于"政治"实践，只有文人学者对其中蕴含的知识颇感兴趣。在此情况下，任何战略或后勤规划都无法完成，若想在行动前先行了解地区情况也是不可能的。有关地图的知识只是在知识分子间流传，它无法转化为应用知识。与此相反，人们翻山越岭，日积月累，反而促生了实用性知识。到15世纪末，根据比例尺标识实际距离的地图终于出现了。在早期，人们所理解的空间是森林与田野、河流与山峦以及人类分散的聚居地。空间同时也是人类生活和耕种的地方，人们以大地上的收成缴纳税收。人们会燃起占领土地的欲望，想要攫取对它的控制权。人们对土地的控制是可见的、在场的，也预示着危险，它取决于已有知识的边界。

历史学家笔下的记载没能超越其周围的环境。例如，萨克森人维杜金德对萨克森人所居住的整个地区并不完全清楚，尽管他试图描述的是这一族群的历史。梅泽堡主教蒂特马尔在细节上呈现了更多的不同之处，然而在本质上他也没能走得更远。另一部出自奎德林堡的作者不可考的萨克森编年史，视野更加狭窄，尽管作者掌握的信息颇为丰富。在这种情况下，中世纪的"国家"成为在不同地区差异巨大的实体，王权统治的程度各有不同。尽管"国家"有其边界，然而它不是一块统一的领土，没有形成同质化的统治空间。在这片土地上，复杂性和多样性不断催生出新的诉求。人们对陌生民族甚至是自己的毗邻国度知之甚少，因此当这些传教士们上路时，他们的经验和认识都十分有限。为此他们需要鼓起巨大的勇气，这与数世纪后人们从地球踏入太空的时刻何其相似。

我们今天所认识的斯拉夫世界，是在传教的历史背景下形成的。它的早期历史由于资料的匮乏而晦暗不明，只有考古学和历史语言学上的证据能对复原这段历史有些许帮助。斯拉夫人最初是平和的农民，他们的集体组织停留在一个相对简单的层次上。他们以小型的部落联盟为单位，也许分布在宗教中心周围。在早期，他们没有联合成一个强大的、能形成国家政权的力量，因而无法组织有效的抵抗，无论面对的是法兰克人或萨克森人的侵略，还是维京人恐怖的奔袭。直到 9 世纪和 10 世纪，斯拉夫人才在摩拉维亚建立了一个强有力的公国；随后在波西米亚和上西里西亚建立了捷克公爵国；不久后，即 11 世纪早期，又在奥得河畔和瓦尔塔河畔建立了第一个波兰王国。

尽管如此，仍然有一份 7 世纪的记载流传下来，它讲述了来自法兰克王国的商人萨摩（Samo）的故事。据记载，在一场反抗阿瓦尔人的起义后，萨摩在斯拉夫人中间建立了一个王国，并领导他们抗击法兰克人，然而在萨摩死后，这个王国也崩塌了。再具体的史实我们已不得而知。直到加洛林王朝盛期，关于斯拉夫人的记载才逐渐增多。此时，传教队伍来到了卡兰塔尼人（Karantanen）和摩拉维亚人中间，后者刚刚建立了自己的王国并取得了极大成功。来自拜占庭的两位传教士西里尔与美多德频繁在摩拉维亚活动。巴伐利亚-东法兰克的主教们对此颇为不悦，因为希腊传教士们在教宗尼古拉一世的支持下复兴了西尔米乌姆（Sirmium）教区。该教区设立于古代晚期，随后消失。希腊人的传教还会使摩拉维亚教会归顺于君士坦丁堡牧首的统治，而与此同时，萨尔茨堡、帕绍和雷根斯堡期待着扩大自己的教区，因而与希腊人形成竞争之势。希腊传教士为斯拉夫人带来了格拉哥里字母，也就是早期的西里尔字母，它以圣西里尔之名命名，这位传教士埋葬于罗马的圣克雷芒教堂内。除此之外，希腊人还成功引入了用民间方言主持的礼拜仪式，这在当时被视为异端，激起了拉丁人的强烈愤怒。

传教活动因匈牙利人的入侵而受挫。在 907 年的战争中，摩拉维亚王国和巴伐利亚的军队战败，为波西米亚公爵在布拉格的统治拉开帷幕。布拉格当时是斯拉夫地区西部最大的城市。来自西班牙的旅行家易卜拉欣·伊本·雅谷伯（Ibrahim ibn Yaqub）惊叹于布拉格的石制建筑；这里还控制着通往克拉科夫、基辅乃至撒马尔罕、君士坦丁堡和阿拉伯半岛的贸易，尤其是奴隶贸易。这座城市聚集了大量的财富，它也是权力的中心。普热美斯王朝（Premysliden）在此建立，其统治者是圣瓦茨拉夫（Wenceslaus）的家族。瓦茨拉夫在权力斗争中被他的弟弟谋杀，成为殉道者，然而这一王朝建成了一个强大的公爵国。波西米亚公爵国与萨克森以及巴伐利亚的公爵城市雷根斯堡保持着紧密的联系。布拉格主教座堂的守护圣徒圣维特正是来自萨克森，而在雷根斯堡有一条重要的大道通向意大利。神圣罗马帝国皇帝奥托一世执政后，波西米亚公爵国成为奥托帝国的一部分。

基督教分别从北方和南方涌入，它的传播是循序渐进的。972—973年，布拉格主教区建立。也许是为了弱化与萨克森和巴伐利亚的竞争，它被归入美因茨教省。美因茨教省包含了广大范围的教区，从布拉格盆地、西里西亚和所有东部的基督教土地，远至克拉科夫以及匈牙利北部。魏森堡主教阿达尔贝特，也就是日后的马格德堡大主教，作为传教士途经布拉格和克拉科夫前往俄罗斯，又从那里失望而归。回到布拉格后，他为沃伊切赫（Woicech）举行了坚振礼，沃伊切赫获得了教名阿达尔贝特，成为第二任布拉格主教。这位主教日后成了圣徒，他拥有雄心勃勃的计划，致力于将布拉格从美因茨教省内分离出来，从而建立独立的斯拉夫－匈牙利大主教区。曾经令人胆寒的马扎尔人在955年莱希费尔德战役溃败后，也试图融入基督教世界，无论是在拜占庭还是在拉丁西方。阿达尔贝特主教也给马扎尔人传福音。还有一些传教使团来自巴伐利亚。巴伐利亚的亨利公爵之女吉泽拉（Gisela）嫁给了匈牙利王子瓦伊克（Vajk），瓦伊克洗礼后，采用教名"斯蒂芬"，后成为匈牙利第一位国王；他的洗礼正是由阿达尔贝特主教所主持。然而，波西米亚国王波莱斯瓦夫（Boleslaw）与阿达尔贝特主教的家族间出现了权力斗争，它终止了此前的成功，阿达尔贝特主教所酝酿的更大的计划也未能实现。阿达尔贝特主教先是回到罗马，最后奉命出使普鲁士，997 年他在那里殉难。匈牙利和波兰成了独立的教省，而直到神圣罗马皇帝查理四世时，布拉格才成为都会（Metropole），拥有了自己的教省。

民族主义的偏见长时间阻碍着人们对千禧年历史的公正认识，这里指的是奥托帝国东部民族的兴起。19、20 世纪沉重的历史遗产，给过去的历史形象蒙上了阴影，而这些历史形象可以理解为民族认同的标志。现在，人们才逐渐开始抛开禁忌，重新以跨民族的视角审视它，更加关注其宗教与教会的历史背景，尤其是波兰的"受洗"以及在易北河和奥德河之间地带基督教传播的步履维艰。

如前所述，柳多尔夫家族征服了从易北河到奥德河的土地，并在这里建立了教会组织。奥托一世不顾美因茨和哈尔伯施塔特教区的强烈反对，创立了马格德堡大主教区，下辖梅泽堡、梅森和蔡茨（瑙姆堡），以及先前建立的勃兰登堡和哈弗尔贝格。在 983 年奥托二世逝世后，斯拉夫人爆发了大规模起义，反对统治者数十年来的压迫。这导致了西斯拉夫的柳提岑人（Lutizen/Liutici）回归异教，该地区长达一个半世纪的基督教化进程被迫中止，勃兰登堡和哈弗尔贝格两个主教区首先失守。异教重获自由的结果是它消耗了大量的"文化资本"。考古学的证据表明，这一地区的发展倒退了，没有教会的刺激，它的文化也停滞不前。

在奥德河以东的土地上，历史发展的轨迹截然不同。皇帝奥托三世意识到末世的临近，他在教宗西尔维斯特二世和波兰公爵勇敢者波莱斯瓦夫一世（Bolesław I Chrobry）的帮助下，于 1000 年在格涅兹诺建立了大主教区，在当时这里被视为已知世界的边缘。格涅兹诺的首位大主教是高登提乌斯（Gaudentius），他是布拉格的阿达尔贝特的幼弟，这与波兰公爵的提议相左。据我们所知，正是在此时，在期盼末世的历史背景下，"波兰"（Polen）这一名字出现，大主教区在此地建立。人们效仿先知以赛亚的先例，在受洗的同时将"波兰"用于称呼波莱斯瓦夫一世的土地和臣民。在此之前并不存在一个名为"波兰人"（Polanen）的西斯拉夫部落，当下有关"波兰"的名称起源的假设是没有事实根据的。1001 年埃斯泰尔戈姆（Esztergom，德语 Gran）大主教区建立，在此过程中年轻的皇帝奥托三世起到重要作用。他向帝国东部边陲之外的波兰公爵抛去友谊的橄榄枝，以罗马皇帝的身份擢升并承认波兰公爵为国王，这也是对拜占庭皇帝的效仿。然而这并不意味着波兰将在世俗统治上并入奥托的帝国，宗教仪式用书中的君主微型画像不断证明着这一点。尽管在一些虚构的绘画中，高卢和斯卡拉维尼亚（Sclavinia）等省份表示出对奥托三世的致敬，然而这不代表法国或波兰全体效忠于帝国，这两地特指从属于奥托帝国的洛塔林吉亚和并入帝国已久的奥德河以西的斯拉夫人地区，若干相关的文字资料可以明确证实。直到亨利二世（1014—1024年在位）和康拉德二世（1027—1039年在位）的时代，德意志君主才开始挑战波兰的王权，他们先后对波莱斯瓦夫一世及其子梅什科二世（Miesco）发起了战争。这对波兰而言是沉重一击，它直到11世纪下半叶才恢复元气，在此期间波兰的王权也旁落了。

出乎意料的是，威尼斯也吸引了年轻的皇帝奥托三世的注意。当时整个威尼斯潟湖①属于东罗马帝国，奥托三世秘密拜访了威尼斯总督，其具体目的我们不得而知。也许这次密谈事关达尔马提亚，这里是威尼斯的前哨，也是这个不断崛起的海上共和国的利益攸关之所在。812年，查理曼在与拜占庭皇帝米海尔一世的和平协约中放弃了对威尼斯的统治，而如今威尼斯已成长为连接东西方的特殊桥梁，建立了自己的霸权和势力。这个仍然年轻的城邦国家最初的财富积累来自食盐生产和对食盐交易的垄断。同时，来自阿尔卑斯山的木材也在威尼斯交易。这些木材用于造船，除了威尼斯自己的船厂，通常会继续运往地中海各地乃至拜占庭。除此之外还有"奢侈品"在这里交易，比如奴隶和阉人。威尼斯和阿尔卑斯山北部贸易中心就此建立了最初的联系。由于拜占庭舰队在随后几个世纪中逐渐衰落，随着外敌威胁的增加，威尼斯舰队对东罗马帝国的重要性也就与日俱增。威尼斯在10、11世纪获得的珍贵的海关和贸易特权便可以说明这一点。自加洛林时代以来，"西罗马帝国"皇帝也开始与威尼斯缔结特殊协议，以保证双方的互惠关系。

然而，威尼斯是一个特例。在12世纪之前，西方城市只处在一个次

---

① 威尼斯潟湖位于亚得里亚海北端，威尼斯城市即位于潟湖内。其约80%的面积为滩涂，该潟湖是地中海区域最大的湿地。

要的位置上，尽管此时手工业生产已开始重新向（原有的）城市中心转移。这个时代尽管不缺乏商人，但他们的鼎盛时代还没有来临。中世纪早期的商贾其实是生活困苦的人，千禧年前后，一份在莱茵河下游蒂尔（Tiel）地区意外保留下来的速写揭示了这一点。痛饮、伪证和通奸被认为是商人们的日常，然而这些言论告诉我们，当时的编年史家无法理解商人这个群体，而不是说这就是商人们实际的生活模式。远洋贸易往往意味着遭遇海盗，此时商人们还是只身远行，无论在陆地还是在海上，他们只能全副武装以应对未知的风险。商人们也考虑到拓展他们的贸易，他们也走街串户地做买卖。在这一过程中人们逐渐产生商业头脑，不过有所顾虑。"你买了一批商品，你想以同样便宜的价格将它们卖出去吗？——当然不是！否则我如何从我的努力中获益？我要以更高的价格卖出它们，赚取利润，我要以此来养活我和我的妻子儿女。"在千禧年之交，恩舍姆修道院院长阿尔弗里克（Ælfric von Eynesham）向他的学生这样抱怨商人的行径[3]，然而这种情况不久后将不复存在。

威尼斯、匈牙利和波兰都是奥托三世时代的受益者，这与拜占庭帝国的外交影响有关。奥托三世同时具有萨克森和拜占庭的血统，他总是把君士坦丁堡视为行动的楷模与标杆。他一边计划着与东罗马帝国激烈竞争，另一边始终铭记自己是榜样查理曼的继承人，酝酿着罗马帝国的复兴。罗马的帕拉蒂尼山（Palatin）①是古罗马皇帝的宫殿所在地，此后所有的"宫殿"都以"帕拉蒂尼"为名，奥托三世再次将这里选作皇帝的住所。事实上，尽管奥托的统治只有短短六年，然而这位有拜占庭血统的萨克森人在罗马停驻的时间，比早于或晚于他的其他中世纪皇帝都要长。奥托三世的帝国玉玺上刻有皇帝的正面端坐像，其形象按照古罗马皇帝的肖像绘制，自此以后，每任皇帝，甚至不久后帝国之外的国王也采纳了这一做法。奥托还找到并打开了查理曼的坟墓，计划将这位法兰克的首位皇帝尊封为圣徒。萨克森人敬拜他，因为查理曼为萨克森带来了基督教。然而奥托在21岁时便撒手人寰，人们解释他的早逝是因掘墓而受到神圣惩罚，他想

---

① 帕拉蒂尼山在罗马七座山丘中位处中央，相传罗马建城者罗慕路斯与雷穆斯在帕拉蒂尼山被母狼发现，得其哺乳。

把查理曼摆到敬拜的祭坛上。在罗马，奥托三世首次选择了一位非罗马人作为教宗——格里高利五世。格里高利是他的亲信，也是他的表侄，原名为克恩滕的布隆（布鲁诺）。随后，他此前的导师欧里亚克的吉尔伯特也作为教宗西尔维斯特二世登上了圣座。奥托三世或许把自己视为新的君士坦丁大帝？

与所有对末世降临的担忧相反，或者说恰恰是出于这种担忧，10 世纪见证了理性时代的开启，遗憾的是这一时代的史料十分匮乏。面对迫在眉睫的末世危险，人们渴望着理性。理性需要一种不同寻常的判断力，它可以解释天主用于启示的种种迹象。这些迹象无处不在，然而其确切含义又晦暗不明。天主曾预言（《马太福音》24：4—29）：你们会看到战争和战争中的哭喊，看到人民的暴乱，看到一个国家攻打另一个国家，看到瘟疫、饥荒和地震，看到假先知，看到不断增多的仇恨和邪恶的不公，看到人们心中的爱逐渐冷却，看到太阳和月亮变暗，看到"血淋淋的雨"，看到星星从天上坠落，诸如此类。这一切都要求人们善于辨别和洞察，而辩证学可以教会人们这种技能，这门学科帮助人们从末世信仰中迈入科学。

事实上，所谓"黑暗的"10 世纪前所未有地致力于逻辑学和辩证学，在这一点上，欧洲历史上没有任何一个世纪能与之媲美。甚至可以说，这个时代为理性（ratio）而神魂颠倒。查理曼所播下的种子现在开始发芽了。诚然，人们首先要发现和澄清必要的概念，亚里士多德《工具论》的第一部分是入门的基础。正是这个时候，也就是从 10 世纪上半叶开始，波埃修斯所翻译的范畴学说与句法学说开始流传。这些著作越来越受欢迎，人们如饥似渴地学习。这一时代的手稿没有一部不是布满了拉丁文（而不是民间方言）的注释。这些注释既出现在文本边缘，也填满了字里行间，它们用于理解和澄清概念，它们是研究的初步尝试，也为后续的独立思考奠定了基础。人们甚至重新尝试翻译，例如圣加伦修道院的僧侣和校长德意志人诺克特（Notker der Deutsche），他将亚里士多德的范畴学说翻译成古高地德语。这是一次大胆的尝试，因为粗糙的条顿语迄今难以表达深入的哲学思想、辩证学和科学知识。对古高地德语乃至对所有正在发展的地方语言而言，这都是一次漫长的征途，但现在至少是起步了。在整

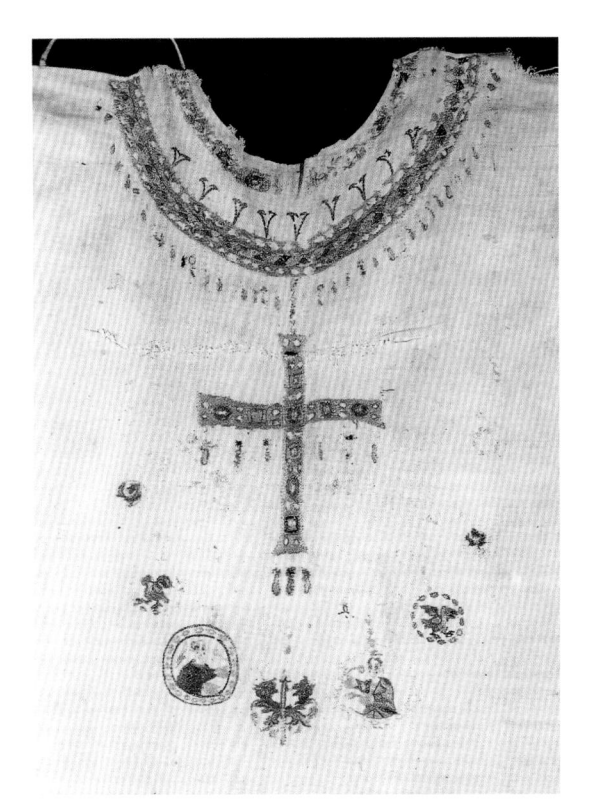

◀圣巴蒂尔德的寿衣。巴蒂尔德是墨洛温王后。这件寿衣上绣有镶宝石的十字架,它反映了在古代和中世纪早期的基督教末世论中,人们对新耶路撒冷的想象。到最后的审判时,这件衣服会成为墓中亡人复活的向导。

▶金蜜蜂(或金蝉)和公牛头饰品。皆以红色的贵榴石制作。它们是5世纪的马缰头部件,于1653年在图尔奈希尔德里克墓中出土。拿破仑在1804年的加冕礼上用金蜜蜂装饰其皇袍,表示法兰西人的首位皇帝与首位国王的联系。

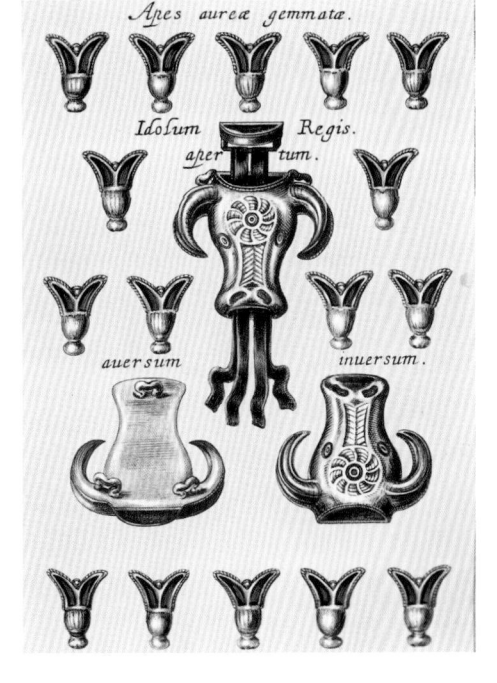

▲苏珊娜水晶,它受国王洛塔尔二世(869年卒)之命制作。其中描绘了两位老人因偷看苏珊娜沐浴而被杀死的故事,以其生动的表现力展示了加洛林时代的水晶切割艺术。

▶格里高利十字架。主体为水晶。它由教宗大格里高利赠予伦巴第王后泰奥德兰德。教宗以此感谢王后为阿里乌教派的伦巴第人带去了天主教信仰。十字架上的基督并不是死去的状态,这在古代晚期十分普遍。

▲亚琛大教堂内景。亚琛大教堂是查理曼的宫廷教堂,是加洛林时代建筑的重要范例。

▲印有查理曼仿古肖像的银币，其上有字样"KAROLUS IMPAUG"。银币上的查理曼身披古代帝王的外套，头戴月桂冠。

▲杰罗十字架。保存在科隆大教堂，制作于10世纪晚期。它第一次展现了在十字架上死去的基督形象，也成为众多罗马式真人大小基督像的模板。

▲埃森圣母像，它是现存最古老的全身塑像之一，木制躯干为金薄片所包裹。

▲该图呈现了一千年后人们捆绑、释放敌基督的场景。出自《班贝格启示录》（1000年前后）。捆绑与释放敌基督的主题在千禧年之交反复出现。

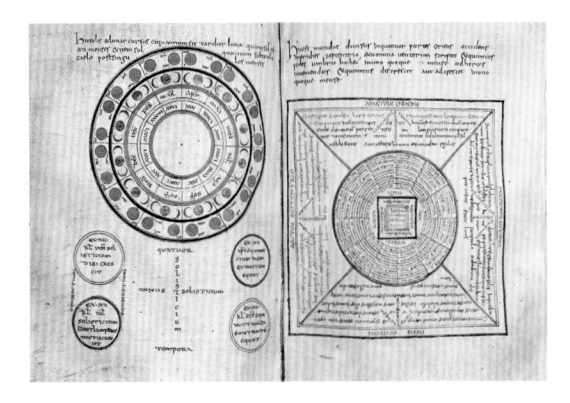

◀ 科隆大主教希德巴尔德的天文计算手稿。创作于798—805年。左图为月相变化以及以太阳二至点、二分点为标志的四季,右图展现了由火、水、气、土四元素构成的世界结构。

◀ 维京长船,又名"高克斯塔"船。9世纪晚期维京人龙船中的杰出范例。它长约23米,宽约5米,外侧高度为1.1米,吃水0.85米,载重32吨,可容纳32名舵手。

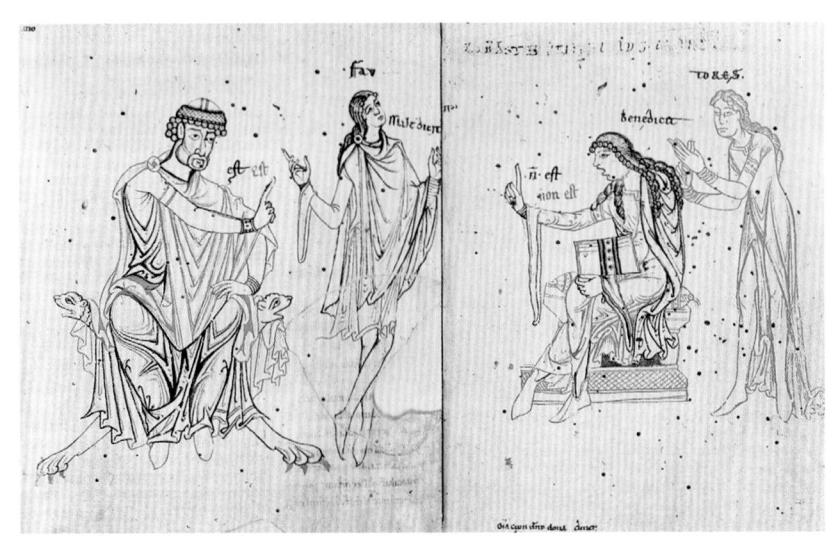

▲ 辩论场景。图中一方是哲学家,另一方是女性的、隐喻的"人"。哲学家提出命题,他的对手予以反驳。哲学家的侍者向对手表达了反对,而对手的侍者表达了赞成。

▲韦尔斯大教堂内部的十字交叉处。教堂建于1182—1260年,代表着英国哥特式建筑的巅峰。1338年前为稳固十字交叉上方塔楼,加建了拱架。

▲亚琛《四福音书》中的奥托三世登基图。其创作时间可能略晚于千禧年。奥托三世意图复兴罗马帝国,这幅画作是呈现这一想象的最出色作品。

个中世纪，人们都不懈地致力于翻译事业。与此同时，对外语的掌握也日趋精湛，一套日益完善的拉丁文表达得以建立，它兼具高度的学术复杂性和语言本身的优雅。

然而，对理性的运用并非一帆风顺，但人们坚持不懈地前行。人们需要进行逻辑学和辩证学训练，学会逻辑的划分和辨别，以理解"偶然性"（Akzidenz）与"固有性"（Proprium）的区别。手抄本中的注释，证明了学者们如何深入到一套抽象的、系统化的思维模式的根基中。982年在皇帝宫廷中举行的一场辩论轰动一时，它也成为这个时代的标志。辩论双方是马格德堡主教座堂教长欧特里希和他在兰斯的同行欧里亚克的吉尔伯特，辩论的问题是学科的划分。然而在这场学术交锋中，没有人沉溺于竞争的层面。相反，在不断的社会反馈中，新的认识和秩序形成了。每一次知识传递都与知识生产密不可分，因此它们有助于拓展不断成熟的学术语言，发挥语言创造力，形成更具差异性的术语，带来认识的进步，乃至提高人的认知能力。最终，经过方法论上的训练，新的思维方式成型并内化，可以接受批判。这种思维方式逐渐开始指导人们的行为，它首先影响了精英知识分子，最后波及整个社会。事实上，人们不久后将会看到，它产生出一种全新的行为方式。[4] 这一变革中的代表人物是弗勒里的阿博（Abbo von Fleury），他是一位严格的克吕尼僧侣和教会改革家，一位深受辩证学教育的学者，也是法王雨果·卡佩和罗贝尔二世的宫廷顾问。

思想的革新发生在权力与生活的中心。人们以新的视角和方法探索世界和宇宙的复杂性，继而探索人类生存和社会中的现象和环境。此前从未料想的事情如今出现在视野内，而熟悉的事物也被赋予了新的视角、新的联系与新的论证。知识不满足于言语上的传播，而是应用于实践，我们可以以音乐为例论述这一点。大约在1025年，阿雷佐（Arezzo）主教座堂学者圭多（Guido）为了方便训练歌者，发明了一套四线的记谱系统，使用了低音谱号F和中音谱号C。圭多曾自豪地估算，它将歌者的训练时间从十年缩短到了一年。不久后，中世纪盛期的每一篇论文都以所论问题的实际应用为开篇。在交流活动中，理论知识已开始指导社会和政治实践。这种辩证学的路径重新建立且彻底改变了生活的秩序，这场教育革命的社会影响不久后便清晰可见。

例如,"自由"一词拥有了全新的含义。查理曼曾说:"我只知道自由的和不自由的人。"然而,对社会的实际发展而言,这种简单的、不注重细微差别的二分法早已不合时宜,人们对自由的要求不容忽视。许多农奴通过逃跑来摆脱他们此前不自由的处境。奥托三世曾明令禁止以这种非法的方式争取自由,然而收效甚微。社会持续分化,就如同科学的进步势不可挡。相应地,人们的日常生活也需要细腻精准的"语言"、恰当的概念和句子结构、表达能力与抽象能力,以及用于分类和阐释的新模式。知识文化与社会现实紧密地联系在一起,前者加快了变革的步伐,同时也依赖于时代的变革。在11世纪的一封信中,一位文人反思了辩证学的训练,他如是写道:"谁若是无视我,那么他就无法分辨事物。"[5]作者想表达的或许是,无视他的人将无法适应时代的挑战,即不断增长的复杂性。这段话也表明了语言、思想、计划和行动之间的联系。

一种观念,关于"更多"或"更少"的自由,即自由的相对性,在此时出现了。自由分化为若干具体的自由,它们都需要在秩序和等级中找到自己的位置。阿尔弗里克是恩舍姆修道院院长,他向他的学生哀叹农夫的命运:"唉,多么艰难,(劳动)多么辛苦,我不是自由身。"在中世纪的历史中,或许是这位盎格鲁-撒克逊人第一次提到了人身依附的痛苦。此外,这悲叹也强调了"劳动"的价值;随着劳动价值的增加,它开始拉扯农奴制的锁链,它要求为劳动正名,使之成为一个社会问题。在此之前,人类的行动和苦难被认为是以某种方式受制于天主的天意与意志。劳动引发了一连串新问题,包括自由的多寡、自由的"成分",以及是否这个人比那个人看起来"更自由"。不仅如此,它还要求明确自由的"固有性",此后没有什么再能压制这一问题。勇敢的学者们在人的自由意志中发现了答案,约翰内斯·司各特·爱留根纳是其中的先行者,他曾深陷于异端指控。在学者们看来,自由意志不再仅仅像奥古斯丁的传统中那样通向恶。人们越是讨论自由意志,就越没有人能限制"劳动者"和附庸的自由意志,因为即使是那些受人奴役的人,也要在天主面前为自己的行为负责。

因此,随着时间的推移,由出身导致的不自由状况面临着巨大的压力，这压力来自合法性问题。不过，要对法律上的和社会行为中的不自由做出一般性区分，仍有待时日。就目前而言，神学家和哲学家、教会和世俗的立法者乃至当局，一方面接受了自由意志学说，另一方面向统治者提供策略，以证明现实存在的不自由的状态是合法的，使两者达到平衡。直到中世纪晚期，一些革命运动才开始彻底质疑不自由的处境，进而追求人类在法律上和政治上的自由。只有那时，人们才一边唱着一边发问："亚当耕种，夏娃纺织，那时候绅士在哪里？"[6]

就政治生活和贵族的历史而言，教会婚姻法中的外婚制[①]戒律影响深远。这些戒律自虔诚者路易时代以来便得到确认，在教会学者的劝诫下，如今在贵族社会中得到强制推行。至少在欧洲中部和西部都是如此，而一些边缘地区还在坚持古老的、"过时"的习俗，也就是几种不同形式的一夫多妻制。沃尔姆斯的伯查德（Burchard von Worms）是一位学者型主教，也是重要的教会法学家。他在《教令集》一书中收集了那些成问题的婚姻习俗，把它们与人们熟悉的亲缘关系编排在一起，从而使婚姻问题更易于处理。不久后这部著作便广泛流传。此后，无论是法官还是受指控的人都以伯查德的《教令集》为指导。千禧年前后，在德意志进行了一系列对近亲通婚的审判，这引起了上层贵族和君主的不安。它们通常涉及继承人的合法性问题，也就是贵族血脉的存续问题。事实上，贵族合法的婚姻方式代表了一种社会解释模式，它产生于教会法的精神，同时受社会变革的影响。诚然，外婚制戒律打击的婚姻方式过多，以致不切实际，随着时间的推移这一戒律明显放宽。不过我们可以看到，系统的法学思想取得了长足进步，那些随着历史变迁得以传承的规范渗入了人们的生活。伯查德毫不犹豫地将这些理论在自己的领地上付诸实践；他的"家族法"（Lex Familiae）是将习惯诉诸法律的最早的尝试之一。

倘若比较著名的842年"斯特拉斯堡誓言"[②]与这一时代新兴的法学

---

① 外婚制只允许人们在自身氏族、文化或者社会团体之外选择配偶。部落内部不同氏族间可以结婚，而同一氏族内男女不得婚配。
② 斯特拉斯堡誓言包含了日耳曼人路易和他的异母兄弟秃头查理相互宣誓效忠的历史文本，分别用条顿语和罗曼语写成。这次宣誓发生在842年2月14日的斯特拉斯堡，当时双方将军队集结在此，结盟反对其长兄洛塔尔。这次宣誓是《凡尔登条约》的前奏。

理论，就会看到由象征性思维到分类性思维的巨大转变。此前，一个人会向他的兄弟发誓："我宣誓保护我的兄弟，因为在法律上一个人有保护其兄弟的义务。"(so haldih thesan minan bruodher, soso man mit rehtu sinan bruodher scal.) 如果一个人发问："什么是忠诚？"他会得到这样的回答："一个附庸对其领主应有的忠诚，就是忠诚。"然而人们逐渐学会区分"固有性"与"偶然性"，学会在逻辑上划分，认清差异，理解事物拥有范畴的本质。辩证学展现了它所向披靡的活力，跨越了所有的障碍。无论是宗教信仰的奥秘还是社会生活的需要，都受到辩证学的挑战。它在西方的学校特别是在法兰西岛尤为盛行。例如沙特尔主教富尔贝（Fulbert von Chartres，卒于1028年）声名远播，一位来自雷根斯堡的神职人员在他的课堂上十分享受，盛赞他的讲授如天使的歌唱。此后，富尔贝的众多弟子在高卢乃至更远的地方将他的学说传播开来。

"忠诚"同样可以置于分类性思维的框架下理解。作为媒介的"忠诚"连接了封君与封臣，实际上将整个封建制度整合在一起；而这种"忠诚"不再是简单的"忠诚"，而是可以展开为若干独立的因素，这些因素组合起来构成了"忠诚"的概念，也构成了"忠诚"的一系列后果。阿基坦公爵威廉五世曾向富尔贝请教对"忠诚"和"效忠誓言"的看法，富尔贝拆解了这两个概念，将它们分门别类，并澄清了它们的定义标准和区分标准。他回答道："谁对他的领主发誓，谁就应该一直将这六件事情牢记在心，它们是：完好、安全、诚实、有益、简便、可行（incolumen, tutum, honestum, utile, facile, possibile）。"富尔贝继续解释，这些方面包括了权利、财产、行动以及附庸对领主的效劳，领主也要依法尽到自己的责任。个人效忠关系和封建土地所有关系开始形成一套真正的法律制度，它澄清了领主与附庸之间的复杂关系，确立了规范，并以此规范区分并塑造了这样一种由关系构成的生活秩序。在12、13世纪，富尔贝给威廉的这封信先是收录于格拉提安的《教会法汇要》，由此又被编入《封土之律》（Libri Feudorum）①。这是两套权威的教会法令集和封建法令集，其效力一直延续

---

① 《封土之律》另名 Consuetudines Feudorum，一译《封建法书》或《采邑律》，于1150年前后在意大利米兰出现，它按照伦巴第习惯法传统编纂而成，在1250年左右有了通行的文本。

到晚近时期，直到 19 世纪，它们仍是大学课堂中的重要学习内容。[7]

富尔贝不仅对"忠诚"的概念和"效忠誓言"分类拆解，他还首次将"王国"（regnum）从对国王的依附关系中分离出来，这种依附关系在整个加洛林时代和奥托时代都占据主导地位。富尔贝先把"王国"对象化，分解成若干部分（partes），进而将它构建为一个独立的整体。"如同一座房子不能没有地基、四壁和屋顶，一个王国不能没有土地、人民和国王。这三个条件缺一不可，否则它就不能被称为一个王国。"[8] 富尔贝还进一步发展了他的理论，他认为他同时代的犹太人就是没有国家的民族。先不论这一论断是否具有反犹背景，这种在逻辑上注重区分的思想将在未来产生巨大影响。人们至今还使用"国民""国土""国家权力"来定义"国家"。富尔贝的区分理论也对不久后爆发的王权与教权的冲突有所贡献；此时，是王国自身而不仅仅是国王成为种种权利的载体。

学校教育越来越普及，其教学内容与富尔贝主教在沙特尔所做的相类似。与此相应，除了弗勒里这样的特例，传统的修道院学校在法国逐渐没落。不过在德意志的奥托–萨利安王朝，修道院学校仍保持着重要地位。因此，德意志形成了一种分布均匀的教育局面，阻止了资源集中于少数几所"精英学校"，也就是未来的大学。而在狭义的"法兰西亚"（Francia），也就是沙特尔、兰斯、拉昂、巴黎等地，自 11 世纪早期以来，这些地方的主教座堂学校就名声显赫，吸引了整个"拉丁"西方的学生慕名而来。对学生的争夺也在不久后展开。我们从 11 世纪的一则记载中可以看到，维尔茨堡和沃尔姆斯两地的主教座堂学校曾因生源竞争而求助美因茨主教座堂学校裁决，然而这一请求并未奏效。

最后，理性在信仰问题和教会问题上施加其影响。学校的发展为知识分子异端的（再次）出现铺平了道路。早在 11 世纪早期，异端思想便开始在奥尔良地区萌生，甚至王后的告解神父也位列于异端。王后深感受到欺骗，为了表明她的愤怒，她在前往做礼拜的路上用发簪将神父的双眼刺瞎。这样的情绪化事件在中世纪晚期就没有记载了。异端思想不断发展，教会的担忧也与日俱增。然而正是学术与辩证学教育的精神催生了异端，自此它们再也无法被消灭。

国王与他的国家直接感受到了这场精神与宗教文化的变革。弗勒里的阿博曾质疑国王罗贝尔的婚姻，因为国王与王后在血缘上过于亲近。为此他与国王发生争吵，引发了王室中的动荡。阿博的激情并未止步于自己修道院的高墙内，日后他试图为加斯科涅的一所修道院重建秩序，遭到当地僧侣的反抗，不幸被杀。面对来自教士的谴责，德意志皇帝亨利二世表现得谦恭、开明，因而备受赞扬。他的继任者康拉德二世则以铁腕治理教会，因此受到的指责也与日俱增。然而，康拉德成就斐然，他介入了以米兰为首的伦巴第城邦间的斗争，并在这里重新建立了和平。他颁布法令准许次级封臣（Valvassore），即大领主的封臣的封臣，将封地作为遗产传给子嗣，这项法令日后被《封土之律》收录，作为开篇。

康拉德的儿子亨利三世继承了王位，他在一开始便对修道院改革和教会改革抱有兴趣。他不愿看到神职人员拥有子嗣，也不能容忍圣职买卖。尽管如此，亨利还是遵照德意志国王的古老习俗，给国内的主教区和帝国修道院指派主教和院长，授予当选者以权杖和指环。国王为自己征伐波西米亚和匈牙利感到愧疚，为此他亲自带领他的军队举行公开忏悔，身穿忏悔者的长衫，赤足而行。此外，他还建成了施派尔主教座堂，作为王室的纪念场所。一直到旧帝国的终结，这里都负责为萨利安国王举行纪念仪式。

思想的变革持续影响着修道院、教会与王国之间的关系。教士与僧侣属于教育精英。事实上，僧侣常常反对国王与皇帝，以提醒他们保障教会的自由。尤其是修道院的改革精神敦促着教会铭记他们的使命。克吕尼修道院对自由的追求没有止步于修道院之内，其精神传遍法国、意大利，直抵罗马，其影响超越了修道圈子。克吕尼修道院院长和他们在教会的支持者活跃在欧洲各地，他们阐发并推广教会自由（libertas ecclesiae）的理念，即让教会摆脱世俗势力的干预。这一诉求与辩证学的进步交织在一起，辩证学赋予教会自由以强大的说服力，很快为它赢得了众多支持者，包括学识渊博的教士、布道者和世俗统治者的神职顾问。

教会改革的开端振奋人心。哈利纳特（Halinard）曾经是第戎的圣贝尼涅（St-Benigne）修道院院长，这所修道院深受克吕尼改革的影响。在

1046年，他被选为里昂大主教，并拒绝向国王宣誓效忠。他援引圣本笃会规中的宣誓禁令："我曾发誓遵从永恒的王（基督）的诫命和修道院规章，如果我背弃了自己的誓言，那我还有什么忠诚可言？没有忠诚，我如何能履行对皇帝的誓言？……主在福音书中说，'你们不应当宣誓'；圣本笃会规也命令我们'不要宣誓'……对我而言，与其违背天主的命令，我宁愿放弃主教之职……"施派尔主教齐格包特（Sigebaud）对此评论道："这是何人？他竟敢在皇帝的宫殿内拒绝服从他，我们当中没有人敢这样做。他要么选择向皇帝效忠，要么就会被赶出去。"[9] 这是一个自由的信号，是一件反抗君主的单一事件，在当时大多数主教都没有跟随他的脚步。亨利三世仍在犹豫，他预感到了王权所面临的危险，然而他选择避开这次冲突，接受了哈利纳特的拒绝。这是教会改革面对王权的首次胜利，更多影响深远的事件将随之而来。

例如，神父的手是经过祝圣（geweiht）①的，在效忠礼（homagium）上，神父不应再把自己的手放到国王沾满鲜血的手中。这一变化意义深远，在人们眼中，国王尽管在加冕时举行了涂油礼，但他仅仅是一个俗人。王权也变成了世俗化的一部分，只有授职仪式还与神圣相关，其神圣性还是来自神父的馈赠。另一位引人瞩目的教会改革家是列日主教瓦佐（Wazo），他卒于1048年。他明确指出主教涂油礼和国王涂油礼的根本区别，他曾对亨利二世说："我们服从的是至高的教宗，对你们则是尽忠。在世俗事务上，我们对你们恪尽职守，然而在与天主有关的事务上，教宗拥有最高权威。"瓦佐还说过，国王接受涂油礼，是为了能去杀戮；主教接受涂油礼，是为了能将生命唤醒。"生命比死亡高出多少，我们的涂油就比你们的涂油高出多少。"[10] 这番言论引起了震荡，在紧随其后的教权与王权之争中，"远远高于"成为斗争的主题。这场斗争将王权推向无可挽回的世俗化进程，教会和国家开始分离，欧洲形成了二元对立之局面。刚刚构建的世界秩序及一切后果都受制于这场斗争的影响。我们不能仅仅从精神层面上理解政教之争，因为它很快演绎为一套秩序，并付诸更为清

---

① 祝圣是教会传授神权的方式，初级教士通过祝圣礼获得神圣权柄，成为司祭（神父）。

晰、更具野心的法律。政治上的自由思想正是产生于这种二元对立。

教会改革的思想逐渐传播开来，然而在 11 世纪上半叶，这股思潮还没有到达罗马，此时的罗马城内仍是一片混乱。城市贵族之间的争斗由来已久，他们争夺的是罗马的最高统治权。此时处在敌对阵营的双方是图斯库兰（Tusculaner）伯爵家族和克雷申蒂（Crescentier）家族，奥托三世也曾与后者发生冲突。这两大家族争相将自己的候选人推向教宗宝座，这一时期，双方阵营都有自己人成功当选。最年轻的教宗本笃九世正是出自图斯库兰家族，他即位时年仅 12 岁。随后又出现了三个教宗并立的分裂局面，这种情况显然无法维持，于是教会只能请求王权干预，这与查理曼时代的历史如出一辙。巨变前动荡的序幕开启了，除了国王以外，谁还能恢复教会的秩序呢？我们将会在后面看到，这实际上是王权最后一次干预教权。但即使如此，王权对教权的干预仍招致了激烈的批评。

"迷信充斥着罗马……这需要受到审判；通奸……正在摧毁罗马帝国；教宗坐在教宗之上……神圣的法律被践踏；人们为了金银……罪恶由此诞生。"（Romana superstitio ... indiget iuditio // Romanum adulterium ... destruet imperium // Papa sedet super papam ... contra legem sacram ... Propter aurum et argentum ... hoc malum est inventum.）[11] 听到这些不雅的诗句，亨利三世感到有必要采取行动。在基督教神学中，教会被认为是主教的新娘。如果若干主教服侍同一个教会，这似乎就是通奸、重婚甚至是更糟糕的勾当。此外，对金银操纵教宗政治的现象，指责也从来没有停止过。因此亨利三世前往罗马，在那里召集了一次主教会议，这就是 1046 年的苏特瑞（Sutri）会议。在会上，参会成员和亨利三世废黜了同时存在的三个教宗，推举另外的人选继任，随后新任教宗加冕亨利三世为罗马帝国皇帝。此时，帝国的皇权似乎攀登到了顶点。

尽管国王和皇帝的干预拯救了教会，然而教会改革家仍对此批评不断。事实上，教会改革家才是这场裁决中最大的受益者。他们要求，教宗不应受任何人的裁决。如前所述，虽然这句话本身出自古代晚期的伪造文献，但是到了查理曼时代，它已获得普遍认可。这一事件最重要的后果便是将教会改革引入罗马，教宗政治终于摆脱了地方贵族和罗马城内大家族的操纵；不仅如此，皇帝的权力也相应地减退了。奥托三世时代的历史再次上演，当神圣罗马帝国皇帝试图纯净罗马教会，将其拖出罗马贵族世仇斗争的泥淖之时，几位非罗马人登上了圣彼得的宝座。此时，这一举动并非没有风险！在这批来自罗马之外的教宗中，最先在拉特兰教堂即位的是克雷芒二世，他本名为梭杰尔（Suitger），曾是班贝格主教，在罗马死于投毒。教宗的遗体至今埋葬在班贝格，仍然能证明他死于非命。克雷芒二世的继任者是维克托二世，本名为吉布哈特（Gebhard），他曾任艾希斯塔特（Eichstätt）主教。最后，图勒的布鲁诺（Brun von Toul）登上了圣彼得宝座，他来自阿尔萨斯，是皇帝亨利三世的表兄，自称为利奥九世；不过罗马人中意的候选人是另一位教会改革家、里昂的哈利纳特。在利奥的时代，教宗开始成为教会改革运动的领导者，而此时的王权却进一步向世俗滑落。

亨利三世提议撤换一批枢机主教，这一提议在利奥九世治下得以实现，一批来自洛林地区的教会改革家因而来到罗马。其中包括洛林的腓特烈（Friedrich von Lothringen）以及洪贝尔（Humbert），后者日后成为希瓦康第达（Silva Candida）的主教，他是利奥九世最重要的副手之一。意大利处在一场深刻变革的前夜，尤其是在亚平宁半岛南部，危机不断在酝酿。在那里，诺曼人长驱直入，他们是维京人的后裔，此时他们正在逐步建立自己的领土统治。诺曼人获得了皇帝亨利三世的认可，他们还需要教宗承认其政权。然而，利奥九世不肯满足他们的愿望。相反，他亲自率军出征，用战争与入侵者抗衡。日后批评者声称，利奥率领了一支土匪和强盗的队伍。这也是历史上第一场由罗马教宗领导、以圣彼得的神圣旗帜为名的战争，它为十字军思想的诞生奠定了基础。然而，这场战争最后以教宗的惨败告终。

一切历史在其开端都是无害和幸福的。1016年，40名来自诺曼底的朝圣者从耶路撒冷归来，中途在萨莱诺（Salerno）停留，他们都是久经考验的勇士。当时统治西西里的是伦巴第王公盖玛（Weimar/Guaimar），在他看来，诺曼人的到来宛如天降救兵，因为此时他的城市正遭到萨拉森人的围攻。在诺曼人的帮助下，魏玛暂时化解了这次危机。于是，在诺曼人回到法国后，魏玛派遣使者到诺曼底招募更多的勇士。倘若历史可以重新来过，魏玛或许会收回这个决定。大约 250 名战士渴望逃离诺曼底公爵的严苛统治，因而响应了魏玛的号召。当他们经过罗马时，教宗为他们赐福。抵达意大利南部的诺曼人首先投入了与拜占庭的战争，拜占庭长期声称享有对卡拉布里亚的统治权。诺曼人尽管在希腊人手中吃了败仗，但仍然在阿韦尔萨成功立足。此时，越来越多的诺曼人想要摆脱公爵的暴政，因而前赴后继地来到意大利南部。欧特维尔家族的坦克雷德（Tankred von Hauteville）的 10 个儿子也在其中，铁臂威廉（Wilhelm Eisenarm）更是他们中的佼佼者。欧特维尔家族在与萨拉森人的战斗中脱颖而出，他们带来的诺曼骑士大约有 300 人或 500 人。不久后，他们便不屑于听命伦巴第的指挥官，开始为自己的利益战斗。铁臂威廉死于 1045 年，此时他已是阿普利亚伯爵，兄弟德罗戈（Drogo）继承了他的遗产。威廉的另一个兄弟是罗伯特·吉斯卡尔（Robert Guiscard），德意志作家海因里希·冯·克莱斯特（Heinrich von Kleist）在一部悲剧中赞颂他，因为他从希腊人和萨拉森人手中赢得了卡拉布里亚。此时，教宗利奥九世正率领他的队伍向南意大利进军，然而在 1051 年的西维塔特（Civitate）战役中遭到重创，教宗自身也身陷囹圄。当时人们认为，这支匪徒组成的军队无恶不作，触怒了天主。利奥应当感到幸运，因为作为胜利者的诺曼人敬重利奥为圣彼得的继任者，他们希望自己的占领和掠夺能获得合法性。

在战争失利后，利奥九世推行教会改革的意愿更加坚决。新的改革举措接二连三地出现，引起了不小的轰动。"人们应尊敬和爱戴神圣的罗马教会，因为罗马并非是由罗慕路斯（Romulus）和雷穆斯（Remus）在沙地上建成的，而是由彼得和保罗在基督的岩石上建立的。"枢机主教希瓦康第达的洪贝尔如是写道。他总结了关于罗马教会和罗马教宗居于首位的思想。[12] 在此时代，形象生动的论战小册子成为一种新的文学体裁，再没有什么比它更能体现文学的进步。这种小册子很快如洪水般席卷而来，尤其是淹没了德意志王国，国王与部分诸侯之间的政治分歧进一步使论战白热化。在罗马，人们也纷纷削尖了他们的笔准备投入战斗，其中枢机主教洪贝尔举足轻重。他的《反圣职买卖三书》全面、清晰地论述并反思了这一改革举措。这部小册子确立了禁止圣职买卖这一重要理论，自此它再也没有后退的余地。圣职买卖又称作"西门主义"（simony），源自《使徒行传》中的西门，西门企图向圣彼得购买神奇的治愈能力。洪贝尔区分了三种不同形式的圣职买卖：第一种是通过购买换取圣职，第二种是通过言辞和虚假的承诺换取圣职，第三种是通过礼物或效力换取圣职。

在圣职买卖之外，"尼哥拉主义"（Nicolaitism）也受到了强烈批判。它源自《约翰启示录》（2：6，15；另参见《使徒行传》6：5）中一个异端教派的做法。但是只有到了 11 世纪的教会改革中，人们才把结婚的或拥有情妇的神父等同于这种异端，要求神职人员独身的斗争也由此开始；而早期教会的教义中则没有这项禁令。自此，对神职人员独身的要求成为天主教教会法中的独特之处，这一点与东正教教会的做法截然不同，东西方教会之间的裂痕进一步加深。在 13 世纪，独身主义甚至成为东西方教会合并的绊脚石。然而在西方，对独身主义的追求推动着教会改革，圣坛祭祀要求身体纯洁，未经玷染。神父只允许和他的教会结婚，否则就是重婚；与神父同居的妇女被视为妓女，神父的孩子被视为私生子。当然，神职人员的独身也有物质原因，它能使教会的财产不因子女继承而外流。即便如此，在推行这项改革的过程中，教会也为自己创造了沉重的负担。我们从日后的历史中可以看到，这种理想难以推行。事实上到了 15 世纪，也就是中世纪行将结束之时，教宗法庭上积压最多的就是关于神父私生子的合法性问题的案件，因为只有承认神父私生子的合法性，他们才可以接受神职。这其中最著名的案件还涉及伟大的人文主义思想家鹿特丹的伊拉斯谟。[13]

被指责为缺乏正统性的东方教会也面临着艰难的挑战。传统的神学争论包括信经中缺少"和子"二字的问题，以及在圣餐中使用的面包应是发酵的还是无酵的，这成为东、西方教会双方相互怀疑的立足点。但事实上，东、西方教会最高首脑争夺的是圣统制中的优先地位。身居最高位的理应是罗马还是君士坦丁堡？为了解答这个棘手的问题，罗马援引了故旧档案中的《君士坦丁规定》，以此作为反对拜占庭皇帝和东正教牧首的证据，这或许是洪贝尔所为。1054 年，君士坦丁堡牧首米海尔·色路拉里乌（Michael Kerullarios）和罗马教宗利奥九世互相绝罚[①]对方，这造成东、西罗马关系破裂。对基督徒而言，诅咒并非从天而降，它们已经酝酿很长时间了。与其说这是一场突然爆发的冲突，毋宁说是一个持久的异化的症候，它是罗马教宗确立普世主教制度的直接后果。这是西方教会改革者所达成的共识，他们致力于实现这一理想，而拜占庭完全拒绝了它。

在这个变革的时代，无论是学校、城市文化，还是知识精英不断增进的职业化，都留下了新鲜的烙印，而此时的帝国和教会却像化石遗迹一般亘古如常。它们必须适应时代发展，做出转变。然而变化只能在局部实现，识字的教会神职人员比不识字的世俗领主更早也更清楚地意识到改革的必要，而世俗领主则只能依靠神职人员获取新的学说和解释。对萨利安的国王和皇帝而言，改革的任务尤为困难。自奥托三世尤其是亨利二世——他们是柳多尔夫家族的最后两位君主——以来，王朝十分依赖帝国教会、帝国修道院和主教区。国王授予这些教会机构以世俗统治权，诸如伯爵领地、森林以及其他拥有裁判权的区域。国王为神职人员授予圣职的同时，也赐予他们指环和权杖。作为回报，当选的神职人员成为国王的封臣，领取封地，向他宣誓效忠，并承诺承担相应的义务。对德意志的王权而言，修道院院长和主教之职的任免是命运攸关之事。

然而自11世纪中叶以来，教会改革者极力反对的正是国王对宗教职务的授任。教会与王权维持着紧密关系，改革者担心教会的自由因此受侵犯，他们呼吁教会与王权相分离，而不仅仅是教会放弃从国王处获得的所有土地。此外，萨利安王朝的国王们也会受膏和被祝圣，这是因为自奥托时代以来，国王被认为是"天主的受膏者"。然而，国王在受膏后并不履行任何祭坛礼拜和牧灵的职责，因此教会改革家认为，国王只不过是平凡的俗人。当然，国王对此的理解可能正好相反。因此，人们需要彻底澄清这个问题，等待的时间已经所剩无几。

此时，教会改革者再次援引了教宗格拉修一世的"两个权柄学说"，即属灵的权柄与世俗的权柄相分离，宗教优先于世俗。这既是教会的传统

[①] 绝罚（拉丁文 Excommunicatio）原意为"断绝来往"。这是天主教会给予神职人员和教徒的处分。被绝罚者即被"逐出教会"，生前不被教众接受，死后亦无法得到救赎。

立场，也是改革者对固有价值观的重新评价。人们很快赋予这一思想以贴切的比喻和象征，它们来自《旧约》和《新约》，在不断的修正中越发丰富，例如"进入门的正确途径"、两把剑、教宗作为基督圣体（也可指代教会）的首脑等说法。格里高利七世最喜欢的一句箴言是，主基督没有说他是"习俗"，而是说他是"真理"。这"真理"的确切内容，通过新的规范和价值以及圣彼得继承者的有效阐释而确立和实现。如同一个辩证的过程那样，若是建成以教宗为首脑的教会制度，则它将为世俗领域划清权力的边界。可以看到，教会和世俗领域话语的专业化受益于早期经院哲学的方法。

改革者对教会本质做出根本反思，改革思潮并没有止步于罗马教廷。恰恰相反，正是教廷急需整饬改革，尤其是教宗选举需要重新规范。改革者称，天主居所的柱子摇摇晃晃，随时有坍塌的危险，至高的渔夫（教宗）撒错了网，渔船甚至会因失事而沉没。因此，为了恢复圣职的秩序，为了防止"邪恶、敌对的人滋生腐败"，为了保证选举"干净、完好、杜绝腐败"，教宗尼古拉二世在1059年发布了规范选举的教令，事实上这成为历史上的一次重要转折。[14] 在此之前，新教宗的选举取决于罗马的神职人员和人民，这实际上意味着拥有决定权的是城市贵族。而在此以后，参与预先选举的首先是枢机主教，其次是枢机司铎，最终才是由其余的神职人员和罗马市民确认选举。此外，国王以及未来的皇帝也将不再参与选举，不过这一规定还没有十分明确，最后一次参与选举的是当时只有九岁的亨利四世。枢机执事虽然最初不参与选举，但在随后的数十年中他们逐步加入。当选教宗所需的确切得票数量也没有确定，不过这是出于枢机之间的分歧，而不是外在干预的结果。这一规则的悬置间接导致了一个世纪之久的教宗分立，一直严重威胁着拉丁教会的统一，直到1177年教宗亚历山大三世与腓特烈·巴巴罗萨之间缔结了威尼斯和平协议，教宗分立才宣告结束。直至今日，由且仅由枢机教士选举教宗的规定仍然有效，再没有任何一位皇帝能干预教宗的选举了。

最先从教会改革中受益的是枢机教士。在此时，枢机执事达到了与枢机主教和枢机司铎相当的地位，教宗分立加快了这一进程。"枢机"这一称谓来自神职人员最原始的职能，他们被派往罗马城内的各宗座教堂，像"门枢"般管辖罗马的门户。罗马辖区内的七个主教区为奥斯蒂亚（Ostia）、帕莱斯特里纳（Palestrina）、萨比纳（Sabina）、波尔图和鲁菲纳（Porto und Rufina）、阿尔巴诺（Albano）、韦莱特里（Velletri）以及弗拉斯卡蒂（Frascati），这里的枢机主教将代表教宗，在拉特兰圣若望大教堂主持每周的礼拜仪式。此外，罗马城还有 28 个堂区教堂或领衔教堂（Titelkirche），那里的枢机司铎每天轮流到罗马的四个宗主教教堂（Patriarchatskirche）负责一周的事工，这四座宗主教教堂分别为圣彼得教堂、城内圣保罗教堂（St. Paul vor den Mauern）、城外圣老楞佐圣殿（S. Lorenzo fuori le mura）和圣母玛利亚马焦雷教堂（Santa Maria Maggiore）。最后一组枢机神职人员是枢机执事，他们负责当时罗马城内 18 个或 19 个自治城区的服侍处。因此，当所有的位置被占满时（这种情况十分罕见），罗马教会将会有五十多位枢机教士。

教会改革使枢机团体构成了"教宗的元老院"（罗马教廷），它是罗马教会也是普世教会的集体领导机构，枢机团对教宗的所有决策都能产生举足轻重的影响。无论是颁发特许令，还是法律决议、草拟教令，或是教宗的政策，这一切需要与枢机教士达成一致。在教宗文件的下方我们可以看到一列枢机的签名，这一惯例自教会改革后才开始出现。由枢机组成的参议会（Konsistorium）也是教宗法院。自 12 世纪开始，越来越多的诉讼从欧洲各地向教宗法院涌来，案件的范围不仅仅限于教会事务。与此同时，罗马－教会法的程序发展为审理所有相应教会案件的程序规则，这套程序规则也推广到世俗法律的领域。

在尼古拉二世颁布新的选举法令之时，在教宗的父权制度内已经有一位关键人物发挥出最重要的影响力，他将决定教会在未来的发展形态，他就是执事长希尔德布兰特（Hildebrand）。相传希尔德布兰特与教宗尼古拉二世交往时，"他像喂驴一样在厩里喂尼古拉"；枢机彼得·达米安（Petrus Damiani）称希尔德布兰特为"神圣的撒旦"。希尔德布兰特不是学者，甚至不是一位辩证学者，然而他是罗马教会坚定的代言人。他熟知教会古老的特权，在这个精神动荡的时代，他知道如何提出诉求，并付诸行动。此外，当时从事圣职买卖和享有婚姻的神职人员并不少见，希尔德布兰特是其激进的反对者，因此他也引发了争议。1073年，众枢机选举希尔德布兰特为教宗格里高利七世。他是世界历史上伟大的革命者之一，尽管他的手中没有武器，然而他通过钩沉和转化，使旧有的教义重见天日，并将它们付诸实践。他凭借自己明确的目标和不屈不挠的意志，最终促成了教会改革。

第六章

"真正的皇帝是教宗"

　　基督是普世教会的身体，教宗是教会的头脑。这份神秘主义连同它所暗示的一切皆得以实现。它与教会一样古老；然而，伴随着每次实践中诞生的新观念，它又充满革命性。11世纪晚期，在教宗格里高利七世的推动下，教会所形成的制度为其此后一千年的发展奠定了基础。这场教会改革的纲领源自格里高利七世1075年颁布的《教宗如是说》(Dictatus Papae)（又名《教宗训令》）中的27项原则。这是一份神秘的文献，收录于教宗书信集，没有其余的注释，也没有指明受众。它强调教宗在教会等级制中独一无二的地位，由此，整个教会、全体教士以及包括国王在内的平信徒都应服从教宗。具体内容包括：(1)只有天主创立了罗马教会；(2)只有罗马主教有权被称作普世教宗；(3)只有教宗能罢免和重新任命其余主教；(5)教宗有权罢免缺席者；(7)教宗有权根据时代需要制定新的法律；(8)只有教宗能使用国王的标志；(9)只有教宗的双足能被所有诸侯亲吻；(12)教宗有权罢免皇帝；(16)未经教宗许可，任何宗教会议不能称为大公会议；(17)未经教宗许可，任何条例和书籍不能归为教会法典籍；(18)教宗的判决不得由任何人撤销，然而教宗有权撤销其他人的任何判决；(19)教宗不得由任何人审判；(22)根据《圣经》的证明，罗马教会从未犯错，未来也不会犯错；(23)遵照教会法而受职的教宗，将由于圣彼得的功绩而得神圣；(26)不认可罗马教会的人，不能视为信徒（天主教徒）；(27)教宗有权解除臣民对不义君主的忠诚誓言。这些原则都可以在历史上找到原型，并且都经过了漫长的发展。然而，格里高利的表述尖锐而激进，在此之上重建了教会的秩序，破旧立新，由此他的统治也成为教宗史和教会史上的转折点。"罗马教会依照它独一无二的特权，决定对谁打开天堂的大门，对谁关上"[1]，这句话并非格里高利所说，却反映了他的思想。很少有这么简短的话语能概括这场划时代变革的全部，它乃是欧洲历史上最重要的革命之一。

这些原则反映了法律规范，然而，它们自身并未作为法律规范得以传播；格里高利没有颁布任何法令。不过，教宗作为普世主教的职权自此合理化，并逐渐法律化。格里高利所依照的教会法知识，有研究者认为也许来自一部《七十四条教令集》；从何而来，这既不确定，也不甚重要。格里高利的思想更多是属灵的、精神的，而非法律的，尽管他推动了此后教会法的体系化收集和编撰工作。格里高利心忧的是"危机的时代"，世界将临近它的末日。"爱冷却了"，这是基督最后的预言，预示着末日敌基督和最后审判的来临。格里高利反复引用这句话，并相信它已实现。[2]他的行动是应对末世的武装，教会必须为此做好准备。"天主把他的羊群交由我们而非其他人看管……我们必须保持警觉；就我们而言，通过新的措施重建天主的正义，远远好于任由人们的灵魂伴随被漠视的法律一同堕落。"[3]

教会必须做好准备，而它的首领，普世的教宗，"天主仆人的仆人"，必须承担起实现世界公正秩序的责任；一切皆应顺理成章地服从这一首领。格里高利的前任者亚历山大二世认为，不断增多的"西门主义"和大量出现的"尼哥拉主义"即是预示敌基督到来的标志。彼得·达米安警告众人："谁知道在天主降临审判尘世前，我们的时间所剩多少？"此时，对纯净教会的诉求也屡见不鲜，例如，要求全体神职人员尤其是神父保持严格的独身，并最终得以彻底践行。格里高利所使用的手段使教会形成了新的中央集权，构想了数世纪的教宗君主制（päpstliche Monarchie）现在终于实现。在外在表现上，它很大程度上以帝国为参照。

然而，格里高利并非向帝国宣战。更确切地说，作为基督身体的教会笼罩所有的尘世权力，无论在精神层面还是在世俗层面。昔日的罗马宗主教府循着国王宫廷的样式被改建为罗马教廷（curia Romana），后者成为教会的中央领导机构，配有大量的专业书记员和其他文职人员。每位当选的教宗在就职仪式上要接受加冕（regnum，Tiara），这冠冕在随后的两世纪内发展为三重冠。此时的教宗仪式逐渐摆脱了中世纪早期的特征。以往在教会节日时会举行教宗的苦路敬拜游行仪式，象征着主教与他的城市紧密相连；而这种仪式日渐稀少，最终完全被抛弃，因为罗马主教成了全世界的教宗。

罗马城外的改革也在进行。教宗派遣使者作为其代表，授予他们广泛的权力，以管理地方主教和地方宗教会议。通过教宗使节的制度，教宗及教宗权力的普世性（Ubiquität）得以实现。不久，由教宗派遣的法官也加入进来。这两项制度成为教宗领导教会、教宗担任普世主教的有力手段。[4]还有，格里高利七世要求所有都主教和主教参加在罗马举行的斋期宗教会议和使节宗教会议（Fasten-und der Legatensynoden），并以严厉法令推行，无故缺席者将处以停职、罢免或绝罚。这些措施已超出教会先前的一切传统习惯，激起了人们的愤怒与反对。不来梅大主教列马（Liemar）向另一位主教、希尔德斯海姆的赫泽罗（Hezilo von Hildesheim）抱怨道："这个危险的人（格里高利七世）想要像命令他的官员一样，随心所欲地对主教发号施令；谁若不全面执行他的旨意，要么会被传唤至罗马，要么会直接被停职而不经审判。"[5]然而，德意志主教间由来已久的矛盾，阻碍了他们形成团结的反对同盟，列马最终也放弃了。法国的神职人员则更理解格里高利的主张，并广泛传布，为之鼓吹呐喊。

对未来的教宗制同样意义深远的还有罗马内部的发展。"圣彼得的遗产"（Patrimonium Petri）即教宗领地，它和教宗的其余财产此时变为"圣彼得的王权"（Regalia b. Petri），成为宗座固有的、不可转让的统治资产。这一方面明显是对帝国的模仿，另一方面也许可以追溯到教会获得的"君士坦丁的赠礼"。《君士坦丁规定》（以下简称《规定》）于9世纪被重新发现，正值罗马教会与君士坦丁堡激烈斗争之时，教会观念的转变使它得到重新解读。所谓"利奥－洪贝尔"的解释认为，《规定》在教会法框架内证明了教宗的权利，即（伪）君士坦丁将自己的统治权和帝国领土赠予了教宗。正是这份解释使《规定》演变为饱受争议的《君士坦丁的赠礼》，无论人们是否熟悉具体文献，这种观点迅速而广泛地传播开来。16世纪的宗教改革者为此而愤怒，因为直到不久前这份文件才被证明是伪造的。当然，格里高利七世并未援引《君士坦丁的赠礼》以支持和证明自己的改革计划。[6] 直到乌尔班二世时，这份文献的影响才首次显现。1098年这位教宗宣称对世界上所有岛屿拥有主权，并借此创建了一套独特的岛屿理论。直到1493年西班牙与葡萄牙在教宗亚历山大六世的仲裁下瓜分世界之时，这套理论仍发挥了效力。[7] 简言之，教宗制并不需要以伪造的《君士坦丁的赠礼》为基础，而是回溯到罗马教会的传统中，倚仗基督的圣言："你是彼得，我要把我的教会建造在这磐石上。"（《马太福音》16：18）在教会改革之时，这句引文被赋予越来越多的法律阐释。

对"教会自由"的追求是格里高利七世绝不妥协的信念。无论长远还是眼下，它都与国王和诸侯控制教会的传统产生碰撞，招致严重的冲突。亨利四世与对手萨克森人之间的矛盾以及国王的不成熟——当时亨利只有25岁——加速了这一进程。亨利与教宗的冲突爆发于1075年。这一年，亨利入侵且占领了教宗领地内空缺主教的教区，并试图扶植自己的候选人为米兰大主教，继承圣安布罗斯之位。国王由于缺乏辅佐而看错了形势，高估了自己的力量。他认为在德意志即可统治意大利；他不顾教宗的明确反对，还坚信只要在米兰任命自己的大主教，便能抑制城市中日益壮大和激进的巴塔里亚运动（pataria）①，这是已知最早的中世纪宗教民众运动。他甚至认为国王可以罢免教宗，并且于1076年付诸行动。在距罗马遥远的沃尔姆斯，国王相信自己能威胁教宗，迫使他退位："我，亨利，蒙天主恩宠，以国王及我们全体主教的名义，向你宣告——下台吧！下台吧！"格里高利七世立刻在罗马斋期宗教会议上给予回应，在向圣彼得祷告的庄严仪式中，他宣布将绝罚亨利四世，并凭借圣彼得赋予教宗的"捆绑与释放的权力"，禁止国王行使其王权，也就是在一定程度上宣布罢免国王，至少是使其停职。这一举动前所未有，拉丁基督教地区乃至整个世

---

① 巴塔里亚运动是11世纪意大利米兰总教区的宗教运动，目的是改革神职人员以及教省管理机构，并支持教宗制裁买卖圣职以及教士婚姻的行为。

界都为之震动。

波及全国的舆论（Propaganda）之战在双方互相发布宣言与公告中拉开了帷幕，这些宣言公告在短时间内广泛传播。事实上，在教会改革时代，人们可以看到公共领域的结构也随之急剧转变，这一转变在日后不断深化，再难消除，其根源尤其在于新兴的城市社会。可以说，它预示着一段深刻的社会现代化进程，全欧洲的知识精英开始建立相互交流的联络网。他们的言辞越发犀利，针锋相对地发表观点和反驳，既有事实论证也有战斗檄文。他们撰写布道词、公开信和宣传册，学校提供的修辞与听写技艺（Ars dictandi, Ars arengandi）教育为之提供了丰饶的土壤，发轫于修道院、日后在城市兴起的史学书写也受惠于此。论战文书与论说文学的洪流汹涌于大众之间，其结果是，任何公共舆论一旦出现，很快便受到各方势力的操控。自此，新兴的知识精英阶层和他们的追随者极力关注国家与教会，关注是什么使教会权力与世俗权力合并或分离，是什么使两者合作或对立。贯穿11、12世纪的教宗分立加剧了这些现象，甚至13、14世纪的意大利也被皇帝与教宗的舆论斗争所包围。

亨利四世行事鲁莽，他的支持者迅速减少，尤其是来自萨克森、巴伐利亚和施瓦本的宿敌们再次活跃，在国王被绝罚之际他们却人气渐长，门庭若市。[8]这一切使国王睁开了他的眼睛。以下所述事件无疑与事实大相径庭，因为其记载全部来自国王的反对者，充满错误的预设，以致事情的经过面目全非。这些反对国王的煽动言论产生于11世纪，16世纪以来又经由史学家而重新广为流传，直到今天我们还能见其踪影。其中一种演变为德意志"第二"帝国建立的神话，新教抗议宗－普鲁士的战斗口号即是"我们不会去卡诺莎！"[①]如果我们不相信舆论的产物，那么只能去寻找当时最贴近事件的证据。

亨利四世在1076年夏天便意识到了自己的错误。在他的教父、克吕尼修道院院长雨果（Hugo von Cluny）、他的母亲和边区伯爵夫人卡诺莎

---

① 亨利四世于卡诺莎受辱，成为王权屈服于教权的象征。日后普鲁士首相俾斯麦反对教权，在国会发表演说，批评罗马教宗一通后，说道："我们不会去卡诺莎，肉体和灵魂都不会去！"

的马蒂尔德（Mathilde von Canossa）的劝说下，亨利选择了一条和解之路。教宗格里高利七世在保障"教会自由"的前提下也致力于弥合冲突。因为他的真正敌人不是德意志国王，而更多的是远离教会的世俗世界、虚假的基督徒、教宗与教义的反对者、与正义为敌的人。教宗与国王商议了私人会见的事宜，与此同时，教宗也在准备调停亨利与国内反对者的矛盾。这些德意志贵族本是希望教宗前来裁判国王的过错，因而开始积极地筹备新的国王选举。

教宗向"德意志人"宣告他的到来。这份关键的信函透露了强势的教宗如何理解自己的角色。格里高利在此使用的称呼和问候形式也是独树一帜，在他后续写给德意志人的信中再未出现。格里高利写道："致全德意志的所有捍卫并笃信基督和圣彼得教诲的人，圣彼得和圣保罗致予他们问候与祝福，他们一切的罪行也将得以赦免。"这封信的受众既包括神职人员也包括平信徒。"我（Ego），一直是使徒之长的祭司与仆役……我到你们这里来！（Venio ad vos!）"再没有其他的教宗书信像这样开头，因为这个"我"通常只用于起誓或比喻基督。"到你们这里来"——这也许是一种"弥赛亚式的表达"。"我来了……我已准备好为了天主的荣耀和众生的灵魂拯救而蒙难，就像基督为我们献出了自己的生命。你们是我内心深爱和盼望的兄弟，请你们竭尽全力助我一臂之力，使我在天主的帮助下到你们那里去，使我在万事上都能于你们有益。愿天主赐福于你们。在我受职礼的那天，我站在圣彼得的遗骨前，我蒙受天主的恩典而得到如下教诲：'你所赐福的，终会有福，你在世间所释放的，在天堂也得以释放。'"格里高利的布道犹如召唤主的显现（Epiphanie），他仿佛效仿基督，许下神将显现的诺言。[9]

显而易见的是，国王首先害怕教宗与封建诸侯在德意志的会晤，他们的会面地点选在了奥格斯堡，这里是与亨利树敌的贵族们的大本营。于是在教宗行进的途中，国王先行赶往意大利与其碰面，并未告知各诸侯。亨利与教宗最终于1077年在卡诺莎相会，那里是马蒂尔德伯爵夫人的城堡，也有一座修道院。这次会见由亨利的施洗教父、克吕尼的雨果和教会的使者共同筹划。在前三天亨利做了象征意义的忏悔，他所受到的绝罚得到赦免，接着教宗和国王签订了协约。根据协约，国王不再支持教宗的伦巴第敌人，尤其是由亨利任命的米兰大主教特达尔德（Tedald）；同样，教宗许诺不再支持国王的反对者。接着，亨利想陪同格里高利一道翻越阿尔卑斯山与德意志诸侯会面。然而，他们共同的敌人令他们功败垂成。德意志诸侯囚禁了教宗的使者，并选举莱茵费尔登的鲁道夫（Rudolf von Rheinfelden）为"对立国王"（Gegenkönig），协约旋即成为一纸空文。

自此，尽管国王和教宗在最初都保持克制，没有卷入其中，但冲突还是达到顶峰。这场争端的浪潮席卷了整个欧洲，不过法兰西和英格兰受到的影响小于德意志的萨利安王朝，而西班牙因此在格里高利七世治下首次并入教会统治。德意志和意大利的大部分领土饱受战争的摧残。希尔绍修道院的僧侣离开了他们的修道院，向民众布道控诉亨利的罪行："国王冲撞了天主的秩序，摧毁了帝国和教会。"他们的敌人也如是宣称。[10] 1080年，格里高利七世再次绝罚了亨利，然而尽管手段相同，其效力却大为减弱。寥寥数年后，亨利出征意大利并攻占了罗马，扶植了一位对立教宗，并于1084年让伪教宗将其加冕为罗马帝国皇帝。尽管长远来看亨利四世鲜有支持者，然而他成功迫使格里高利流亡至萨莱诺。在那里，不屈的教宗于1085年抱憾而逝。"我热爱正义，痛恨不公，所以我死于流亡。"格里高利的临终遗言化用了《诗篇》第45章的句子，所有熟悉祈祷词的信徒都能想到原经文的后半句："所以天主，就是你的天主，用喜乐油膏你。"格里高利为了教会自由而被废黜，他眼中的死亡不是苦涩的，而是饱含愉悦的希望，他甘愿成为天主的工具。

历史学家弗赖辛的奥托（Otto von Freising）在1150年之前完成了一部《世界编年史》（Weltchronik），在其中，奥托回顾了格里高利七世和他的外祖父亨利四世之间的这场"关于授职权的斗争"。尽管这场冲突在此时已经结束，他仍视之为末世的预兆。特别是德意志史学家乐于将奥托对这次事件的称呼拔高为划时代的"主教授职权之争"。然而这一论断只是部分与事实相符，并未切中其要害。这场冲突的关键在于整个拉丁教会由此开始改革，影响遍及教宗制、教会法和教会学。更确切地说，这是"教会改革的时代"，是"教会的觉醒"，是教会重新追本溯源，回归其最本质的普世性，称其为"教会的革命"也毫不夸张。

事实上，教会在自我认知上的急剧转变影响着萨利安王朝的发展。教宗在1075年颁布的第一份主教授职禁令，1078年便进入了教会法。它以特殊的方式削弱了王权，因为国王要依赖大型帝国教会来控制国家，王权不愿放纵它们获得独立。英国和法国的情况与德意志不同，只有在德意志，自奥托王朝末期始，主教区与修道院便与帝国的统治权紧密相连。因此，"教会自由"与世俗统治的固有权利（Eigenrecht）发生激烈冲突，双方划定各自的势力范围，不过世俗王权所谓的不可转让的权利仍需要委托给帝国教会来代理，并形成新的统治秩序模式。

教会需要新的理论以改造传统的思维模式。仅仅把教会的财产划分为属灵财产（Spiritualien）和世俗财产（Temporalien）还不够；即使是再将教会的世俗财产划分为平信徒的捐赠（它们也可以算作属灵财产）和诸侯对教会的赠予，也仍不足。针对这些概念的争论长达三十年，教会最终确定，国王赠予教会的财产（地产）不能转让，国王对其享有的权利称之为"王国的权利"（Regalien）；王国首次成为权利实体（Rechtsträger），即一个独立的法人。在政治组织的概念发展史上，这是决定性的一步。1122年达成的《沃尔姆斯宗教协定》可以追溯于此；然而并非所有学者都认同"王国权利"这一理论，也并非所有的同代人都能理解它。

《路加福音》（22：35—38）中最后的晚餐的记载启发了主教彼得·达米安，据此他发展了教会的"双剑理论"：将"王权之剑"与"教权之剑"合并使用的统治者注定是有福的，因为这样一来，"教权之剑"使"王权之剑"更温和，而"王权之剑"使"教权之剑"更有力。[11]然而，他并没有论述双剑尤其是"王权之剑"由谁授予。紧接着，教会宣称自身在圣统制／教权制的意义上同时拥有"精神之剑"（gladius spiritualis）与"世俗之剑"（gladius materialis），因此教会能将后者转交给世俗统治者，也就是教宗能将其转交给皇帝。于是我们看到在12世纪早期，一位教会法学家如是评论：教宗成了真正的皇帝。"君士坦丁的赠礼"成为教会和教宗支配世俗权力的基础。亨利四世和支持他的神职人员徒劳地呼吁教会遵守格拉修一世的政教分离理论：教权的精神之剑与王权的世俗之剑分别并直接由天主授予。最终,一元论的双剑理论取得了胜利,它在教宗颁布的教令中不断被强调,并被收入通用的教会法。然而,对君权神授的争论也由此发轫,无止无休。

这类教义迫使王权不断世俗化,而教权完全由神职人员统领。圣俗分离的理论传播开来,在 11 世纪的最后十年,劳滕巴赫的曼尼戈德(Manegold von Lautenbach)对国王尊严的论述便是其中最为激进和世俗化的表述。曼尼戈德是孚日山区劳滕巴赫修道院院长,曾经是受过辩证学教育的高调的云游教师,后来公然反对辩证学。他认为,王权的持有者应具备智慧、公正和虔诚的美德;他被推选为国王,是为了惩治奸佞,保护义人。国王若行事有违其职责,其臣民便不再具有服从的义务,因为国王破坏了契约;而国王之所以成为国王,便是他能履行契约(pactum, pro quo constitutus est)。这位教会改革的鼓吹者不惧怕阐明"暴君"可以被废黜,他将国王比作最低等的仆人,处于社会阶梯的最底端,一旦他擅自离开自己的羊群,他所得的一切都可以被剥夺。因此亨利四世理应被夺去国王的职位,因为他是个玷污修女、纵火、强暴同性的无耻之徒。[12] 在此处,国王不再是天主涂以油膏的人,不再受基督的恩典(Christus per Gratiam),而是孤立的罪恶。现在,被选出的国王只是选举人的奴仆,若他违反了选举时的合约,任何针对他的反抗都理所应当。

以上这些争论影响深远。对自由的争取不再局限于教会内部,而是深入至民间社会,成为欧洲历史上根本的诉求。城市里、市民阶级中、作为知识分子的神职人员之间,都汇聚了这股自由的风潮。"教会"与"国家"这两大势力相互监督与制衡,互为竞争对手,在长时段里抑制了单方的霸权统治。自由的诉求无关于一切信仰问题,而是促使日常生活与政治领域逐渐打破等级制,促使反抗"暴君"的行为合法化;社会尝试着构建出选举契约与统治契约的观念,为日后国家思想的形成铺平了道路。

教会的法制化与教会改革同时开始,其结果是,在随后的数十年中,越来越全面和系统的教会法令集不断问世,随之应运而生的法学也借鉴了教会的理论。格里高利七世在位时未能有机会使用这些教会法汇编。其中的第一部或许诞生于 1083 年后,出自主教卢卡的安塞姆二世

（Anselm Ⅱ von Lucca，卒于 1086 年）之手，他是格里高利的亲信；随后出版的教会法令集由枢机主教狄乌迪第（Deusdedit）编撰；此后还有著名主教沙特尔的依沃（Ivo von Chartres）负责的《教令集》和《全部法》（Parnomia）。伪《伊西多尔教令集》此时也被教会发现。日后，不具备教会法专业知识的神职人员无法再晋升为高级教士。尤其在法国，主教区比较小，教士在成为主教的仕途中需要学习神学或法学。德意志的情况则与之迥异，德意志的主教区和世俗诸侯的修道院还掌握在贵族教会手中，它们的高级教士同时也会成为地方领主。

教宗成为"真正的皇帝"，然而并没有给世界带来和平。他为教会自由而斗争，寻求在世俗权力面前确立新的优先权。他是否真正将教会从世俗的锁链中解放出来？质疑不断涌现，批评甚至产生于教会自身的阵营。人们看到一个富裕、大权在握、世俗化的神职人员阶层，它与使徒时代早期教会的传统相悖，而高级教士封建主式的生活方式也饱受诟病。在米兰，社会底层最先反抗。巴塔里亚运动中的激进分子从那些堕入肉欲的神父手中夺过圣物，将其踩在脚下。然而这场运动失败了，它被纳入教宗操控的教会改革运动，因此没有滑向异端方向。教宗与国王的冲突加剧了这些不满的发泄，并给它们打上政治的印记。复兴使徒时代教会传统、自愿清贫的观念相继出现，不仅仅限于此前那种形式上的清贫，这些观念与教会日益增长的权力和财富相抵触。不久，异端运动中出现对"皇帝式教宗制"的批评，他们认为"君士坦丁的赠礼"是教会堕落的原因和开始。布道者中也弥漫着这样的论调。

信仰上的不安和出走的渴望传播开来，并付诸实践。追随基督的愿望转化为践行"使徒的生活"（Vita apostolica），即使徒式的清贫。尤其在法国，这种生活方式在 11 世纪的最后十年日益流行。它可以证明，这场修道院高墙外的宗教运动不仅波及了贵族，也席卷了全体人民大众。他们的领袖不是处在异端的边缘，就是完全陷入异端。游走在乡间的布道者开始逐字地解释《圣经》，践行其训导，并鼓励信众效仿。阿尔贝赛勒的罗贝尔（Robert von Arbrissel）便是其中之一，他衣衫褴褛，曾在各地云游讲道；他的追随者中有大批善男信女，还包括贵族。1098 年他在普瓦捷的丰特弗洛（Fontevrault）建立了一座男女合住的修道院，其中有为麻风病人和悔过的妓女置办的房间。他将修道院的领导权交给两位女性，之后继续云游，建立新的修道院，并再次托付给女性，由此，清贫运动最终发展为女性广泛参与的宗教运动。另一位布道者是隐士彼得（Peter der Eremit），他骑着一头毛驴，头发杂乱无章；他向人们展示一封来自天国的信件，并以此招募信徒参与十字军。最终，在前往耶路撒冷的途中他的队伍全军覆没。[①] 事实上，很多早期的十字军参与者并非受到教宗布道的感召，而是在追随这些衣不蔽体的乡间讲道人。其后，安特卫普的坦契尔姆（Tanchelm von Antwerpen）声称受到圣灵的神启，已与童贞女玛利亚订立了婚约。他不仅在家乡拥有大量的追随者，自1112年起，还在信众的陪伴下游历佛兰德、西兰和布拉班特。在这些宗教运动中，人们对末世的期待至关重要，其影响比我们在文献中读到的还要深入广泛，对天主教会的触动亦是如此。一些人嘲讽这些乡间布道者，另一些人一笑而过。过了不到二十年，在科隆出现了传布清洁派（亦作"卡塔尔派""光明派"）信条的异端。在信仰正统的教改者中，隐修的理想也传播开来。隐修院纷纷建立，其中最著名的由加尔都西的布鲁诺（Bruno der Kartäuser）所建。布鲁诺是来自科隆的神父，曾是兰斯主教座堂的教长，后放弃尘世，在格勒诺布尔（Grenoble）建立了加尔都西山大修道院，由此诞生了加尔都西会（Kartäuserorden）。其特点是严守苦修和静默，是最为严苛的修会之一。[13]

此时的基督教信仰中逐渐融入早期经院哲学的辩证法，其中，贝伦加尔的影响至关重要。这位来自图尔的主教座堂教长认为，圣餐是基督的象征，是基督神秘地亲近信徒的方式，由此引发了欧洲历史上第一次对"圣餐化体说"[②]的争论。贝伦加尔的反对者包括贝克修道院（Bec）院长、日

---

① 这支由沃尔特·桑萨瓦尔与隐士彼得所率领的军队又称为"农民十字军"或"贫民十字军"，参与了第一次十字军东征，时间为1096年4月到10月，最终被基利杰·阿尔斯兰一世的塞尔柱军队击溃。
② "圣餐化体说"认为，根据《福音书》，基督在最后的晚餐上告诉门徒，饼和酒就是他的身体和血，因此在圣餐礼后，圣餐所用的饼和酒就变成了基督的真实身体和血。贝伦加尔的观点与此针锋相对，他指出，圣餐并没有发生实质的变化，而是代表着基督的身体和血。

后的坎特伯雷大主教兰弗朗克（Lanfrank），这些人认为，信徒不需要理性的思辨，理解信仰的奥义在于遵循神圣的权威，而非辩证的论证。事实上，反对者没有拒绝辩证法，反而是指出了它在神学讨论中的有益作用。在这场圣礼的争论中，兰弗朗克一方认为，圣餐中的饼和酒经过了真实的、根本的转化，饼被信众嚼碎，酒被祭司喝掉，从而转化为基督的身体与血。于是圣礼教义的问题闯入学者们的视野。那么圣餐，即基督的身体，经过了咀嚼、消化，是否也被排出体外？辩证法对此疑难束手无策，捍卫正统学说的一方也急需给出解释。而此时，由圣餐化体说制造的鸿沟越来越深，导致信徒的分裂。质疑的声音再次出现。例如布吕的彼得（Peter von Bruys）[①]，他是一位传道士，被怀疑为信奉清洁派的异端，曾在意大利与法国南部布道，拥有大批追随者。他认为圣餐是纯粹的纪念仪式，否认圣体的转化，反对教会的圣统制，不相信纪念仪式上生者与死者可以共融（Kommunion）。在众多方面，教会改革的这数十年预示了16世纪的信仰冲突，后者在同样的问题上再度引发论战。1125年布吕的彼得在普罗旺斯的圣吉莱斯（Saint-Gilles）遭受火刑，他的死亡也昭示着所有异端者的命运。传承其衣钵的是洛桑的亨利（Heinrich von Lausanne），然而，他被明谷的圣贝尔纳关押，并在监禁中死去。

一场旷日持久的争论就此拉开了帷幕。双方在哲学理论上持有相悖的根本立场，争论的焦点在于辩证学者与神学家所使用的"共相"（universalia，亦作普遍性）概念的本质，即共相是否实际存在（realia，唯实论），抑或仅仅是概念上的抽象（nomina，唯名论）。罗塞林（Roscelin）是唯名论的代表，他借此质疑三位一体教义，认为圣父、圣灵、圣子为三个不同的神体。他认为自己受到了指控，并且他所有的作品也被毁掉了。我们只能根据他的论战对手的著述，了解他的观点。罗塞林认为事物的共相不过是它们的"名"，就如同"声音在响"（flatus vocis），在任何种类中都没有实在。他不承认存在"人类"，在他看来，真实存在

[①] 布吕的彼得，生于1117年前后。本为神父，后走向异端，如：不接受婴儿领洗，仅接受四部《福音书》为《圣经》，强调教会为精神的团体等。他焚烧十字架时，被愤怒的天主教信众推入火中而亡。

的只有具体的某些人；只有个体和个别事物，而没有某一类别。由于罗塞林被禁言，其学说未能广泛传布。天才的彼得·阿贝拉尔曾拜师罗塞林门下，但并没有完全遵从他的立场。直到中世纪晚期，唯实论与唯名论的争论才重新在晚期经院哲学中激起波澜，并比以往更加激烈。有关类与种是否实际存在的讨论也一直延续到今天，尤其受到遗传生物学、语言学和符号学的关注，这些学科更倾向于认同罗塞林的观点。

罗塞林是中世纪第一位"唯名论者"，而坎特伯雷的安塞姆是他重要的反对者。安塞姆更加看重信仰和天主而非辩证法，尽管他也运用辩证法以求认识天主的崇高："如今，天主啊，我的神，请告诉我，我该去哪里、该如何找寻你，找到你？""我信仰，为了我能理解。"（Credo, ut intelligam.）"信仰寻求理解"（fides quaerens intellectum）是安塞姆《宣讲》（*Proslogion*）一书的原名。他思考的是注视天主和体验天主，而不是在物理层面上寻求天主。[14] 由此安塞姆推导出天主存在的本体论证明。他认为，天主是最伟大的、最完满的存在（比人能设想的最伟大的存在更伟大者），完满的存在既然存在于"理性设想"中，那就应该实际存在着，因此天主也是存在的。这一证明使很多人信服，也遭到不少同代人的反对，安塞姆此后的《辩护书》（*Liber apologeticus*）也未能减少争议。安塞姆更为成功的学说是对"自由意志"的讨论，他推进了奥古斯丁的观点，认为自由意志是选择向善或作恶的能力；而奥古斯丁认为，自由意志只是选择作恶与不作恶的能力。这位杰出的神学家与哲学家致力于耕耘语法与逻辑的学问，探寻灵魂的本质，他的思想并不涉及自然世界。然而在他所处的时代，占星术已然登上西方思想史的舞台，它为以数学为基础的自然科学的发展提供了重要助力。占星术既吸引了拥趸，也招致了反对者。例如，劳滕巴赫的曼尼戈德对"时间的尽头""丈量天穹空间、判断行星会合"这样的说法表示怀疑。[15] 然而，正是对末日降临的期待使人们在占星术中寻求答案，由此在自然科学的孕育下催生了基于数学的天文研究。

在那个时代，不只是人们的心灵感到困苦，物质世界也兵荒马乱。东罗马帝国，曾经不可一世的拜占庭，陷于兵临城下的危机，1071 年在凡湖的曼齐刻尔特（Mantzikert）战役中灾难性地败给了塞尔柱人。帝国的安纳托利亚（Anatolien）沦陷，无法收复；尼西亚（Nikaia）曾是君士坦丁大帝的行宫驻地，也被敌人攻占；同样失守的还有安条克（Antiochia）。诺曼人阿普利亚的博希蒙德（Bohemund von Apulien），鲁莽的罗伯特·吉斯卡尔之子乘虚而入。1087年他领兵出征君士坦丁堡，然而行军至塞萨洛尼基（Thessaloniki）后队伍四散，进而在亚得里亚海的迪拉奇乌姆（Dyrrachium，今都拉斯）被拜占庭及其盟友威尼斯舰队一举击败。守住了金角湾（Goldenes Horn）[①]，帝国终于得以喘息，然而恐慌依然弥漫。他们向佛兰德伯爵罗伯特（Robert von Flandern）求助，后者刚好不久前去耶路撒冷朝圣，回程时途经君士坦丁堡。在十五年前，拜占庭皇帝曾求助于格里高利七世，具体事宜不得而知，也许是拜占庭在与塞尔柱人作战时向教宗寻求雇佣军的援助。当最近的军事援助请求抵达罗马教廷时，已是乌尔班二世在任，他是格里高利七世后的第二位继任者。然而，拜占庭并不希望西方军队此后不断开拔至东方并驻扎于此。皇帝约翰·科穆宁（Johannes Komnenos）想出了聪明的解决办法，他与横扫君士坦丁堡的十字军将领签订了封建契约，将土地委托于他们。然而这些拉丁人日后无力统治这些地区，契约也就名存实亡了。

　　乌尔班二世积极回应了拜占庭的请求，也促成了新的十字军的诞生。1095年，教宗在奥弗涅（Auvergne）的克莱蒙费朗（Clermont-Ferrand）召开了主教会议，与会者见证了这历史性的一幕，它向世界宣告了教宗及其支持者的共同目标。乌尔班的布道号召基督徒停止互相厮杀，"踏上奔赴圣地的征途吧，从异教种族手中夺回圣地，征服它，天主本将那里赐予以色列人的后裔"。这番呼吁博得了热烈的响应，与会者也高呼"天主的旨意！天主的旨意！"[16]乌尔班将东征鼓吹为"前往耶路撒冷的全副武装的朝圣"，而"十字军"（Kreuzzug）这一概念在后世的文献中才出现。西方世界内部所积累的矛盾与战争，似乎能借此转嫁至东方。随后，在教宗还未结束其演讲，还未任命勒皮主教（Le Puy）为十字军特使的

[①] 位于今伊斯坦布尔，曾是拜占庭帝国的海军基地，也是重要的商港。

时候，图卢兹伯爵、圣吉莱斯的莱蒙德（Raimund von St-Gilles）的使者当即宣布，伯爵正带着大队人马赶来，将率领天主的军队（exercitum Dei）出征。[17] 此时人们看到，教权与皇权在教宗的领导下，达成了神圣的和谐统一。"整个世界"陷入了不安，好战的诺曼人博希蒙德也出现在十字军队伍中，他曾让其他的国王们胆寒，正如他在普利亚的卡诺萨（Canosa di Puglia）的墓志铭所书："这个名字响彻世界，他处在人与神之间。"

一些当代的历史学家声称，中世纪的政治不曾有目标和策略，当人们回顾克莱蒙费朗这戏剧性的一幕时，就会意识到那些言论是无稽之谈。然而，历史的真相往往是，大人物们运筹帷幄，小人物们却成为牺牲品。数以千计的人们为布道所鼓舞，为了灵魂的救赎而奔赴圣地，却没有完善的装备，也未曾预料到所面对的困难，就在途中丧命。在狂热的驱使下，他们甚至在家乡便开始攻击"谋杀天主的凶手"犹太人，因为布道词中也是如是教导。1095 年在法国的特鲁瓦（Troyes，这里是大型的犹太人社区，以其教育学会而闻名），1096 年在德意志的美因茨，在前往东方在路上，身负十字的暴徒所到之处，犹太人就会被杀。在美因茨，一个犹太人社区的居民集体自杀，一方面是陷入绝望的恐慌，另一方面也许是出于某种弥赛亚的盼望，他们本可以逃到主教的府邸寻求庇护。在前往耶路撒冷的同时，十字军开辟了攻打穆斯林的第二条战线，其目标是加泰罗尼亚的塔拉戈纳（Tarragona），他们或许被许诺了与圣地十字军队伍相同的救赎。

什么是十字军？一支十字军需要由教宗领导，并且只有教宗有权召集十字军。教宗的领导不一定通过其本人，更多是通过教宗特使，由此，没有世俗武装的教宗制便也能组织军队了。日后，这样的队伍还用于收复耶路撒冷以外的其他目标。此外，加入十字军能使此世的罪过获得赦免，教宗还承诺保护十字军将士以及他们的妻子、子女和财产。他们将布制十字架标志缝在右肩，以方便辨认。1123 年的第一次拉特兰公会议颁布了对十字军将士的特赦令，首要是确保教宗所许诺的人身和财产保护。自第二次十字军东征（1146—1149 年）始，十字军将士的赋税、债务和利息得以明确减免。由此，选择加入十字军的人们，在踏上这危险旅途之时不再犹豫不前。当然，为了达到救赎的目的，这场战争必须是正义的、神圣的；十字军将士因此坚信，他是在同基督教信仰的"敌人"作战，并且是在履行教宗的指令。也就是说，在当时的人们看来，与敌人作战、遵从国王或教会的领导，就足以定义战争之正义。

1096年前往耶路撒冷的队伍绝不仅仅是骑士。在亚眠的彼得（Peter von Amiens，即隐士彼得）的带领下，大量的下层贫民踏上征程，他们手中挥舞的不是十字军旗帜，而是彼得获得的来自天国的书信。对救赎的渴求、改善生活的愿望推动着他们。对于骑士阶层，获得救赎并非参加十字军的唯一的动力，尽管它无疑具有强大的吸引力。在社会历史学的视野中，更为重要的是日益壮大、固化的兄弟团体和继承团体（frerêche）；至少在法国，这是大批骑士加入第一次十字军的重要社会基础，其激发了将士们踏上危险旅程的意愿。这一组织反映出法国乃至欧洲贵族社会中的深刻变革。在众多兄弟中，长子独自继承全部的家产；而年少者只能留在家中，不允许结婚成家，他们的出路要么是成为僧侣，要么是离开家成为骑士或者职业士兵，要么是成为领主的管事员。非长子嗣中，也有部分得以在新兴的城市中定居，如果他们才能出众，还可以成为城市的领导精英。在法兰西王室中，长子继承制在10世纪和11世纪早期逐步确立。

对于贵族家庭的非长子嗣，耶路撒冷之行无疑是独一无二的机遇。然而，它需要巨额的投入，伴随着无法估量的经济风险。马匹、武器和装备都极为昂贵。一些十字军将士甚至抵押或贩卖他们全部的财产，以便凑齐前往圣地的旅费。即使在最好的情况下，这些积蓄也仅仅能支持启程的阶段，他们还需要在沿途国家再筹集经费。这使得十字军无论在匈牙利还是在拜占庭都不受欢迎，这些地方的食品市场被将士们洗劫一空，丝毫不剩。在意大利的沿海城邦中，比萨宣布愿意为十字军提供自己的舰队；他们的大主教戴姆伯特（Daimbert）也随军前往东方，并在出征成功后，成为耶路撒冷的第一位拉丁宗主教。威尼斯与热那亚最初拒绝支持十字军，然而当他们看到比萨的投资得到回报后，这两个竞争对手便迅速紧随其后，首先是热那亚，其次是威尼斯。这些城邦在征服地区的沿海城市里建立了自己的固定驻地。

野心、竞争、追逐权力、嫉妒，这些在家乡困扰着十字军将士的问题，并没有因为神圣的使命而被遗忘。相反，只要一有机会，这些肩上佩有十字的高层将领们便开始争相建立自己的领地，投入的资本不能白白流失。1098年，布洛涅的鲍德温（Balduin von Bouillon）建立埃德萨（Edessa）伯国；当年博希蒙德完全攻克安条克，据为领地；其他的诸侯领地也纷纷形成。抵达圣地的这些"法兰克"（法国人）军队逐渐分裂，不再团结。然而，他们仍在1099年顺利收复耶路撒冷，不久后在此建成了拉丁王国，不得不称之为奇迹。对双方而言，残忍血腥的战争已经过去，人们克服了难以想象的艰辛与恐惧。胜利者的歌声中充满着欢欣鼓舞："喜悦吧，耶路撒冷！当你犹如婢女般在黑夜中等待，你曾如此痛苦地以泪洗面。欢庆吧，耶路撒冷！"胜利的号角响彻全城："那异教徒的耶路撒冷已是血流成河，当邪恶的民族灭亡的时候，欢呼吧，耶路撒冷！"[18]血流成河——在十字军的开端便是这样。"法兰克人"的胜利很可能是由穆斯林势力的分裂促成，日后，当穆斯林重新团结之时，耶路撒冷又重新回到他们手中。十字军王国无法长久维持下去，它们的历史便不在这里展开了。

世界陷入了四分五裂。教宗制内部出现敌对力量，彼得的继承者开始宣讲战争，克吕尼的修道院院长卷入国王与教宗的纠纷，信仰的神秘受到质疑，僧侣开始在街上传道，狂热的暴民在乡间流窜，袭击犹太人，处处都似乎酝酿着内战，东罗马已是日薄西山。很多人相信，敌基督即将降临——和平在哪里？祈祷的力量在哪里？救赎的力量在哪里？这些冲突消耗着宗教往日的能量，人们急需全新的思想。再一次，僧侣中产生了改革的呼声。法国朗格勒（Langres）的莫莱斯姆修道院院长罗贝尔（Robert von Molesmes）便位列其中。他曾率领六位修士一起离开他的修道院，效仿圣本笃，于1098年来到沙隆（Châlon）附近西多（Cîteaux）的一片荒野，开始过上更为严格的苦修生活。尽管院长本人后来放弃了苦修，回到莫莱斯姆，但是他的兄弟们继续留在那里，那个建于灌木丛与荆棘地的修道院也日益兴旺。这一事迹激励了很多人，他们向往成为"基督的新仆人""基督的新士兵"，"和贫穷的基督一起守贫"。他们成功的秘诀在于逐字地恪守圣本笃纯洁规章（puritas regulae），从晨祷开始在每个宗教时辰祈祷，过集体生活，从事艰苦的手工劳动，放弃一切世俗财富。与此相连的是，他们也拒绝传统的为死者所做的纪念祷告。然而在"渴望天主"之外，西多会也重视学术研究。一种独特的神秘主义思想，"耶稣之爱"（Jesus-Minne），在修会内广泛传播，救世主化身为母亲的形象。

渴求救赎的同时代领主，尤其是勃艮第公爵厄德（Odo von Burgund），向西多会做捐赠，通常是大量的荒地，因此修士们首先要拓荒垦殖。不久，受过神学教育的年轻精英们也涌入修会。1113年，他们在相似的条件下创立了拉费尔代（La Ferte）分院。西多会由此迅速扩展，这最应归功于能言善辩的明谷修道院院长圣贝尔纳，他是这个时代最著名的西多会修士。每座修道院都保持绝对的孤寂，修建在人迹罕至的地方，通常还是在泥沼之中，需要修士们先行开垦，他们分布在勃艮第、法兰西、意大利、德意志、英格兰、爱尔兰、西班牙、葡萄牙、匈牙利、波兰和斯堪的纳维亚等地。修会的地产由专门的附属农庄管理，他们还参与贸易。贫困很快成为过去。第二任院长史蒂芬·哈定（Stephan Harding）继续推动西多会的发展，他为修会制定了《爱德章程》（Carta caritatis），由此将各分院团结在一起。这份章程确认了世界历史上第一个名副其实的修道"会"（Orden）[①]。章程规定，每所子修道院都应从属于一所母修道院，母院的院长有责任每年视察子院一次，然而子修道院仍然是独立的，并听命于自己的院长。所有修道院的院长每年在西多的总母院召开全体大会，其决议对所有修道院有约束力。隐修精神在每所修道院的建筑中也得到体现。他们放弃了克吕尼那样的富贵奢华、巧夺天工的教堂和修道院，而是在风格上极尽简朴。建筑群中的每一幢房屋都遵从同一种设计，教堂与卧室紧密相连，并能直接通往祈祷室和其他公共空间，十字形回廊位于修道院的中间。唯一的装饰是流淌不息的喷泉，它位于十字回廊的内部。不久后，平

---

① Orden/Order一词既指修道团体，也指规章、秩序。

信徒（Konversen）也被吸纳进来，主要从事体力工作。

西多会的事例吸引了众多效仿者，然而也有好辩的竞争者。各式的新兴修道团体涌现，相互之间不时有激烈的争论。克桑滕的诺伯特（Norbert von Xanten）曾是富有的世俗教士，一次遇到闪电而昏厥，从此归隐苦修，也四处忏悔布道。他宣布敌基督在他在世时便会降临，因此被怀疑为异端。然而，他又是明谷的贝尔纳的朋友。1120年，他回到法国拉昂附近的普雷蒙特利（Prémontré），仿照西多会建立了新的修道会（普雷蒙特利会）。其宗旨是，效仿并追随基督和使徒，成为基督的真正的穷人（verus pauper Christi），使己的修道生活与于他的教牧关怀相统一："赤裸地追随十字架上赤裸的基督"。圣诺伯特拟定这份纲领时并未料想到，日后阿西西的方济各将以更激进的方式推进清贫运动。

普雷蒙特利会的修道教士并非僧侣，但他们和僧侣一样恪守贫穷、贞洁和服从的戒律，按照奥古斯丁会规而非本笃会规生活；同时，他们也积极介入修道院墙外的世界，关心教会和帝国的事务，热忱地为他人寻求灵魂的救赎，如同为自己操劳。在普雷蒙特利本地，不断有成双的修道院与修女院成立。一些反对者污蔑他们是故作虔诚，修道会与民间宗教运动的分歧与竞争可见一斑。诺伯特的修会日益壮大，1122年卡彭贝格的戈特弗里德（Gottfried von Cappenberg）将他的城堡赠予修会，并在此处建造一座修道院，其修道院院长奥托日后成为神圣罗马帝国皇帝腓特烈·巴巴罗萨的教父。到了13世纪后期，数以千计的普雷蒙特利会修道院遍布欧洲各地。在国王洛塔尔三世（Lothar Ⅲ）的敦促下，诺伯特于1126年被擢升为马格德堡大主教。

在此时期，更多的改革运动不断涌现，尤其是巴伐利亚的奥古斯丁修会，这里不做详述。这些新兴修会的共同之处在于，他们不再接受献身儿童入会，不再承担繁复的纪念祷告仪式，而这两点是传统修道院的显著特征。反之，他们强调谦卑，恪守严格的会规，践行共同生活（vita communalis）。与此同时，克吕尼修道院则陷入危机，1119年修道院长庞提乌斯（Pontius）遭到抗议，随后交出院长一职。这些曾经的新兴修会为他们的后继者铺平了道路，却被后者超越和取代。教会内部充斥着不安，枢机主教团也开始分裂，一派是格里高利改革的拥护者，另一派支持新兴的宗教运动，特别是后者受到了早期经院哲学的影响。这导致在1130年的教宗选举中，同时出现了阿纳克莱特二世（Anaklet Ⅱ）和英诺森二世（Innocenz Ⅱ）两位教宗，国王们必须再次做出选择。那么教宗能否保住与国王同等的地位呢？

第七章

教宗分立的漫长世纪

社会的流动

　　教宗与对立教宗的对峙从 1061 年持续到 1177 年或 1180 年，使教会为之震荡，其影响不只限于枢机主教团的重组和罗马教廷的政策变化。这个破碎的世纪见证了教会的重生，整个社会也开始流动。欧洲"走在路上"，不仅在于人们纷纷成为云游的传道者，去圣地朝圣，加入十字军，更在于他们离开了故土，参与开荒、垦殖或者从事远途贸易。西方世界溢出了它原有的边界。精神文化也整体性地陷入动荡，教会改革便是其标志之一。改革的诉求是令宗教权力与世俗权力急剧分离，其程度甚于以往。事实上，除了东部的东正教世界，这场改革席卷了整个欧洲，赋予这片土地独特的精神印记。最终，国王和其他世俗统治者也卷入了这场变革的旋涡。

　　这一切在教宗分立中可见一斑。此前，当教宗选举出现争议时，加洛林或奥托－萨利安的统治者们握有最后的话语权。现如今，经历全新改革的教会要求践行其普世性，即所有利益相关者——首先是整个拉丁教会，也就是普世教会——负责认可教宗的合法性。这也意味着，当选的教宗需要得到所有国王与世俗诸侯的支持，在特殊情况下也需要向个别高层教士寻求意见。然而，不少国王与诸侯也开始利用教会中出现的纷争，因为普世性的君主教宗制追求全体的共识，而不再限于个别君主的意见。当然，王国和诸侯国自身也同样处于转变之中。

人口稳步增长，尽管饥荒与复仇仍时有发生，但持续的瘟疫不复存在。人们的生活条件日趋复杂，然而他们自己并未察觉。他们追求更高的生产效率，加洛林时代奠定的生产基础已无法满足当下所需。交际网络越加稠密，为全部人口提供温饱的需求不断增加，随之而来的是更专业的劳动分工和更高效的组织形式，涉及生产、沟通、运输、储存和经营等诸多领域。空间的灵活和知识的流动成为新的需求，实干与创新精神蓬勃增长。需求与利益的多元化要求构建新的社会秩序和与之相适应的抽象能力，这种能力已在当时的学校中得到训练。最后，金融系统也是不可或缺的，它需要一个以信贷和利息为支撑的强有力的资本市场。然而，这与基督教的道德原则相悖，金融被视为高利贷而饱受批判。这一系列变化也波及政治统治，统治者们支持这一新的发展，也要面对未曾设想的挑战。贸易和科学知识一样，需要分化；劳动分工和职业化与日俱增；世界变得越来越"条分缕析"（zerdacht）。一个以知识为基础的新社会正蓬勃兴起。

封建庄园制度也处在漫长的变迁中。10世纪末，社会转型已显现其迹象。农奴逃离他们的领主，去异乡碰运气。"我贫穷，我是孤儿，没有任何人养育过我，因此我离开家乡去外面的世界闯荡，用自己的工作讨生活。"这是出于生存需要的社会流动。这一案例被沃尔姆斯主教伯查德记录在1023年的"家族法"中，他在这部作品中探讨了社会变革问题。不久后，新的拓殖垦荒也越发普遍，人们开辟森林，抽干沼泽与湿地，使用新的农耕技术例如重型轮犁，它可以翻动更为深厚的土层。新的组织管理模式和劳动分工的进步使产量节节攀升，满足了人口增长的粮食需要。10世纪末、11世纪初以降，农民开始被视为独立的阶层，参与经济增长，然而他们也进一步失去自由，成为附庸，向领主提供劳役或赋税。此前形成的自由农与非自由农的阶级区分不复存在，"自由"几乎等同于"贵族"。在新近拓荒垦殖的地方，回报更加优渥。根据垦殖法，人们只需向领主缴纳少量的收成，就能获得相当的特权和长久的自由。其影响也波及旧帝国的固有土地，在那里，封建土地关系开始松动，村民自发形成的合作组织逐渐壮大。城市与乡村的差别与日俱增，不少农奴纷纷逃往城市，寻求"解放"。

城市文化的回归

在此时代，城市文化重新回潮。然而，即便新的城市兴建于古罗马城市的基础上，它们与古代城市的情况也大相径庭。在古典时代，城市庞大，以广场、浴场或剧院这些独特的公共文化建筑为特征。而中世纪新兴的城市布局紧凑、法律完备，筑有城墙与高塔，城门在夜间紧锁，还汇集了教会与宗教团体、同盟与城市公社，其贸易与商业繁荣，犹太人聚居区也是其特色。在古代晚期，松散而多石的罗马式建筑便逐步被紧密的聚落取代，古代遗址被人们尽可能地再利用。只有在罗马、拉文纳、米兰、阿尔或特里尔这样的帝国都城，少量的古代建筑才得以历经时代变迁而保存下来，它们往往成为教会的财产。在没有古罗马遗迹的地方，城市的建筑风格则更为朴素，例如在吕贝克和汉堡，排列紧密的木质房屋拔地而起。这些建筑有数层之高，里面光线昏暗，开的小窗在冬天要裱上羊皮纸；它们位于狭长的街区，通常未经加固，仅以简陋的厚木板做屋顶。因此，12世纪的城市景观看上去原始粗犷。直到13世纪，坚固的石制建筑和露明木架（Fachwerk）建筑才逐渐增多。

意大利享有令人难望其项背的先发优势，中世纪的城市自此发源。古代的城市群落分布在莱茵河、多瑙河两侧，环地中海海岸，或者是诸如罗讷河这样的大河沿线。而11世纪末以来，城市扩展到佛兰德地区，即如今的荷兰；在12、13世纪则推进到欧洲北部和东部的汉萨同盟地区，这一地区也正是在此时开始城市化。米兰、比萨和巴塞罗那是前两种城市化地区的代表，而挪威的卑尔根（Bergen）、沃尔霍夫河畔的诺夫哥罗德（Nowgorod）则属于最后一种。此外，连接东方、北方的大宗贸易要道，例如从基辅罗斯到君士坦丁堡的道路，抑或是通往日德兰（Jütland）的"公牛之路"（Ochsenweg），在石器时代业已形成，如今在其沿线也有城市中心兴起，诸如布拉格和克拉科夫。莱比锡的诞生同样受惠于连接莱茵-美因地区与波兰的交通要道。西班牙穆斯林城市的发展则是另一走向。以类型学来观察，在城市的成长上，由聚落扩张而成的城市与依据法案新建立的城市大相径庭；在功能上，作为行宫、都城、主教驻地的城市与市场、贸易、矿业的城市也各不相同；此外，另有其他分类存在。主教必须居住在城市（civitas）内，在主教座堂附近，教会的慈善机构与修道院必不可少。教会法也促进了聚落的密集。弗莱堡属于较早的一批新建立城市，其建城特许状可追溯至1120年，由泽林根（Zähringen）公爵康拉德授予；同时，参与建城的商人团体通过一致的宣誓"拟定"了市民权利。在中世纪随后的发展中，不断有新的城市为了便于商业活动而建立，它们与业已存在的老城形成竞争局面。

中世纪城市的城市公社兴起于10世纪与11世纪之交。它们从意大利向北扩展，传入勃艮第、法兰西、佛兰德，随后影响至东部。在德意志，城市公社最先出现在沃尔姆斯和科隆。沃尔姆斯市民于1074年获得了国王亨利四世授予的市民权特许状，这是为了表彰他们在国王与城市主教的争执中对国王的忠诚。同样在1074年，科隆市民因一项政令而起义反对其领主，即科隆大主教。自此以后，尽管他们未能获得国王直接授予的自由许可，却能越来越有效地对科隆大主教主张他们的权利。

城市法（Stadtrecht）使市民既摆脱了封建制中的庄园法（Hofrecht）的束缚，也不再受领地法（Landrecht）的制约，而在中世纪早期，他们普遍都依附于封建领主制。城市法使市民形成了保卫与和平联盟和法律共同体，也就是说，构成了政治同盟。从社会历史学的视角看来，先前的城市与新建城市截然不同。罗马的城市只容纳罗马市民，中世纪城市则属于宣誓共同体和他们的保护者，并容纳犹太人居住。在德意志，城市的执政者通常为"家臣"（Ministerialis），他们属于骑士阶层，十分富裕，却并非自由民，而是城市领主的侍臣。城市始终享有开市权，通常也有设防特权。在千禧年之交的德意志，较早获得的开市权可以向新建的城市转移，这使得握有开市权的家族迅速壮大。同样，早先争取到的城市执政特权也可以引入后建城市，掌控不同城市权的诸家族纷纷壮大。到了中世纪晚期，城市里形成了权贵和行会，酝酿出独具特色的宗教、精神、政治文化。然而，城市公社内部也出现分裂，以意大利为甚，互相争斗的党派使同盟瓦解。

尽管没有一部中世纪的城市法写入了"城市的空气使人自由"这一条

款（这是19世纪的杜撰），然而事实却是如此。1249年的希尔德斯海姆城市法写道："只要农奴逃往城市，住满一年零一天并成功摆脱领主的追捕，那么没有人能迫使他回到原来的土地和身份。"不过那里的居民并非完全自由，而是仍然承认其大主教为城市领主。城市的居民间存在着显著的法律和社会差异，然而这通常表现在贸易监管、劳动责任、报酬依附和经济贫困上，而不似中世纪早期那般体现为截然不同的法律地位。城市吸引人口涌入，它因人们逃离乡村的热潮而不断扩张，不断被注入新鲜血液。城市中的市场和贸易带来了可观的收入，又反过来促进了经济的繁荣。

商人迎来了他们的黄金时代，商人阶级的迅速崛起在同一时期的世界历史上无出其右。他们变得富裕并掌握了权力，他们既是中世纪城市的市民，也是城市的统治者甚至是立法者，他们将市民的习惯法编纂入城市法典。他们是日后政治势力强大的资产阶级的先驱，是理性文化的缩影。"资本"与权力在商人手中合二为一。自此欧洲走上一条独特的发展道路，社会迎来决定性的历史变革，为企业精神、计算与风险考量所推动，"资本"成为支配力量。在1139年的第二次拉特兰公会议上，教会法首次全面禁止了高利贷，这反映出蓬勃发展的"经济"对资本的需求日增，在城市中尤为明显。赚取任何形式的利息都被视为放贷，这项禁令只适用于基督徒，而对犹太人不做要求。事实上相关的审问早在若干年前便已开始，只是无法追本溯源，现在它落实成了明文法令。同时，新兴的市民阶级在精神上不断成长，他们通过商贸联系、知识互通和城市联盟跨出了各自的城墙，为日后的国家理论、社会理论的形成指明了方向和道路。

经济与权力以远途贸易、商业和手工业为基础，而一些城市可以凭借有利的位置而兴起，例如依傍河流、港口、海岸和矿山。早在1009年，一位也许是来自佛兰德的纺织品贸易商人在巴塞罗那立下遗嘱。[1]因矿山而兴起的著名城市有戈斯拉尔、迪南、萨克森的弗莱贝格和波西米亚的库特纳霍拉。自10、11世纪从乡村迁入城市的手工业作坊，例如麻纺织作坊，如今集聚发展成专门的生产中心。在英格兰、佛兰德和意大利的城市（例如佛罗伦萨），毛纺织和其他纺织生产蔚然成风，而麻的生产和加工业、棉麻粗布（Barchent）纺织业聚集在德意志南部高地和施瓦本地区。低地国家则继续将出版业的组织结构引入他们的生产流程中。

便利的交通位置也带来了经济优势，人们对其加以系统利用。诸如科隆的一些城市强制推行货栈法（Stapelrecht），即强制外来商人在本地卸货，并令其货物优先在本地买卖，以攫取其中的利润。最初设置互市是运输的客观需要，因为在莱茵河流域，海运船只最远可航行至科隆，随后货物将被装卸到较小的船只中以便逆流而上。随着吃水更深的甚至不能沿莱茵河而上的海上克格船（Kogge）的出现，货栈便演变为特定的高额关税。河港与海港因不断扩展的远程贸易而获利。路桥建设也随之兴起，横跨多瑙河的雷根斯堡石桥便是其中著名一例。这座石桥于1146年竣工，共花费十一年，被誉为世界奇迹。它极大地便利了交通，不仅惠及雷根斯堡市区，其关税收益也使周边的地方贵族获利。其后，远行的商贾为了免于强盗的掠夺，常常需要武装护送，诸如法兰克福和纽伦堡这样的贸易集市城市便组织了这样的服务，以保护前来参展的商人。

11、12世纪里，远途贸易迎来了全新的变革，人们甚至称其为"贸易革命"[2]。基于劳动分工的商业组织形式、分层的资本投入与相应的利润分红得以广泛传播。商人不再亲自远行，而是委托他的合作伙伴，通常是远洋船主。由此形成了留乡的委托人（socius stans）与出海的受托人（socius tractans）之分别，前者留在账房，而后者登船冒险。保险思想的起源也可追溯到海运委托，即人们意识到可以将小额资金同时投向不同的贸易，从而能分化风险。如此，每一笔损失都由多人共同承担，而不是将一个人压垮。货币交易最初集中在贸易集市上，尤其在法国的香槟地区，遍布各城市。大规模的货币周转、交易，乃至银行的概念，要直到13世纪才出现。第一批大资本的积累开始于12世纪后半叶，不久后在欧洲便产生了早期的巨额复杂融资（Hochfinanz）形式。如香槟集市那样，这些因素可增进意大利、法国、英国和德意志的贸易联系。威尼斯很早就成为资本市场。1198年，负责金融事务的科隆大主教的家臣积极参与帝国政治，他为韦尔夫家族的候选人奥托四世筹集所需的贿款，以和斯陶芬家族的候选者菲利普争夺德意志帝位，自此挑起了双方旷日持久的严重冲突。

西部的（法兰克）国王们也越来越依赖货币借贷，金钱成为国际事务中最重要的原动力。

商业中所运用的理性主义既体现在公共秩序里，也出现在民法中。伦巴第和托斯卡纳的城市公社是其先行者。中世纪中晚期担任神职人员的知识分子活跃于历史舞台，他们大多生活在城市的城墙内，也有少数在郊外的修道院。学校以及 12 世纪以来的大学如雨后春笋在城市中扩展。与此同时，城市公社争取到特许状，市民参与其中，城市享有自治、独立的城市法、政治秩序和自己的官僚体系，并得到知识分子的支持。在意大利，古代和中世纪早期的城市传统依然存在，这些城市远离国王的统治，也不受制于伯爵或主教等封建诸侯的势力，尽管在公社出现之前，主教有时会成为城市的代理人。根据居住法，封建贵族也需要间或（每年若干月）在城市中居住。

城市的发展独具特色。城市中鲜有内部的团结，更多的是各个家族与派系各自为政，甚至相互为敌。实用的政治智慧成为城市中应对纷争的处事之道，一种正面的"斗争文化"（Streitkultur）蔚然成风，不过罗密欧与朱丽叶的故事似乎是个例外。一系列的革新促生了一套稳定的秩序，包括：每年选举执政官（Konsul）组成市政府；自 12 世纪末起，城市行政由最高行政长官（Podestà）负责，他携带法官、公证人等全套行政人员上任，城市每年举行就职仪式将其从城外迎接入城；市民大会和代议席位应运而生；教会与公社大兴土木建造府邸；12 世纪以来，城市公社中出现公证人与专业法官，书面记载不断增多，同样影响到俗人的生活。公证程序进步，书面证明取代了目击证明，读写文化得以普及，立法司法更为专业。这些新特征塑造了意大利诸城的精神、政治生活，孕育了划时代的现代性和高效率。这些城市为阿尔卑斯以北、以西的城市公社运动树立了榜样。

自由是城市中不可或缺的迫切需求，它为人们的进取心提供保障，也将经济风险维持在可承受的范围内。和平、自由、公正是整个城市公社运动发轫之时的核心诉求。例如，威尼斯以秉持公正为其城市文化。城市居民和公社向城市创建者和领主索要相应的自由权利。11 世纪始，人们开始争取单个的特权，广泛适用的、以特许形式确立的城市法在随后的世纪中才出现。特许权授予整个城市公社，市民作为公社的一员在集体中享受这些权利。这些特许权囊括了一系列的自由，除了领主先前就向市民提供的安全保护，市民还享有贸易自由和关税豁免、自主权、无限制的继承权、转让自由、司法权、选举地方长官和代表的自由、定居自由（只要他与其领主间不存在人身依附关系）等。城市自身成为当权者，它由执政官、最高行政长官、贵族领主、参议员或市长共同统治，以个人自由和社团自由为基础，最终其理念也扩展至城市的权利范围之外。"谁若不是市民，他便也不是人"，14 世纪早期佛罗伦萨的一位多明我会布道者雷米吉乌斯如是说，为此他运用了亚里士多德及同属多明我会的圣托马斯·阿奎那的话语来论证。[3] 18 世纪以来所形成的基本权利与人权观念，大部分皆可追溯到这种于中世纪兴起的城市特权。[4] 我们绝不应低估其影响。它促成了市民阶级摆脱封建领主关系的解放运动，这场运动历时长久，深入涉及法律、经济、政治和精神的解放。最晚至 14 世纪，城市公社与其领主之间发展为以统治契约确立双方的权利关系。

　　法制创新也取得了相当的成就，其成果应用于企业运作、出版、订立契约、担保、投资、借贷、遗产继承等方方面面，保证了稳定的经济回报和高效的商业运作。罗马法的重新发现，尤其是查士丁尼的《学说汇纂》（《法学汇编》），至关重要。民法相当于重新被创造。法学家成为新的职业阶层，在更为"现代"的意大利城市公社尤为明显。以亨利五世和腓特烈·巴巴罗萨为首的国王与皇帝也向法学家询问意见。不久，每个伦巴第城市公社都聘请了大量法官（Judices），他们接受过专门的教育，各有所长；13 世纪 30 年代以后则明确要求法官是大学毕业者，类似的还有公证员。教育和学业开始紧俏，越发不可或缺。市民间紧密的共同生活、越来越复杂的生活关系、商贸中不同形式的利益分配，均需要法律规范，并迟早会诉求于法理学的支持。自此，法律的逐步发展可以概括为以下阶段：从口口相传到成文法的编撰，从习惯和特权发展为书面编辑的、不断更新的公共法典，再到专业的商业法和系统的法律规章。随着历史的发展，所有欧洲国家都加入了这一进程。

一些城市率先崛起，例如曾是国王驻地的巴黎、伦敦、鲁昂、波尔多和巴塞罗那。其次是地中海沿岸的大型港口城市，诸如马赛、热那亚以及它们的竞争对手比萨。在北方，吕贝克于 12 世纪后半叶一马当先；在南方，威尼斯的发展则势不可当，它与热那亚的竞争不仅不是阻碍，反而对它大有助益。古罗马的皇宫驻地米兰受惠于其优越的交通位置，它紧邻波河，并且地处穿越阿尔卑斯山的主干道，因此可以控制翻越阿尔卑斯山和前往西北伦巴第的远程贸易。北方的国王们自 11 世纪以来并未侵略过这座城市。在随后的世纪中，这里的封建法得以编撰成文，随后被高等学校收入《民法大全》，并在课堂中讲授。同在 12 世纪，沿海城市比萨也在法律创设上建树颇丰，在这里编纂的《海洋法编》（Constitutum maris）和《法律编》（Constitutum de legibus）是中世纪欧洲最古老的综合法令汇编，它们在规定公社法律之外还囊括了海洋法和商业法。

12 世纪中叶前，博洛尼亚因其大学（欧洲第二古老的大学，仅次于巴黎大学）吸引了数以千计的欧洲人前来求学。和在巴黎一样，知识精英们在这里相遇，交流思想，从而催生出一个前所未有的"思想市场"。它带来了广阔的信息流和跨国界的知识传播，其影响范围远超过所依附的大学，因为这些访学者相继成为布道者和告解神父，活跃于政治舞台，鼓吹其思想。世俗精英和广大的教会信众也参与到这场精神革新之中，城市文化极大促进了欧洲在智识上的成长。

城市是一种法律形式，亦是一种生活方式，两者塑造了不同阶层市民、居民的全新心态。在城市中人们拥有密切的共同生活，却不是乡村社会中的"面对面交往"。市民阶级中形成了独特的平等思想，同时，新形态的社会上升机会也带来了空前的社会压力和相应的创新活力。不过，在中世纪晚期，城市诸阶级间的界线最终固定下来。[5] 贫与富、勤劳与懒散、饥饿与饱胀、残破与华美的鲜明反差，以及经济上的成功与失败、教养与无知、俗人与教士的刺目对比，这些不断激起新的紧张与冲突。修道院与教会慈善机构遍布各大城市，托钵修会的影响尤为深远，他们自 13 世纪始作为告解神父和布道者而驻扎在城市。贫弱者在城市中得到救济，这项福利事业首要由教会机构负责，世俗组织也参与其中。兄弟会和行会也至关重要。在北部，城市建筑参差不齐，高耸入云的房子与低矮破败的房屋交错，直到 13 世纪，坚固的石制建筑和露明木架建筑才成为主流。城市的居住环境与乡村的截然不同，在城市，狭窄的巷道与庄严开阔的广场彰显着贫富差异。在中世纪晚期，建筑、着装上所形成的规范一定程度上遏制了贫富悬殊的潜在冲突，然而人与人间的巨大差距依然影响着生活的方方面面，从金钱交易、利益到思维方式。嫉妒、贪婪以及其他罪恶在市民阶级中蔓延，高利贷与负债人监狱是这枚硬币的两面。

密集的城市人口招致了新问题，五万至十万的人口规模长期难遇，它需要新的秩序模式、更高效的负载分配（例如新建城墙和街道卫生系统），以及先进的管理技术。在德意志，即使是人口不到一千的小城镇也拥有城市法。各个城市无论其规模大小都有政府组织，它的首要职责是维护和平。相比于隶属于领主统治的乡村，城市中更早出现立法程序，尤其是刑法获得承认。12 世纪以来，人们通过订立刑法，对特定行为给予犯罪之定义，这取代了此前通行的"和解"原则，即施害者向受害者家属支付赔偿。城市所能征集的税收源源不断，城市司法变得及时而高效，警察的执法越发得力，大城市中出现了死刑执行者，他们也负责管制妓女。城市对封建领主而言是城堡与要塞，但城市也保护它的市民，后者有义务在战争和自卫中承担兵役。修建城墙并征收相关税款可以平衡战争的支出。日后尤其是在意大利出现了雇佣军，他们的首领有机会凭能力一跃成为城市统治者，并在此建立自己的领地。所有这些因素，使上述城市地区成为社会活力不断增长、制度现代化、交际网络逐渐密集的发展中心。

新增的城市财富与随之而来的新型权力处处可见。12 世纪见证了城堡、行宫、府邸的兴建，这包括巴黎西堤岛（Ile de la Cité）上的王宫和狮子亨利（Heinrich der Löwe）在不伦瑞克的丹克沃德洛德城堡（Dankwarderode）。此刻，人们才敢于修建花费高昂的大教堂，直至今日它们仍是每座主教城市的骄傲。这些大教堂也体现出一种竞争精神，这种竞争并非局限在主教之间，毋宁说是城市公社与市民阶级在积极参与。这些教堂是财富、权利主张和实际权力的实体象征。考古证据表明人们在10、11 世纪时大兴土木，但中世纪早期只留下少量的大型建筑。查理曼修建的、位于亚琛的圣玛利亚大教堂（亚琛主教座堂）是当时阿尔卑斯山以北最大的新兴建筑，堪称加洛林时代遗留的一个特例。随后数世纪中所兴建的教堂至今仍有少数傲然屹立，顽强抵抗着坍塌或是被拆除的命运。在德意志，施派尔主教座堂是新时代建筑的代表，它于11世纪初开始动工；在法国，沙特尔主教座堂和巴黎圣母院是杰作，值得称道的还有建于12世纪中叶的首座哥特式建筑圣德尼修道院主教堂，以及克吕尼第三修道院（Cluny Ⅲ）教堂的遗迹；意大利城市中也保留了大量12世纪的教会和世俗的大型建筑；英格兰与西班牙亦是别无二致。

王国的巩固

在这变革的时代，国王与诸侯也以全新的方式来应对。旷日持久的教会分裂迫使他们在枢机主教选举教宗出现分歧之时，做出法律上的抉择，也就是决定出圣彼得的继承者与觊觎圣座的对立教宗。在教会分裂中，无论王国还是独立的诸侯国，其所面临的风险与教会无异。任何一个错误决定都会累及卷入其中的世俗领主，因为在此过程中，他们不得不持续与其他领主为敌，极端情况下甚至会丧失王位、引发市民战争乃至死亡；与之相对，他那选对阵营的对手则会借此壮大，进而将削弱他在自身领地中的统治力。这样的政治局势增强了本已走高的变革压力，因为没有国王愿意在未能获得国家内部同意的情况下贸然介入教宗选举。教会分裂牵动着王国的政治、法律、社会的方方面面，其影响既在内政也在外交，它既能巩固王国的统治亦能使其衰弱。

此种局势导致了两方面结果。一方面，对教宗选举的正确或错误决定，将决定一个统治联盟的团结巩固或分崩离析，使统治者更加注重内部意见的一致；另一方面，无论是国王、诸侯还是其领地内的教会都意识到，做出决定要慎而又慎，要顾及对手甚至要与他们共同协商解决之道。于是，教会分裂在欧洲范围内催生出一系列的接受声明和法律文件，先是接受并确认当选者，继而接受者履行其服从义务。由此欧洲形成外交关系网，为一场"大国豪强的协奏音乐会"拉开了序幕。这一秩序随即广泛渗透，数世纪后直至今日，欧洲的外交舞台上仍有其回响。

教会法无可避免地与当时的政治现实相抵触。教廷的诉求是，只有它能合法地为基督教世界订立教宗选举的规范，因此无论如何也不能认可世俗领主的"接受"程序，更不能将之编入教会法。这种情况也持续影响着作为"选举接受者"的世俗领主同盟，政治形势使他们不得不发展出一套潜在的规范程序，以应对诸如教会分裂这样的意外事件。因此在研究中，不仅普世教会与地方权力的关系需要更细致的观察、全新的解释；更值得注意的是，此时的君主们在参与教宗选举决策时，开始有意拉拢其领地的教会以获得支持，地方教会也正是在这个时代形成了国家、区域的概念；最后，诸侯间形成了彼此顾及的默契，因为谁也不想在教宗选举中站错队伍而使自己蒙受无法挽回的损失，却令对手或潜在的竞争者从中获益。

随着立法学和教会法学这两门新兴学科的发展，相互制衡的政治局势推动着统治权力得到新的法律的固定化、合法化与理论化，权力的边界意识更加明确，统治者之间达成空前的法律上的整合与团结，简言之，这一时代形成了更为集中与深入的公权力。在协调整合的过程外，国王与诸侯也必须精打细算以互相角力，因为在这场权力的协奏中，每位乐手都要与他人的演奏相合，否则意味着出局。因此在教会分裂的12世纪，国王与诸侯的世俗政治反而多样多面，对随后的数世纪影响深远；诸豪强之间如今既相互依存又充满张力和摩擦，将塑造此后欧洲的政治形态。这一过程伴随着对国家、民族的成见，这些成见有正面亦有负面，不仅行之有效，引导着国际关系行动，还长久持续。此类反应事实上巩固了西方的君主制，尤其是法国；德意志的罗马帝国皇帝则在11、12世纪屡屡迈入歧途。罗马教廷也从中获益，伴随着12世纪法学、神学在大学的蓬勃发展，教宗权力势不可挡地达到其顶峰，自视为天主在尘世无可限制的、绝对的代表。

导致这场变革的主教授职权之争震动了欧洲大部分王侯之国，然而没有一个国家像神圣罗马帝国这样深深卷入其中。因为德意志－罗马皇帝面临着境内诸侯的强力反抗，其他王侯则无此顾虑，可以在教会的反复分裂中坐收渔利。此外，在大部分王国中，上级教会和大修道院通常对其（狭小的）领地不享有统治权力，即使放弃了主教授职权，自己先前拥有的权力也没什么损失。然而整个欧洲，只有在德意志的土地上（这要排除意大利），主教与修道院长往往同时是世俗领主。在法国，只有国王和国王附庸受到类似的影响，然而法国国王还拥有所谓"王室特权"（Regaliensrecht），即当领地内的教会空缺主教时，国王有权征用教会收入。因此在法国和英国，国王倾向于签订和约以结束主教授职权所引发的争执。最终，在1130年和1159年的两次教宗分立后，英国和法国的各教会组织分别在国王领导下组合成属地教会（Landeskirche）：英格兰教会（Ecclesia Anglicana）和高卢教会（Ecclesia Gallicana）。两国教会各自团结一体，而德意志的诸侯教会则从未达到过此种状态。

当时的英国编年史家伍斯特的约翰（Johann von Worcester），一位清醒的时代观察者，描述了这样一幅骇人的图景：在亨利一世的梦中，国王先是看到农民挥舞着斧头、耙子和打谷棒向他扑来，他从梦中惊醒，随即又睡下；接着国王又梦见全副武装、披坚执锐的骑士迎面杀来，他再次惊醒，又再次睡下；这一次是主教和修道院院长手持牧杖向他进攻，被汗水浸透了的亨利醒来后感叹："这些事情真让国王胆战心惊。"[6] 在这位史家笔下，社会伴随着新的目标、愿望和欲求而走向瓦解、剧变和动乱，人们的视野越发开阔，却没有人知道事情将如何发展、如何结束，国王也处在这样的恐惧中。

在教会分裂时期，教宗候选人不断把使者送往欧洲各地以赢得支持，人们的视野因而变得开阔。在当时，若论对欧洲的认识，任何一座宫廷，遑论任何个人，都不及罗马教廷那样全面和准确。教廷自12世纪后叶起将税收账目编辑成册，上面记录了向教廷缴税的每个领地、每个教区、每个纳贡教堂和共同体。直到近代早期才产生了相应的地图，标志着人们掌握了空间和地理的抽象知识。尽管如此，拉丁世界仍以特定的方式走向普世联合（Ökumene），这是古代晚期以来前所未有之变化。不同民族和国家形成了新的团结，尽管这并非教会分裂所导致，却深受其影响，现在它意图包罗世间万象。

伊比利亚半岛此前一直处在欧洲边缘，不惹人注意，如今以新的发展重新引人关注，这一转变即收复失地运动（光复运动）。受教会改革的影响，以及出于与其他国家全然不同的政治状况，伊比利亚开始寻求与罗马教廷和教宗更紧密的联系。在西哥特王国于711年迅速覆灭后，半岛上只有一小片土地尚在基督徒手中。然而，自9世纪起，最晚自11世纪早期开始，基督徒便开始逐渐夺回失地，这也是由于曾经盛极一时的后倭马亚王朝陷入内战的泥淖，分裂为诸多地方势力。历史一再重演：分裂削弱、摧毁了自己，却壮大了敌人。以此为鉴，伊比利亚的基督教王国在建立之初都极为审慎。然而随着精明强干的统治者们不断取得军事胜利，他们在巩固内政的同时也在积极向外扩张，于是出现了移民运动（Repoblación），其目标是曾经被穆斯林占领、如今被战争摧毁的荒地。最初的新移民从法国招募而来。统治者对留下的穆斯林也不再驱逐，而是采取与犹太人相当的政策，即给予他们一定保护，同时征收高昂的税负。这些税收成为战胜者和征服者客观的财政来源。在16世纪征服美洲的浪潮中，也许正是西班牙数世纪之久的收复失地运动，鼓舞着诸如埃尔南·科尔特斯（Hernán Cortés）这样的"征服者"，使他们找到了自己的榜样。

事实上，伊比利亚半岛一直吸引着基督徒。在虔诚者路易的时代，在半岛的极西北部，以奥维耶多（Oviedo）为中心的阿斯图里亚斯（Asturien）地区，国王阿方索二世（Alfons II）奇迹般地发现了使徒圣雅各（Sanct-Iacobi）的墓地，这也是对西班牙越发流行的"嗣子说"的有力回应。这片圣墓在随后的数世纪中被视为无价的"象征性财富"，如同回报丰厚的投资。圣雅各（西班牙语Santiago）也成了抵抗伊斯兰运动中的守护圣徒。对圣徒的信仰激发了人们的战争斗志，圣雅各被想象为天国的战士，身骑白马，高举白底红十字战旗，在与穆斯林的战斗中所向披靡，为士气低迷的基督徒送来了胜利。"马塔摩罗斯"（Matamoros）是人们赋予圣徒的别名，即"摩尔人杀手"。日后，在卡斯蒂利亚王朝与萨拉森人的战役中，人们高喊着"圣地亚哥"的名字。光复运动的思想更是在科瓦东加（Covadonga）传奇中达到顶峰。这段传奇讲述了早在722年，在科瓦东加的位于比利牛斯山的一个洞窟外，哥特人便在佩拉约（Pelayo）的率领下反抗穆斯林侵略者，其誓言是"为了西班牙的得救，为了重树哥特人的军队……为了祈望天主的慈悲，重新夺回教会、人民和国家"。它记载于 10 世纪早期阿方索三世的编年史中。在科瓦东加，"哥特人"首次击退穆斯林，建立了阿斯图里亚斯王国，开始收复托莱多王国，这一神话历久不衰，生命力越发旺盛。

11 世纪，巧妙的政治宣传使圣徒墓地的发现成为西方世界的重大事件。来自欧洲各地的朝圣者不断涌入，既有富人也有穷人，既有王侯贵族也有乞丐。圣雅各朝圣之路使长久位于边陲之地的西班牙重新与拉丁基督教世界相连，孔波斯特拉的圣地亚哥（Santiago de Compostela）遂与罗马、耶路撒冷并称天主教三大朝圣地，至今仍被视为天主教信仰高耸的堡垒，屹立在无信仰的潮水中。回到中世纪，高涨的宗教虔诚作为统治者行之有效的手段，不断吸引着基督徒迁居至被战败的摩尔人抛弃的土地。克吕尼僧侣应召前往，承担起新殖民地的牧灵工作。与今天的旅游业并无不同，大批以赎罪为目的的朝圣者为沿途的教会与修道院带来大量带来可观的经济收益，例如在勃艮第的欧坦（Autun）教区和普罗旺斯的圣吉莱斯修道院，商贸繁荣，更为高大、更加华美的教堂建筑得以兴建，金钱随着朝圣者滚滚而来。

在阿斯图里亚斯之后数世纪，莱昂 – 卡斯蒂利亚王国（León-Kastilien）建立，与之并存的还有巴斯克人（Basken）的纳瓦拉王国（Navarra），以潘普洛纳（Pamplona）为都城。另一处政治中心则是阿拉贡王国和处于巴塞罗那伯爵统治下、法律上从属于法国的加泰罗尼亚。后者的建立可以追溯至加洛林王朝的国王、口吃者路易二世（Ludwig der Stammler），他于 878 年将巴塞罗那和赫罗纳伯爵国赠予乌尔赫尔和塞尔达尼亚（Cerdanya）伯爵威尔弗雷德（Wifred），将鲁西永（Roussillon）赠予其兄弟米洛（Miro）。这也是西法兰克国王最后一次以领主身份干预伊比利亚政治。自此之后，加泰罗尼亚成为独立的政治势力，加泰罗尼亚伯爵自 1162 年起兼任阿拉贡国王，并凭借自身力量极大拓展了政权。这一王朝持续了五百年之久，最终于 1410 年走向覆灭。

11 世纪末，光复运动达到决定性的白热化阶段。1060—1090 年，英雄熙德（Cid）的颂歌广泛流传。这首歌正式成文于 1235 年前后，亦是对光复运动的称颂。起义者熙德实际上是被卡斯蒂亚王国流放的罗德里高·迪亚兹·德比瓦尔（Rodrigo Díaz de Vivar），他帮助基督徒将领与摩尔人作战，有时又同他们结盟共同打退基督徒的敌人，并最终占领了瓦伦西亚王国，人称"勇士"（Campeador）熙德。然而在他死后，基督徒无法维持在瓦伦西亚的统治；直到150年之后，这块土地才在加泰罗尼亚人的率领下重新被基督徒征服。正在此时，第一支十字军队伍向圣地进发，而另一支与十字军相似的队伍则直指塔拉戈纳。根据流传的故事，塔拉戈纳与耶路撒冷于1099年的同一天被收复。

1230年，费迪南德（费尔南多）三世统一了莱昂与卡斯蒂利亚，统一的历程可以追溯到11世纪晚期以来的持续扩张，尽管其间被王位之争、贵族叛乱和与穆斯林的两次交战所阻碍。[7] 在千禧年之交的数十年中，科尔多瓦的统治者曼苏尔（al-Mansur）和其子阿卜杜·马立克·穆扎法（Abd al-Malik al Muzaffar）将基督徒逼入困境，他们攻占并摧毁了光复运动的精神与宗教中心孔波斯特拉的圣地亚哥，它曾是基督徒胜利信念之来源。然而，内部分裂瓦解了安达卢斯（al-Andalus）的政权，即穆斯林在伊比利亚半岛的统治，节节胜利很快将基督徒战败的阴霾一扫而光，1085年收复摩尔人占领的托莱多后，基督徒更是士气大振。此后，托莱多成为阿拉伯人、犹太人、摩尔化基督徒和拉丁基督徒的学术文化交流中心，文化繁盛，硕果累累。托莱多主教收到了教宗下达的特许令，成为西班牙教会之首。

伊斯兰国家深刻影响了整个拉丁世界。自11世纪起，天文学、占星术与医药学从西班牙传向欧洲，吸引着各类学者来此学习自然科学知识，长久以来被遗忘的古希腊作者和他们作品的阿拉伯语注疏重见天日。在安达卢斯，以及在同样被穆斯林控制的西西里，活跃着大量翻译者，他们向拉丁世界重新开启了这座尘封已久的宝藏，整个西方的科学文化和生活方式都极大受惠。至少以下两位西班牙学者值得一述，他们是克雷莫纳的吉尔哈德（Gerhard von Cremona，卒于1187年）和多明我·冈迪萨林（Dominicus Gundissalinus，卒于1181年）。[8] 伦巴第人吉尔哈德从阿拉伯语文献中翻译了哲学、天文学、数学、几何学、医药学的八十余部著作，尤其是为拉丁世界引入了托勒密的《天文学大成》，其阿拉伯语译名转写为《至大论》（Almagest），这是古典时代天文学最重要的成就。多明我的贡献在于译介了富有启蒙思想的哲学家阿维森纳（Avicenna），他自己也撰写了论述心理学和哲学系统的著作，其影响遍及包括托马斯·阿奎那在内的众多学者。穆斯林抵御基督徒的战争无疑是残酷血腥的。龙达（Ronda）的哈里发王宫旧址见证了这场战争。其中有一道两百余米、开凿于山岩之上并深入河谷的走廊，由基督教俘虏和奴隶修建，它保证了王宫在防御时的饮用水供给。

纳瓦拉王国位于巴斯克地区，由于山地包围，限制了王国的征服与扩张。其邻国阿拉贡早先从纳瓦拉独立出去，则更为幸运，它以主教小城市哈卡（Jaca）为中心，沿着比利牛斯山的两处河谷向外扩张，不久后占领了韦斯卡（Huesca）和萨拉戈萨（Zaragoza），而后者正是曾经抵挡住查理大帝的城市。自国王佩德罗（彼得）一世起，即教宗乌尔班二世在位期间，阿拉贡开始享受教宗的直接保护（1095年），教会分裂也几乎不影响其利益。阿拉贡最著名的君主是"战斗者"阿方索一世（Alfonso I el Batallador），他在逝世时并未留下可继承王位的子嗣；他曾在1131年拟定遗嘱，将遗产赠予骑士团和圣墓，然而未能执行。其后，阿拉贡人推选"天然君主"（dominus naturalis）、阿方索一世的弟弟拉米罗（Ramiro）为国王。拉米罗那时还是僧侣，为了王位而还俗，并在情急之下迎娶了一位已做母亲的寡妇为妻，后者次年为国王生下一女，名为佩德罗尼拉（Petronilla）。一年后，国王将年仅一岁的公主许配给巴塞罗那伯爵拉蒙·贝伦格尔四世（Ramon Berenguer Ⅳ），国王因此完成其世俗使命，退隐回修道院。

公主的夫君无疑是上佳之选，巴塞罗那伯爵可谓12世纪最强大的君主之一。这次联姻标志着新兴政权的诞生——阿拉贡联合王国（Krone Aragón）。它在合并阿拉贡与加泰罗尼亚后，又并吞了鲁西永和蒙彼利埃城以及众多小块的伯爵领地和独立政权。阿拉贡－巴塞罗那家族的一支还获得了普罗旺斯伯爵领地，后者曾属于阿尔勒王国。在国王阿拉贡的阿方索二世在位时，其领土已扩展至法国尼斯，这段历史记载于英国史家豪威登的罗杰（Roger von Hoveden）写于1200年前后的编年史中。[9]蒙彼利埃所在的整个朗格多克地区据说也与阿拉贡人结盟，图卢兹伯爵与西班牙国王的关系比与法王的关系还要亲近。拉蒙·贝伦格尔四世与佩德罗尼拉之孙佩德罗二世于1204年在罗马接受了教宗英诺森三世的加冕。

阿拉贡在普罗旺斯的扩张被针对阿尔比异端的十字军运动所牵制。佩德罗二世虽受到教宗的特殊保护，但被迫卷入，成为"异端"的庇护者而参战，与他遭遇一样的还有图卢兹伯爵雷蒙德四世。[1] 十字军招募了来自欧洲各地的骑士，在老西蒙·德·孟福特（Simon de Montfort）的率领下所向披靡。1213年在图卢兹郊外米雷（Muret）的决定性战役中，十字军彻底击溃阿尔比派军队。佩德罗二世则或许由于战斗前夜纵欲过度而阵亡；在加泰罗尼亚人的历史中，他被称作"天主教徒"佩德罗。由此，阿拉贡国王的扩张转向南部，而法国得以守住其地中海沿岸的广大领土。

我们再将目光投向北方的斯堪的纳维亚，维京人的故乡，这里曾是西方世界恐惧的来源，其威慑甚至远至阿斯图里亚斯。包括丹麦在内的斯堪的纳维亚半岛，自古代起便被欧洲史学家视为远离世界中心之地，然而在中世纪它们已不再与基督教世界隔绝。第一批传教士于9世纪来到斯韦阿人（Svear）的梅拉伦湖（Mälarsee）和乌普萨拉古城所在地。传教团由科尔比和科尔维修道院的安士嘉（Ansgar aus Corbie und Corvey）率领，他听从了科尔比修道院长瓦拉的建议，然而他们并未取得重大进展。在千禧年之交，奥拉夫·舍特康努格（Olaf Schoßkönig/Olof Skötkonung）成为首位统治斯韦阿人和约塔人（Götar）[2] 的基督教君主，然而基本没有历史记载提及王国的诞生、新宗教在北方多神教国家的传入以及王权和宗教在其后世的发展，人们只能模糊地得知王国对基督教的皈依和若干惨烈的战争。直到13世纪史料才越发丰富，然而它们记载的是北方世界中长久的战争、动荡与巨变。教会改革对这里的王权而言更多的是一种稳定因素，因此统治者们竭力帮助教会获得成功。

丹麦的历史更加清晰可见。丹麦发迹于10世纪上半叶，由老戈姆

---

[1] 阿拉贡的佩德罗二世援助他的封臣图卢兹伯爵抵抗阿尔比十字军的入侵，在米雷战役中被十字军队伍击败。
[2] 斯韦阿人和约塔人是瑞典人的前身，瑞典的国名（Sverige）即来源于"斯韦阿"。

（Gorm der Alte）和其子"蓝牙"哈拉尔德一世（Harald Blauzahn）完成统一，后者是丹麦的首位受洗的基督教君主。9世纪晚期奥罗修斯著作的译本中插入了一段斯堪的纳维亚游记，"丹麦"（dena mearc）作为地名就已出现于其中，相传其译者是阿尔弗雷德大王。在丹麦耶灵的教堂前，用以纪念老戈姆和哈拉尔德的石碑上也刻有"丹麦"（tanmark）的字样，以称呼这个不久前实现统一的国家。早在700年前后，传教士威利勃罗（Willibrord）第一次踏上丹麦的土地，成效甚微。在虔诚者路易的时代，丹麦国王哈拉尔德·克拉克（Harald Klak）在莱茵河畔的因格尔海姆接受了洗礼，然而也并未对丹麦有所影响。随后，传教士安士嘉在里本（Ripen）和石勒苏益格创建了教会，其命运并不为后世所知。然而到奥托大帝在位之时，这里与汉堡－不来梅都主教区里的奥胡斯（Aarhus）一并成为丹麦的第一批主教区。自基督教传入丹麦以来，王国与教会互相扶持。也许正是如此，国王克努特四世（Knut Ⅳ）之死（1086年）被视为殉道，在死后他被封为圣徒。他的前任斯文二世（Sven Estridsen）出现在不来梅的亚当的编年史中；亚当对国王着墨颇多，然而不少是奇闻逸事，其可靠性难以确定。终究，丹麦逐渐摆脱没有文字记载的时代，不再仅仅留下石碑上的刻字。1100年左右，国王埃里克一世（Erich Ⅰ）设立了隆德（Lund）大主教区，负责整个斯堪的纳维亚半岛，这里因此从汉堡教省中独立出来。这对后者来说却是不小的打击，因为那里的都主教曾幻想建立统领整个北方的宗主教辖区。在12世纪初期的王位之争后，形势逐渐稳定。瓦尔德马大王（Waldemar der Große，1153—1182年在位）与罗马教廷建立了紧密联系，率领军队首次向波罗的海西部扩张，并与狮子亨利形成竞争之势。其子瓦尔德马二世（1202—1241年在位）趁德意志王位之争之乱入侵德意志，占领了荷尔斯泰因和吕贝克，然而在1227年博尔恩赫费德（Bornhöved）战役后不得不归还所获，尽管德意志皇帝腓特烈二世已经放弃这块土地。1200年前后，在丹麦诞生了第一位重要的史学家萨克索·格拉玛提库斯（Saxo Grammaticus），他搜集整理了大量的萨迦传说。

克努特大帝的北海帝国在11世纪早期向英格兰和挪威扩张，然后劲不足。当克努特击败小奥拉夫时，后者和奥拉夫·特里格瓦松（Olaf Tryggvason）已经统一了英格兰和挪威，并将基督教传入。小奥拉夫在收复挪威时战死沙场（1030年），因此被视为殉道者和民族圣徒。在克努特死后，挪威王国宣告建立，尽管那时有多位国王共同执政。哈拉尔德·哈德拉达身为其一，他在坐上王位前曾为君士坦丁堡的拜占庭皇帝效力。直到1152—1153年，挪威才拥有独立的大主教区，其首府为特隆赫姆（Drontheim）。自此以后，挪威的历史也如拨云见日，逐渐明朗。

不列颠诸岛在教会改革和教宗分立的时代也发生了巨变。这里曾是维京人最常光顾并烧杀抢掠的地方，如今的政治局势也趋于稳定。历史回溯到盎格鲁–撒克逊的最后一代国王，他们无力抵抗丹麦人的入侵，只得屈从于丹麦国王"八字胡"斯文（Sven Gabelbart）的统治。斯文（英语作Sweyn）是"蓝牙"哈拉尔德之子、克努特大帝之父，他于1011年将自己的旗帜插在了坎特伯雷，迫使那里的人们缴纳"丹麦金"（Danegeld）作为赋税。两年后，斯文将当时的英王"无准备者"埃塞尔雷德（Aethelred the Unready）赶出国境，取而代之自立为王，因此成为第一位登上英王宝座的"诺曼人"。坎特伯雷大主教艾尔夫赫亚（Aelfheah）被俘后由于拒绝缴纳赎金，受尽丹麦士兵奚落，"出于同情"而被砍死。英王埃塞尔雷德之子爱德华流亡至诺曼底公爵的宫廷。斯文之子克努特继续在英国推行酷政，不久后（1019年）亦成为丹麦和挪威的国王。在克努特死后（1035年），他治下的三王国爆发动乱，在此按下不表。

这一局势使埃塞尔雷德之子忏悔者爱德华（Edward der Bekenner）从诺曼底归来，并成功夺回英王的宝座，然而其统治一直遭到境内诸伯爵的威胁。哈罗德·葛温森（Harold Godwinson）便是其中之一，他在爱德华死后（1066年）登上王座。但他遭到诺曼底公爵威廉强有力的挑战，后者相传是爱德华所指定的王位继承者。他精心策划战争和侵略，并最终付诸实践。哈罗德在不久前刚刚打退挪威国王哈拉尔德·哈德拉达的进犯，然而在黑斯廷斯（Hastings）战役中，威廉击溃英军并杀死了哈罗德·葛温森。巴约（Bayeux）的织毯为我们呈现了这个故事，甚至可以作为翔实而贴近事件的史料来使用。这幅织毯诞生于坎特伯雷，很可能是献给征服者威廉同母异父的兄弟、巴约主教厄德。它在当时也是件独一无二的图像档案珍品，不仅呈现了战船、武器、装备，也描绘了作战方式、掠夺场面以及其他一些细节，还包括1066年出现在天空中的哈雷彗星，被人们解读为凶年或吉年之兆。

征服者威廉的国王身份很快得到认可，他于1066年至1087年在位，成功地将海峡两岸的两个"民族王国"组织在一起，这也意味着不列颠岛的秩序习俗不得不发生改变。盎格鲁-撒克逊的统治精英完全丧失了权力，取而代之的是诺曼贵族。威廉在法律上是法国国王的附庸，因此他也将欧洲大陆的封建法和其公爵领的其他规定引入英国。诺曼人向外输出的还有语言，法语成为当时英国政治和法律方面的官方用语。这套"法律法语"（Law French）一直沿用至1362年，即英法百年战争之后，英国的法庭上才允许使用英语；直到18世纪，诺曼人传统的法律用语才完全消失。国王从贝克修道院请来改革派修道院院长出任坎特伯雷大主教，这是英国最显赫的神职。第一任大主教是兰弗朗克，其继任者是安塞姆。在随后的六十年中，英国诸教区的主教职位只留给国王在诺曼底或法兰西的亲信。

威廉的儿子们相继继承王位。威廉·鲁弗斯（Wilhelm Rufus，卒于1135年）执政时，国王与教会在主教授职权问题上发生冲突；其弟儒雅者亨利（Heinrich Beauclerc）在位时屈从于坎特伯雷大主教安塞姆的压力，放弃了国王的一些权利。"儒雅者"这一绰号源自亨利的文学修养，他曾毫不客气地当面对他那目不识丁的父亲征服者威廉说："一位不识字的国王不过是一头戴着王冠的驴子而已。"相较而言，亨利比之他的父亲和哥哥更加称职，然而不幸也在他身上降临，他的独子[10]与"白殿"号（Nef Blanche）一同沉没，溺水而亡。① 这一悲剧之影响绵延数世纪之久，它不仅当即引发王位之争，动摇了统治，还导致日后英国落入另一位法国领主之手，而后者建立的金雀花王朝最终带来英法百年战争。亨利的继任者是其外甥斯蒂芬，然而他也死后无子嗣。于是他的对手金雀花王朝的亨

---

① 1120年11月25日，英国威廉王子与三百名贵族子弟登上"白殿"号，因船员醉酒无法有效操纵船只，"白殿"号触礁失事，打捞无果。

利登上了王位。亨利是安茹伯爵，其母是德意志皇帝亨利五世遗孀马蒂尔达（Mathilde）皇后，其父是安茹伯爵若弗鲁瓦五世（Geoffroy V）。在此时，凯尔特-威尔士文化中的亚瑟王传奇穿越了海峡，对欧陆的史诗创作产生深远影响。统治与文化常常紧密结合在一起，但它们的预设并不相同，如今现实中的战败者反而用文学战胜了征服者。

诺曼底和安茹贵族在海峡两岸所创立的制度，既继承了盎格鲁-撒克逊遗产，又融入了诺曼及法国的革新元素，在当时而言颇为现代。国王及公爵力量强大；除此之外，它还以高效的财政、赋税管理系统和中央集权的司法制度而著称，两者在国王缺席的时候仍然能有效运转。在这个国家，国王缺席也是常态，因为他需要轮流在英国或欧洲大陆停驻。事实上自诺曼征服以来，王权就在制度设计上充分考虑了国王经常且长期缺席的问题，即当国王缺席时，要以特定的手段体现出国王形式上的在场。由此，历史上第一个抽象的国家政权形象诞生了，这一形象即王权的法律人格（Rechtsperson）。

值得一提的还有征服者威廉下令编撰的《末日审判书》（*Domesday Book*）和《财税书》（*Exchequer*）。两部档案就当时而言独一无二。《末日审判书》之名第一次出现在伊利的理查德·菲兹尼尔（Richard FitzNigel von Ely）1179年所著的《财政署对话录》中。作者发现这部作于1086年的《审判书》的词句与"末日审判"中的判决词如出一辙。它记录了威廉治下的每一处郡县与自治市镇，统计其人口、面积、国王和诸侯的财产、庄园（海德［hide］地块）数量、（八头牛的）重犁数量，以及其余诸如磨坊和森林的资产，并分别记录了忏悔者爱德华在位时（1066年）和当下（1086年）的税收状况，不过这些数据并不完整且颇有疏漏。《末日审判书》的资料建立在系统的土地调查之上，这份区域勘察记录不仅反映出高度的理性主义，也为日后的国家治理开辟了路径。过去它一直保存于英国财政署（Schatz），今天则保存在伦敦的国家公共档案馆。

伊利的理查德·菲兹尼尔论述财政管理的传世经典《财政署对话录》，拉丁文原名为"方格桌对话录"（*Dialogus de Scaccario*），其名源于一种画有方格的桌板，可以在上面进行收支结算。其成书于《末日审判书》诞生后的一百年，不过其研究对象"财政署"可以追溯到亨利一世统治时期。这部著作论述了赋税的征收与管理，记录了财政工作的技术细节与原则。引人瞩目的是，它还首次全面确立了对高利贷的限制，对公共利息与私人利息做出区分，这表明当时存在隐蔽的付利息的借贷行为。作者也十分重视书面记载的价值，事实上从此时起，王国的财政档案逐年被整理为卷档（Pipe Roll），一直沿用至今。此外，理查德在著作开篇还提出了一个意味深长的观点："无论在战争时期还是和平年代，金钱（货币）都是不可或缺的。"他特别警告读者："谁缺少金钱这样的世俗工具，谁就会成为敌人的战利品；谁若拥有这样的世俗工具，那么敌人则沦为他的牺牲品。"这可能是西方历史上第一次如此简明扼要地描绘出金钱与政治的关系，它预示着新的时代，预示着转折与变革，理查德自己也不会料想到这一洞见的分量。他的最后一项使命是为因禁于德意志的狮心王理查筹集巨额赎金，无形中开启了一场新的灾难。它不仅使英格兰血流成河，也使斯陶芬家族遭受重创，甚至波及诺曼人的西西里王国。然而财政署却历经风雨而得以保留，成为今天的皇家财政部。

在这个时代，意大利南部发生一系列重大变革。在那里，不安分的诺曼人强势攫取了政权，尽管这并不能归因于教宗分立，但事实上教宗分立极大加快并影响了这一进程。在诺曼人于 1051 年打败了教宗利奥九世后，欧特维尔家族坦克雷德的子嗣并未收手，接连征服了诸多伯爵领与公爵领。萨莱诺、卡普阿和贝内文托的伦巴第诸侯纷纷请求外援，却无济于事。阿韦尔萨的理查（Richard von Aversa）曾是欧特维尔家族的封臣，在攻占卡普阿后，他于 1059 年向教宗尼古拉二世宣誓效忠，从而赢得政权的合法化，他也是教宗的第一位诺曼人封臣。1060 年前后，诺曼人几乎占领了整个南意大利，罗伯特·吉斯卡尔在战争中得到兄弟罗杰（Roger）的支持，尽管也伴有冲突。十二年后，巴勒莫与近乎整个西西里落入罗杰手中，他在此迅速建立了政权。与此同时，罗马教会的执事长希尔德布兰特总揽政治，次年（1073 年）他成为教宗格里高利七世，并向南方的新诸侯寻求帮助。尽管南意大利的诺曼人仍被视为暴发户，但不可否认，他们在教会改革伊始便成为教会的有力帮手，与之共同塑造了欧洲的政治与精神文化。

教宗乌尔班二世与帕斯加二世（Paschal Ⅱ）在教会分裂的威胁下也十分看重诺曼人。当伯爵罗杰一世完成对西西里的征服时，教宗即刻授予他使节特许令，任命其为教宗驻西西里岛特使，拥有相应的特权。其子罗杰（鲁杰罗）二世继承了欧特维尔家族的领地，他趁着1130年教会分裂之际，不仅恣意违背教宗意愿，还先后使对立教宗阿纳克莱特二世和教宗英诺森二世（1139年）承认西西里升级为王国。罗杰二世是他所在时代杰出的统治者，尤其在内政上极具智慧。他团结了境内不同语言的不同民族，使拉丁天主教徒、希腊东正教徒、阿拉伯的穆斯林和犹太人生活在一起；他推行有效的财政政策，与英国的财政署制度如出一辙，两者在人员上亦有交流；他的对外政策同样野心勃勃，西西里王国凭借强大的战船一直进攻至北非，很快跻身于地中海霸主之列。罗杰二世在巴勒莫的宫廷成了学术中心，不同国家与地区的精英学者汇聚于此。这里诞生了柏拉图《美诺篇》（Meno）的第一部拉丁语译本；阿拉伯地理学家穆罕默德·伊德里西（Muhammad al-Idrisi）在此为西西里国王绘制了一幅世界地图，这也是史上第一幅依照托勒密地图复原而成的地图。拜占庭的马赛克艺术装点着巴勒莫的宫廷礼拜堂、切法卢（Cefalù）新建的主教座堂和日后诞生于蒙雷阿莱（Monreale）的独具匠心的装饰画和里程碑式的国王像。阿里亚诺（Ariano）的巡回法庭上使用了当时最为现代的法典，它以翔实的罗马法为基础，又融合了拜占庭与诺曼传统，同时，教会法、封建法、婚姻法、刑法和"公共事务"法也得以兼顾。然而，尽管西西里王国向罗马教会宣誓效忠，两者的封臣封君关系仍是松散的。对罗马教会而言，南部半岛的这一新兴势力始终是潜在的威胁。

加洛林王朝覆灭后，其后继者卡佩王朝在法国稳步崛起，不断为上天所眷顾。在欧洲，只有卡佩王室的血脉最为长久，其父系后裔先后在法国建立了瓦卢瓦王朝、波旁王朝和奥尔良王朝，欧洲其余王室则由于不断的王朝更迭和王位之争而在历史中消散。法王腓力一世（卒于1108年）于1107年与教宗签订了和平协定，继任者路易六世首次拓展了王室领地，将贝里（Berry）与韦克桑（Vexin）纳入其中，并巩固了王权的内政统治。与德意志的萨利安王室不同，法国王室可以将无主领地归公，因为法王即境内最高领主，没有其他人有权占领无主的领地；法王也无须履行诸如意大利征服这样开销高昂的军事义务。王室领地由可任免的行政官负责管理，而不是交由可继承封地的封建诸侯。新获得的土地通常暂时交给王室的年轻支系后裔，只是暂时脱离中央王权的掌管，而非永久流失。中央的王室法庭越发举足轻重。巴黎成为真正的首都，王室所有的中央机构都坐落于此，尤以财政和司法为重。各种力量在这里交织汇聚。塞纳河畔的大学借着王室的影响力而蓬勃发展；法国教会也颇具势力，然而它对王室的影响只限于教会法规范下的道德教化，诸如干涉王室的婚姻，而不能在政治军事上对其施压。

法国人很早就产生了一种独特的爱国主义思想。12世纪上半叶的《罗兰之歌》便已讲出"亲爱的法兰西"（La douce France）。当1124年英王亨利一世与德意志皇帝亨利五世威胁向法国进攻时，法国的封建诸侯联合起来，团结在法王身边，共同保卫国家。它标志着共同体意识的第一次觉醒，这种意识在未来的法国不断增长，在欧洲更是独树一帜。这一思潮与神圣化的王权相融合，在随后的一个半世纪中将法国君主塑造为"最虔诚的统治者"，给王权平添了一道独特的光晕。1124年，法国的红色"方形王旗"（Oriflamme）首次在圣德尼修道院教堂的祭坛上升起。它既是王朝的战旗，相传曾被查理大帝使用；也象征着国王从圣德尼（St Dionysius）[①]手中接过王国的土地。直至15世纪，它仍是王国最为重要的权力象征。最终在1415年的阿金库尔（Azincourt）战役，百年战争最后一场重要战役中，这面旗帜才丧失其意义。

圣德尼修道院还是法国王室的纪念地，几乎所有法王均葬于此，这里还保存着圣膏油。兰斯大主教汉克马在9世纪讲述了圣膏油的来历。相传它由从天而至的鸽子衔来，用于克洛维一世洗礼时的涂油礼。至12世纪，所有法王都在此接受天国之油。1824年，最后一位在此接受圣油的君主是波旁复辟国王、极端保守主义者查理十世。据说，盛有膏油的器皿在大

[①] 圣德尼活跃于3世纪，曾担任巴黎主教。公元250年前后，他在罗马皇帝德西乌斯迫害基督教时殉教。他是巴黎和法国的守护圣徒。

革命时已经被打碎，然而人们仍神奇地在器皿的残片上找到了最后一滴圣油。方形王旗、查理大帝、圣膏油与国王能治愈结核病的双手，共同组成独一无二的神圣群体。到 13 世纪，头顶的涂油礼在法国演变为国王独享的特权，尽管自教宗英诺森三世起，教会认为这项仪式只适用于主教。此外，法王还规定，在加冕礼上国王享有领食圣饼和圣血的优先权，这同样也与习俗相悖：12 世纪以来只有神职人员才能领盛圣血的圣杯。最后，国王自身也追求神圣化，被教会封为圣徒的圣路易（路易九世）便是其代表。法兰西君主因此孕育了名副其实的"王室宗教"，其在意识形态与宗教仪式方面具有独特个性，在欧洲没有第二个王室能够相匹。

同一时代的神圣罗马帝国则没有诞生对家乡的归属感，其统治者曾经也是"被涂油的君主"，但皇帝的神圣性长久以来遭受质疑。帝国不乏珍贵且充满象征意义的统治信物，例如帝国十字和圣矛；然而没有诸侯簇拥在皇帝左右。当奥托大帝攻打匈牙利人而陷入困境之际，他高举圣矛却无人响应。帝国境内的萨克森、法兰克尼亚和巴伐利亚形成了各自的族群认同，他们意识到彼此有别，而非共同属于统一的"德意志精神"。在拥有自己的法律与领地之外，这些部族没有任何中央机构，没有"部族议会"，没有"部族公国"，尽管确实存在巴伐利亚公爵或萨克森公爵这样的头衔。这里封地林立，互相竞争的诸侯贵族割据地方，阻碍了帝国自身的发展。在这里只有德意志国王或皇帝维系着境内邦国的统一，然而一旦出现亨利四世时期那样的王权坍塌，那么剩下的只有越发松散的封建关系和被主教授职权之争所威胁的帝国教会。

亨利五世（卒于 1125 年）重新把目标瞄准意大利。他寄希望于夺取托斯卡纳伯爵夫人马蒂尔德丰厚的土地遗产，以再次向意大利宣告德意志王国的主权。亨利五世对教宗帕斯加二世态度强硬，迫使其在主教授职权之争上对王权妥协，然而这反而为亨利招致了德意志诸侯与教会势力的更多反对，无益于他的意大利征服和国际地位。人们越发厌倦主教授职权之争，甚至是帕斯加二世也一度在贫穷理想的影响下做出让步，于 1111 年表示将放弃帝国转托给帝国教会的特权（Regalien）①。然而，这一决议激

---

① 帝国对帝国教会的特权包括获得神职空缺教区领地收入的权利和征收合理赋税的权利。

起了德意志主教的强烈反对而未能兑现,因为主教们不愿放弃已有的世俗权力和不断扩大的诸侯领地。其后,亨利五世于1119年推举出另一位对立教宗,直到三年后,这一争端才通过《沃尔姆斯宗教协定》得以正式解决。协定一方面保障了神职人员选举主教的自由,另一方面确认了国王在为主教授职时保留王室特权。在德意志,国王在主教授职前赐予主教象征统治的权杖;在意大利和勃艮第,主教将在授职后的六个月内获得权杖。正如塞缪尔·冯·普芬道夫(Samuel von Pufendorf)所言,帝国教会由此发展为"帝国的畸胎"(Monstrum des Reiches);它们是由宗教贵族统治的世俗诸侯领,尽管能存在数世纪之久,却没有真正的统治能力,这条道路已经一发不可收拾。

在阿尔卑斯山的另一侧,马蒂尔德伯爵夫人(卒于1115年)的领地遗产仍极具吸引力。事实上,萨利安皇帝亨利五世已成功劝说他的表姑将遗产交由他继承;然而马蒂尔德,这位康拉德家族最后一代的继承人,又多次表示愿意将遗产赠予罗马教宗。如此来来回回招致严重的纷争,而教宗分立又加重了火药味。主教授职权之争才临近尾声,教权与皇权间又重燃战火,这一局面持续了数世纪之久。在马蒂尔德的遗产刚刚理清之时,12世纪末又出现了"(西西里)王国并入帝国"(Unio regni cum imperio)的新问题,(霍亨)斯陶芬王朝统治的西西里王国与德意志帝国的统一成为罗马教会的致命威胁,这一争端直至斯陶芬家族绝嗣后仍无法平息;教会对德意志皇帝选举最终确认权的诉求摧毁了双方的和平。这一问题随着1356年《黄金诏书》的颁布而告终,即神圣罗马帝国皇帝由七位选帝侯选举产生。然而紧随其后的是1378年至1417年的天主教会大分裂,帝国又陷入动荡与不安。大分裂告终后,宗教改革又兴起,为德意志带来信仰的割裂和不断的内战。皇权与教权在德意志从来未能和平与共,俾斯麦曾在演说中针对教宗挑衅道:"我们不会去卡诺莎,肉体和灵魂都不会去!"这一言论能引起广泛的共鸣也不足为奇,它乃是这个民族深受政教相争之苦的一种象征。

十字军的影响

欧洲西部的紧张局势也影响了东部的"法兰克人"。教宗乌尔班二世曾经缔造的齐心协力之局面已被随后的教会分裂摧毁。国王之间互相树敌,然而又没有一个国王能独立组织十字军,他们都需要其他力量的帮助。圣地的十字军国家指望不上欧洲长久的支援,随十字军远征而驻扎在那里的拉丁将士逐渐适应了当地的环境。人们在叙利亚与巴勒斯坦还能看到短期收益。然而困难也随之而来,由欧洲运来的补给无法满足十字军的需要,从海港向耶路撒冷或其他圣地进发的路途上充满危险与不安,十字军队伍遇到袭击而无力抵御,这些困难使骑士团应运而生。其中,影响深远且大获成功的是法国贵族雨果·德·帕扬(Hugo von Payens)创立的圣殿骑士团。1118年起,他与其他几名骑士一起保护朝圣者在路途上以及在圣地的安全。他们的生活与僧侣相似,并向耶路撒冷宗主教宣誓恪守清贫、贞洁和服从的戒律,同时也投身于与异教徒和基督教敌人的战争。这个小型团体以耶路撒冷圣殿山的一角作为根据地,并因此得名,其住所紧邻阿克萨清真寺(al-Aqsa-Moschee)。时至今日,那里仍保存着骑士团的建筑遗址。

将修道与骑士相统一的行为在当时看来极失体统,然而它得到雨果的亲戚、明谷的贝尔纳的支持。贝尔纳撰写了纲领性的《新骑士颂》(De laude nove militie)一文,为这种有违过去伦理的新型生活方式提供了合法性。他写道,骑士团不是为荣誉而战,而是为基督而战;他们不说多余的话,不做无用的事,不发出无节制的笑声;他们鄙视狩猎与捕鸟,而这些正是他们同阶层的人兴趣之所在;他们不去听英雄之歌,不沉迷于下流的音乐,他们剃掉自己的头发。"他们内在的生活是信仰,外在的是铁剑";"他们所想的是战斗,而非排场,心念胜利,而非名誉";"他们英勇冲锋,仿佛对手只是绵羊,他们在人数上势单力薄,却不畏惧凶残的对手和庞大的敌军";"他们不寄希望于一己之力,而是倚仗万军之主(Sebaot)的力量";"这在我们眼中难道不是天主的功业与神迹吗?"事实上这就一个奇迹,它使不可能之事成为可能,这个不寻常的团体实现了贵族阶层与神圣贫困、服侍天主与骑士生活的统一。贝尔纳的赞颂说服了教宗,教会认可了这个新兴修会、历史上第一个骑士团,并给予他们特权。由此骑士团获得空前成功。法国、英国的高级贵族和骑士阶层子嗣纷纷加入,德意志次之。圣殿骑士团的队伍在各地壮大,他们获得了地产和收入,在巴黎甚至获得了一座"圣殿"。1791年,路易十六与他好享乐的王后玛丽·安托瓦内特(Marie Antoinette)在被送上断头台前曾拘禁于这幢昏暗的建筑中。圣殿骑士团在柏林的驻地滕珀尔霍夫(Tempelhof,直译为"圣殿宫")日后成为军用机场,曾使敌人(苏联)的柏林封锁计划落空。

医院骑士团(圣约翰骑士团)是以圣殿骑士团为榜样而创立的第二个骑士团,12世纪末又出现了条顿骑士团。西班牙和葡萄牙也产生了自己的骑士团,例如圣地亚哥骑士团、卡拉特拉瓦骑士团和日后的基督骑士团,后者是14世纪圣殿骑士团在葡萄牙的延续。骑士团在欧洲各地广泛流行,与此相应的还有不断壮大的雇佣军队伍,它们同样是从贵族非长子嗣和日益落魄的骑士阶层中招募士兵。尽管雇佣军制度很快遭到抵制与反对,然而他们仍是富有战斗力的力量。

十字军中仍然分歧不断,人与人间不能互相帮助。当1144年埃德萨伯国[①]失守后,教宗尤金三世号召发起新一轮的十字军东征(1147—1149年)。被同代人称作"天主预言者"的明谷的圣贝尔纳为十字军呐喊:"罪人们,救赎的时候到了,天主将赦免罪恶,带来永恒的荣光。这些人,你们有福了,你们将获得完全的拯救,迎来真正的大赦之年。勇敢的骑士,你是战争的英雄,你将要出征一场没有危险的复仇之战,胜利意味着无上荣光,死亡亦是受福无穷。"贝尔纳所传达的是,如果谁是个精明的商人,他就应当投身十字军,他的投入是极少的,而他收获的将是天国的至福。人们纷纷响应号召,这商人的图景极为诱人,仿佛是获利的缩影。[11]社会的变革越发明显,已无须用语言来描述。

在获得若干外交保证后,法王路易七世为十字军做好了准备。德意志

[①] 埃德萨伯国是第一次十字军东征所建立的四个十字军国家之一,主要领土位于今土耳其境内,临近叙利亚边境。

国王康拉德三世则在犹豫。贝尔纳为此以基督的口吻做了一次布道:"人啊,我还能为你做什么?我还有什么没有为你做?"在这篇布道词和公众舆论的压力下,康拉德也将十字别在了肩上。这两支重装部队即刻向东方启程,德意志队伍在前开路,法国人在几周后紧随其后。他们沿着同样的路线,从匈牙利到君士坦丁堡,在穿越小亚细亚时遭遇惨败,只有极少的人最终抵达圣地。经历过第一次十字军的到来后,拜占庭不再像此前那样欢迎这支来自西方的队伍,十字军在此既找不到可靠的向导,也无法获得充足的粮草。确实,试想两批大军沿着相同的路线行进,洗劫相同的集市,拜占庭还能怎么办?小亚细亚的情况更糟,这片土地上"石头遍布而粮食稀少",饥饿的队伍毫无战斗力。直到最后一刻,拜占庭皇帝才派来他的舰队营救国王,病重的康拉德返回了君士坦丁堡,皇后贝尔塔-伊琳娜(Bertha-Irene)是他的养女因而能照顾他。圣贝尔纳在回顾这次十字军时解释道,十字军将士在途中犯下过多恶行以致招来灾难,有损于其功业,它本是天主所喜的。这套说法再熟悉不过,教宗利奥九世在败给诺曼人之际也如是说。然而,贝尔纳的战争热情并未消退,这位修士继续不遗余力地宣传十字军。小规模的队伍仍不断向圣地进发,他们好战却经验不足。很快他们发现"法兰克人"并不欢迎他们,而是为他们忧惧,因为后者已切身体会到圣地的谎言。

十字军的惨败之后接踵而至的是另一场人类悲剧,世界历史的进程也随之而改变。法王路易七世并非只是英勇善战的十字军将领,毋宁说是博学多才的学者;他与王后普瓦捷的埃莉诺(Eleonore von Poitou)陷入冲突,他将为此悔恨不已。生性风流的年轻王后吸引了大批爱慕者,包括她的叔叔、骁勇善战的安条克的雷蒙德(Raimund von Antiochien),两人在婚内的私通最终使埃莉诺与路易的婚姻宣告破裂。尽管在路易从圣地回程后,教宗尤金三世在其间努力调解,也无济于事。然而不久后令路易更为震惊的消息来自安茹的亨利(亨利二世),法王最强大的封臣;亨利在迎娶前王后埃莉诺后将会继承其庞大的家产,包括普瓦捷伯爵领、阿基坦公爵领及其首府波尔多。随后,亨利还用继承手段和若干战争赢得了英格兰王位。由此一个北起苏格兰南至比利牛斯山脉的国家形成了,它距巴黎只有数英里之远，对法国而言是致命的威胁，其影响一直延续到百年战争之后。为了应对危急的局势，法国必须将它的力量团结起来，巩固王权。在其境内，波尔多在数世纪中是英王的王宫驻地。亨利二世还征服了爱尔兰，自此爱尔兰纳入罗马教会的控制之下。①

对德意志而言，第二次十字军东征如潘多拉的魔盒般开启了一连串事件。在巴伐利亚与施瓦本拥有众多领地的韦尔夫六世曾经在十字军远征中将自己的帐篷移至主营地之外，随即遭到穆斯林的进攻包围而险些丧命，幸而他的外甥施瓦本的腓特烈（后因南征意大利而得名"红胡子"）出手相救，韦尔夫自此对他的救命恩人感激不已。1152年，韦尔夫在德意志王位选举中决定性地站在红胡子腓特烈的阵营，使他战胜了德王康拉德三世的儿子腓特烈而当选国王。其后在1175年，没有子嗣的韦尔夫在去世前将自己的丰厚遗产赠予红胡子腓特烈，而不是与他在血缘上最亲近的狮子亨利。这两项决定对德国历史乃至欧洲历史影响深远。

不仅是罗马–德意志国王和其诸侯的命运由此改变，德意志帝国与拜占庭的关系自此也暗藏猜忌，拜占庭对斯陶芬王朝的敌意一发不可收。康拉德三世曾与拜占庭皇帝曼努埃尔·科穆宁（Manuel Komnenos）签订友好协约，以联手对抗共同的对手、南意大利的诺曼人。这一协定还通过1145年拜占庭皇帝与康拉德的养女贝尔塔–伊琳娜的婚姻加以巩固；贝尔塔正是在君士坦丁堡接受了"伊琳娜"这个名字，意为"和平"。然而这一协约并未奏效，尤其是在第二次十字军东征期间，这位西方的国王（康拉德并未获封罗马皇帝，然而在对拜占庭的外交中他一直称自己为皇帝）率领大军到达君士坦丁堡并试图穿越小亚细亚时遭到重创。被塞尔柱人击败而丧气的康拉德在君士坦丁堡军营的病床上重新修订了和平协定，他不再为迎战西西里的罗杰二世做准备了，尽管诺曼人此时正威胁着君士坦丁堡。数年后（1152年），康拉德去世，一切约定失去其效力，东西方皇帝间的紧张关系重新恶化。腓特烈·巴巴罗萨是康拉德三世的侄子，他取代了康拉德的次子、伊琳娜的弟弟而登上王位。腓特烈与康拉德的政

---

① 1155年英格兰籍教宗哈德良四世在一份文件中把爱尔兰赠予亨利二世，这份文件后来被认为无效。这很可能是亨利的政治阴谋，从此以后爱尔兰的命运就与英格兰紧紧相连。

治目标截然不同，不久后他便与曼努埃尔公开为敌。腓特烈唯一继承康拉德的一点是在国王头衔中添加"奥古斯都"（皇帝）的称号，这是康拉德的首创。它宣告德意志国王等同于德意志皇帝，由此德皇既与拜占庭的皇帝（Basileus）①对等，又可以同教宗形成分庭抗礼之势，因为只有教宗才能加冕国王为皇帝。由此，第二次十字军东征可谓为东西方种下了灾难的种子。

发生在东方的这一系列事件在文化上对西方有何影响呢？当然不仅是东西方贸易的显著增长，商品的流入和输出，还有新的知识也随之涌入，涉及生产、贸易、沟通、语言、陌生的国家与社会等方方面面。教会改革及其相关举措引发了一次学术突破，将拉丁西方以一种前所未有的方式带入了科学殿堂；十字军东征又使这一进程不断深化和拓展，拉近了君士坦丁堡乃至东方与拉丁欧洲的距离，使欧洲人睁开双眼看到他们狭小本土视野之外的世界。圣地的情况也是如此。在收复耶路撒冷之时，冲锋队和探险团便开始考察这片远至红海的土地。他们所获得的信息也许并未引人瞩目，谁又会去关心一片尚未占领的土地呢？然而，他们的探索发现以及整理记述的经验得以传承下来，为后人提供了宝贵的信息和指导。知识是永恒的，西方的知识世界得以在一个新的基础上建立，它的理性主义（Rationalismus）受到了挑战，却在与拜占庭和东方的直接接触中得到进一步发展。它唤起了人们的求知欲。人们开始致力于探求知识的根本，积累经验和实验，不再满足于假说性的结论。诚然，一些对土地与居民的观察只是流于表面：人们看到了椰枣与贝都因人②，发现了死海的海水确实是苦的，而红海的海水并非红色，种种传说如今近在眼前。然而，重要的并不是这些令人愉悦的发现、探险家最初的惊奇、水果的甜蜜滋味，而是人们对新事物的态度与探究欲，人们在震惊之后而开始对经验证据着迷，进而将好奇转化为行动与实践。

事实上在圣地，拉丁世界的基督徒们不断增长见闻，认识学习，在这

---

① "巴赛勒斯"是希腊语"君主"一词的音译。公元629年，皇帝希拉克略决定使用"巴赛勒斯"作为东罗马帝国皇帝的称号，以取代旧的拉丁语称号"奥古斯都"。
② 贝都因人是以氏族部落为基本单位、在沙漠旷野过游牧生活的阿拉伯人。

段旅途中了解了诸多从前陌生奇异的事物。这些与他们关于"萨拉森人"的刻板印象相左,例如,穆斯林向安拉祷告时并没有表现出过度的低顺,信徒的额头上也没有泥土做标记。欧洲西部因光复运动接触一神教的伊斯兰世界,欧洲东部则在十字军的推动下开始与穆斯林交流,这使人们逐渐以相对的眼光看待各自的信仰,而非用刻板印象衡量世界。早在 12 世纪,西方世界对十字军的批评便初现端倪,最初的声音还带着犹豫,号召人们宽恕、容忍伊斯兰世界,然而还没有到完全认可、接受他者的程度;随后,这些讲道者与教会渐行渐远,逐渐面临被视为异端的危险。

西班牙的传教使团甚为活跃,成效显著。克吕尼修道院在那里有丰厚的地产,其中一些地方居住着穆斯林。克吕尼修道院院长尊者彼得(Petrus Venerabilis)不仅仅满足于强迫异教徒皈依,而是希望能更深入了解他们原有的宗教,形成系统性认识。由此,《古兰经》的第一部拉丁文译本在这里诞生了,此外还有穆罕默德的生平传记。对伊斯兰世界的翔实介绍自此在欧洲传播开来,不过其中很快就掺杂了人们所热衷的传奇与诽谤。来自各地的知识互相补充,人们开始重新反思异教徒、他们的习俗和他们的宗教。

新的学术

拜占庭也带给西方的学者以前所未有的强烈冲击,来到东方的西方使团无不被希腊正教中古老的神学争论所吸引,其中包括著名的"和子说",即圣灵不仅源于"圣父",且同时源于"圣子"。跨文化的学术争论拓展了双方的知识视野,方法论不断完善,西方世界也借助拜占庭和阿拉伯人的工作接触到古希腊文本,在此前这是一片近乎未知的世界。欧洲人无法预想到他们收获的是什么,事实上这是一笔无价的财富。人们发现了亚里士多德,它动摇了在西方统治已久的新柏拉图主义的世界图景,指向了一种全新的秩序。

以下案例足以说明亚里士多德的影响是如何产生与发展的。亚里士多德在《范畴篇》里指出,针对实质是否是相对的这一困难问题,人们在思考时务必不断怀疑和验证，因为"怀疑特定的事情总会有其用处"。在 11 世纪中叶，沃尔姆斯与维尔茨堡的主教座堂学者就这一问题争论了一年之久，随后，前者以其熟练的修辞学技巧将亚里士多德的观点总结为"在怀疑中验证"，并以此教导美因茨主教座堂的学者如何做出决断。显然，他们脱离了原有的语境，也误解了这一观点。[12] 阿贝拉尔（卒于 1142 年）的理解则截然不同。在亚里士多德的基础上，阿贝拉尔认为怀疑是认识的原则之一："有怀疑而后才有审问，有审问而后才可求得真理。"[13] 遵循此种方法，基督教教父著作中那些明显的矛盾才能得到合理的解释。

阿贝拉尔的怀疑与审问无处不在，其论题包括三位一体、基督徒对犹太人的偏见乃至他自己的人生。他的目标不仅在于论证，更在于形成一套方法论上的基本原则，即方法论上的怀疑和系统性的"质询之法"（via inquisitionis），这是 13 世纪的人们赋予它的称呼。[14] 这一原则既扎根于西方的学术传统内，亦对孕育它的文化影响深远。然而这也意味着将一把斧子架于纯粹信仰的根基上。阿贝拉尔在《论辩证学》中激进地写道，"一切对真伪的分别都处于辩证学的框架内，辩证学是一切哲学的出发点"；"辩证学是关于一切学科的学科，它指导人们如何教授、如何学习，理性在辩证学中展示自己，告诉人们它是何物，它欲求何物。辩证学揭示了知识"。[15] 这种对理性的尊奉为阿贝拉尔的神学与认识论奠定了基石。天主理性地创造了世界，人类是所有造物的王冠，因此天主也让人类部分地拥有理性；由此人类便可以理性地认识天主，认识到他是"万物的本质""世界的灵魂""至高的善"。西塞罗、柏拉图、所罗门和保罗分别是希腊罗马异教徒、犹太人和基督徒中的智者，在阿贝拉尔的神学中，他们共同证明了只存在唯一天主这一哲学认识。

在 1120—1130 年或者再晚一些时候，欧洲人接触到了亚里士多德《工具论》①内容丰富的第二部分，包括《前分析篇》《后分析篇》《论题篇》和《辩谬篇》，以及其中的三段论法、论证法和谬误辨析；它们或许经由十字军与拜占庭的深入接触而传入，首次由希腊语翻译为拉丁语。其

---

① 《工具论》是后人对亚里士多德的六篇逻辑著作的统称，包括《范畴篇》《解释篇》《前分析篇》《后分析篇》《论题篇》和《辩谬篇》。

译者是在君士坦丁堡任职的威尼斯的雅各布，可能这些翻译并非由他一人完成。亚里士多德的"新逻辑"（Logica nova）[①]最先被法兰西岛的学校所接受，随后传至巴黎与沙特尔，自此这一新的哲学方法迅速传播开来，在阿贝拉尔所耕耘的土壤上茁壮成长。阿贝拉尔的宿敌圣贝尔纳抱怨道，连大街上也处处是关于阿贝拉尔三位一体论的探讨。[16]贝尔纳曾试图在宗教会议的审判上遏制这位布列塔尼学者（阿贝拉尔）理性神学的影响，然而未能奏效。地理上的扩张结出了精神上的丰硕果实。中世纪漫长的行军与由此产生的深受亚里士多德影响的西方思想，在此时更进一步。在随后的12、13世纪，亚里士多德的物理学、心理学、政治学等全部著作以及它们的阿拉伯语评注一起涌入了西方世界的知识文化中。犹太、古希腊、阿拉伯和拉丁文化在这里互相交融，合为一体。

阿贝拉尔不仅是逻辑学家，也致力于神学和道德哲学，他的意向伦理学更是开辟了全新道路。阿贝拉尔认为，在道德的意义上，重要的不是犯罪的人实际做了什么，而是他犯罪的意向，也就是罪恶的"固有属性"。人们自觉地根据自身的理性运用自由意志（liberum arbitrium），因此，罪首要是恶行的意向，而不是罪行本身。即使是将耶稣钉上十字架的犹太人也并非有罪，因为他们相信自己的信仰是好的，因而他们不是天主的谋杀者。自由的、依照个人判断的意志可以成为个人生活实践之基础，意志行动（Willensbetätigung）要为自身负责，然而也完全可以修正。[17]任何人的自由意志都无法被剥夺，无论他是农奴还是侍女，这是论证人类自由的关键性一步，是西方文化中无可代替的一个标志，尽管在阿贝拉尔的时代自由还是遥不可及。阿贝拉尔最成熟的一部著作是《哲学家、犹太人和基督徒之间的对话》，它与基督教传统的反犹宣传背道而驰。在书中，他拒绝接受任何官方的或个人的反犹决定，而是在哲学家的质问下，促成两种宗教的互补与统一。然而，这更像是对历史的残酷讽刺。大约在同一时代，在12世纪中叶，英国人蒙茅斯的托马斯（Thomas von Monmouth）

---

① 在中世纪早期，拉丁世界仅知道由波埃修斯翻译的《范畴篇》和《解释篇》以及波菲利（Porphyry）创作的《导论》，合为"旧逻辑"（Logica vetus），是中世纪早期学校的标准逻辑教程。

第一次记载了对犹太人的"血诬"（Blood libel），称犹太人把一名基督徒少年诺里克的威廉杀死，用于逾越节与复活节的祭祀，这一诽谤在中世纪晚期不断出现。[18] 基督徒的嫉妒、对异族的仇恨与恐惧交织在一起，酿成了致命的后果。

与之相反，阿贝拉尔十分赞赏犹太人，欣赏他们的哲学与科学。事实上在此时，12世纪，卡巴拉思想①开始出现在普罗旺斯、郎格多克以及加泰罗尼亚的中心赫罗纳，在犹太人社区的拉比中间流传。游历甚广的图德拉的本雅明在1160—1170年对此有所记载。这种"神智学"（theosophisch）②意义上的、与亚里士多德思潮相左的神秘主义，不仅滋养了犹太人，也惠及整个欧洲的思想史。人们对它的态度有时充分肯定，有时有所保留，有时又抗拒排斥；在争论中人们发现它变成了挑战。不计现代的思想流派，卡巴拉思想在1300年前后十年间发展到其顶峰，并在中世纪晚期和近代早期持续繁荣。直到文艺复兴，卡巴拉学说仍具有生命力，例如，天主神性在人类精神中发散，可数的、实存的层级（Seinsstufen）通往"地下"世界。然而这些学说早就影响到基督教的思想家。此外，犹太文化经由西班牙和加泰罗尼亚传入阿基坦与法国，欧洲的文学与诗歌也从中汲取了新的灵感，法国南方的吟游诗人（Troubadoure）与北方的诗人（Trouver）的爱情诗均受其影响。[19] "我伟大的亚伯拉罕 / 我心爱的人 / 我想要你来看我 / 在那夜晚……"

阿贝拉尔并未直接转向卡巴拉思想，但他清晰地感受到犹太教哲学和精神思想的重要意义，基督教不应对此无动于衷；在此之前，也许只有欧塞尔的海默在他的保罗书信评注中（约850年）意识到这一点。[20] 此外，阿贝拉尔运用了他的伦理学标准，"认识你自己"（Scito te ipsum）③，依此撰写了自传《苦难史》（Historia calamitatum），真实地记述了他所经历的

---

① 卡巴拉意为"传授的教义"，是从犹太教中发展出的一套神秘主义学说。卡巴拉旨在界定宇宙和人类的本质、存在目的的本质，以及其他各种本体论问题。
② 神智学是一种宗教哲学和神秘主义学说。神智学认为，史上所有宗教都是由久已失传的"神秘信条"演化出来的。通过直接认识、哲学思辨或某种物理过程就能洞悉神和世界的本性。
③ 阿贝拉尔晚年最具代表性的伦理学著作又名《认识你自己》。

个人悲剧。他写道，学术生涯需要一种属于自己的生活方式，这在当时看来既是全新的也是闻所未闻的，因此招致不少异议。他放弃了骑士的腰带，并声称"为了荣誉与金钱"而教学，没有人敢于如此直率地表达这种观点。阿贝拉尔是勇敢的，也因而受到了惩罚。事实上，当时的学者都在为吸引更多付费的学生与听众而相互竞争，希望自己的声名能遍及诸侯、国王与教宗的宫廷。这种"同行"竞争激励着彼此，甚至能偶尔引发武装冲突。阿贝拉尔尽管身为教士，却像世人一样渴望爱情，他的追求对他和他的恋人爱洛伊斯（Heloise）而言都是劫难。这位哲学家与伦理学家毫不犹豫地坦承了自己的所愿所行，他遵从自己的意志，并能平静接受它所招致的灾祸，如上所述，这在当时是闻所未闻的。

在哲学与神学逐渐成为专门学科之时，波埃修斯所带来的新影响也不容低估。12世纪的杰出学者诸如吉尔伯特·波莱塔（Gilbert Porreta）、沙特尔的蒂埃利（Thierry von Chartres）、孔谢的威廉（Wilhelm von Conches）、里尔的阿兰（Alanus von Lille），都在以新的视角阅读《哲学的慰藉》和这位古代晚期思想家的逻辑学、神学著作。尤其是波埃修斯曾经不起眼的神学著述如今大放异彩，其影响重塑了这一学科。来自诺瓦拉（Novara）的彼得·伦巴德（Petrus Lombardus）最终执教于巴黎，他常常援引波埃修斯。他的四部《语录》（Sentenzen）成为中期和晚期经院哲学的基础神学手册，第四次拉特兰公会议更是将其学说奉为经典。在他之后的罗伯特·格罗斯泰斯特（Robert Grosseteste）、托马斯·阿奎那、奥卡姆的威廉（Wilhelm von Ockham）无一不受他之影响。他的四部《语录》（或《箴言》）系统地探讨了三位一体、创世、道成肉身、基督的拯救、圣礼等教义。在《神曲》中，但丁与彼得在天堂中相遇，但丁写道："啊，这位彼得……他为神圣教会贡献了财富。"[21] 不久后，每位神学博士都要就《语录》写评注；不过这一传统遭到路德等人的反对。

全新的学术氛围催生出一批伟大的著作。编年史家弗赖辛的奥托和《论政府原理》（Policraticus）的作者索尔兹伯里的约翰（Johannes von Salisbury）都曾在"法兰西"的吉尔伯特·波莱塔门下求学。约翰对国王满怀失望甚至愤恨，尤其是英格兰的金雀花王朝和德意志的斯陶芬王朝；君主谏言这一文体在他的笔下重现生机。约翰明确区分了明君与暴君，论证了人民拥有反抗君主的权利。在反君权思想盛行的16世纪，约翰的作品重新被发现，然而在此之前这些观点便已颇具影响。奥托的著作达到了中世纪史学的罕见高度，对历史的想象性建构与当下的切实经验在他笔下巧妙地融为一体。这位弗赖辛主教见证了"主教授职权之争"（这一称呼也来自奥托），为"万物的善变"所触动，他借鉴奥古斯丁"上帝之城"与"魔鬼之城"的思路，构思了一种世界历史的解释模式（《双城史》），在其中融合了自加洛林时代以来流行的"统治的转移"（Translatio imperii）和他自己提出的"学术的转移"（Translatio studii）这两种观念。也就是说，世界历史中出现了世俗君权与学术知识由东方到西方的双重迁徙，如今帝国统治来到德意志人手中，学术则由法兰西人统领。由此，尘世历史几乎走到了终结之处。全书的最后一章以敌基督的降临作结，依照奥托的救赎史观，敌基督的统治也是人类尘世历史的一部分。

此时，不仅神学、哲学、史学和君主谏言在12世纪中叶向学术的方向发展，自然哲学也吸引了大批学生前往法兰西岛的高等学校。带有卡西迪乌斯（Chalcidius）评注的《蒂迈欧篇》①是自然哲学的起点。这部当时西方所能接触的唯一的柏拉图对话录，从一开始便引发了人们对占星术的兴趣，在当下又为天主七天创世提供了新的阐释视角。亚里士多德的著作在十字军时代随着与拜占庭、阿拉伯学者的密切接触而传入西方，它极大地促进了欧洲知识界对自然科学的关注。

诚然，信仰驱动人们向东方进发，其初衷是解放圣墓，它为西方世界带来了累累硕果。然而，这硕果不是造成了信仰的坍塌，至少也是加速了这一进程。在抵达西方的亚里士多德的著作中，第一部为欧洲思想史带来革命性影响的是《物理学》。它于1170年前后由两条路径传入：一部由在君士坦丁堡任职的威尼斯人完成翻译，其后经由斯陶芬宫廷传入欧洲；另一部则通过巴勒莫的诺曼人宫廷传入。这两条路径也证明了知识分子和高等学校在国王身边与日俱增的影响力。《物理学》在创世信仰之外为欧

---

① 《蒂迈欧篇》是柏拉图的晚期著作，在13世纪欧洲获得亚里士多德自然科学著作以前，为欧洲提供了自然世界的总纲。

洲人提供了对自然的解释，人们开始借助早前阿维森纳的评注研究这部著作，也着眼于同样来自阿拉伯世界的占星术研究。此两者皆切实地威胁到基督教神学，以至于教宗禁止在巴黎开设相关课程。然而这一步已经晚了，西方世界的科学化已无法阻止，作为先行者的唯物主义在 13 世纪开始盛行。自此科学超越了一切创世论，势不可挡。

控诉知识分子为异端的声音在这动荡的时代中不绝于耳。吉尔伯特·波莱塔（卒于 1154 年）是索尔兹伯里的约翰所称赞的当代最渊博的学者，也遭遇了异端的指控。此后，在反对亚里士多德《物理学》的论调中，更多人指责其为异端邪说。言行高调的阿贝拉尔也不断受到指责，他的怀疑立场和毫无保留的坦诚使众人震惊不安，甚至令他招致愤恨，对他的异端指控曾一度威胁到这位哲学家的性命。圣贝尔纳是阿贝拉尔的主要反对者之一，他指责阿贝拉尔毫无节制，蔑视信仰的神秘，无法无天。贝尔纳写道："彼得·阿贝拉尔妄图摧毁基督教信仰的功业，因为他认为人类可以借助理性理解天主的本质。"[22] 阿贝拉尔接连遭到指控，最终于 1141 年遭到宗教审判，当时只有尊者彼得保护了他。他的学说在罗马枢机主教团中也吸引了一些支持者。这位饱受控告的哲学家此生只致力于两件事：爱上一位女人、推进自己的思想，然而他不得不公开供认这两项罪过。他为同辈人所不容，他的学说却为自由意志奠定了基础，为人类自由铺平了道路，他无愧为西方最伟大的思想家之一。最终他在尊者彼得的克吕尼修道院中平静地度过了余生。

经院哲学和受亚里士多德辩证学影响的神学并未因圣贝尔纳的保守主义而止步不前，其发展也与在拜占庭的情形不同。理性之光一旦出现就没有再熄灭，无论是学院的藩篱抑或人们的思想都无法遮住其光芒，它穿过一切缝隙，照亮了西方精神文化的每一处角落。彼得·伦巴德（亦称"伦巴第人彼得"）受教于阿贝拉尔，他撰写的四部《语录》成为中世纪晚期的神学教科书。并非只有神学和哲学从辩证法的湍流中汲取了能量，法律的科学化更是持久地撼动和改变了整个社会。法律判决中同样开始运用亚里士多德式理性来寻找证据，宛若正义的朝阳，驱散了由神判与共誓统治的黑夜，推翻了此前习惯法的这些程序；这些改变也始于查士丁尼《学说汇撰》的重新发现。这部独特的古典罗马法学遗产在查士丁尼以后的蛮族时代或许只留下两部手抄本传世。它们于11世纪末"偶然地"（在此我们只能推测）被发现于托斯卡纳、比萨或者卡诺莎的马蒂尔德伯爵夫人的领地某处，自此学者们有机会阅读、推敲并将其广泛传播，重新激发西方的法学思想。与古罗马所不同的是，这部法律汇编在中世纪不止运用于民法领域，其方法延伸到了教会法、封建法与刑法中，尤其是开辟了公共法这一全新的法学领域。

博洛尼亚很快成为法学研究的中心。1120—1130年，那里的学校因为"四博士"而声名远扬：他们是马丁·哥西亚（Martin Gosia）、布尔加鲁斯（Bulgarus）、拉文纳港的雨果（Hugo de Porta Ravenata）和雅各布（Jacobus）。他们是第一批教授古罗马民法的学者，博洛尼亚大学也和巴黎大学一起跻身欧洲最古老的大学之列。这些法学学者被称为注释法学家，得名于他们研究法典时所用的批注文体。注释学派（Glossator）在大学课堂中流行了一个半世纪后为鉴定学派（Konsiliator）所取代，后者得名于大量就法学问题所撰写的鉴定意见书。1230年前后，法学博士、博洛尼亚人阿库修斯（Accursius）就查士丁尼《民法大全》编写了《标准注释书》（*Glossa ordinaria*），共五卷，是最早发行印刷版本的著作之一，它作为标准评注集一直沿用至17世纪。高级学校随着这些新的兴趣团体一同兴起，彼此相互促进，因知识而聚拢的人们建立了"大学"，组成了联合团体，它们往往以国家为单位。巴黎的大学以教师（Magistri）尤其是人文学科（Artes）[①]教师为主导；博洛尼亚则是法学学生的聚集地，他们通常年长于巴黎的学者，并且大多数人已经受过文科教育。严格来说，著名的法学博士（Doctores legum）[②]并不属于这一团体。这些学校为学术的发展提供了丰厚土壤，诚然这里并非唯一的土壤。朗读（lectio）、质疑（quaestio）与辩论（disputatio）是流行的教学方式，即教师首先在课堂朗读需要评注的文本，其后他引导学生组织问题，最后通过正反论证澄清答

[①] 人文学科即博雅七艺。
[②] 到14世纪，欧洲共有约二十所拥有较强法学研究和教学力量的大学，在这些大学从事教学和研究的法学家通常被称为"法学博士"。

案。论文、评注和最终的汇编将所用材料系统性地整合在一起。

更多的大学陆续产生，例如英国的牛津。自12世纪早期起，学生们成群结队地前往巴黎、博洛尼亚和牛津，或者日后来到法国、意大利、西班牙等地的新兴大学，例如因为医学而奔赴萨莱诺与蒙彼利埃，或者萨拉曼卡[①]。尽管萨拉曼卡的高等学校创建较早，然而它在后来才逐渐繁荣。13世纪以来，国王和教宗纷纷建立大学，并授予它们特许令，这些大学在开设人文学科外，还要至少讲授神学、法学或医学这三门高等学科中的一门，并根据各自的特许令在学生结业后授予其"通行执教资格"（licentia ubique docendi）。此时，只有德意志、匈牙利和斯拉夫地区暂时没有成立高等学校；莱茵河、多瑙河和伏尔塔瓦河流域毫无吸引力，反而是不断向外输出自己的学生。国王与诸侯的宫廷也深受大学之潮的影响，学术教育成为不可或缺之物，它塑造了新的精英并为他们铺垫了新的仕途道路。

罗马教廷与新兴学术接触甚早并予以扶植，这能保障教廷在日益为科学所塑造的世界中仍具影响力。罗马教廷挺过了1130年的教宗分立，那是由枢机主教间的派系分裂所致。对立教宗阿纳克莱特二世的支持者大多拥护传统的、较少受辩证法影响的学术流派，而教宗英诺森二世阵营中的枢机主教主要来自新兴学派，甚至有一些曾师承阿贝拉尔。不久后，史学在教廷中重新焕发生机；教廷的秘书处不只是一个重要机构，它还为国王、诸侯宫廷的文书草拟树立了典范。[23]此外，通常由枢机主教所领导的财政部在12世纪后半叶以来日益重要。人们不断制作税收目录，其中最著名的是枢机主教森西奥（Cencius）即日后的教宗洪诺留三世于1192年编撰的《税赋册》（Liber censuum），它为其时代提供了最翔实的、按教区划分的欧洲地理知识。最后，教廷的宗教仪式也在此时再度繁荣，这种状况一直持续到中世纪末期。教宗任职的过渡仪式（rites de passage）庄严隆重，包括新任教宗在典礼上穿戴礼服、前往拉特兰宫、登上圣座和加冕，随后盛大的游行仪式也引人注目。不过和中世纪早期相比，教会在这一仪式上的花费已随时间推移而大幅缩减。

[①] 萨拉曼卡大学是西班牙最早建立的大学，由阿方索九世创建于1218年。

教会法研究迅速在新兴的大学中扎根,它与民法及其法学理论并行发展、相互促进,成为一门真正的法学科目。当时教会法以《教会法矛盾的调和》(Concordia discordantium canonum)为教材,该著作因其作者又称为《格拉提安教会法汇要》,共有两个版本,较早的版本编纂于1130年以前,扩充后的新版本即最终版本成书于1150年以前。《教会法汇要》分为类别(Distinktionen)和案例(Causae)两部分,以对法律素材的系统梳理而著称。每个案例由数个问题(Questiones)展开,清晰展示了科学方法的运用。例如,格拉提安在第24个讨论异端的案例中写道:"一位主教堕入异端,他剥夺了其他神父的职务,处之以绝罚。在这位主教死后,他的异端被揭露,他自身连同他的追随者与家人受到了审判。这一案例涉及如下问题:其一,是否一名异端能够罢免他人的职务或者将他人绝罚;其二,是否能在人死后对他处以绝罚;其三,是否应因一人之罪而牵连他的家庭,使之共同受审。"在以纠问的方式分析这一案例后,作者接着引经据典,对上述问题逐条评注,最后对这一案例做出判决。例如格拉提安对第一个问题所引的第一条经典教规是"如果人堕入受诅咒的异端,那么他也是受诅咒的"。同民法一样,注释也是《教会法汇要》的重要内容,各个经典交叉引用,宛若一张由规范编织而成的细密的网,将素材一网打尽,为其使用者提供丰富的信息。1215年约翰·条顿(Johannes Teutonicus)为《教会法汇要》撰写了《标准注释书》,三十年后布雷西亚的巴托罗缪(Bartholomaeus Brixiensis)修订了最终版本。不久后,教宗颁布的大量教令也需要得到新的整理汇编。在反复尝试后[①],佩纳福特的雷蒙德(Raymund von Penaforte)于1234年编纂完成了《编外之书》(Liber Extra),又名《格利高里九世教令集》,博顿的伯纳德(Bernardus de Botone)为其撰写了《标准注释书》。《格拉提安教会法汇要》和《格利高里九世教令集》作为教会法最权威的法律用书和学习教材而沿用至特伦托公会议;14世纪早期出现了作为补充的《第六书》(Liber sextus),收录了格利高里九世以后至卜尼法斯八世时的教令。此后还有收录约翰

---

① 1187年到1226年出现了《教令集五编》(Quinque compilationes antiquae),收录了《教会法汇要》之外的教令。但这五部教令集不仅在内容上有重复,还存在相互冲突的法令。

二十二世教令的《编外卷》（Extravagantes）问世。直至 1917 年天主教会才颁布了第二部《教会法大全》（Corpus Iuris Canonici）。

如上所述，教会法学兴起于 12 世纪，它所带来的独特的思维方式不久后影响了整个西方世界。自教宗亚历山大三世起，教廷开始招募在法国接受神学或教会法教育的神职人员，并选任为枢机主教。教宗自身成为教会的最高立法者和最高法官。不久后，教会法学家，包括大学培养的教会法律师，陆续登上了教宗圣座。1245 年绝罚腓特烈二世的教宗英诺森四世便是其中一位，他在教宗任期内还为教会法令集撰写大量评注。世俗国家及其政治活动同样深受法学思潮的影响，尽管国王诸侯自身并没有接受高等学校的教育。法学家变得不可或缺。在比萨以及法国和巴塞罗那等地，习惯法（Consuetudines）与民俗法（Coutume）在 12 世纪均已成文成册。罗马 - 德意志帝国以其独特的方式参与了这一进程。罗马法被视为"帝国法律"，自亨利四世与亨利五世以来，国王均聘请法学家议政。神学家取得了与法学家相似的成功，此时，单凭贵族的出身已无法在教会谋得高官要职，尤其是担任诸侯辅政大臣或告解神父的神职人员通常需要受过神学教育。意大利的城邦尤其需要源源不断的大学知识分子，他们成为讲道者、律师和公证人，医生也逐渐加入这一行列。只有德意志的情况大不一样，一部分贵族教会一直遗留到旧帝国的末期。

法学不仅仅意味着法理学，它极大拓宽了人们对复杂的社会政治关系的理解，事实上为人们提供了一套与统治理论相关的社会理论。它以辩证学为基础（没有辩证学亦没有法学的诞生），并和辩证学一样培养了人们的抽象能力。它创造了一套相应的术语，用以分析和描述这些复杂的关系。新的方法、思考方式、比喻相继出现，用于阐释"王权"与"教权"、习惯法与新的规章、统治与社团、等级制度与自治的并立和依存关系。简言之，法学赋予政治以前所未有的清晰表达，为人们在教会与世俗生活、在由统治团体和经济利益所驱动的社会中提供了导向。人们基于逻辑学的分类技术，做出方法和事实上的区分，从而形成了一张不断密集的规范性定位网。新闻传播业（Publizistik）也在其影响下出现，并开始使用局外人所不知的专业术语。

直到此时，12 世纪晚期，"职位"才作为独立的、与个人无关的概念而存在，此前人们的观念中只有天主或国王的"侍者"以及侍者的"服务"。索尔兹伯里的约翰提出，政治国家（res politica）是由公正与理性构成的公共事务有机体，教会是其灵魂，君主是其首脑，元老院是心脏，法官与省级管理者是眼睛、耳朵和舌头，基层官员和骑士是双手，财政官员是肠胃，农民是双脚。[24] 在不久后的 13 世纪，"法人"（persona ficta）的概念出现了，它可以是超越个人的联盟、公社甚至是作为权利实体的"国家"，这些在 9 世纪时还是闻所未闻。"官员"的形成也可追溯至索尔兹伯里的约翰的理论，他们是国家这一法人的"器官"和"肢体"，这种概念在中世纪早期也难以想象。为法学添砖加瓦的还有"文书写作的技艺"（Ars dictandi，修辞学），它于 12 世纪成为大学的新兴学科，对公证行业而言尤为重要。此类科学思维早已运用于智识与政治文化中，却并不显眼，编年史家在书写政治史时也并未察觉。只有在学术文章及其评论中，这一转变过程之端倪才会显现。在王权之间以及王权与教权的博弈中，这些新兴学科也为双方的政治斗争注入了新的合法性谋略。

国王的策略

此时，国王与他们的国家走向历史舞台的中央。在法国歌颂的是"亲爱的法兰西"，巴巴罗萨在德意志宣扬的是"帝国的荣耀"。然而这两者多么不同！在西部的法国，王权在新兴学科的推动下不断加强，抽象化思维迅速普及；而在东部的德意志，一切相似的尝试都为结构性条件和贵族政治所限，国家法律与国王个人的威严间没有明确区分。国王本人与超越个人的国家实体只在最基本的层面上有所不同，并且人们无法清晰界定两者的分别。这一问题在腓特烈·巴巴罗萨身上体现得十分明显：尽管前任德皇康拉德的儿子比之腓特烈有优先继承权，然而腓特烈获得了诸侯的支持而继位。腓特烈很有可能篡改了其叔父康拉德的王位继承遗愿。如果情况属实，那么腓特烈在继承王位之初便恣意妄为，日后他与教宗在政治上为敌、攻打他曾经的恩人狮子亨利也不足为奇。长远来看，腓特烈建立的王权并不成功，它更多倚仗武力而非外交，寻求对外扩张而非内部融合，它向往古代的"帝国主义"而非诸王的平等；王权与教权的潜在张力演变为公开冲突，招致迫害与战争。腓特烈的政治路线不断为他的斯陶芬子孙所继承，最终将帝国推向毁灭的边缘，并造成德意志小邦林立的局面。

斯陶芬王朝在其初期万事顺利。教宗尤金三世需要帝国的帮助以对抗罗马的城市公社，后者不断阻碍甚至颠覆教宗在罗马的统治，这类事件在历史上时有发生。罗马城市公社自命为参议院（Senat），致力于复兴古代罗马的荣光，期望斯陶芬君主从他们手中接过帝国的皇冠，为此他们还向西西里的罗杰二世寻求帮助。尤金三世与腓特烈签订合约，互不侵犯对方权利，重建各自的统治秩序，并携手对抗拜占庭的威胁；尤金的继任者哈德良四世重新确认了这一协议。哈德良本名为尼古拉·布里克斯皮尔（Nicholas Breakspear），在担任枢机主教时，他曾作为教宗特使促成了斯堪的纳维亚教会的改革，在挪威的特隆赫姆设立了大主教区（1152—1153年），正是这一成就在日后触及德皇腓特烈的利益。1155年腓特烈率大军前往罗马接受教宗加冕，并为教会击溃了以异端布雷西亚的阿诺德（Arnold von Brescia）①为首的反对派。然而，古典帝国统治的光辉迷住了这个施瓦本人，学院派法学的重生使得罗马-德意志帝国的意识形态如虎添翼，德意志国王如今把自己看作罗马皇帝的继承者与帝国的立法官。巴巴罗萨希望重振皇权的普世性，"帝国的荣耀"（Honor imperii）这一目标中汇聚了帝国的地位、声望、财产、权利、效力、优先性等，可谓无所不包，它们与刚刚复兴的罗马帝制融为一体。这位斯陶芬君主以拟古的方式称其统治之地为"神圣罗马帝国"；他的画像以头戴月桂的恺撒为原型，置于罗马的城垛上；他还自封为"世界之主"（Mundi dominus）、"王中之首"（princeps principum）。哈德良四世是史上首位来自英格兰的教宗，对眼前的施瓦本人并不信任，在他看来腓特烈诡计多端、恣意妄为，一边摧毁了托尔托纳（Tortona），另一边又在威胁米兰；他还拒绝承认教宗的荣耀权利，并试图恢复消失已久、规模空前的皇权。

---

① 阿诺德（1100—1155年）是意大利宗教改革家，原是布雷西亚隐修院院长，主张精神权力与物质财富互不相容，要求整顿神职人员，废除教宗的世俗权力。

教宗的担忧很快得到了证实。尽管教宗在罗马为腓特烈加冕，并许诺给他更多的"恩惠"（beneficia），可皇帝却没有释放从罗马回到德意志而被捕的隆德大主教埃斯基尔（Eskil），教宗因而致信腓特烈表达不满。此时，腓特烈最得力的大臣是达塞尔的莱纳德（Rainald von Dassel），出自伯爵之家，位居帝国宰相，不久后还出任科隆大主教。不过他从未领受祝圣礼，并且是十足的政治权术家。有一则关于莱纳德的传闻出自他在希尔德海姆的同窗口中，栩栩如生地刻画了其性格。传闻讲道，莱纳德在一次午睡中喃喃自语："我是这世界的毁灭者。"无论这则逸事是否属实，这位教会的牧灵人并未给他的君主和斯陶芬王朝带来祝福。在腓特烈于1157年在贝桑松（Besançon）举行的宫廷会议上，莱纳德翻译了教宗书信，并将信中的"beneficia"一词程式化地翻译为"采邑"而非教宗本义的"恩惠"，这意味着皇权成为教宗的附庸，从而激怒了不识拉丁文的世俗贵族，其中包括巴伐利亚普法尔茨伯爵维特尔斯巴赫的奥托（Otto von Wittelsbach）。奥托当场拔出宝剑向教宗特使锡耶纳的罗兰·班迪内利（Roland Bandinelli）砍去，后者在日后被枢机主教推举为哈德良的继任者，即教宗亚历山大三世。腓特烈竭力平息了这场冲突，然而更有可能的是，莱纳德事前与腓特烈取得一致，故意译错了文中的关键词句，从而能激起不识拉丁文的德意志诸侯对教宗的不满。这或许是一场恶劣的表演，却反映出腓特烈的态度和无耻行径。对教宗使者和教廷来说，这再次印证了他们长久以来对皇帝的怀疑。此刻正应了那句古老的箴言："无知的当权者最为可怕。"

哈德良随后的行动是与西西里的古列尔莫（威廉）一世、罗杰二世的继任者订立协约，他不再指望未来能获得德意志皇帝的帮助。教宗与西西里的联合使德皇染指南意大利的愿望落空，尽管他自称为意大利人的国王。这一计划一再悬置，直至19世纪的复兴运动，意大利王国才得以成立。自此协约后，西西里便与斯陶芬王朝为敌。巴巴罗萨在次年再度挥师南下意大利，并与以米兰为首的城市同盟开战。他成功获得了声名远扬的博洛尼亚"四博士"的支持，也就意味着得到早期大学法学院的认可。1158年在隆卡里亚（Roncaglia，皮亚琴察附近）举行的宫廷会议上，博洛尼亚法学家与来自城市同盟的法官共同商定了皇帝的"帝国特权"之含义，它包括财政利用权，即皇帝有权收取关税、占有无主财物等；司法裁判权，即对公爵、伯爵领地的统治权；随处建立皇帝行宫（普法尔茨领地）的特权，并获得其土地上的全部权利；向所有居民征收人头税的特权。[25] 这些法律学者的影响主要局限在意大利北部的城市同盟；在德意志的诸侯和城市中，他们的工作并不受欢迎。此时巴巴罗萨下定决心，以武力在意大利重树古式的帝王统治。米兰于1162年在耗时长久的包围后终于向帝国屈服，接受了耻辱的条件，它的城墙被拆毁，它的民众也被驱散了。

腓特烈激进的意大利政治短期看来或许有其意义，它为帝国带来了巨额的财政收入，而长远来讲，帝国频频介入伦巴第同盟和意大利中部城市的党派斗争，并在其中消耗了元气。斯陶芬人的成功稍纵即逝，仅仅在几年后，意大利城市便夺回了统治，巩固壮大了自身力量，此后再也没有一位皇帝能征服他们。所谓的"帝国特权"也缩减为财政的利用权，而不再与统治权相关，这些都收录于米兰人编撰的《封土之律》，这部封建律书一直通行至19世纪。后世对为巴巴罗萨效力的博洛尼亚法学家毫不留情，比他们年轻的同僚、著名的普拉森提努斯（Placentinus）称其为"龌龊的博洛尼亚人"。普拉森提努斯或许是受到德皇腓特烈的压力而逃往蒙彼利埃，在另一所可与博洛尼亚比肩的大学里发迹。这咒骂之声不仅仅反映了米兰或皮亚琴察市民的怨气，更是对德意志人和他们入侵伦巴第、意大利之行径的深深厌恶，此时它已开始酝酿发酵。

尽管隆卡里亚宫廷会议上的立法引人瞩目，然而斯陶芬的统治却没有从中获益。这部立法中最重要的一条间接保留下来，不过没有人能想起其源头。它规定，所有的司法权都从属于皇权，所有"法官"的司法权力都来自皇帝。巴尔杜斯（Baldus）、巴托洛斯（Bartholus）等中世纪晚期的法学家曾经援引这一法条而没有注明出处，它又经由巴塞尔公会议法学家尼古拉·德·图德奇（Nicolaus de Tudeschis，又名Panormitanus）的著述为让·博丹（Jean Bodin）① 所知，并出现在《国家六论》（*Six livres*

---

① 让·博丹（1530—1596年），法国的律师、国会议员和法学教授，因其主权理论而被视为政治科学之父。代表作《国家六论》，与霍布斯、博絮埃等人同为西方绝对君主制理论的集大成者。

de la Republique, 1576）讨论绝对权力（puissance absoluë）的重要章节中（I, 8）。[26] 在此, 最高权力不再掌握在皇帝手中, 而是成为"主权化"的国家权力, 这一学说乃继承自中世纪中后期的政治遗产。

腓特烈粗暴的政治行径很快招致一系列恶果, 他未能削弱城市公社的自治力量, 反而激起了市民更猛烈的反抗。尽管各个世俗领地上的统治者开始效仿腓特烈的司法原则, 即全部司法权归于最高权力, 并纷纷取得成功, 然而其首创者腓特烈却遭遇了失败。1164 年, 以维罗纳为首的城市公社结为反斯陶芬联盟, 至 1167 年已扩展为伦巴第同盟, 不过维罗纳联盟成员威尼斯并未加入后者。伦巴第同盟获得了拜占庭皇帝曼努埃尔·科穆宁和西西里的古列尔莫的远程支持, 并很快倒向教宗的阵营。他们由多方共同领导, 成为帝国复兴路上坚不可摧的敌人。没有一位皇帝能持续造访意大利, 最后一位能亲自在意大利统治的德皇是红胡子之孙腓特烈二世, 他在一定程度上延缓了意大利政策的瓦解。

哈德良四世死于 1159 年, 此后再度出现教会分裂的局面。枢机主教罗兰被选举为教宗亚历山大三世, 他的对手维克多四世尽管只得到了三票, 却坚持声称选举的有效性。维克多得到了红胡子的支持; 红胡子无疑是听从了糟糕的建议, 错误地估计了形势, 不切实际地寄希望于能在意大利战争中得到教廷的支持。维克多不久后逝世, 为了延续教会分裂, 巴巴罗萨随机推选帕斯加三世为对立教宗。而出身于经院的教宗亚历山大三世尽管一度被迫流亡至法国, 但在重压之下仍然对斯陶芬人毫无畏惧, 技高一筹。巴巴罗萨所有的意大利远征都未能使这位教宗屈服, 连大自然也与皇帝的意大利政治作对。1167 年节节获胜的德军奔赴罗马之时, 队伍里爆发了瘟疫。他们本能预计到这场灾难, 只要回首奥托时代的往事便能警觉, 然而无数施瓦本贵族还是在此遭到灭顶之灾, 因为没有后继子嗣, 他们的遗产落入巴巴罗萨之手。仅就眼下而言, 腓特烈从瘟疫中攫取了丰厚利益, 确实增强了自身的统治, 然而若是着眼于长远, 这次征服对皇权和皇室而言毫无裨益。

腓特烈皇帝所追寻的帝国旧梦落空了, 其失败并非由一连串不利的客观条件所致, 而是在于他和他的顾问大臣所做的错误估计与决策。腓特烈的意大利政治引起的恐惧，严重削弱了德意志人在拉丁基督教世界的声誉。斯陶芬人采纳了商人们的建议，财政、经济政策虽有成功，他的"帝国领地政策"将普劳恩（Plauen）附近的福格特兰山区（Vogtland）、维特劳（Wetterau）和亚琛－杜伊斯堡等帝国领地紧密联系在一起并交由家臣管理，但这些成功都未能长久。腓特烈灾难性的帝国政策埋没了所有巩固王权、帝国和超个人联盟的可能，它所招致的后果最终毁灭了一切。

与此相反，法国为处于危机的教宗提供了坚实后盾，尽管法国与教廷的所想不尽相同。法国的高等学校在其中所扮演的角色至关重要，他们在教会分裂中反对斯陶芬人，在此求学的学生日后在巴黎宫廷、法国国家教会"高卢教会"和罗马教廷中举足轻重。"谁将德意志人推举为万邦之法官？谁赋予这些粗鲁野蛮之辈此等权力？"此言出自身在巴黎的英国人索尔兹伯里的约翰，他是亚历山大三世一派的拥护者与代言人，他所抱怨的是德皇建立世界霸权的行径。[27] 众多因素塑造着日益敏感的公共舆论：大学的国际化、师生的跨国流动、欧洲范围的交流共同体和不断扩展的学术圈，这些都为巴巴罗萨所忽视，以致他自食其果。直到他亲自率领的军队1176年在莱尼亚诺（Legnano）惨败于米兰人之后，德皇才不得不与教宗亚历山大签订了和平协议。腓特烈作为战役的策划者本应对其草率的军事行动全权负责，然而他将罪责推卸给狮子亨利。这或许是科隆大主教、海因斯贝格的菲利普（Philipp von Heinsberg）提出的建议，因为他忌惮狮子亨利的强大势力，他们图谋让亨利政权垮台。1180年，亨利的萨克森公爵领开始解体，其中的绝大部分归属于科隆大主教，后者还获得了刚刚升级为公爵领的威斯特法伦。现在，科隆大主教也就成了皇帝最强大的敌人。

皇帝与教宗的和平协议于1177年在威尼斯正式缔结。皇帝承认亚历山大三世为圣彼得唯一合法的继任者，承诺保护教宗所拥有的权利和地产。"这地产由罗马教会持有，帝国保留对它的权利。"反之，教宗也给予皇帝相应的认可，而提出"罗马教会保留权利"。[28] 为了不使和平协议流产，地产的争议似乎被排除在协议之外。在接下来的二十年内，这些问题仍然悬而未决，不过皇帝在这一时期占据了上风。教宗与皇帝的会面仪式,以及后续事件造成这次会面在威尼斯人的文化记忆中的变形,共同构成了一个传说,罗马教会直到16世纪的宗教改革中都能感觉到它的影响。协议规定,皇帝腓特烈·巴巴罗萨应与拜占庭和西西里维持十五年的停战和平。皇帝还着手准备了另一项和平协议,也就是联姻:巴巴罗萨计划让皇长子亨利迎娶西西里公主、罗杰二世之女康斯坦丝(Konstanze),此时康斯坦丝已步入中年。婚礼于1186年举行,当时没有人能料到,这场婚姻在数十年后将使教宗陷入前所未有的严重危机。

被迫讲和的皇帝现在发现帝国西部面临着新的危险。列强都在觊觎勃艮第南部的阿尔勒王国。阿拉贡、法国和英格兰的国王,图卢兹的伯爵,比萨和热那亚城邦,甚至是拜占庭皇帝,都为了自身的利益而希望阿尔勒脱离斯陶芬的统治。腓特烈设计出一种新方法以控制局势:他从意大利赶到阿尔勒,在1178年自己加冕为阿尔勒的国王;该地区在近150年内都没有自己的国王。同时代的一个英国人对此评论道:"此举至少是为了用高贵的头衔粉饰邪恶的勾当。"或者引用腓特烈本人的话说,"为了荣耀皇权的威严"。与其说这是真实权力的宣告,毋宁说只是表达诉求的姿态,无论如何,在短期看来它是奏效的。[29] 腓特烈不得不感谢东方的事态有变,这缓解了他在西方的问题。1176年,拜占庭皇帝曼努埃尔·科穆宁在密列奥塞法隆(Myriokephalon)战役中惨败于塞尔柱苏丹基利杰·阿尔斯兰二世(Kılıç Arslan Ⅱ)。人们很快会看到,这场失利使拜占庭自此一蹶不振,东罗马帝国再也无法从这场灾难引发的后果中恢复过来。此后不久西方也感受到这一重大事件的影响,因为它失去了东面最强大的防御屏障。

威尼斯的和平协议为第三次拉特兰公会议铺平了道路。1179年,教宗亚历山大三世召集了拉丁教会的高级教士,会议最重要的决议是对教宗选举的规定。最终,为了防止枢机间的分歧造成教宗分立——"有仇敌来,将稗子撒在麦子里就走了"(《马太福音》13:25)——教宗应由三分之二多数选举产生,选举后立即向新任教宗移交权力。此外,会议还确定了一系列教会内部改革的措施,此前未能严格执行的规定应重新强调,例如:禁止多占圣俸;建立主教学校,贫困学生免费入学;禁止骑士比武;

设定法定最低祝圣年龄，主教应不小于 30 岁，其出身必须是合法婚生；以及禁止基督徒发放高利贷。会议最为迫切的目标之一是打击异端；除了清洁派，布拉班特、阿拉贡及其他地方的雇佣军也被处以最严重的绝罚，任何对抗这些群体的武装都将享有与十字军相同的特权。

亚历山大三世与腓特烈一世签订的和平协议，对教宗的盟友、伦巴第城市同盟只是部分有效。皇帝只准备对伦巴第承诺六年的停战和平。在此之后，双方在续订的《康斯坦茨和约》中达成协议，城市同盟享有充分的自治权，而皇帝则获得若干财政利益。这后一项条款类似于 1158 年有关帝国特权的法律判定，皇帝的统治权被剥离，这一判定已收录于《封土之律》。然而，与其付出的巨大军事、政治努力以及损失相比，腓特烈的成功微不足道。事实上，这最终的结果是否可以解释为成功也值得怀疑。

法国果断地利用教会分裂之机巩固了自身的王权，而英国的亨利二世不得不为他的踌躇不决付出代价。坎特伯雷大主教托马斯·贝克特（Thomas Becket）原本是国王的大法官和忠实的支持者，在他当选为大主教后，他转而成为教会自由的坚定捍卫者和教宗亚历山大三世公开的盟友。因为与亨利在教会政策上意见不同，他被迫流亡。若干年后，托马斯在错误的时间回到了英国，在他的大主教座堂被刺杀。人们普遍认为国王应为这场臭名昭著的"大教堂谋杀案"负责，这使王权在面对罗马教会时处于不利地位。托马斯不久后被封为圣徒，亨利二世不得不在他的坟墓前忏悔，这一事件使此前或多或少封闭的英格兰为罗马教会打开了大门。其后，大量的教宗法令涌入不列颠岛。在亨利二世（卒于 1189 年）统治的最后几年，他的三个儿子冲突不断，三位王子的背后有法国国王的各种支持。可以说，巴巴罗萨试图分裂教会的错误决策，也使其他国家陷入了水深火热之中。

不过法国的腓力二世十分阴险，他知道如何煽动亨利二世子嗣间的矛盾，如何使他们陷入相互的冲突。事实上，尽管金雀花家族得到了英格兰的王权，然而这个家族发源于法国，家族所在地（安茹、诺曼底和阿基坦）是法王的封地，这对法王而言既能构成威胁，也能带来好处。路易七世（卒于 1180 年）在位时，英法两国由于种种原因保持着均势。继任者腓力二世（卒于 1223 年）比他的父亲更为强硬，因此在当时得到了"奥古斯都"的绰号，这足以表明他的成就。反观英国王室则是痛苦不已。因家族失和而衰败的国家不在少数。而亨利二世的子嗣似乎有个突出的特点，就是弟弟都不如哥哥争气。亨利寄予厚望的实际上只有他的长子，他也随父亲名为亨利；亨利对他无微不至，然而他不幸英年早逝。理查是亨利的次子，他被视为骑士的典范，是母亲埃莉诺最宠爱的一个儿子；普瓦捷的埃莉诺在年轻时可是活力无限。其后是三子约翰，在历史上被称为"无地王"。他性情暴躁，在年轻的时候，他曾为盲目的愤怒所驱使，将象棋棋盘砸到拉丁文老师的头上。他无视所有的忠告，令王朝失去了欧洲大陆上最有价值的领地。1189 年的第三次十字军东征为阴云密布的安茹帝国提供了喘息之机，法王腓力和刚刚继任父亲王位的狮心王理查都参与其中，然而双方相互猜忌。后来，理查遭近两年的囚禁后重新回到英国，两国之间随即爆发激烈冲突。在军事对峙中腓力永远无法占到狮心王的上风，只有理查在 1199 年去世后，局面才有所改变。

当西方的教会分裂与政教冲突愈演愈烈时，近东的伊斯兰政权重整旗鼓，重新凝聚了各方力量。最终在 1187 年，苏丹萨拉丁，"慷慨的萨拉丁"（milte Saladin）[①]，夺回了耶路撒冷和圣地的大部分地区。整个西方为之震惊，立刻为第三次十字军东征宣传动员、招兵买马。神圣罗马帝国皇帝腓特烈·巴巴罗萨和腓力二世、狮心王理查两位国王亲自率军出征，奥地利的利奥波德五世也加入了"解放"圣墓的征程。如此良好的组织在十字军运动中还是头一次。人们考虑到了第二次十字军遇到的后勤问题，没有军队选择与另一军队相同的路线，然而整个行动仍然以一系列的灾难告终。事实上，德意志人为这次出征做了充分准备，只有装备精良、物资充足的骑士才能加入皇帝的军队。巴巴罗萨还与拜占庭皇帝签订了特别条约，规范军队通过拜占庭领土时的行动。然而在 1190 年，巴巴罗萨在渡过萨列法河（Saleph）时溺水身亡，他的死亡使这次宏伟的出征在哀痛中提前结束。几名随行的骑士迅速将他们带来的钱埋好，大部分德军就

---

① 语出福格威德的瓦尔特（Walther von der Vogelweide）。

此解散，只有少数诸侯继续前进，他们随后加入了英王和法王的队伍，其余人等则直接返回家乡。腓特烈·巴巴罗萨成为一个传说，他将在沉睡数世纪后醒来，为他的国家带来和平。只有创造传说的命运女神（Norne）知道这个秘密。15世纪的一则预言含糊自语道，"他隐藏在地下的城堡中……有一天他会回来"。在19世纪，传说经由作家弗里德里希·吕克特（Friedrich Rückert）的诗歌而进一步流传。然而，腓特烈·巴巴罗萨并没有为他的国家和人民带来好运与和平，这与他的名字[①]和他的传说正相反。他唤醒了人民，为人民所渴求，成为想象的救世主和救赎者，唤醒了德意志人心底称霸的幻想。最终，他的名字化为希特勒的"巴巴罗萨计划"。[30]

这场成本高昂的十字军运动收效甚微。耶路撒冷没有收复，不过战士们夺回了重要的港口城市阿克（Akkon），此后这里成为"法兰克人"在圣地的根据地。奥地利的利奥波德声称自己在夺回阿克的战役中至关重要，然而狮心王理查却将他的荣耀和战利品都据为己有。利奥波德为此大为恼火，自尊心受伤，即刻班师回朝。不久后，狮心王在从圣地返回的途中遭遇航船失事，不得不绕道奥地利。尽管理查乔装打扮一番，还是被识破，利奥波德将他扣留，移交给神圣罗马帝国皇帝，为自己报了一箭之仇。这是继"白殿"号沉没后，英国王室遇到的第二次海难，它也为整个欧洲带来了灾难性后果。后续的发展是，巴巴罗萨之子亨利六世同意释放国王，但条件是巨额的赎金。为了凑齐这笔高达十五万银马克的赎金，英国王室非法压榨了十字军战士。亨利利用这笔巨资入侵西西里。此时西西里国王古列尔莫二世去世后没有子嗣，亨利认为西西里应由他的皇后、古列尔莫的姑姑康斯坦丝继承，同时他还在此诉求早已废弃的帝国的统治权。这时西西里的另一位国王、私生子坦克雷迪（Tankred）正在努力争取地方诸侯的认可，打消他们的敌意。至于新任教宗塞莱斯廷三世（Celestine Ⅲ）所诉求的权利，这位斯陶芬君主全然置之不理。

然而，这场由非法所得资助的远征并没有为皇帝、他的国家和他的家族带来持久的运气。亨利六世对西西里的统治十分严酷，人民怨声载

[①] "腓特烈"（Friedrich）与"和平"（Frieden）在德语中同源。

道。在入主西西里三年后，皇帝死于疟疾，至死他仍没有获得教宗对他征服西西里的认可。十年内神圣罗马帝国两位皇帝先后离世，这为斯陶芬王朝的荣耀蒙上了一层阴影，也使国家受到重创，日后的事实可以证明，这是一场永远也无法克服的危机。此时，神圣罗马帝国的皇帝由诸侯选举产生，亨利希望把它由选举的帝国变为斯陶芬家族继承的帝国，为此他徒劳地寻求帝国诸侯和教宗的支持。[31] 然而无论繁荣与否，亨利的王国和帝国始终只能依赖于君主的个人能力，一个属于斯陶芬的世界性君主国（Weltmonarchie）仅仅停留在幻想里。实际情况的发展与亨利设想的截然不同：欧洲其他的国王和诸侯服从于教宗对教会的领导，然而他们只承认一个区域性的帝国。法国和英国国王在没有皇帝头衔的情况下，地位与皇帝相当。就连罗马教会自身也急于摆脱帝国霸权的威胁。

精神文化

国王和主教都卷入了上述斗争，而 12 世纪最重要的新兴社会力量——城市及其市民——则似乎置身事外，除了巴巴罗萨的意大利政策切实影响了意大利北部城市的发展。然而，国王们需要钱，而钱又都聚集在城市中，因此市民阶级的力量和影响力不断上升。即使早在 12 世纪，意大利城市的军事实力也不容小觑，尽管城市内部存在着分裂。甚至在德意志，城市的影响力也在不断增长。此时的欧洲大城市有巴黎、伦敦、巴塞罗那、米兰、热那亚、威尼斯或罗马，它们拥有五万以上的居民；科隆可能与它们人口相当，而德意志其他城市的人口则较少。移民也在快速增长，市民阶层绝不是同质的。

城市的领导阶层主要由商人构成，他们不断在企业或金融交易中证明自己，并且在由下层贵族（Patriziat）构成的城市新贵中大显身手。在伦巴第城市中出现了贵族与民众之间的对立竞争，这并非系于政治的党派之争，而是一个普遍的发展趋势。激烈的竞争，甚至是长期以来的争斗，左右了城市内部的交易。总体而言，竞争刺激了企业精神的发展，而不是阻碍它。此外，12、13 世纪的城市社会还为异端提供了温床。在科隆或法兰克福这样的德意志城市,主教或国王的"家臣"至关重要。决定个人在城市掌握多少权力的是财富,而非由继承获得的等级。因此,城市上层形成了一套新的合法化策略。新的行为模式、新的价值观念和伦理观念也随之建立,这就是金钱的伦理、高利贷的伦理、避免高利贷的伦理以及事后的忏悔。市民的利益主要集中在贸易和商业、市场和畅通的物流上。著名的香槟集市全年按照固定次序,分别在拉尼(Lagny)、普罗万(Provins)、特鲁瓦和奥布河畔巴尔(Bar-sur-Aube)四座城市举行。在12、13世纪,它们成为欧洲货物流通的中心地带,这得益于香槟伯爵能为交易的安全提供必要保障;直到法王接管了伯爵的权力,这一物流中心的重要性才有所下降。在佛兰德和布拉班特,当地的城市享受了或争取到类似的安全保障,它们还依靠沿海的优势加强了城市的自治和经济实力。该地区的织布业尤为发达,和托斯卡纳一样,这里出产的布料品质高,远销西班牙和近东国家。不久前的技术革新也减轻了工作的负担。大约自1200年起纺车开始流行,它们很可能从东方传入,例如来自中国的丝织业,来自印度的棉纺织业。最初纺车还被禁止使用,因为人们担心它影响线的质量;直到15世纪,经过技术改良的纺车才在欧洲普遍使用。

统治的中心,也就是国王、诸侯的所在地,再次从乡村的行宫和府邸迁入城市,相似的进程在古代和墨洛温时代也曾出现。除去用于狩猎和消夏的宫殿,整个中世纪都是如此。巴黎、波尔多、鲁昂、伦敦、巴塞罗那或不伦瑞克的丹克沃德洛德城堡、梅森、维也纳、海德堡,这些城市都曾作为行宫和王侯的驻地,它们的名单还可以继续扩展。只有德意志的国王和皇帝没有首都,他们的帝国幅员辽阔,区域间相差甚大,难以同一,斯陶芬王朝的政策在这种情况下也不容许改变。金雀花王朝的安茹帝国也面临类似问题,他们的统治中心也是在不停变化。只有在西方,主教城市同时也是国王和诸侯的驻地,这里的文化教育蓬勃发展,新思潮层出不穷。例如著名的哥特风格也是在这类城市中兴起的,圣德尼修道院和巴黎圣母院被视为其中的杰出代表。相比之下,德意志则是长期盛行传统的罗曼风格。此外,大教堂不是一天建成的,它们的工程和融资往往持续数世纪之久。科隆大教堂和许多同一时代兴建的大教堂一样(例如巴塞罗那),一直到19世纪才完工，可谓政治的浪漫主义和新兴的民族主义的一种表现。

宫廷所在的城市也是成功的贸易中心和知识精英的聚居地，在这里宫廷文化日益繁荣。在巴黎，著名的教师阿贝拉尔与他美丽的学生爱洛伊斯一起生活，彼此相爱，随后他们被强行分开，只能以书信联系。有人曾怀疑这些书信的真实性，但今天它们再次被认为是真实的。无论它们是残破的、高度粉饰的，还是日后补充创作的，这种信件的交流代表了一个开始，宣告了新的觉醒与转变，它只能在城市的社会环境中实现。一个新的感官世界就此展开了，迄今陌生的自由意志开始释放：它是臭名昭著的、变幻莫测的、受谴责的，也是迷人的。尘世间无关轻重的爱，沉醉肉欲而引发的灵魂救赎的危险，都成了时代的主题；而同时被唤醒的还有自我的实现以及个人生活的塑造。

我们在此简要叙述这个故事：爱洛伊斯年轻而有魅力，她的叔叔是巴黎主教座堂的圣职团教士（Kanoniker）①，颇有影响力。阿贝拉尔被委任为爱洛伊斯的老师，就像时常会发生的那样，教授爱上了他的学生。爱洛伊斯怀孕了，这令她的叔叔暴怒，他命人袭击了阿贝拉尔并把他阉割。这便是他苦难的开始。然而，爱洛伊斯并没有强迫阿贝拉尔与她结婚，恰恰相反，她意识到，阿贝拉尔绝不属于婴儿房和孩童的哭闹。因此，为了他，她拒绝了与他的婚姻，却没有放弃对他的爱："主啊，请你为我作见证。如果皇帝，哪怕是全世界的君主，屈尊来迎娶我，如果他把整个世界都许诺给我，把所有的财产永远地写入我的名下：我都宁愿被称为你的妓女而不是他的皇后，我以此为自豪。如果一个人富有而有权势，那么他并不会因此被称为善。财富和权力依赖盲目的运气，而善取决于人自身的功绩。如果一个姑娘更愿意嫁给富人而不是穷人，那么毋庸置疑，她是那种可以贿赂的妓女，她渴望的不是夫君而是他的财富。"[32] 不论怎样，爱洛伊斯选择了爱。

阿贝拉尔将自由意志的伦理学表述得无比明确，他将其足以撼动社会

---

① 圣职团（canon）是依照一定的教规生活在一起的教士团体，多依附于主教座堂或其他教会机构。11世纪以来，一些教堂要求教士持守奥古斯丁会规，放弃个人财产，共同守贫。这类教士团体就称为"守律圣职团"（canons regular）。

的巨大力量强调得无比坚决。因为心天生会犯罪,"它渴望曾经的欢愉,那欢愉中充满了永不消退的热情"。诚然,这样肆意的激情不能没有约束;爱洛伊斯成为圣灵(Paraklet)修女院的院长,这里收留失足的妇女,阿贝拉尔为它制定了会规。尽管如此,爱洛伊斯的话"宁愿被称为你的妓女而不是他的皇后"还是流传开来了,阿贝拉尔的遭遇闻名于世。巨大的变革开启了,引发人们不断思考,没有人能再把它从欧洲社会的舞台上赶走。然而这个时代也不是没有反对者。安德烈斯·卡佩拉纳斯(Andreas Capellanus)是香槟伯爵夫人、法兰西的玛丽(Marie de France)的礼拜堂神父(Kapellan)。在他广为流传的《论爱情和爱的救赎》(*Tractatus amoris et de amoris remedio*,约1180年)中,他致力于论述用教会法和神学来抑制爱情,因为爱情是如此强烈的力量,它只服从于自己的规则。对于想要抑制爱情的人来说,他考虑的也是如何抑制放纵。薄伽丘的故事集《十日谈》正是以多种角度、多样的方式探讨了这一主题。诚然,像伊曼努尔·康德这样的启蒙思想家不会意识到上述变革,在他们看来,中世纪全然缺乏理性。康德本身也是一位哲人,而不是恋爱中的人。然而他也不敢声称中世纪的爱情只不过一副丑陋的面孔;对中世纪的其他事物,他可是做出了如是评价。

宫廷骑士爱情诗的时代开始了。它无疑受到了阿拉伯世界的影响,通过西班牙传入了欧洲。埃莉诺的爷爷、阿基坦的威廉九世被视为第一位吟游诗人,他那些流传至今的诗句仍没有失去那份新鲜感。威廉九世的同代人,另一位著名的游吟诗人马卡布鲁(Marcabru),更为年轻:"我唱给你的歌关于爱情,关于爱如何释放信号:它从这里窥视,它又从那里眨眼,它在这里亲吻,它又在那里做了个鬼脸……"(Dirai vos d'Amor con signa; / de sai guarda, de lai guiga, / sai baiza, de la rechigna...)人们常说,"高雅的"和"低俗的"爱情(Minne)相互对立,但真的是这样吗?这些爱情诗时常呈现出另一幅画面:"罗宾他爱我,罗宾他只爱我,罗宾他向我求爱,所以他是我的了。罗宾送我一条猩红色的小裙子,它那么美好,还有一件小上衣,一条小腰带,乐哉,乐哉!罗宾他爱我。"(Robins m'aime, Robins m'a/ Robins m'a demandée / Si m'ara / Robins m'acata cotele / D'escarlote bonne et belle / Souskanie et chainturele, / Aleuriva! / Robins m'aime, Robins m'a, / Robins m'a demandée / Si m'ara）以亚瑟王为母题的史诗也风行一时，它出现在埃莉诺和她的子女们所在的、坐落于鲁昂的安茹宫廷，出现在法王在巴黎的宫廷，也出现在大诸侯的宫廷，诸如香槟伯爵所在的特鲁瓦。史诗作家特鲁瓦的克雷斯蒂安（Chrestien de Troyes）、法国公主、埃莉诺的女儿还有诗人法兰西的玛丽在这里登台献作。① 在一代人之后，这种艺术形式也传入了莱茵河畔的德意志王国。

然而，骑士身份不单单是这样一种理想的形态，它首先是一个严酷的、悲惨的现实。骑士们感到压力沉重，他们来自农田的收入不断减少；与此同时，他们必须保持一种特定的生活方式，追求相应的身份和地位，还要承受高昂的开销，这包括马匹、铠甲、四处比武的旅费（尽管比武被宗教会议明令禁止），以及替他们的领主舍身赴死而付出的代价。如果骑士是家中的幼子，那么他们更难保住自己的身份和地位，因为家里往往没有什么能留给他们。所以也有许多人放弃了骑士身份，加入了军事修会（骑士团），成为神职人员，或者是去城市里闯荡，成为市民。还有的人利用婚姻改变命运，他们迎娶了富裕农民的女儿，以这种方式快速实现资本积累。当时有一种说法人尽皆知：一个骑士一大早便跟在犁的后面耕作，到了晚上他还要骑着马去比武。在经济上，无论是市民阶层还是新发迹的下层贵族，他们都超过了骑士。然而，诸侯还无法完全舍弃这个战士阶层。因此，将骑士理想化的背后另有目的，即试图以此弥合骑士所处的困境，为他们正名。

在同一时期也就是 12 世纪下半叶，雇佣兵的服务也开始形成。他们是职业兵种，单单靠战争或者是战争的危险而生活。货币经济的发展也影响着武装力量以及实战。从雇佣军最早的名字"布拉班人"或"阿拉贡人"可以看到，这些地方的贵族们迫切需要武装力量，因此催生出这样一种新的生活、谋生方式。那些深陷战争泥潭的同代人，尤其是国王，有多么藐视这批新兴的雇佣军，就有多么需要他们。这些久经沙场的雇佣

---

① 诗人法兰西的玛丽与法国公主、埃莉诺的女儿、香槟伯爵夫人法兰西的玛丽仅同名，并非为同一人，疑为作者笔误。

军，招之即来；王侯利用他们，再挥之而去，王侯自己的双手不沾一滴鲜血：有罪的是那些不信神明的雇佣军。1171年，腓特烈·巴巴罗萨与法王路易七世在沃库勒尔（Vaucouleur）会面，为霍亨斯陶芬王朝与卡佩王朝结下了数十年的友谊；在这次会晤中，双方一致同意禁止雇佣军。然而这对潮流而言无济于事。他们的子孙继续派遣雇佣军作战，在疆场上与王国的敌人厮杀。战争是对所有禁令的无情嘲笑。雇佣军的发展还催生出新的职业化模式：专业人员可以被雇佣或购买。这使得世俗君主和教宗的财政状况骤然紧张，支出大增；这种情况也为领薪水的指挥官或雇佣军队长（Condottiere）提供了前所未有的机会。中世纪晚期著名的"执政团"（Signorien）①也得益于雇佣兵制，例如卢卡的卡斯特拉卡尼家族（Castracani）、米兰的斯福尔扎家族（Sforza）或里米尼的马拉泰斯塔家族（Malatesta），其祖先都是雇佣军，在其基础上他们才成就了霸业。

没有争议的是，金钱统治了这个世界。诗人沙蒂永的瓦尔特（Walther von Châtillon）在12世纪的一部讽刺作品里如是说："金钱是胜利者，是国王，是统治一切的皇帝。"（Nummus vincit, nummus regnat, nummus cunctis imperat.）他在这里模仿了早先礼拜仪式中赞美诗的格式，只不过将"基督"替换为"金钱"。在教宗的罗马教廷中也是腐败横行。枢机阿尔庇努（Albinus）和鲁菲努（Rufinus）捧着双手的故事众所周知，他们其实象征着金和银。②诚然，不同的税收系统创造了不同的政府制度，刺激诸侯和领主探索新的经济利益，也呼唤新的专业人士出现。统治者们开始有计划地推动商业和贸易，将城市建设为经济产业中心，与已有的经济体展开激烈竞争，它们的直接对手通常是位于附近的城市。其中，香槟伯爵就因其富有而闻名内外，因为他们积极推动领土内商贸集市的发展。

---

① "Signoria"字面意思是"领主"。从13世纪中后期到15世纪中期，意大利城市共和国大都演变为政治强人（signore）或家族控制大权的世袭统治，史学家称之为"执政团"制。
② 这个故事出自《托莱多的加西亚论说集》(Treatise of Garcia of Toledo or The Translation of the Relics of Saint Gold and Silver)，它是11世纪一部针对教廷腐败的讽刺作品。在这个虚构的故事中，托莱多大主教伯纳德前往罗马参见教宗乌尔班二世，声称自己携带了圣徒阿尔庇努和鲁菲努的遗物。然而阿尔庇努和鲁菲努并非圣徒，伯纳德献给教宗的其实是金银，他想以此贿取出使阿基坦的机会。

欧洲的巨额融资活动在同一时代开始兴起。这个行业跨越了国与国的边界，将国王和诸侯卷入其中，甚至连教会人士都着眼于高额的收益，试图在其中分一杯羹，于是很快它在政治中也举足轻重。金融业迎来的第一次高潮是巴巴罗萨的第三次十字军东征，它带动了巨额的金融交易。随后是1198年皇帝亨利六世去世后的德意志王位之争，在双王对峙（Doppelwahl）的局面中，双方都在靠大量的金钱贿赂维持选举。这些钱由科隆的商人和货币经纪人从英国转移到斯陶芬帝国，为首的是科隆大主教的家臣和税务官"无节制者"葛哈德（Gerhart Unmâze）。"我们急需资金"，西西里国王、神圣罗马帝国皇帝腓特烈二世在13世纪如是抱怨，这句话暗示了随后数世纪的走向。[33]

第八章

天主的代理人

你应当知道，天主，世界的造物者，在苍穹中创造了两盏巨大的明灯。较大的那盏用于白昼，较小的那盏用于黑夜。这苍穹就是教会，白昼象征着精神的高贵，黑夜象征着物质的高贵。如此，天主在普世教会的苍穹下创造了两盏明灯，它们象征着两类高贵之物：主教的权威与国王的权力。正如月亮从太阳那里获得它的光亮，国王的权力也是从主教的权威中获得光辉的。国王的权力越是靠近主教的权威，国王所受到的照耀反而越少；国王的权力越是与主教的权威保持距离，国王获得的光辉才会越多。

这段话出自教宗英诺森三世，他希望世俗权力与宗教权威保持距离，正如满月之于太阳。英诺森的整个政治生涯都致力于实现这一目标：国王与皇帝要远离教宗的圣座，只有这样王权才能真正地照耀世人。如果王权过于接近教会，那么它会像新月那样黯淡无光。英诺森所勾画的图景历史悠久，格里高利七世也运用这一比喻，强调王权应臣服于教会的精神领导。一个世纪后，卜尼法斯八世再次回到日月的隐喻，用它来解释教会的神权政治与世界统治："月亮本没有光亮，它只能从太阳那里获得光亮。如此，世俗权力拥有的一切都来自教会权力。"[1] "地球比月亮大七倍，太阳又比地球大八倍，因此教宗的权威比国王的大五十七倍。"在对英诺森三世教令的评注中，学者们这样计算教宗权威与国王权力之间的差距。

众所周知，13 世纪的欧洲涌现出一批杰出的世俗君主。他们包括：神圣罗马帝国皇帝与西西里国王腓特烈二世（1212—1250 年在位，本段下同）、法国国王腓力二世（腓力·奥古斯都）、路易九世（圣路易，1226—1270 年）和腓力四世（美男子腓力，1285—1314 年）、阿拉贡国王雅各（海梅）一世（征服者雅各，1213—1271 年）、佩德罗三世（佩德罗大帝，1276—1285 年）、卡斯蒂利亚国王费迪南德三世（1217—1252 年）及其子阿方索十世（智者阿方索，1252—1284 年）。然而，13 世纪也是教宗的世纪，它以英诺森三世（1198—1216 年）开始，以卜尼法斯八世（1294—1303 年）结束。在他们之间也是一连串不世出的教宗：格里高利九世（1227—1241 年）、英诺森四世（1243—1254 年）以及"天使教宗"塞莱斯廷五世（1294 年）。

在 13 世纪，众多学说日臻完善。"全能权力"（plenitudo potestatis）在教会和世俗领域都获得极大发展，其法学意义更加清晰；"天主的代理人"也是如此。"天主的代理人"源于一种观点，即教宗是圣彼得的继任者与继承者。在此基础上，人们又赋予它辩证学、神学和法学的内涵。教会法与教义的发展都保持着内在连贯性。格里高利七世第一次尝试着效仿基督的措辞，将教宗视为基督的代理人。自此，教宗颁布的教令获得了极大效力，这一转变不可逆转，教宗在立法上的职权也不断扩展。在博洛尼亚、巴黎和其他地方，教授教会法的学校重新塑造了婚姻法、继承法和代表制。早在 12 世纪，罗马教廷就成为教会的中央法庭。平信徒也可以来到教廷上诉，这在英诺森三世的治下得以规范。自此，平信徒但凡认为自己在世俗法庭受到不公待遇，便可以直接向教宗上诉，将案件交由教宗法庭审理。平信徒上诉本是教宗法庭中的"紧急之举"，然而在理论上它有着广泛的适用性，尤其是处于以下几种情况时：王位出现空缺，法官能力有限，世俗法庭人为阻碍正义的伸张，案件模棱两可或者难以解决，以及案件被直接上报给教宗法庭。[2] 这时候，教宗的法庭成了国际终审法庭，因为神职人员、诸侯和国王都可以向教宗上诉，这为"天主代理人"的理论注入了鲜活的生命力。

事实上，很多人并没有机会接近罗马教廷和教廷法院，这些人是真正的穷人、小农，以及那些被剥削、被压迫的人，因为这个特别的教宗法庭很快为人所知，诉求众多。人们若想去教宗法庭上诉，就不得不将手伸向口袋的最深处；即使花费高昂，案件马上得到解决的概率也微乎其微。这不仅适用于平信徒，也同样适用于教士。个人在法庭上的花费包括：聘请证人、律师、公证员和法官的费用，行政开销，旅途和住宿开销，以及必要的行贿。这样上诉人才能知道案件将如何进展，每一步应该怎么做，应该把钱交给谁。输掉官司的人将为胜诉者支付开销。在随后的数世纪中，人们致力于简化法庭程序，为律师和法官制定荣誉准则（Ehrenkodices），不断确立新的规范。这一切措施都是用来应对潮水般涌入的案件的，限制法庭开销的爆炸性增长，至少能借此对法庭开销做到心中有数。只有极具争议性的案件才会呈送到教宗面前，由教宗亲自审理。然而，没有什么能抑制人们上诉的热情，因此在整个中世纪，教宗法庭都是罗马教廷中的中心事务，需要常规管理。[3]

教宗英诺森四世是法学家。在他的治下，"天主代理人"的学说得到了极大发展。英诺森本人或者说教廷的鼓吹者认为，耶稣基督将神圣帝国与世俗帝国的缰绳交给了圣彼得和他的继任者，他同时赋予罗马教宗以教权与王权的统治，即"君主统治"（monarchatus）。这个词本身在中世纪的拉丁语中极为罕见。[4] 英诺森进而解释道：教宗是基督的代理人，他享有的权力适用于所有人，无论是基督徒还是异教徒。教宗还是造物主的代理人（vicarius Creatoris），所有拥有理性的造物都应遵从他。[5] 这一思想在卜尼法斯八世时达到了高潮，也在此走向终结。卜尼法斯在 1302 年颁布了《一圣教谕》（Unam Sanctam），其中写道：

> 罗马教会之外既没有拯救也没有赦免。教会只承认有且仅有一个首脑，那就是"基督和他的代理人，圣彼得和他的继任者"。若希腊人不信任圣彼得和他的继任者，那么他们就不是基督的羊群。从圣彼得和教会的权力中产生了两把剑。谁否定这一点，谁就抛弃了《圣经》。是宗教权力任命了世俗权力，如果世俗权力开始作恶，走向歧途，那么宗教权力有权审判它。如果走上歧途（deviat）的是教宗，

那么只有天主能对他进行审判。"我们宣布并做出如下裁决：为了获得救赎，所有人都应臣服于罗马教宗。"[6]

对教宗理论的怀疑接踵而至，它将历史引向何方已是众所周知的事情。不久后，约翰·威克里夫（John Wyclif）和扬·胡斯（Jan Hus）等人开始宣扬反对观点，罗拉德派（Lollards）也随之出现。[①] 此后，教宗主义者与公会议至上主义者的教理之争震荡了整个教会组织，教会的大分裂也在此埋下了伏笔。

13世纪初，圣彼得最杰出的继承人之一坐上了教宗圣座，他就是英诺森三世。他的统治将中世纪教权推向了最高峰，这也是整个教宗史上的辉煌时刻。在成为教宗前，英诺森曾在罗马、巴黎和博洛尼亚求学。他无疑是一位神学家，或许也接受过教会法的教育。英诺森在即位之初便遇上一连串的棘手问题，然而这些难题也为教宗造就了千载难逢的机遇。1198年，英诺森三世当选罗马教宗，也正是此时，德意志出现了王位之争。奥托四世与施瓦本的菲利普（Philipp von Schwaben）同时成为德意志王位的候选人，奥托是狮子亨利之子，而菲利普是腓特烈·巴巴罗萨最小的儿子。这场斗争使整个欧洲中部波涛汹涌，不久后它也波及海峡对岸，奥托开始向英格兰国王求助。在此次王位之争中，斯陶芬的权力第一次分崩离析，前两代君主——腓特烈一世与亨利六世——埋下的种子结出了恶果。

阿尔卑斯山以北的地区斗争最为激烈。放眼望去，到处都是内战、被烧毁的战场与肆虐的饥荒。粮食的歉收加剧了恐怖。皇帝亨利六世的遗孀是康斯坦丝，她是西西里王国的继承人，掌管着西西里的王权。她似乎不希望自己的儿子腓特烈·罗格（腓特烈二世）成为帝国的继任者，然而此时，年仅四岁的腓特烈二世已当选为德意志国王。[②] 一年后，也就是1199年，康斯坦丝逝世。她把腓特烈留给了彼此相争的帝国的代理人，同时

[①] 罗拉德派是威克里夫的追随者。第一批罗拉德派主要是威克里夫在牛津大学的同事，由赫里福德的尼古拉领导。罗拉德派的传统有利于亨利八世的反罗马教权的立法。
[②] 在父亲亨利六世的主持下，1196年诸侯选举腓特烈（不到三岁）为德意志国王。但次年亨利六世去世，去往德意志途中的腓特烈只好返回西西里。1198年母亲康斯坦丝将西西里王位传给腓特烈，宣布放弃争夺德意志王位。

也托付给了教宗英诺森三世照管。自诺曼人的统治以来,教宗一直是西西里王国的领主。神圣罗马帝国的苦难在一幕幕上演,直到若干年后,腓特烈二世重新整饬了斯陶芬王朝的统治,局势才开始好转。不过,在困境中仍有事情值得欣喜,这就是诗歌与文学在德意志迅猛发展,达到了前所未有的顶峰。这一系列成就包括福格威德的瓦尔特(Walther von der Vogelweide)的诗作和埃申巴赫的沃尔夫拉姆(Wolfram von Eschenbach)创作的《帕西法尔》。在图林根伯爵赫尔曼举办的吟游诗人竞赛上,瓦尔特与沃尔夫拉姆相遇了。伯爵被称为王位之争中最坏的那只"歪脖啄木鸟"(Wendehälse,叛变者)。瓦尔特则是"王位之争"的诗人,在政治诗《王国之音》(Reichston)中他写道:"悲惨啊,德意志的土地,人们置身于危险中……背叛无处不在,暴力正大步逼近,法律与秩序均受到重创。"正是德意志面临的苦难酝酿出这些诗作,在同时代的法国和英格兰,人们就找不到与之类似的政治诗人。

英诺森三世并没有激化德意志王位之争的矛盾,然而他有着高超的政治手腕,懂得如何使罗马教会和教权从中获利。事实上,为了有益于教会,英诺森甚至故意拖延了王位之争。在这一过程中,他促进教会从帝国控制下得到极大解放。英诺森最为关心的是罗马教会的地产。他对政治局势有着敏锐的洞察力,他意识到德意志王位之争开启了一次千载难逢的机遇。教宗意识到,在此刻教会能从德意志皇帝手中重新夺回属于教会的土地。在1177年的威尼斯和平协定中,罗马教会与神圣罗马帝国在意大利的领土争端并没有得到澄清,尤其是教会没能明确获得马蒂尔德的遗产和"圣彼得的王权"(教宗国)。尽管亨利六世向教宗塞莱斯廷三世许诺了大片土地,然而塞莱斯廷不同意亨利提出的交换条件,没能和亨利进入有关教会领土的协商阶段。塞莱斯廷所错失的领土谈判,现如今英诺森有机会将它重新开启。

在教宗国的"收复运动"(Rekuperationen)中,英诺森并没有依据《君士坦丁的赠礼》,而是更多参照了817年的《路易协约》(Ludowicianum),它记载了虔诚者路易向罗马教会赠土的相关事项。英诺森或许还参考了亨利六世与塞莱斯廷的谈判草案,这份草案也被视为亨利六世的遗嘱。英诺森想要恢复的教会领土幅员辽阔，比斯陶芬时代任何一次争论所涉及的土地还要多。这包括马尔凯、斯波莱托、拉文纳、翁布里亚和托斯卡纳，也就是整个意大利中部。英诺森的"收复运动"步步为营。教宗首先在马尔提姆、坎帕尼亚和托斯卡纳南部地区确立了统治。在腓特烈二世去世后，教会和哈布斯堡的鲁道夫在 1279 年签订协约，将欲收复的其余领土长久归入教宗治下。自此，教宗国诞生了。在随后的数世纪中它不断得到巩固，这也得益于不断发展的教廷裙带关系。直到 1870 年意大利统一，教宗国的统治才宣告结束。只有在狭小的梵蒂冈城内，教宗还可以行使他的世俗权力。然而，在教宗国建立后的这五百年内，王权与教权对优先地位的争夺可谓白热化，它成为教会的核心利益所在。在大多数时间里，罗马教廷对教宗国的忧心超过了它对普世教会的关怀。由于德意志的君王和诸侯深深卷入了 1198 年以来的王位纷争，从内部开始分裂，他们只能接受教宗国在意大利复建的事实。

阿尔卑斯以北的这场纷争没有在 1208 年终结，这一年施瓦本的菲利普被杀。纷争一直延续到 1214 年甚至是 1218 年，直到奥托四世丧失权力，与世长辞。在这场纷争中，大量的王室地产、王室权利和特权被王位候选人兜售。也正是此时，诸侯的邦国（territorium）形成了，诸侯与教宗实际上享有共同的利益。二十年以前，狮子亨利的失势预示了德意志将发生根本性转折。亨利所在的韦尔夫家族不仅仅追求土地兼并，他们更看重统治的强化，以及在教会与贵族间担任调停者。然而这一设想以失败告终，狮子亨利最终腹背受敌，也被皇帝抛弃。如今在德意志的王位之争中，德意志王权要为此付出代价，不仅是统治者受到牵连，整个帝国也未能幸免于难。王位候选人要竭力寻求各方诸侯的支持，每一派系都要付给酬金；即使这样，诸侯也常常在议会上临时改换立场。王国和王权的物质手段不断被削弱，日后它再也没有从这场纷争中恢复过来。

英诺森三世直接介入了德意志的王位之争。在《可敬教令》（Venerabilem）中，英诺森讨论了国王选举的原则，这些最终导致 13 世纪产生选帝侯制度。英诺森首先宣称教会的立法者（教宗）对皇位候选人具有审查权（Prüfungsrecht）；随后的数十年，教会法学家和教宗将审查权确立为真正意义上的批准权（Approbationsrecht）。到了巴伐利亚公爵路易（1314—1347年在位）的时代，王位之争导致教宗和皇帝无法避免的冲突。在1198年以来的空位时代，英诺森三世首先选择支持韦尔夫家族的奥托，他绝罚了施瓦本的菲利普；此时菲利普已是托斯卡纳的摄政公爵，这让英诺森倍感忧虑。一些德意志人认为教宗应该为这场王位之争负责。福格威德的瓦尔特在诗中写道："看！教宗笑得多么幸福，他告诉意大利的附庸，'我的决策是多么明智'……教宗进而解释：'我让两个德意志人争夺一顶王冠，这样他们便能毁坏帝国，与它同归于尽。'"

1209年，英诺森将狮子亨利之子奥托四世加冕为罗马皇帝，然而不久后他便绝罚了奥托，因为奥托向西西里进军，企图将王国纳入帝国的麾下。奥托四世成长于远在法国的英格兰宫廷，宫廷在法国的城市中，远离德意志王权和神圣罗马帝国的皇权。在法国，奥托的舅舅狮心王理查封他为普瓦捷伯爵，奥托的法语可能还要好于他的德语。奥托四世或许铭记着他的曾外祖父皇帝洛塔尔三世：洛塔尔是最后一位统治南意大利的罗马－德意志君主，1137年西西里承认了皇帝的宗主地位，当然，教宗英诺森二世对此予以支持。然而随后事情发生了根本性转变，西西里王国无可争议地成了教宗的封地。因此，英诺森三世发现自己被奥托欺骗后，他无法容忍任何意大利君主染指伦巴第人留下的诸侯领，这一点上英诺森和他的前任教宗如出一辙。教宗冒着极大的危险使出最后一击，这也是他唯一的选择：他怂恿刚刚成年的腓特烈夺回德意志王位。这同时意味着，英诺森亲手促成了西西里王国与神圣罗马帝国可能的统一，在此前，这是英诺森三世无论如何也想要避免的局面。

由此，这位阿普利亚的小男孩（chind von Pülle）踏上了北上德意志的冒险之旅。幸运一直与他相伴，1214年，腓特烈在亚琛加冕为德意志国王，继承了父亲亨利六世的遗产。出乎意料的是，腓特烈还承诺出征十字军。为了这一目标，他给予德意志诸侯众多特许权。这位斯陶芬人甚至放弃了帝国在北部的领地，他将荷尔斯泰因和吕贝克赠予丹麦国王瓦尔德马二世，这在历史上前所未有。腓特烈二世的竞争者是奥托四世，后者向他的舅舅、英格兰无地王约翰求助。在1214年的布汶之战中，法国的腓力二世击败了无地王约翰和奥托四世组成的同盟，奥托四世就此失势，他的权力、威望与实际的王权统治统统落空。1218年，奥托四世在戈斯拉尔附近的哈尔茨堡逝世。这座城堡是他不久前新建的；在布汶之战失败后，奥托再也没有恢复元气。在取得最终胜利后，登上王位的腓特烈二世显露出自己的真实面貌。按照与教宗的约定，腓特烈本应让其子亨利继承西西里的王位，这样他可以专注于帝国事务。然而，腓特烈并没有遵守原定计划，他先是促成亨利当选德意志国王，随后在1220年回到意大利，在圣彼得大教堂加冕为神圣罗马帝国皇帝，又开始接管西西里的统治。这开启了一连串的斗争，斯陶芬家族也由此走向衰败。

除了腓特烈，此时的罗马教会还面临其他麻烦。在耶路撒冷，基督徒遭到猛烈反击。事实证明，诸如第三次十字军东征这样的短暂的军事打击难以为继，无法维持长久的安定。人们不断地布道以宣传新的十字军。此前在圣地的所有努力都要付之东流吗？一次次的十字军东征没有得到天主的赐福吗？人们无法相信这一点。此外，教会内部的异端也日益猖獗，教会的灵魂关怀近乎荒废。英国与法国的军事冲突不断升级。这一切都让教宗深深忧虑。不久后英诺森三世计划召开新的公会议，希望以此解决上述难题。

长久以来，教宗最为忧心的是耶路撒冷。英诺森上任伊始，便召集十字军。尽管十字军的宣传声势浩大，招募到的人数却没有达到预期。还有很多人在中途毁约，他们支付了赎金退出了队伍，然而又没有雇佣兵能补上。圣地所需要的是战斗部队，而不是这些赎金。此外，教宗新近向信徒征收的十字军税也激起了众怒。福格威德的瓦尔特在诗中写道："捐献箱先生，请您告诉我，教宗把您请到我们这里，是不是因为您能使他致富？致富的手段就是剥削我们德意志人，榨取我们的财富……捐献箱先生，您到我们这里来作恶，您在我们德意志人中间寻找无知的妇女和愚蠢的人。"不过这位教宗批评家谴责的只是十字军税而非十字军本身。瓦尔特对十字军的态度是赞许的："基督徒、犹太人和异教徒都将圣地视为自己的遗产，天主必须公正地做出决断，以圣父、圣子、圣灵之名。整个世界都来到圣地决一死战——我们师出有名，我们站在正义的一方，这是天主的意愿。"

但是天主会选择支持谁呢？由此引发的冲突无穷无尽……

十字军的队伍最终在威尼斯聚集，意大利城邦承诺为十字军提供船只。然而这支队伍不仅没有填满准备好的航船，也无力向城邦支付约定好的酬金。于是威尼斯总督恩里科·丹多洛（Enrico Dandolo）借此向十字军频频施压。在他的策动下，十字军先是将矛头对准达尔马提亚的城市扎拉（今克罗地亚扎达尔），它是威尼斯长期觊觎的猎物。此时，扎拉正处在匈牙利国王的统治下，而匈牙利国王也参加了十字军。1202 年，十字军攻占了扎拉，威尼斯共和国将它据为己有。随后，十字军没有前往圣地，而是打着圣马可的旗帜向君士坦丁堡进发。君士坦丁堡在九百年来都没有被征服过。恩里科·丹多洛领导了这支队伍，他们占领了君士坦丁堡，在这座城市里烧杀抢掠。在此后的六十年，君士坦丁堡成了拉丁帝国的都城，事实上帝国统治者是威尼斯人。拜占庭帝国经历了一系列王位之争的谋杀、入侵者的洗劫和野蛮的破坏，走向衰落。1204 年，拜占庭落入外族人之手，颜面尽失。随后，尼西亚帝国和特拉布松帝国建立，这是两个无足轻重的王朝，它们无法遏制拜占庭的颓势。近六十年后，也就是 1261 年，尽管君士坦丁堡在热那亚人的帮助下重新回到希腊人手中，希腊人将圣马可的雄狮（威尼斯共和国的象征）赶出了金角湾，拜占庭帝国也没能重整旗鼓。它的统治虚弱而无助，仅仅局限在狭小的土地上，包括首都君士坦丁堡一带，以及小亚细亚和色雷斯的内陆地区。随着奥斯曼土耳其人不断进犯，拜占庭的统治越发萎缩。在残存了近两个世纪后，征服者穆罕默德（Mehmed der Eroberer）苏丹在 1453 年将新月旗插在了圣索菲亚大教堂（Hagia Sophia）之上。

十字军攻打扎拉和君士坦丁堡的行径绝非"正义战争"，不过丰厚的战利品使他们忘记了这一点。这两次袭击都公然违背了教宗的意愿，不过攻打君士坦丁堡的决定得到了教宗使节的认可。英诺森三世无法改变什么，唯一让他感到欣慰的是东西方教会合并的图景近在眼前。最终，西方世界为这次十字军付出了惨重代价，它激起人们极大的不满，因为十字军攻打的对象是同样参加十字军的国王和基督徒。对此人们要寻找新的说辞作为辩护。难道天主允许撒旦将他的怒火发泄到约伯身上？难道这怒火没能削弱撒旦？难道这怒火不是为了彰显约伯的荣耀吗？编年史家阿诺德远在吕贝克，他研究了参与这场不义战争的十字军战士的记述，对此阿诺德写道："教会中发生的事情更多是合乎天主的允许，而不是天主直接参与行动。因此，天主的允许可以被解释为行动的正义……天主想要实现的，将战无不胜，哪怕是魔鬼的意愿也无法阻挡它。"[7] 威尼斯是否是撒旦的工具？至少这些护教者否定了这一点。

威尼斯将这场声名狼藉的胜利从历史记忆中抹去了。他们的史学家只是简略提及了第四次十字军东征的结果，而没有渲染或赞扬。相反，威尼斯人更看重1177年的那场胜利。那场胜利令罗马教会和教宗受益，因为威尼斯打败的是神圣罗马帝国的皇帝，腓特烈·巴巴罗萨。在威尼斯人的记述中，1177年的海战发生在伊斯特里亚半岛的最南端，然而事实上，这是一场从未存在的虚构胜利。尽管如此，所有的庆祝场面、集体记忆和胜利纪念都以这场胜利为中心，直到宗教改革的时代人们才发现它是杜撰的。在此之前，无论是在威尼斯总督的府邸，还是在教宗的拉特兰宫，抑或是在意大利和德意志的广大区域，这场虚构的胜利都被广泛接受。此外，尽管1204年以来，威尼斯人在君士坦丁堡获得了海量的战利品，它们在里亚尔托（Rialto）①汇集，用于圣马可教堂、总督府邸和威尼斯城的装潢，然而威尼斯人从不把它们与走错方向的第四次十字军运动联系起来。在历史记述中，这个海上城邦着墨于他们的海上霸权，看重他们的"凯旋"（trionfi）以及他们的统治象征——带翼的雄狮，相传这一标志是教宗赠予威尼斯人的。这些历史记述产生于腓特烈二世失势之后，也就是晚于皇帝的绝罚、废黜乃至逝世。或许它们的诞生时间还可以推迟至1268年，这一年，斯陶芬王朝最后一位合法君主康拉丁丧命于那不勒斯广场的断头台。长久以来，斯陶芬家族被教宗视为罗马教会的迫害者，如今这一威胁终于消除了。如上所述，威尼斯人杜撰的这段历史在基督教世界广为流传，数世纪后，人们仍对此津津乐道。有一幅令人惊愕的画作便产生于这样的背景中。它描绘了教宗亚历山大三世用脚踩在腓特烈的脖子

---

① 自中世纪以来，里亚尔托就是威尼斯城的贸易中心。

上，皇帝只能蜷曲跪地，这自然是得益于威尼斯总督的帮助。在宗教改革中，这幅画作成为人们反对罗马教会的宣传工具。

这些事件预示着公共社会迎来了全新的结构性转变，这转变根植于种种新气象。朝圣者、商人、游民和文人构建起一张交流的关系网，这张网越来越稠密，延伸至欧洲各地。这张网也创造了公共舆论，它的重要性与日俱增。无论是人民还是社会精英，抑或统治者，他们都无法逃离舆论的影响。威尼斯就是一例，它强烈感受到公共舆论的压力。威尼斯威胁它的竞争对手尤其是热那亚，宣称要攫取地区内的军事、经济霸权。事实上，13世纪以降，威尼斯与热那亚就一直处在无休止的隐蔽战争中。来自威尼斯的马可·波罗从中国回到意大利时，正是落入了热那亚人手中，被羁押在热那亚的监狱。正是在监狱里，他口述创作了他的旅行见闻《百万》(*Il Milione*)，即《马可波罗行纪》[1]。

尽管 1204 年的第四次十字军东征以失败告终，欧洲上下仍整装待发，为下一次十字军做准备。然而事实证明，1219 年的第五次十字军东征又是一次灾难。在此之前，1212 年，还产生了一支"儿童十字军"。这支队伍由一群赤手空拳的男孩和女孩组成，他们来自法国和德意志，很多是仆役和佣人。一位声称握有"天国之信"的男孩是他们的领袖，他的追随者们相信奇迹将降临，他们能徒步穿越地中海而滴水不沾，进而解放圣地。这次远征很快走到尽头，十字军的少男少女要么死在路上，要么被热那亚和马赛的奴隶贩子逮捕，沦为奴隶。"儿童十字军"并没有得到教宗的批准。那时，年幼的腓特烈、阿普利亚的小男孩，恰巧在克雷莫纳碰上了这支队伍，此时，他正前往阿尔卑斯山北面的德意志，谋求他的德意志王位。这次偶遇是否影响了日后腓特烈自己的十字军远征？我们不得而知。同以往一样，第五次十字军东征的策动者也意识到，埃及对巴勒斯坦的基督徒而言是巨大的威胁，因此他们袭击了埃及腹地的穆斯林势力。我们可以想象，此时前往埃及的圣方济各是多么勇敢，他试图说服苏丹皈依基督教；如果苏丹真的聆听了这位古怪的托钵修士的言辞，那么这位穆斯林君

---

[1] 马可·波罗在给狱友描述自己在中国等地的见闻时，老是说"百万这个，百万那个"，故他被人称作"百万先生"，而这本游记也因此被称作《百万》。

王也许是怀着宽宏大量看待一位愚人。十字军最终没能征服埃及和尼罗河。在短暂的旗开得胜后,队伍在杜姆亚特被大水和敌人包围,不得不放弃进攻,不少骑士阵亡或者成为俘虏,只有少数人赎回了自由。正是在这样的背景下,洪诺留三世和他的继任者格里高利九世急切地敦促腓特烈二世出征十字军,履行他在亚琛许下的誓言。

此时,英国与法国的争端日渐白热化。无论在政治还是军事上,无地王约翰都不是腓力二世的竞争对手。约翰受到种种指控,其中包括谋杀他的侄子布列塔尼的亚瑟(Arthur von der Bretagne)。因此约翰的领主,也就是法王腓力二世,再三传唤约翰到自己的法庭,然而约翰拒绝出庭。经过几次诉讼,约翰的大量封地被收回。法庭审判之后战争接踵而至,英国方面不得不使用昂贵的雇佣兵作战。在1204年的一场战争中,腓力二世获得了决定性胜利。不久后获胜的法王便整装待发,准备入侵不列颠岛,然而这一计划未能成行。法王与英王的矛盾逐渐升级为震动整个西欧的事件,此后出现的一系列王朝联姻、王位争端、联盟重组甚至是局部战争,都与英法的对峙有关。可以说,它直接导致了镇压法国南部阿尔比派的十字军运动,这支队伍由卡斯蒂利亚国王、阿拉贡国王和不计其数的地方伯爵率领。法国南部的吉耶纳和加斯科涅曾是无地王约翰的领地,然而1213年图卢兹的米雷之战改变了政治格局,自此阿拉贡、法国和当地的伯爵重新获得对法国西南部的统治。

此外,约翰还与教宗英诺森三世为敌,令局面恶化。1207年,英诺森擢升斯蒂芬·兰顿为坎特伯雷大主教,而约翰拒绝接受这一任命。由此,英国和法国、德意志皇帝与教宗、韦尔夫家族与斯陶芬家族的矛盾汇聚为欧洲范围的冲突。坎特伯雷大主教兰顿加入反对约翰的阵营,腓力二世开始重新筹划入侵英格兰的军事行动。约翰在绝望中向教宗英诺森三世求助,尽管此时也就是1209年,约翰已被教宗绝罚,教宗还向英格兰下达了"禁教令"(Interdikt)。作为帮助的报酬,约翰将英格兰王国与爱尔兰献给教宗,又作为封地领回,并且每年缴纳一千银马克作为贡赋。由此,迫在眉睫的入侵威胁暂时解除了。1214年图尔奈的布汶战役最终决定了历史的走向,尽管约翰的外甥、神圣罗马帝国皇帝奥托四世向约翰伸以援手，约翰仍惨败于腓力。经此一役，约翰失掉了安茹王朝在欧洲大陆的绝大部分领土，这些地方正是安茹王朝的发源地，只有以波尔多为中心的吉耶纳地区没有失守。这场战役也影响了德意志的王位之争，法国的胜利直接使腓特烈二世获益。1212 年，腓特烈二世曾在沃库勒尔与法王的继承人路易八世会面，双方续订了原有的盟约。在布汶战役中，胜利者腓力二世俘获了皇帝奥托的一只鹰，它的翅膀折断了；腓力将这只鹰送给了年轻的腓特烈二世，这真是一个充满启示的预兆。

也是在此时，英国众贵族正密谋反对无地王约翰，他们在大主教兰顿的带领下与国王斗争；而后者在战败后再次征税，为刚刚承诺的十字军东征招募雇佣兵。在这一背景下，也就是 1215 年，《大宪章》诞生了。它有 63 条条款，规定了人身与政治的自由权利，这不仅针对贵族与骑士，而且适用于自由民与城市，尤其是伦敦。它还保护了遗产与动产，限制了王权，自此，国王的行事必须经由贵族的建议与决断（consilium und iudicium）。可以说，《大宪章》完整地体现了欧洲的自由思想。额外的税收需要经过"王国总会议"（gemeinsamer Rat des Königreichs）的批准；总会议成员由主教、修道院院长、伯爵、男爵组成，成为英国议会的前身。"任何自由民，如未经其同级贵族之依法裁判，或未依领地法判决……皆不得被逮捕、监禁、没收财产、剥夺法律保护、流放，或加以任何其他损害。"（第 39 条）所有法官和其他官僚应熟悉领地法并严格遵守，这是英国独特的法学教育的开端。《大宪章》还规定，为了防止国王在国家事务上独断专行，"全王国民众共同体"（communa totius terre）形成，由 25 名男爵组成代表，以监督国王。在必要的时候，它甚至可以制裁国王，或者在法律允许的范围内反抗国王的统治。（第 61 条）总而言之，《大宪章》极大限制了国王的权力，限定了王权的边界，国王的权力和国王的人身自此相互独立。即使国王本人缺席，王权仍以首席法官（Justiziars）的形式而在场，"王冠"渐渐成为国王一切权利的载体。

英诺森三世宣布《大宪章》无效，此时他是英格兰的领主，他出面保护参加十字军的国王约翰，理由是教宗拥有"捆绑、释放的权力"。英诺森宣布："《大宪章》在任何时候都不再有效。"[8] 然而教宗的宣判并未对英国的宪政发展产生影响，《大宪章》自身不断得到修改和完善，至今仍然有部分内容构成当下的法律。贵族对国王的反抗没有因为教宗的干预而终止，他们废黜了国王约翰，请求法国的继承人路易登上王位，路易甚至真的带领一支军队登上了不列颠岛。教宗再次出面威胁英国贵族，他派遣枢机古阿拉（Guala）出使英国。在枢机的干预下，约翰保住了王位，并在1216年去世时，顺利将王位传给尚未成年的儿子亨利三世（1216—1272年在位）。亨利三世继位后首先修订了《大宪章》，这当然征得了教宗特使古尔拉的同意。卡佩王朝的路易最终没能征服英格兰，危机终于尘埃落定，然而英诺森三世无法见证他的胜利了。这位伟大的教宗在约翰去世前三个月撒手人寰。

这一切斗争都没有伤及法国。英诺森三世曾赞美这片乐土，法国的荣耀就是教宗的荣耀，因为法国是被天主赐福的国家。他相信，法国将永远忠于罗马宗座，绝对不会脱离信仰。法国对英王约翰的审判与战争也没能动摇英诺森的偏爱，尽管教宗早在1204年开始便支持英王。在致法国各主教的教令《我主知晓》（Novit ille，1204年）的开篇，教宗的赞美之情溢于言表。英诺森是教会重要的立法者，这篇《我主知晓》是他最杰出的教令之一，不久后收入《格里高利九世教令集》，它阐明了教宗拥有干涉世俗事务的基本权利。[9] 英诺森对此解释道，他并没有审判世俗领地的意愿，而是忧虑于君主对和平的践踏。此时被破坏的和平之约，正是由法王腓力二世与英国的狮心王理查共同宣誓达成的。它属于宗教誓言问题（iuramenti religio），因此处在教宗的裁判职权内。最终，英诺森接受了法王诸封臣的审判结果，尤其是此时教宗与英王约翰矛盾重重。日后英诺森没有再过问英法之间的布汶战役，因为这场战争挫败了被教宗绝罚的德皇奥托四世。

布汶战役为法国带来了前所未有的成功，也许这是法国国王最伟大的一次胜利。法王所征服的领土包括诺曼底，它是当时最为富有、治理最有序的一片土地。自此诺曼底并入王室领地，通常由王室的支脉所继承。安茹伯爵领同样由卡佩王朝的支脉继承，这一支脉同时获得了普罗旺斯伯爵领；稍后在1264年，他们在教宗的帮助下入主西西里王国。1301年，匈牙利著名的阿尔帕德王朝面临绝嗣，这支卡佩家族因此获得了匈牙利的王冠。事实上，在11、12世纪的教会改革后，罗马教廷与法兰西王国的合作日益紧密。因为法王毫无统治罗马的野心，这为教宗与法王的结盟奠定了基础。

罗马教会与教宗的众多核心教义诞生于法国，学者们在那里展开论证。在12、13世纪，大量枢机和教宗在法国求学，其中很多就是法国人。在这个意义上，法国的崛起也是高等学校的初步胜利。形成鲜明对比的是，此时神圣罗马帝国皇帝被罗马教会视为仇敌；而另一边，法国却不断对罗马教会施加影响。

整个历史的发展对法国极为有利。法国不断从教宗教令中获益，哪怕这些教令并非针对法国国王。最著名的一则教令是由英诺森三世写给蒙彼利埃的纪尧姆八世的。纪尧姆和夫人育有一女玛利亚，他的情人则为他生下了男性子嗣；纪尧姆与他的夫人离婚，而迎娶他的情人。但这次婚姻被判非法，无法名正言顺。纪尧姆希望将私生子立为名义上的嫡子，从而拥有继承权，他指出法王腓力也有过类似行为。英诺森三世介入此事，在1202年的《可敬教令》中，教宗的指示对法国的王权极为有利。[10]事实上，纪尧姆并没有法王的封地；而按照英诺森的指示，纪尧姆应向法王上诉，因为对法国所有的臣民而言，法王是最初的也是最高的权力来源。教宗的原文如下："在世俗领域，在国王自身之外没有更高一级的领主。"（quum rex ipse superiorem in temporalibus minime recognoscat.）此后，这句话不断被教会法学家、法官和批评家引用，有时是逐字的，有时是归纳的，它为日后形成的国家"主权"奠定了理论基础。尽管不受父亲喜欢，纪尧姆唯一的婚生女儿玛利亚最终继承了蒙彼利埃，日后她将蒙彼利埃并入阿拉贡王国。她嫁给了阿拉贡的佩德罗二世，是征服者雅各（海梅）一世的母亲。值得一提的是，教宗针对异端的斗争也将罗马教廷利益与法国的王权绑在一起，使后者获益。这与在伦巴第的情况截然不同，在伦巴第，教宗与城市同盟共同对抗神圣罗马帝国皇帝，这反而促进了异端的活动。

自11世纪的教会改革以来，不断增长的异端长期威胁着教会对救赎的垄断。清洁派、瓦尔多派（Waldenser）和其他异端团体在12世纪迅速壮大，人们往往无法分清这些派别。他们在法国南部的朗格多克地区，在有土地的乡村贵族之中最为猖獗，然而他们不仅仅局限在法国境内。流动频繁的商人和手工业者将异端的学说传播至欧洲各国，大片土地都被这种新的宗教热情所俘获。无论是米兰、伦巴第等城市公社，还是阿西西这样的城镇，都为异端的滋长提供了丰厚的土壤。异端的成功可以归因于教会与社会的变革：例如，下层贵族长期处在焦虑之中，他们担心一旦丧失了对下层教会收入的控制权，便会丧失一大笔收入。城市社会中也剑拔弩张，市民的财富与日俱增，这冲击着旧有的统治阶级。记述圣方济各早年生活的传记也反映出这种变化。穷人与富人之间形成了巨大鸿沟，他们越是生活在一起，差异越明显；地方教会出现衰落，尽管教会的整体财富在增长；富豪的生活方式兴起，面对鲜明的强弱对比，人们的道德疑虑渐增；人们在肉体与心灵上同时遭受困苦，他们要求恢复平衡，治愈弊病，他们向往的是对救赎的确定。教会参与了社会的物质繁荣，教会的权力和财富与日俱增；然而这与基督教的救赎预言相冲突，因为基督的救赎基于邻人之爱与守贫的诫命，教会面临着忘记救赎的危险。同时，教会在尘世的纷纷扰扰中越陷越深，这与它的诉求——精神优先于世俗——大相径庭。人们因此对自身灵魂的拯救感到忧虑。

人们对清洁派的早期历史知之甚少，至少无法确定它的起源。有人猜测，它可能受到了东方的波格米勒派（Bogomilen）[①]的影响。人们今天对清洁派学说的重构，大部分内容来自其对手的论战檄文。清洁派唯一流传下来的较翔实的著作是《两种原则之书》（*Liber de duobus principiis*），其余的都只是一系列短文。据目前所知，清洁派的信徒自称为"善人"和"清洁的人"，他们的精神领袖无论男女都自称为"完人"（Perfecti）。他们蔑视教会的等级秩序，然而在教派的鼎盛时期，他们也发展出一套与教会类似的组织结构。他们的神学没有统一的、固定的教义，大体上遵从二元论，即世界存在两种原则、两种力量，即天主与撒旦，后者是物质世界的造物主（Demiurg）。光明与黑暗对峙，善与恶对峙；精神与灵魂为善，

---

① 10世纪时成立于保加利亚第一帝国的诺斯替主义教派，主要流行于马其顿与波斯尼亚地区。波格米勒派呼吁回到早期基督教，拒绝教会的等级结构，反对国家和教会当局。

物质为恶。邪恶的物质世界由撒旦统治,在此灵魂被邪恶的物质俘获,陷入肉体的牢笼;灵魂需要从中解脱,与在天国的精神汇合。人被视为堕落的天使,他从天上跌落到撒旦统治的物质世界与黑暗中,他需要不断忏悔,祈求他的灵魂得到救赎,以重新回归天国。这里的救赎与其说是源自恩典,毋宁说是依靠个人的努力。基督作为救世主的信仰几乎消失了,教徒们开始质疑,基督真的是道成肉身?他真的死去并复活?清洁派拒绝承认基督在受难与复活之间曾下地狱,他们也不相信肉体的复活。他们还摒弃了诸圣事,他们唯一承认的圣事是"圣灵的洗礼"(consolamentum/baptismum spiritus sancti),由"完人"执行,因为"完人"是最接近圣灵的人。他们生活简朴,放弃了自身的财产或者工作,周游各地,在精神上互相勉励并致力发展新的信徒。他们遵守更为严格的斋戒和饮食禁忌:不吃肉类、牛奶和鸡蛋,坚持禁欲,倾听彼此的忏悔。这些行为在社会上产生了极大影响,因为人们看到,连神父都经常僭越独身的戒律。信徒之间的关爱与互助也吸引着穷人与无产者加入清洁派,但是清贫并非成为"完人"和信徒的必要条件。清洁派的激进学说——放弃肉身,专注于灵魂以及信徒间的团结——说服了众多参与者。

瓦尔多派也称作"里昂的穷人",他们是中世纪第二大异端运动团体,教会对此忧虑不已。瓦尔多派的历史可以追溯到它的"创始人"瓦尔多。瓦尔多来自里昂,是一位富有却不识字的商人,到了14世纪人们才发现他的名字,称他为彼得·瓦尔多。瓦尔多在《新约》中知道了财主与乞丐拉撒路的故事[①],深受触动。于是他将财产送给了穷人,教导人们要自甘于清贫,以基督和使徒为榜样。他请人将《圣经》从拉丁语翻译为民间方言,并遵从使徒的教导"你们往普天下去,传福音给万民"(《马可福音》16:15),开始传道。作为俗人,瓦尔多的传道并没有获得教会的许可。他很快遭到指责,因为他"篡夺了使徒的职位","篡夺了圣彼得的职位"。在1179年的第三次拉特兰公会议上,瓦尔多寻求教宗亚历山大三世的认可,亚历山大事实上对自愿的贫穷十分赞赏,却驳斥了他私自传道的

---

① 财主与拉撒路的故事见《路加福音》第16章第19—31节。

诉求。由于瓦尔多并未遵守教宗的规定，于是在1184年的维罗纳主教会议上，瓦尔多被列为异端，尽管他恪守的是正确的信仰。从这时起，瓦尔多派才开始批评教会，并在教义上逐渐脱离正统，拒绝教会的圣事学说，认为俗人也可以施洗。他们制订了一套自己的学习计划，其作用相当于大学，因此他们的布道者都受过相对良好的教育。1260—1266年，瓦尔多派的反对者，一位无名的帕绍编年史家写道："这些异端还有第二项原则，那就是无论男女老少都不能停止学习和教学，那些白天工作的人，就要在晚上学习和教学……谁要是找借口推脱学习，他们就会告诉他：'每天学一个单词吧，一年下来就能掌握三百个，这样你就能不断进步。'"[11] 俗人的布道取得了巨大而持久的成功，他们使用方言写成的《圣经》和《福音书》文本，满足了广大人民对宗教的渴望，而这正是陷入财产争夺和权力斗争的教会所忽视的。尽管持续受到通缉打压，但瓦尔多派还是成为唯一幸存到今天的中世纪异端教派。

教会陷入了前所未有的压力中，面对异端，教会必须有所行动。他们积极地自我反省并采取了一系列严厉手段。在1148年的兰斯宗教会议上，时任教宗尤金三世绝罚了新兴的异端团体。尤其在普罗旺斯，教宗禁止人们为异端首领提供保护和居所。随后的数十年，教会又制定了一系列新的规范条令和通缉策略，然而异端的威胁仍与日俱增。十五年后，教宗亚历山大三世下令追捕所有异端，没收他们的财产，又是收效甚微。1177年，图卢兹伯爵莱蒙德五世写信给西多会的大修士团，"异端那散发恶臭的污水使人们都感染了，那些信奉异端的人们以为自己服从的是天主"。伯爵没有料想到，仅仅在两代人之后，他自己的家族也因为与异端有染而遭到灭顶之灾①。[12] 1184年，教宗卢修斯三世针对异端颁布教令，威胁要将异端送上世俗领主的法庭，摧毁他们的财产，推行流放甚至是火刑。尽管火刑在此前也曾出现，但是1197—1198年，阿拉贡国王佩德罗二世才首次将它列入法律。[13] 历史的讽刺在于，这位信仰纯正、受教宗庇护的国王尽管没有被送上火刑架，却在1213年的米雷战役中站在异端一边，最后阵亡。

————
① 1209—1229年，教宗发动了"阿尔比战争"对付阿尔比清洁派和他们的保护者图卢兹伯爵。

日后，佩德罗的儿子这样评价父亲："我们的家族有这样的传统，在战场上要么获胜，要么战死。"[14] 异端使尘世的秩序陷入混乱，尘世急需在精神、社会和制度上有所革新，但是人们并不知道该如何去做。例如，皇帝腓特烈二世将异端行径等同于对君主的反叛、对社会秩序和灵魂拯救的威胁，以及反抗天主的暴动。

异端运动首要挑战的是教会的首领，也就是教宗。为此英诺森三世使出了最强硬的手段，他召集了一支十字军来对付清洁派。此外，那些拒绝通缉异端、无视教宗警告的世俗领主，也就是那些想要保护自身领地、害怕被战争引火烧身的人，那些被斥责为在自己的领地上"拒绝清理异端污垢"的人，教宗将对他们处以绝罚，颁布停止一切宗教活动的禁令，并在一年限期过后，号召天主教徒拒绝他们的统治。英诺森刚刚公布他的决定，十字军便在1208年向朗格多克、图卢兹伯爵领和周边地区进发。西蒙·德·孟福特是这支队伍的首领，他是来自法国北部的一位男爵，同时也是骁勇的将军。他曾经在扎拉之战前拒绝与无道义的威尼斯人沆瀣一气，如今却履行了自己为罗马教会效力的誓言，参加十字军，并在法国南部建立了自己的统治。在这场战争中，无论诸侯还是农民，异端还是虔诚的信徒，都未能幸免于难。值得铭记的是，中世纪的众多暴力行径都是以基督为名义，就像今天，人们打着"先知"的旗号作恶。1209年，十字军占领了朗格多克的城市贝济耶，当地的居民、天主教徒和异端一样纷纷逃往主教座堂避难，教堂位于高耸的山岩上因而难以攻克，只有大火能将它摧毁。能摧毁它的还有教宗特使西多的阿诺德，他下令烧毁贝济耶的主教堂，众多信徒和穷人一起死在了高墙里。"杀死他们，天主知道谁是自己的人。"约有九千人死于"天主的战士"之手，教宗特使向天主表达感谢："看，这是天主不可思议的复仇。"[15]

战争未能完全奏效，异端在十字军过后仍然幸存。即使是西蒙和他的继承人，也就是其子阿莫里·德·孟福特（Amaury），也无法在法国南部维持长久的统治，无论是地方势力还是法王都表示反对。不过，这次圣战为法国的王权入主法国南部铺平了道路，因为它彻底消灭了图卢兹伯爵的割据（分别在1229年和1243年）。自此，法王在南部（le Midi）建立统治，控制了那里的行政和税收，包括他们的司法总管（Sénéchaux）与地方行政官（Prévôts）。对异端的追捕没有随着十字军而告终，这项事业需要更有效的手段。在卡尔卡松（Carcassonne）、图卢兹和阿尔比，无可名状的痛苦席卷而来，从一件小事上我们可见一斑。在图卢兹，一位可能是贵族的妇女在病榻上请求"圣灵的洗礼"，当地主教听闻后急忙赶来，和她谈论对尘世的鄙视。主教希望病人因此把他当作清洁派的一员，从而向他吐露自己的异端信仰。在得到确认后，主教将这位妇人烧死了。[16] 真理需要牺牲品，然而真理何为？这一事件向我们展示了抗击异端的两个层面：其一是通过布道教化，其二是最为精巧、完美、持久和无情的迫害。这迫害不仅存在于彼时，也从彼时一直延续至当下，尽管它的形式变化了。迫害从古至今都深刻影响着欧洲的统治体系，比如调查局和特务工作所需的间谍体系，刑讯室和古拉格。罗伯特·伊恩·莫尔（Robert Ian Moore）提出的"迫害的社会"（persecuting society）[①] 最终形成。

异端裁判所（Inquisition）的效用在于它统一了众多职能。异端裁判的程序区别于控告原则（Akkusationsprinzip）：控告需要原告发起诉讼；异端裁判则是，一旦有对犯罪的怀疑，就由教会法庭开启裁判。日后这一程序也应用于世俗法庭。在裁判程序中，只有证词将作为证据，告发被列入规则，而其余的推定证据和物证则不予考虑。这一怀疑原则和追诉原则（Offizialprinzip，又译为"职权原则"）自英诺森三世起在教士间推行，日后发展为现代国家的检察制度。1230 年前后，人们将裁判程序运用于异端审判，它在 13 世纪中期形成了完整的体系。

异端裁判所的裁判官（Inquisitor）并不等同于检察官，而是将追踪、起诉和审判三个职能集于一身。倘若谁反对裁判官，他便会被怀疑为包庇异端，因而也会被送上异端裁判法庭。这在欧洲大部分地方十分普遍，而

---

① 所指为英国历史学家罗伯特·伊恩·莫尔的著作《迫害的社会的形成：950—1250 年西欧的权力与离经叛道》（*The Formation of a Persecuting Society: Power and Deviance in Western Europe 950-1250*）。此书的基本观点是在 950—1250 年（尤其是 12 世纪）的西欧，一个由行政人员、神职人员和知识分子组成的新阶层希望扩大对社会的管理职能，通过构建离经叛道者来为自己的权威辩护，开始迫害异端群体，并一直影响到今天。这一观点颇具影响，也招致学术界的很多反对。

英格兰与斯堪的纳维亚半岛则是例外。如果面对的是迫在眉睫的异端危险，裁判程序将会缩短并简化，只包括提出证据、判决和执行判决，执行一般由世俗权威来完成。1252年以后，刑讯出现在审讯过程中，目的之一在于逼迫嫌疑人供认，嫌疑人的供词被称为"证据的皇后"；目的之二在于得到想要的证词。如果嫌疑人供认不讳并表示悔恨，那么他将被投入监狱；如果嫌疑人抗拒或翻供，那么等待他的将是火刑。也有无罪宣判，但实属罕见。教会当局很快意识到如何将世俗事务伪装成异端案件。圣女贞德（Jeanne d'Arc）被裁判为异端并处以火刑；西班牙的宗教裁判所以同种方式迫害马拉诺犹太人（Marranos）①，这些犹太人被迫受洗，内心依然信奉犹太教。中世纪晚期和近代早期的女巫审判也基于同样的程序。臭名昭著的《女巫之锤》由两位裁判官雅各布·施普伦格（Jakob Sprenger）和海因里希·克雷默（Heinrich Kramer/Henricus Institoris）合作完成，它详细描述了异端裁判的过程。

异端裁判和刑讯都没有治愈创伤，反而打击了人们对救赎的渴望，不断壮大的异端也无法持久地满足救赎的诉求。为了应对时代中社会和心理的挑战，灵魂关怀与布道越发重要。人们迫切需要新的宗教虔诚，需要更为确信的生活方式，就像"里昂的穷人"宣讲和示范的那样。但是人们也意识到新的宗教团体要融入教会，不能违背主教的职责。事实上，新兴的"清贫运动"不断在教会正统与异端之间的狭窄地带摇摆，尤其是他们时而表现得非常激进。那么他们如何免于陷入异端呢？

人们所渴望的援助最终来自新兴的修道团体：托钵修会。它们诞生于13世纪早期，日后成果斐然。1206年，托钵修士的足迹最先出现在法国的纳博讷教省。那时候，来自卡斯蒂利亚的欧思玛（Osma）的多明我（道明），一位持守奥古斯丁会规的教士，带领一些守律圣职团教士（Regularkanoniker），从英诺森三世手中接过特许令，"效仿贫穷的基督的贫穷"。这也是11世纪晚期以来基督教清贫运动的纲领，他们希望通过树立典范与广泛布道"将异端从歧途中挽救回来"。[17] 这些托钵修士的先行

---

① "马拉诺"是对西班牙的隐秘犹太人的贬称。14世纪伊比利亚许多犹太人为避免迫害，表面上改信天主教。

者是瓦尔多派的韦斯卡的杜兰铎（Durandus von Huesca），他重新回归了教会，从教宗手中获得了布道的许可，任务是反对他之前的同伴、瓦尔多派的异端信众，取得了一定的成功。九年后，在第四次拉特兰公会议上，英诺森授命多明我和追随他的一众兄弟，通过布道和研习以支持教区主教，教宗还正式为他们的圣职团大会（Generalkapitel）制定了规范。

与此前的修道院或圣职团改革全然不同的是，宣道兄弟会（Ordo Fratrum Praedicatorum，即多明我会）特意驻扎在社会变革的中心，驻扎在城市，驻扎在大学的周围。在意大利北部和中部，城市也是异端运动的据点。在居住、衣着、斋戒和守贫上，他们遵照一套严格的奥古斯丁修会会规，因此他们仍是圣职团教士而非僧侣。与此前的西多会一样，多明我在学生之中赢得了众多追随者。1217年，由他领导的圣职团大会宣布，灵魂关怀与学术研究是多明我会不可或缺的部分，学术研究更是史无前例地写入会规。从这时起，多明我会将他的会士送往世界各地，尤其是巴黎大学。圣雅克（St-Jacques）修道院成为兄弟会在巴黎的中心，而大约五百年后，这里成了法国大革命极端激进分子（故而得名雅各宾派）的聚会场所。博洛尼亚是早期多明我会的另一个中心，多明我的墓地也坐落于此。自此，多明我会士开始以抗击异端为使命，他们在巴黎或科隆这样的城市开展自己的学术研究，性质与大学类似。这一时代的众多杰出学者加入了他们的队伍，例如大阿尔伯特和托马斯·阿奎那。另一些多明我会士成为神秘主义者，诸如亨利·苏索（Heinrich Seuse）、约翰·陶勒（Johannes Tauler）以及稍早的埃克哈特大师（Meister Eckhart），埃克哈特也是重要的逻辑学家和语言大师。教宗格里高利九世还授命多明我会士负责异端裁判，多明我会因此得名"天主的猎犬"（Domini canes），在绘画中，他们不断以黑白斑点猎犬的形象出现。《女巫之锤》的作者之一海因里希·克雷默也是多明我会士。事实上，尽管多明我会肩负起追捕异端的使命，但托马斯或埃克哈特并没有免于异端指控；这些伟大的学者也没有退缩，而是继续撰写那些被异端裁判所谴责的著作。

1215年的第四次拉特兰公会议总结了所有的改革措施，并为它们制定出基本规范。如同光线聚集到凸透镜里，此时的罗马汇集了中世纪的众多根本性问题，它们的意义都超越了自身的时代。英诺森三世将多种改革措施并举，涉及抗击异端、司法、制度和灵魂关怀等方面，教宗强势地主导着这次公会议。例如，当不来梅大主教提出反对时，英诺森以坚定的言辞一口驳回。第四次拉特兰公会议的教规以信经开始，引人注目。紧接着是对重大问题的决议，其中一条教令针对异端，汇总了所有抗击异端的手段。随后，大会谴责了希腊人的"傲慢"，因为此时拉丁人还能控制君士坦丁堡；教宗威胁希腊人，如果他们拒绝臣服于罗马教会，就绝罚他们。大会还要求，神学研究要更加深入，布道要全面开展，布道者也要承担教学研究的任务；作为对主教座堂学校的补充，要使自愿守贫的人能免费在他们那里学习博雅七艺和神学。

大会还宣布了对菲奥雷的约阿希姆（Joachim von Fiore）的异端指控。约阿希姆是卡拉布里亚修道院院长、神秘主义者与启示预言家，他的学说广为流传。对此英诺森下达了禁令，阻止其进一步扩散，然而这并不是正式的异端判决。约阿希姆于1202年去世，他是这一时代最出奇也是最具影响力的宗教思想家。他主持的修道院规模不大，也不算重要，坐落在卡拉布里亚的山间，远离其他的宗教活动中心。约阿希姆最初是西多会会士，他最初受教育是为了在西西里国王的宫廷任职。1184年，他主动请求教宗卢修斯三世免去其修道院长之职，准许他全心投入《启示录》释经的创作。当圣职团大会不满他的学说，以异端惩罚为威胁时，约阿希姆退回他所创建的菲奥雷修道院，开始隐修。他的释经作品充满了隐喻，晦涩难懂，然而其中包含了一种独特的历史观，深刻影响了他的同代人。约阿希姆将救赎的历史分为三段，分别是"圣父的时代"（直到耶稣的降临）、"圣子的时代"和"圣灵的时代"。圣灵的时代表现为隐修者的时代。他声称得到启示，圣灵的时代将于1264年开始。这最后的时代还会以第一个敌基督的出现为预示，而教会中的杰出代表将最终战胜敌基督。这引发人们不断猜测，敌基督与教会的代表分别会是何人。

拉特兰公会议的其他决议关乎教会改革与牧灵关怀。在关照病患的灵魂时，首先应召唤神父，其次才是医生。在那个时代，医生同时是占星术士，在面对重大疾病时，他们往往也愚昧无知，束手无策。此外，信徒每年至少要忏悔一次，要参加复活节的圣餐礼。以上也许是这次会议最具影响力的两项教规。因为忏悔基于个人向神父告解自身的罪孽，它敦促人们自我省察，面对真正的自己，从而促进良知的养成。在此前忏悔仅仅是为了惩罚人的行为，而现在，罪过背后的意图开始凸显，人们开始强调自由意志和个人的过失，很快这一变化为人们所广泛接受。人类心理和行为的历史，乃至西方此后的整个历史，都与这一转变息息相关。无论是恐惧、绝望，还是信仰的坚定、博爱和社会制度，都打上了罪责、忏悔与宽恕的烙印，且广为复兴。赎罪券的发展进入了历史的关键阶段。最后，甚至可以说，康德的"绝对命令"（kategorisch Imperativ）也是这次公会议在日后结下的一颗硕果。

此次公会议通过的众多决议中有不少与诉讼和婚姻相关。世俗权力对教会事务的干预也是与会神职人员反复讨论的焦点。会议规定不得向神职人员征税。还有一些决议将矛头指向高利贷，尤其是"犹太人的盈利高利贷"。教会官方还命令犹太人和萨拉森人穿着特殊的服饰，以便基督徒能分辨他们，避免与他们有"肉体的混合"。在受难周期间，犹太人不得在公共场合出现；他们还是"诽谤基督的人"，因此不得担任公共职务。接下来涉及的是犹太人的资金债券问题，经过详细的论证，会议通过了广泛的决议，包括如何向犹太债权人偿还利息。最后，公会议召集了新一次的十字军，并禁止人们向穆斯林贩运武器。

利息、放贷和金钱都没有使贫穷从世界上消失。正相反，与其说这些手段提供了帮助，毋宁说它使贫穷的人们雪上加霜，因为它们破坏了原有的生活状态。随着金融业务的扩展，新的生活方式随之而来，一些人经历了痛苦与眼泪，但它们也促使经济再度繁荣。第四次拉特兰公会议所推动的自省与忏悔，并没有影响到这一转变。基于信贷和暴利的经济繁荣遍及各地，然而与此同时，城市底层和乡村的非自由人口也不断增多。多明我会士追随着"贫穷的基督的贫穷"，不过他们宣扬的并非激进的贫穷。并且，倘若完全按照会规"放弃收入与财产"，那么多明我会所从事的学术研究就难以为继，因为单是学习用书就花费不菲。因此，历史将这一使命留给了阿西西的圣方济各，由他来推动更为严格、激进的自愿的清贫。方济各是一名平信徒，出自富商之家，他的家族过着骑士贵族的生活，或许还有清洁派的背景。方济各效仿"贫穷的基督"，以激进的自愿清贫为宗教理想，这一理想引起了当局的不满与指责。方济各赤身裸体地开始了他的精神革新之路。不过，在秉持激进理想的同时，他和他的团体完全遵从教会的圣统制。方济各曾前往罗马，请求英诺森三世批准修会的第一部会规。有关方济各的传说在其生前便已开始流传，因此这位圣徒真实的生平与他的传说难以分辨。传说把方济各描述为令人惊叹的基督的效法者（Christomimese），比如方济各再现了耶稣身上的伤痕。这位"穷人"（Poverello）身上散发着卡里斯玛的气质，尤其是当方济各放弃了对修会的领导，在生前便甘愿遵从修会其他的兄弟，他的神圣气质更是得到了尊敬和升华。在方济各生前成为修会总会长的先后是卡塔尼亚的彼得鲁斯（Petrus Catanii）和克罗托内的埃利亚斯（Elias von Cotrone），法官彼得鲁斯属于方济各最早的一批追随者。当修会还在初创时期，方济各便明确规定，会士不得拥有任何财产，须衣着朴素，通常是一件棕色的长袍，以麻绳束腰。这些衣物并不是财产，只能被视作借来之物。他们"没有行囊，没有手杖"，既不能接触钱财，也不能兴建大教堂。方济各在他的《遗嘱》（*Testament*）中再次对修会兄弟强调了这些规定，然而在他死后，教宗格里高利九世宣布这则《遗嘱》没有绝对的效力。

方济各的小兄弟会（Ordo Fratrum Minorum）在他们所到之处布道，宣讲罪孽、忏悔与最后的审判。因为他们是平信徒，所以他们并不讨论教义与神学的问题。在棘手的地方，修会往往先派两三个兄弟前去探路，以便当地人更容易接纳后面的兄弟。例如，约翰·普兰·迦儿宾（Johannes de Plano Carpini，或柏郎嘉宾）[①]与他的同伴巴纳巴斯奉命前往维尔茨堡，在路上乞讨"天主的面包"（brot durch got），从那里他们又先后抵达美因茨、沃尔姆斯、施派尔、斯特拉斯堡和科隆。"每一次，他们都首先在所到之地布道，以便后面来的兄弟能在这些地方容身。"还有另外一行三人

[①] 约翰·普兰·迦儿宾，意大利翁布里亚人。1246 年，他奉教宗英诺森四世派遣，携书前往蒙古帝国，抵达上都哈拉和林，晋见蒙古大汗贵由，成为第一个到达蒙古宫廷的欧洲人，并在蒙古行纪中留下了西方对蒙古帝国统治下的中亚、罗斯等地的最早记录。

前往萨尔茨堡，其中便有编年史家贾诺的约丹（Jordan von Giano）。大约在 1262 年后，他记述了小兄弟会如何初次在德意志扎根，这里以野蛮著称，使人畏惧。另外一些兄弟则前往雷根斯堡。[18] 就这样，德意志形成了一个个小兄弟会的省份；同样，他们的组织延伸到整个拉丁基督教世界。

初具雏形的方济各会经历了若干次考验，这种状态一直延续至 14 世纪早期的"贫穷争论"（Armutsstreit）。圣方济各激进的守贫主张无法长期贯彻，因为它并非没有招致教会的批评，修会随时有可能陷入异端的指控。因此，守贫理想逐渐步入制度化的正轨，它最尖锐的部分已经被折断。不久后，方济各会士将约阿希姆的学说与圣方济各联系起来。因为方济各具有耶稣五伤，因此他是"第二个基督"。相应地，皇帝腓特烈二世便是第一个敌基督。在腓特烈去世后，这场运动越来越滑向异端。此外，尽管方济各在最初向教宗寻求认可，他倡导的全新的生活方式获得了教会的赞同，然而他仍然与教宗存在矛盾。问题在于，方济各效仿基督，致力于革新教会，这与教宗作为基督代理人的角色相冲突。因此方济各与教宗的关系也需要进一步澄清。"这位穷人"（方济各）很快为修会找到了一位极具影响力的保护人，他便是枢机主教、奥斯蒂亚的胡格里诺（Hugolinus von Ostia），日后他成为教宗格里高利九世。在方济各去世后，格里高利持续介入修会的早期历史，甚至主导了它的走向。由方济各亲自任命的会长埃利亚斯则被罢免和绝罚；不久后他开始为腓特烈二世的宫廷效力，此时腓特烈也受到了教宗的绝罚。修会中的灵修派（Spiritualen）开始分化出来，他们深受约阿希姆学说的影响，期待末世的降临，异端思想的危险也由此出现。修会转型必然会导致紧张的局势，此时，修会正由一场卡里斯玛式的清贫运动，转而发展为组织有序的僧侣团体。这一动荡反映在方方面面，其一是方济各最原始的会规几经流传，其内容变易，产生了不少争议；其二是方济各的各种早期传记颇有出入，不断被修会官方废弃。方济各最早的一部传记甚至被禁止，取而代之的是 1266 年的新传记，它是唯一有效的官方版本，出自总会长波纳文图拉（Bonaventura）之手；他被称为"六翼天使博士"（pater seraficus）。尽管面对种种纷争，方济各会还是在欧洲取得了广泛的成功，人们尤其需要方济各会士担任告解神父。在向异教徒传教的使团队伍中，方济各会士也大受欢迎，他们被赋予一些棘手的或危险的使命。在此仅举一例，1238—1242 年蒙古人入侵欧洲，德意志的修会省区总长约翰·普兰·迦儿宾奉教宗英诺森四世派遣，前往远东的蒙古大汗宫廷。日后我们将看到，这是新的时代，一个探索的时代，与探索之旅一起开始的还有全球化。在全世界成为广阔市场之前，人们亟待了解这个地球，了解它的国家和它的居民。

男人们并不孤单，在他们旁边，妇女的宗教运动也如火如荼。它最早可以追溯至 1100 年前后，现在这一运动的轮廓已更为清晰。它代表了妇女的社会解放，与男人相比她们总是被忽略。正是基于此，这些女性修道团体也饱受质疑。早在 12 世纪早期，在西多会周围就形成了妇女隐修团体，她们遵照严格的规章生活。然而到了 1228 年她们才被正式纳入修道会。诚然，这意味着她们丧失了此前的独立，因为每一座修女会都要服从于一位"修道院院长父亲"。普雷蒙特利会也建立了修女会的分支。13 世纪早期，妇女修道运动迅速显著扩展，其原因与托钵修会尤其是方济各会的兴起在本质上相似。

众多新兴宗教团体诞生了，她们想要按照福音生活，祈祷，忏悔，而不是遵循某个特定的规章。成员大多来自城市之家，在城市或市郊有固定的居所，依靠捐赠和小块地产维持生计。在布拉班特，这些"虔诚的妇女"建立了贝居安会（Beguine），瓦尼的玛丽（Maria von Oignies，卒于 1216 年）是最著名的会长。她们过着贞洁的生活，祈祷，禁欲，冥想，沉浸于基督的受难，也推崇一种虔敬的心醉神迷。这些妇女是否打破了传统赋予她们的性别角色呢？然而由于缺少修会规章，贝居安会也遭到质疑。第四次拉特兰公会议规定，禁止再有新的宗教团体成立，它所针对的也许正是贝居安会。不过她们也有一位极具影响、善于言辞的支持者，他便是维特里的雅克（Jacques de Vitry），他是第五次十字军东征的布道家。

女性神秘主义的兴起与贝居安会密切相关。瓦尼的玛丽声称看到了基督的伤痕与受难。[19] 然而，这些妇女的所作所为并非完全符合教会的传统，她们也面临着异端的指控。以圣图尔登的克里斯蒂（Christine von St-Trond，卒于 1224 年）为例，她是一位了解拉丁文的牧羊女。据说她

◀匈牙利神圣王冠。传统上被视作圣伊什特万的王冠,事实上该王冠是在 12 世纪制成的,由所谓的拉丁部分和拜占庭部分组成。现作为"国家标志"藏于布达佩斯的匈牙利议会大楼。

▲卢卡·德拉·罗比亚创作的歌手和乐师浮雕。属于"唱诗班走廊"(Cantoria)雕刻的一部分,现藏于佛罗伦萨主教座堂博物馆。13 世纪以降,音乐在教会、宫廷生活等领域越来越重要。

◀安茹的查理身穿元老院议员官服全身像。他最终让西西里王权摆脱了斯陶芬的统治。

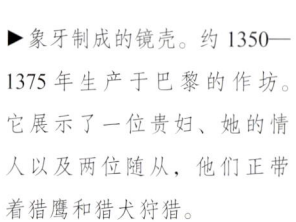

▶象牙制成的镜壳。约1350—1375年生产于巴黎的作坊。它展示了一位贵妇、她的情人以及两位随从,他们正带着猎鹰和猎犬狩猎。

▲中世纪晚期理想城市图景一瞥。摘自罗希尔·范德魏登的《东方三博士祭坛画》。根据民房大量使用石材这一特征，可推测这里属于尼德兰。

▲皇帝查理四世出访巴黎,与他的外甥法兰西国王查理五世会面。皇帝骑着黑马,披挂着有法兰西王室纹章的鞍垫。长胡子皇帝身后那位年轻人是波西米亚国王瓦茨拉夫。为让·富凯为《法兰西大编年史》所配插图。

▲汉斯·梅姆林《最后的审判》。

▲边区伯爵曼托瓦的路多维科三世全家福。15世纪晚期世俗家庭像代表。伯爵坐在左边,身子朝向自己的秘书。他刚收到儿子的来信,儿子弗朗切斯科刚荣升为枢机主教。

▲马萨乔绘制于1429年的《圣三位一体》湿壁画。位于佛罗伦萨的新圣母教堂，为首幅实现了菲利波·布鲁内勒斯奇的焦点透视法规则的画作。大胆的仰视角，引导信徒仰视画面深处。

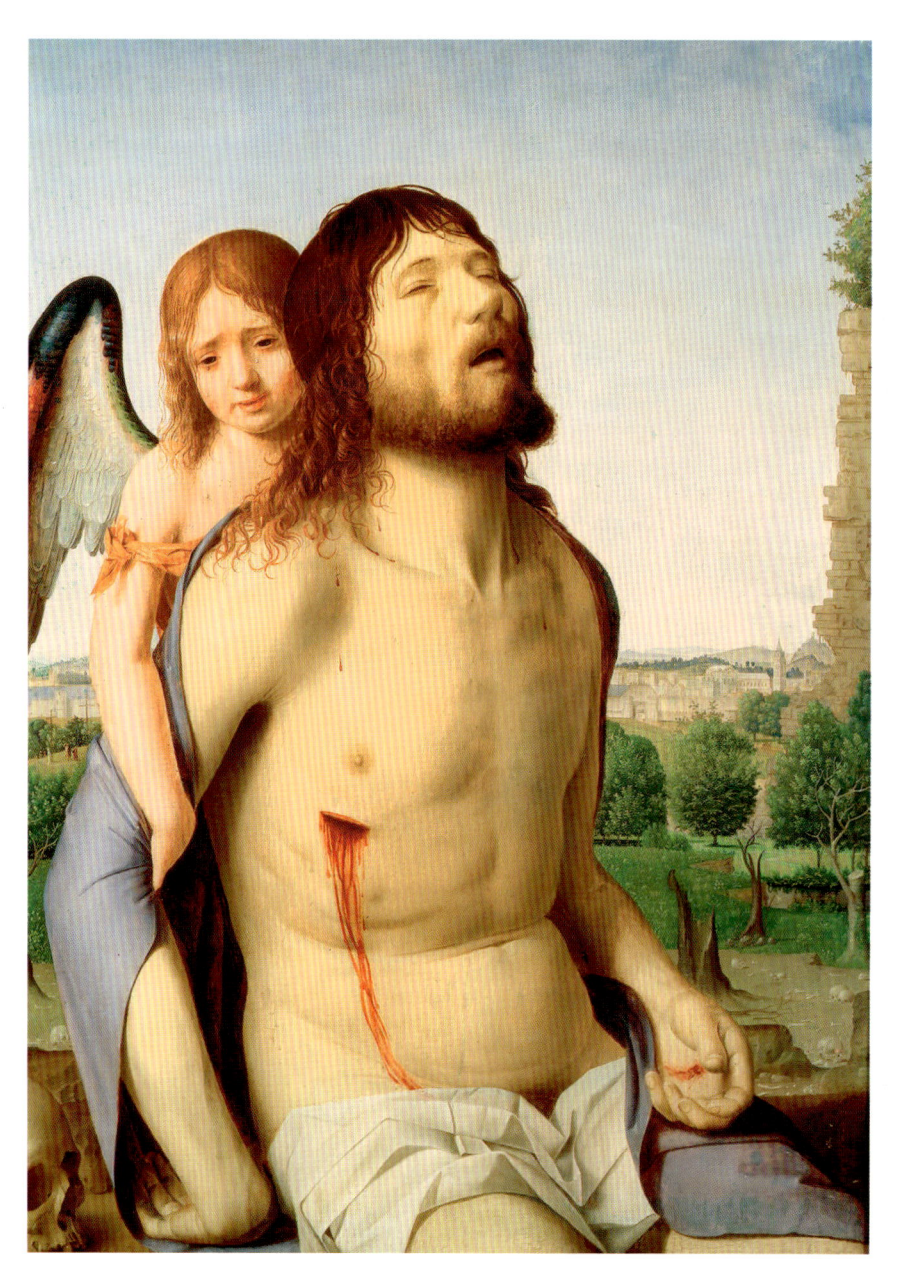

▲墨西拿的安东内罗约1475年于威尼斯绘制的《天使哀悼基督》。画中的痛苦与受难极其真实,耶稣和哀悼的天使的面部表情仿佛在向观众诉说着什么。

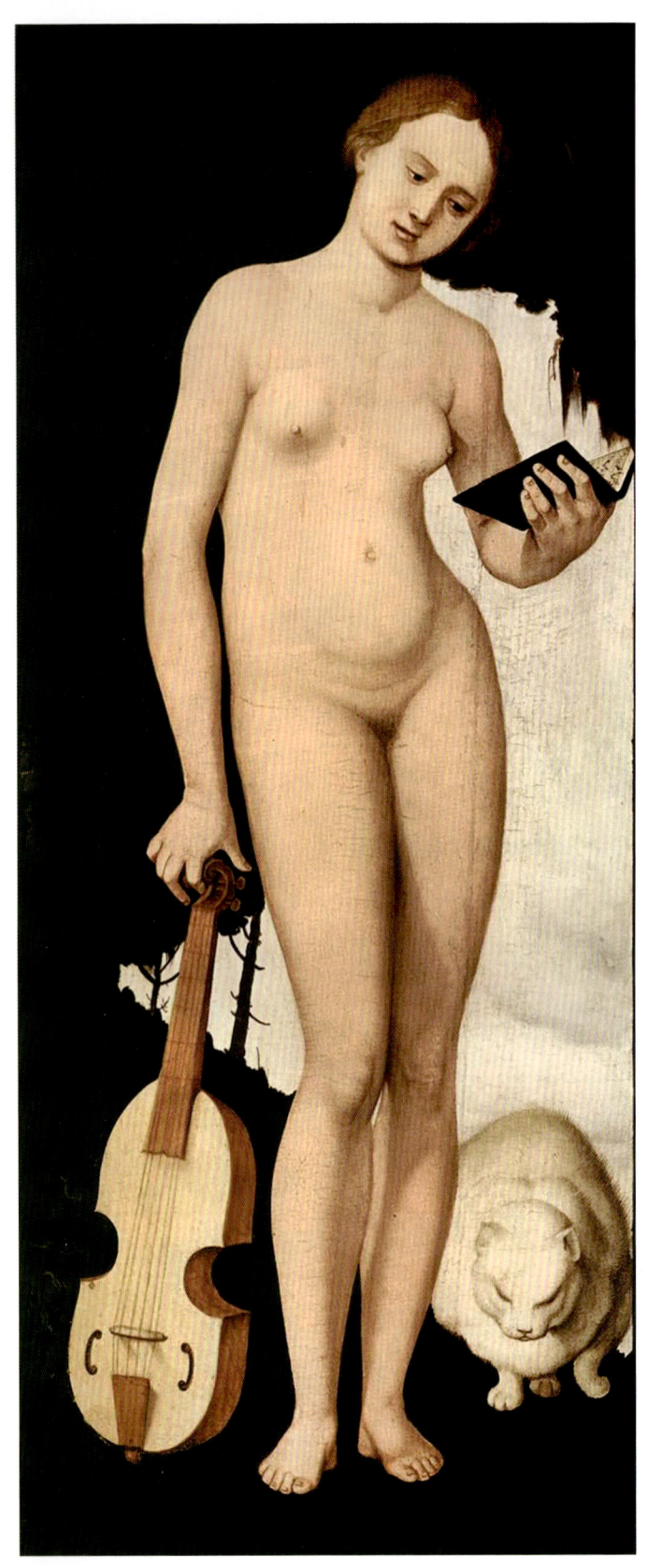

◀文艺复兴时期，极富挑战性的裸体像大量出现。汉斯·巴尔东的作品《手拿古大提琴、曲谱的女人与猫》即为一例。

进入了那种心醉神迷的状态，像德尔维希（Derwisch）[①]那样神魂颠倒。这种恍惚的状态使克里斯蒂向往高处，她爬到教堂的顶梁，登上高塔，爬向树梢；她寻求濒临死亡的状态，感受罪人受到的折磨；她置身于燃烧的壁炉和滚烫的沸水中，让磨坊的水轮碾过身体；她将自己吊在绞刑架上，绑到轮子上；她还常常躺在坟墓里。她在生前便如同经历了死亡，她声称，她来到了天主的圣座前。相似地，伊普耳的玛格丽特（Margarete von Ypern，1216—1237年）用鞭子抽打自己，以求最大限度地感受到自己的罪孽。她甚至仇恨自己，通过荆棘与鞭子她才能开始祈祷。最后，她认为自己是基督的新娘。只有一位严肃的作者，托马斯·康登皮（Thomas von Cantimpré）[②]，记述了这两位女性的生平。在另外一些女性身上则发生了另外的故事。马格德堡的麦希蒂尔德（Mechthild von Magdeburg）用《雅歌》里形象生动的语言，描述了灵魂与基督的神秘婚姻。她最初是贝居安会修女，后来转入了马格德堡的多明我会，最后在晚年又进入了西多会海尔夫塔（Helfta）修道院，在那里她与女性神秘主义圣徒格特鲁德（Gertrud）相遇。玛格丽特·波芮特（Margareta Porete）的著作《单纯灵魂之镜》（*Spiegel der einfachen Seelen*）流传甚广，在其中，她描绘了灵魂与天主在爱中结合。然而她不断受到异端指控，在1310年被判定为"旧病复发的异端"而烧死在火刑架上。鲁伊斯布鲁克的约翰（Jan van Ruysbroek，卒于1381年）在他的著作《贝居安会十二修女》（*Buch von den zwölf Beginen*）中，热情赞扬了她们对耶稣的爱以及与天主的结合。尽管招致不少攻击，贝居安会还是在13世纪成功扩展至欧洲东部、西部和南部。不久后，在欧洲中部的每一座城市里都有多所贝居安会院。在15世纪，贝居安会院在科隆发展到105所。然而到了近代，只有佛兰德与下莱茵地区的贝居安会院得以保存下来。

与此同时，在意大利出现了另一种妇女宗教运动，她们同样形成了正式的修会，其发起人是阿西西的嘉勒（Clara von Assisi）。嘉勒是方济各

[①] 德尔维希（波斯语：شیوورد）在波斯语中是乞讨者、托钵僧的意思。这些托钵僧最早出现在10世纪，通过旋转舞蹈来感受接近真主的状态。
[②] 托马斯·康登皮是多明我会神父，也是哲学家和神学家。

的同代人，她所创建的修女团体与方济各会相似，并接受了方济各的指导。奥斯蒂亚的胡格里诺（格里高利九世）也负责照管这个团体，还为她们制定了规章。嘉勒修女会与方济各会一样迅速传播。嘉勒在晚年亲自为修会拟定了新的规章，经过教宗批准后，规章对其团体具有约束效力。这也是历史上第一部由女性为修女拟定的规章（1253年）。嘉勒也许影响了图林根的伊丽莎白（Elisabeth von Thüringen），后者无条件地投身于自愿的清贫，直到英年早逝。在守寡期间，伊丽莎白将余生献给了修道、祈祷、关怀贫病，她在马尔堡创建了一所医院。罗马教会将嘉勒与伊丽莎白都尊为圣徒。

女性宗教运动尽管蓬勃发展，但仍然需要男人的领导。神学家教导人们，因为"女人天然服从于男人，男人天然更加理性"；"男人是女人的起点和终点，就像天主是造物的起点和终点"，托马斯·阿奎那如是写道。[20]诚然，托马斯将这种服从置于家庭的语境下，将其理解为经济的或民事的服从（oeconomica vel civilis）而非奴役（servilis），它来源于等级有序的世界，是天主造物的结果。尽管如此，这些论断和理论在今天看来就是歧视，尤其是如果人们以此描述21世纪伊始的社会秩序。然而在当时，在13世纪，甚至在整个中世纪，这些理论都与人们对世界和人的普遍理解相契合。它们为那一时代的所有权威认可，无论是《圣经》的、教会的，还是道德的、法律的、哲学的。它们既适应社会传统，也为女性宗教运动所接受。如果我们以今天的标准评判古人，那么就会忽视这种经院学说的突破所在。这种学说认为，包括女人在内的所有人，都是由天主按照自己三位一体的形象所创造。它还指出，无论是创世记的故事还是亚当肋骨的比喻，都应经得起更理性、"更科学"的阐释，并接受相应的批评。事实上，对理性的运用使人逐渐摆脱"未成年"的状态，然而这条道路还不清晰，撒满了荆棘，充满艰险。我们还可以看到，这一时代的妇女全然不畏惧独立自主，无论她是城市的商贾，还是女侯爵、修女院院长，抑或是贝居安会修女、圣徒甚至是异端领袖。

第九章

法理高奏凯歌

"国王是其国之君主"

新世纪伴随着警钟鸣响而至。欧洲大陆不时出现宗教运动，王国与城市呈现出动荡不安的状态。德意志领地内王位之争如火如荼；安茹王朝却危如累卵，摇摇欲坠；十字军东征偏离本意，虽然打着宗教的旗号，但是并没有向异教徒宣战，而是对东罗马帝国发泄怨恨。拉丁人占领了君士坦丁堡，导致拜占庭帝国分崩离析。遭此重击之后，罗马帝国走向衰亡，辉煌不在。自此再也未有某位国王或诸侯能一统天下，取而代之的是割据纷争的局面：施瓦本的菲利普与拜占庭帝国的公主联姻，而君士坦丁堡的拉丁皇帝来自佛兰德地区，是法兰西国王的封臣。阿拉贡、法兰西以及英格兰的国王们与当地的诸侯如图卢兹和普罗旺斯的伯爵，则为了扩大各自在法国南部朗格多克的权势与影响力相互角逐。卡斯蒂利亚的公主在法兰西的铁腕执政如昙花一现。诸多因素，如变化多端的政治联姻，以及对这块或那块领地应得或未得的继承权，等等，都影响着欧洲政治格局，使之变化不断。领主之间联姻后又离婚，离婚了又再次结合，女领主亦然。凡此种种，都让情势变得比描述的更加错综复杂。不可否认，每次联姻均会引起地区或跨地区权力的重组：这纷乱的一切似乎让人无法纵观全局，却似乎又按其自身的某种特定规律运行。

法兰西国王的封臣与英格兰贵族结盟对抗各自的君主，使得原本复杂的关系网更加紧绷。情急之下，英格兰国王主动臣服于教宗，以获得后者的援助。意大利城邦之间的激烈竞争也渗入了政治势力，而教宗作为西西里、英格兰以及葡萄牙的领主，为了世俗利益也积极且坚定地参与到这场斗争中。只有对外眼观六路，对内采用当时最为先进的手段与方式来组织与巩固对普通民众与教徒的统治，这样的人才能成就霸业。他们既要能熟练操纵法理，又要能发展科学，有能力同时笼络学者与雇佣兵；既能巧妙地利用神学以及宗教法则，又要能把资本市场玩弄于股掌之间；既要能博得托钵修士团体与教宗的信任，又要能获得外来陌生势力的支持。

世俗势力变幻莫测，思想方面同样风起云涌。一切今非昔比。古老的观念与价值秩序逐渐失去原有的束缚力而逐渐瓦解。在当时的教育中心地带正酝酿着一场进步的思想变革，它以新兴事物为养分，提出问题，传递不安，同时散发出对新的征途的渴望。亚里士多德在自然科学和形而上学方面的著作一方面让人们惊诧不已，另一方面又让人有些恼怒。除此之外还有其他事物引发人们不断猜想。比如贝内的阿马里克（Amalrich von Bene，卒于约 1206 年）研究了约翰内斯·司各特·爱留根纳的《自然的区分》（*Periphyseon*），表示从中获得了泛神论的观点。同样，曾一度出任英诺森三世礼拜神父的迪南的大卫（David von Dinant），作为当时西方少有的具有阅读希腊文能力的人，曾译过亚里士多德的著作。他留有惊世骇俗的言论，如"世界即天主""精神与质料同一"。这些虽然听起来极端，其前瞻性却远胜过那些循规蹈矩的大学神学。巴黎某宗教会议考虑混合阿马里克的泛神论与迪南的大卫的猜想；然而两人逝后，1210年又开始制裁两位学者（Magistri），对阿马里克的支持者进行异端审判并处以火刑，甚而焚毁爱留根纳的著作，严惩私藏迪南的大卫《札记》（*Quaternuli*）与课程讲义的人。自那五年之后，大学里都禁止讲授及传阅那位斯塔基拉（Stagira）人（亚里士多德）的存疑之作，可见当时人心惶惶的程度。但禁令成效不大。1230 年左右就已经出现阿威罗伊（Averro）阐释亚里士多德的著作译本，这位阿拉伯哲学家很快成为卓越的"阐释者"，在巴黎出现关于亚里士多德主义与阿威罗伊主义的激烈论战。唯物主义观点四处滋生，与此相伴的是关于权力统治的学说在神学、教会法及立法学方面取得新的成果。我们无法否认这种学说有其阴暗的一面。经过过去一个世纪的初步思考之后，教会法学家开始构建关于"庸"王（rex inutilis）的学说，用来将推翻某些统治者的行为合法化。[1] 简而言之，巴黎、博洛尼亚、蒙彼利埃、牛津还有萨拉曼卡的大学形成的知识枢纽，不仅在学者之中有广泛的影响，而且对世俗王权极具影响力，波及它的内部秩序、外部政策以及统治合法性。

最新的理论以对 1202 年《可敬教令》的阐释拉开序幕。在教会法里，诸位"在世俗事务中有最高权威之君主"（rex superiorem in temporalibus non recognoscens）的观念，与具有立法功能的"王权法"（Lex regia）合二为一。据王权法，罗马人民曾将其立法权力完全赋予了元首（Princeps）。然而，此类皇帝不复存在，他早已为在世俗事务上有最高权威的国王取代。学者们得出如是结论。而该结论距后来的王权学说仅一步之遥，即"国王是其王国的君主"（Rex est imperator in regno suo）。该学说产生于 1200 年前后并迅速在教会法学界里传播开来；在立法学界稍有延迟，但所带来的震撼更大，甚而出现诸如此类的言论：国王在其王国里等同于皇帝在其帝国里，同时作为统治者、立法者跟法官实行统治，没有任何其他人能够凌驾于国王之上。[2]

该学说可视为一种古老的秩序或基本原则，奠定了直到今天或恰好是当今国家主权概念的基础。13 世纪中叶让·德·伯兰诺（Jean de Blanot）明确将该观点跟法国联系起来。推动《七章法典》（Siete partidas）编撰工作的伟大立法者，卡斯蒂利亚国王智者阿方索十世（Alfons X der Weise），认为"作为天主的代理，国王在其王国里管理子民，主持正义，告知真相，如同皇帝对其帝国的统治那样"。不久，几乎所有的诸侯、贵族以及国家政权都以类似的方式来统治，无形中引发了等级秩序观念的瓦解。因为没有教宗会由此认为，权势堪与皇帝比肩的诸侯从圣彼得处获得权力的馈赠。

王权机构化的最后一步与合作组织的学说（Genossenschaftslehre）有关，这一学说随着大学法学研究而有了基本的轮廓。其中，整体（universitas）被视为"法人"，与此相应，统治团体也被形象地视作法人。

自然这个人格常被直接视为统治者本人。按照罗马法（C. 9.8.5），王室长官或法官被认为是"王权机构的成员"（membra corporis regis），也是国王的左膀右臂；因此国王拥有两个躯体，一个是可腐烂的肉体，另一个则是不朽的、永恒的以及超自然的躯体。这一关于国家的新兴观念逐渐形成，在当时几乎所有的大王国里均已初现端倪。自此，政治与科学、尘世与神权、机构与学说开始结盟。

腓特烈二世

我们无法详细解读神圣罗马帝国皇帝腓特烈二世的执政目标；若仅从只言片语或历史事件来推测，容易陷入循环论证。腓特烈二世极少公开表露他的执政观念，除了1249年临终前，面对拜占庭皇帝约翰·瓦塔特泽斯（Johannes Vatatzes），他不再需要克制缄默，因为约翰三世不是罗马教廷的朋友。[3] 腓特烈感慨道："幸运的亚洲人，幸运的东方皇帝，他们不需要惧怕臣下的利器，也不需要担忧主教们的阴谋！"腓特烈二世认为，那些不用担心"自由的呼声如瘟疫般蔓延甚而被滥用"，不会因为伦巴第同盟的势力扩张而惶惶不安，以及无须害怕教宗的统治者，是幸运的。

同时代人称这位霍亨斯陶芬统治者为"世界之惊奇""神奇的变革者"。这些评价听起来并非正面。腓特烈二世很小就父母双亡，当时许多阴谋人士企图挟天子以令诸侯，这使得他终身都不信任周围的人。不过据说腓特烈二世自小受到非常好的教育，达到了当时很少有人能企及的思想水平。他对科学与艺术非常感兴趣，他对贵族式的猎鹰也很痴迷。他不仅满怀热情地猎鹰，而且全面严谨科学地描述和传授猎鹰技艺。时人一再形容腓特烈二世是一位优秀甚至是有魅力的人。连一向反对他的方济各会修士帕尔马的萨林贝内（Salimbene von Parma）都承认："我也曾喜爱过他。"

在孩童时期，腓特烈二世浑身上下就已散发着独特的国王及皇帝的威严。他立下宏伟目标，令自由地区、教宗以及城市同盟等都向皇权俯首称臣，而这意味着向那个时代最强大的势力宣战。如后来所看到的，他致力于从西西里经斯波莱托直至北部，实现意大利的统一，并将其置于皇权的统治之下，城市同盟臣服之后则整个意大利将听命于他。可惜时机不佳，当时的城市逐渐壮大，城市居民已经对自由有强烈的诉求，要对抗这一趋势已经太晚，而统一意大利又为时过早。处于斯陶芬王室统治之下的两个王国因此呈现出截然相反的发展状态。腓特烈二世在西西里王国继续展开自诺曼时期起开始的统治制度革新；而阿尔卑斯山以北的德意志帝国则因疏于管理而日益松散，在某种程度上可以说它成了腓特烈二世意大利宏伟蓝图的牺牲品。1226年伦巴第城市重新结盟。腓特烈在若干战役中打败了某些敌对势力，而掌权的亲皇帝的"吉伯林派"（Ghibellinen）也确实打开城门迎接他的到来；腓特烈二世在科特努奥瓦（Cortenuova）一举击败了同盟军，使城市同盟准备接受谈判；而教宗英诺森四世认为罗马不再是安全之地，也逃到了法国里昂。可是，这些被后世所缅怀的一切胜利，当时却出于种种原因，最终随着腓特烈二世的死而灰飞烟灭。除了或多或少的皇家收入，腓特烈二世并未建立多少长久的功业。

教宗英诺森三世利用年少的腓特烈二世，让他以反对奥托四世的"对立国王"的身份来到德意志。斯陶芬王朝的那些旧封臣争先恐后地倒向这位"来自阿普利亚的男孩"。当时年仅18岁的腓特烈二世很快胜出，他从康斯坦茨火速赶到亚琛，在那里登上了查理曼的宝座，接受加冕，同时立誓参与棘手的十字军东征。这位年轻的君主意欲在皇权之争中重振帝国法权，但又不得不承认其竞争对手奥托四世许诺给诸侯的大部分好处，可以说他几乎无法撤销任何决定。1220年和1231—1232年颁布的诸侯特权法对德意志历史而言举足轻重。此法令总结了过去几十年里授予诸侯的特权，诸侯在此首次被称为"领邦君主"（Landesherren /Dominus terre）。在"邦君制"作用下德意志自然无法形成统一的主权领土，而分裂成成千上万个小邦国和特权领地。直到拿破仑入侵才结束了德意志政治上的四分五裂。后来帝国公法学家（Reichspublizist）塞缪尔·普芬道夫在1667年中肯地形容当时德意志有着"奇特的、如同怪物般的政体"。[4]

具有讽刺意味的是，第一项特权原本授予从事圣职的诸侯，以支持腓特烈二世的长子亨利（七世）当选为国王，结果后者并未独立执政，而他作为德意志国王，反而成为父皇的累赘，实在令人扼腕叹息。在皇帝的许可下亨利也被剥夺了第二项特权；腓特烈重申这一特权，以换取诸侯对他的意大利政策的支持，该政策虽有所缓和，但很快与教宗渐行渐远。接下来值得一提的便是1235年缔结的《美因茨大和约》（die große Mainzer Landfriede，以下简称《大和约》），此和约实际上未能如预期那样保障帝国长久的和平、正义与安宁，却因为制定了一系列后来反复用到的法令与规范而影响深远。其中值得注意的是对私仇争斗的限制、诉讼流程的执行与帝国宫廷法庭的管理，特别是对不正义犯罪行为的惩处，并非基于受害者的控告，而是由执法机构本身发动实施。在《大和约》里，诺曼－西西里法律传统的痕迹无处不在，不过在当地的施行要完善得多。但实际薄弱的王权无疑让和约的直接效力大打折扣。[5] 亨利（七世）的王国政策与其父的帝国政策之间的矛盾引发诸侯的抱怨，导致亨利的王位事实上被架空。亨利在卡拉布里亚被囚禁七年，据传后来染上不治之症麻风病，为不祥之兆，1242年自杀而亡。

　　腓特烈二世接管十字军行动成了他与教宗冲突升级的导火索。格里高利九世利用十字军为疫病所拖延的情况，借此实现其政治目标。这位圣彼得的继承者坚持催促皇帝践行十字军东征的誓言，以前参加十字军的国王并无此遭遇。他无法原谅腓特烈的行为，并拒绝任何妥协。依照誓言皇帝应该亲自前往耶路撒冷，当他迟迟不肯出发时，格里高利九世对他实行绝罚。这位被驱逐者终于来到圣地，用阿拉伯语与苏丹卡米尔进行友好交谈，并成功达成协议，根据协议基督徒享有圣城十年。然而教宗拥护者诅咒并排斥该协议，因为他们期待兵刃相交而非外交运筹。其实早在1228年腓特烈二世动身去耶路撒冷之前，教宗便集结外国军队，即所谓的教宗"钥匙军"（Schlüsselsoldaten），前往西西里，企图占领它。由此可见，事情并非仅仅关乎十字军东征，而是有更深层次的原因。这场斗争实际关乎意大利的政治权力，教宗想要终止斯陶芬王室在意大利的统治。这一目标让格里高利九世与新的伦巴第同盟暂时走到一起，尽管二者之间仍有矛盾。虽然教宗与皇帝1230年再次和解，但好景不长，1239年腓特烈二世再次被逐出教会，而此次绝罚似乎也敲响了斯陶芬王室走向没落的丧钟。

作为神圣罗马帝国的皇帝，腓特烈二世没有好好利用德意志的王权。相反，他似乎有意地弱化它。其子亨利试图在德意志领土内巩固王权、控制诸侯的失败经验，本应让他警醒。可腓特烈二世不仅未能意识到，反而在意大利权力的角逐中牺牲了年轻的亨利。他任由诸侯来主宰德意志的命运，这些所谓的"邦君"在他的治下巩固了自己的统治，对皇帝逐渐敷衍了事。腓特烈二世通过多方面的外交努力将儿子推上王位，又把他囚禁，让其自生自灭，最后由耶路撒冷的储君康拉德四世（Konrad IV）取而代之。这一举动无异于削弱王权。可以说，腓特烈二世对斯陶芬王朝走向灭亡起了助推作用。

相反，腓特烈二世在西西里王国的统治颇有成效。他建立了当时最为现代的统治制度，表现为有效率的行政管理，立法由国王控制但以专业法学为指导，由中央管理财政（doana），使用全国统一的货币，并设立宫廷法庭为最高的上诉法庭，在大学特别是那不勒斯大学培养法学家，建立起不再以奴隶而是以付薪的临时劳动力为基础的经济系统，限制贵族、神职人员以及城市的特权等。这一系列措施汇集到一部杰出的法典之中，这就是1231年腓特烈二世颁布的前无古人的《梅尔菲宪法》（Konstitutionen von Melfi）。

这部宪法里提出的规定与制度安排是一种应急手段，用以治疗和教宗开战给王国和领土带来的创伤。在之后的几年里，该法典的两百多条法令还陆续得到增订，其范围涵盖行政管理、刑法与诉讼法、采邑法与民法。在那不勒斯王国，该宪法沿用至19世纪初期。腓特烈二世早在1224年就已经开始建设那不勒斯大学并授予其特权，其目的在于推进法学研究，使他不再依赖反对他统治的博洛尼亚法学派。即使如此，据推测在起草该宪法时他仍得到了博洛尼亚学派资深法学家的帮助。

新宪法继承和发扬了鲁杰罗二世与古列尔莫二世颁布的法条，大量引用罗马法，结合了诺曼王国法律材料以及斯陶芬王朝帝国意识形态。其序章展现了腓特烈二世对皇权的理解。立法者追根溯源，从创世说起，与其说字面上引用了《圣经》，不如说遵循了12世纪自然哲学的释经学；然后讲述天主造人，提到了原罪，即触犯戒律危及整个人类。但天主拯救了人类并让他们在地球上繁衍。然而触犯戒律的后果并没有消停，经天主之手创造的曾经"正直且无瑕"的人类"陷入纷争"，原罪继续存在。按天主的旨意，从人民当中选出王侯来实施管理是必要的，以限制人类无节制的行为与犯罪。"他们应当作为法官掌管生杀大权，等同于天主判决的执行官，决定每个人的命运、等级和阶层。"此处点明了国王处于天主与人民之间的中介者身份。立法者是"正义的父亲与儿子"，是法律的创造者也是遵守者，是天主即所有律法之"父"与尘世即律法的实现之地的中间人。再者，诸侯应守护神圣的教堂、基督教之母不被"信仰的诽谤者"（指异教徒）玷污，保证其受到世俗利剑的保护，并保证人民享有和平与正义。由此观之，腓特烈二世"是为了迎合人类的希望，唯一领受天主权威，被提升至罗马人民王国权力之巅并享有其他所有王国之荣耀的人"；他"通过扶持正义及起草法律，用双唇[赞颂]向天主祭献小牛"；他颁布了这部宪法，"通过侍奉永生的天主即基督，向赐予我们天赋的天主"奉上回报。[6]

这反映了世俗化的神学思想。立法者完全遵照神学传统，遵循天主的旨意拯救他的造物。腓特烈二世的统治从而被视为救赎，而皇帝本人成为正义的神父，成为天主与凡夫俗子的中间人：在只字未提基督生平事迹的情况下，该法典表达了一种世俗的救赎理念。捍卫正义涤除了原罪。其中虽提到教会，但它却没有明确清晰的使命，显然教会在此对救赎并没有任何贡献；至于它是否具备传递天主恩典的能力或以何种方式传递，也无关宏旨；因此精神之剑并未露出锋芒。不过受到诸侯守护的这个教会代表了整个人民，造物主天主要求国王对拯救民众负责，要求基督教保持正义。因此皇帝在若干年后进驻异教徒的大本营——在他看来特指伦巴第城市同盟。该法典采用神学的表达方式宣扬一种国家至上理念，最终导向了世俗化。这一理念拥有广阔的未来。教宗，基督在尘世的代理人，在法典里完全被忽略，而腓特烈是天主在西西里王国的封臣，与之签订了和平契约。无论按何种法律统治王国，国王均直接与天主联系。腓特烈二世的法典后来成为王室培养储君的教科书。

这位斯陶芬皇帝独特的个性魅力让西西里宫廷熠熠生辉。腓特烈二世所到之处，学者诗人接踵而至。在阿拉伯地区他也备受赞美。据说他的宫廷是当时绝无仅有的文化知识中心。在那里，孕育了"甜美新风格"（dolce stil nuovo）的诗歌；在那里，政治与学识携手并进，水乳交融。[7]"高等法院大法官"彼得罗·德拉·维尼亚（Petrus de Vinea）长期管理文书部并下设保管希腊文与阿拉伯文档案的文书处，文书部创作的修辞精美的通告在当时广为传颂，影响了数百年。在文艺复兴初期，查理四世的文书大臣诺伊马克特的约翰（Johann von Neumarkt）等人仍将其当作模范使用。米歇尔·斯各特（Michael Scotus）、安条克的特奥多尔（Theodor von Antiochien），还有来自西班牙与法国朗格多克地区的犹太人拥护国王促进学术发展的努力。事实上，腓特烈二世完全可以算得上向拉丁语世界传播犹太人文化的使者，只有在他的宫廷里犹太文化才得到了前所未有的关注。在那里还发现了犹太哲学家迈蒙尼德（Maimonides）最早的著作；尤达·本·所罗门·哈－科恩（Judah ben Solomon ha-Cohen）作为皇帝的贵宾在西西里宫廷逗留了很长时间，他编撰的最古老的希伯来语大百科全书——最初用阿拉伯语写成——与腓特烈宫廷多元的文化有着千丝万缕的联系。西西里宫廷融合了拉丁人、希腊人、犹太人以及穆斯林人的文化。然而在当时这种包容开放不免受到质疑，在其对手眼里，腓特烈是耽于享乐之人，是异教徒。

这些政敌的诽谤宣传似乎最终得到了证实。教宗格里高利宣布绝罚腓特烈二世时，借用使徒约翰对世界末日的描述，以警示其他国王提防这位皇帝，"从海中上来一头有着亵渎名号的兽"（《启示录》13：1）。对此，腓特烈二世正面回击了这位天主的代理："在那被颠倒黑白的教义的宝座上坐着这位法利赛人，他给同时代的人们涂抹罪恶的圣油，作为我们这个时代的罗马神父，他企图毁灭那些通过遵循上天秩序所建立的一切……我们断言：他是我们所读过的那个怪兽，'另有一匹马出来，是红的，有权柄给了那骑马的，可以从地上夺去太平，使人彼此相杀'（《启示录》6：4）。"腓特烈常有意寻衅曾养育他、保护他以及提升他的教会，他诡计多端、精明、吝啬、铺张浪费、心怀不轨、狂躁易怒；在他死后很久，方济各会修士帕尔马的萨林贝内仍怀着失望及幻灭之情，如此总结性地评价他。当然腓特烈不乏优点，比如要是"他真正信奉天主教，若是他真正地热爱天主、教会和他的灵魂，那么在他的王土之内，甚至在普天之下，无人能与之媲美，无人能出其右"[8]。

然而腓特烈早就算不上是虔诚善良的天主教徒。枢机主教维泰博的莱纳（Rainer von Viterbo），这位教宗的代表曾滔滔不绝地控诉对这位教会迫害者的愤怒与恐惧，直呼这位斯陶芬皇帝为"专横的暴君、破坏教义的人、信仰的叛徒、残暴的主人、时代颠覆者、粉碎地球的人、全世界的捣毁者"。这些严厉的控诉已经预示腓特烈最终将被逐出教门，英诺森四世这位重要的法学家在1245年第一次里昂公会议上对他实施绝罚。教宗并非说说而已，在颁布绝罚令的同时呼吁德意志人民重新选择国王。圣伊丽莎白的小叔子图林根伯爵亨利·拉斯佩（Heinrich Raspe）由此才有了可乘之机。腓特烈徒劳地号召诸侯团结一致。这位自视甚高的皇帝低估了内部分化的市民阶级的力量，低估了他们与教宗联盟带来的危险，低估了懂得更有效地利用新兴学术的教会在道德与知识领域的分量，忽视了欧洲的国王与诸侯对霸权与生俱来的反感，何况他那北至吕贝克、南及巴勒莫的泱泱帝国更是让他们惴惴不安。在这场斗争里几乎没有人愿意为皇帝说话。最终的代价便是斯陶芬王朝的腐朽与德意志王权的崩溃。1250年腓特烈的逝世更是加速了这两种进程。

德意志人民期待获得拯救，他们在已故皇帝的遗嘱里找到目标，然后附会了古怪而长久的幻想。社会观念发生了接近罗马法的转变，人们认为死者，即遗嘱订立者，将在遗产继承人身上得到永生；因此很快就出现了女预言家的低语："他活着，虽然他已逝。"虚构的腓特烈皇帝登上历史的舞台，得到大家的拥护，最后唤醒了有末世意味的希望：改良与净化教会、和平与正义、帝国统一。德意志皇帝的传奇与这位斯陶芬皇帝不无关联，到中世纪末期，他的名字被套在其同名祖父头上，从此演变为红胡子腓特烈皇帝的传说，即那位有可能在克夫豪森或他处安息的巴巴罗萨在沉睡，直到时机成熟，他将醒来完成他的德意志帝国伟业。[9]几个世纪后，普鲁士的威廉一世完成了民族统一大业，有些德意志人在浪漫的狂热中称呼他为"白胡子"皇帝，以此向这位红胡子腓特烈皇帝致敬。

在腓特烈二世死后，德意志进入"无帝的动荡年代"[①]，史称"空位时期"（Interregnum）。空位时期之初还出现过几位没有实权的国王，后来连名不副实的国王也不存在了。与此同时，教廷、教会法学者与神学家们关于皇权地位的讨论愈演愈烈，甚至让接下来十多年里的世俗领地斗争黯然失色，讨论的焦点在于皇帝是否是教宗的封臣。

危机在若干年内酝酿。腓特烈二世驾崩后，其子康拉德四世南下意大利意欲接管江山，希望至少采用武力控制王国，然而计划未能成功，他很快于1254年英年早逝。其后十余年由康拉德的兄弟曼弗雷德（Manfred）执掌西西里王国大权。这位年轻国王有着与生俱来王者气质，并且在促进科学与文化发展方面能与其父皇相提并论，却在1266年关键的贝内文托战役中命丧沙场。1264年教宗乌尔班四世不满曼弗雷德的所作所为，将西西里授封给安茹的查理。查理已经通过联姻成为普罗旺斯伯爵，与曼弗雷德在战场上兵刃相见并取得胜利。康拉德四世的独子康拉丁（Konradin）同样命途多舛，他从巴伐利亚向西西里进发，企图夺回已落入查理手里的西西里统治权，也不幸战败。1268年他在那不勒斯的断头台上结束了年轻的生命。临死前他喃喃道："母亲，你要是听到我的消息，将会多么哀伤啊。"那个皇族最年轻的可继承王位的男嗣，留下最后的遗言。霍亨斯陶芬王室企图实现那不合时宜的统治蓝图，在大部分臣下、封臣以及相邻领地的诸侯纷纷离他们而去时，才发现自己被最终孤立。不过阿拉贡国王雅各（Jakob von Aragón）不顾教宗反对，1262年通过其子即王储佩德罗与西西里王室曼弗雷德家族联姻，这一方面给人以希望，另一方面也埋下了战争的导火索。康拉丁的两位年长的堂兄，即被废黜的亨利七世的儿子，终生未婚，因此也没有留下能够继承王位的子嗣。

在图林根伯爵亨利·拉斯佩逝世之后，荷兰的威廉（Wilhelm von Holland）当选为国王。1256年他在对抗弗里斯兰人的战争中身亡。诸侯出现分歧，其中的一派支持英国国王的兄弟康沃尔的理查德（Richard von Cornwall），另一派选卡斯蒂利亚的阿方索十世，而斯陶芬家族的这

---

① 引自席勒的叙事诗《哈布斯堡伯爵》里对"过渡时期"的描述。

位远亲从未到过德意志境内,两派无法达成共识。1254—1257 年,若干诸侯,特别是三位莱茵大主教和普法尔茨伯爵,以及若干城市形成和平联盟,其中包括从巴塞尔和斯特拉斯堡经法兰克福直至图林根的米尔豪森等地,以及到威斯特法伦的明斯特、科隆和亚琛等城市,这形成了德意志历史上最早的城市同盟。从此城市定期结盟并逐渐发展壮大,可以对抗领主,将和平破坏者绳之以法,甚至威胁国王。市民阶层逐渐从领主为首的城市统治下解放出来并参与到政治中,以保障自身的经济利益。而一些大城市如法兰克福、科隆之类也开始角逐政治利益。在皇家城市,约 1220 年撤销帝国地方行政长官(Reichsvogt)并设立皇家地方官(königlicher Schultheiß),1232 年废除强制婚配(Heiratszwang),以及将平民评审委员会(Schöffenkolleg)转变为市政参议会(städtischer Rat),史载该机构首次出现在 1266 年。只有法兰克福的税收仍归国王所有,其中很大一部分由犹太人缴纳。这自然让这个选举城市与王权关系密切。

1238—1242 年蒙古西征:全球化的新动力

在欧罗巴边界突然出现了令人毛骨悚然却又无法抵挡的陌生入侵者。除了匈牙利国王,大多数统治者虽然注意到他们,但无人愿意搜寻任何关于这些来自东方的骑士的消息。他们的铁骑传播着恐惧,摧毁任何阻止他们前进的障碍。首当其冲的是罗斯王国,它于 1240 年沦为蒙古铁骑的牺牲品。1241 年蒙古军在著名的莱格尼察(Liegnitz)战役中给予波兰-西里西亚联军致命一击。同年遭蹂躏的匈牙利则人口减少,该国国王逃到了一座海岛上。欧洲大陆仿佛末世降临。黑暗谣言四起,据说末世的部族歌革和玛各已经启程,他们将会宣布世界末日降临。他们希望神秘的基督教祭司王约翰带领他的天主军团降临,为天主对抗穆斯林。可一切显得如此陌生、悲惨且危机四伏,西方世界在蒙古铁骑带来的最初的惊恐里瘫痪。蒙古人四处征讨,尽管令欧洲特别是匈牙利损失惨重,但推动世界历史到达一个转折点。他们为西方人叩开了世界的大门,欧洲从此迈向全球化的进程。

除了莱格尼察战役，西方世界并没有对蒙古人做出武力反击，因为当时他们并没有足够的武力装备；只能凭借系统的理性和知识能力，以好奇和寻求新知识的意愿、商人们急切的获利欲望、基督教传教士大无畏的冒险精神来做出反应。没有世俗权力愿意主动迎接挑战，反倒是教宗英诺森四世派出方济各会修士约翰·普兰·迦儿宾去探查蒙古人的情况（1245—1247年），侦测他们的军事习惯，以便采取相应的对策，不过最重要的还是考察其传教的可能性。现在看来，约翰从感知方式、判断与推断能力方面，为三个半世纪特有的思考方式及该种方式的实践提供了独一无二的民族志观测报告。若干年后，卢布鲁克的威廉（Wilhelm von Rubruk）启程去传教。当他在耶路撒冷逗留时，圣路易九世给他签发了国王委派函，该函是接触到大汗的必需之物。威廉对这一外来民族的描述，超出了当时所有关于该民族的书面记录，他对统治与社会、生活方式、风俗习惯、传统，以及大汗宫里的民族与宗教多样性做了精确而细致入微的描写。类似的如此清晰的报告直到19世纪才再次出现。

当时出现的新兴科学与古老的知识相结合。古希腊古罗马的地理学家已经意识到世界的全球性及整体性特点，对此进行研究并积累了相关知识。早期的基督教继承了这些知识。天主王国即将降临这一福音让基督的使者前往"世界的各个角落"（真正字面意义上）；为了传播这"令人欢欣鼓舞的福音"，使徒保罗马不停蹄地踏遍了整个罗马帝国；其他的信徒效仿他，走遍整个欧洲与半个亚洲，尽管相互之间并不知情，且没有交流。这一特征让传教士群体有别于学者群体。例如，卜尼法斯对印度基督徒或信仰基督教的畏兀儿人的情况一无所知；当布拉格主教圣阿达尔贝特有意探索相邻的古普鲁士人（Pruzzen）居住区时，时人认为那已是地球的边境。因此无人能预料到，在遥远的东方还有多少民族有待认识。爱尔兰人在外乡的传教之旅中四处探索，并不尽信现有的书本知识。与此同时，为了传播基督福音和探索世界的尽头，哥伦布整装待发，计划穿越大西洋到达远东。在中世纪早期，只有犹太人出于远程贸易的关系，会传授有关印度、波斯或阿拉伯的知识，但那时基督徒（还）没有向他们求助。

尽管十字军东征以新的方式刺激欧洲人开始与未知世界接触，然而直到蒙古人入侵，他们才意识到世界如此无垠，远大过基督教世界，让人难以置信却又令人惶恐的宽广，超越了所有既有观念所能理解的范围。1326年佩鲁贾的安德烈斯（Andreas von Perugia）从元大都"汗八里"（Kambalyk）回到家乡，他记录道："此时此刻的我听到了那么些惊奇的事，到现在还不敢相信。"即便是古代的智慧之士，对这些都一无所知。陌生民族的侵略，随之而来让人难以想象的事情，冲击着西方世界的知识文化，这一切不仅意味着应该加紧努力传教，要求重新构建世界观，事实上也让西方世界进入全球化的进程。与之相应，欧洲人开始系统地研究整个地球及其居民、他们的财富与生活概况，很快便派出了第一批东进的使者，其中包括普兰·迦儿宾和卢布鲁克的威廉，去修正从古希腊古罗马权威那里传承下来的知识，并开始系统化其所获得的新知识，以便有效利用。在此过程中，普世主义（Universalismus）与特殊主义（Partikularismus）脱离了原有的宗教语境。新的思维方式融入原有的世界观与现有的统治秩序里，引发了教会法、"政治"、经济与军事方面的讨论，由此产生了一种专门知识，从精神及物质层面来解释世界，激起了人们那颗完全世俗的好奇心。普兰·迦儿宾出发去蒙古时，并没有任何拉丁语方面的资料可以参照。而不到十年后，卢布鲁克的威廉已然可以从过去几年里与蒙古人有商业来往的那些威尼斯商人那里，获得有用的第一手资料。新的世界观念逐渐形成，并立即反映在最新的世界地图上。对那些探险的勇者来说，最重要的是如何应对所出现的严峻的交流障碍、奇异的崇拜文化、没有任何翻译能掌握的外语、初次接触时令人厌恶的生活方式，以及如何融入这种全新的经历当中去。商人能够及时利用这些新的发现。马可·波罗仅仅是其中一位，多亏了他的《马可波罗行纪》，让他最负盛名。那时，大不里士（Täbris）[①]、撒马尔罕[②]、霍尔木兹（Hormuz）与中国都出现了拉丁人的贸易站点。1307年，元大都大主教区成立。

从蒙古人入侵到东亚的大主教区建立，在这短短十几年中，人们面对着全球化带来的知识的突飞猛进与社会变革的双重挑战。随着对其他新的

[①] 13—14世纪时伊尔汗国的首都。
[②] 14世纪时为帖木儿帝国国都。

文化、社会与统治秩序的认识，对陌生的宗教、追求与思考方式的了解，全球化进程在未来将进一步发展。而全球化进程反过来对传统社会产生影响，比如意大利贸易同盟的历史所反映的那样，对远东的探索带来了竞争，让人们发现什么无法掩饰，察觉到什么会爆发为社会危机；全球化进程还将导致前所未知的城市下层人的贫困化。向世界开放，要求新的精神上的灵活与空间上的自由，要求一种不畏未知风险的事业精神，要求对未知的销售市场与贸易条件的认识，要求多语种能力、技术革新能力与扩展策略。简而言之，要求一种全面的学习能力，要求思维变通，要求技能与知识，这便是有这方面的能力与意愿的中世纪晚期欧洲的特点。

在这全球化的浪潮中，西方犹太人群体同样无法置身事外。根据犹太人历法，公元1240年便是创世后五千年的完结，而末世将到来。有些犹太人准备好迎接弥赛亚，有些甚至借机诉诸武力重组王国。这同样可以被视作对蒙古人入侵的一种回应。而入侵的最初消息正是在那时，1238年，传到了西方。

犹太人大迫害

犹太人没有等来弥赛亚，犹太人群体却遭到了新的大规模的迫害。在马尔堡，犹太人因为祭祀杀牲受到非议，此类批评先前已出现在劳达（Lauda）和德意志其他地区。尽管教宗颁布政令，禁止诽谤，也无法阻住此类苛责。在美因河畔法兰克福，"屠犹"运动如火如荼，1241年整个犹太社区都成了牺牲品。犹太人墓地被毁，墓碑被改用作教堂建筑材料。关于祭祀杀牲的指责在少年维尔纳（Werner）被谋杀事件发生后恶化。少年在莱茵河畔上韦瑟尔（Oberwesel）被杀，尸体在树丛里被发现。犹太人马上被指控为"凶手"，而死者很快就被尊为殉道者。为了纪念他，启动了朝觐活动，建起了带有珠宝饰物的晚期哥特式的维尔纳礼拜堂。但在这十分神圣的气氛中，犹太人遭到严重的攻击，这是典型的"迫害性社会"的特征。1963年维尔纳从基督教圣人名单中被除名。1298年在陶伯河谷地区，因为所谓犹太人亵渎圣饼，一个落魄的贵族鼓动人们迫害犹太人。诸如此类的事情层出不穷。四十年之后，另一个自称"阿姆雷德王"（König Armleder）的没落骑士带领他的随从在法兰克尼亚东部袭击犹太人。

其他地区的反犹活动也逐渐极端化。在巴黎，国王圣路易下令基督教徒与犹太教徒进行辩论，并在教宗格里高利九世的要求下于1242年焚烧犹太典籍《塔木德》。此举之后在整个法兰西还有欧洲其他地方被效仿，不计其数的手抄本被焚毁，据推测超过一万卷。教宗英诺森四世、克雷芒四世以及后来的教宗均执行了焚毁令，直到近代才停止。1248年巴黎神学家们共同鉴定了《塔木德》对基督教的指责与毁谤，确定了该犹太圣典在基督徒中散布恐慌，41名神学教授在鉴定意见上签名，其中包括大阿尔伯特。[10] 德意志中古犹太教的大学者、来自罗滕堡的拉比米亚·本·巴鲁克（Meir ben Baruch）当时就多部圣典被焚毁而创作了哀歌（Klagelied），其中就包括《摩西五经》（Torah）。时至今日，在圣殿被毁日，犹太教徒仍唱道："你——在烈火中被焚的，那为你哀悼的人们能否得平安……我惊叹于普照众生的日光，它却是黑暗给你我的礼赞……受难过后，你将得天主之抚慰，耶叔仑（Jeschurun）①受困的城市将得解放，请举起你的双臂。"那个时期的压迫与镇压赋予了卡巴拉学说以特殊的意义。彼时犹太人迫害运动在摩西·本·纳赫曼（Moses ben Nahman，又称为 Nahmanides）那里达到了第一个高峰。1265年他被要求在阿拉贡国王雅各一世面前与基督徒辩论，他被多明我会斥责为诋毁基督教信仰，继而遭克雷芒四世迫害，之后不久被迫离开阿拉贡，如许多虔诚的信徒那样最终于1270年前后在"应许之地"（耶路撒冷）逝世。在哈布斯堡的鲁道夫一世统治下的德意志排犹情绪日益高涨时，1286年米亚与许多志同道合者决定流亡巴勒斯坦，但他们一行人在伦巴第就被逮捕。米亚被囚禁在阿尔萨斯的昂西塞姆（Ensisheim），直到生命终结。人们现今可在沃尔姆斯造访他的墓地。

犹太人从城市社群里被驱逐出去，情况越发严重。最后中世纪晚

---

① 《旧约》中对以色列人的亲密称呼。

期基督教虔诚运动对此也起到了推波助澜的作用；该运动强调耶稣受难，而弱化了上帝的君王形象。而圣餐崇拜一再成为迫害犹太教徒的起因。按当时流行的说法，犹太人即使并非"异教徒"，也可算作"非信徒"（infideles）和"亵渎基督者"[11]，是嘲讽十字架及被钉死在十字架上的基督的人。因此教会与世俗的立法者禁止民众与他们居住在一起。犹太人的衣着应该像萨拉森人那样有别于基督徒，由此避免民众因为无知而与之发生"异性之间的交往"。1215年拉特兰公会议要求对犹太人进行肉眼可辨的隔离，并颁布相关法令（c. 68）。尽管如此，直到15世纪犹太人才从德意志大规模地移民东进。

"政治"思考

霍亨斯陶芬王朝统治结束以后，欧洲的局势动荡不仅仅体现在战争频发、权力转移或受亚洲中部或近东地区发展的影响上，也表现在思想方面的彻底转变上。这一转变的重要征兆之一就是巴黎的"托钵修会之争"（Mendikantenstreit）；该争论一方面围绕大学教学应该以托钵修士还是世俗神职人员为主，另一方面主要针对教学内容，还就亚里士多德的物理和自然科学著作的阐释进行了讨论。亚里士多德著作的重新发现再次引发思想上的突破。在1264年，即安茹的查理受封西西里的同一年，莫尔贝克的威廉（Wilhelm von Moerbecke）翻译了亚里士多德的《政治学》，虽然翻得有点蹩脚，更谈不上雅致，但此举可谓历史性的一步。

学界为此做了最充分的准备。多明我会会士特别选取了其中"王侯镜鉴"（君鉴）的主题进行创作，即关于如何正确统治的教导。此类著作根植于悠久的传统，在12世纪再次兴起，特别是索尔兹伯里的约翰及其创作的《论政府原理》。圣路易携手巴黎的多明我会修道院，筹划编写一部关于贵族阶层、王室宫廷、王室家族、管理与统治的大全。其最重要的编撰者是百科全书式的人物博韦的樊尚（Vincenz von Beauvais）。王室成员也积极参与到大全的编撰过程中。[12] 这部"大全"（Opus universale）汇集并加工了从古至今一系列伟人的名作，比如围绕《圣经》的各种主题整理了西塞罗、塞内卡或马克罗比乌斯的著作，还有奥古斯丁、大格里高利、明谷的圣贝尔纳、亚里士多德以及阿拉伯作家法拉比（Alfarabi）和阿维森纳的作品，由此奠定了该大全面向历史的基调。它教导国王该有怎样的行为举止，如何按照受基督教影响的实用哲学来统治王国。

书中写道，王侯尤其需要习得至高无上的知识，因为他们不仅借此提高自我修养及训诫子民，还要领导其智囊团，进行司法、立法、行政管理，增加经济收入，发动战争。因此王侯的教育应该严格地遵循整套经院学习科目，包括语法、修辞、逻辑、神学及民法；他们要学会谦卑，做到生活节俭、作风端正、行为正派，最理想的状态当然是"如天主恩赐"的那样。正如没有光的世上会只有混沌不堪与人心惶惶，没有"见识"的个体存在将会陷于危险，他将是悲惨地狱在人间的缩影，即没有秩序只有恐惧。王侯从蹒跚学步起就该思考关于年龄、死亡与末日审判的问题。这些四处摘抄的托钵修士明显表现出"反封建主义的趋势"，对他们来说，"骑士""仆从"或"自由民"这些概念都是"野心与不公正的产物"。无论王侯还是贫苦人民，他们同样都是以基督为中心的那个整体的肢体，是教会的肢体。剥削穷苦人民的人"不是真正的贵族"（rusticissimus）；然而那时正是因为贵族和诸侯之流压迫和剥削民众，穷人才食不果腹。总而言之，托钵修士的道德观通过大全渗透到统治秩序之中，它时刻提醒诸侯，他们享有"人民的权力"，因此应博得人民的"同意"，统治应以"全民福祉"为目的。

现在这部大全仅有《巴黎君鉴纲要》（*Pariser Fürsten spiegelkompendien*）残存于世，且其教义并非前后一致，最终版本有部分与在编撰过程中去世的樊尚的主张相矛盾。尽管如此，这部作品仍有举足轻重的意义，激励后来者超越前人。当时"政治"这个概念自然还没有成为"政务"（res politica）或"政体"（politia）的统称。通过学习亚里士多德的同名著作（译于樊尚去世那年），人们开始接触这一概念。诚然，他们已经对这一问题有了模糊的认识，亚里士多德的一些思想毕竟从古代流传到中世纪。但politicus这一形容词及politia这一名词获得了新的含义，很快西方出现了政治学专家（politici），从而实际上产生了"政治"的概念；

自此西方世界才出现"政治理论"。

我们的哲学家、法学家与神学家很快开始无休止地讨论何为最佳的政府形式，由此头一次产生了严格意义上的"政治"思维——一种新型的理论论证方式。一套特有的范畴、论证模式与特殊的思维方式从此广泛流传。大家学会审视以前常被忽略的部分之间的联系。紧接着出现了首批评论文章，其中以托马斯·阿奎那等人的最为杰出。在这之前关于"统治理论"的著作的核心是王侯谏言，在这之后取而代之的是对统治机构的产生、发展与组织形式等进行系统考察，这意味着实践、行政、战争事务以及如何有效地实现全民福祉成为大家关心的问题；还有经济问题——亚里士多德认为任何统治形式，不管是城邦政制（Politie）、贵族制还是君主政体，都应该关注经济。该思维方式要求不断地专业化，因此科学向"政治"进军的步伐无法阻挡。国王的议事机关、司法、财政管理、总理机构，甚至是省区或城市的管理，凡是这些需要通过书面文件来处理的事务或机构，均离不开专业力量。从此以后，秩序的概念无处不在，给予人类行为以前所未有的导向。

君鉴文学（Fürstenspiegelliteratur）获得新的发展，相关著作的技术性更强，也更为专业。托马斯·阿奎那专门为塞浦路斯国王雨果二世（Hugo Ⅱ von Cypern）所写之书成为该体裁最为成熟的代表作，该书由其学生卢卡的托勒密（Tholomaeus von Lucca）续写完成。此书首页内容即来源于亚里士多德的关于人的定义，即人生而是社会化、政治化的存在，以及他那长久以来无可争议的论证：君主政体是最佳的统治形式。而布尔日大主教埃吉迪乌斯·罗曼努斯（Aegidius Romanus）所著的《论君主制》（De regimine principum）被翻译成包括希伯来语在内的多种地方语言，其传播最为广泛。有了亚里士多德的《政治学》作为理论武器，不仅统治合法化的策略发生改变，论战性的册子及王侯镜鉴的语言产生了变化，而且"政治性"关系的整体浸透也成为可能，也能为王侯教育提供实用的建议。诸侯的世界很快就做出了反应。一切统治正统性的确立更为繁复，但统治秩序的运行更为有效。

后斯陶芬时代的欧洲：西西里王国

教宗的封地西西里王国成为欧洲动乱的焦点。不仅是教宗，即使英格兰、法国或阿拉贡的国王也对之虎视眈眈。阿拉贡国王雅各一世不顾乌尔班五世的劝阻，早在卡佩王朝的安茹的查理得到教宗支持成为西西里王之前，就于 1262 年安排其王位继承人佩德罗和西西里国王曼弗雷德之女联姻。联姻的成果，最年轻的男嗣，生于那位卡佩王朝统治者夺权之后。男孩获得了不凡的名字：腓特烈。整个南部意大利对他和他的父亲寄予期望，而查理一世则无法真正赢得其臣属的信任。的确，在君士坦丁堡巴列奥略王朝皇帝的支持之下，爆发了"西西里晚祷"（I Vespri siciliani）动乱。阿拉贡国王佩德罗三世很快乘机登陆西西里，并被当地民众欢呼拥立为西西里国王彼得罗一世。时任教宗马丁四世宣布绝罚他，以捆绑与释放的权力剥夺他的王国，1283 年甚至公然鼓动十字军反对阿拉贡王国。后来法国国王腓力三世（Philipp III）的年轻王子瓦卢瓦的查理（Karl von Valois）率领法国军队进驻西西里，腓力被教宗马丁指定为新一任阿拉贡国王；战争得到了教宗的认可与支持，一切似乎朝着不利于阿拉贡王国的方向发展。然而不久之前导致斯陶芬王朝覆灭的不利条件并未威胁到阿拉贡的王权。尽管西西里当地各势力趁机结盟反对彼得罗一世，企图要挟国王许以他们更多的特权；但他们并未成功得到法国的支持，由此避免了本土王室重蹈斯陶芬家族的覆辙。1285 年，彼得罗一世临死前宣布放弃原本应由其继承人阿方索三世（Alfons III）接管的西西里统治权。最后阿方索三世的弟弟雅各二世（Jakob II）意欲同教宗卜尼法斯八世和解，再次声明放弃对该岛的管辖权；作为补偿，1297 年他获封了撒丁岛（连同科西嘉岛在内）。然而在此期间，雅各最小的弟弟即那位有斯陶芬象征意义的腓特烈，（有可能与雅各协商过）取得了该岛的统治权，且确实受到西西里民众爱戴，在有生之年无须担忧受到驱逐或面临战争。因此，西西里王国的分裂成为定局，一边是理应继承当年整个诺曼-斯陶芬帝国统治权的"特里纳基亚岛"（Trinacria，即西西里）王国，一边是半岛上受安茹王朝控制的那不勒斯（拥有对岛国的统治权）。自 1421 年起，经过漫长的斗争，直到阿拉贡的阿方索五世最终统一昔日的诺曼－斯陶芬帝国，组建了"两西西里"王国。

与此同时，那不勒斯的安茹统治者为了弥补损失，意欲寻求平衡。1301 年匈牙利国王安德烈斯三世（Andreas Ⅲ）逝世，他是阿尔帕德王室最后一位统治者，且无男性后裔，因此那不勒斯的查理·罗贝尔（Karl Robert von Neapel）通过其祖母享有继承权。尽管遭遇最初的反抗，但他在教宗的支持下于 1308 年掌控王权。另外，与法兰西美男子腓力四世的紧密关系加强了他的统治地位。在最后几位阿尔帕德统治者的精心治理下，匈牙利王国发展成为令人崇敬的沟通西方与君士坦丁堡的统治力量。经过和威尼斯的战争，该国国王能在克罗地亚与达尔马提亚树立权威；该国的教士能汲取意大利的学术成果。匈牙利的跨地区重要性可从圣伊丽莎白的父王安德烈斯二世 1222 年所颁布的《金玺诏书》（Goldene Bulle）管窥而得，这份诏书也是反映西欧普遍发展趋势的标志。安德烈斯二世争夺拜占庭皇位，总体而言其执政耗费巨大，政策缺乏连续性。他的《金玺诏书》在各阶层的反对下未能实施，甚至最终为他们对抗王权提供法律保障，就像英国《大宪章》那样。最终，始于圣伊什特万的辉煌的阿尔帕德家族到 1301 年再无男嗣出现。自此该国由那不勒斯安茹王室的支系统治了 75 年，直到 1382 年该支系随着洛约什一世（Ludwig der Große）过世也最终绝迹。面对这一新出现的遗产继承问题，皇帝查理四世与法兰西国王查理五世就继承人选达成共识，在场的还有波西米亚与波兰的贵族。于是洛约什之女玛丽（Maria）与未来的神圣罗马帝国皇帝西吉斯蒙德（Sigismund，匈牙利和波西米亚国王）联姻，匈牙利由二人共治。

日常生活、婚姻、遗产继承的认可、无止境的战争，还有君主与贵族联盟之间的统治协议以及"议会"（Cortes）和"人民"，塑造了欧洲的王权与诸侯共治的局面。教宗在这些权利纷争里扮演最高裁决法庭的角色。然而，斯陶芬家族没落后，教宗国丧失了评判或驳回事件合法性的权力；要说教宗国仍对一些事情存在影响，也是因为它与胜出方保持立场一致。不久教宗卜尼法斯八世本人也深切感受到世俗权力再次凌驾于教会之上。尽管如此，基督的代理人还是拉丁基督教会的唯一裁决机构，他会为赤裸裸的暴力披上合法性的外衣。不仅阿拉贡王室的兴衰史展现了这种趋势，在英格兰也能寻见这种趋势的轨迹。

英格兰

无地王约翰之死没有结束英国的内战纷争。年仅九岁的亨利三世即位，开始由经验丰富但年逾古稀的威廉·马歇尔监护，后由御前会议摄政。在教宗使节古阿拉的监督下，亨利三世对教宗唯命是从。1216年、1217年征得教宗使节的再次同意后，他修改了《大宪章》，以获得起义贵族的支持。教宗洪诺留三世紧随其前任英诺森三世，对国王的反对者，特别是敌对领袖法国王位继承人路易实施宗教惩罚。此举保住了这个男孩的王位，孤立了卡佩王室，后者最终在战场上也吃了败仗，不得不放弃英格兰王位，离开不列颠岛。为了金雀花王朝那些已失去或已有的领地，欧洲大陆上很快硝烟再起。即使对手路易八世1226年就逝世，即使另外还有一些有利机会，但战争除了吞噬了成千上万的生命与不计其数的金钱，并未给英国带来实质的胜利。恰恰相反，在1259年签订的《巴黎条约》中亨利不得不承认他父亲所遭受的损失，并满足于受封自法王的加斯科涅地区。在此期间，金雀花王朝可谓罗马教廷与教宗的忠实封臣，只要罗马一声令下，它随时效力，提供兵马或钱银。

失去诺曼底和安茹领地已成定局，波尔多由此成为国王在欧洲大陆上的驻点。与此同时，伦敦逐渐成为这个岛国名副其实的首都，这里不仅有许多重要的行政机构如王室中书法庭[①]、财政署或高等法院（直到今天仍在近霍尔本区召开）等，还有国王亲自监督在威斯敏斯特新建的雄伟的哥特式教堂建筑。而英格兰"王座"也终于有家的归宿。更多的贵族同样不得不放弃他们曾在法国拥有的富庶领地，而重归英格兰本土。这一新情势无疑再次加强了对国王的不满。首先，国王执行大陆政策得不到所需的财政支持；其次，他长期只倚重他那些私底下其实各自为政的南法智囊和官

---

① 中书法庭最初为英国国王的御用文书机构，后逐渐发展为国家政务机构。

员，而轻视本国的贵族；亨利还多此一举地请来意大利主教并委以重任。凡此种种都让岛国的贵族日渐疏离。而在此期间重新缔结的不少婚约改变了整个欧洲的政治格局。没有哪个国家能完全独立于其他国家而存在，每一个国家都发现自己处于错综复杂的关系网之中，国家统治者和贵族在广泛的意义与利益方面或交织的亲属关系与继承权利中紧密相连。当时欧洲大陆上斯陶芬家族与教宗矛盾激化，使得亨利的目光也转向了德意志、普罗旺斯地区和西西里。教宗英诺森三世向亨利的兄弟康沃尔的理查德奉上了西西里的王冠，不过遭到后者拒绝。而在康拉德四世、对立国王荷兰的威廉去世后，康沃尔的理查德被若干诸侯推举为罗马国王。依照教宗的意愿，亨利仅八岁的幼子埃德蒙（Edmund）本应在西西里登基为王；尽管英王与教宗亚历山大四世在1255—1256年签订了相应的协议，但这一计划在英国大贵族的反对之下最终落空。

在本国境内亨利面临重重困难，举步维艰。"如果你爱戴这位国王，那么请不要阻碍王国的和平！"坎特伯雷大主教斯蒂芬·兰顿明确警告一位国王的顾问如是道，而顾问们当时正企图宣布《自由大宪章》无效，理由是国王之前是被逼签署的。[13] 此刻，大贵族和普通市民的自由与帝国的和平结为一体，英格兰越发迫切地需要根据《大宪章》从根本上进行权力与统治关系重组。贵族对国王的威胁越来越大。1258年，英国之共同体（Commun de Engleterre），即全英格兰的议事会，集聚牛津，面对国王，意欲首先强迫国王接受《牛津条例》，该条例1259年扩展成为《威斯敏斯特条例》。据《威斯敏斯特条例》，低等贵族也能获得重要的政府官职。而国王的法国侍从被驱除。从此，大贵族和骑士开始有效地影响国家的政治与财政。亨利不得不签署《巴黎条约》。"共同体"的誓约以法律法语作为官方语言，这透露了在那里发生的一切。人民宣誓道："我们每一个人、我们所有人相互帮助……反对其他人……且保留对国王与王权的忠诚。"（salve la fei le rei e de la corune.）针对这最后一点，国王的重要大臣、法律顾问、财政大臣或城堡主们也做出宣誓。[14] 此时，王权与国王并列，王权成为超越个人的王国统治者。

国王法律顾问亨利·布雷克顿（Henry Bracton）在那段炙热斗争时

期写下了中世纪伟大的法律理论著作之一《论英格兰的法律与惯例》(*De legibus et consuetudinibus Angliae*)。这位渊博的学者既懂得顾及教会法与立法，也知道按照大家的所意愿的那样，起草英国的"普通法"来推动国家的发展。后者作为判例法而不归属于任何其他法典。布雷克顿"谈及司法和和平"，认为"这是属于王权和王室威严的，而其他任何人都不享有。它们与王权紧密相连，因为它们就是王权本身（faciant ipsam coronam）。因为王权就是维护正义、做出判决和维护和平。离开了司法与和平，王权无法稳固，更不能长久。因此，这些权利和司法权无法授予任何自然人、封地、私人，除非是作为代理司法权来授予"。"尘世间的国王，只因他是天主的仆人和代理人，仅仅能够行使那些法律准许的权利……行使那些根据地方法官的意见而合法确立的权利。"[15] 在这里，国王的权威与国王本人分离，前者根据后者来界定，王权由此加强。英格兰的主权并非来自国王，而是源于神授。但根据布雷克顿的评论，国王仍保有独一无二的法律解释权力。

在近乎内战般的斗争过后，王储爱德华取得了军事上的胜利，当然这些"条例"又遭废止。但是布雷克顿的著作广泛流传；条例预示了权力斗争过后的发展大趋势。据载，世俗贵族与宗教领袖召开的王室咨议会，演变为"议会"（parliamentum），这一名称首次出现于 1237 年。自 1258 年以来议会每年召开三次，事实上它很快成为掣肘国王的关键力量。最初，那个臭名昭著的十字军骑士①之子、亨利三世的妹夫——小西蒙·德·孟福特脱颖而出，在与国王交涉的过程中，于 1264 年与 1265 年召开了议会；参加这两次议会的不仅有贵族跟高级教士阶层，还有骑士阶层和城市代表，这是议会制漫长的历史上第一次划时代的突破。1264 年第一次"议会"召开时，教宗宣布安茹的查理成为西西里国王，亚里士多德的《政治学》被翻译为拉丁文。"议会"与"政治"这两个概念在以后将彻底改变欧洲的公共行为，不过那个时代的人还无法预知。

同年，也就是 1265 年，西蒙战死在反对爱德华王子的战役中。虽然

---

① 指第五代莱斯特伯爵老西蒙·德·孟福特。

国王取得了胜利，但在 1267 年圣路易的仲裁的引导下，同时为了缔结和平，亨利走了聪明的一步棋，他重新承认了《大宪章》和《威斯敏斯特条例》的主要条款，从而为王国的持久和平奠定了基石。这一明理且自愿的妥协有可能是亨利三世最重要的功绩，他的儿子与继任者爱德华一世能够在此基础上将其发扬光大。1320 年之后不久出现了《议会召开办法》(ein modus tenendi parliamentarum) 的文本，首次记录了议会的程序规则。这标志着王国代表会议制度的确立。从此，自由与和平、国家的组织团体与不再局限于贵族阶层的议会、法律理论、正义、法庭和普通法、王权等，作为超个人国家的象征和构成形式，携手共进。虽然不久前，英格兰国家似乎濒临崩溃，但现在，英格兰为整个西方社会指明了一条通往现代国家制度的大道，虽然它并不是唯一的道路。

西班牙

西班牙王国历经着类似的变化趋势，不过具体发展细节大不相同。托莱多被侵占一个半世纪后，经过托洛萨的那瓦斯战役（Las Navas de Tolosa），最后北非阿尔摩哈德王朝失势。1212 年卡斯蒂利亚国王阿方索八世仅带领小部来自法国的十字军，连同纳瓦拉国王桑乔七世（Sancho Ⅶ）和阿拉贡国王佩德罗二世，以天主的名义参战并大获全胜。托莱多人热烈欢迎得胜归来者，欢呼道："以天主的名义归来的人啊，上帝保佑你们！"阿方索一世统治时期，1143 年加利西亚分裂，独立成为受教宗庇佑的葡萄牙王国，那瓦斯战场上因而没有葡萄牙的骑士。费迪南德三世统治时，卡斯蒂利亚继续展开进攻，1230 年与莱昂王国结成永久同盟。1236 年他们夺回了自 711 年成为埃米尔和哈里发驻地的科尔多瓦；约 1243 年占领穆尔西亚，不过不太稳固；五年后塞维利亚投降，战败方不得不眼睁睁看着那些雄伟的清真寺被改造成天主教堂，四十万穆斯林信徒不得不离开这座城市和他们生活的这片土地，而新迁来的基督信徒仅两万。基督徒治下的穆斯林（穆德哈尔）偶有反抗，卡斯蒂利亚的收复失地运动暂时落下帷幕。而取得这些胜利的国王费迪南德三世，如同"飞鹰一般向猎物"

（科尔多瓦）冲过去，这位布尔戈斯大教堂和萨拉曼卡大学的创建者（卒于 1252 年），自 1671 年被尊为圣人。

被驱逐者则流离失所，向北非、埃及逃亡，为失落的家园和战死者哭泣，回到他们的祖先五百年前曾经生活和奋斗的地方。"我的故乡，她在何方？"一位摩尔西班牙的大诗人、苏菲派学者伊本·萨义德（Ibn Sa'id）如是哀叹："对她思念不止，泪水不尽。壮丽的安达卢斯啊，离开你是多么疯狂。回想起在塞维利亚的幸福时光，余生的痛苦我无法想象。"曾经到过那里的人都能体会这深沉的悲伤。留下的穆斯林不得不退回到有着稳固边界的格拉纳达地区。直到今天，安达卢西亚周边的不少地方还带着"de la Frontera"（"边塞"之意）的别名。即使在这个面积不大的山区地带，安达卢斯——科尔多瓦的穆斯林国最后留守之地，仍开出了璀璨的文明之花。亭台楼榭与喷泉水池装点着它；学者在此成长，与拉丁人进行热烈的学术交流，就像腓特烈二世那样。

费迪南德三世之子阿方索十世是 13 世纪最伟大的统治者之一，因他对学术的浓烈兴趣而被后世称为"智者"，一如他那位并非总是喜欢他的岳父、加泰罗尼亚的征服者雅各一世对他的赞扬："世上最重要和最有权势的男人之一。"[16] 荷兰的威廉过世后，比萨和马赛均选举施瓦本的菲利普的这位外孙为皇帝；1257 年阿方索十世又被若干德意志诸侯推举为罗马国王。这位卡斯蒂利亚国王不顾多方反对接受推举，然而他却无意真正履行权职，接手德意志、意大利或勃艮第地区的统治。阿方索十世费尽心思，想获得教宗的认可成为皇帝，最终徒劳无果。意大利的公证官仅在卡斯蒂利亚王宫露面，认可他的皇帝头衔。直到 1273 年哈布斯堡的鲁道夫一世当选，这个西班牙国王的皇帝梦才破灭，才停止争取教宗认可的努力。不过阿方索十世懂得治理自己的国家，在平定穆德哈尔人之乱后，在加泰罗尼亚的长久支持下，他持续向南、向东，向赫雷斯要塞及穆尔西亚（1266 年）扩展领土。

然而，西班牙历史学家认为阿方索十世在政治方面乏善可陈。在位时期，不仅国内动荡不安；在他执政晚期，诸子王位之争与卡斯蒂利亚贵族反叛都给他的统治带来沉重的压力。长子费迪南德过世后，在次子即实际上的继承者桑乔四世与其孙的王位之争中，1282年阿方索十世失去王位，两年后死于流放途中。同辈人认为这是上天对他目无天主的傲慢的惩罚，因为这位国王有最严重的"渎神"行为。他那令人不安的才学，他源源不绝的好奇心，他对当时备受歧视的天文学、占星术和"四艺"有极大兴趣，怀着求学的热情，这让他们感到震惊。他命人把阿拉伯著作译成民族语言，委托犹太学者犹大·本·摩西（Jehuda ben Mose）和伊萨克·本·希德（Isaak ben Sid）重新绘制托勒密星表，即太阳、月亮和水星、金星、火星、木星、土星位置的天体表，其精确度在那个时代前所未有。重新绘制的《阿方索星表》奠定了天文学和当时是医学重要的辅助学科的占星术的基础，直到哥白尼时代才被取而代之。甚至天文学家第谷·布拉赫（Tycho Brahe）和开普勒都还熟悉它。《星表》之中的一年计365天5小时49分16秒。不过，"阿方索探索天际、观察星象时，却失了江山"，史学家对他不无嘲讽；另外人们指责他有目无天主的傲慢，而这在当时可是下地狱的大罪。人们还评价这位王位上的智者："在重塑王国、探索造物时，他若问了天主的旨意，本会做得更好。"在世界观剧变的伽利略时代，对他的控诉又死灰复燃。后来阿方索十世的父亲费迪南德被尊为圣人，这也能视为对他的指责，而这一指责是敌视科学的。[17]

比阿方索年轻的同辈但丁也遭到流放，被驱逐出佛罗伦萨。阿方索智者之名名副其实，他不遗余力地促进科学和民族文学发展，加强立法。他的《编年史》，与《法兰西大编年史》一样，开创性地使用了民族语言。他的《对弈集》同样闻名遐迩，讲述、发展与评论了象棋、骰子和其他棋盘游戏的规则；该集子还提出了一种有效抓住时机的游戏理论。阿方索还把"将死"（Schachmatt）的理念引入游戏中，这得益于他对卡斯蒂利亚现实政治形势的反思，反映了当时加强国王与贵族合作的政治理念及其失败的经验。

不仅如此，阿方索十世思虑法律与正义，催生了世人瞩目的法律巨著《七章法典》，包含了法令、法律百科和评注。这部囊括七卷书的法典旨在为整个国家提供统一的法律基础，冲破不同地域之间的法律特权（Fuero）。尽管1265年（或更早）颁布时成效甚微，不过1348年再次得到确认，1501年最终奠定全国范围通用法的根基。作为立法者与评论者，阿方索十世广泛搜罗法律典籍，包括罗马法如《封土之律》和注释书、《格里高利九世教令集》和《标准注释书》、亚里士多德和托马斯·阿奎那的著作等，加以整理。以前的法典注重历史发展秩序，而这部法典近 2,600 条法规更加系统，体现了对法律材料进一步的消化与理解。法典序言提出法律与法律资料的理论，关注世俗权力的职责，探讨统治者得以实现正义和公共福祉的原则。法典内容包含了家庭法、私法和继承法，以刑法结尾。法典要求立法者具有读写能力和明辨是非能力，在必要的情况下，有完善法律的能力。法典提出，能否以公共福祉而非个人利益为先，是区分明君与暴君的标准。关于婚姻关系，法典禁止在当事女子不在场且本人没有认可的情况下缔结婚姻；如女性希望保留私有财产，则可不转让给丈夫。法典虽然肯定犹太人与"摩尔人"的身体和财产、犹太教堂和清真寺受到王权的保护，他们可以无阻碍地庆祝安息日，但是法典反复并带有歧视性地讨论两者的地位；如果他们在基督徒中传教或与信仰基督教的女性发生性关系，则将面临死刑的危险；此外，他们的头巾或衣物也要按照第四次拉特兰公会议规定，区别于基督徒。

倘若没有那位加泰罗尼亚的岳父征服者雅各一世的鼎力支持，这位智者又能成就哪些功业呢？阿方索十世的最后一项政治成就，就是不出所料地与阿拉贡结盟，赢得了摩尔王国穆尔西亚。自教廷改革时代以来，"阿拉贡王国"就在教宗的庇护下，如今一跃成为地中海区域的强权之一；国王以巴塞罗那为驻地，统一了法律上与社会历史上各自独立的阿拉贡王国和巴塞罗那伯国。在收复失地过程中，巴塞罗那凭借"新加泰罗尼亚"（塔拉戈纳）得到扩张。另外，国王与伯爵将统治权扩展到比利牛斯山北部和南部诸地，形成各种不同的依附关系。国王必须谨慎地将这些不同的法定权利（Rechtstitel）融合到一个王国中，实现合法化。佩德罗二世就曾有这样宏伟计划，不是按照封建采邑法，而是采取新的方式，让王国（regnum meum）向罗马教廷和教宗纳贡，而让教宗英诺森为他加冕。然而，教宗拒绝支持组建这一以山区为马鞍地带的跨地区王国，因为他没有把握让这一宏图大业听命于他。加洛林时期以降，除阿拉贡和塔拉戈纳外，包括巴塞罗那伯国在内，西班牙王国这些不同的省份一直合法属于法兰克王国（regnum Francorum）还有之后的法国；教宗绝不想削弱后者的王权。佩德罗二世与其继任者们认识到这一点，自然不会再向教宗进贡。[18]

雅各一世的父王佩德罗二世在米雷败给十字军后，阿拉贡王国冒出第二个王位候选人。若干贵族势力也对王权造成威胁。佩德罗二世之子、年仅五岁的雅各受到教宗的庇佑，在教宗英诺森三世、洪诺留三世的先后支持下，登上王位。雅各一世未成年时，对朗格多克地区的扩张政策逐渐扭转，他们再次转而向南进攻，以对抗"摩尔人"，继续收复失地。和其他一些年幼登基的君主一样，雅各为后来亲政做足了准备。他生性多疑且冲动。忏悔神父泄漏他的忏悔祷告，被施以割舌酷刑。之后他又耐心地向教廷赎罪。对那些不及时臣服的异己分子，他会将其迫害致死。他是个名副其实的"征服者"。国内贵族才重新宣誓效忠，他就开始四处讨伐，实现父亲的遗志。正如巴塞罗那放眼地中海的远航商人那样，1229年他攻下马略卡（Mallorca）；1235年攻下伊维萨岛，巴利阿里群岛自此成为西班牙领土；1238年拿下熙德的故地瓦伦西亚。在当时，即13世纪早期，同名赞歌《熙德之歌》才作为鼓舞士气的军旅歌谣传唱开来。1264年他与女婿卡斯蒂利亚的阿方索十世携手攻下穆尔西亚，尽管他们达成协议由阿方索统治，但最后穆尔西亚土地上居住的主要是加泰罗尼亚人。被驱逐者的音调总是那么凄凉，思乡曲在失落的故土上萦绕，这是他们用歌声立起的纪念碑："瓦伦西之殇，穆斯林最深的痛；痛其灾祸，痛彻心扉……瓦伦西之都，我美丽的天堂／那里溪水徜徉。／夜晚带着日间香脂的芬芳，／那拂面清风里浸着树与灌木的气息……到如今，明明身处白日，却似在黑夜。"[19]

毋庸置疑，加泰罗尼亚仍是欧洲最强的海上民族之一。国王倚重罗马法和教会法治理国家。雅各一世在他的《功业簿》（Tatenbericht）中写道，在他的王宫中不能缺少行政官、教会法学家和特许权专家，因为总出现这三种制度方面的问题。若不按章办事，会危及宫廷的威严，"我们或布衣民众中没有哪个人懂得所有的规章制度"[20]。这位执政者没有吹嘘个人能力，他礼贤下士。他的谋士中有那个时代最重要的教会法学家佩纳福特的雷蒙德，雷蒙德编纂了《格里高利九世教令集》，还撰写了开创性的《忏悔案例概要》（Summa de casibus poenitentiae）并对之做了标准注释。这些举措的成效不言而喻：司法技术化，财政管理更加有效率，议会（Cortes）得到约束。

雅各一世执政时期，军事方面成果显著。在他的统治下，拉丁、阿拉伯和犹太知识文化的融合为阿拉贡王国政治发展注入理性文化的因子。当时阿拉贡王国宪法可以算作欧洲的标杆。因为"大法官"（Justicia Mayor）开了世界历史上宪法审判的先河，他们调解王权与国家代表之间的矛盾。在"西班牙的议会"中，"巨头"（Ricos hombres）、"中小贵族"（Infanzones）和城市代表合为一体。此处可窥见西班牙政治制度化发展的轨迹，其推进了国家化的进程。这位伟大的征服者解决了西班牙与法兰西多年的边境问题，他与圣路易九世在1258年缔结的《科尔贝条约》（Vertrag von Corbeil）中就帝国边界达成共识，直到今天，西班牙与法国均认同该边界。而与伊斯兰国家产生的冲突并非只带来了征战，也带来了与其他地区如马格里布（Maghreb）频繁的经济文化交流。雅各二世的老师加泰罗尼亚人拉蒙·吕利（Ramon Lull），这位巴黎与蒙彼利埃的神学教授，呼吁在巴黎大学、博洛尼亚大学、牛津大学以及萨拉曼卡大学设置希伯来语、阿拉伯语和"迦勒底语"（Chaldäisch）的系统语言课程，旨在同时推动传教与科学的发展，而"迦勒底语"课程有可能是针对蒙古。之后不久在马略卡岛上建成了史上重要的地图绘制中心，那里能够制作当时最先进与最精确的世界地图，在那里也诞生了世界瞩目的加泰罗尼亚世界地图集；而语言与翻译学校也随之风靡一时。

雅各一世在暮年时期决定写下带有自传性质的《功业簿》，尽管多处重复，错误百出，但读起来依然趣味十足。为读者窥得一位统治者的内心提供了契机，也为了解帝王生活场景与统治功业提供了具有价值和独一无二的材料。《功业簿》用加泰罗尼亚语写成，此举前无古人。其中讲述了国王如何在王公贵族的斗争中维护王权，怎样将加泰罗尼亚和阿拉贡不同的议会团结起来，共同行动。此时两个贵族还在为争夺一只雄鹰而进行殊死搏斗（c. 20）；彼时某位国王在游戏中被掷石击中头部而亡（c. 17）；此时主教和他的王兄正违背国王的旨意以及停战协定，与摩尔人私战，雅各不得不动用夺命大军来实现他的意愿（c. 25）；彼时，那位12岁的国王担心疾病和被人投毒暗杀，出于子嗣考虑，"未成年"就得成亲……

作者回顾一生，自觉天年康健，福高德韶。他写道，"我主雅各有言，信心没有行为就是死的（《雅各书》2：17、20、26）；我们的主（耶稣基督）意欲在我们的功业中实践这句箴言"——这可能是劝告继任者佩德罗三世，劝告以后登基为王的儿子们，以及所有的凡夫俗子，都应以他雅各为榜样，"建我们所建的功业，把信仰全权交给天主"。在他看来，他的出生就是神的旨意。虽然父亲对母亲没有爱情，仅仅只是履行骑士的义务在蒙彼利埃的女继承人玛利亚身边卧了一晚。母亲不得不到罗马在英诺森三世面前争取自己的利益。当他出生时，王后喜出望外，为每一位圣徒点燃了一大根蜡烛，而圣徒雅各面前的蜡烛燃烧时间最长，就给儿子取了他的名字（c.5）。在自传中他称呼母亲为"神圣的母后"。玛利亚死在了罗马，葬在圣彼得大教堂；相传，在她的坟冢边神迹频现（c.7）。

1276年雅各一世逝世，按遗嘱王国一分为二。长子佩德罗掌管父王征服者的宗国阿拉贡和瓦伦西亚，而次子雅各二世继承了马略卡王国，以及鲁西永和蒙彼利埃地区，后者仍是法兰西王国的组成部分，以佩皮尼昂（Perpignan）为行宫驻地。佩德罗不认可王国的分裂，要求王弟接受岛国采邑做他的封臣。阿拉贡王国的扩张势力犹在，1284年佩德罗登陆西西里证明了这一点。分裂只是暂时的，西西里危机过后，王权得到加强。佩德罗四世（1336—1387年）即使未能完全废除也大大限制了同盟特权；他还部分夺回了热那亚从教宗处获封的撒丁岛，并稍用武力，大张旗鼓地将加泰罗尼亚的特区马略卡一劳永逸地拉入阿拉贡王国势力范围。征服者的曾孙雅各三世逃亡法国，将蒙彼利埃出售给法王腓力六世（Philipp Ⅵ），以资助复国。1349年他在复国战争中牺牲，未能留下子嗣。"加泰罗尼亚北部"由此重归佩德罗，直至1659年《比利牛斯和约》签订，才被永久划入法兰西版图。

法兰西

当时的法兰西对内与对外逐渐稳固，成为欧洲大陆的领导力量。贤明的君主如圣路易九世和美男子腓力四世主导着法兰西的历史。路易九世九岁继位,母亲卡斯蒂利亚的布兰卡(Blanca von Kastilien)摄政,积极果断,纵横捭阖,贵族驯服,最终于1247年赢得了普罗旺斯伯国,1249年获得图卢兹伯国,并成功抵抗英王的军事入侵。路易加冕仪式融合了一个世纪以来所形成的"王室宗教"的诸方面,只要王权在,传统就将继续。登基仪式上年少的统治者宣誓保护教会,维护法律与和平,还承诺惩罚异端,这些传统自1270年起就写入法王加冕仪式的规定中。加冕前夜是幼主的骑士册封典礼,该仪式后来也成为法兰西国王加冕礼的组成部分。路易格外虔诚,时刻谨记人世的罪孽,时刻惦念着赎罪,他一生都严格履行从加洛林时期流传下来的加冕宣誓义务,而这些义务也形成了路易执政理念的核心。

大约在临死前,路易总结自己执政的核心理念,写成诫言书,留给儿子腓力三世。这些诫言得益于当时巴黎大学一带流行的、之后还受到亚里士多德《政治学》影响的君鉴文学,其中有言:"我亲爱的儿子,我劝诫你:尽你所能平息在你国家里或人与人之间的战乱和争斗,因为这是我主所喜爱的。""当你听人议论你非法占有某物,那么即使你先祖就占有该物,也应该立即偿还,该物可能是重要的领地、钱或者其他东西。如果状况模糊不明,你无法获取真相,那就遵照有智识的人的建议做出处置,由此涤清心灵,获得安宁。"最后一条是告诫儿子谨记与审视良心,正如第四次拉特兰公会议的定期忏悔的教令所规定的那样,甚至比后者更急切。在现实中,与他的良心政策相一致,路易下令监督庭审,施行检察,惩处异端,扣除犹太人收取的利息,并亲自参加两次十字军东征。当然诫言点明了他的最终目的:"我亲爱的儿子,要让你帝国的子民爱戴你,如果你不能英明执政,我更愿意让某个苏格兰人来给帝国民众实行善政。"[21] 他还提到如何在与教廷的周旋中小心维护王权秩序。在教宗英诺森四世反对腓特烈二世的斗争中,这位"最具有基督色彩的国王"保持节制,试图从中调解。直到1250年皇帝驾崩,1254年罗马人的君王(教宗)去世后,卡佩国王才开始反对最后的斯陶芬继承者,如西西里国王曼弗雷德和他的侄子康拉丁。

这样的施政方针对帝国内政外交影响巨大。国王去求教巴黎的多明我修士，学习他们的君鉴课业，这些举动并非表面文章。国家司法得到实际的改革，比如司法决斗被禁止，税收管理更有效更公正。面对多项对地方行政官（Prévôt）和地方巡查官（Bailli）的指控，国王下令在王国范围内进行检查，并由他亲自任命长期检察员以监督官员。所有的检查结果汇集到巴黎，在那里接受评估。这样一来，即使各地区按其习惯法享有高度自治，帝国的运行仍集权至国王及宫廷手中。中央集权是为了减少中间机构的剥削。当时英国和法国都实施独立自主的税改和无上诉可能的最终审判权，而这正是中世纪盛期以降国家形成的关键环节。这种王权运行机制日益得到其他国王的注意。法国在英国贵族与其国王产生冲突时从中斡旋。斯陶芬王朝终结之后，神圣罗马帝国西部边区讲法语的诸侯也常常向巴黎观望。他们把儿子送到巴黎路易九世的宫廷接受教育，与法王签订封土协议或其他协议。

此外，法兰西还形成了一套特有的王权合法化的理念，即王权回溯至查理曼家族（Reditus regni Francorum ad stirpem Karoli）。该观念自腓力·奥古斯都时期就已初具雏形。当时的吟游诗人伯特兰·德·波尔恩（Bertrand de Born）赞颂查理曼为"众祖先中最优秀的一位"（Charle, que fo dels mielhs de sos parens）；1204 年英诺森三世在《我主知晓》教令里回应了这种新理念，路易八世和他的儿子执政时期这种理念得到巩固。很快，1244 年知名百科全书编纂者博韦的樊尚写下简洁有力的措辞，塑造了从腓力三世起法兰西国王对王权的自我理解："王权回溯至查理曼一脉。"（est retourné à la ligniée de Challemaine le Grant.）[22]——就在 1274 年，腓力三世统治时期，《法兰西大编年史》回望腓力·奥古斯都的统治，如是记载。这部编年体君鉴后来成为历代法王的非官方教科书。树立基督君主的典范有利于美化卡佩王权；而据先前天主的预言和意志，这一行为在"回溯认祖"[23] 上得到确证。"认祖"重新展现了法兰西的宏伟、高贵、主权。自此，后来的卡佩王储多数取名自伟大的法兰克先人，首先有路易九世的兄弟和后来的西西里国王安茹的查理；之后腓力三世的次子即想染指阿拉贡王国但未果的瓦卢瓦的查理；再后来有瓦卢瓦的侄子，即美男子腓力四世的幼子，最后得享国王尊荣的法兰西查理四世。可以说，《法兰西大编年史》算是"王室宗教"的经典。

王权借由"最具基督色彩的国王"再次神圣化，圣路易九世将其发挥到极致。他 25 岁时开始收集圣物，在同时代欧洲君主中脱颖而出，只有后来的查理四世才能与之相提并论。1239 年圣路易九世从拉丁帝国皇帝鲍德温二世（Balduin Ⅱ）处购得耶稣基督的"荆棘冠"，这是君士坦丁堡保存的最珍贵圣物。耶路撒冷皇帝出售圣物自有他的苦衷，为了维持帝国的运转，他不得不向威尼斯人和骑士团借债。宝物运到时，圣路易九世亲手赤足迎宝。由此开启了王室圣物崇拜的新风尚。为此，他还在巴黎西堤岛王宫内修建了独立的双层圣礼拜堂来供奉圣物，下层奉献给圣母；上层金光闪耀，在彩绘玻璃点缀下，接受王室成员的祭拜。圣礼拜堂至今还是法国首都的建筑珍宝。圣职团教士在两边都举行礼拜仪式。国王还收集了耶稣受难十字架的碎片以及从鲍德温处获得的其他圣物：圣血、圣海绵、圣矛和嘲讽长袍①的残片，以及耶稣作为犹太人的王拿在手中代替君杖的芦苇。[24] 这并非单纯地搜集基督生平所用圣物，而是搜集再现基督受难历程的见证物，这些物品也将见证他的再次降临直至最后的审判。信徒亲眼看见这些物品，会不由自主地审视良心，而这也是圣路易一辈子都没有停止的修行，他追求忏悔和苦修。圣路易用这些来鞭策后继的国王，即天主的继承人。

民间传言更加神乎其神，传说圣路易那里还藏有从东方搜集来的更多宝贝，包括基督诞生时所用的襁褓，救世主腰带的一节，人们把钉死在十字架上的耶稣卸下来时他头部停靠的木板，耶稣坟墓上的石块，圣母的一滴乳汁，施洗者的头盖骨，圣布拉休斯（hll. Blasius）、圣克雷芒（hll. Clemens）、圣西满（hll. Simeon）的头颅。相传，圣路易 1241 年用天价购得这所有的圣物。民间还传言他把这些藏在王家圣礼拜堂中顶礼膜拜，又陈列出来让民众观赏，巴黎由此成为新的耶路撒冷。[25] 而人们有理由相信，基督本身也在圣物中存在，赐福法兰西。1244 年英诺森四世授予国

---

① 耶稣基督受难前，在被嘲讽路上穿着的紫色长袍。

王以该礼拜堂的特许,写道:"为你加冕／基督亲自用他的荆棘冠,他神奇地／委托陛下守护它。"

圣路易九世实际上迈向了真正的耶路撒冷,不论是彼世的还是此世的。他筹备十字军;之后,即1244年,他亲自扛起十字军大旗。[26] 1248年圣礼拜堂祝圣两个月后,他出发去往艾格莫尔特、塞浦路斯和埃及,计划从那里前去解放圣城。正如礼拜堂一样,还得建海港,这样国王才能从那里启程出征东方;当时马赛至少名义上还属于斯陶芬帝国。在国王的运作下,一切井然有序地进行着。十字军东征前线集结了大量的现金流,以资助运输,供养骑士和五千弓箭手。路易九世委托热那亚的钱庄负责财务,还让他们带领船队。国王向教会和城市征收的十字军十一税总计超过100万里弗尔(Livre,中世纪法兰西货币单位),这是一笔巨大的金额。然而,支出远超过收入。很久以后,14世纪王室财政部计算出整个十字军行动费用为130万里弗尔,超过王室五年的总收入。巴黎圣殿骑士团驻地作为国王的金库,最后真变成葬送国王的"圣殿",在法国王室衰败的晚期成为悲惨之地。

控制了耶路撒冷的穆斯林势力主要集中在开罗的阿尤布王朝。圣路易九世理所当然将攻击的矛头对准了尼罗河畔的埃及。圣路易不费一兵一卒拿下了杜姆亚特,满怀希望地在那里建立了大主教区。一场瘟疫(很可能是痢疾)不期而至,很快粉碎了整个军事行动。国王不得不带领他的军队向苏丹投降并被俘。不过王后在杜姆亚特产下的男婴给他带来了好运,她雷厉风行,将已解散的队伍再次集合起来。他们誓死护城,为圣路易保住了这个谈判的筹码。很快他们以此付了高额赎金,赎回了国王和军队。而四天前,由奴隶组成的精英兵马木留克在开罗发动政变,推翻了阿尤布王朝的统治,自行建立苏丹国。

这一系列事变给经受了挫折的圣路易赢得了自由行动的空间。他从埃及出发到了巴勒斯坦,在那里待到1254年。军事行动虽失败,法国军队就地解散;但路易能利用阿勒颇的阿尤布王朝和开罗的马木留克之间的纷争,向圣地发动进攻,在那里重修并扩大要塞,并与邻国的诸侯缔结协约。协约保证了该国近一代人的和平,直至1291年要塞阿克被占领。在圣路易离开法兰西王国的这段时间，首先由他那谨慎决断的母后治理国家，直至她 1252 年去世，之后由他的王兄们执政。圣路易甚至期望和蒙古人结盟对抗穆斯林。在班师回朝途中他就从塞浦路斯派卢布鲁克的威廉出使当时的蒙古帝国首都哈拉和林（Karakorum），去见蒙哥可汗。这位方济各会修士 1255 年从那里返回，给当时回到巴黎的圣路易捎回有用但令人清醒的消息。之后不久，1258 年蒙古铁骑占领巴格达，但 1260 年埃及的马木留克阻挡了蒙古大军的前进，后来占据波斯的伊尔汗国（Ilkhan）和北边的金帐汗国的可汗都相继改宗伊斯兰教。

首战失败，圣路易第二次整装再次出征，以非洲为目的地，但仅到达突尼斯，并于 1270 年死在那里。他死得有福却又给人警示。以后没有法兰西国王再次发动十字军东征对抗穆斯林。路易死后不久被封圣。后来的国王与诸侯自顾不暇，自然不能指望他们远征海外为天主而战。1291 年阿克沦陷后，多位教宗都重新呼吁十字军东征，一再向骑士团和其他人才许诺，一会许诺来世进天堂，一会儿又许以现实利益。从这些承诺可以看出，关乎利益的是物质上的风险考量和一种近乎商人的利益算计。不管哪种得出的结论都是不划算，因为成功的机会渺茫，成本却高昂；而且要是缺乏和平为前提条件，基督徒无法达成共识，没有哪个统治者能承受这样的行动。就这样，在经济理性与政治理性的影响下，西方的统治者艰难地学会了回避宗教笃信，注重治理国家。

十字军东征最终的损益与其说成功，不如说骇人听闻。在此之后欧洲在一定程度上打破了地域局限，冲破了思想的樊篱，十字军从战争中所获巨大利益促进了商贸与早期欧洲的财政；就像 1100 年前后教宗乌尔班二世鼓吹军事朝圣那样，对伊斯兰世界宣战，在一定时期内通过输出"战争"缓解了欧洲内部争斗的压力。但战争的直接成果寥寥可数，即使收复耶路撒冷令人欢欣鼓舞，但人们同时看到战争无休止地耗费巨额人力和财力，还有其他各式各样的损耗。此外，暂且不考虑十字军引起的大规模迫害犹太人的活动后来愈演愈烈甚而变成仪式性谋杀，仅输出的"战争"很快就以冲突的形式从圣地回到欧洲本土。而经过这一时期的大范围的军事行动，欧洲历史开启了反复动荡与长时期征战的篇章。在此仅举几例，便可看出十字军东征给欧洲中世纪盛期历史打下的深刻烙印：法兰西路易七世参加十字军恶化了婚姻危机，韦尔夫六世垂青红胡子腓特烈，教宗绝罚了红胡子同名孙子腓特烈二世，英王理查被俘，长期阻止东方入侵、作为西方屏障的拜占庭被攻破，儿童十字军的灾难，对政敌滥用十字军布道，圣路易的耻辱赎回，阿克沦陷后圣殿骑士团漫无目的而走向毁灭。

　　向近东的扩张并未带来宗教的救赎祈望与经济利益合二为一的独有效果，它也绝非意味着马克斯·韦伯所认为的后来新教或清教主义的特别产物。十字军战士从头至尾都获得了商人支持；信仰、战争、意识形态和经济相互补充。天主将每一次胜利神圣化。离开了比萨的商船，耶路撒冷不可能被占领。所有海上联盟很快在圣地的海港城市建造府邸。西方国家绝不想放弃东方的香料、丝绸或其他奢侈品。但蒙古人重辟丝绸之路后，西方的海洋城邦则不再需要十字军军队。来自威尼斯、比萨、佛罗伦萨、热那亚、马赛和加泰罗尼亚的商人早就学会不动用武力或干涉意识形态，跨越宗教与蒙古人或穆斯林进行商贸往来。犹太人作为中间商穿梭在东西方之间。贸易继续发展。十字军东征与战争粉墨登场过后，商贸协定与外交登上历史的舞台。海盗也从中得利，尽管对双方而言获利与损失相互抵消。1291年阿克沦陷时，热那亚的维瓦尔迪（Vivaldi）弟兄启程环游非洲，最终不知所踪。重要的不是他们是否成功，因为所有的远洋航海探险都可能是这样的结果，关键的是他们的意图。人们终于意识到战争的代价太昂贵。后来直到20世纪，欧洲人才重新短暂地占领叙利亚和巴勒斯坦。

德意志

　　欧洲其他王国均日益巩固，形成民族联盟。只有欧洲中部因为"大空位"和诸侯割据而分崩离析。德意志的国王和皇帝远在意大利实现他们的宏图大业，王权的缺失在所难免。东部接壤的邻国同样无法统一。波兰虽然有议院宪制的约束，皮亚斯特王朝执政者却各怀私心。一度出现了六个公国，大多时候群龙无首，公爵们长期争斗。东北部的马佐维亚、以波兹南（Poznań）和格涅兹诺（Gniezno）为中心的大波兰和以克拉科夫

（Kraków）为中心的小波兰成为重要势力。由皮亚斯特王朝控制的西里西亚公国很早就另辟蹊径，与波西米亚邦交不错。14世纪初期瓦迪斯瓦夫一世（Władysław I）和其子卡齐米日三世（Kasimir III, der Großen）执政时期波兰才重新统一。在马佐维亚的康拉德公爵（Konrad von Masowien）的号召下，1243年以降条顿骑士团在库默尔兰（Kulmerland）和普鲁士驻扎并稳定下来，该骑士团最终与波兰或立陶宛诸侯发生严重冲突，引发了不少政治宣传、法律鉴定、审判和公开战争。尽管腓特烈二世高瞻远瞩，1226年通过颁布《里米尼金玺诏书》（Goldbulle von Rimini）给予了该骑士团不少特权，但是这是神圣罗马帝国领土及他的实际皇权之外的特权，其合法性值得商榷。因此该诏书无法预防未来产生的纠纷。总体来看，骑士团以牺牲波兰领主的利益为代价寻求自治。

斯陶芬王朝最惨烈的失败当然是在德意志本土。腓特烈二世死后，神圣罗马帝国皇权如何在十几年大空位时期得以持续？在此期间没有哪个国王能够真正意义上行使皇权。天主的代理人教会的权力急速膨胀，导致皇权极度萎缩。虽然英格兰国王同样定期或更长时间在国外逗留，但德意志的情况不同。神圣罗马帝国还未形成长期有效运行的机制，能够独立于国王而存在，并将王权直观化。德意志境内没有能够持续收纳与管理税收及支出的中央税收管理制度，国王不在时没有最高法庭，也没有上诉的可能。1235年腓特烈二世缔结的《美因茨大和约》所设计的帝国最高法院，最终只存在于纸上。在此插一句，经由西班牙和意大利从阿拉伯世界传过来的纸张作为书写材料开始逐渐取代羊皮纸。事实上，中世纪末期才建立了"帝国枢密法院"（Reichskammergericht），该法院因为影响到拥有最终审判权的诸侯的利益而无法发挥权威，最终大量案卷都"束之高阁"。国王体现着"王国"，"王国"存在于政治权利、仪式、惯例、传统、记忆场所之中；"帝国"有传承，也有观念上的权利、财产、主权，却没有制度，没有形成独立于国王而运行的制度。没有财政部或大法官，这不是能独立于国王个人的"王权"。

虽然哈布斯堡的鲁道夫一世开启了德意志王权及神圣罗马帝国的崭新时期，但他只能在获得教宗应允，并做出许多麻烦的让步之后，才能登上王座，这些让步是未来治国沉重的负担。此外，登上王位之前，他的身份是伯爵，并非公爵，也不如以往当选国王的诸侯那样有权势。但教宗格里高利十世明确表示绝不支持"斯陶芬"这支受到教廷绝罚的王家血脉。被看好的波西米亚国王奥托卡二世（Ottokar von Böhmen）对许多人而言过于强大，最后他们以他不是德意志人为借口否决。此番周折后哈布斯堡的鲁道夫才被选举为国王。得选之初，就有谗言吹进教宗耳里。帝国烽烟又起。混乱（turbatio）阻碍着和平，干扰教廷实现诸如十字军东征之类的计划。各"诸侯国"（Länder）不愿臣服于能制止国家范围内的犯罪行为的皇帝，德意志诸侯不愿真正接受谁的统治。异端开始在东部繁衍，人们还为鞑靼人可能再次入侵而担心不已。

当时的一位主教怨声载道，正如我们可以想象到的，他控诉托钵修士，还满口陈词滥调地指责犹太人："他们把女性基督徒当作奶娘，公开放高利贷，大肆压迫那些要偿付高额利息的人，利息如此之高，一年之内超过借款本身。他们占有公职，做税吏和铸币主管，在从事这些行当时，藐视信仰，因为他们没有信仰。他们窃取圣杯和礼拜法衣，接受并收藏被窃的手抄本。基督徒们即使不情愿也会交出来，可当人们找寻这些珍贵的书籍时，犹太人是不会归还的。"[27] 这些指责针对不久前颁布的"犹太人法令"。奥地利公爵腓特烈二世（Friedrich II von Österreich）于1244年及波西米亚的奥托卡二世于1254年、1255年在国内颁布了这些有利于犹太人的法令，而萨尔茨堡举行了一次地方集会来抗议该决议，但成效甚微。[28] 那位主教计划召集宗教会议来应对危机。当时"Wucher"一词就指放高利贷。神学家和教会法学家认为每一分利息都是盘剥的暴利。[29] 当时最恶毒的、收取利息高达50%甚至有时候超过200%或者更多的"放高利贷者"，其实是基督徒。一味地指责犹太人，背后的目的是减少竞争，这甚至有可能就是基督徒诋毁犹太人的用意所在。这种中伤并没有因为大规模迫害犹太人而有所收敛，对此这位主教视而不见。

尽管如此，鲁道夫在生命的尽头回望，他的统治在一定程度上可以算得上成功。至少他首先成功拓展了家族权势，因为离开了雄厚的家族背景，没有哪位国王能治理好国家。在与波西米亚的奥托卡二世所谓的

"手足之争"中,他能站稳脚跟并赢得奥地利。捷克人奥托卡不愿意归还在大空位期间获得的帝国领地而招致战争,最终失去王国,1278年还丢了性命。1282—1283年,赢得选举者的同意后,鲁道夫把获得的公国领地,包括奥地利、施蒂利亚(Steiermark)、卡尼奥拉(Krain)和温迪施(Windische)边区马克封给其子阿尔布雷希特一世(Albrecht Ⅰ),后者因此跻身帝国诸侯之列。哈布斯堡王室一直统治奥地利到1918年。值得一提的还有鲁道夫的婚姻政策:他把六个女儿中的四位嫁给了在选举中支持他的诸侯,在加冕当日出嫁了两位,若干年后又嫁了两位。一系列的联姻保证了帝国的稳定。相应地区的地方长官采取措施重建大空位期间废止的帝国秩序。不过,鲁道夫的成功仅限于帝国南部,而对遥远的北部则鞭长莫及。另外,他在统治期间未能促成神圣罗马帝国的国家化。帝国仍有着笨拙的躯体,随着时间的推移,并没有缩减,反而变得更加畸形。

这骇人的帝国吞噬了它的统治者。1246年之后的三十年间,哈布斯堡的鲁道夫当选之前,帝国频频出现二王相争的局面。鲁道夫死后,有选举资格的诸侯决定反对其子阿尔布雷希特一世,选举了我们所知道的特克的康拉德(Konrad von Teck)。可惜康拉德两个半月后遭暗杀,之后拿骚的阿道夫(Adolf von Nassau)当选,但1298年又被废黜。最后直到七位选帝侯组成的"选帝团"认定了鲁道夫之子阿尔布雷希特一世,这种混乱的局面才算结束。[30] 可惜阿尔布雷希特一世1308年遭遇谋杀。此后,亨利七世继任,成为首位登上帝位的卢森堡人。1314年奥地利公爵美男子腓特烈一世(Friedrich Ⅰ der Schöne)和维特尔斯巴赫家族的巴伐利亚的路易四世(Ludwig der Bayer)两人展开帝位继承权的角逐,最后二人共治。[①] 但1346年查理四世被选为对立的德意志国王。最终,直到这位查理四世继位,才结束了近百年的帝位之争,结束了来自九个王室家族的十三位国王造成的权力瓦解的局面,重新稳住庞大的神圣罗马帝国。

鲁道夫的死刺激了瑞士同盟的诞生。圣哥达山口(Gotthard-Paßstraße)开通不久,乌里州(Uri)的影响力日增,1231年亨利七世就已予以特权。

---

① 路易击败并俘虏了腓特烈,但二人最后和解,路易同意与腓特烈共治帝国。部分选帝侯则选腓特烈为德意志国王。

1291年乌里、施维茨（Schwyz）和翁特瓦尔登（Unterwalden）三个山谷州担心受到外来干涉，结成唇齿相依的"永久同盟"。他们希望在与任何外敌发生冲突时，在地区内与地区之外都用建议、行动、人力和财物相互支持，不认可非他们选举或非他们族类的任何"裁判官"。即使产生争端，他们也倾向于按照既定法规自行解决。1309年亨利七世重申了乌里和施维茨早先的外来审判的豁免权（1240年授予）。不过，1315年11月15日，瑞士人要在莫尔加滕（Morgarten）战役中捍卫他们的自由。

　　他们要对抗哈布斯堡家族奥地利公爵利奥波德一世（Leopolds）的骑士军队。战马在高山地段无法前行，永久同盟用脚链和戈戟武装对付那些手足无措的骑兵，"如剪刀般把他们切成碎片"。人们年复一年地讲起这可怖的一幕，最终儿时曾目睹公爵战败回程的温特图尔的约翰（Johann von Winterthur）把它记载下来，"这不是战场上的兵刃相交，而是对战斗者的屠杀，就像被赶上屠宰场的牲畜群那样"。自由需要武器来捍卫，"瑞士人"从此以令人毛骨悚然的雇佣兵著称。民族的建立都会有传说传世。威廉·退尔和"吕特里誓言"的传说经过弗里德里希·席勒加工润色而成为不朽传奇，但直到15世纪或更晚，这些传说才登上历史的舞台。无论如何，没有国民的记忆之所，又何来国家？

教宗之权

　　13世纪晚期，教宗的权力地位以世俗权利与教会权利错综复杂的关系为基础。教权宣扬君主制的神职，因此享有三重王权。教宗首先是教宗国的君主；其次他作为高一级的领主凌驾于西西里、葡萄牙和英格兰之上；后来也宣称拥有撒丁王国；虽然从未被承认，但也曾享有匈牙利和阿拉贡的大权。根据转交理论（Translationstheorie），教宗将希腊人的帝权转托给法兰克人，并宣称拥有德意志国王选举的核准权，只因当选者同时是未来的神圣罗马帝国皇帝。普通教会法存在于教宗的主权和教会法专家的阐释技艺之中。最终教宗还借着罪性（ratione peccati）之名宣称对每个王国有干涉权，试问人岂能无罪？教会的举足轻重及主教和修道院院长的选举也保证了教宗的影响能够触及各国的教会，至少能间接对该国产生影响。选举权虽然归相应的主教座堂教士团或修士集会，但这些团体通常内部斗争激烈；在遇到争执的情况下，教宗可以重新委任高级教士。到13世纪末教宗委任已成定规，其中还伴随着高额金钱交易行为，这成为罗马教廷重要的生财之道。最后教宗还能享有移交（Devolution）的权利，即从卜尼法斯八世和克雷芒五世开始，教宗可提供有俸圣职，并收取相应的费用。① 此外，教宗更频繁地豁免教士私生子，允许他们接受更高级的教会职务。

诸如此类的行为很快遭到欧洲的君主的抱怨，造成不少矛盾冲突。方济各会修士对此议论纷纷，其中某位修士描述了一幅黑暗的景象。教廷已经腐败，那些无处不在的教廷使节收受贿赂，"他们渴望黄金，饮金水，食金汤，而教会让他们缄默不言"。对于教宗的所作所为，修士们不敢评判，因为只要"靠近这山的，即便是走兽，也要用石头打死"（《出埃及记》19：12；《希伯来书》12：20）。基督徒遭困苦的地方，基督仍没有得到释放；希伯来人被抢劫的地方，埃及人发家暴富。生活方式、科学知识和基督教义都已沉沦，教会骑士团正在瓦解。不能依靠哲学的发现和尘世诸侯的法令使灵魂免于堕落。教堂之母沦为民法的婢女，尽管神圣罗马帝国法律并不会在法兰西和其他许多国家实行。这一切必须修正。[31] 格利高里十世的记录员奥尔米茨的布鲁诺（Bruno von Olmütz）来自德意志地区，他写道，"因为世风日下，在不久的将来要除暴安良"，"因为最危险的时代即将到来"，所以我们应当召集宗教会议。这些显然都带有末世论的色彩。在末日审判来临之前，基督徒要向反基督徒宣战。

当时的政治形势也急需澄清。在热那亚的资助下，1261年拜占庭皇帝再次在君士坦丁堡稳固下来。新皇帝米海尔·帕里奥洛格斯（Michael Palaiologos）有意与罗马重新结盟，然而教宗不断轮换，谈判遥遥无期。1274年格利高里十世在里昂紧急召开公会议，商量如何对抗不顺从的希腊人。教宗此时位于权力的巅峰时期，全面实施主教制度看来指日可待。

---

① 移交的权利是指在出现神职空缺时，如果主教和教士团没有在规定期限选出合法人选或安排神职，则上级教会有权利任命人选或提供圣职，即任命权移交。

即使蒙古人也想寻求与"拉丁人"[32]结盟,以对抗马木留克人,但最终徒劳无功。传言当时正在酝酿新的十字军东征计划。公会议的主要议题是天主教与东正教的教会合并,而其间分歧似乎更明显,比如关于圣餐化体说,关于禁欲,关于信经"和子说",还有夹杂其中的政治因素如拜占庭皇帝在君士坦丁堡的统治,东正教在保加利亚的传教,以及希腊人不太服从罗马的基督代理人。这位一时急需援助的皇帝,亲自赶去里昂,求助于教宗。合并只是战略上的需求,因此持续不了多少年。1281年米海尔遭到绝罚,其子和继承人安德罗尼库斯(Andronicus)最后终结了东西教会的合并。君士坦丁堡仍崇拜东正教。而威尼斯继续控制拉丁帝国的残余"罗马尼亚",对热那亚宣战;与威尼斯人的地盘相邻的君士坦丁堡,如今面临威胁。

　　教会内部也出现了不满教宗沉迷于世俗事务的声音,这些人积极寻求解决办法。这些势力再次利用在方济各会灵修士之间流传的末世论调。这样的论调首先源自菲奥雷的约阿希姆的学说,该学说将世界历史分为三个阶段,即第一是"圣父的时代",第二是"圣子的时代",最后是"圣灵的时代"。灵修士自认为是第三阶段的先锋人士,信仰约阿希姆的幻象,他预见在1264年,世界将进入第三阶段。这一年西西里发生动荡,首个"议会"产生,善于分析的《政治学》重见天日,引发欧洲历史划时代的变革。这些灵魂修士希望,末世的敌基督会出现,世俗化教权被削弱。迄今凭借着无可争议的教义公理而不容置疑的教宗,现在也遭到质疑。在长达两年的教宗选举会议后,1294年莫罗内山的隐士彼得(Pietro da Morrone)最终被选举为"渔人"圣彼得的继任者,史称"塞莱斯廷五世"。许多教会人士在他的身上看到了"天使教宗"的影子,相信充满灵性的时代即将再次来临。但是这位圣隐者从未到过教宗国,未驻于主教城市罗马,无法胜任教宗一职,虽然他成功调解了阿拉贡的雅各二世与那不勒斯的查理二世之间的纠纷。有人看到这位农民的儿子,一手抓着大片面包,一手抓着葡萄酒瓶,在房间里踱步。教会法专家约翰内斯·安德烈(Johannes Andreae)嘲讽他是"笨牛",但丁则斥责他是胆小鬼。[33]登上圣彼得的宗座仅半年,他就在枢机主教团建议之下宣布退位。本尼迪克·卡耶塔尼成为他的继任者,史称"卜尼法斯八世"。

此人与其前任正好相反,他废止了前任的部分决议。他命人在罗马城几乎所有的城门和教堂都树立起自己的雕像和画像,后来用教宗所拥有的最锋利的武器——绝罚和削职,对付罗马城内最有权势的对立分子科隆纳(Colonna)家族,他用十字架诅咒他们。与此同时,基督的代理人是否能放弃他的职位?他是否至少能像基督本人一样自愿退出?神学家、教会法专家、方济各会灵修士、科隆纳家族和世俗的权贵就此展开了激烈的争论。他们令卡耶塔尼教宗倍感压力,有些人诅咒他是教派分裂分子。1296年他发布《教俗敕谕》(Clericis laicos)来反对相互争斗的英法国王,因为他们在英国与法国向教士征税,因此反对声日益高涨。卜尼法斯八世重申第四次拉特兰公会议的禁令,即卷入战争的国王在没有获得教宗的同意之下以任何形式向教会财产征税,都将遭受绝罚。该举动直接导致教宗与美男子腓力四世产生第一次冲突。次年,教宗不得不撤除对法兰西(及阿拉贡)的制裁。本笃十一世和克雷芒五世后来完全废止该决议。没有什么成功,哪怕是最有雄性的《一圣教谕》发布,也无法掩饰教宗的失败。即使人民以及国王的救赎需求不容置疑,也不能减免俗世中任何人的纳税义务。

欧洲政治中心移到法兰西,法兰西国王从未同意国家利益屈服于宗教首脑的要求。即使可能违背教会法,那位"最具基督色彩的国王"同样禁止教宗干涉国家内政。在这个问题上,与其说国王有过失,不如说教宗罪孽更大。总的来说,很少有"皇帝"与"教宗"公开作对,先前世俗和教会权力最高代表之间所有的紧张与冲突,主要发生帝国层面,如今都分流到每一个王国。这大大小小的王国,哪怕是教宗的分封国,也已经摆脱了基督代理人的"世俗权力"(Potestas in temporalibus);这些统治者也从不困扰于从何处获得王权之剑,对他们而言,国王作为天主的代表治理王国。例如,亨利·布雷克顿把他的国王看作天主(Dei)的代理,尽管英王同样是教宗的封臣。卡斯蒂利亚的阿方索十世也无条件地视国王为天主的代理(Vicarios de Dios)。自从教宗的对手与保护人德意志皇帝遭到排挤,在这大大小小的王国中教宗的实际权力随之破碎失效,最终逐渐萎缩成区域权力，在小国林立的情况下统治一个小国。教宗卜尼法斯八世亲身感受了此中的转变。由此教宗治理这个"教宗国"显得越发重要。

这一转变是根本性的。迄今为止世界秩序等级分明，国王、皇帝、教宗和天主按顺序逐级增大。但丁就仍持有这种想法。他写《君主论》（Monarchy），虽然意在反对教宗的一元统治，却维护教俗二元的权力秩序。此后，等级秩序加速瓦解，这一趋势事实上孕育了一种多元世界秩序，并在国王与诸侯层面以下寻求多元权力的合法化，并将其组织起来。那时在大学内外——不过也是由大学毕业生创作——檄文愈来愈多，反对任何以教宗权或皇权为形式的世界君主制度，其中对一元论最激烈的抨击来自帕多瓦的马西留斯（Marsilius von Padua）著名的《和平的捍卫者》（Defensor pacis）。他不仅质疑教宗的至高无上的权力，还前无古人地提出给"人民"立法权，让他们参与权力。以致他后来不得不离开一直任教的巴黎，逃到慕尼黑到巴伐利亚的路易四世的宫廷，因为在那里，人们肯定他对教宗无所不在的权力的批评。

巨额融资

随着等级结构的瓦解，思想则逐渐世俗化，而这更加令人不安。与此同时，新"圣人"和新"天主"诞生，可以说它们带来了新的崇拜，这些崇拜伴随着对物质利益、经济扩张和无所畏惧的冒险精神的追求。这促进了生产力的发展，催生了欧洲范围的市场化方式。这些崇拜物的名字是"钱"，是"金"和"银"。沙蒂永的瓦尔特曾讽刺道："金钱是胜利者，是国王，是统治一切的皇帝。"他们不再效仿拜占庭的做法，意大利南部通用的诺曼芬尼币，特别是圣路易之后法兰西古币金埃居（Ecus d'or）和女王金币（Reines d'or）的反面不是"钱"，而是基督圣文。在某种意义上，基督物质化为金钱。铸币师在钱币正面刻上主的名字、徽章或画像，并铸上圣文，其用意是，表明他所在王国是天主的封地。帝国西部边区许多德意志诸侯与法兰西有着紧密的政治与经济来往，还有卢森堡家族不少诸侯也效法法兰西的传统，包括法兰西的传奇。阿托瓦的罗贝尔二世（Robert

Ⅱ von Artois）居然模仿讽刺作家瓦尔特，命铸币师刻上化自《马太福音》的一句话"我是天主"（*EGO SUM DEUS*）[34]，不知天高地厚！

这一嘲讽揭示了一个划时代的转变。教宗和皇帝、教会与王国、市民与科学，没有人预料到金钱的重要性并不止于其经济效用。货币市场出现并扩展，因为无论是教宗、皇帝、诸侯、商人或学生都将依赖信贷。资本主义的前身首先在大城市初露端倪，高额利润出现，新的贫困也随之出现。广大的城市工人阶层受到穷困化的折磨。另外，乡村的骑士阶层也经历了这巨大转变的冲击，其后果难以掌控。

伦巴第人和卡奥尔人（来自伦巴第和法国南部卡奥尔的专业信贷者，以卡奥尔城得名，他们不是犹太人，几乎都是基督徒）可谓最早的"银行家"，他们不久与托斯卡纳特别是佛罗伦萨展开竞争，建立了首批大型"国际"交易银行。银行从事信贷，收取利息，早在《圣经》中就有记载，基督教早期及加洛林时代出现的对高利贷者的指责与控诉，死灰复燃并日益严重。以利息为利润免不了被人指控为高利贷行业。因为放高利贷并非以物换物，也不是以货币换取物品，而是钱生钱。这是魔鬼在背后操手。那些意图获取高利息的高利贷人士毋庸置疑会下地狱。收取高利贷利息将经受地狱的折磨。[35] 然而，"高利贷"，即收取利息，尽管受到教会法的歧视，在宗教和道德上均受诅咒，但现实中却因为许多豁免与特别的特许而得到容许。世俗法律出于经济需求未禁止利息收取，理由是它能促进资本流通，这有利于公共福祉，为社会变革铺平了道路。此时的利息率十分高，却是需求所致，根据情况可能控制在适度的 10%，常在 43.3% 徘徊，有时甚至高达 100% 或更高。

进步的代价非常高昂。像雷根斯堡的贝托尔德（Berthold von Regensburg）这样的布道者有理由用地狱受苦来声讨高利贷、吝啬和贪婪及其他死罪。恐惧成为这个时代的标志，映射出金钱对心灵产生的影响。布道者自己虔诚于信仰，对民众煽风点火。他们用可怕的例子并添油加醋来威吓和警告他们的教众，号召他们洁身自好。这些再一次揭露了那些相互压榨与敛财的基督徒的嘴脸。更多的金钱是否能让心灵获得安宁？难道无视税吏（圣马太）所言，"你们不能又侍奉神，又侍奉玛门（财利）"（《马太福音》6：

24)？值得注意的是方济各会修士草拟出最初的货币、资本和经济理论，这些富人的忏悔神父试图缓解富人们心灵的苦痛。其实根据《圣经》或教会法令，"暴利者"理应归还所有的高利贷的盈余，也就是利息所得；然而在某些情况下，利润能够转变成救赎。为了保持心灵的平和，急需建立一种能够超越本身义务、有更高追求的金钱伦理，因为金钱的力量超过所有的恐惧。捐赠慈善盛极一时，赎罪券给予人希望，直到后来才沦为金钱与利益的污泥潭。道德与经济二者的关系需要一次又一次进行调和。

第十章

理性之光

　　中世纪就出现了理性思想？甚至还有启蒙？在早先的理性崇拜人士的反对下，很多人对此不以为然。但答案是肯定的！查理曼时代就已为理性的到来鸣金吹号，查理曼本人更是亲自参与到此过程中。算术受到推崇，因为算术是历法制定的必要条件。没有哪个时代比中世纪更加渴求理性，尤其是所谓"黑暗"的 10 世纪。那个时代年轻人争先恐后去学校学习新知识，进行逻辑训练。其间西方世界接受了波埃修斯翻译的亚里士多德《工具论》的第一部分"旧逻辑"（Logica vetus）。学生们沉浸在波菲利的《导论》（Isagoge）、简洁的《范畴篇》和关于命题（见《解释篇》）学说的思考当中，这些学说随之广泛传播。老师们也在和难题较劲。范畴学说教人们组织语言，教导人们如何定义事物，有系统地将被定义物区别于其他事物，并捕捉其中的差异。而命题的研究对象是词语与词语的衔接，亚里士多德在此讨论了名词、动词、否定、肯定、陈述与表述。只有掌握了这一切，具备思考能力，成为能言善辩的人，才能成大事。从此以后，一切事物都必须遵循范畴分类标准，遵循有章可循的理性方式，再得到协调的陈述，被符合逻辑地表述出来。千百年来，这些时代精英们按照这种方式进行思维的训练，资质稍逊一筹的拉丁语学校的学生及其他人也争相模仿。时至今日，有些传统已有所变化，但都是直接或间接地研究"黑暗时代"亚里士多德学说或那个时代吸收亚里士多德学说的结果。在某种程度上而言，现代哲学家的解读方式都可以回溯到那个时代，尽管这听上去有点矛盾。其实，中世纪盛期与晚期初始阶段，亚里士多德所有的著作就经过各种渠道流行于整个西方世界。而这一过程究竟是怎样发生的呢？

摆脱中世纪早期带神秘性质与象征色彩的世界观对精神的束缚，而获得更大的思想自由，并非易事。无论何时，理性之路都不平坦。但行动离不开思想。千禧年刚过，梅泽堡主教蒂特马尔撰写的《编年史》有代表性地描述了一个有着暗示与仪式、带有梦幻色彩的世界。这位萨克森伯爵之子对亚里士多德的辩证学并不陌生，但同时囿于"逻辑之前"的思维方式，在主教授职仪式之前在梦境里看到自己如何踌躇不已，为摇摆不定的将来而问询于圣言。他丝毫不怀疑梦境的真实性。充其量用人类的智慧来揭示梦境，不过这就意味着真相并非完全不为人类所知。蒂特马尔详细地记录自然的"暗示"，例如双头兽、畸形儿、魔鬼的胡作非为、自然灾害和总是凑在一起的三头狼，等等。这位主教认为这些现象传递了信息，认为它们是超越人类的世界即天主本身用来跟造物对话的"语言"；跟同时代其他人一样，他认为这些不祥之兆是罪孽所致，是天主对罪人的警示。为了减轻即将面临的惩罚，人们要斋戒、祷告、连祷、赎罪、痛哭流涕或祭拜，而且一辈子都应该如此。蒂特马尔的字里行间没有任何淡化这种思想的迹象，没有人对这些天启的象征表现出解构性与启蒙性的怀疑态度。

不过久而久之，亚里士多德辩证学的知识改变了人们的思维的方式，即人们如何糅合思想、串联问题、考察答案，而这必将影响到计划、行为的继续和中止。一种祛魅和无神主宰的思维风格传播开来。世俗化趋势不可阻挡，并取得长足的进展。这并非狭义上的科学进步，整个世界观、生活秩序、男女相处的关系，还有诸侯宫廷、城市以及封建庄园里的经济生产方式和技术，都逐渐遵从逻辑与辩证学的程序。由此人们对宇宙的认识、对人的理解以及伦理与法律都面临相应的挑战。在不久的将来，整个社会及其规范和观念都受到理性与规范逻辑思维的影响，并随之变化。

最终理性向信仰如基督教发出挑战，两相较量的过程中，理性格外引人注目。考虑理解到信仰的圣言及其启示对知识水平的要求，一些信徒热切渴望严格遵循亚里士多德论述的理性思维规则。经年累月练习辩证方法让人获得了怀疑能力，学者们质疑并反抗带神秘色彩的世界观、神迹崇拜和教会及教宗的教义，并向它们宣战，用理性与它们对峙。信仰做出了相应的反击——倘若不想受诅咒，遭牢狱之灾，或被烧死的话，那么就得无条件地承认那不可知的神秘，要摒弃怀疑与寻根究底，有时还要求缄默。最初，学校教育未受此牵连。

加洛林时代，地方堂区学校仅传授最基础的教育，学生诵读"主祷文"、忏悔辞，摈弃迷信和神鬼信仰，但并不研习"七艺"。这种情况到中世纪晚期才有所改变。时代要求更多的、更有效的教育，最重要的是连续不中断的教育。查理曼和他的辅臣及查理曼的后代把这项重要的任务交给当时社会上唯一具备这种能力的僧侣阶层。自然，本笃会规并没有预料到这点。一些修道院采取观望的态度。在国王自上而下的推动下，僧侣只有完成这项任务，重建知识文化社会。重建过程如此艰难而漫长，因为拉丁西方的知识文化水平在古希腊罗马文化与教育机构近乎完全毁灭后，降到了谷底。尽管如此，在教授"七艺"传统经典科目和亚里士多德辩证学的过程中发挥重要作用的第一批学校，都属于修道院和其他教会机构。加洛林王室用特有的方式参与其中，它成为知识的中心，成为组织传授和传播知识与科学的枢纽，为之后的王室继承人、其他国王和诸侯宫廷以及罗马教廷树立了榜样。加洛林和奥托王室的礼拜堂里集中了许多有天赋的贵族青年，这些机构也代表了宫廷的文化。10 世纪之后，修道院学校遭到主教学校的排挤。13 世纪以降，由国王、教宗、自治市镇和领主建立和资助的大学，甚至还有城市拉丁语学校，都纷纷出现。

女性也迎来了属于她们的机遇。她们接受的教育也受到当时成长与扩张的教育体系的影响。修女、女信徒与僧侣一同研习失而复得的古希腊罗马文化。女修道院争相传抄普劳图斯（Plautus）的喜剧。这些受过教育的女性绝非仅仅关注 12 世纪和 13 世纪若干女性如宾根的希尔德加德（Hildegard von Bingen）或马格德堡的麦希蒂尔德撰写的神秘思想。例如甘德斯海姆的赫罗斯维塔对她那个时代最前沿的辩证法如数家珍。后来的梅泽堡主教蒂特马尔当年曾到奎德林堡其亲戚的高等贵族女子修道院上学。市民之女并不一定只懂得女红。实际上 13 世纪某些城市特别开设了女子学校。14 世纪早期但丁在《飨宴》（Convivio）中展现了晚宴上的情景，他向普通民众普及哲学问题时，餐桌旁除了诸侯、贵族，还特意加进了女性（I, 9, 5）；用但丁的话讲，"人人生而有对知识的向往"（I, 1, 1）。

修道院和教会学校培养出的杰出大师展示了这些学校非凡的知识传授能力。圣加伦修道院的诺克特在新世纪到来之前把亚里士多德《范畴篇》译成古高地德语，减少语言障碍，用以教授理解波埃修斯拉丁原文有困难的阿勒曼尼学生。他的同辈弗勒里的阿博是卡佩王室的首批国王智囊。雷根斯堡主教沃尔夫冈（Wolfgang von Regensburg）采取新的方式培育天赋异禀的学生。沙特尔主教富尔贝闻名遐迩，渊博之名远及巴伐利亚地区。那些亲耳听他授课的人觉得如天使在歌唱。在欧里亚克的吉尔伯特（卒于 1003 年）的努力下，10 世纪末数学才逐渐为西方科学界关注，从此算数板（Abacus）逐渐取代了此前流行的指算。11 世纪早期列日和科隆的学者为了求圆的面积而绞尽脑汁。赖兴瑙的瘸子赫尔曼（Hermann der Lahme von der Reichenau）改良了算数比赛的游戏，可以用来传授趣味性的比例计算法。12 世纪后期欧几里得《几何原本》连同另外其他一些数学文章，经由翻译从阿拉伯世界传入拉丁语学术圈。

圣埃米兰修道院的奥特罗（Otloh von St. Emmeram）和劳滕巴赫的曼尼戈德这两位才华横溢的辩证学专家，将辩证学运用到教会改革上。11 世纪中期出现了另一位天才学者贝克的兰弗朗克，这个伦巴第人在诺曼修道院建立了后来极负盛名且极具吸引力的学校。从这里毕业的学生有兰弗朗克的继任者安塞姆，他最初是老师和修道院院长，最后成为坎特伯雷大主教。

大师层出不穷，宣告了一个世纪以来辩证学的胜利，不过正如当今学者的合而不同，他们在所有问题上也存在分歧。理性与知识孕育着新的争论。不久后，这些论争将不可避免。早在 11 世纪，经过亚里士多德辩证学的刺激，第一次圣餐之争爆发。领圣餐时你的牙齿嚼的是什么？是面包还是其他的东西？总之，在争论者看来，没有什么比争论这些更具意义了。那时他们甚至要求证明天主存在，虽然那些证据有点难以置信也最终被否定。在证明的过程中，理性的力量强于信仰或其他权威。一位名为罗塞林的学者继承了波菲利《导论》的思想，质疑共相中的"现实"，认为现实不过是"嘴里呼出的气息"。我们没有更多的资料来更进一步了解罗塞林的学说,以及后来所谓的"共相之争"(Universalienstreit)的最初阶段的细节,因为贝克或坎特伯雷的安塞姆激烈地反对他。

这位著名的逻辑学者进一步声称:"理性必须是凌驾人世间一切之上的主宰和法官。"[1]可是理性如何实现?安塞姆简洁明了地答道:信仰寻求理解。安塞姆从祷告形式衍生出天主存在的证明,而其前提条件是信仰。作为最完满的本质,天主不仅是想象的存在,而且是现实的存在,因为他比一切对他的想象更加伟大,因此天主存在。这是从存在的概念推论出来的结果。其本身无法证伪。一位不为人所知的修士马穆蒂埃的高尼罗(Gaunilo von Marmoutiers)质问安塞姆大主教道,完满的概念本身无法证明其真实性的(而不仅仅是想象的)存在。[2]这场辩证法的证明与反证的游戏,欧洲的知识精英乐此不疲,他们在其中证明了自身的地位。

要运用理性,应该接受相应的训练。后来的逻辑学者们,如托马斯·阿奎那、笛卡尔、康德或戈特洛布·弗雷格(Gottlob Frege)一再探讨安塞姆提出的问题。这些人的论证越来越细化。理性的运用大行其道,没有什么能置身事外。人们渴望用理性的标准来衡量一切。11世纪末,在受阿拉伯科学影响的世界观所产生的理性大环境下,即使长期遭受歧视的占星术/天文学也进入西方知识分子的视野,他们希望其成为能够预测未来的学科。同样他们还关注古希腊-阿拉伯医学。天文学教会人们使用星盘,确定星体的位置。据载,已知最早在1092年,拉丁西方学界用仪器准确计算出月食。后来莫尔文的瓦尔歇(Walcher von Malvern)列出了1032年到1112年出现的日食、月食。[3]从古希腊罗马时期流传下来的托勒密《天文学大成》是当时最全面的宇宙学著作,1160年左右被翻译成拉丁文。随着天文知识的积累,精确观测的能力越来越强,占星术(星相之学)与预测之术得到迅速发展,并成为最受医生与宫廷占星师欢迎的领域。很快国王与诸侯甚至教宗都离不开这些星相学与预测。今天我们还能读到许多相关的史料。

研习亚氏的范畴和命题,促进人们更深入地探索辩证理性,也大大加强了辩证理性的独立运用,实现了欧洲向理性时代进发的奇迹。人们开始对科学产好奇心，并渴望理解可以用科学的视角来观察的所有事物，对科学的兴趣始料未及地急剧膨胀，独特的科学探索活动更加迅速与集中地涌现。总而言之，理性的运用改变了人们观察世界的方式。最初信仰也受益匪浅；当理性逐渐摆脱信仰寻求独立时，即12、13世纪人们要求用"自然""自然理性"来解释自然现象时，二者才分道扬镳。学校训练的理性并非仅限于理论层面。以知识为条件，理性主导了人类对一切事物的感知方式，理性进入政治、社会和技术实践领域，在不久的将来也将彻底改变人类的生活。

12世纪初期学者们开始钻研《工具论》的第二部分"新逻辑"，即《前分析篇》《论题篇》和《辩谬篇》的拉丁语版本，研究关于因果关系、避免自相矛盾、避开逻辑谬误的假设性的思考。亚里士多德给中世纪留下了四条逻辑公理作为遗产：同一律、矛盾律、排中律、充足理由律。其影响无法估量。直到进入现代逻辑时代，这些学说才被动摇。但这些学说却给中世纪带来了危险的后果：耶稣基督作为人子的特性、玛利亚感而受孕、创世说、三位一体、救赎说、预定论、罗马主教作为天主的代理人，凡此种种都迟早要面对理性的考验。信仰岌岌可危。从中世纪晚期开始，理性文化的种子吸收着理性的营养，逐渐生根发芽。这一变化并非一蹴而就，而是经历了几个世纪的酝酿，才踏入了关键的发展阶段。

虽然修道院学校在理性化过程中发挥了很大的作用，但不久后，培养世俗教士的大教堂学校很快超越了修道院学校，尤其是法兰西岛大区的一些大教堂学校，如沙特尔、兰斯、拉昂或巴黎的学校在12世纪上半叶脱颖而出。这些学校不仅传授辩证学，在研究其他问题上同样有所建树。这里不仅"七艺"蓬勃发展，在一些大师的推动下，还发展出了新的"自然哲学"。老普林尼的《自然史》、卡西迪乌斯在4世纪或5世纪所部分翻译与评注的柏拉图《蒂迈欧篇》，拥有了更多的读者。10世纪起卡西迪乌斯的手抄本传播得更广泛。在他的推动下，《圣经》的六日创世得到阐释。另一重要作品，是马克罗比乌斯对摘自西塞罗《论共和》的《西庇阿之梦》(*Somnium Scipionis*)所做的评注，其对宇宙的描述展现了柏拉图的学说。圣奥古斯丁认为柏拉图《蒂迈欧篇》所表达的思想与《圣经》创世的解释有异曲同工之处，波埃修斯对此似乎也给予肯定。[4] 但人们却带着新的兴趣用亚里士多德的方法来解读它。

12世纪的自然哲学家如孔谢的威廉试图按"自然"法则解释造物。他们意图将《蒂迈欧篇》和《创世记》融会贯通。此时，自然被视为天主造物与维持万物运行的工具。后来康德提出的太初的最高理性的假设与此差异不大。"上帝存在着，因为自然即使秩序混乱，其运行也有条不紊。"[5] 沙特尔的大教堂在这种科学精神下建造起来，理论知识以有形可感的形式体现在门楣的装饰里。中世纪人们通过马克罗比乌斯等人了解到地球的球状形体。不久一些勇敢的学者如大阿尔伯特旗帜鲜明地反对奥古斯丁，认为南半球并非不适合人类居住的险恶之地。[6] 而在1327年的佛罗伦萨有如此主张的学者切科·达斯科利（Cecco d'Ascoli）① 还被施以火刑烧死。正是因为接受了那半吊子的启蒙教育，过去的整个时代才错误地认为地球就如一块大圆盘，自圆其说地巩固现有的世界观。可是只有在很早以前，有那么几个古罗马人谈及地球是块圆盘。

这一切并不能从根本上把西方与基督教东方的学术区分开来。那里也有优秀的学校与超群的大师。然而，无论是拜占庭还是阿拉伯世界，尽管他们享有极高的文化水准，尽管那里知识发展更有实用性，但都没有产生经院主义以及由此而发展的知识文化，正是这种文化滋养了西方人。东方处理古希腊罗马遗产的方式与欧洲西方不同。随着时间的推移，在东方古希腊罗马遗产日渐稀薄，其多样性也逐渐消亡。重要的是他们缺乏西方人的创造力，即复兴古希腊罗马的学术，并通过阿拉伯的知识来强化和精进。就算哈里发统治初期，希腊和叙利亚基督徒所承载的古代晚期的知识文化就顺利而持续地传入阿拉伯世界，伊斯兰教也没有赋予他们这种创造力。有了一代代的知识人，才会伴生知识的传统。

在西方，"七艺"各科目日益独立，日益专业化，同时人们需要学习新的学科，这就要求集中发展若干少数"精英"学校。这些学校吸引了欧洲各地成千上万的学生，他们首先涌向巴黎，在那里汇集，在王宫驻地

---

① 切科·达斯科利，原名为弗朗切斯科·德利·斯塔比利（Francesco Degli Stabili），意大利诗人、医生、星相学家、思想者，就学于博洛尼亚大学，毕业后留校任教，教授天文学。

旁形成大学。在与教会学校和城市修道院学校、与城门前塞纳河左岸吉诺维瓦（Genoveva）修道院保护的学校、与圣维克托（Sankt Viktor）学校、与以后的"拉丁区"的竞争当中，大学诞生了。一开始它脱胎于大教堂学校，经主教秘书长的允许，由大教堂学校教师的集合体组成。之后侧重于不同学科的其他学校如雨后春笋涌现，如以医学和法律著称的蒙彼利埃大学、可以说能与巴黎相提并论的奥尔良大学，以及在原卡塔尔派活动地区传播正统神学的图卢兹大学。这些"高等学院"，这些大学，是经院主义即"学院"中的学术产生的温床。经院派用教父学说对抗亚里士多德的辩证学。人们很快发现了二者产生的矛盾，需要他们建立自己的方法论来解决。实际上可用早期（希波主教）圣奥古斯丁的学说对抗后来的（坎特伯雷大主教）奥古斯丁，只是在相应的阶段没人发觉而已。彼得·阿贝拉尔在经院哲学发展中声名鹊起。他的方法"是和非"（Sic et non）让学生能解释或调解这些矛盾。其意义无法估量。研读基督教父的文字，迫切需要借助理性方法，用以判断诸学说的差异。阿贝拉尔意图用理性解释三位一体，招致保守传统力量的抬头，从而被审判。当时理性的运用势不可挡，其影响是开天辟地的。那时，也就是12、13世纪，神学成为专门的学科。彼得·伦巴德在12世纪中期创作了四部《语录》，该书被学校选为基础的神学手册。在接下来的几个世纪中，每一位神学博士候选人都得反复为该册子做评注。然而，理性并不满足于此，它以专门哲学的形式，开辟了自己的新领域。

亚里士多德和波埃修斯只是点燃中世纪思想的古希腊罗马作家中的两位代表。影响不亚于这两位的有11世纪晚期被重新发现的查士丁尼的《学说汇纂》。我们不知道这手抄本发现者的人名和地名，有可能是托斯卡纳，或意大利罗马涅地区，或托斯卡纳的马蒂尔德的统辖区；也不知抄本如何能历经五个世纪得以保存。钻研这些文章，极大促进了注重亚里士多德辩证学的全新专门科学的高度专业化发展，该学科后来集中到博洛尼亚地区，吸引了全欧洲的学生。不过，除了罗马涅和今天南法的局部地区，即今天所谓的"成文法区域"（Pays du droit écrit），在大部分地区罗马法并非通行法；尽管如此，学生仍群集于博洛尼亚。由此形成了独立于巴黎，并且组织形式不同于巴黎大学的博洛尼亚大学。学生从博洛尼亚的法学家那里学习一种悠久的法律形式，它与罗马法和教会法三足鼎立，又能规范所有与法律有关的学术理论。法学的再生极具代表性地折射出西方世界新知识文化的十足活力。这不是简单地阐释古希腊罗马作者如乌尔比安（Ulpian）、保罗或盖乌斯（Gaius）等法学家的法律文本，事实上他们的原著大多数已失传，仅在《学说汇纂》中保存有片段。博洛尼亚大学的法学学派确实获得了开创性的成果，他们用断言、定义、术语和注释等各种手段剖析民法和刑法，从而开辟了公共法领域。

新法律科学的形成绝非某一位学者的功劳。一代又一代的法学教授推动了它的发展。最早是12世纪早期的"法学四博士"，后来又有13世纪早期与之后的阿佐（Azo）、阿库修斯（Accursius）、奥多弗雷德（Odofred），此处仅列出其中最伟大的几位法学权威。若不读《法典概要》（*Summa Codicis*），就不敢登上法庭，这部伟大作品的作者阿佐在导论中写道："这门学科产生之后，完满的恩惠来临。倘若通过持续的训练，人的境况能够发展，那不必惊叹，因为人的精神得到自然的赐福……也只有这样，后来者才能对一些细节考虑得更准确……所罗门曾有言，一切重生，然后凋零；血和肉组成的人，出生和死亡。新人诞生，科学繁荣，只因那艺术和科学先辈们敢于尝试。他们因此被人推崇，又被后来者超越。因为比起创作一本书的人来讲，能够用巧思完善它的人更值得被夸赞。"[7] 这比前辈们更值得赞美的后来者无疑是作者本人。马克斯·韦伯沿用了阿佐的观点，认为学术研究是长江后浪推前浪，青出于蓝而胜于蓝。

这种法学方法革新了欧洲。一种广泛的社会理论得以在它的基础上建立。13世纪，在意大利北部城邦和罗马人的皇帝的推动下，这种理论在欧洲知识社会普及开来，鉴于它本身容括了法律理论，因此它也能够服从于统治者、教会与社会的秩序。受到影响的还有封建法、习惯法以及城邦、外省和王国的新法，皇帝、国王与教宗概莫能外。知识离不开实践，这是阿拉贡的雅各简洁而中肯的概括，因为他察觉他的执政离不开法学家。在王宫和教廷逐渐出现了新知识社会的端倪。

科学革新并未随着法学专家一起止步不前，可以说，欧洲进入了变革时代。12世纪70年代亚里士多德的《物理学》经由红胡子腓特烈和西西里的古列尔莫二世传到西方。这又一次证明了诸侯宫廷在知识传承与传播过程中发挥的重要作用。亚氏的自然科学以自然界的物体如星辰、植物、动物为研究对象，而不研究人造的事物如工具和艺术品。自然物体遵循运动与静止的法则。对自然的探索意味着对运动的原因的探寻，其原因有四：质料因（causa materialis）、形式因（causa formalis）、动力因（causa efficiens）和目的因（causa finalis）。这些原因必然导向一个最初的、启动一切运动的"不变的推动者"。基督教教义的阐释者认为这个推动者就是天主。与此同时，亚里士多德的物理学教导人们从自然的角度来思考世界，正如12世纪的自然哲学家们所追求的那样，这必然引发思想的转变，即摆脱天主六日创世的基督教思考方法。《物理学》在四元素理论里加入了物质的四种特性：热、干、冷、湿。四种特性与四元素两两组合，形成热–干、冷–干、热–湿、冷–湿，可以用这些关系来解释自然物质世界。这一切连同那已为人熟知的古希腊哲学家发现的因果关系法则，促使人们重新思考世界。"物理学"进入高等学院特别是巴黎大学时，如上文所提到的迪南的大卫案所证明的，产生了一批异端学说。大卫的名句"世界即天主"直接指向亚里士多德的因果学说。

信仰与科学分道扬镳。多明我会修士阿尔伯特·马格努斯，即大阿尔伯特，对他的听众说，"论及自然，我们无法探索，天主如何按照他完满自由的意志完成造物的神奇，充分展示主的全能；那么我们不如去观察，在自然界，出于自然的原因以自然的方式可能发生什么"；他还强调，"如果某人说，生殖是按照天主的意志进行，就像从未发生，尔后开始的那样，我回答说，只要我忙于探索自然，天主的奇迹则与我无关"。[8]阿尔伯特最后的评论，无疑是爆炸性的，因为它同样针对性行为，而每一位听讲的学生都熟知玛利亚感而受孕产下耶稣这一信仰的根本。这至今仍被信奉的教义，仍有存在的必要；如经院主义所表述的那样，神迹是反自然的事实，这些事实的存在不受自然规律的影响甚或违背自然规律。

为了平衡这么多危险的自然科学产生的影响，对灵魂关怀的渴望也愈加强烈，而第四次拉特兰公会议已经考虑了这个问题。会议宣称，布道应该告诫民众,并洗涤他们的心灵,通过地狱和最后的审判所传递的恐怖信息而加强人们的信仰。每个主教管区举行的教士辅导都要考虑布道问题。另外要定期聆听忏悔。在这一时期,炼狱说法逐渐形成并稳固;炼狱作为死后洗涤灵魂罪孽的特殊场所,无疑是必要的,因为这些罪孽将灵魂阻挡在天堂的门外。而更早的时期比如前基督教或早期基督教时代流传下来的灵魂法庭、净化之火和地狱折磨等观念都被吸纳其中。这些磨难引起害怕、增强恐惧,同时却又给予罪孽深重者以希望:如果他们在现世对生者表示出同情心,通过捐赠或用心怀慈悲的行动和功业来帮助他们,就可能洗去罪孽。不计其数的祷告小故事证明了这些行为的效力。他们甚至能减轻犯死罪者如高利贷从业者的罪孽。没有涤罪的人必下地狱。

中世纪晚期富于想象的虔诚主义运动以这些恐惧为养分,那一时期产生了特别多的神鬼故事。不仅有布道者之言,还有所有的宗教图像,如壁画、石板或祷告书上描绘的夸张场景,都令信徒骇然。面对着所能想象出来的各种神鬼魔怪,被驱逐者受到的恐吓最严重,他们会看到龇牙咧嘴阴笑与实施惩罚的魔鬼。即使知识精英分子也会像信徒那样心有余悸,即使他们或正因为他们对信仰有所怀疑。伟大的诗人但丁在看到地狱之门时,写下了洪亮的诗句来表达如此的恐惧与绝望,他看到地狱之门上写着"你们/那些走进这里的人/抛弃一切希望吧"[9]。"这个连微弱星光都没有的地方,充斥着叹息、哭泣、害怕的嚎叫……迷惘的呓语,恐怖的声音,充满折磨的、愤怒的吼声,尖利嘶哑的叫喊……"而正是理性与传统信仰的纠缠过程,引发与刺激了这些恐惧。

知识的闸门一旦开启,就无法再次关闭。13世纪或之后不久,拉丁文版本的亚里士多德全集传到西方,当时这里的人们还没有掌握足够的古希腊语。那时亚里士多德成为"哲学家"的代名词。经院主义盛期,学者全方位研习他的著作,除了《工具论》和《物理学》,还有其他的科学、心理、政治方面的著作,从而获得更多观察世界、政治秩序、信仰和科学的新视角。思想的传承受到冲击,思维正发生转换。对亚里士多德的禁令也无法阻挡这一趋势。

约1200年被译介的《论灵魂》(De anima)引发激烈讨论,这种讨论延续至今；在此之前对心理问题的解释几乎都是奥古斯丁式的。[10] 阿维森纳、阿威罗伊很早之前曾研究的亚里士多德心理学，经由冈迪萨林先传到西班牙，12 世纪末到达拉丁西方世界。高等院校不久开始传阅亚里士多德的相关著作。亚里士多德定义了灵魂为何物。它是非物质，不具有形体，却无法离开身体而存在。灵魂具有其本身的实质，它是躯体的原初形式，是生命的法则，是感知、意图、思维和认识的源头。同时，《论灵魂》论述了感觉的生理学，五种感觉器官如何为灵魂服务，而理性并不是由单个器官负责。这就是五官说。这位古希腊哲学家认定植物有植物性灵魂，动物有感知性灵魂，如此拾级而上，"自然的阶梯"最后上升到人类的理性灵魂。经过感知、记忆、想象和观点，人类的阶梯又通向理性认知和科学。学院派学者们如饥似渴地吸收着所有这些知识。

亚里士多德的其他自然科学著作、形而上学和伦理学都以类似的方式影响着当时的西方。在此不再一一介绍。罗伯特·格罗斯泰斯特翻译的《尼各马可伦理学》从心理学角度来解释最高的善与福。这种学说关注沉思的生活；这种生活致力于科学与艺术，行"中庸"之道，即位于两个极端中间的"适度"，将由智慧引导的生活作为教育的重心。该伦理学对"正义"的定义不同于奥古斯丁，而是一种能创造"中庸"的美德，与造成极端的非正义相区别。钻研亚里士多德著作，对受奥古斯丁影响的传统信仰与学说造成冲击，加深了二者的分歧，最终导向神学家和自然哲学家或两大阵营内部无休止的争论。即使一再有调解的力量如托马斯·阿奎那等出现，却始终无法再平息。学者们就许多观点比如灵魂与躯体、超个体的智慧和个体的智慧以及自由意志、长生不老和灵魂不死而争执不休。1255 年，巴黎大学文理系颁布了全面禁令，禁止讲授亚里士多德。富有争议性与多样化成为 13 世纪的特点。在这诸多纷争中有一个声音逐渐加强，无法被忽视，那就是对理性的呼唤。

大阿尔伯特讲解道，人的理性易犯错误，缺乏确定性，只有那不受欺骗的神性才能给人以启示。[11] 由此大阿尔伯特劝导在不同的条件下持续地观察自然，直到得出令人信服的结论。皇帝腓特烈二世这位天赋异禀的鸟类学家便谨遵这个教诲，他逐条批判亚里士多德。大阿尔伯特本人也谈到，科学权威都有可能会犯错，他本人也不例外。这种"经验主义"大有前景，后来在英国发扬光大。大阿尔伯特的会友托马斯·阿奎那渴望调和神学与哲学、信仰与科学、奥古斯丁和亚里士多德之间的矛盾，并用某种方法将这相互对立的双方融合起来，但最终失败。

最后《政治学》还在大学课堂上讲授。1264 年，莫尔贝克的威廉已经草译了该书，以伪作《论原因》(Liber de causis) 和专为法兰西宫廷编纂的《巴黎君鉴纲要》[12] 的形式广泛传播。对这些文本的研究打开了人们观察社会关联、统治联盟和政治行为的视野，教育人们将秩序视作某种人类行为的结果，该结果与天主的等级世界秩序不无矛盾。另外《政治学》还提出了一种全新的不一般的人的形象：人不再主要是罪人、被诱惑的人，或违背天主戒律的形象，而是"集合体"中的成员，是"政治动物"（animal sociale 或 ens politicum），即亚里士多德所强调的人的社会性与政治性（zôon politikón）。这种人"天生"渴求社会"政治"秩序。在更广大的时代背景下，新一轮的法律思考引发了关于"法律""法规"和"正义"的问题，以及对物质分配"公平"的重要性的审视，在一定程度上甚至触及人类学层面。由此一种新的思维方式即"政治"思维传播开来。一群新的专家即政治学家也出现了。

统治伦理学重新出现在公众视野中。9 世纪后君鉴文学再次兴盛。托马斯·阿奎那和他的学生卢卡的托洛梅乌斯、埃吉迪乌斯·罗曼努斯、让·基多尔（Jean Quidort）等随后都写出了相关的名著。他们不再局限于道德。"政治学"催生了"经济学"，即关于家计和家庭经济的理论，而这些并非仅限于理论层面，而是转向实践，而君鉴文学为王储提供了实践的教科书。后来，大量经济学著作出现，如奥卡姆的威廉的那位愤世嫉俗的对手梅根伯格的康拉德（Konrad von Megenberg），在他的《经济学》(Yconomica) 中关注了科学、经济和政治的联系。为什么人必然在社会中生存？为什么人类采取君主制度，允许一小部分人统治，以实现公共福祉最大化？这些都是教导王储和诸侯的君鉴集子所讨论的问题。[13] "因此（诸侯）必须决定，哪里更适合建立城市、村庄、堡垒或学校，哪里更适合当作军队的训练场或当作商人的集市。"人作为共同体的成员，其终极目的仍是有德行地生活。和平与正义是不可或缺的必要条件。

新的著作从阿拉伯语世界源源不断地传过来,那么随之涌入大量的阿拉伯典籍便不足为奇了。12世纪博古通今的天才学者阿维森纳(卒于1037年)的哲学、心理学和自然哲学著作取道西班牙逐渐传到西方。米歇尔·司各特、托马斯·阿奎那、约翰·邓斯·司各脱(Johannes Duns Scotus)都致力于研究他的作品。另一位阿拉伯哲学家阿威罗伊(卒于1198年)的学说影响也不可低估。1230年前后他的作品得到翻译,自此拉丁学者称他为"哲学家"(亚里士多德)的"评论家"。他严格的逻辑招致穆斯林的敌视,最后被驱逐出科尔多瓦,死于客居的马拉喀什。阿威罗伊的言论惊世骇俗:所有宗教都是虚假的,尽管它们是有用的。[14]科学挣脱了神学的束缚。理性与信仰的裂痕越来越深,无法愈合。

占星术终于走进了大学课堂,进入诸侯王宫之中。它以古希腊和阿拉伯科学中最优秀的部分为根基。13世纪早期托勒密的天文学成为学校的基础学科。萨克罗博斯科的约翰(Johannes de Sacrobosco)的《天球论》(*De Spera*)可谓古希腊和阿拉伯天文学融合形成的简单易懂的天文学基础手册,一直沿用至16世纪。宇宙以地球为中心转动,天穹最低层的星体是月亮,其次是水星和金星,接着是太阳,再是火星、木星和土星,之外的第八层天穹是恒星星空,其外层还有天使和超人类智慧所居住的真正的天国"最高天"(Caelum emphyreum)。一些学者认为内行星如水星、金星等围绕太阳运动。天文学的发展对信仰产生威胁。天文学质疑了创世论和预定论,天主自由意志看似岌岌可危。难道是星体而非天主掌控着世界的运行?星体是否决定了意志?这些言论显然都是不被允许的,应当颁行严格的禁令阻止它们传播蔓延。

在天文学大放异彩的13世纪,唯物思想初现端倪。其他学校科目理论性太强,而天文学注重实用性。在中世纪盛期和后期天文学或占星术推动自然研究向前发展,几乎没有其他学科可以相匹。早期占星术被视为末世论的姐妹学说,而末世论一直要求探究自然与时间的"符兆";如此就能达到一定的科学精度。两种学说融为一体,奠定了基础研究的准确性。那占星之学涉及哪些理论?宇宙学、星象、黄赤交角、行星运行轨道、数学、光学，以及后来的球面三角运算，凡此种种要得到求证，均无法离开实践。每一项错误，如错误的占星、天气与病症预测或瘟疫警示都要求改善与修正方法。理性并非一劳永逸。大学课堂上老师和学生们的怀疑在社会中变得根深蒂固。头顶的星空在向这怀疑发出挑战。

测定星体对世界与人类生活的影响，破解它们所显示的关于个体、地球和宇宙的未来的信息，不仅要求更精确的天文学知识，还要求更高的数学能力来计算太阳的运行和星象，更进一步要求更高的辨别力，区分偶发现象的世俗原因与实际事件的宇宙学成因。亚里士多德的自然哲学毫无疑问能够助其一臂之力，不过这种方法很快就不能胜任了。亚里士多德的学说虽然为解释现象和付诸实践提供了不可或缺的理论基础，在某种程度上却遭到持续的批判，中世纪晚期天文数学家在几乎无人察觉的情况下一步步开始偏离古代学者所构建的世界蓝图。

这个时代伟大的学者有13世纪的大阿尔伯特、罗杰·培根（Roger Bacon），15世纪的雷格蒙塔努斯（Regiomontanus，卒于1476年）、哥白尼（卒于1543年），他们认可行星运行对月亮下的世界发生作用，最多对这作用做出限制。大阿尔伯特认为这种作用和影响是"在可变化的物质中发生的，或离不开物质世界"，并要求独立地看待偶然、自由意志和计划（consilium）。[15] 预测之学主要在医生群体中流传。哥白尼就是其中一位。在介绍哥白尼之前，我们必须先谈一谈柯尼斯堡的约翰·缪勒（Johannes Müller von Königsberg，即雷格蒙塔努斯），他带领天文学进入新的发展阶段。这位天才在孩童时代就编制星表，长大些之后发展了三角运算，改良了《阿方索星表》，发现指南针地磁偏角为10度，与希腊人贝萨里翁合作，翻译、评注了托勒密的《天文学大成》。不久后，1496年该书付梓，成为哥白尼和伽利略的参考手册。雷格蒙塔努斯认为宇宙的中心是太阳。这股"数学化"的趋势改变了末世论和天文学，并提出了新问题。天文学的结论如何与教会权威所提出的世界寿命六千年的观点协调？这一问题起初并没有获得解答。新的计算与解读有时危言耸听，显示世界末日即将降临；有时又得出令人心安的结论，表明世界末日还十分遥远。新的计算方法还不时提出新问题，这些问题要求更为细致地考察天穹、其物理构造以及尘世的事件变迁，并将这些观察结果融入一个机械论的世界图景中。

这一切发生在尤为复杂的背景下，顺应了愈来愈急切的理性化要求。没有这些新的知识，农业、贸易、商业、城市治理、国王和高级教士都会不知所措。"家计之学"由此诞生，也就是"经济学"。论及培育植物和农业时，大阿尔伯特曾说："这些学科不受那些自然研究者的欢迎，尽管它们对生活与城市的运行有着不小的用处。"[16] 商业日益欣欣向荣，不具备读写能力、不懂必要的拉丁文的人，势必缺乏纵览全局的眼界。居民越密集，经济交流越频繁，冲突就会更多更复杂。与此相应，对法律和公证行业的要求越来越高；法规等变得更加细化，也更加复杂烦琐。过去统治秩序要靠知识来维系，现在日常生活的组织机构也离不开知识的支持。

意大利城邦同盟此时有了长足的发展，面对这股潮流，阿尔卑斯山以北地区也无法置身事外。在市民与商人的催促下，城市建立了公共拉丁语学校，他们非常需要数学知识。0作为阿拉伯数字，还有从印度经由阿拉伯世界传到欧洲的负数，都在商人和城市居民中传播开来。在威尼斯商人的委托下，"斐波那契数列"的发现者比萨的列奥纳多·斐波那契（Leonardo Fibonacci）用阿拉伯数字写出了具有开创性的数学教科书，对当时西方世界影响深远。在威尼斯，人们以银行业和信用借贷为谋生手段，他们必须掌握利息结算方法。尽管这并不难，还是有些非同寻常。"借款者出借了一笔100镑以房子为抵押的贷款，利息为每月每镑收4芬尼，房子年租30镑，每年年初，贷款者都用这30镑租金还钱和抵利息。那么贷款者持有房子的时限至少应多长（精确到年、月、日、时），才能赚取每月每镑4芬尼的利息？"[17] 复式记账方法逐渐进入商业组织。虽然人们还不习惯使用阿拉伯数字及进行零的运算，但新的计算方法仍推广开来。列奥纳多在穆斯林的马格里布和埃及习得相关知识与技能，因为在那里人们更早使用源于印度的阿拉伯数字。

迈蒙尼德，即摩西·本·迈蒙，用《迷途指津》（*Guide for the Perplexed*）令犹太世界大吃一惊。该书对《圣经》六百条戒律做了更符合日常实践的理性阐释。在此书中，犹太教的《摩西五经》与亚里士多德辩证学及自然科学知识对话交流，其中理性同样占主导地位，其对话也绝非没有分歧。这位出生于科尔多瓦的伟大学者1204年死于埃及，其代表作用阿拉伯文写就，之后译成希伯来文和拉丁文版（Dux neutrorum），在包括托马斯·阿奎那在内的基督教学者中反响很大。它也可能曾在腓特烈二世的西西里宫廷产生影响。可如今神秘主义反其道而行之，卡巴拉思想盛行。其杰出代表人物是来自赫罗纳的摩西·本·纳赫曼（又称Ramban），虽然他所持观点与迈蒙尼德不尽相同，却仍为后者辩护。

1240—1242年蒙古入侵促进了知识观念的更新发展，首先是吸收与更新古代关于地球形态的地理知识。15世纪前托勒密《宇宙志》（*Kosmographie*）因为未被翻译而不为中世纪学者所知；该书对丝绸之路、中国和东南亚的海岸线做出了基本描述。然而古罗马的地理学家对东方兴趣不大，其中最可靠的就是公元1世纪的旁波尼乌斯·梅拉（Pomponius Mela）的著作，其多次被传抄，彼特拉克拥有它的手抄本。梅拉对远东的认识仅限于一些没有具体定位的地名。4世纪盖尤斯·朱利叶斯·索利努斯（Gajus Julius Solinus）的著作虽然也流传下来，但这位罗马地理学家对奇怪物种的兴趣胜过对地球的实际描述。他的著作提到了狗头人、独脚人、洞穴族（为了逃避太阳的噪音而逃至地底下的族类）、帕罗西族（Parossiten，以蒸汽煮烂的食物为食）还有其他带有寓言色彩的物种。中世纪早期的"世界地图"（Mappae mundi）把这些族类驱逐到基督教世界的边缘或偏远的小岛上。那一时期欧洲人只知道有亚洲的存在，并在地图上标识出来。阿拉伯语世界地理学家的成果传到西方的过程比较漫长。西西里国王罗杰二世收藏有一幅穆罕默德·伊德里西参考托勒密地图而制作的世界地图，但它在当时并未得到广泛传播。当蒙古人远征欧洲时，西方人被迫重新认识地球。他们满怀好奇心地探索地理，经院主义的知识成果此时都派上了用场。这种探索因而是理性的且系统的，其持续时间之长也令人惊叹。

古代文学中描述怪兽、神秘物种的传言在这探索过程中不攻自破。被派往蒙古的首批使臣如约翰·普兰·迦儿宾和卢布鲁克的威廉留下的报告，展示了经院培养的非凡的观察力和记录才能。这些报告可与古代的民族志相媲美，在对世界的理解和陌生社会的解读等方面甚至超越前人。比如塞维利亚的依西多禄的观点得到修正,他认为里海是世界大洋的海湾。约翰的报告俨然是蒙古军队的组织、武器、作战方案和战争目的的间谍报道。传教士们的实地考察报告不断被传送回来。而在此过程中,大学里的科学也受到影响,做出了反应。

在巴黎教书的英格兰人罗杰·培根被禁止授课,这位方济各会修士遁入修道院(卒于约 1292 年)。面对西方世界对蒙古侵入者的恐惧,他认为只有利用科学的方法对之进行研究,然后做出客观的评价。在他眼中,来自东方的蒙古人是伟大的占星术士和数学家,比西方人更懂得且更会利用星体运行轨迹。罗杰·培根认为,倘若将研究对象星体与人的语言以及特定的目的联系起来,就会产生巨大的"吸引力"。蒙古人就精于此道,而西方人必须向他们学习。星体、思想和意志的融合威力无穷,可成大事。当然这个观点是错误的,也有些好笑,但在那个时代又如何预知一切事情呢?罗杰·培根知道,只有经验能提供证据,而非论证;因而他用经验(experientia)来求证理论。他发展了独特的"质询之法",该方法遵循的是"推论之法"(via rationis),寻求的却是经验的支持。

这位罗杰·培根从牛津大学毕业后到巴黎任教,赢得了未来的教宗克雷芒四世的支持。罗杰将他的著作都献给教宗。其著作包罗万象,囊括了那个时代所有的科目,从数学到物理,从光学到外语。他是正确测量彩虹弧度的第一人,绘制了欧洲首个希伯来文和阿拉伯文的语法表,他认为里海是内陆湖,并建议在战场上使用燃烧镜。罗杰·培根将他所有的科学活动归于神学的领导法则之下。

这些著作对西方历史影响深远。罗杰·培根关于地球大小、西班牙与东方中国——要是没有对那遥远的蒙古可汗的了解,获得这些知识几乎是不可能的——之间距离的证明,成了哥伦布远洋航行的起点。罗杰用经线和纬线绘制的坐标网格将全球收于眼底,远超过同时代的航海地图,他的地理认知远胜过同时代流行的欧洲中心论。他的很多观念超前于时代,这也造成了他与方济各会首脑圣波纳文图拉之间的冲突。罗杰被关押起来,最终教宗颁布禁令,禁止他授课与写作。罗杰在修道院孤寂地度过生命的最后几年。他的思想展示了亚里士多德辩证学、系统性探究(他所命名的"质询之法")和经验之间碰撞产生的无限可能性。亲历与实验、经验与理论乃至数学的公式,由此得到根本性的提升。而这一实验科学(scientia experimentalis)方法的影响持续到现代,直至弗朗西斯·培根(Francis Bacon)和后培根时代。

"什么是真实?""什么是现实?""什么是知识?"经验、学习、知识和方法结合在一起。科学提出新的问题,得出意想不到的结果,这些结果可能会动摇先前还牢不可破的世界观。世界变得越来越令人困惑不安,天主创世日益受到逻辑和自然科学的挑战。当然每一个答案会无休止地引出新一轮的问题。诸如,那一位引诱者将苹果递给人类之后发生了什么?为什么没有品尝?为什么?为什么?即使孩童也开始问个不停。好奇心受到鄙视,至少圣奥古斯丁的追随者是这样,但好奇心没有平息。这位教会的圣人鄙视纯粹为了知识的求知欲。但这仍然无法阻止人类的提问。大阿尔伯特觉察到好奇心带来的后果:"好奇心刺激了研究。"(experiendi incitamentum.)[18] 奥卡姆的威廉区分了"为什么-求证"(demonstratio propter quid)和"是什么-求证"(demonstratio quia),即求证某物为什么如此及某物是什么;"为什么-求证"得出结论之后不再会有新的问题,而"是什么-求证"之后还需要"为什么-求证"。[19] "为什么"还没有得到解答,就转换成"是什么",然而问题还在继续。如此反复不休。

大学刺激了出版业的发展。13世纪以来,欧洲大陆南部和西部的大学构成纵横交错的关系网,将除了神圣罗马帝国或远东地区的意大利、法兰西、西班牙、葡萄牙、英格兰网入其中。尽管每所大学建立后并非都能马上得到发展,能持续欣欣向荣;但在大学发展方面,没有哪个王国如神圣罗马帝国那样长时期处于落后地位。在这里,只有到了14世纪,直到有了德意志王室家族支持,以及战争方面带来的刺激,才产生了德意志王国最古老的大学。其中布拉格大学于1348年或1360年建立,不久后,1365年维也纳大学、1386年海德堡大学、1388年科隆大学建立。也就是卢森堡家族带头筹备,之后是哈布斯堡家族、维特尔斯巴赫家族,最后市民团体参与其中。波兰的克拉科夫甚至1364年就建立大学,走在了这股大学建设潮流的前沿。知识的小溪交流汇聚,为跨欧洲的知识传播推波助澜。

　　修士会成为仅次于大学的知识中心。特别是多明我会、方济各会一时人才辈出，令人瞩目。科隆的多明我会修士曾尊大阿尔伯特和托马斯·阿奎那为师。在巴黎，世俗学者与托钵修会学者展开竞争，导致13世纪中期的激烈冲突，巴黎的大学不得不长期忍受所谓"托钵修会之争"。在二者的较量过程中，听众、名声和金钱无疑都发挥着影响。但这些都并不是决定性的因素，最重要的是，对待不久前公布的亚里士多德及其阿拉伯评注者阿威罗伊的著作，文学学者和神学家的处理方法存在争议。修会内部对此也没有形成完全统一的观点。例如同属于多明我会的大阿尔伯特和托马斯·阿奎那针锋相对，其哲学和神学观点都存在差异。多明我会也并未旗帜鲜明地站在托马斯·阿奎那一方。两大托钵修会之间产生矛盾，导致彼此裁决对方的某些教义为异端。

　　即使所在的两个修会分歧日益增加，多明我会的大阿尔伯特和方济各会的罗杰·培根的某些观点仍不谋而合。这两位大师均一致认为，观察和逻辑推论应用来求证真相；谬误可能发生，但也可修正。奥卡姆和后来的唯名论者对这种"天真"的经验主义提出了方法论上的异议。人们进行各种大大小小的实验，来解释现象，获取知识，如为什么井道中蜡烛无法燃烧，在此人也会昏迷。孩童时候，罗杰在玩耍时观察过火硝的功效；成人后，他把该观察结果推论到军事领域，不过他不是火药的发明者。火药发明时机尚未成熟，但很快就会到来。镜像实验让这位托钵修士意识到，如果能及时运用镜像原理，原本可以防止诺曼人进攻英格兰。事实上，具有前瞻性的，是观察、"实验"和推论的组合运用，而非罗杰建议采取的某种特定的技术。我们可以看到，从神学家、哲学家的课堂上，从僧侣的斗室中产生的方法，被运用在军事研究、巩固统治和运筹帷幄甚至日常生活的实践中。不过此类实验尝试还缺乏连续性和系统性，缺乏一种定向的科学还原论（Reduktionismus）的方法。

　　与此同时，担忧之声不绝于耳。在那个时代，宗教毋庸置疑位列于研究、方法和逻辑之前。即使教会三令五申禁止探讨亚里士多德的学说，其学说还是蔓延开来。因而警示人们牢记宗教的重要性成为当时迫切的任务。来自列日的神父布拉班特的西格尔（Siger von Brabant）就是一个杰出的哲学家典型。他深入探讨阿威罗伊的作品，1265年前后阐述了一系列研究成果，代表观点有思考的统一、世界的永恒、意志自由的否定、在地狱之火中灵魂无法承受煎熬，以及其他与教会教条不一致的观点。虽然布拉班特的西格尔之后修正了他早先的看法，可这些观点一旦进入科学世界的知识流通中，即无法撤回，脱离其提出者而继续产生影响。总之，有那么一两个教会人士认为这位哲学家危险至极，1283年布拉班特的西格尔在赶往教宗法庭所在地奥尔维耶托（Orvieto）的路途中被谋杀。

亚里士多德的学说是否真的能与基督教教义结合起来？有神学家对此表示怀疑，也有人表示支持，那些认为有可能结合的人则尽可能不涉及神学基本观点。无论如何，哲学及"博雅七艺"全部科目都是神学的婢女。倘若谁奋起反抗，就会遭遇反抗者被迫害的命运，甚至被处以死刑。但即使是依附于人的婢女，也有可能会有独立的想法，她们以某种方式至少在神学领域取得一席之地。

大学孕育了独特的思想游戏。例如，他们辩论的主题可能是：假设"不存在天主，让对方提供反面证据"。这种查问是证明天主存在的一种不同尝试，但实际上自安塞姆起，却引起了各种否定。确实不该有人怀疑天主的存在，但辩证的游戏里何时有了形而上的严肃思考？又怎能仅仅靠一条基本的权威设定来"证明"天主？哲学意义上的真相何时会与信仰的真相抗衡？怀疑何时会变得无法忍受？托马斯·阿奎那担忧阿威罗伊主义会产生两种真相，不过担忧并未成为现实。与此同时，疑问和争论的毒刺唤醒并激励了潜在的怀疑，这根毒刺永远地留在了基督教的血肉之中。因此13世纪产生了"前笛卡尔时代的最全面的理性概念"[20]，甚至那些持反对意见的神学家，也只能用亚里士多德的方法来研究和批判这一概念。他们虽然害怕它将带来的危险，却无法推翻它。

另一个例子是1277年的喜乐主日（Sonntag Laetare），巴黎主教埃蒂安·唐皮耶（Étienne Tempier）断章取义地取219条哲学措辞，判定其为异端。主教判定它们是"恶劣的邪说，简直是夸夸其谈和虚假的幻象"，是"虚假的智慧"[21]。其实1270年这些措辞就遭到第一次审判，不过判词没这么严厉。1277 年的判决书同时禁止了安德烈斯·卡佩拉纳斯的《论爱》、泥土占卜、招魂的巫术、恶魔崇拜和占星术。尽管如此，该判定仍是中世纪启蒙过程的见证，是长期消化亚里士多德和阿威罗伊著作取得的成果。同时代的人知道，两位优秀的阿威罗伊主义者，巴黎学者布拉班特的西格尔和达契亚的波埃修斯（Boethius von Dakien）首当其冲，受到该判定的冲击。不过他俩并不能完全代表被谴责的思想。有一些思想只是被阐释为可能的影子，并不是西格尔和波埃修斯本人的明确观点。可又怎能以假设为由给一个人定罪呢？

被否定的并非只有西格尔和波埃修斯的观点，还有如下言论，如："天主不是三位一体，而是一位，因为三位与最高的简洁不同一。因为哪里有多位，哪里就有添加和组成。例如，一堆石头。——凡事都有始终，没有什么是永恒的［这句话否定了永恒的福佑，或对受造的灵魂的永久诅咒］。——当所有的天体都在 36,000 年后停止在同一个地方，那现今的状况将会重演［这句话与创世论、最后的审判和世界终结相矛盾］。——没有第一个人，也没有最后一个人，繁衍过去有，将来有，人类繁衍生生不息。——有不止一位第一推动者。——人类不是真实的形体，而是思想所建构的内容［唯名论的基本观点］。——意志和智慧并非借助自身来实现，而是通过一个永恒的原因，即天体［意志自由论受到质疑］。"训练思维的大学成为极端思想的聚集地。信仰受到威胁。教会权威连同世俗官吏用宗教审讯、惩罚、禁课令、暴力和恐怖来阻止这些思想的发展。

1277 年的异端宣判并未终止它所挑起的争论，反而使之恶化，转变为两大托钵修会的竞争，这些争议还卷入了政治冲突。甚至托马斯·阿奎那的某些观点都沦为牺牲品，被判为异端思想，只能像巴黎判决书所禁的哲学措辞清单那样，夹杂在彼得·伦巴德的《语录》即整个中世纪晚期最具权威的神学课本的手抄本和早期的复印本中，才得以流传。埃蒂安·唐皮耶的判决不止于此，从中可以推测出其他巴黎教授之间的分歧。在受到指控的作者中，可以发现约 1100 年前就已引发争议的观点的追随者。如共相（普遍性）仅仅是术语而已，只是抽象的名字（唯名论），而非现实；只有具体的实物才是真实的。时至今日我们无法确定那时哪些人表达过这些观点。不久之后，这些观点再次出现并取得了较之以前更大的影响。

唯名论（Nominalismus）就此进入繁盛时期。其代表人物是极具洞察力的奥卡姆的威廉。这位牛津神学家和逻辑学者虽未曾受教于方济各会修士邓斯·司各脱，却继承了后者的衣钵。那些不寻常的问与答给这位年轻的神学家招来了异端的指控。在阿维尼翁教宗约翰二十二世前进行的审判尽管耗时很长，从1324年持续到1328年；指控的罪名也很多，但最终并没有达成判决。以波埃修斯翻译的亚里士多德"旧逻辑"著作为依据，奥卡姆的逻辑遵循一套严格的概念唯名论；在思考的灵魂之外，在以概念为依托的思想之外，奥卡姆认为不存在共相（普遍概念）。而现实则被偶然和个性、偶然事件和个体事物所支配。这些结论对科学影响重大，至今可见。据奥卡姆的观点，重要的不再是事物，而是代表这些事物的概念和命题。据此，科学所发现的是逻辑性的自然，而非本体论的自然。多余的原因解释被摒弃，简洁的解释则胜于复杂的解释。后来人们称这种主张为"奥卡姆的剃刀"（razor Occami）。

奥卡姆凭借此种有洞见的方法论，剖析了基督教信仰的核心如预定论、圣餐、圣恩及其他教义，即神学的科学性质问题。与教宗约翰二十二世所封圣的托马斯·阿奎那不一样，他完全拒绝基督信仰的这些核心思想。他认为这些被启示的真理，是救赎所不可或缺的，却缺乏证明其神圣性的证据，因此他无法证实它们。凡人无法知晓天主，他们只能信仰。然而，科学要求确实的证据和前提。一旦存在任何怀疑，基督教徒都会人心惶惶。若无法给出理性的论证，没有宗教信仰的人或异教徒绝不会信服基督教。奥卡姆因此区分了信仰和知识。"如果因为天主知道神学的基本原理，而我信仰这些原理，因为天主给了我启示，因此我知道了这些神学结论，那么如此观点无疑是幼稚的。"[22]

对奥卡姆的审判还没有结果。此时教权与皇权之争矛盾激化，政治纠纷占据上风。这位牛津的方济各会修士开始逃亡，遭到绝罚。方济各会总会长切塞纳的米歇尔（Michael von Cesena）提出，对奥卡姆关于"贫穷问题"的观点做出鉴定，奥卡姆又被卷入当时兴起的"贫穷之争"中。这位托钵修士反对教会占有财产，维护本修会守贫的主张。他认为个人财产和财产秩序并非来源于自然法则及天主的意志，而是取决于人的决定。结论是革命性的，而奥卡姆又公开宣布这些结论。而教宗为基督和教会的财富辩护，无疑是受到"异端思想"的蛊惑，而发布了反对清贫的教令；人们应当相信，"这些是异端、错误、愚蠢、可笑、臆想、浮夸、受诅咒的，是与正确的信仰、好的礼节、自然的理性、可靠的经验和兄弟之爱相矛盾的和敌对的"。奥卡姆因此拒绝"对伪教宗顺从"[23]。教宗约翰二十二世很快就做出判决，这位思想的斗士及时逃出牢狱，逃往慕尼黑去路易四世的皇宫，并在那里度过了余生。在那里，他遇到了 1324 年从巴黎逃出来避难的帕多瓦的马西留斯（卒于 1342 或 1343 年）。那个时代最具先锋性的两位思想家在巴伐利亚地区和教宗继续展开思想拉锯。当时的情势成就了奥卡姆关于教会教义和政治的作品，马西留斯的政治思想同样在日常政治活动中得到实践。那是慕尼黑历史上绝无仅有的先锋思想活跃的时代。

与奥卡姆同期在阿维尼翁接受审判的有多明我会的埃克哈特大师，他曾是萨克森分会的会长和巴黎的神学教授。科隆大主教菲尔内堡的亨利（Heinrich von Virneburg）联合了科隆各修会指责他有异端思想，埃克哈特只好为自己辩护。埃克哈特是神秘主义者，也是位受弗莱贝格的迪特里希影响的、受过训练的逻辑学家。因为批评本修会的托马斯·阿奎那而成为全修会的公敌。在迪特里希的引导下，他向大阿尔伯特和阿威罗伊学习，并继承迪特里希的思想，认为天主的存在是有行动力的智慧，而智慧即实体。这样一种剥去其物质性的实体概念却违背了亚里士多德的理论，也与托马斯·阿奎那相左。埃克哈特大师有着与坎特伯雷大主教安塞姆一样的目的，他不倚重其他的什么，而是凭借"自然理性"（用亚里士多德的方法而非从信仰的前提出发）来探究天主的奥秘，发现三位一体的秘密，从而获得真相，并借此来阐释可见的世界。天主之所以存在，是因为天主是认知实体。这与大家所认为的神秘主义无关。相反，神学家重新求助于新柏拉图主义的传统。难道这是调和无所不包的理性主义和亚里士多德主义的出路？

这场审判的影响不限于此。教宗约翰二十二世强行把埃克哈特的 28 条命题从上下文中孤立出来，并谴责其为异端或有异端嫌疑，且将其从多明我修士作品之列除名。那这 28 条命题到底是什么？其中一条的大意是，只要天主是天主，他就创造了世界。也可以说，世界是来自永恒的。即使在恶的造物中，天主也显现了他的完美；对天主的亵渎同时是对他的赞美。这样的想法受到谴责，事实上，若脱离了上下文，这样的想法当然会奇怪而令人恼怒，是真正的"恶"（male）。这位传道者没有遵照信仰的准则，而是走向寓言领域，他想知道更多他无权知道之事，因此他遭到指控。埃克哈特大师提出许多让真实信仰扑朔迷离的看法。这些受到抨击的命题和相应的原书，即他所有的释经作品，都遭到诅咒。[24] 但是这些命题若放回上下文中研读，则表达了良好的意义，开辟了一条获得新知识、建立人的新形象的道路，而这却恰好招致诟病。埃克哈特大师宣扬"存在于我们体内"的"新人"，宣扬"内在的人"，宣扬"天上的人"及其神圣基础，即有活力的智慧；与之相对的是"外在的人"，"敌对的"、"邪恶的人"和屈从于诱惑的人。在智慧即天主之中，时间和空间，过去、现在和未来还有全部救赎史都停滞了；而神将其智慧赋予了人类，让人连同他灵魂最深处那并非自身产生而是从天主处所获的"灵魂星火"（Seelenfunken），分享了神性。"神的种子存在于我们身上。"[25] 正是这句话被认为是异端思想；毫无疑问，诸如此类的言论都是危险至极的。若这种智慧的神学盛行开来，此后谁会再需要神的恩典？更为重要的是，还会谁会信奉教会在教导上的至高无上？这种想法宣告了新的人类学的产生：正是因了人那神性的根本，人在某种程度上得到了提升；这种方式抛开了教会的等级思想，经过埃克哈特大师所描述的六个阶段，可以直接通往神圣的人子。审判后不久，埃克哈特大师与世长辞。他的著作却经受住了时间的审判，通过约翰·陶勒的辩护和库萨的尼古拉（Nikolaus von Kues）的传承而千古流芳。埃克哈特大师德文布道词被竞相传抄，可以想见其在德语世界的贝居安会和贝格派（Beghard）①中广泛流传，成为超越一切神学和教会布道的宗教酵素。后来马丁·路德还从埃克哈特的学生约翰·陶勒那儿知悉他的布道词和学说。

---

① 贝格派（贝格会）是类似于贝居安会的世俗男性修道群体。

知识渴求实践。随着理性主义的传播，对神秘主义的需求渐增。上文的陶勒（卒于 1361 年）浸淫于埃克哈特大师的思想，不过也沾染了亚略巴古的伪狄奥尼修所塑造的新柏拉图主义的色彩。这位陶勒仅有布道词传世，主要内容是关于"灵魂之本"，即埃克哈特大师曾提出的非自身产生的"灵魂星火"；这些星火源自天主，企盼与天主合二为一。这种达到"神秘契合"（Unio mustica）的方式被描述成可行的灵修之道。1300 年左右女性神秘主义的发展达到巅峰，但值得注意的是，在此过程中，没有证据显示她们接受过科学训练。总之这种情况在贝居安群体中比较普遍。通过显然并未追随埃克哈特这位异端的鲁伊斯布鲁克的约翰等人的宣扬，神秘主义走出一条通往"新虔敬"（Devotio moderna）之路，最终促成了 15 世纪影响深远的宗教改革运动，这场运动与教会紧密相关。

一方面哲学家将主体作为思想的中心，另一方面越来越多的学者担心世界末日在即，这是时代的症候吗？理性高奏凯歌，同时末世期盼的观念也兴盛起来，仿佛理性最后一次向非理性寻求平衡。对那些相信源自犹太法典和教父学说的六千年期限的人来说，耶稣的复临这一启示，预言了最后的审判即将到来；世界岌岌可危，他们一直观察着应许的征兆。自 10 世纪以来，一份有着十五个末世信号的清单广为传播，这份清单上有日食、瘟疫、物价飞涨、血雨等。人们十分热衷于解读这些征兆。占星术能够稍微满足人们这方面的需求，那时人们认为星象每隔 36,000 年出现一次永恒的循环变化。但出于教义的原因，占星术又受到歧视。尽管如此，占星术的结果又进一步引发了许多学者的推测，而这些也势必加剧带有末世色彩的紧张感。人们一而再再而三地寻求预言性的征兆，以计算末世期限，并宣扬有必要做好准备，迎接日益临近的最后审判。

尤其是 14 世纪早期，活跃着奥卡姆这样一位具有影响力的理性主义者和启蒙者，又出现了各种末世预言和启示场景。[26] 对魔法、符咒和巫术的恐惧也随之有增无减。理性与非理性如影随形。理性与思索性的信仰并不互相排斥，二者的联系倒是大力促进了自然科学的稳固和发展。事实上，正确解读征兆是为了区别不同的黑暗，为了区分物价上涨的不同原因，为了探寻启示的真相。大多数情况下，那些不可解释的就被视为被期待的、可靠无误的征兆。人们由此开始运算、研究、提问和追寻确定的标准，开始不断解读征兆、文本和猜测。围绕占星术展开的斗争也变为宗教启蒙的奋斗，成为用自然科学来解释世界的努力，成为对教父学说的补救批评。

这一切留下深刻的烙印，虽然并非每一位著书立说的学者都谈论它。那时，年轻的摩拉维亚的查理（后来的查理四世）在自传中亲笔记载，有一天，他被他的随从叫醒，后者说："老爷，醒醒，最后的审判日来临了！看那铺天盖地的蝗虫。"这一年（1338 年）被称为主的年。绘画艺术将末日审判场景全方位呈现在人们眼前。审判日无处不在。即使路德的宗教改革也被看成是末日审判即将来临的标志。艾萨克·牛顿（Isaac Newton）首先是一位思考的启示者，然后才是位有天赋的物理学家。提到他，我们的时间线也延伸至近代，而有这种想法的并非牛顿一人。基督教的启示传统从未中断过。只是彼时仅有少有的几位"先知"，而此时有许多信徒而已；对末日和最后的审判的降临的期盼时强时弱，贯穿西方的历史。这种启示的信念延续到近代，可以说直到今天仍然存在。

自奥卡姆开创了区别于"老路"（via antiqua）的"新路"（via moderna）后，知识发展却停滞不前。这一时期仅有几个人稍有学名。如让·布里丹（Johannes Buridan，卒于 1358 年后），他谈到灵魂并非不朽，谈到幸福的世俗性，"布里丹的驴子"令他闻名遐迩：布里丹的驴子因为躺在两堆等距的干草料之间，无法决定吃哪一堆，最后饿死。多疑的奥特雷库的尼古拉（Nicolaus d'Autrecourt）质疑普遍的因果论，偏向假设和可能性。尼科尔·奥雷斯姆（Nicole Oresme）主张太阳是宇宙的中心，发展了特有的货币理论，并将若干亚里士多德著作译成了法文。这三位都是唯名论的代表。

然而矛盾很快产生，哲学和神学爆发关于寻求真理的正确道路的纷争，到底是应该走唯名论者提倡的"新路"，还是现实主义的"老路"。这场方向之争不久便堵死了这两条路，此后再没有后续发展。14 世纪下半叶，哲学重新回归到学院内部，不再有新的刺激与发展，也不再提出基本的新问题。为什么善会变成恶，真会变成假，正义会变成非正义？在黑死病猖獗的 14 世纪晚期，一部小说中有四位哲学家被问到这些问题。其中第四位给出的答案简短扼要，令人目瞪口呆："天主已死。"（Deus est mortuus.）只有出于对天主的爱，人才能行善。"可今天我们觉得他已经死了"，所以人们也忘了最后的审判。[27] 死亡主导着整个场景。那么生命能否转败为胜？不过选帝侯、普法尔茨伯爵鲁普雷希特（Ruprecht von der Pfalz）成功地从巴黎邀请到主张"新路"的斗士英根的马西留斯（Marsilius von Inghen）至海德堡，为创办海德堡大学做出了重要贡献。

文艺复兴绝非仅仅是大学的功劳。事实上，为亚里士多德思想而争吵，对箴言进行没完没了的评注，为新路或旧路而争论，令学者忽视了对经典作家的研读，他们也不再关注语言的雅致与优美。西方大学中的先锋如巴黎大学追求单一的辩证法学科的定位。[28] 要想重新发现古希腊罗马的思想与诗文的整个谱系，让欧洲文化的发展出现新的转折，毫无疑问需要新的刺激动力。14 世纪中期之前的意大利成为这一动力的源头，"桂冠诗人"彼特拉克和罗马的革命人士科拉·迪·里恩佐（Cola di Rienzo）①这两个名字与意大利密不可分。15 世纪这股新动力得到加强，且逐步发生真实的分化。当时出现了柏拉图思想的复兴，此时西方首次能根据希腊原文来解读柏拉图，从此知识分子不再唯亚里士多德马首是瞻。这次复兴既明显源自基督教领域，如彼特拉克那样；但也能归因于对一种新异教主义的归顺，如 15 世纪拜占庭的格弥斯托士·卜列东（Gemistos Plethon）的影响；既可能抑制好奇心或反对科学，或相反又能激励人们更深入地探索宇宙和生命的奥秘。当然 15 世纪的动力与其说体现于哲学，不如说是在艺术作品方面更加突出。

彼特拉克反对亚里士多德派的经院主义。[29] 他呼喊道："如果我们不知道人，不知道人的本质、目的、来源和终结的话，那么认识动物如鸟、鱼和蛇的本质又有何用？"这位诗人批评学院派语言的烦琐笨拙；作为基督徒，他反对学院派远离宗教远离生活；他并不认为学者的语言表达与道

---

① 亦称"黎恩济"（de Rienzi, 1313—1354 年），出身寒微，但有辩才，后成为活跃的政治家，宣扬复兴古代罗马的荣光。在平民的支持下，里恩佐成为"罗马的护民官"。后理查德·瓦格纳据此创作歌剧《黎恩济，罗马最后的护民官》（Rienzi, der Letzte der Tribunen）。

德无关。这一批评当然是针对他那个时代的哲学家，针对他们那得不到满足的好奇心。彼特拉克的人文主义反对无节制的研究。"不要对那些对你来讲太遥不可及的东西产生疑问，不要对那些比你强大的事物进行研究。"他谨遵奥古斯丁大师的教诲，警告人类道："时刻牢记，天主对你的命令。不要对他的造物有太多的好奇心。你并不需要理解那些隐藏的秘密。""你，我的上主，你才是科学之主"，而并非亚里士多德，或是哲学家。"发自内心地爱你（耶稣，救赎者，科学和思想的真正的天主和赐予者，真正的光荣之王，真正的美德之主），虔诚地崇拜你……这是我出生的原因，而非为了科学。"[30] 与此相应，彼特拉克在他的历史传记《名人列传》（*De viris illustribus*）中勾勒出他心中的人的形象，并非自圣哲罗姆以来的传记那样以医生、诗人和哲学家为对象，而是以那些"凭赫赫战功或对共和国一片热诚而杰出"的人物为中心。[31] 作为诗人的彼特拉克自然懂得欣赏语言的美，且尊重人的伟大，这一点承自西塞罗，这也让那个时代只注重修辞和伦理课程的诗人无法望其项背。这种欣赏和对人本身的崇敬让语言的乐器奏出一首欢呼的赞歌，那歌声触及人的内心深处，令人感动不已。诗歌文学到达了新的高度。而科学与生命的关联得到正视。

在这一过程中，彼特拉克及其同仁谈论自身的次数和详细程度要远超过中世纪的先辈，也包括阿贝拉尔。"你可能听说过我……然后你希望了解，我是怎样一个人，我的作品如何形成"，在《给后世的一封信》中彼特拉克如此开篇。[32] 而这是彼特拉克作为人文主义者追求的新目标。人文主义者要为自己发声，为自己作为人及为人的本性发声。而书信成为一种合适的表达方式。人文主义者发现了彼特拉克的信件，尽管在他之前就存在书信的范文，但他们重新标榜他的信件为新文学的重要形式。单彼特拉克一位诗人就有超过五百封信传世。人文主义者以自我为中心，而同时他们知道，如何在自我审视和自我塑造中捕捉普遍的人性，这些普遍的人性勾住了读者，吸引了他们，让读者能与写信人产生共鸣。"年少时，我并不强壮，却十分敏捷，我的外表不出众，却也能让他人喜欢……我的双目炯炯有神，很长时间视力特别好，可是……六十岁后，我不得不戴上眼镜。年老也开始侵害我先前健康的体魄，那些常见的老年疾病让我变得孱弱。"[33] 在任何大学里都无法看到这样的回忆。但这些回忆却有着特殊的意义，能够触动那些画家和雕塑家。自那时起，艺术家们转而开始创作活灵活现的肖像画。彼特拉克本人就留下一幅肖像画，画中他有着伟岸的身躯，他的脸浑圆多肉而非瘦削，还有双下巴。[34]

科学无法减缓人文主义前进的步伐。新发现的古希腊罗马文本反而都拓宽了人文主义学者的视野，激励他们提出更多的问题。其中有毕达哥拉斯（Pythagoras）的灵魂转化学说、德谟克里特（Demokrit）的原子说、伊壁鸠鲁（Epikur）的唯物论、无限的世界和世界的永恒存在以及其他诸如《赫密斯文集》(*Opus Hermeticum*)①等。14世纪晚期，这些学术著作逐渐被译成民族语言。王公贵族发起翻译工作。那个时代杰出的学者尼科尔·奥雷斯姆用法语撰写关于宇宙、光学以及反对占星术的文章。奥雷斯姆是查理五世智囊，为国王把亚里士多德的《伦理学》和《政治学》翻译成母语，以便那些没有经过拉丁语训练的统治者学习；奥雷斯姆还强调，这些译著可用于储君的教育，让未来的君主接触到这些晦涩但有用的材料。1372年后制作的带插图的《伦理学》和《政治学》的昂贵手抄本[35]，是这项文化事业的重要成果。那时王公贵族热切地收集这些手抄本，探寻古老的手抄本也搜罗最近产生的著作，有目的地储藏知识成果，查理曼和奥托三世是他们的榜样。看起来在很长时期内都没有人继承这两位古人的优秀传统，直到中世纪晚期此风才再次盛行。受过良好教育的神圣罗马帝国皇帝腓特烈二世和他的儿子曼弗雷德热衷于收集昂贵的书籍，然而在曼弗雷德过世后，这些书籍就佚失了。阿方索十世因其藏书而被后人称为"智者"，他的书后来也流散了。而查理四世皇帝的图书馆也没能保存下来。不过，这样的情况将很快得到改变。法王查理五世事实上奠定了今天法国国家图书馆的基础。在巴黎这稳固的都城，建立一座王家图书馆并不难。随着文艺复兴的开始，普通老百姓都加入搜罗书籍的行列，藏书一时蔚然成风。位于佛罗伦萨的劳伦齐阿纳图书馆迄今仍保存着当时的珍藏。

13世纪哲学繁花凋零过后，14世纪早期没有再出现大哲学家，如果

---

① 《赫密斯文集》又称《秘义集成》，是源自古埃及和古希腊的神秘主义文本，出自多人之手，探讨神圣、宇宙、思维和自然，是赫密斯派的思想基础。

我们不算库萨的尼古拉的话；事实上他首先是位神学家。创新思想和自然科学的研究不再囿于象牙塔，而是进入城市中，再一次回归国王和诸侯的宫廷。在当时意大利兴起的文艺复兴浪潮中，人文主义学者对专业哲学嗤之以鼻，他们读古希腊文的柏拉图著作，鼓吹宏博的教育，崇尚心灵之美和人体之美。只有神学领域还标榜一些学科精英。但这个领域，也在大学机构里的后期经院主义中停滞不前。最终，对教会进行革新的呼声在大学里此起彼伏。

巴黎大学校长让·吉尔松（Jean Gerson，卒于 1429 年）遗留下一部内容丰富的神学著作，这是他吸收唯名论思想之后透彻研究《圣经》文本的成果。他定义神秘主义为"天主的经验性知识"。作为康斯坦茨公会议的主要神学家之一，吉尔松关注教会的神学思考及其对教会法造成的后果，对扬·胡斯的死刑判决进行辩护。他同样支持公会议的思想，因为他从教会中看到了教众的共同体，而教宗不过是教会共同体可以罢黜的代表而已。相反，库萨的尼古拉（卒于 1464 年）后来则变成一位反对公会议至上主义[①]的人士，虽然这位未来的枢机主教一开始并非如此。他了解人文主义，他只是更推崇那另辟蹊径的哲学罢了。尼古拉的名言是：教会要不断革新（Ecclesia semper reformanda）。可关于"怎样"改革，却莫衷一是。而"不断"则意味着与当前的改革必要性相左。

在政治动荡、社会不安的情势下，教会人士汇集一堂召开公会议。这种不安无疑影响到了宗教和科学，也影响到了教会之外和大学之外的方方面面。此外，"经济"也明显地成为人们关注的焦点。康斯坦茨和巴塞尔受惠于在城内召开的公会议。而最后举办公会议的佛罗伦萨是当时经济繁荣的大都会，当地的名门世家美第奇的名字与文艺复兴可谓密不可分；美第奇家族通过纺织业和银行业发家致富。那个时代技术创新层出不穷。如1300 年前后，眼镜从佛罗伦萨传播开来，城市社会中会计记账和航海制图兴盛起来，另外农业、手工业、运输业、街道桥梁建筑方面也出现了不

[①] 公会议至上主义（Conciliarism）是 14—16 世纪一种教会改革运动或思潮，强调大公会议才是罗马教会的最高权威，高于并可以否决教宗的权威。这是教会大分裂时期为解决对立教宗问题而产生的思潮。

少创新和进步。科学与经济早就携手并进。贸易展会在某种意义上成为创新的摇篮。1454 年在法兰克福集市展会上，人们可以参观第一本印刷的书，这就是古腾堡的四十二行《圣经》，该书的意义已经超越了收藏。据推测，这位来自美因茨的印刷坊主亲自贩售这本书，至少他的合伙人福斯特肯定在场。很快将荣任教宗的恩尼亚·席维欧·皮可洛米尼（史称庇护二世）手持一本复制本进行检查，并对之赞不绝口。教宗应该不需要眼镜就能阅读那本圣经，因为那本书里的字母是如此的清晰均匀。

约翰内斯·古腾堡的新发明带来了没有硝烟的革命。以古腾堡所活跃的美因茨和法兰克福为中心所开启的媒介革命，引发了知识传播、知识交流网等新的变革，知识出现了新的维度。很快这些变革成果与公会议时期未解决的问题结合，改变了科学和宗教、教会以及商人的贸易。不到半个世纪，整个欧洲出现了超过 250 个印刷坊。法国和意大利的人文主义学者尤其擅长利用新科技，罗马附近的苏比亚科（1465 年）或米兰（1470 年）出现了最早的一批印刷师傅；在威尼斯，首批印刷机构分别出现于 1469 年和 1471 年；1489 年以来人文主义者阿尔杜斯·马努提乌斯（Aldus Manutius）在威尼斯办出版社，同时代许多重要的学者都在这里出版作品。但因图书市场在法兰克福贸易集市上逐渐立足，1485 年开始，美因茨大主教下令由法兰克福市政厅召集书籍审查委员会，这远比罗马教廷发布禁书目录，在世界范围内进行知识审查要来得早。[36] 写、读、印刷一时间成为危险的事情。而这一切事出有因：人文主义者、女巫猎手、宗教改革人士和宗教迫害者、路德派信徒、加尔文派信徒、改革派和胡格诺教徒、学者、高级教士、各路诸侯、铜版雕刻师和木雕师混迹于此，即去法兰克福的作坊巷子中获取新的灵感，寻找新鲜的创作主题并写下惊世骇俗的作品。路德本人也在法兰克福展会上寻觅最新的文学作品。

首部印刷书籍产生的同时，1453 年君士坦丁堡沦陷，大批难民逃到意大利，而他们的到来开启了欧洲思想史上古希腊文化的最后复兴。其实孕育文艺复兴的土壤早已备好。拜占庭皇帝约翰八世派格弥斯托士·卜列东（卒于 1452 年）参加费拉拉和佛罗伦萨举行的公会议（1438—1439 年）。这位柏拉图主义者得以在西方短暂停留。他在论柏拉图与亚里士多德的区别的作品中，指责那些更垂青亚里士多德及其阐释者阿威罗伊的拉丁学者。在卜列东的长久影响下，柏拉图"学园"理念在佛罗伦萨兴起并得到实践。

卜列东对当时的宗教持怀疑态度，既怀疑当时在伊斯兰教面前败退的基督教，也怀疑伊斯兰教。他期望朝着柏拉图和毕达哥拉斯的方向复兴一种"政制"，凸显新柏拉图主义和多神论的特征。其中他称呼最高的神为奥林匹斯的宙斯。卜列东向人文主义者强调要尊重"理想国"的理念。其作品为当时拉丁西方的政治思想提供了新的推动力。关于乌托邦世界和社会的构想接踵而至。卜列东的《法律篇》（Nomoi）可能影响到了后来托马斯·莫尔（Thomas More）的《乌托邦》，后者几乎成为同类体裁所有作品的代名词。卜列东的新异教主义也给文艺复兴时期的作者留下深刻印象，他们通过卜列东对木星、火星或金星的描绘，确证了他们自己的星相世界观。基督教、伊斯兰和奥林匹斯的诸神在卜列东看来是相辅相成的。

1439年，卜列东的学生贝萨里翁（Bessarion，卒于1472年）同样来到佛罗伦萨，他并不认同老师的多神论。贝萨里翁留在了意大利，支持东方教会与拉丁西方教会的合并，并很快被任命为枢机主教。他的行囊中有大量的古希腊文手稿。他本人在意大利的行动也直接促进了拉丁西方的古希腊研究的发展。由此西方人张开双臂迎接自沦陷的君士坦丁堡逃向西方的移民，自此打开了之前大门紧闭的世界及其中的思想。贝萨里翁最后定居威尼斯。围绕在他身边的学术圈里有人文学者如教宗的前秘书和活跃的作家波焦·布拉乔利尼（Poggio Bracciolini），还有考证《君士坦丁的赠礼》为伪作的洛伦佐·瓦拉；瓦拉要求神学家和法学家用新方法来处理古代文本。

思想动荡带来的躁动最明显地反映在了库萨的尼古拉的神学和哲学著作中。他对大学和教会的过分要求是"有学识的无知"（docta ignorantia）。如上文反复提到的教会有必要不断改革，这种要求同样涉及一种告别与继承，现在则是告别大学做学问的传统方法，告别亚里士多德和无休止的箴言评注。[37]尼古拉有意构想的种种革新，难以理解和实现。即使无法思考那最宏大或最渺小的事物、那绝对的静止和最猛烈的运动，但总归还存在一个相对更大或更小、更平静跟更活跃的事物。因此静止可以转为运动，最大和最小的对立也能合二为一。这就是尼古拉传授的对立统一（coincidentia oppositorum）的方法，用这种方法思考的人，再也看不到静止的中心，甚至无法看到同时不是无限的中心。由此得出的结论是闻所未闻的。地球不再静止地位于宇宙的中心。"地球不可能是宇宙的中心。地球不可能静止。它不可能不处在运动的规律之中，只是它的运动无限地弱于其他运动。地球不是世界的中心，就像恒星天穹不在世界的周围一样。"但是，"我们可以选定静止的参照物，来认识运动"。"静止和运动是统一的，因此运动总是相对于另一物体而存在。"不同于圣奥古斯丁，尼古拉认为对跖点存在！与我们正好相反的地球另一端的人，同样抬头视苍穹为至高。最后天主"即所有的存在"，就像人们所知的和未知的，是存在又是虚无。彼特拉克若听到尼古拉的相对论神学观点，肯定摇头表示反对，并将他当作对手。

虽然尼古拉早期的作品没有这样玄秘和笃定，但他的思想无疑在那个时期特立独行。他既没有接受初等教育，又公开否定大学教育。新思想此时萌生在学院之外。而诸侯的府邸成为新思想、文艺复兴和人文主义、重新发现的释经学、神秘主义、毕达哥拉斯主义、进一步发展的占星术和新异教主义滋生的温床。在这样的环境中尼古拉也有了追随者。天才的皮科·德拉·米兰多拉（Pico della Mirandola）、洛伦佐·瓦拉以及后来的哥白尼都对他有所关注。意大利的城邦首先注意到这些新思想，比如贵族控制的佛罗伦萨和米兰，这些统治者与市民阶层走得更近，还有诸如那不勒斯的宫廷。皮科属于那些伦巴第贵族和卡巴拉派的圈子，他们除了学习拉丁语、希腊语还学习希伯来语和阿拉伯语。他31岁时成了传说中的赫密斯·特里斯梅季塔斯（Hermes Trismegistos）[①]和萨沃纳罗拉（Girolamo Savonarola）[②]的信奉者，1494年在佛罗伦萨逝世。

---

① 赫密斯·特里斯梅季塔斯是传说中《秘义集成》的作者，是糅合古希腊神使赫尔墨斯和古埃及智慧神托特而创造的神秘人物。
② 萨沃纳罗拉（1452—1498年），多明我会修士，反对文艺复兴的艺术，曾在佛罗伦萨焚烧"世俗享乐的物品"。

他 24 岁时为反驳教会的指控，曾撰写了一篇从未公开演讲的《论人的尊严》(Oratio de hominis dignitate) 演讲词，留下了关于人类新形象的文字。[38] 他认为，人类被赐予神圣的智慧、爱和慷慨的品质。造物主将造物置于世界的中心，如此他才能鸟瞰他的造物，评价他的作品，欣赏造物的美丽和宏伟。"没有什么能束缚住你，你将按照自己的意愿行事，我把你交给你的意愿，你将决定自己的天性"，作为自己的塑造者和教育者，按照自身的判断，运用自身的权力。"我们生下来是为了成为我们想要成为的人。""你们是神，都是至高者之子。"(《诗篇》81：6) 在生命中人已然能与最高的天使、荣耀之王座、小天使和六翼天使相媲美，享有同等的审判效力，同样的精神光辉，还有凌驾于一切之上的天主的爱之火焰。正如你父在我里面，我在你里面 (《约翰福音》17：21)。这些话语尽管带着浓厚的新约色彩，但其主旨与其说是基督教的，不如说更偏向新柏拉图主义和赫密斯主义。这样一位新人的形象极具说服力，直到今天我们仍能感受得到。而这种人文主义与其发端彼特拉克的思想已相距甚远。

后来这一新的潮流翻越了阿尔卑斯山，潮流的追随者学习古希腊文和希伯来文，留下相关的教育方法文集，建立"帕拉丁图书馆"(Bibliotheca Palatina) 等藏书机构，在普法尔茨伯爵奥特海因里希 (Pfalzgrafen Ottheinrich, 卒于 1559 年) 的资助下建造海德堡城堡。在德意志境内没有产生如彼特拉克、恩尼亚·席维欧·皮可洛米尼以及翻译过《秘义集成》的马尔西利奥·费奇诺 (Marsilio Ficino, 卒于 1499 年) 或皮科·德拉·米兰多拉那样的文学人物。这意味着这里的语言缺少光泽和美感。自中世纪盛期欧洲的知识文化发展三百年后，意大利诞生了马基雅维利 (Machiavelli)，在德意志发生了宗教改革，这是值得思考的问题。这位佛罗伦萨人懂得将时代的政治经验用令人震撼但中肯的话语表达出来。路德是中世纪晚期学院派神学教育的代表，完全不同于后来产生影响的人文主义者鹿特丹的伊拉斯谟 (1466/1467—1536 年)；尽管路德后来高举反对教会的旗帜，用新的方式强调了他所理解的信仰和天主的话语——《圣经》。他的学说的影响直达他那以圣保罗为基础的统治理论，根据他的理论，每个人都服从于自己的权威。他与伊拉斯谟就自由意志展开争论。

君士坦丁堡的沦陷震撼了整个西方社会。西方人觉得日后只能依靠自己，因为他们看到对抗土耳其人的屏障已毁。之后"新大陆"的发现带来了更加颠覆性的影响。人们提出的新问题不仅仅是关于世界地理或宇宙学，更多的涉及神学方面，不久后又转向法学方面，比如"印第安人"的人性问题，西方人误以为他们是印度原住民。此时，欧洲人在过去几个世纪里所学的一切知识都被调动起来，例如融合理性和可控的思考能力，将以往的经历如天文观察整合到统一的世界观念里的意愿，经院派的法学，亚里士多德和柏拉图学说的训练，集体的"乌托邦"观念，后来文艺复兴-人文主义的赋予人尊严、地位和自由的观点——接近神圣的人的形象。"你们就是神，都是那至高者之子"，"都"指"每个人"！从中衍生出不可剥夺的人权观念，尽管该观念当时还无法实现，但人权已被理解成值得保护的财产。那些与晚期经院主义的传统一脉相承的多明我会修士、查理五世的智囊如弗朗西斯科·维托里亚（Francisco de Vitoria，卒于1546年），或耶稣会长老弗朗西斯科·苏亚雷斯（Francisco Suárez，卒于1617年），其学说都应当在此说明，但根据传统的时代划分，他们都已属于近代早期人物。不过，维托里亚的《印第安人》（*De Indis*）和《战争法》（*De Iure Beli*），以及衍生出的代表作《神学反思录》（*Relectiones Theologicae*），对胡戈·格劳秀斯（Hugo Grotius）的国际法学说的产生有着重大影响；类似例子还有中世纪宇宙学方面的知识和思维方式，平稳地衔接上了近代时期。

第十一章

君主制

上一章已经走得很超前，总结了知识的发展，挑明了未来欧洲历史发展的趋势。现在我们要重新回到之前偏离的话题，继续讲述13世纪的一般历史走向。斯陶芬王朝的衰败和其后欧洲中心帝国的"大空位"造成王权的缺席，这导致欧洲的政治中心完全转移。多王并立的现象长期存在，其中有的国王虽头戴皇冠，却从未踏足过帝国的领土；同样没有任何一位能让民众心服口服。登上皇位的第一位哈布斯堡成员鲁道夫一世（1273—1291年在位）虽然阻止了帝国的颓势，却无法挽救政权经过大空位重创后的麻痹无力。鲁道夫一世对意大利和勃艮第听之任之，总之他没有计划御驾到罗马，干预意大利城邦和同盟间无休止的纷争，也没有去阿尔卑斯以西受法兰西王国影响的帝国领土蹚浑水。

帝国的分裂

皇权的消解也波及中世纪重要的诗人但丁·阿利吉耶里（约1265—1321年），因为党争，他背井离乡离开佛罗伦萨。但丁对君权、其合法性和效力范围进行了若干哲学性思考。在《君主论（三书）》中，但丁采用亚里士多德的辩证学、伦理学和心理学方法，解释君权的神圣天命，即君权应独立于教权对尘世进行统治。[1] 天主支配宇宙万物，君主统治人世。君权的基础是人的法律（ius humanum）。君主制的基础是契约，君主综合所管辖的所有人的意愿来缔结契约，然后由君主来实现。君主制的目的是实现幸福喜乐的尘世生活，让所有自由人享有全方位的和平。按天主的旨意，这种君权不仅属于罗马，也属于同期来自德意志的皇帝。基督自身也服从罗马君权统治。教会法专家犯了错，令世界屈从于教宗的权威。君士坦丁大帝的赠礼并非事实，这意味着教会并没有得到帝国。而教宗和教会唯一需要关心的是获得永恒的福喜。

但丁在此总结过去几个世纪思想成果，为君权博采众长。这位敏锐的诗人受过经院派的教育，察觉到欧洲君主制节节胜利的普遍趋势，比如西班牙、法兰西和英格兰等国；而如果考虑帕多瓦的马西留斯的思想，这一趋势到14世纪初期还会加强。这一趋势促进了王权的集中，使俗世得以完全摆脱教宗的"权力范围"。但丁的《君主论》一书流传广泛、思想深邃，犀利的观点引起了反对者的注意。此书产生后不久即被认定为异端思想，1564年在特伦托公会议上被列入第一批罗马禁书目录，直到1881年才获解禁。但丁的哲学著作因此成为空想，成为一曲挽歌，成了无法实现的纲领。但这并不妨碍它的价值，它标志着那个时代为了让世俗君权摆脱教权的控制和批准而寻求全面的理论依据的努力，它的努力指向了未来的方向。

然而，没有什么见解深刻的话语，更没有什么振聋发聩的呼喊，当然也没有哪种乌托邦思想能够阻挡现实中君权的崩溃，或能够让君权恢复元气。当时意大利已有六十年没有来过皇帝，而德意志国王在本国境内都无法稳住局面。区域势力必须重新定位且重新整顿。大小战乱此起彼伏，令人目不暇接，困惑不已。战争的导火索有可能是男女继承人问题，也有可能是为了小范围的领土扩张，存在争议的权力要求，或是政治新贵急于自我宣告。13世纪最后十年和整个14世纪这种状态都没有改善。朝令夕改的联盟无法安慰人心，令人忐忑不安。

为了更好地说明这一混乱情况，此处仅以多次陷入此类斗争不得脱身的卢森堡伯爵们为例。其中最有名的是国王兼皇帝查理四世，他在自传中回忆道，为了支持他的弟弟约翰·海因里希，他在蒂罗尔（Tyrol）伯国召集军队，军队开进普斯特河谷（Pustertal），进攻戈里齐亚伯国。

年少的约翰·海因里希期望通过与年长几岁的蒂罗尔女伯爵玛格丽特（Margarete Maultasch）联姻，就能控制蒂罗尔领地。而这个玛格丽特后来声名狼藉。查理四世记录道，他在那里停留了三个星期，这一地区"到处断壁残垣，四处游荡着军队，因为戈里齐亚伯爵是奥地利公爵们的盟友"，而奥地利公爵们找卢森堡家族的死对头巴伐利亚人路易四世结盟。从蒂罗尔退出后查理向维特尔斯巴赫家族宣战，战争结束后再返回蒂罗尔。那年冬天他与父王波西米亚国王约翰（Johann von Böhmen）会合，前往普鲁士地区，向异教的立陶宛进发。这四处征战俨然成为当时西欧贵族的冬季常规运动。（c. 9）

蒂罗尔看似一切太平。但好景不长，信使来报，玛格丽特联合蒂罗尔贵族已经背叛约翰·海因里希，年轻的女伯爵要与约翰离婚，并企图与死对头路易四世的同名儿子联姻。查理想挫败他们的企图。他接着写道，"我们接管了蒂罗尔城堡和女伯爵"（c. 14）。不过结果也很可能是，玛格丽特将年少的丈夫拘禁起来，禁止他进入权力的中心和所有的城堡，将他与他的兄长连同所有的波西米亚官员一齐赶出了蒂罗尔领地。根据现存史料，我们无法得出确定的答案。无论如何，1341年玛格丽特离弃了没有男子气概的丈夫，把他拘禁，或赶出领地，总之她最终只能将蒂罗尔领地拱手相让。年轻的勃兰登堡边区伯爵路易（Ludwig der Brandenburger）赢得了玛格丽特。慕尼黑宫廷的学者们，包括帕多瓦的马西留斯和奥卡姆的威廉，奋笔疾书，为玛格丽特离婚寻找正当的理由。

在法兰西、西班牙、英格兰以及意大利的城市国家，同类的事件比比皆是。在混战中求生存，面对王朝更替，面对周遭有可能发生的背叛、怀疑、失约和居心叵测的盟友，人们不得不时刻警惕。阿尔卑斯山以北皇权长期缺失，造成国力衰退，加速瓦解的进程。而阿尔卑斯以南已经没有什么力量能与城邦、雇佣军、僭主对抗。这是马基雅维利后来对这些势力崛起的中肯分析。罗马国王或皇帝虽然有时想巩固实际的统治，但绝非时时都有这样的抱负，皇权逐渐衰弱。作为下过地狱、上过天堂的诗人和君主制理论家，但丁写下大量的文字哀叹失落的君权。"教宗国"没有改变这种现状。不仅北部由红胡子腓特烈苦心经营的"帝国领地"分崩离析，皇权多多少少遭损害，而且先前德意志和意大利的中央集权到此也最终付诸东流。西欧各王国则已在相反的方向持久发展。相比之下，直到1871年德意志境内才出现新的帝国之都。

卢森堡和蒂罗尔的伯爵只是其中的代表，其余的领主和诸侯包括国王和皇帝亦是如此。实际上，对卢森堡伯爵来讲，在蒂罗尔所受的侮辱并没有带来多大的伤害，反倒是维特尔斯巴赫大捷却变成了彻头彻尾的灾难。皇帝之前所取得的优势，被儿子与蒂罗尔女继承人的耻辱联姻给败掉了。[2] 就像查理四世在自传结尾暗示，他以此为借口，质疑巴伐利亚人路易四世的皇位。相比之下，神圣罗马帝国没有这样行之有效的权力推行机制，因此混乱自行发酵。到了下一代，蒂罗尔俨然成熟的果子落到了占便宜的第三方哈布斯堡手中，直至1918—1919年。

这些乱糟糟的诸侯割据有一个共同的特征：其参与者在大半个欧洲境内东征西讨，从普鲁士、立陶宛，经过克拉科夫和西里西亚，直到托斯卡纳、罗马、普罗旺斯和巴黎。与英格兰、西班牙和西西里，当然也少不了北欧的王国，若成不了盟友，就成为对手。著名的丹麦国王"新黎明"瓦尔德马四世（Waldemar Atterdag）是汉萨同盟的对手，他与查理皇帝多次会面，甚至在布拉格。这样，通过诸侯间的接触，我们可以说，欧洲人民在精神意义上"体验"到欧洲的实体，这也是王朝互相结盟、王国和诸侯领地相互依赖的整体。长此以往，在教宗分立时代初次成形的欧洲整体得以继续发展。这是精神意义上和地理意义上的欧洲实体，它打上了教宗和基督教君主制的烙印，人们享有共同的知识成果以及宗教和政治文化，享有共通的价值、期望、机会，明白彼此的异同，同时通过越来越密集的外交关系联系起来，最终在不停息的相互嫉妒、重重矛盾中，相互竞争，相互刺探，秘密外交，一时战争风云变幻。

欧洲大陆上令人瞩目的不止王朝更替，还有人心。人们担心灵魂得不到救赎，赤裸裸的恐惧和无休止的疾病，让不计其数的朝圣者和病患者走上街头，或踏上更漫长艰险的旅途。那些职业的朝圣者为他人祈福，他们也得到了相应的报酬。罗马的使徒墓、西班牙孔波斯特拉的圣地亚哥和耶路撒冷成为三大朝圣之地，信徒踏上赐福的朝圣之旅，企盼心灵获得永恒的治愈。除了三大圣城，欧洲大陆的信徒还会去亚琛的神龛朝圣，到科隆拜祭东方三博士，去坎特伯雷朝拜那位被谋杀的大主教托马斯·贝克特之墓，去阿西西朝拜圣方济各和圣嘉勒之墓；13世纪晚期以降甚至去朝拜上韦瑟尔的维尔纳；自15世纪又朝拜"十四救难圣人"，到普罗旺斯的圣吉莱斯和滨海圣玛丽（Saintes-Maries-de-la-Mer）及其他许多文化圣地朝圣。简洁的朝圣标志显示了他们朝拜的圣地：贝壳代表去圣地亚哥，十字架则表明去耶路撒冷，钥匙是罗马，东方三博士则代表了科隆。

卜尼法斯八世鼓舞了教众通过朝圣获得救赎的热情，究其原因，也可能是为了增加教宗国财政收入。他定1300年为"圣年""禧年"（jubilee），由此上万的信徒为了获得罪行赦免的机会前去罗马朝拜使徒墓。在圣经时代，每隔七年就是安息年，而每七个安息年后的一年就为"禧年"（源自希伯来语 yo-bale）。佛罗伦萨编年史学家乔万尼·维拉尼（Giovanni Villani）一语双关地记载道："那会给教会带来巨大的财富，所有罗马人变得阔绰。"维拉尼曾亲自去罗马朝圣，为当时的庆典所震撼，从而开始记录那个时代，撰写编年史。"禧年"成果如此丰硕，教宗祈愿禧年越多越好，因此起初每百年举行一次，后来成了每50年一次，再后来成了每33年一次。直到最后，1470年保罗二世规定禧年的举办周期为每25年，该规定沿用至今。

经济成为教权之外另一个凌驾于王权之上的势力。随着经济"繁荣"，整个欧洲的城市力量稳步壮大，以从前意想不到的方式整合了欧洲大陆。人口变多，需求增加。日益增长的鲱鱼和干鳕鱼贸易使得汉萨同盟愈加强大。对奢侈品如调味品、丝绸和皮毛的需求，使得远洋贸易更为繁荣。中世纪最重要的食物保质材料食盐带来了无法计量的财富。贸易促进了交流，从前陌生的地区建立了联系，更加紧密，从而促进了知识的传播与增长。新兴的出版业增进了创作，甚至穷乡僻壤都获益良多。生产流程分工更细，组织更为有效。理性主义不仅体现于此，还反映在分化的贸易法当中，包括契约法、合作法、保险法、责任法和商标法。大型贸易和银行业离开了公证官和律师，就无从谈起。

事实上，市场竞争在当时已初见端倪，尽管在那时的市场策略和理论中，竞争这一概念还没有受到特别的关注。比如锡耶纳意图促进自己的纺织业发展，市政府就出台禁令禁止进口或持有产自佛罗伦萨的（更好的？）纺织品。竞争带来的推动力显而易见还不为人所知。意大利诸城邦在经济方面仍处于领先地位，米兰、佛罗伦萨以及威尼斯提供本地和外国生产的产品在跨地区的市场上销售，这一市场南至非洲，东及伊斯兰地区，甚至远至鞑靼人地区。这些城邦当然也债台高筑，例如1340年佛罗伦萨负债高达45万弗罗林（Florin）①，这在当时无疑是个天文数字。锡耶纳采取了减债措施，但收效甚微。[3] 而在西部和北部同样如此，城市及其居民早已脱离领主的统治，追求独立政治。佛兰德和尼德兰地区的城市与南方的意大利城市相互竞争。12世纪以降，以吕贝克为中心，商人同业者联盟成立，后世称"汉萨城市同盟"；14世纪汉萨同盟成为主导整个波罗的海和北海地区的城市共同体，在布鲁日、伦敦、吕贝克、卑尔根和诺夫哥罗德设立了事务所。

眺望远东

以现代的眼光来看，甚至鞑靼人的入侵也推动了当时欧洲经济发展。游牧民族起初引发的恐慌与惧怕早已被人遗忘，取而代之的是紧密的商业往来。为什么蒙古人横穿了半个地球？其中各种缘由，恐怕蒙古人都未可知。但他们所建立的横跨亚欧的帝国给欧洲大陆带来了难得的"蒙古治下的和平"。当时的欧洲大陆正是因为坐井观天才有了无休止的诸侯割据。威尼斯商人马可·波罗在热那亚监狱里写下了举世闻名的《马可波罗行纪》（以下简称《行纪》），对于曾经远游东方，并经历奇闻逸事，他的自豪之情溢于言表。他如此开篇道："欲知世界各地之真相，可取此书读之。君等将在其中得见所志大阿美尼亚（Armenien）、波斯、鞑靼、印度及其他不少州区之伟大奇迹……有聆是书或读是书者，应信其真。盖书中所记皆实，缘上帝创造吾人始祖阿聃（Adam）以来，历代之人探知世界各地

---

① 中世纪货币单位。最初佛罗伦萨于1252年发行此种金币，后随贸易传播到法、德、英、匈牙利等国。另有德意志南部、奥地利、荷兰流通的古尔登银币也称弗罗林。

及其伟大奇迹者，无有如马可波罗君所知之广也。"①

最初威尼斯人并不相信马可·波罗，认为他信口开河，写的是天方夜谭，而围绕《行纪》真实性展开的争论持续到了今天。后来欧洲人才逐渐意识到个人认知的局限性，意识到世界的广饶，意识到亚细亚有着他们无法想象的物阜民丰、宏伟都城、文化和人文性。欧洲人的认识日新月异。在意大利出现了《远程贸易指南》之类的新型手册，反映了知识的累积和利用精打细算的心态。来自佛罗伦萨的弗朗西斯科·彼加洛梯（Francesco Pegolotti）的《通商指南》（Practica della mercatura）成于1340年左右，以其丰富的内容和精美的外观而著称。作者在书中描写了通往"汗八里"（北京）和大不里士的商道，记录了旅行的条件、商品、关口、不同的计量衡单位、兑换率等。彼加洛梯是巴尔迪商行（Compagnia dei Bardi）的成员，后者在其鼎盛时期是欧洲最大的银行。

后来普拉托的弗朗西斯科·达提尼（Francesco Datini, 1335—1410年）成为人们谈论的焦点。他可能是最有名的中世纪商人之一。双亲早亡，达提尼从事一切能够带来利润的交易，不仅贩卖武器和调料，也兜售织物与丝绸，买卖产自本地和来自远方的产品，后来富甲一方。他的生意遍及佛罗伦萨、比萨和普拉托，这些贸易往来都留下了记录。作为有名的生产商和银行家，他与王公贵族交往频繁；他的商业档案中有125,000封商业信函、575本账簿流传下来，这些文件反映了他奇特的经商头脑、实践中的充沛精力和自信果断。达提尼在家乡普拉托成立了"贫困者救济库"（Ceppo de'poveri）的基金，并留下遗嘱捐出他所有的财产，以图免除因为从事高利贷而面临的地狱惩罚，祈愿获得通往天堂的门票。令人惊叹的是，该基金直到今天还存在。在这种商人阶层身上，混合着好奇心、追求利润的欲望、系统性的观念，他们善于交际又具备理性主义的特质，斤斤计较却又十分虔诚。1479年拉文斯堡大商会（Großen Ravensburger Handelsgesellschaft）一份用于培训学徒的手册中写道，商人应该有精明的头脑，脑子与其弄来夸夸其谈，不如用在追逐利润上。[4]经济的活动要

---

① 译文引自冯承钧译《马可波罗行纪》，上海书店出版社，2001，第3页。

求人有知识、创新能力和理性能力。

到目前为止，西方对东方的兴趣止步于经济方面的需求。12世纪以降，流言四起，相传有位僧侣国王约翰，他会跋山涉水来西方，拯救那些被伊斯兰民族压迫的基督教徒。教宗和参与十字军东征的国王们期盼着他的到来。其实寻找这位神秘的统治者的行动很早就开始了。人们猜测他就是蒙古人，因为蒙古人当时也与穆斯林人作对。而且蒙古人统治的畏兀儿人当中确实存在聂斯脱里派基督徒。当西方人认清事情的真相，发现蒙古人完全不同于西方基督徒，才意识到他们带来的威胁。因此，教宗和国王的使者，特别是传教士，也跟着商队去东方。波代诺内的鄂多立克（Odoricus de Pordenone，即和德理）和马黎诺拉的约翰（Johannes von Marignola）声名远扬，他们留下的游记在西方广为流传。1307年孟高维诺（Montecorvino）的约翰被派往元大都，成为最早的东方大主教。很快就有殉道者的事迹传开。来自锡耶纳的无名殉道者（卒于1321年）以死亡首次向西方人真实地展现了鞑靼人的形象。安布罗吉奥·洛伦采蒂（Ambrogio Lorenzetti）手绘的鞑靼人有着杏仁小眼，蓄着稀疏的胡须，头戴尖帽，面容奇特。[5] 基督的传教，要求向一切人传播自己的教义，使其加入教会。实际上，整个西方世界或者说寰宇之内、宇宙之中，所有人都蠢蠢欲动。宗教、科学和经济相互结盟，它有着无休止的征服欲。世俗力量为之马首是瞻，极可能向教会俯首称臣，民众和诸国概莫能外。

新知识体现在了抽象化的地图里。13世纪晚期产生的最古老的航海指南（Portulane）以令人称奇的精准标出了地中海的海岸线，很快它就完善到非常可靠，一直沿用至今，只需做些微调，不用做根本的改动。在此基础上人们修订古代的世界地图，后来一代又一代的地图精益求精地刻画大陆和大洋、岛屿和内陆的细节。地图制作学校积累和完善着地图知识。在阿拉贡国王佩德罗五世的委托下，犹太学者在马略卡制作了加泰罗尼亚世界地图，作为送给法兰西查理五世的礼物。该世界地图是体现西方人关注地球全貌的早期史料，其中还包含了古代的寓言知识，还有当时最新的地理发现。

在当时，威尼斯也是享有盛誉的地图制作中心。占星家、宇宙学者、教宗的公证官奥皮西诺·德·坎尼斯特里斯（Opicino de Canistris，卒于1352年后）神父虽然来自帕维亚的洛梅洛（Lomello），然而他制作的寓意化和道德说教化的地中海地图，却源自航海城邦地区的世界观。从他的地图中可窥见，全球化趋势产生的可怖后果引发了道德震撼，这种震撼四处可见，似乎对所有现存的规范造成威胁。奥皮西诺认为，世界因为颠覆性的革新和堕落而呈现出全新的模样，其主要特征是贪婪、追求利润、不知羞耻的色情和粗鲁的性欲。在他的地图里，欧洲大陆形似僧侣，两腿之间是发红的洛梅洛城，意大利和希腊半岛则代表两条腿；他胡乱地倚靠在带着修女面具的非洲大陆敞开的胸脯上——自我惩戒和对未来的展望在地图中融为一体。制图业的鼎盛时期的代表是15世纪的弗拉·毛罗（Fra Mauro）的世界地图，它完全是知识整理和加工的产物，展现了在发现新事物的情势下，旧世界的整个图景——夺取，征服，实在是令人叹为观止。

随着蒙古汗国崩溃，1368年中华大地上建立明朝，西伯利亚南部地区政权更替，阻断了拉丁人去远东的旅途，迄今火热的传教活动逐渐式微。蒙古汗国的衰落也导致欧洲与东亚地区的贸易日渐凋敝。然而西方人已经得知东方国度富饶广阔，渴望去那里寻得财富，这种向往随着东方商道的突然中断而越发强烈，成为刺激欧洲的精神、技术发展与加强探索世界的推动力。当时的东方大国中国并没有对这个刺激性挑战做出直接的回应。若干年后，明永乐皇帝才下令造远洋帆船，1405年派正使太监郑和下西洋。郑和带领千余人的船队向西航行到达非洲，甚至可能进入了大西洋，最后因为出现不祥征兆而于1433年结束航海事业。20、21世纪这种没有航海的局面才得以改变。

13世纪末期欧洲人就开始有计划地了解和探索世界。不言而喻，这种探索首先基于商业利益。1291年，热那亚胆大的商人乌戈里尼·维瓦尔迪和圭多·维瓦尔迪（瓦蒂诺）兄弟俩携两位方济各会修士乘两艘单甲板大帆船向西南方向出发，目标印度，无人返还。这是一系列无疾而终的东方航行的首例，后来者不计其数。丝绸的簌簌声和东方调味品的迷人芬芳吸引着他们前仆后继。但丁认为这些冒险都是"疯狂之举"，乃超出人类行为能力的胆大妄为。然而他的劝告很少有人理会。数十年后约翰·曼德维尔（John Mandeville）阁下启程进行环球旅行；这位虚构人物，中世纪的儒勒·凡尔纳（Jules Vernes），在麦哲伦环球航行成功五十年之前便进行了尝试，不过此次是文学世界里的东方旅行。哥伦布踏上他的印度之旅航程时，就随身携带着这部小说。欧洲人就是这样一步一个脚印地打开了他们的视野。到 15 世纪初期，葡萄牙王子"航海家"亨利更加狂热地投身这项事业，葡萄牙举国上下开始探寻绕过非洲大陆通往印度的新航道。1497 年 11 月瓦斯科·达伽马绕过他命名的非洲"好望角"，于 1498 年 5 月 20 日到达印度南部的卡利卡特（Calicut），多么令人欣欣鼓舞的胜利！全球化进程由此开动。

法兰西——美男子腓力时代

彼处远方招手，此地纷争不断。"大空位时期"帝国的分崩离析对欧洲发展历史影响深远。13 世纪中叶，哈布斯堡的鲁道夫实施了以东南部为据点，日益向西倾斜的帝国发展策略，那时帝国西部边境势力均在邻国的手中，诸侯与法兰西国王关系更为密切。1308 年在皇族纠纷中，鲁道夫之子阿尔布雷希特一世被谋杀。西部一些诸侯，如布拉班特公爵（Herzog von Brabant）约翰二世，埃诺－荷兰（Hennegau-Holland）、卢森堡、那慕尔（约翰一世）、于利希的诸伯爵，以及卢兹（Looz，靠近布鲁塞尔）的领主，他们在尼韦勒结盟，反对其"领主"即法兰西国王和德意志国王之外的其他所有人。也许他们已有意图在盟友中推选出国王，总之他们一心想要脱离陷入谋杀谜团的哈布斯堡家族，加入法兰西国王腓力四世的阵营。腓力纵横捭阖，为其王弟瓦卢瓦的查理竞选罗马国王赢得了三位莱茵大主教的支持。见此情形，洛林公爵，及格尔德恩（Geldern）、莱宁根（腓特烈四世）、菲尔内堡（亨利二世）、斯庞海姆（Sponheim）和卡岑埃尔恩博根（Katzenelnbogen）的伯爵最终也加入这一行动中。

这一切的发生并非一蹴而就。诸侯联盟和法兰西国王的计划拉开了欧洲新秩序的序幕，不过还需若干个世纪，欧洲的新秩序才真正建立，君权和国土才得到重新分配。但新秩序发展变化的轨迹日渐明晰。腓力所制定的目标可视作变革的前兆。"神圣罗马帝国"（中世纪晚期很少称作"德意志帝国"）领土面积逐渐缩小，具体至德语地区，甚至更小的范围。众所周知，这一发展历程耗时数世纪，最终于1648年在明斯特和奥斯纳布吕克的和约签订中达到高潮。和约为三十年战争画上了句号。当时若干个国家或退出帝国联盟，或倒向法兰西阵营，或宣告中立。后来拿破仑建立欧洲新秩序，也可以看作该传统的延续。历史的车轮永不停歇，1867年曾经的加洛林王国腹地卢森堡大公国签订《伦敦条约》，宣布"永久中立"，结束了这一历史进程。大公国一直是"德意志同盟"（Deutschen Bundes）的成员，直到1866年止。由此它拒绝加入俾斯麦倡导的"德意志帝国"。

14世纪，神圣罗马帝国瓦解的趋势初现端倪，这个时代的获益者自然是另一个欧洲大国法兰西，其统治者的杰出代表是美男子腓力。在腓力统治期间，前文提到的秩序变革再次深化。随着大学学者影响扩大，出现一批在诸侯的议事会中担任智囊的新的知识精英，这些对统治、社会和神学问题异常敏感的新兴社会群体影响不可小觑。在情势要求下，他们在备忘录、宣传册和论文中陈辞；如但丁撰写《君主论》那样，这些呈文对象可以是政敌、朋友、陌生人，或者论敌。源于学术的修辞学被运用到实践中，服务于国王、教宗和诸侯的统治；反过来宗教和世俗政治统治无疑又会顾及新兴知识精英的需求，正如学术很长时间以来为政治服务那样。而在法兰西帝国，政治与科学的互利互惠尤为显著。

首先是教会法学家对教会法和神学的研究需求；在各重要的大学，这些都是急需教授的科目，尤其是在巴黎。尽管诗人学者对教会法和神学研究进行激烈抨击，但收效甚微。在这里，神秘主义式地寻求天主，亦不会无功而返。玛格丽特·波芮特用法语写成《单纯灵魂之镜》，她在书中描述了爱的历程，历经爱的七个阶段后，信徒的灵魂与天主结合，获得绝对的自由。受到异端指控后，波芮特拒绝收回其言论。在女巫恐惧和圣殿骑士团审判盛行的巴黎，1310年教会为此召开宗教会议，决定将她移交给世俗权威，这意味着将她推上火刑的柴堆。但是火刑并未妨碍其著作的广泛流传。因爱的自由意志而获自由，灵魂直接在"天主的学校中学习"，与天主"神似"，这些思想无法也不应该被教会掌权者所容忍。[6] 不过，为了获得救赎，所有人都应臣服于罗马教宗，1302 年卜尼法斯八世在臭名昭著的《一圣教谕》中写道。

事实上，执政者总是自行处置教会法汇集如《格拉提安教会法汇要》和教宗的教令集，而学者们对这些教会法规进行解释。长久以来，法学已然成为统治的基石，规范了政治声明的语言，而亚里士多德的论证语言（源自这位斯塔基拉人的《政治学》）越来越多地渗入其中。早先扬帆启程的社会和政治思想的世俗化进程，14 世纪时在科学知识的刺激下加速前行，呈摧枯拉朽之势。

从帕多瓦的马西留斯留下来的文字中，人们可以知道，文明社会的发源，其统治与生活方式的发展，需要向自然和人文技艺学习，需要从不完美模仿到更完满的模仿。这位著名的学者在美男子腓力统治下的巴黎任教。1312—1213 年马西留斯任巴黎大学艺术系的院长。1324 年他匿名发表划时代著作《和平的捍卫者》，在他看来此举有十足的风险；该作质疑教宗的绝对权威，认为和平这一人间最珍贵的财宝因此遭受危险。该观点在那个时代闻所未闻。他写道，"人们相信，只有认识了初始原因、基本原则直至原理，人们才会对某物有认知"。这样的结论远远超出了它产生的时代，根据这种启蒙的观点，教会的禁令妨碍了人类的进步。马西留斯做出了相应的总结："根据圣言，不要因为尘世的惩罚和屈辱而被迫遵守天主的戒律。"这样的观点无疑严重损害了主教的教导和教宗在教义上的至高权威，蔑视了维护教宗权的属灵权力，这一点被世俗君权所长期利用。

政治也逐步科学化，获得相应的概念，找到对应的名字。大学教授、神父和忏悔神父的言论，对经典作品的解读，对社会、统治和实践的解释，对世界的认识方法等，这一切随着时代的改变而改变。在普遍的学术研究与国王、教宗宫廷文化博弈的过程中，一种新的"思想共同体"在萌生，一种新的思维方式正接受实践的验证。马西留斯取用了先前的"公会议至上主义"观点，将教会大公会议置于教宗和主教之上，并认为这对世俗统治也有借鉴意义。马西留斯严厉批评那个时代的教阶神权政治（Hierokratismus），认为"面临屈辱、尘世或精神方面的制裁时，如果没有经过立法者或宗教会议的同意，罗马和其他主教的教令法规对任何人都没有约束力"。"有且只有经过选举，选帝侯、候选人才能获得权威"，而非通过大家所熟知的教宗批准。[7]马西留斯的观点尽管逻辑前后一致，但在当时主导的教条下，很快被认定为渎神，是挑衅凌驾于人类理性之上的教会权威。马西留斯的观点并非仅仅关乎皇权，而同样关乎所有的世俗统治者，既针对国王也针对市政府。就在若干年前（具体的产生日期已经无法确定），但丁的观点还如此不同。但丁在《君主论》中对教宗和皇帝分治合作的两极秩序称赞有加，按照他的观点，教宗主管精神世界，但他没有明确定义何为精神领域。马西留斯仅仅是明确表达出了在欧洲知识精英世界早已蔓延的想法。正因为如此，当身份曝光后，他被迫离开巴黎，1226年逃往被绝罚的慕尼黑的路易四世处寻求庇护；从那以后，马西留斯将他的作品献给了路易。

马西留斯与巴黎宫廷并没有什么往来，他的思想在那里很可能会获得赞同，因为巴黎宫廷一向注重世俗化，崇尚以权力为导向的思维方式。腓力四世和他的忏悔神父威廉同为巴黎宗教裁判所裁判长，知道如何与那些思考风格完全世俗化的杰出智囊打交道，其中有皮埃尔·弗洛特（Pierre Flote）、昂盖朗·德·马里尼（Enguerrand de Marigny）、（可能出生于清洁派家庭的）纪尧姆·德·诺加雷特（Guillaume de Nogaret）皮埃尔·贝勒贝尔斯（Pierre Belleperche）、皮埃尔·杜波依斯（Pierre Dubois）等。法兰西国王熟悉法典，通晓神学，掌握了亚里士多德的《政治学》，了解大学科学的冷冰冰的理性，并懂得用法治服务于政治和维护正统。自然，在大学林立、研究盛行、被称为神学思想中心的巴黎，又怎么可能不参与这些思想的论争？

财政管理中央化，建立有终审权的最高法院（Parlement），配有参事（conseiller），并定期举行例会，这一系列的举措提高了效率，对于结构合理的现代国家的诞生至关重要。[8]尽管在腓力登基时，这些机制就已经存在，但只有到了腓力治下，才改组成为有效的官僚运转机制，而这标志了新兴理性文化在实践中获胜。最高法院又分成不同部门，负责不同功能，如上诉、请愿、犯罪案件等。中世纪官僚机构得到整合并得以制度化。此外，文化艺术在这个过程中发挥了作用。绘画艺术对"王室宗教"进行展示和宣扬；而文字历史记载则具有选择性，能区分重点与否，促进构建身份认同，传播主张，并对未来行为有指导性作用。

以租赁（Verpachtung）为基础的税收为王室财政提供物质来源。税收主要由有法学学位的地方巡查官和宫廷税收总管（sénéchal）负责。租赁税收对国王有利，但对臣民没有什么好处，因为国王的租赁者保障了王室的收入，在征收过程中还想对租户索取更多超额的利益。然而财政需求常常超过收入。腓力可谓借债方面的天才，举债成为其统治的核心措施。犹太人和基督徒都能痛苦地体会到这一点。

美男子腓力可以说一有机会就肆无忌惮地扩张王权，即使面对教会、势力仍在的圣殿骑士团和教宗时同样如此。声名显赫的骑士团在宗教裁判所、刑讯和火刑的挟持下日益瓦解。在此期间，腓力甚至宣称，他就是"国王、教宗和皇帝"。在听闻腓力囚禁教宗后，但丁斥责其为"法兰西的恶人"，一个新的彼拉多（Pilatus）。[9]在追捕真假异端和激进排犹活动中，腓力不忌惮采取武力措施，目的在于昭示以基督信仰为基础的君威。16世纪，约瑟夫·哈-科恩回顾13世纪的这场难以忘却的灾难，写道："所有被处以死刑的犹太人不得不放弃财产，离开法国，或改宗另一宗教，最终成为一个族群。"[10]此外腓力一手操持为他的王祖父路易九世封圣，为法兰西君主制添加了神圣的光环。法兰西君主权的仪式化在欧洲范围内独一无二。自此法国国王成为唯一的"基督国王"（Rex Christianissimus）、卓越的"最虔信基督的国王陛下"（Le Roi Très Chrestien）。

当年斯陶芬王朝无法达成的计划，如今卡佩王室则逐步实现：在不削弱君主制的情况下，促使教宗的权力依赖于法国王权。法国国王和教会是长达百年的教权与皇权斗争中教宗掣肘皇帝的利器，当年的盟友如今成为危险的朋友。红胡子腓特烈及其孙子腓特烈二世当时播下至上皇权的种子，如今美男子腓力独享其果。腓力控告卜尼法斯八世为异端，并派使臣诺加雷特，在没有特别动用军队的情况下，于1303年在意大利的阿纳尼

（Anagni）的教宗宫中逮捕了教宗；自 1307 年开始压制并逐渐消灭圣殿骑士团；在枢机主教团中大力安插法国籍教士；1311—1312 年由维护法国利益的教宗克雷芒五世召开维埃纳公会议；最后囚禁教宗于阿维尼翁。从罗马出离的教廷从此遭巴比伦之囚，从永恒之城罗马搬进了名义上的神圣罗马帝国领地，而此地实际上明显是法兰西的"省区"。

美男子腓力唯一的失利在于让佛兰德地区摆脱了王权的直接管辖。腓力希望跟上他伟大的先祖奥古斯都的步伐，后者从无地王约翰处夺得他的领地，而他要夺得佛兰德伯爵的领地。然而，佛兰德地区的人们负隅顽抗，在科特赖克（Courtrai，今属比利时）与法国骑士兵刃相见。佛兰德步兵首先摔倒骑士的战马，之后杀死无助的骑士。1302 年的这场"金马刺战役"（Sporenschlacht）①尽管未能让佛兰德地区独立，却为市民赢得了参与伯爵领治理的权利。如今，战役爆发日（7 月 11 日）被定为比利时的国庆日。尽管如此，在接下来的几个世纪中，法兰西仍然是欧洲君主们的榜样和标杆。

从此以后，国王和国家日渐紧密相连。王位的命运被所有邻国和强大的帝国觊觎，到处都有潜在的竞争对手。诗人、哲学家但丁观察到了这一切，用笔把这些人发配到地狱。神圣罗马帝国皇帝阿尔布雷希特一世忽视了意大利地区，与美男子腓力和英格兰的国王爱德华二世（Eduard Ⅱ）结成亲家。[11] 即便在遥远的波兰和立陶宛稍有风吹草动，西方的国王也密切关注，这边的贵族年复一年地去东边的普鲁士，"驱赶"野蛮人，臭名昭著。从此以后，如果欧洲其他王室无法参与，权力的秩序就无法轻易变更。在欧洲这个"管弦乐团"中，任何不和谐的音调都有可能打破目前的合奏。法兰西显然成为这场欧洲音乐会的指挥者。法兰西腓力与其他国王的关系理所当然受到我们的关注。

腓力的女儿伊莎贝拉与英国王储爱德华（二世）联姻，最初因为国王与其同性恋人皮尔斯·加维斯顿（Piers Gaveston）的关系而举步维艰。这次英法联姻带来了灾难性的后果。新郎爱德华二世得到法兰西国王的封

---

① 金马刺战役于 7 月 11 日爆发。法军大败。大批法国骑士的金马刺被佛兰德人缴获，因此而得名。

地加斯科涅。美男子腓力料不到卡佩王室主系有朝一日会后继无人，金雀花王朝因而会名正言顺地拿回当年无地王约翰所失去的欧洲大陆上的土地，此外还拥有法国王位的继承权。这成为英法百年战争的导火索，或至少是这场旷日持久的英法战争的借口之一。在不列颠岛上，逐渐不受人爱戴的国王和贵族们之间旧怨未解再添新仇，城市势力日益壮大，伦敦地区尤其如此。伊莎贝拉与反对派结盟，在亲生儿子的支持下带领其情人罗杰·莫蒂默（Roger Mortimer）领导的军队入侵英国，反对她的丈夫英王。爱德华被俘。在伦敦市政府的高压下，议会宣布，国王不再具备统治能力，女王亲自下令处死国王。1327 年，英王爱德华被野蛮地处决，没有任何外伤痕迹。这是金雀花王室的首次弑君案，也不是最后一次。站在叛军阵营的王子爱德华登上王位，他登基后立即处决了莫蒂默，1330 年关押了亲生母亲。早在 1328 年法国查理四世驾崩后，爱德华三世便开始谋取对法国王位的继承权。自 1337 年起，他与巴伐利亚人路易结盟，意图用武力解决问题，英法战争正式开始，持续了整整一个世纪，让整个欧洲深受影响。

法兰西王室与伊比利亚半岛也延续了长久的关系，但美男子腓力没有巩固这一关系。他是阿拉贡国王征服者雅各一世的外孙，对这片土地有着特殊的情结。腓力一上台就结束了矛头直指他舅舅阿拉贡国王佩德罗三世的十字军行动。因为佩德罗三世干涉西西里的动乱，美男子腓力的父王腓力三世应召参加十字军，战败去世。不过，西班牙的弹丸之地纳瓦拉王国——巴斯克人的国家，对他有着莫名的吸引力。纳瓦拉国王胖子恩里克三世（Heinrich der Dicke）之女胡安娜一世（Jeanne/Johanna）曾嫁给他为王后。胡安娜在巴黎创建了闻名遐迩的纳瓦拉学院（Collège de Navarre）。因为胡安娜王后的关系，纳瓦拉王国即使不情愿，直至 1328 年仍同法兰西君主保持着紧密的关系。之后路易十世之女和她来自埃夫勒（Evreux，法国上诺曼底大区）家族的丈夫登上纳瓦拉王位，开启新王朝，王朝统治纳瓦拉直至 15 世纪。后来在卡斯蒂利亚-阿拉贡和法国两面夹击下，这片土地分崩离析；这里的最后一任国王是名义上执政的胡格诺派的恩里克，1589 年他继承了法国王位，成为法国国王亨利四世。对他而言,去巴黎参加天主教弥撒是值得的。①

未来出身于吕泽堡(Lützelburger)伯爵家族的国王和皇帝,从孩童时期起就认识到法国的领袖地位。他们中的头一批在法国宫廷接受教育,这也造成了影响。如神圣罗马帝国皇帝亨利七世曾担任腓力继母法国王后玛丽(Marie von Brabant)的侍从,无论如何,王后玛丽提拔过他。之后亨利的儿子波西米亚国王约翰,是卢森堡家族出身的首位波西米亚国王,他的妹妹嫁给法王查理四世,不过很快难产而亡。之后约翰之子瓦茨拉夫(文策尔)虽然出生在布拉格,但七岁就到巴黎接受宫廷教育,学了七年。他在巴黎受坚振礼(Firmung)而获得其佑护者查理国王之名,法国宫廷在他的精神和宗教信念中打上了烙印。只有他(查理四世皇帝)的儿子和亨利七世的曾孙瓦茨拉夫和西吉斯蒙德,主要是在布拉格长大成人。这可以视作从法国主导的欧洲文化中解放出来的标志性举动,标志了波西米亚王国文化意识的觉醒。

卢森堡的亨利似乎是法王腓力和莱茵选帝侯之间的妥协人选,从而登上了欧洲历史舞台。美男子腓力不惜重金助推他的胞弟查理当选神圣罗马帝国皇帝,然而在亨利年仅20岁的弟弟特里尔大主教鲍德温(Balduin von Trier)的巧妙挑唆下,选帝侯们犹豫不决,他们可能也担心日后受制于那位不达目的不罢休的法兰西国王。1294年他们通过效忠宣誓(Ligesse)选定卢森堡伯爵,他没有没有显赫的家族势力,不会给任何一方带来威胁,而且与腓力保持着不错的关系。这样即使法国国王也(暂时)表示满意。亨利七世实际上是位实干家。在首批哈布斯堡家族成员没落后,他复兴了对意大利的帝国政策,振兴朝纲,让法国见识到,谁才是皇帝,而谁仅仅是国王。

经过涂油礼、加冕仪式等典礼,这位皇帝面临诸多束缚。亨利的加冕仪式有意在亚琛举行,披着神圣的外衣进行了政治宣扬。在亚琛,并无如法兰西"王室宗教"那样的痕迹,帝国的神圣性在其名字中显露无遗。在宗教色彩之下,皇权臣服于教宗,受制于选帝侯,统治者的主权没有实质

---

① 亨利四世为了登上法国王位,改宗天主教。亨利这句话一语双关,表达了那一时期宗教与王权的紧密联系。

性的提高。至于在仪典上没有提到的神的恩典该如何实现，则需要受涂油礼者去努力争取。这场庆典反映了欧洲在过去几个世纪的动荡之后的新面孔。亨利七世的加冕礼仪式取代了10世纪奥托大帝所传下来的加冕仪式传统，新仪式沿用了五百年，直至古老帝国的终结，而退出历史舞台。作为负责亚琛地区的牧长（Oberhirte），科隆大主教主持了涂油礼；三位莱茵大主教，包括皇帝的弟弟鲍德温，为皇帝戴上冠冕。加冕仪式上皇帝宣读加冕誓言，其中包含承诺夺回（recuperare）王国和帝国失去的法权，以及敬畏教宗，保证对教宗的"顺从和忠诚"这两点义务。这两点放在一起，简直是方凿圆枘。不过，被加冕者领受了"天主的王国"，就有保护这王国的义务（defensor regnique a Deo tibi dati existas）。

教权凌驾于王权之上，是自斯陶芬王朝大衰败以来欧洲的发展现状，这对于君权的发展而言是相当大的负担。通常，帝王的加冕仪式不会放过任何一个强调教权大于王权的机会。在登基过后，科隆大主教在礼拜仪式上提醒新上任的国王，注意现在王权的法则与以往的不同之处：他并非"按照继承法从父王那里"获得王位，而是"按照德意志王国选帝侯法，按照天主的意志，由我们此刻传达"而任命为国王。[12] 天主、选帝侯和国王统一于王国之中，教宗则守护王国。

欧洲大陆和德意志境内的紧张气氛只给这位初登宝座的卢森堡人有限的活动空间。亨利七世与他的弟弟鲍德温结盟，弟弟提供军队、金钱和贷款，他充分利用这一优势。让选举者和被选者都始料不及的是，皇帝很快抓住时机，通过其子约翰与波西米亚王国拥有继承权的伊丽莎白——普热美斯王朝最后一位统治者——的联姻来壮大家族势力，从而为欧洲命运发展带来的新的转机。在王位的角逐中，即使英年早逝，皇帝还能在临死前经历最后的胜利。

亨利七世将目光投向了意大利，或许是因为经济困难，抱着能获得更多收入的期待——他的美梦并没有完全落空。这难免触及他的朋友卡佩王室的利益，后者的旁系安茹家族统治着那不勒斯，并将意大利视为势力范围。罗马王位是压在在位的皇帝肩上的重担，给他增加了更多的义务，因而皇帝被迫采取非常规的行动。腓特烈二世之后，首次出现统治者来到意大利强调皇权，这是某些人所期待的，而另一些人所惧怕的。"吉伯林派"的但丁欢呼雀跃。为了祭奠逝者和彰显个人的功勋，特里尔大主教鲍德温下令将亨利带领军队进驻罗马的景象绘制成带插图的手抄本，来庆祝弟兄的伟大功绩。难道这位吕泽堡人计划重拾斯陶芬的混乱传统？这一点疑点重重。亨利所能动用的资源有限。皇帝没有纲领性的执行计划，或者亲自做出申明，解释进驻罗马的目的。但丁对他抱有很大的期望，在《神曲·天堂篇》里歌颂他，[13] 称其为"崇高的阿里戈"（l'alto Arrigo），虽然他并未成功振兴皇权。① 但丁的理论作品《君主论》并没有认定某位特定的统治者具有与天主直接沟通的合法性，而是坚决反对教宗反对皇权的诉求，但同时期待皇权与教廷合作。

这位未来的皇帝踏上意大利。这片土地不仅内部相互分裂、城邦对立，不仅有执政团贵族和野蛮的雇佣兵队长的争斗，而且科学繁荣，大学兴盛，无论是艺术、音乐和诗歌都大放异彩；这里也是但丁的故乡，流行着"新甜美风格"，是奇马布埃（Cimabue）② 和乔托·迪·邦多纳（Giotto di Bondone，卒于 1337 年）成长的地方。在这里，人们仍倾心修建哥特风格的建筑，不过新鲜事物正从远方到来。博洛尼亚和帕多瓦、佩鲁贾和锡耶纳的大学都吸引着大批学生从欧洲四面八方涌来。他们在这里学习法理和公证，较少研究神学，更多的人学习结合了医学的占星术。这些学生把意大利出现的新潮流，传遍整个欧洲。

但丁在《神曲》中表现的世界图景符合中世纪人们对世界的典型看法。在古罗马诗人维吉尔的引领下，诗人从地狱、炼狱直至天堂，将自己交付给基督，一路上遇到许多著名的英雄和同时代的伟人，勾勒了时代图景，描述了被诅咒和被救赎者的叹息和哭诉、告诫和预言，详细刻画了彼岸的样子，其重构的方位；书中对最深重的苦难和对解救苦难的福喜的描述，在读者心中激发了恐惧、希望、信念，久久不能平息。文艺复兴盛期

---

① 1308 年亨利七世加冕为德意志国王，两年后南下。1312 年 6 月 29 日在罗马加冕为神圣罗马帝国皇帝，不料仅在位一年，次年在锡耶纳突然去世。
② 又名切尼·迪·佩波（Cenni di Pepo），佛罗伦萨画家，相传为乔托的老师，代表作《圣母与天使》等具有拜占庭绘画风格。

的文学家依然赞美这位佛罗伦萨诗人；伟大的艺术家如桑德罗·波提切利（Sandro Botticelli）[①]用迷人的笔触呈现了《神曲》，根据但丁的作品来为其宗教世界观定向；而薄伽丘首先称呼这部"喜剧"为"神圣的"。

在意大利这个国度，亨利很快就卷入其内部党派纷争中。贵族对抗大众，"皇帝派"和"教宗派"对立，"白党"和"黑党"斗争；这纷争的党派，变化的只是名字而已。这不是等级之间的斗争，而是权力的对抗，在此过程中，主教所发挥的作用有限。热那亚、比萨、佛罗伦萨、米兰、曼托瓦、威尼斯还有教宗国彼此争斗。古老的封建制度早已瓦解，市民社会兴起。几乎看不到清晰的战线。皇帝在那里又能有什么作为？城市大力发展远洋贸易，威震四方，城市和执政团家族势力大增。当然，皇帝能振兴失落的帝国特权，重新征收赋税，城市和反对派尽管不情愿，也会作出让步。不过，若他还希冀能平定这个国家，重振王权和皇帝雄风，统一意大利王国，促进和平，那只能是妄想。因为这里不存在法国贵族阶级中一开始就有的民族这一概念。帝国的观念再也不能引起大多数人的共鸣，尽管其他一些像但丁那样的人对此仍有幻想。每一个城市，每一个贵族，每一个雇佣兵队长都在谋求独立的统治权，摆脱皇权的束缚，摆脱千百年来来自北方某位皇帝黄金诏书的制约。因此亨利的努力注定徒劳。

在米兰，亨利七世很可能是略施妙计，加强了维斯孔蒂家族（Visconti）的地位，以反对其死对头德拉·托雷家族（della Torre）。这样一来米兰就成为皇帝党的势力范围，从此站在皇帝这边。热那亚持保守观望态度。比萨支持亨利，不可避免地招致了佛罗伦萨的敌意。几十年后，比萨不得不屈服于佛罗伦萨，这座阿诺河边的城市（Arnostadt）是教宗党的大本营，不把皇帝放在眼中。一心支持皇帝的但丁便出生在这个城市，被驱逐，再也没有返回故里，最后死于异乡。今天人们只能去拉文纳拜访他的墓地。罗马对这位未来的皇帝也不太热情。在那不勒斯执政的安茹家族整装待发，寻找盟友，反对皇帝。安茹家族的对手阿拉贡王族自"西西里晚祷"事件（1282年）之后统治着该岛。亨利正与阿拉贡王族接洽，谈

[①] 又名亚历桑德罗·菲利佩皮（Alessandro Filipepi），文艺复兴早期画家，属佛罗伦萨画派，代表作《维纳斯的诞生》《春》《三博士来朝》等。

判还未达成，1313年却突然死于疟疾。至少卢森堡的亨利为了皇权四处奔波，重新唤起了人们对昔日帝国的记忆。亨利被葬于比萨大教堂，成为死在阿尔卑斯山以南的两位中世纪皇帝之一。他的墓地是唯一被部分保存下来的皇帝陵墓，由提莫·达·卡玛伊诺（Timo da Camaino）设计。亨利的妻子先于他去世，葬于热那亚附近的圣地弗朗西斯科城堡（S. Francesco di Castelletto），她的坟冢精美绝伦，正是出自大师乔凡尼·皮萨诺（Giovanni Pisano）之手。

亨利死于意大利之后，选帝侯们不再对他的家族表示支持。为了避免出现新的卡佩王室成员候选人，选帝侯各执己见。经过长时间的谈判，一部分人选定了哈布斯堡家族的美男子腓特烈一世，另一部分人青睐维特尔斯巴赫家族的巴伐利亚人路易。由此德意志历史上第二次出现已成年的王储无法继承父王的王位的情况。第一次是莱茵费尔登的鲁道夫和萨尔姆的赫尔曼（Hermann von Salm）被选为亨利四世（1076—1088年在位）的对立国王，第二次是施瓦本的菲利普和奥托四世（1198—1208年在位）的王位之争，之后亨利·拉斯佩和荷兰的威廉被选为腓特烈二世和康拉德四世（1246—1254年在位）的对立国王；在阿尔布雷希特一世反对拿骚的阿道夫（1296—1298年在位）之后，这是第五次在德意志境内出现两位对立的国王。这一奇特的政治风貌在欧洲历史上造成的后果（除了拜占庭），对比周边国家，则显而易见。同期法国并没有同样的遭遇，君主制度日渐稳固，达到顶峰。即使14世纪爆发了英法百年战争，也没有撼动法兰西的地位；即使困难重重，法国国王也从未遇到类似德意志国王面临的尴尬局面。伊比利亚半岛上的君主国家有着更好的命运。只有中世纪晚期的英格兰面临着类似的局面，国王被杀后，谋杀者篡位成功。莎士比亚从历史中获得了创作灵感。

欧洲中部持续不断的王位之争不仅改变了德意志的历史，也深刻影响着整个欧洲的发展。王权斗争一次又一次地颠覆当地的政权，带来可怖的灾难，加速了对帝国特权的反叛和对王室财产的掠夺，摧毁了王权的威信和执行力，王权衰败让外敌有乘虚而入的可能。这一切直接造成地方诸侯渔翁得利，教权扩大，枢机主教团影响增强，邻国入侵；事实上，政治情势无可避免地波及思想、民族文化以及受文化影响的风俗习惯,这方面留下的痕迹到现代仍清晰可见。

维特尔斯巴赫家族和哈布斯堡家族争夺统治权长达八年之久,直到巴伐利亚人路易在穆尔多夫(Mühldorf)取胜,击败对手。之后他紧跟前辈的脚步开拔意大利,不可避免地与教宗约翰二十二世的关系剑拔弩张。在路易还只有国王头衔时,约翰二十二世便凭借教宗的批准权褫夺了国王行使任何统治权的权利。尽管巴伐利亚人的路易千方百计想要摆脱这一禁令,或武力途径,或法律方法,或亚里士多德学说,或神学方面的论证,帕多瓦的马西留斯和奥卡姆的威廉此时都在为这位君主奋笔疾书;不过,在路易任内都没有成功。对于卢森堡家族而言,巴伐利亚人的失败为他们登上罗马王位开辟了道路。

在那段时期,巴伐利亚人路易的宫廷是值得逗留的。在这里,神学、艺术、科学争奇斗妍;在这里,展开了关于贫苦在救赎史中的角色作用的神学大讨论,撼动了方济各修会。方济各会分支小兄弟会在德意志作为布道者和忏悔神父推广基督教信仰,因而"贫穷之争"影响了连同修会在内的整个拉丁基督教会的很大一部分。争论始于教会与方济各修会的灵修派彼得·约翰·奥利维(Petrus Johannes Olivi)的观点存在分歧,奥利维受约阿希姆学说的影响颇深。教宗约翰二十二世下令迫害其信众,如果其追随者不顺从教会,教宗则指控其为异端并处以火刑。在教会聚敛财富和讲究铺张排场的现实对比下,守贫理想再次受到关注。他们挑起了耶稣基督和使徒的贫穷问题,而同样追求清贫的托钵修会多明我会与方济各会的激烈竞争为这场"贫穷之争"添柴加火。1323年教宗申明反对方济各会的立场,颁布教令《在某些人之中》(Cum inter nonnullos),否定了"贫穷的基督"。巴伐利亚人路易在此争论中倾向于方济各会的观点。方济各会总会长切塞纳的米歇尔被召往阿维尼翁,1328年路易在罗马被市民加冕为皇帝后,米歇尔被指控为异端并被处以绝罚。这位昔日的方济各会总会长刚被教宗免职,便逃到了路易的皇宫,从此再未离开,直到1342年生命的终结。同样身为方济各会士,奥卡姆的威廉则效仿彼得·约翰·奥利维,转而指责教宗是异端。

奥卡姆的威廉并非像教会法学家那样仅仅区分"王权"（Regnum）与"教权"（Sacerdotium），而是效仿帕多瓦的马西留斯，不仅质疑教宗的教化权威，而且从根本上怀疑教宗所声称的权力的合法性，怀疑教宗要求世俗万物对其顺从的权力主张；强制力是一种侵占，是非法的，认定自己主宰和统治人类就是暴君的行径；权力使基督徒成为教宗的奴隶，导致后者肆无忌惮地褫夺诸侯和国王的统治权。奥卡姆的威廉明确声明反对教会对基督将权力的钥匙交给彼得（《马太福音》16：19）的阐释，认为此处的钥匙主要指精神层面，而非世俗层面；指牧灵的义务，而非天主权力。奥卡姆的威廉认为，越权的教宗就是异端。[14]

奥卡姆的威廉的观点其实是针对约翰二十二世，这位教宗节约简俭，过着一种类似苦修的生活，同时却维持着能与皇帝一较高下的宫廷，它甚至比皇宫更加富丽堂皇。这位彼得权柄的继承人下令在阿维尼翁修建宏伟的教宗宫，竣工之后，用更为华贵的仪式来点缀它。据记载，那里举行的排场极大的宫廷盛典，比如婚礼，是由他资助的。为了表达对结婚的女亲戚的尊敬，教宗会向这些贵妇们献上体面的礼物：给这位一只羊和四分之一只全牛，给那位一只羊和雄鹿，或配上一只鹿羔，如同在宴会上招待贵宾。有记载约翰二十二世还在阿维尼翁城门外为骑士随从设若干"副庭"（Nebenhof），承担其高额开销，例如教宗新堡（Châteauneuf-du-Pape）处的葡萄酒庄园。[15]

不过，统治者也无法不附庸风雅，谈论艺术与文学。路易的意大利之行实际上为国王和皇帝的宫廷打开了文化和艺术交流的新途径。在阿尔卑斯山以南，几乎所有城市为了提高知名度，都在建筑、绘画和雕塑上一掷千金。11世纪末，比萨和米兰便已在这方面争先恐后，其他城邦也不甘落后，更不要说威尼斯了。

艺术家们不再满足于金色的底色、简朴的构图和象征性的表现技巧。艺术作品中圣人的人性化特征愈加突出，尽管这一时期的人物仍在某种程度上经过理想化的加工，缺少生活气息，但画中人物不再高高凌驾于观众目光之上。插图中的阿西西的圣方济各站立在人群中。画家的视野更为开阔。自然更显生机勃勃，真实的风景成为绘画的主题。佛罗伦萨的乔托、锡耶纳的杜乔·迪·博尼塞尼亚（Duccio di Buoninsegna）、西蒙·马丁尼（Simone Martini）和洛伦采蒂兄弟（安布罗吉奥·洛伦采蒂和彼得罗·洛伦采蒂）都是绘画方面的时代先驱，整个画坛紧随其后。乔托经常放弃金色的底色，大胆采用从"海外"进口的昂贵的青金石（Lapislazuli）碎末来调色，描绘蓝天，这就是群青（Ultramarin，意为"海外"）。在阿西西，圣方济各安葬的教堂里，乔托绘制的这位人物便展现在这样一片蓝天之中。画中的人物如此真实，同时代人观赏他的画作时，仿佛置身于画中。巴伐利亚人路易在位期间，最负盛名的美术作品首推安布罗吉奥·洛伦采蒂在锡耶纳市政厅里的《好政府的寓言》和《坏政府的寓言》（buon'et mal'governo），它们与乔托的那块寓意丰富的湿壁画创作于同一时期（1338—1339年）。

安布罗吉奥在他的作品中用远景勾勒了广阔的自然全景，他是首位冒险将目光投向城市的画家，而他的这两个特点被后人的争相效仿，直到今天。[16] 和平厅（Sala della pace）的布局，赋予了分别绘制在不同墙面上的"好政府"和"坏政府"寓言以非同一般的真实性，极具说服力，可以说史无前例。好的城市政府是："瞧！生活如此甜美宁静。"那个时代人们认为，"甜美生活"（dolce vita）是天堂喜乐的写照；不过自托马斯·阿奎那（或他的学生卢卡的托洛梅乌斯）开始，这些则转变为尘世和政治的意味。幸运的是，维纳斯掌管着锡耶纳这座城市的命运，所以"人们现在在这里统治，将来仍统治着这座城市，绝不没落"，如那个时代首屈一指的天文学家切科·达斯科利谈及锡耶纳时所说的那样。他还说"这里的女人是维纳斯，美丽动人"。善政之下商业一派欣欣向荣的景象，洛伦采蒂突出了毛纺者、麻纺者、鞋匠和大学。画上特别题字，请观众注意"好政府"，看那美丽的年轻女子正跳着轮舞，看看这繁荣的城市和乡村，来领略公正、和谐与和平的善政下的公社（Comune），以及"平安"的地方风貌。这里丰收在望。另一侧是"坏政府的寓言"，在"暴君"治下，吝啬、骄傲、争端、嫉妒、欺骗和暴力层出不穷。恐惧、胆小是悬在这片土地上的一把剑，"公正"女神被绑架而倒在地上。土星（Saturn）掌控这些人的命运，这里到处是毁灭、纵火，饿殍遍野。洛伦采蒂的壁画再现了城市风貌和政治状态，还反映了他那个时代的政治理论，不久便闻名于欧洲。

巴伐利亚人路易看懂了这一信息。他的慕尼黑皇宫从此出现了一些类似文艺复兴的动向。最好的例子便是那独一无二的《金玺诏书》背面，后来再没出现第二个人像路易一样，在《金玺诏书》的背面大做文章。人们可以看到诏书背面，清楚地绘制了永恒之城的古代和基督教时期的纪念建筑，人们还可以看到罗马那些脍炙人口的皇帝和使徒的名胜古迹，那是每一位罗马朝圣者心中所惦记的地方。这些符合抑或超过皇帝身份的诉求。路易展现了金色罗马，展现了宗徒的王座，作为他正统统治的证据。这位被教宗逐出教门的皇帝相反指责教宗为异端。在他的宫廷里会聚了时代英才：被处以绝罚和被指控成异端的帕多瓦的马西留斯于1327年从巴黎逃到路易的宫廷，一起寻求庇护的有他的朋友同僚让丹的约翰（Johann von Jandun），以及逻辑学大师奥卡姆的威廉，还有被教宗逐出教门的方济各会总会长切塞纳的米歇尔和贝尔加莫的伯纳格拉蒂亚（Bonagratia von Bergamo）。这一时期的皇城慕尼黑聚集了当时的思想精英，这个德意志南部城市上升为一代欧洲人心目中的文化之都。路易懂得如何让艺术为政治服务。他的宫廷成为孕育新推动力的温床，成为将宫廷艺术转变为自我宣传的典范。[17]

不过，这位皇帝并非独领风骚，他的对手有亨利七世那位被选帝侯们视而不见的儿子波西米亚国王约翰。约翰是一位不畏艰险且大力提倡骑士文化的国王和英雄。他向巴伐利亚人路易喊话，"敌人越多，战利品越丰"。[18]约翰就如亚瑟的圆桌骑士，以身犯险。起初捷克人不喜欢这位国王，对他并不友好。因此约翰在波西米亚并不自在，然而他赢得了西里西亚。约翰热爱故乡卢森堡，热爱西边，所以前往意大利，去托斯卡纳向哈布斯堡王室的朋友美男子腓特烈的追随者宣战。波西米亚的约翰并非师出无名，他的征战获得了教宗的许可和"教宗党"的支持，他们希望能够从此切断意大利和神圣罗马帝国的联系；约翰出征还带有个人的目的，即建立个人的统治。不久，1332年他把15岁的儿子瓦茨拉夫（未来的查理四世）从巴黎召到南部，这位年轻的继承人必须率领军队，与来自欧洲各地久经沙场的雇佣兵一起，经受住战争的考验。雇佣兵军官中有曾为其祖父效劳的卡斯特鲁乔·卡斯特拉坎（Castruccio Castracane）或者那位无所畏惧的乌尔林根的瓦尔特（Walter von Urslingen），后者很快让整个意大利闻风丧胆。查理在那时受封为骑士。另外，两百年后，尼可罗·马基雅维利将卡斯特鲁乔作为《君主论》的原型之一，并为他撰写了跌宕起伏的生平传记，英雄色彩极浓但缺少史实可信度。

父子离开巴黎前，曾在枫丹白露与腓力六世签订协议；腓力六世是瓦卢瓦王朝的第一位法国国王。根据约定，来自吕泽堡的约翰和儿子查理接受香槟和韦芒杜瓦（Vermandois）地区封地并履行相应的义务；日后他们确实应召效力。查理的父王在阿尔卑斯山以南的征战很快失败，理想如风中的肥皂泡破灭。那里一直无法形成统一战线，尽管获得了教宗和法国的支持，查理仍然陷入困境；虽然获得了某些"教宗党"的帮助，托斯卡纳地区最强大的城市佛罗伦萨仍对他紧闭城门。查理不得不退让。他只能作为国王班师回朝。不过，意大利给查理留下了深刻的印象，查理也在那里获得了远远超越战争和权力博弈的宝贵经历。从此，这位波西米亚国王对意大利艺术、科学和文学的青睐有加，对意大利语的美和表现力，对光线和色彩，对早期文艺复兴都产生了浓厚的兴趣。查理还认识到征战毫无意义，领会到外交的价值。

然而，作为他那个时代的统治者，年轻的查理注定戎马一生。这位未来的皇帝一次次为了他的领主法王披甲而战。1339年秋，英国国王爱德华三世与许多德意志诸侯如布拉班特公爵、于利希和贝尔格边区伯爵等结盟，以维特尔斯巴赫家族帝国代理人的身份入侵康布雷（Cambrai，法国北部城镇）。这里名义上仍属于神圣罗马帝国，然而实际上早已转向法国，不过主教仍臣服于皇帝；而吕泽堡的查理作为摩拉维亚边区伯爵，追随法王的鸢尾（百合）花旗帜。[19]这种情势下谁是值得信赖的盟友？即使皇帝巴伐利亚人路易不久之后都来寻求与腓力六世结盟（1341年），有人讥讽说，路易是收受了富裕的法国人的贿赂。然而，路易最终因无法与顽固的教宗达成妥协而失败，他首先遭遇了教宗本笃十二世的抵制，其次是克雷芒六世的反对；克雷芒六世是摩拉维亚的查理在巴黎受教的恩师，受学生所托，准备将学生推上皇位。如此一来，斗争持续，英格兰与法兰西的"百年战争"拉开了帷幕。

1346年，由维特尔斯巴赫家族的对手选出的（对立）罗马国王查理还未加冕，就随父王约翰带领的波西米亚军队，为法兰西国王腓力六世参加克雷西会战（Schlacht von Crécy）。自1214年布汶（Bouvines）战役中奥托四世为落败的英格兰无地王约翰而战，这是第二次德意志国王还没坐稳王位，就被卷入英国和法国的战争中；而这一次，德意志国王再次战败。与奥托四世不同，查理能及时逃脱，保住王旗；[20]他避免了他父亲约翰的厄运：这位目盲的波西米亚国王亲自上阵，英勇地战死沙场。

克雷西会战是中世纪最后一次骑士大战。布汶战役奠定了法国的欧洲霸权地位，而克雷西会战是英法百年战争的第一个高潮。战争的起因仍围绕着老问题，即到底是女方的近亲还是男方的远亲才是合法的王位继承人，最终却演变为欧洲大陆的霸权之争。就像1204年布汶战役一样，布列塔尼的继承权问题点燃了克雷西会战的导火索。腓力六世（卒于1350年）从战场上落荒而逃，威严一落千丈。巴黎和图卢兹的三级会议通过了不利于国王的财政管理措施。与此同时，战胜的英国国王爱德华三世，法兰西国王腓力四世外孙，于1347年包围并很快占领了加来（Calais），据传最后该城的六位市民出城前往英军营地赴死。六十年后编年史学家让·伏瓦萨（Jean Froissart）将这一传说记载下来。自那时起，许多文学家都以该题材为创作主题，五个世纪后的大雕塑家罗丹也创作了相关作品，这些都为小城加来之战树立了无与伦比却与史实相去甚远的历史丰碑。[21]战争开销巨大，只能靠信用贷款来维持，大大超出了王室所能承担的预算，因此王室只能增加税收，议会权力由此加强。战争的灾难性后果远及南部的意大利，当时欧洲最大的银行巴尔迪，有至少25家分行遍及欧洲，从塞维利亚到君士坦丁堡和耶路撒冷，从突尼斯到英格兰，受战争的拖累而面临破产。

查理四世无疑是幸运的，他不仅逃离了战争的厄运，而且回到了波西米亚。他父亲的传奇一生让同时代人敬仰，亲英格兰的列日编年史学家让·勒贝尔（Jean le Bel）称呼其为"至尊的国王"（le plus noble roy）[22]。

人们逐渐忘记查理从战场上落荒而逃。查理亲笔撰写的自传也在克雷西会战苦涩的战败前戛然而止。不过，查理因此尝到了教训。之后，他三次拒绝与公主联姻，与法国保持谨慎的距离，而与英国国王走得更近。查理远离无休止的阴谋和斗争。这些阴谋斗争尽管没有焚毁欧洲，却留下了疤痕。此外，查理的对手德意志皇帝路易次年狩猎受伤去世，再也无法对其造成威胁。德意志诸侯和城市因此普遍承认这个卢森堡人为帝国皇帝；因为他母亲的关系，他受到捷克人的爱戴。

皇帝查理四世——"欧洲的"统治者

这位曾被称为瓦茨拉夫的年轻人就是后来的皇帝查理四世。他与他以前在巴黎的老师，即1342年后成为教宗的克雷芒六世，通力合作，共同反对那些"目中无神的巴伐利亚敌基督者"，最终赢得了皇位。然而查理并未成为时任慕尼黑宫廷发言人奥卡姆的威廉所讽刺的、教宗克雷芒所期待的"教士君王"（rex clericorum）[23]。这位查理皇帝算得上"欧洲意识最强"的中世纪神圣罗马帝国皇帝；在这点上，即使查理曼都无法与之相提并论。因其个人成长经历，他了解法兰西、英格兰、意大利和西班牙的问题，熟悉东边与西里西亚、波兰和匈牙利的难题。这位皇帝考虑得最少的自然是"德意志"。尽管如此，他的统治政策可谓半个世纪历史的指向标。

查理的母语是捷克语，孩童时候他接受的是法语教育，后来则是拉丁语教育；年少时他又在意大利学习了意大利语。目前无法确认他是否掌握德语。一如查理的父亲和祖父，他在法兰西国王的监护下度过了最关键的七年，在那里学习如何慎重灵活地运用权力；学习怎样让知识有效服务于政府；这位虔诚的王者还是位狂热且孜孜不倦的圣物收藏者，学习利用教会来有效加强皇权，同时又不至于受制于教权；并最终认识到金钱的力量。佛罗伦萨编年史作家和银行家马提奥·维拉尼（Matteo Villani）如是写道，查理意大利之行的目的是装满他的钱袋子，如同商人那样赢得皇位。[24]查理对国家财政的担心不无道理，那时局势动荡，在时代大背景下商人发现并运用资本的概念，运用复式记账、无现金和跨地区支付的方法。金钱的政治力量开始显现，如科隆地区的选帝侯就需要现金；据说查理对枢机主教们格外慷慨大方，这让谈判有可能成功，至少过程变得更轻松。而他的精神导师教宗克雷芒不时提醒这位新皇帝谨记教宗的司法权（即使在世俗事务范围内同样有效），期待皇帝明确承认教宗的批准权，并表示效忠。然而在叔公特里尔大主教鲍德温的建议和支持下，查理承诺了一切，但事实上什么也没做。[25]

这位卢森堡的年轻人取用了新名字查理，并如高举胜利旗帜般在意大利四境巡视。1332年，在反对他的佛罗伦萨附近，这位年仅16岁的国王下令，在这一极具战略性意义的地点修筑以他的名字命名的蒙特卡洛（Montecarlo）城堡，如今这里是托斯卡纳的一座田园风光小城。[26]该名字即他的执政纲领。自此以后，法兰西的榜样再次发挥作用。法国一直期待延续加洛林传统，在那里出现过法王查理四世（同样是这位皇帝的保护人）[27]，其名号已昭示他的"回归"（reditus）理念，这并非只是口头上的宣扬而已，而是通过向加洛林传统的"回归"来确立王朝的合法性。[28]早在腓力二世执政时期，这一传统就已初现端倪，之后法国更是稍加掩饰，宣称继承加洛林时代的整个"法兰克王国"（Francia）：这个王国在13、14世纪可以指东至莱茵的洛林地区，算是查理曼帝国的延续。该传统在1200年左右还与教会和宫廷法学家的观点相互影响，后者为了与皇权主张或法学学说相抗衡，发展了如"国王是其国之君主"[29]等理论。

事实上，圣路易九世的兄弟安茹的查理怀着帝王的野心登上了西西里的王座，他颠覆了斯陶芬家族在西西里建立的政权，并将西西里王室最后一位男性继承人（16岁的康拉丁）推上那不勒斯集市的断头台。安茹的查理的叔叔美男子腓力则如前所述，在阿尔布雷希特一世被谋杀（1308年）之后，为了王弟瓦卢瓦的查理能够当上罗马国王并登上帝国的宝座，而大动干戈。虽然最终未能成功，但对此地的领土权主张延续了几个世纪。1323年卡佩国王查理四世在圣德尼的法王加冕教堂举办的坚振礼上，亲自为年轻的瓦茨拉夫授名，此举无疑是一种设想：这位未来的波西米亚国王兼选帝侯现在获得了具有象征意义的查理之名，并通过与国王侄女瓦卢瓦的布兰奇（Blanche von Valois）订婚，正式加入"查理曼一脉"（ligniée de Charlemaine le Grant），名正言顺地"回归"传统。

不过，换名之举极有政治爆炸力。[30] 尽管背离了圣瓦茨拉夫（波西米亚的守护圣徒）的传统，波西米亚人并未将此举视作挑衅。不过在举办换名坚振礼的同时，1323年法籍教宗约翰二十二世与皇帝路易四世爆发冲突。有了法兰西国王的支持，在阿维尼翁（约翰二十二世驻地）的主导下，这位"卡奥尔人"——路易四世如是贬低地称呼教宗——发起了反对路易四世的运动。这位教宗是位巧舌如簧的法学家，远见卓识的教廷财政改革者，那不勒斯国王的前文书大臣，如今虽逾八十高龄但不屈不挠、斗志昂扬。这一运动旨在让意大利和伦巴第与德意志王权保持距离；帝国政策中重现"吉伯林派"与"归尔甫派"的对立局面，维特尔斯巴赫家族与哈布斯堡家族的王位之争继续上演，教宗为了扩大教会的权势没有置身事外；卡佩王室计划重掌皇权；据说波西米亚的约翰曾想让其女婿法兰西的查理荣登大宝。波西米亚的瓦茨拉夫的换名礼可视作对路易挑衅教宗的象征性回应，用查理这一神圣的名字来唤醒对"强者"的记忆。约翰二十二世的第二位继任者克雷芒六世在圣彼得大教堂承认其当选国王时，提醒他要效仿查理曼的榜样。这位卢森堡人后来也证明自己不辱圣名，是"虔诚而杰出的天主教徒"。[31]

从那时开始，这位新当选的国王不仅视查理曼为圣徒及上天的守护者，而且借此压制某些外来的要求，有意识地遵循法兰克的皇权传统。自奥托三世后，包括为查理曼封圣而东奔西走的红胡子腓特烈在内，查理四世是首位在亚琛第二次受涂圣油礼的国王；那天是圣雅各节（1349年7月25日），几乎是在他当选国王三年后的同一天。查理四世对查理曼的崇拜纪念体现在，（据推测是由本人发起的）捐助制作戴贵重皇冠的查理曼胸像圣骨盒，并捐建瓦茨拉夫的祭坛；他还有可能为查理曼墓葬教堂的扩建工程出力，自1355年起扩建起哥特式的唱诗大厅，不过近来学界对比表示怀疑。[32] 这位卢森堡人扩建教堂的用意再明显不过，即在这独一无二纪念场所，在安葬查理曼的教堂，昭示他是查理曼的继承人。

不仅如此，查理四世兴建的捷克都城布拉格多处借鉴了亚琛。查理四世在布拉格新城修建了卡尔洛夫（Karlov/Karlshof）奥古斯丁会修道院。他不仅把这个新城奉献给他的同名守护圣徒，还下令按照亚琛圣母玛利亚教堂的八角平面和半圆拱顶样式来修建教堂。结婚八年后，1361年施维德尼兹的安娜（Anna von Schweidnitz）终于生下期待已久的王储瓦茨拉夫，查理四世高举裹在金衣中的王子，并没有去圣地朝圣，而是去亚琛圣母玛利亚教堂献供还愿。[33] 查理四世在其他地方，如当时传为查理曼出生地的因格尔海姆建起了查理纪念教堂或祭坛。从帝国的视角来看，这位受洗的皇帝以前在巴黎获得的"查理"模范，自然与神圣"查理曼"存在差别。查理曼的传统跟法国紧密相关。法王的次子在受洗仪式上也获名查理，即查理五世。他的儿子及孙子均叫查理，孙子查理七世是圣女贞德时代的法兰西国王；这一世系的子孙都是如此命名。这位卢森堡人没有让其子嗣用加洛林的名字受洗。究其原因，可能是在尽义务反对巴伐利亚的路易。

查理四世尽可能地按法兰西的方式统治王国，如一位法国编年史作者赞美道，他是"一个伟大而英明的人"，"更多地……运用智慧而非武力"来统治国家。[34] 查理四世精于外交，老道地挑拨对手，时而虚柔，时而强悍地施压，在没有损失时自愿妥协，在事情有风险时做出没有效力的、看似赞同的沉默，这些都是法王惯用的权术。不仅如此，查理四世还实施谨慎的财政政策，多方面灵活运用手腕；供养大批智囊，作为繁复的代表机构，以维护政治和国家统治的合法性，展示帝国权威。波西米亚的查理四世还特别重视历史的撰写，作为文化记忆的永恒表现形式，目的不外乎展示他的王国和帝国。他所继承的波西米亚很快便在新文化上百花齐放。

值得称道的是皇帝本人受到了极好的教育。这位统治者身旁聚集了比他前任更多的学者，他在布拉格创建了阿尔卑斯山以北帝国领地里的第一所大学。即使比欧洲其他地区晚了几百年，以布拉格为中心的波西米亚地区也逐渐跟上了欧洲发展的脚步，补上了最为迫切的现代化步骤。他的竞争对手也不甘落后，如哈布斯堡王室紧跟其后着手建立维也纳大学，维特尔斯巴赫的普法尔茨伯爵在莱茵地区创建了海德堡大学，最后是科隆大学和美因茨地区埃尔福特的城市大学。统治者需要律师和博学的教会法学家来把控他们的统治规则，让整个国家安稳地通过教会法规的悬崖峭壁。

查理四世并未追赶当时欧洲政坛的潮流。法学家在其智囊团中发挥了很大的作用，然而布拉格无法像巴黎或英格兰那样建立固定的法律部门，查理的宫廷事实上显得有些寒碜。他的智囊有近一半是神职人员。除了公证官，其内廷对医生和占星术士的兴趣更大。当然那个时代医生行医离不开占星术。新兴事物通过皇家文书处在这位卢森堡人的帝国内得以推广。文书大臣诺伊马克特的约翰继承了腓特烈二世宫廷辞藻华美的传统，负责起草查理的外交文书；此外约翰与弗朗西斯科·彼特拉克书信往来频繁，并直接将他们的书信作为皇家文书的修辞范本。由此促生了新的语言风格，并加速传播开来，形成了北方文艺复兴潮流的前奏。不过即便查理宫廷赢得这位桂冠诗人的赞许也于事无补。这片"野蛮之地"（terra barbarica）及其不友好的气氛给彼特拉克迎头一击，在这里仿佛身处小冰川时代，尽管他对朝廷官员的"严肃认真"（virorum gravitas）表示好评，并对莱茵兰姑娘的美貌赞不绝口："诸神啊！如此曼妙的身段！怎一个美字了得！"（Dii boni! que forma! quis habitus!）[35]这位被宠坏的意大利人拒绝了国王和皇帝提供给他的显赫官位，留在了南边的意大利。因此在布拉格，虽然出现了早期文艺复兴萌芽，却并未全面发展。查理四世不算是文艺复兴君主。

查理四世与接下来介绍的早期文艺复兴的第二位代表克拉·迪·里恩佐之间关系紧张。里恩佐是个异想天开的改革者，提出复兴"古罗马城管辖权"（antiqua iurisdictio Urbis）。这位自封的"罗马皇帝的护民官"（Tribunus Augustus）曾在王位之争的裁决中，援引了皇帝路易、他本人、查理和其他选帝侯的话，并号召由"神圣罗马帝国的人民"来选皇帝，要求罗马帝国选举权从意见不一的选帝侯回到罗马人民手中，并郑重宣布撤除一切对"神圣罗马帝国的人民"的赠礼，交还元老院和人民的权威、司法和行政权。查理自然不会答应这样的要求，并对此进行惩罚。不过他惊叹于这位洗衣妇之子的修辞技巧。[36]查理并非革命人士或想象力丰富之人；他制定有可能实现的计划，并多次达到他所追求的目的。不过，他对具有前瞻性的伟大新事物也很敏感。

在同时代人伏瓦萨眼中，查理四世充满了好奇心，热衷于了解世上的奇闻逸事。[37]因此在这位皇帝的餐桌上还有位游历四方的客人，他总是侃侃而谈，给皇帝讲述一些最近的新奇见闻，他就是来自佛罗伦萨的方济各会修士马黎诺拉的乔万尼（Giovanni di Marignola）。乔万尼与刚在罗马加冕不久的查理相识，这位托钵修士随后成了查理宫廷的礼拜神父，并随其到了波西米亚。据传他编撰了一部《波西米亚编年史》(*Cronica Boemorum*)，期待查理作为教化典范，能修身养德、维护和平，还记载了一些有用的信息。毕竟这位受教于圣奥古斯丁的信徒，厌恶单纯的好奇心。

马黎诺拉的乔万尼着手创作，然而他写出来的是脆弱虚无、缺乏独创的世界历史。[38]不过他记载的奇闻逸事是查理的兴趣所在，这也是他受到皇帝重视的原因。这部编年史主要讲述他受教宗本笃十二世的委托出使"汗八里"的大汗宫廷以及在周边国家游历十四年的见闻，不过他对在北京逗留三四年的记忆已然不太准确。其后他讲述他去了戈壁、契丹，还到了锡兰岛国，及其对面的俨然亚当夏娃遗弃的人间天堂之所在，提到了他想要亲耳听听其流淌声的天堂河流，描述他对所有奇形怪状之物的好奇心。作为一方之主的皇帝鼓励乔万尼写下他的传奇见闻，其中对世界的认知，模糊了精确的知识与异域风情之间的界限。这位修士确实展示了和同时代威尼斯、热那亚或佛罗伦萨的一些商人一样的广泛见识，却缺少其他当代学者所掌握的能够合理表达见闻的阐释方法，无法将记忆的琐碎升华成普遍的道理。因此乔万尼将他的经历归入贴近圣奥古斯丁式的传统历史和世界观中，但没能理解这些新事物所带来的影响，那就是颠覆迄今为止的一切知识积累。

乔万尼在书中不时引用旅途所见所闻，他认为大陆漂浮在大海上，大海被十字形分割成四块。位于北边的两块有人居住，可通航；南边的却无法通行。"因为天主不愿人类在海上环游世界。"乔万尼知道苏门答腊可能就是"士巴女王的王国"；他也知道，在那里（赤道以南），太阳在北边，影子朝南。他还从一位热那亚旅人、占星术士那里获悉，在那里看不到北极星，却看得到南天极。但他陷入圣奥古斯丁的世界观，否定"对跖点"

的存在，因为若有，那里的居民的脚就可以伸到欧洲人脸上。这位教宗的使者信奉十字架神迹，相信在世界各地都有这种神秘主义的发现。或许正是因为这个原因，这位见多识广的使者的见闻才特别吸引我们笃信十字架的皇帝。皇帝还对奇异的人和事物兴趣盎然，如乔万尼所描述，查理曾将一位脸上长满浓密毛发的女孩从意大利佛罗伦萨带去布拉格。乔万尼顺理成章地认为，诸如此类的奇异事物是亚当的畸形后代或是诗人的虚构。这位修士还没有摆脱圣经的世界观，相信欧洲是世界的中心，从匈牙利到英格兰和法国，再往西则是世界的尽头。而在这里生活的人们虽然不是自愿，却总期待发现新兴事物。[39] 但这些新奇事物通常与所熟悉的事物混杂，形成了陌生的结合体。

相比于全球性视野，这位皇帝自然更多地思考其他人对他统治的看法。这在他的政策措施中有所体现，这些措施不止面向其臣民和土地贵族，同样针对他的政敌，旨在宣扬统治的合法性。查理利用了这种宣传机会，波西米亚贵族也上行下效。例如，各式各样的视觉艺术形式，都有不同的计划和安排。巴伐利亚的路易在这方面为查理树立了榜样。查理在法国和意大利逗留过数年，那里的具象艺术的新形式，如哥特盛期和晚期的建筑、绘画、雕塑以及文学和音乐，打开了他的眼界。在佛罗伦萨新圣母教堂的西班牙礼拜堂里，查理是否曾惊叹于安德里亚·迪·博纳尤托（Andrea di Bonaiuto）的壮丽壁画《教会的凯旋》(Triumph der Kirche)？该画创作完成于他第二次到访罗马期间。这些图像艺术总能促进人与人之间的交流，艺术作品与宣传手段、合法性与魅力是密切相关的。

欧洲的艺术场景在发展变化。乐师和画家成为受追捧的对象。政治家资助艺术家蔚然成风，促进了社会对艺术作品的需求。[40] 甚至女艺术家也进入大众的视野。薄伽丘在《十日谈》中赞扬一位公开展览和出售作品的女画家，而这在当时是破天荒的奇闻。在法国宫廷出现首位靠写作生存的专职女作家克里斯蒂娜·德·皮桑（Christine de Pizan），其作品并非全部为君主歌功颂德。这两位主角成为许多后来者的榜样。在全方位的文化交融之后，西方世界逐渐呈现出精神形式，其伟大之处表现为，在欧洲这块相对小的多中心的大陆上，各种现有的文化形式如政治、经济、财政、宗教、科学、艺术，还有思维方式、生活形式到社会秩序，以独特的方式融为一体，成为服务于大众利益的基本要素。

在查理四世的宫廷艺术中，法国、意大利的影响和波西米亚本土传统相互结合。艺术家及艺术作品、音乐革新从意大利传到了波西米亚，查理宫廷的艺术百花齐放、百家争鸣，叙事曲（Ballata）、回旋曲（Rondeau）同期传入布拉格。目盲约翰的宫廷随从中有一位杰出的新艺术（Ars nova）作曲家，名叫纪尧姆·德·马肖（Guillaume de Marchault），他穿行于波西米亚的山水之间，在查理四世执政期间，人们在都城布拉格仍见过他。皇帝在盛大的"国事活动"（Staatsakt）如在欢迎远方来的君主如塞浦路斯国王彼得一世（Peter I von Zypern）到访的仪式上，用马肖的这些音乐伴奏。[41] 与此同时，肖像绘画艺术兴起，受到大力支持，达到了新的艺术水平。金碧辉煌的教堂、装饰有大量雕塑作品的公共建筑、美丽的圣母像、装饰有丰富插图的手抄本、华贵的圣物箱、装饰着珍贵珠宝的王冠，这些都成为展现皇权正统性的有效媒介。它们在各个层面上发挥着效用，既刺激感官又震撼心灵，既针对劳苦大众又针对王宫贵族，同时面向平信徒和教士。

查理懂得审时度势，通常会做出明智稳重的决策，不会轻易采取大规模的武力行动。他谨慎计划，更喜欢制定比较平和、实惠的规则、协定和契约，不轻易介入战争。查理可以说以痛恨战争而著称。他劝诫他的儿子，"用和平的方式取得胜利"，"能够用外交手段解决，绝不动武"。[42] 既然国王与皇帝的行为与活动空间受到极大的制约，他们则有必要具备与诸侯合作的意识，因为直接统治或干涉他们的领地是不可能的。而和平只有在达成共识的基础上才能维持，而不能像以前那样凭借威逼和恐吓来实现。

查理四世意识到，在欧洲大陆的东边建立稳固的王权的可能性比在西方更大。在波西米亚，查理推行他的父王及他任摩拉维亚边区伯爵时期一贯执行的扩张政策，抓住一切机会扩大卢森堡王室的领土。这位波西米亚国王耐心地蚕食小块小块的领地，归其所有，再加上巧妙的联姻政策也为其扩张创造了有利条件。自波西米亚开始，通过与施维德尼兹和雅沃尔

（Jauer/Jawor）地区的女继承人联姻，查理四世获得了西里西亚，日后又赢得了以纽伦堡为中心的上普法尔茨、法兰克尼亚、埃格兰（Egerland，捷克语 Chebsko）和福格特兰山区以及卢萨蒂亚（Lausitz/Łużyce）。在生命的最后阶段，查理出高价购买了勃兰登堡边区伯爵领地，而纽伦堡的显贵则承担了必要的财务交易事务。这样，奥得河的入海口、易北河和波罗的海均不再鞭长莫及，如今都在他目光所及之处。查理东进的扩张政策增强了北欧、中东欧与南欧和西欧文化和经济中心的联系。

查理并非一味扩张领土，他同样追求用新的方式整合所获得的领地，用法律将其统一，试图将其发展为一种王室的领地。这基本上可以看作效仿法国。查理最终实现了普热美斯王朝 11 世纪就渴望达成的计划，1344 年成功将布拉格从主教区提升为大主教区，从而脱离美因茨大主教区的管辖。"波西米亚王冠"是波西米亚国王所有领土、统治头衔和法权的代名词，这一概念要归功于这第四位查理。这一概念能够很好地与捷克贵族制度融合在一起。他尽其所能，将新拓的领土并入帝国，归入这顶王冠之下。因此它不仅代表着在过渡到现代国家概念的抽象过程中走出关键一步，还象征着王冠佩戴者应同时持有罗马国王和皇帝的称号。这意味着，神圣罗马帝国应该且只能在布拉格进行统治。查理四世为布拉格圣瓦茨拉夫胸像圣骨盒特别捐制了相配的王冠珠宝，"波西米亚的王冠"由此成为真实的王权符号。人们要从波西米亚守护圣徒的手上"借出"这顶王冠，用来给这个国家的国王加冕。直到今天，这一昂贵的宝物仍与当时由查理捐制的伟大的圣骨盒十字架一起在布拉格展出。

法国对整个欧洲的榜样作用极具建设性。这从布拉格城市规划便可看出来。这座参照巴黎建造的城市如今成了令人向往与赞叹的去处。查理几乎照搬巴黎，在这里，伏尔塔瓦河（Vltava，德语 Moldau）代替了塞纳河。不仅如此，据史料记载，查理还邀请了多位法国人充当他的得力助手。1347 年查理当选为国王后不久，尼古拉斯·索尔蒂斯（Nikolaus Sortes）从巴黎前往波西米亚宫廷，次年出任公证官，为波西米亚国王起草最重要的特权令。巴黎西堤岛上实现了王宫和主教座堂的城市统一体；查理在波西米亚王国首都的堡山（Burgberg）上新扩建皇宫和大教堂，也实现了建筑风格的统一。当然在布拉格的"塞纳河"上少不了具有代表性的石桥,这座桥同样是查理下令重建的。桥塔上精心安排的雕像装饰象征着卢森堡王朝的辉煌历史,令人想起腓特烈二世在意大利南部卡普阿修筑的著名城门——通向西西里王国的边界城门。这座可以与著名的塞纳河桥相媲美的石桥,成为联系布拉格市民、国王与主教的纽带。同样在那个时期,布拉格紧跟巴黎的步伐,仿照巴黎大学建立了布拉格大学,并按照巴黎的模板建起了查理学院(Collegium Carolinum)。

新修的主教堂并没有遵照布拉格大主教波杰布拉德的恩斯特(Ernst von Podiebrad)的计划,而是按照国王的意志由法国建筑师建成法兰西王家标准的哥特式,无论在国家法律方面还是仪式方面该教堂都享有诸多特权。它既是主教座堂,又是纪念波西米亚两大王族普热美斯家族和卢森堡家族的纪念教堂。彼得·帕尔莱日(Peter Parler)雕刻的栩栩如生的帝王像,令人不禁想到巴黎西堤岛国王宫殿"大厅"(Grande salle)和圣德尼国王墓葬教堂里呈现的一长列(已故)帝王形象。[43] 巴黎的成长经历对查理的影响尤为深刻,在那里,他见识了法兰西"王室宗教",因此在波西米亚推行帝王的神圣化。为了对抗教宗的批准权,主张自身的权利,同时有意改变古老的传统,当选后查理定期举行罗马国王和未来皇帝的圣诞晨祷(matutin)①,念诵《路加福音》(2∶1)里的特定段落"该撒亚古士督有旨意下来"(Exiit edictum a Caesare Augusto)。[44] 在获得教宗英诺森六世许可后,每年在特定宗教节日[复活节后的八日期(Oktav)②后的周五],查理在布拉格查理广场特别为庆典建成的舞台上,敬拜神圣长矛和十字架圣钉,这敬拜可得三年赎罪之功;若在这一天有哪位普通教徒能同罗马国王或皇帝一起唱诵弥撒,将享受百天赎罪之功。[45]

波西米亚国王有意识地模仿巴黎王宫在圣礼拜堂供奉圣物之举,如耶稣受难时所戴的荆棘冠等圣物;查理就在离布拉格城不远的卡尔什特因村(Karlstein)建了私人圣物礼拜堂和研究教会法的查理学院,并从巴黎购

---

① 拉丁语 matutina,即"凌晨""早晨",晨祷的时间是半夜至早晨,起源于早期基督教的守夜活动。
② 拉丁语 octavus,即"第八",指天主教盛大节日如圣诞节、降临节和复活节后的八天。

▶安德烈亚·曼特尼亚绘制的受难的圣塞巴斯蒂安像。背景是古代建筑遗址。现藏于巴黎卢浮宫。

◀罗希尔·范德魏登所绘制的勃艮第的大胆查理像。公爵只是在颈部戴着象征着荣誉的金羊毛骑士团项链。

▼世界地图。这幅世界地图由亨里克斯·马尔特勒斯于1489年遵循托勒密地图传统而制作,它表现了葡萄牙人首次发现非洲好望角之后人们对世界的认识。

▲希罗尼穆斯·博斯的《干草车》。博斯生活的时代还没有出现宗教改革，其画作却已开始揭示充满虚伪、欺瞒的世界与欺诈的人性，这是富有的尼德兰地区给世人的警示。

▲桑德罗·波提切利绘制的《阿佩莱斯的诽谤》。波提切利晚期的代表作。无助的阿佩莱斯一丝不挂,正在恳求着。"诽谤"把她拽到法官面前,而"诽谤"的侍女"阴谋"和"欺骗"用玫瑰花和白色的发带点缀"诽谤"的秀发。"嫉妒"在法官面前控告阿佩莱斯,这位长着狗耳朵的国王在倾听"无知"和"怀疑"嚼舌根。左边赤裸、无助的"真相"正在向上天求情,而"悔恨"衣衫褴褛,无奈地望着"真相"。

◀穆罕默德二世。在威尼斯与伊斯坦布尔当局和平谈判时,威尼斯画家真蒂莱·贝利尼在1480年获准为君士坦丁堡的征服者穆罕默德二世绘制了有趣的画像。

▲不知名画家绘制的1498年萨沃纳罗拉在佛罗伦萨市政厅广场上被处死的场景。萨沃纳罗拉的革命和处死代表了这座城市历史的重要转折点。

◀卜尼法斯八世镀金铜像。教宗经常命人制作这样的雕像，引起同代人极大的不满。

▲希尔德斯海姆大教堂伯恩瓦德铜门上的彼拉多审判耶稣主题画。两扇铜门是希尔德斯海姆主教伯恩瓦德1015年下令修铸的。查理大帝时期的亚琛圣母教堂之门，以及美因茨大教堂的威利吉斯门、伯恩瓦德铜门都是整体熔铸而成的。

▲ "居所内"的教父圣哲罗姆。墨西拿的安东内罗创作于约1475年。在右上方架子的左下角，放着一本"腰带书"（Beutelbuch），这种昂贵的书籍可以像一个袋子那样拎起来，或者悬挂在腰带上。

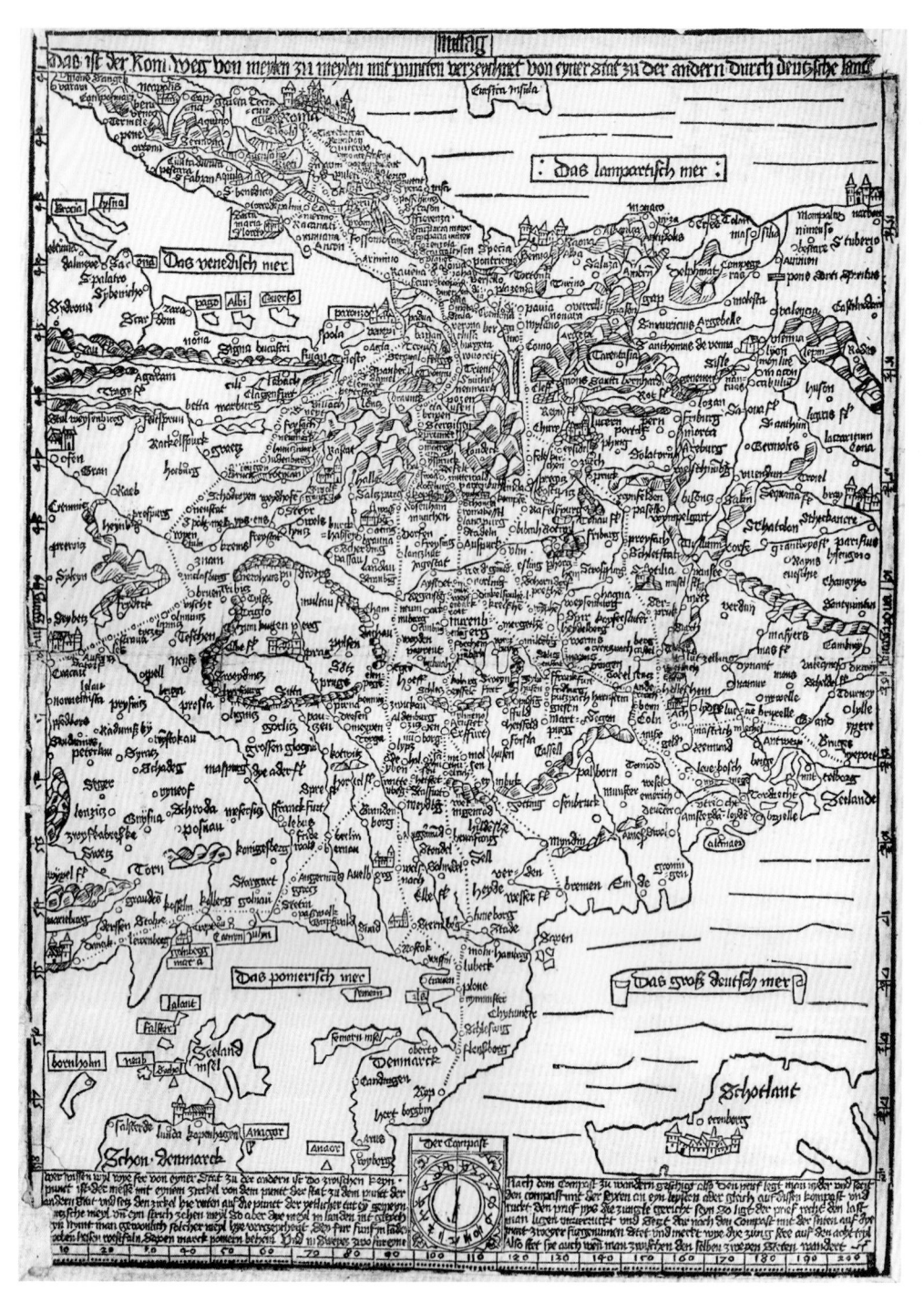

▲ 纽伦堡画师艾哈德·艾兹劳伯（Erhard Etzlaub）1500年创作的木版画《通向罗马路线图》。这是第一张有比例标刻的地图，以里计程，圆点表明途经的每一座德意志城市。非常详尽！该图下北上南，意大利位于上方。

得荆棘冠的一支荆棘,并围绕王冠、十字架、圣矛、圣钉和蘸了醋的圣绵进行国家敬拜活动,敬拜这些基督受难过程的见证物,为信众赢得了七年大赦。[46] 查理最后回到以他的名字命名的城堡当中,回到以他的名字命名的学院之精神庇佑当中,回归自我的个人虔敬中。在那里,安放着具有救赎意义的帝国象征物(sacre imperials reliquie)。在竞争、模仿、互相学习和交流过程中,欧洲形成了文化的共同体。捷克王位之上的卢森堡国王便是伟大的文化使者之一。

这一切活动都离不开金钱。在波西米亚国王和罗马皇帝的政治活动中,金钱同样发挥着极其重要的作用,这一点查理还是王子的时候在法国就已见识到了。他知晓"用金银的力量来结束战争",同时代的编年史作者让·德诺亚尔(Jean de Noyal)写道。[47] 此外,他的叔公鲍德温在这方面也做出了表率,这位特里尔大主教有多位智囊如犹太人姆斯金(Muskin)、巴鲁克(Baruch)和丹尼尔之子雅各布担任财政管家,为他出谋划策,他本身也是杰出的财政决策者。库腾贝格(Kuttenberg)①的银矿虽为波西米亚王国提供了稳固的财政来源,但王室仍入不敷出。波西米亚国王或罗马皇帝开诚布公,在欧洲层面上考虑经济问题,向专业人士咨询,并积极与帝国内财力雄厚的银行家进行互利互惠的合作。

早在波西米亚的约翰统治期间,纽伦堡专注于金融业的家族就享有诸多特权,斯托罗姆家族(Stromer)尤其受到查理四世的恩惠。卢森堡家族债台高筑,用帝国财产作抵押,这是从斯陶芬和韦尔夫家族王位之争时期就开始出现的德意志特色。即便祖上留下来的领地、伯国或卢森堡大公国(自1354年)都没有逃脱被抵押的命运。约翰、查理或查理之子瓦茨拉夫反复将它们抵押。波西米亚的王权和罗马的皇权虽然让卢森堡家族声名大噪,却损害了卢森堡伯爵领或大公国的利益。卢森堡大公国的疆土无法持续扩展,反而持续受到侵犯,最终被并入勃艮第公国的统治之下,之后又转手到西班牙治下的尼德兰。

时间那时就已是金钱。商人必须盯紧重要货币的兑换率波动。投机行

---

① 即库特纳霍拉(Kutná Hora),捷克中波西米亚的城市。周围富有银矿,金属锻造业发达。13世纪末发展成为波西米亚地区仅次于布拉格的第二大城市。

为推动了远程贸易和资本交易。兑换的盈利吸引大量投机行为。查理有意实施固定的兑换率。[48] 可以确定，查理不仅仅限于自身领地利益，也为了积累公共财富而推行目标明确的经济政策。查理应该展开了广泛的商业计划，除了采矿业，还在帝国下属施瓦本地区发展用进口棉花的棉麻粗布纺织业，推进粗布贸易。这一切需要领主、远洋贸易、资本、商行和熟练技工的多层次、跨领域的通力合作。卢森堡家族的代表不仅有查理四世，还有他的儿子西吉斯蒙德，他们做出了有目标的创举。欧洲范围内对销售市场争夺激烈。大型贸易集市如阿姆斯特丹、里昂、日内瓦或法兰克福的集市成为经济活动的准绳。查理四世的王国也从中获利。

帝国的"财务管家"（Kammerknecht）犹太人继续为国王的财政需求而东奔西走，他们是帝国财政的重要角色，这是国家财政资本化的第一个时机。现在也是。这一切发生在黑死病降临波西米亚之前。然而，随着瘟疫的蔓延，反犹言论再次兴起。最早在法国南部有人指责犹太人在井水中投毒，在黄油和酒中下毒。谣言四起，有人认为犹太人是1348—1349年欧洲大规模死亡的凶手，后来又指控犹太人亵渎圣饼。最末还有传言可能存在天体方面的因素，土星和木星的星座运势造成瘟疫爆发。但是，暴民将怨恨发泄到犹太人身上，并像处死异端那样将他们活活烧死。而当局即使能够干涉，但屠犹不常发生，故总体上无能为力。皇帝虽然应该保护子民，却常常置犹太人于不顾，换而言之，那些缴纳高额保护费的反而得不到相应的保护。"因为犹太人若被杀害"，皇帝则对其财产有支配权。这实际上是将对犹太群体的迫害合法化。"犹太人的房屋"和教堂遭盗匪抢劫，或交由第三方变卖，被城市和市民占用。1406年之前，纽伦堡出人意料躲过了黑死病的肆虐，人们在昔日的犹太教堂处建成圣母教堂，就算镶嵌的珠宝再金碧辉煌，也掩饰不了圣母玛利亚崇拜的一次不光彩的胜利。[49] 纽伦堡大型犹太社区、法兰克福重要的犹太人聚集区、美因茨及其他地区的犹太人聚集区通通被毁。雷根斯堡、奥格斯堡、巴塞尔和斯特拉斯堡等大型贸易城市紧随其后。"屠犹"所获的不义之财一方面进了统治者的私库，另一方面流入统辖城市的大家族如纽伦堡的斯托罗姆家族的腰包。只有在布拉格，查理四世的不少债主是犹太人，就像同时代其他的君主和诸侯那样，他为这些受到威胁的可怜人和在他宫廷中任职的犹太人提供保护。他向卢森堡的市政当局保证，并没有确切的证据表明犹太人在井水中投毒。[50]

迫害行为的罪恶，并不能因为其他时代和其他国家存在同样或更大规模的排犹活动而减轻，如在英格兰、法兰西，以往和现今的驱逐与迫害犹太人的行为都遭到指控；也不能由于这些暴行是当时的常情而有所减轻。1320 年的教牧运动（Pastorellen-Bewegung）和 1321 年的牧牛人十字军（Kreuzzug der Kuhhirten）之火从法国南部点燃，反犹活动升级为流血事件，暴力一直蔓延到阿拉贡王国。[51]拉丁基督教统治时期的欧洲，这里为生命祈福，那里用暴力终结生命，一次次展现为罗伯特·伊恩·莫尔所指的"迫害的社会"。犹太人和异端都成了牺牲品。让·伏瓦萨在谈及黑死病时写道，"在世界范围内，犹太人遭到袭击，被烧死，财产被随意剥夺"。只有教宗直接统治的地区有所不同，在此期间，纳瓦拉王国、卡斯蒂利亚和阿拉贡王国收容了不少避难的犹太人。这里最终收容了多少难民，已经无法查明。即便如此，在这些地区一旦出现大规模的死亡，犹太人就会"因为他们的罪孽"立即成为众矢之的，当地民众便会扑向这些四处逃逸的可怜人；在阿拉贡王国的诸多城市出现了血腥的大屠杀。[52]后来，大约1391 年，在比利牛斯山以南也出现了犹太社区被暴民袭击的事件。

遭血腥迫害的还有异端。教宗克雷芒六世告诫新当选的查理四世，"基督教国王的义务是铲除异端"。[53]这位皇帝用实际行动做出回应，他多次发布法令，支持在他的祖传领地和神圣罗马帝国进行异端裁判，驱逐或惩处异端；当时有明文规定贝居安会和贝格派均属于异端。方言作品和与之一起流传的布道词在当时都被质疑。尽管没有指名道姓，但从法令的用词可以看出，有异端嫌疑的首先是埃克哈特大师的作品。"灵魂根本"和"灵魂星火"之类的学说是危险的，因为其追随者不再需要在弥撒中寻求"共融"（团契），不再渴望参与查理所推行的圣物崇拜活动。在埃克哈特大师的作品中，理性和宗教水乳交融。然而，宗教激进主义者们认为，坚持异端思想就该活活被烧死。皇帝宣告，"我们将尘世之剑指向信仰的敌人，直到完全消灭异端"。教宗格里高利十一世应该会对此表示满意，对

"信仰的先锋"（pugil fidei）赞不绝口，对"伟大而坚定的异端迫害者"表达感激。[54] 查理之子西吉斯蒙德凭借违背诺言和燃烧的柴堆，继续父王对异端的斗争事业。扬·胡斯即成了他斗争的牺牲品。

泛滥的暴力不仅指向犹太人和异端；当黑死病在西方世界肆虐，当瘟疫吞噬不计其数的生命，恐惧之下人们也将暴力指向自己的身体，出现了血腥的鞭笞。"狠狠地鞭笞你们自己／为了基督的荣耀，为了天主，放下骄傲／天主这才会怜悯我们"，那些绝望的人们赤膊裸胸，成群结队，茫然地从一座城市行进到另一座城市，用满是钉子的鞭子抽打自己的身体，祈愿将罪孽和死亡鞭离身体和教会。这些鞭笞游行均按耶稣寿命的年数而持续三十三天半。游行队伍从德意志出发，到达埃诺地区。让·伏瓦萨记载道，一些妇人怀着惊惧与疯狂收集鞭笞者流下的血，涂在眼睛上，"因为这是能够创造奇迹的"。悔罪者同时唱诵着救世主受难（Passion des Heilands）的哀歌，让·伏瓦萨继续写道，"他们做这一切，都是为了请求天主，终结死亡"，在暴力实施者和谋杀者中达成和解，缔结和平。恐惧制造了奇迹。黑死病同时在法国境内肆虐，但这里并没出现鞭笞游行队伍，因为阿维尼翁的教宗禁止这种骇人听闻的赎罪行为，威胁会对笞刑悔罪者处以绝罚。不过，即使在这里，国王也用鞭笞这种方式悔罪。此时的欧洲，放眼望去，暴力横行。

王公贵族们并未对黑死病做出多少反应，几乎没有宫廷有处置记录。仅教宗克雷芒六世集中精力对抗黑死病，派医生做研究，调查死者人数。此外，只有意大利城市和其他城市的编年史作者关注黑死病。他们留下的报告提供了丰富的资料。瘟疫看起来就像突然降临至人们身上，一如天主曾经做的那样。鼠疫就像中国丝绸一样传入欧洲，热那亚商人从克里米亚半岛上被围攻的卡法（Kaffe）①带回来源自蒙古帝国的鼠疫病菌。鼠疫首先出现在意大利的港口城市，之后迅速地蔓延到内陆的大小贸易城市，跨越阿尔卑斯山，笼罩了整个欧洲。这是欧洲探访远东而招致的毁灭性灾

---

① 卡法是今费奥多西亚（Feodossija）的古称。14世纪中期，蒙古金帐汗国围攻卡法，蒙古人把鼠疫病人尸体用投石机投入卡法城。后来一名热那亚商人把鼠疫带回意大利。但学界对这种说法仍存在争议。

难,也是长期的全球化影响,"世界在微生物方面实现大一统"。[55]

编年史作者留下了关于黑死病如此细致的症状描述,借此可以确定它就是今天的肺鼠疫和腺鼠疫。那时的人们当然无法了解发病原因。直到1894年,"微生物学之父"路易·巴斯德(Louis Pasteur)才识别出鼠疫杆菌。中世纪的医生对此自然束手无策,某些医生建议老百姓求助于护身符。那时人们至少发现,鼠疫似乎通过直接接触和对话呼吸传播。还有人认为,这种可怕的疾病可能通过眼神传播;从恶意的眼睛里传递死亡?从那时起,"传染"这一解释模式出现,当时的学者无助地称之为"流行病"(epydemie)。[56]医生为了自我保护,会带上鸟喙状面具保持距离①,他们会遮住患者的眼睛,或者逃之夭夭。当时没有人知道,泛滥成灾的老鼠身上的跳蚤才是死神的使者。1348年到1352年鼠疫第一次大规模爆发,之后情况有所缓解,但每隔十到十五年会再次爆发。有些地方人口减半,欧洲人口减少了三分之一,幸存者获得了免疫能力。一位意大利人感叹,所有美丽的女人、所有正直的男士都随着这场瘟疫逝去,可能只有无赖流氓幸存下来,人们相互之间的信任荡然无存。[57]

鼠疫似乎改变了一切,除了诸侯与国王的权力斗争。他们明显没有察觉到老百姓的不安。"罗马人的国王"也在为其他事情忧心忡忡。他期待在永恒之城罗马加冕为皇帝。但并非所有人赞成这个想法。有骑士抱负的编年史作者让·勒贝尔认为越过阿尔卑斯山脉的举动有欠风度,并认为此举是查理一生唯一的污点。[58]而事实上此时台伯河畔的罗马,在教宗和教廷出离后,已经混乱不安,"荒淫无度,充满恶意,毫无法纪,混乱不堪"[59]。罗马的大家族科隆纳、奥尔西尼(Orsini)、卡耶塔尼(Caetani)和某某家族在割据纷争,当然不欢迎另一位德意志皇帝的到来;瘟疫于禧年1350年传入罗马,而他们完全不为猖狂的鼠疫所动。与克拉·迪·里恩佐名字紧密相连的罗马城革命的成果烟消云散,革命失败的后果却随处可见。让人闻风丧胆的雇佣兵将领乌尔林根的瓦尔特带领他的"大兵团"在城门前耀武扬威,坎帕尼亚和托斯卡纳受到威胁。只有少数人如彼特拉

---

① 这些医生被称为"鸟嘴医生",他们在黑死病肆虐时期,在欧洲各地医治病患。

克要求查理能够到达罗马,祝福国王调解局面,以恢复这里的和平。这位诗人为古代的庆典仪式而惊叹,为千年黑暗过后新世纪重现昔日纯洁光辉的希望而狂喜;[60] 彼特拉克崇尚古罗马皇帝的伟大。查理四世应该继承他们的优良传统(1351年)。

彼特拉克和克拉·迪·里恩佐崇拜着他们理想中的罗马,有着新标准的理想化的古罗马,而并非他们那个时代形同虚设、软弱无能的神圣罗马帝国。诗人与英雄惺惺相惜,彼特拉克和克拉·迪·里恩佐相互欣赏。在这些人的呼吁下,已故的罗马看似"重生";然而此罗马非彼罗马,与其说它是政治意义上的,毋宁说它是文学意义上的。当客栈老板和洗衣妇之子克拉·迪·里恩佐一跃成为罗马的当权者,违背教宗和皇帝的意愿追求古罗马帝国复兴时,彼特拉克用文字为他摇旗呐喊:"你们(罗马人),万民之主,沦为万人之囚;你们的当权者来自异乡,来自莱茵河、罗讷河地区,来自斯波莱托。这些外地人自称为罗马的'主人',即使名副其实的万民之王奥古斯都皇帝都不曾使用这一称呼。如今里恩佐无疑是第三个布鲁图斯(Brutus)①,第三个将罗马从奴役中解放出来的人。""欢迎我们的卡米卢斯②、我们的布鲁图斯、我们的罗慕路斯,或者你想要的其他任何称呼。热烈地欢迎你,罗马自由的缔造者,罗马和平的奠基人。罗马今天的一切,罗马人能自由地死去,后人能继续在这里繁衍生息,这一切都归功于你。"[61] 诸如此类的赞颂似乎离中世纪最后一位诗人但丁相当遥远,他在代表作《神曲》中将参与刺杀恺撒的第二个布鲁图斯,连同出卖耶稣的犹大和谋杀恺撒的主谋卡西乌斯(Cassius),置于地狱最阴森的第九层之第四界③,这三个忘恩负义者被地狱王子卢齐菲罗(Luzifer)④撕咬(《地狱篇》XXXIV,10和65)。作为新的一代人,被罗马理想蒙蔽的彼特拉

---

① 布鲁图斯为古罗马大家族,其呼格为"布鲁图"(Brute),罗马执政官卢基乌斯·尤尼乌斯·布鲁图斯和后来刺杀恺撒的马尔库斯·尤利乌斯·布鲁图斯均来自该家族。
② 指古罗马政治家和将领马库斯·福利乌斯·卡米卢斯(Macus Furius Camillus,前446—前365年)。
③ 但丁《神曲·地狱篇》中地狱共分成九层,越向下罪恶越深重。最阴森的第九层又分为四界,离地心最近的第四界为犹大界,这里被惩罚的是出卖恩人者。
④ 即路西法,出现在《以赛亚书》第14章第12节,原指巴比伦王。后演变为被逐出天堂的堕落天使,或魔鬼和撒旦。在《神曲》中卢齐菲罗起兵反叛,为基督所败,落入地狱。

克和克拉·迪·里恩佐有着远大目标和抱负，其行为和文字都远不同于不为罗马所动的前辈但丁。

彼特拉克鼓励查理南下，当时的罗马国王查理四世却对他的请求不予理会，并不着急前往意大利。国王给这位罗马复兴理想的布道者的回复，由当时在布拉格受到尊敬却已然被俘的"自由、和平和公正的前护民官"，即罗马公证官和商人的代表克拉·迪·里恩佐所表达出来[62]："你（朋友），回忆起那些古老时光，哪里知道今天不利的形势。"然而，查理"最大的美德"——仁爱（caritas），犹如最亮的星辰；他想了解一切对他不利的情势，否则加冕为帝给他带来的只有战争。国王查理如此安慰这位请求者："这样不会漏掉任何不值得恺撒去做的事情。"[63]

四年之后，在与教宗、伦巴第和拉齐奥地区的城市及其执政团贵族反复多次谈判之后，查理才决定动身去永恒之城罗马。据记载，在"神圣星期四"（濯足节）①和耶稣受难日，查理得到加冕，又穿过那伟大的教堂，做短暂的朝圣。此次加冕和朝圣并非为了重建罗马或意大利的秩序，带来和平与自由，或者让没有教宗的罗马城臣服于帝国之下，更别谈为了让圣彼得的继承人回到圣城。此时的意大利，维斯孔蒂家族控制了米兰，在当地掌权和民众支持的贵族看来，意大利没有哪个城市听从皇帝的领导。后来彼特拉克激烈地评判查理道，"你空顶着皇帝之头衔。虽然有人会称你为罗马人的皇帝，但事实上你只是波西米亚的国王而已"[64]。而彼特拉克的观点常常被信奉新教的后世历史学者引用。

查理比文艺复兴的诗人的想法更现代。他不再崇拜政治的空想主义。在出发前，他就整件事的方式与教宗多次沟通。查理与教宗克雷芒六世以前的信任关系，迫于罗马王权传统和义务的重压，出现了异议和不信任。当然，当年的学生尽可能避免与老师发生公开的冲突，毕竟教宗帮助他登上王位，但他仍然冷静客观地评估现状。卢森堡家族的查理从未想过攻击教宗的"全能权力"，虽然他没有大力支持，但确实尊重教宗的教义和教宗对意大利统治权的诉求；如果对他有好处，他就保持沉默，不发表异

---

① 即复活节前的星期四，为纪念耶稣在最后的晚餐前为门徒濯足而设立的节日。

议。彼特拉克所憧憬的台伯河边的世界之都罗马，早已不归属于帝国，也并非仅凭克拉·迪·里恩佐或彼特拉克努力就能有所改变。查理这位意图登上皇位的冷眼旁观者，看穿了那些被昔日罗马荣耀蒙蔽双眼的人文主义者所无法看清的事实。他用瞒天过海的手段，懂得用暂时的退让、虚伪和对对手的阳奉阴违来保障王权和皇权的独立性，获得对手的同意。查理俨然继承了马基雅维利的衣钵，警觉之士如让·伏瓦萨则看穿了查理玩的政治游戏。[65]

万众瞩目的罗马之行一拖再拖，只有等到查理与克雷芒的继任者英诺森六世达成共识之后才能成行。小心谨慎与相互猜疑让谈判举步维艰。教宗给出的条件是，如果查理提供四万弗罗林金币的巨额贷款帮助教廷重新占领罗马，便支持他的加冕仪式。卢森堡的查理拒绝了这一要求，但表示会提供军队，支持在意大利采取军事行动的枢机主教阿尔博诺兹（Albornoz）；不过教宗认为援助太少，且查理就连这个承诺没有兑现。二十年后，时过境迁，查理才改变之前对于贷款事宜的态度，支持圣彼得的继承人回到宗徒之长的城市。[66]

在查理当选为罗马国王九年之后，这位吕泽堡人才举行皇帝加冕礼。1355年奥斯蒂亚（Ostia）枢机主教彼得代表教宗，在圣彼得大教堂为查理戴上皇帝冠冕，查理像他神圣的庇佑人一样被加冕为立法者。可他无法推行《加洛林的威严》（Majestas Carolina）法典，加强波西米亚王权，以对抗本土贵族和王室家族的权力，也没能按照计划在帝国缔结"领土和平"；然而，不久后，1359年维护教会自由的帝国法律陆续通过，对后世影响深远。这些法律肯定了教宗作为教会法官永久代表（Konservatorenmandate）的任免权；自康斯坦茨公会议以来，他们补充了教会所获得的新旧特权，将诸法整合编成了《加洛林章程》（Constitutio Karolina）。[67]

1356年的《金玺诏书》

1356年查理四世颁布《金玺诏书》，重新规范了国王的选举，确立了帝国宪法的新基础。查理充分利用了教权和皇权冲突带来的机会。逐出教门、废黜声明、宣言、法律条文及教会法学家的阐释，还有如"转交理论"之类的历史产物等，事实上都表明神圣皇权是可以被支配的。长久以来，这一理论，即教宗将罗马帝国从希腊人处转交给法兰克人、德意志人，转交给查理曼和奥托两位皇帝，逐渐植入了西方世界的文化记忆中。但丁猛烈抨击了该理论。千百年来的释经学混淆了"王国"和"帝国"的界限。自约翰二十二世以来，教宗们已经宣称有对罗马国王升格为皇帝的批准权。教廷官方用语已不再区分"阿勒曼尼王国"① 和"罗马帝国"。查理觉察到这整个建构的弱点。何况当时的德意志王权，不再像意大利和阿尔勒王国（下勃艮第王国）的王权以往那样受教宗支配。"罗马人的国王"（Rex Romanorum）实际上同时管辖着"王国"和"帝国"。这在《金玺诏书》中体现出来。"王国"和"帝国"在这里可互换，由此模糊了二者之间存在的区别；诏书也确立了由选帝侯（相对多数）选举国王，而国王成为"帝国"之君的制度。

《金玺诏书》，"我们皇帝的法律书"（查理四世这么称呼它），是在纽伦堡和梅斯召开的两次帝国会议上，由所有选帝侯和很多帝国教俗诸侯一致书面通过的帝国的基本法。当然，法律通过的意义，无法与查理年少时亲眼所见的意大利城邦所取得的伟大成就或者同期西欧君主的法制潮流相提并论。查理为波西米亚王国所做的计划甚至更为现代。但《金玺诏书》造成德意志王国和王权的迟滞落后，这种状态持续了五百年之久。

梅斯会议在欧洲多事之秋举行，紧张的局势影响了法律的实施。十二周前，法兰西国王好人约翰二世在普瓦捷战役中惨败给英王爱德华三世长子黑太子爱德华（威尔士亲王），颜面扫地。不仅如此，他本人被俘，被囚禁长达四年之久。继十年前伤亡惨重的克雷西会战后，法国再次战败，这次的后果更具灾难性。高额的战俘赎金威胁到了整个国家和人口，使得原本错综复杂的欧洲局势更不明朗。一年半之后，布商埃蒂安·马塞尔

---

① 阿勒曼尼人（Alamanni/Allemanni）是日耳曼人的一支，其定居地为阿勒曼尼亚，主要在今天德国西南部和瑞士部分地区等，后演变为斯陶芬家族的大本营施瓦本公国。在法语、西班牙语等语言中，阿勒曼尼亚就是指德意志王国。

（Étienne Marcel）领导巴黎市民（gens des communes）对抗当局，农民联合发起"扎克雷暴动"（la Jacquerie），反抗贵族的压迫。如同某些人所担心的那样，"帝国面临着末日审判"。[68]法国王太子（Dauphin）[①]查理逃出巴黎。后来，起义领袖埃蒂安被杀害。王太子依靠其父约翰二世的对手，但如今与他联盟的纳瓦拉国王查理（卡洛斯）二世（Karl Ⅱ），于1358年镇压了这次暴动。查理二世与英王爱德华三世一样，均是1328年法兰西王位的候选人，但最终都未成功。贵族复辟，最后取得胜利。好人约翰之子即未来的国王查理五世维系了瓦卢瓦王朝的统治。

之前查理五世赶去梅斯，寻求皇帝的支持，正好出席了在梅斯举行的帝国会议，并对《金玺诏书》投了赞成票。皇帝的提议在有利的局面下得以通过。《诏书》确立了德意志的国王的选举机制，避免让国家再次陷入继承权的争斗。[69]该选举法分配了选帝侯资格，并非只为了选出罗马国王，而是在空缺时，最终为帝国选出未来的皇帝（c. 4.2，c. 5.1）。《诏书》规定了七位选帝侯的权力及座次，不受任何其他外界因素的影响。因此该选举法通过对选帝侯的座次、选票和选举流程的规定而展现了"神圣的帝国"，并确立了如何用平衡的仪式长久地展现它。[70]即使后来帝国衰落，歌德还对选帝侯会议难以忘怀，在回忆录中描绘那辉煌的场面。这不单单是歌德年少的回忆，更是帝国的文化记忆。

1338年选帝侯在查理四世的叔公鲍德温领导下，发布"伦斯声明"（Kurverein von Rhens）。因为教宗本笃十二世不承认路易皇帝，态度顽固；他们因此拒绝承认教宗对选帝侯选举皇帝的任何批准或确认。与之相反，查理四世的"法律书"并未提及教宗对选举的要求，只是含混地说明"未来的皇帝"的选举，"将国王提升为皇帝"（c. 2），其他的一切问题则留给被选者自行解决。它甚至暗示，在涂油礼前，被选者即可行使权力，即使没有皇帝的头衔，未经过教宗批准，也能统治神圣帝国（Sacrum

---

① "Dauphin"指1350—1791年及1824—1830年间的法国王太子，全称为"维埃诺瓦王太子"（Dauphin de Viennois），相当于英国的威尔士亲王。因维埃诺瓦伯爵徽章上有一条海豚，后伯爵亨伯特二世把他的"海豚"领地出售给腓力六世，此后法国王位继承人就继承了海豚符号。查理五世是第一位"海豚"王储。该头衔仅适用于在位的国王之储君。

Imperium）（c. 2，c. 4）。《诏书》只字未提路易皇帝造成的后果，即巴伐利亚人路易跟随伦斯声明，向世界公布了尽管名声不佳却极具前瞻性的、以教会法为参照的选举法律（Licet iuris）：只有由选帝侯选举的国王"因为选举效力，才是罗马人真正的国王和皇帝"，具有统治整个帝国的权力。[71] 查理四世打着同样的如意算盘，想法并没有不同之处。根据他的"法律书"，教宗的批准权也被架空。不过查理的申明比较隐晦，没有大声宣诏，将锋芒对准宗座。这位皇帝后来甚至为了其子瓦茨拉夫当选罗马国王，而与当时的教宗乌尔班五世进行谈判协商，并避免做出明确的决定。这种作风从16世纪一直延续到"德意志民族神圣罗马帝国"的灭亡。教宗看似位高权重，但权力越来越空洞，没有了实际意义。

这种灵活迂回的作风标志了新的历史转折。曾经的腓特烈二世和最近查理的对手巴伐利亚人路易对教廷的干预，均采用强硬的姿态并诉诸武力，但最终失败。而这种迂回的战术确实让皇权从教权中解放出来，并且让（德意志民族的）神圣罗马帝国这一庞大的政治体苟延残喘至1806年。中世纪或现代早期的史学家一再地从反面评价这位卢森堡家族的皇帝：他"更热衷于追求波西米亚王国的荣誉，而对神圣罗马帝国漠不关心"；相反，他"摧毁了"它的权威，只为了能够向选帝侯们支付高额的报酬而将他的儿子瓦茨拉夫扶上王位。[72] 恩尼亚·席维欧·皮可洛米尼（Enea Silvio Piccolomini），即后来的教宗庇护二世，在1475年首次印刷的《波西米亚历史》（Historia Bohemica）中如是评价（第33章）。这一观点在史学家中广泛传播。这真是历史的嘲讽。直到后来，才有历史学家修正了这一看法。他们认为，并非查理四世失败了，而是查理的儿子瓦茨拉夫和西吉斯蒙德所面临的困难，他们无力解决。

《诏书》同时是一份具有欧洲意义的卢森堡家族史的重要文件。它用选举权力的可继承性为波西米亚国王赢得了独一无二的权力（c. 10）。《诏书》首先是保证长久以来因为非德意志人身份而被否定、最近又被质疑选举权的捷克人有不受限制的选举权（c. 1，c. 4.2）[73]，明文规定保证自己和其他选帝侯（c. 11）的"不上诉特权"（iuris non appellando）和"不受传召权"（non evocando）（c. 8），以及高于其他世俗选帝侯的权力（c. 4.1, c.

6，c. 22）。此外，规定选帝侯之子满七周后，除了掌握母语德语，还要学习拉丁语、意大利语和捷克语（斯拉夫语言），以便"选帝侯之子更能理解他人，也被他们所理解"。这些语言"是涉及神圣罗马帝国的利益和需求最常用的语言"（c. 31）。这一点当然是面向未来的改变。在《诏书》颁布的 1356 年，查理还没有子嗣（仅有一个有继承权的兄弟）；之后查理对王储做出了相应的安排。虽然当时查理帝国范围内有大面积的法语区，这一规定却将法语排除在外。难道皇帝用法规来针对法国？那他的务实和眼界呢？难道他早意料到这些地方会从帝国"分离"出去？

然而，只有一点最为重要，即这部由皇帝推动、大部分诸侯同意之后颁布的法律仍未带来民众向往已久的和平。德意志地区分裂而成的百来个小邦国日益稳固，而这种分裂局面成为和平最大的拦路虎。《诏书》虽禁止市民和城市之间的宣誓结盟或者"同等市民权"（Pfahlbürgerschaft），即给予城外居民以市民权，但是徒劳无功。城市政治的影响不断增强，没有哪个皇帝或领主能够忽视城市作为整体力量对自由的要求。受城墙保护的市民与诸侯贵族相竞争。骑士阶层面临逐渐增大的双重压力，一方面来自城市；另一方面来自下属的农民，骑士从农民身上获得的收入越来越少，难以为继。皇帝对此无能为力。然而，帝国法律对整个欧洲有重大的影响。它不仅缓和了神圣罗马帝国和教廷的关系，也造成了一些长远的后果。因为维特尔斯巴赫家族无法达成一致意见，普法尔茨的选帝侯的选票呈分裂态势，或偏向普法尔茨，或倾向于巴伐利亚，这最终成为三十年战争的导火索之一，让德意志地区沦为欧洲的战场。

《金玺诏书》的光辉掩盖了另一个卢森堡人此前签订的特许状。若干个月之前，布拉班特公爵和卢森堡边区伯爵的夫人布拉班特的约翰娜（Johanna von Brabant）联合她的丈夫瓦茨拉夫——查理四世的兄弟，与她的公国城市和地区签订了布拉班特"入城仪式"（Joyeuse entrée）文件，该文件事实上比查理四世的"法律书"更具前瞻性，更现代，因为它与普通人民的关系更为密切。鉴于布拉班特仅仅是公爵夫人的遗产，因而文件做出规定，只有她的嫡系子女能继承她的领地，而非她的卢森堡丈夫及其近亲，比如他的兄长皇帝查理。该协定共 34 章，用民族语言写就，详细规定了统治权利的方方面面。其允许整个领地"国家"分享这些权利。贵族乡绅的意愿得到体现，毛织业主、布商也都在此获得发言权。英格兰和法兰西之间征战无休，佛兰德和布拉班特都无法置身事外，贵族偏向法兰西，纺织业主和布商则与英格兰关系更为紧密。公爵夫妇广而告之，"我们向你们保证，以后我们不再与任何人结盟，除非获得了我们城市、我们国家的同意，我们绝不会用我们的御印订约，让我们的领土变小，让布拉班特公国的边境受到任何损害"。该文件强调，自由权利、铸币（意味着通货稳定）、和平义务、官员的责任制、财产权利和古老的特权等一系列权利与义务要接受领主和国家的互相监督。[74] 只有市民阶级的财富积累和政治实力达到一定程度时，才能够让当权者被迫接受这样的合约并履行它，这是市民争取政治自由历史上的里程碑。直到尼德兰地区争取现代自由之时甚至之后，仍可感受到其影响。

在加洛林王朝和奥托大帝的时代，国王曾是罗马教会的保护者；到14世纪，只剩下了保护的义务。查理四世认真对待这项任务。法兰西国王在阿尔勒王国的势力日益增强，对教宗的行动自由造成越来越大的威胁。不仅皇帝催促教会的首领重返意大利，教宗也为此四处奔走。但真正实现这一目标需要欧洲达成共识。1365年查理到访阿维尼翁与教廷会面，就是为了这一目的。此外，欧洲大陆还出现了一些新气象。在安茹家族主导的那不勒斯和匈牙利王国，均出现严重的继承人问题，两个君王迄今未诞下男嗣。他们的亲戚法兰西国王计划联姻。那不勒斯继承人的问题涉及属于阿尔勒王国的普罗旺斯伯爵领，因此皇帝必须直接采取行动。曾经频繁引发皇帝和教宗之间冲突的西西里的问题显得不再那么紧迫。

1367年乌尔班五世回到意大利，重返维泰博（Viterbo），回到罗马。他在现今我们所熟知的梵蒂冈定居下来，而不再入住自古老的君士坦丁大帝时期就使用的拉特兰教宗宫。教宗可能希冀从意大利能更有效地处理那不勒斯地区的问题。在乌尔班五世的请求下，为了表示对教宗的支持，1368—1369年查理四世第二次来到罗马。为了欢迎皇帝的到来，全城提前一年半进行军事和外交准备，[75] 但最终结果表明还是远远不够。教宗和皇帝在罗马会面，上一次这样的巅峰对决发生在快一百五十年前。[76] 为了维护脆弱的《阿纳尼和约》(Friede von Anagni)，1230年腓特烈二世曾与格里高利九世在罗马会面。按礼仪传统，皇帝充当教宗的马夫，为后者牵缰绳，引发一些痴迷于古代君主荣耀的人文主义者异议。[77] 而在皇帝与教宗会面后，查理返程途中在锡耶纳就遭到当地平民军队的围困，不得不出让某些特权而获得自由。[78] 今非昔比，此时教宗要想在罗马立足，也无法不借助外来的帮助。1370年，教宗失望地返回阿维尼翁，同年在那里逝世。格里高利十一世成为继任者。除了查理四世皇帝，还有法兰西的查理五世、纳瓦拉的查理二世、那不勒斯国王安茹的路易一世，在1372年和1375年为教宗重返罗马共同资助了总计约23万弗罗林。[79] 之后不久，即1378年，格里高利十一世去世。枢机主教团刚开始选定乌尔班六世（1378—1389年在位）为他的继任者，尔后其中多数很快又宣布他无法胜任，选举无效云云。在法国人的领导下，枢机主教团在法国选举克雷芒七世取而代之。因为罗马对这位教宗紧闭大门，因而他不得不返回阿维尼翁。由此引发的教会分裂震撼了拉丁基督教世界，影响长达四十年之久。

1365年，查理前往普罗旺斯，此行的关键是皇帝在阿尔勒加冕称帝。这位卢森堡家族的皇帝显然在效仿前人：1178年在窘迫之下红胡子腓特烈在阿尔勒加冕称帝。[80] 因此，自巴巴罗萨后，查理首次以这种方式昭告皇帝拥有阿尔勒的王权。然而，时过境迁。关于查理四世在阿尔勒重新加冕，流传下来的证据极少，而同时代人也鲜有提及，皇帝也并未特别强调它，因此后世并没有相应的重视。[81] 不过，从当时教廷重返罗马和那不勒斯－普罗旺斯地区绝嗣等时代背景来看，查理此举实际上是宣告主权。这一具有象征意义的行为是为了警告所有参与者，阿维尼翁此时同样处在帝国领土之中，皇帝才是（且应该是）授封普罗旺斯伯爵领的人。但是此时阿尔勒王国自然已不在皇帝的管辖之内，查理也无意改变这一现状。不久之前，他还将萨伏伊（Savoyen）伯国从阿尔勒王国分离出来，并入了帝国。[82] 而阿尔勒王国早已确立了亲法亲巴黎的发展策略，即使最庄严的加冕仪式也无法筑起隔离墙，事实上也很难说明查理此举有这样的计划。

1378 年的巴黎峰会

　　1349 年，上一任法兰西王太子将他位于帝国境内的维埃诺瓦伯爵领，即"海豚"封地（Dauphiné），转交给年仅十岁的法兰西王位继承人查理，由此获得一大笔补偿。这位查理是皇帝的外甥，即皇帝的姐姐谷塔（或博讷，Guta/Bonne）之子，谷塔是如今而言所有法国国王和王储之先祖。1356 年，法兰西普瓦捷战败后，皇帝为他举行宣誓授封礼，然而正如皇帝可能预想到的，这只是短暂的胜利。此后的一年形势就已明朗，帝国最西边的封地已经无以为继，西边的诸侯一一倒向法兰西王国。1356 年召开的梅斯帝国会议也无法挽回这一趋势。而皇帝的外甥，此时长大成人，登基为王，又将"海豚"封地转交给他的继承人法国王太子。自此以后，"海豚"成为所有法兰西王太子的头衔。皇帝查理四世不仅接受了这一情况，1378 年他还将属于阿尔勒王国的勃艮第公国授封给法兰西国王的兄弟路易，并封王太子即未来的法兰西国王查理六世为统治阿尔勒王国的帝国代理人。[83] 查理由此（虽然不是从名义上或法律上）放弃了该地区的实际统治权。此事发生在巴黎，彼时查理皇帝出游，年事已高，疾病缠身。法兰西的查理在他面前长篇大论，讲当时英法战争的情势，英方的违约以及他的努力和公正，皇帝很快答应了他的要求。至少法国官方史书《法兰西大编年史》是这样记载的。[84] 曾长期担任教宗公证官的尼姆的迪特里希（Dietrich von Niem）是一位公会议至上主义者（Konziliarist）。他在晚年哀叹道，皇帝为了一顿宴席贱卖了阿尔勒王国。

　　但皇帝查理四世并非贪图口腹之欲，只是迪特里希消息不灵通而已。查理放弃的那些位置原本也无法保留，年迈的皇帝已预料到这些，且帝国的东边出现了值得放手一搏的机会。而他那位外甥能够助他一臂之力。法王查理五世写给洛约什一世——匈牙利王位上的最后一位安茹人，也是波兰国王——的信也证明了这一点，皇帝在巴黎谈到了波兰问题。洛约什一世时日无多，没有留下男嗣，只有三个女儿，长女凯瑟琳（Katharina）与法王的幼子路易（后来的奥尔良公爵）订婚，二女儿玛丽应与皇帝的次子、当时年仅十岁的西吉斯蒙德成亲。老皇帝以家庭聚会为由到访巴黎宫廷，[85] 督促法王确定洛约什一世的遗产分配。波兰王国分给同年获封勃兰登堡边区的西吉斯蒙德，那么匈牙利会分给瓦卢瓦的家族？ [86]

这就是事实，后来许多事情也可证明，那时候在巴黎做出的一系列举动决定了欧洲的历史走向，其影响如此深远，甚至可达 20 世纪。后来凯瑟琳于 1378 年早逝，瓦卢瓦与安茹的联姻未能实现；而西吉斯蒙德如愿迎娶了玛丽，不过费了一些周折，并最终继承了他岳父的遗产。但是波兰最终由于洛约什一世幺女海德薇（Hedwig）嫁给立陶宛的雅盖沃（Jagiello von Litauen）而落到后者手里。西吉斯蒙德成为父王的第三位继承者，并加冕为皇帝。然而他死后仅留下一位公主伊丽莎白。因此，匈牙利和波西米亚这两个王国随着伊丽莎白与奥地利的阿尔布雷希特三世联姻而辗转至奥地利王室管辖之下，最终阿尔布雷希特当选罗马国王。从此，奥地利、匈牙利、波西米亚连同罗马王冠结为一体，展现幸运的奥地利（felix Austria）的美好前景：凭借联姻而成为欧洲大帝国。不过它最终瓦解了。这种靠联姻获得的幸运一直延续到 1918 年，经过第一次世界大战，奥匈帝国分解为多个民族国家，退出了历史舞台。

在他已加冕为"罗马国王"的儿子瓦茨拉夫的陪伴下，年老的皇帝在法兰西帝国的心脏地带，和他的外甥、有文化的国王（Roy lettré）相会了。两种查理曼的传统——王国的和帝国的——碰撞到一块儿，让人感叹往昔辉煌。不仅如此，这也是神圣罗马帝国皇帝和罗马国王第一次在法国，在这法国王权的心脏地带，会见法国国王。在此，王权展示了它独一无二的顶峰姿态，其神圣不可侵犯得到最集中和深刻的展现。这可以视作国事访问的滥觞。在那个时代，无论中国的"天子"、蒙古的大汗、日本的天皇，还是古罗马帝国的恺撒、波斯的大王或埃及的法老，都无法容忍这种会面。神圣罗马帝国的皇权已经向统治世界的梦想告别，最终放弃了世界恺撒的信条，这一信条曾在斯陶芬宫廷或者巴伐利亚人的路易的宫廷中流传。统治者不再热衷于理论的幻想，取而代之的是冷静而务实的执政方针。

此次会面是最早的帝王会面之一，似乎只有查理四世才做得出。之前王公贵族的相遇大多数总会伴随着不信任或一方对另一方强权压迫，不过也有少数例外，如国王穿越各国去罗马朝圣（例如克努特大帝拜会康拉德二世）；如作为十字军首领的国王穿过匈牙利和拜占庭帝国；或者为了参加家族联姻或仲裁而聚到一起，如 1357 年查理四世与匈牙利洛约什一世在边境小城杰尔（Györ，德语 Raab）会面[87]、法兰西的约翰二世 1364 年在被俘的特殊情况下去往伦敦这样的例子，都算入此类。两位完全没有分封关系的统治者彼此相遇，地点最好选在边境附近或恰好在边境上，时刻要警惕着是否有人身危险，此外绝不向对方多迈一步，以免对手在礼数上做出任何僭越或象征胜利的举动。[88] 如果统治者之间存在依附或者顺从关系，甚至代理关系，会面仪式则采取地位低下者向胜利者朝拜的形式。而卢森堡的查理却打破了这一无意义的形式主义传统，没有任何契机，也不为情势所迫，主动到访法国。而这并非查理四世的第一次"国事出访"。早在十五年之前的 1364 年，查理曾前去克拉科夫与波兰国王卡齐米日三世会面，并在那里和匈牙利的洛约什一世会晤，商谈和平协定以及王位继承的事宜。

巴黎峰会的庆典所展现的绝不是等级形式而已。[89] 它维护了双方的等级尊严。"罗马的"查理受到了如皇帝和宾客那样的敬重，但并非作为世界统治者和法国的主权拥有者那样受到欢迎。而这一切在醒目的交换坐骑环节体现出来。起初"皇帝"和"罗马国王"骑着象征着教宗、皇帝和君主的白马，而不像在他们自己的帝国里那样[90]，皇帝坐骑为披着布幔、装饰有皇帝和帝国纹章标志的马。之后在快到巴黎时，与法兰西国王碰面前，皇帝查理和瓦茨拉夫骑上黑马，马上披着法国国王和王太子所用的布幔，以显示国王对贵宾的尊敬。在法兰西王国的领土上，其他帝王都不能做出具有特殊的帝王象征意义或法律的行为，如在圣诞节早晨朗读福音书或进城时持续鸣钟，乃至展示帝国纹章标志[91]；皇帝查理四世接受了这个条件，放弃任何有帝国象征意义的行为。《法兰西大编年史》详细地记载了这次国王和皇帝的会面情况，作者认为，"在法兰西境内，国王无法容忍任何有违传统的举止"。法兰西国王，而非皇帝，骑行在中间，行握手礼表示欢迎，罗马皇帝在右，罗马国王在左。这位卢森堡家族的皇帝尊重了"王室宗教"的礼节，毕竟从少年时代起，他就在这种仪式中沐浴成长。到访和仪式都标志了双方的友好往来，而非表达某种要求，或宣示二者平等主权，也不表示孰强孰弱。《法兰西大编年史》抄本的插图画家，正是为法王查理七世绘制肖像的让·富凯（Jean Fouquet），他多次用画笔精细描绘这次会面，为后世留下纪念，也为后来的帝王绘制了榜样。[92] 这是欧洲君主外交的华丽古版书。

这种解决办法令人耳目一新，且具有划时代的意义。在此次巴黎峰会几十年后，罗马皇帝查理四世的次子，已当选的罗马国王即未来的皇帝西吉斯蒙德，到访英格兰王宫，欢迎仪式既注意防止在异国强调皇帝权利，又不损害访问者的尊严。自此之后，欧洲国家之间频繁互访，领导人会面的标准仍然是当时所注重的不卑不亢。目前我们所知的唯一的例外，是1416年还是国王（还未当选罗马皇帝）的西吉斯蒙德到巴黎拜访重病的法兰西查理五世时，上演了一出精心控制的不符礼节的场景，这样做的目的是为当时不稳固的法兰西王权造声势。1377—1378年排演的两位"君王"仪式化的联合，自此成为欧洲各国公平、平等以及联合的独有标志，而这种联合最终加入全球化的长期趋势当中，影响了全世界的国家联合。这种联合永久地诠释了查理四世的政治哲学，即用外交，或用查理的话来表达，"用仁爱"，来理清问题，放下武器。

教宗分立及欧洲的后果

1378年欧洲出现两位对立的教宗，皇帝未能阻止这种局面，并在同年与世长辞。教会分裂的直接后果是欧洲大分裂。整个西部，从苏格兰到卡斯蒂利亚王国承认阿维尼翁的法国教宗克雷芒七世，而意大利、东欧和北欧国家继续效忠罗马教宗乌尔班六世。神圣罗马帝国内部分裂，其诸侯和高级教士的不和由来已久，他们根据利益见风使舵。这最终造成卢森堡家族的领地分裂，查理四世的长子即继任者波西米亚国王瓦茨拉夫在波西米亚、神圣罗马帝国和西边的卢森堡祖传领地认可罗马教宗，查理四世的兄弟卢森堡的文策尔（文塞斯劳斯）大公则顺从于阿维尼翁。欧洲大分裂则最终推动德意志诸侯向西靠拢。卢森堡大公文策尔的分裂最终失败，让国家陷入 14 世纪 90 年代勃艮第和奥尔良（和阿马尼亚克地区）之间的战争中，导致卢森堡大公国首先并入位于法兰西和德意志之间缓冲地带的勃艮第公国，而勃艮第公国最终于 1443 年被好人腓力三世（Philipp Ⅲ der Gute）征服；之后随着勃艮第的大胆查理（Karl der Kühne）之女和马克西米利安一世联姻，卢森堡于 15 世纪末成为哈布斯堡家族统治的"幸运奥地利"的一部分。

在欧洲诸国中，阿拉贡王国一会儿拥护这位教宗，一会儿支持另一位，迟疑不决。时任阿拉贡国王，即随后被称为"礼貌的"佩德罗四世看到王国面临重重困难，企图重组王国，总括所有的统治头衔，包括爱琴海地区、西西里王国、阿拉贡及其最近获封的马略卡王国。为了提防马略卡的雅各四世，他不惜将这位远亲侄子一辈子关在巴塞罗那的铁牢笼里。同时，诺曼-斯陶芬王朝的统治实践、罗马法以及智者阿方索的《七章法典》等实践与理论因素，均与当地崇尚法规秩序的传统融合在一起。在佩德罗四世推动下，加泰罗尼亚的《海事法典》（Llibre del consolat del mar）出台，该法典体现了加泰罗尼亚资产阶级独特的法律成就。国王由此也获得了城市和商人的大力支持。而贵族对国王大力发展海军力量不以为然，但佩德罗最后用武力威慑住了贵族联盟。

佩德罗四世四处征战，自然陷入财政困难。如今双教宗造成欧洲分裂的局势，佩德罗四世抓住时机，蚕食教会的财产。但这也只是杯水车薪。佩德罗四世无法阻挡债务重担的增加，不过这也可能受其他因素影响，比如英格兰国内的形势。这两个王国都努力争取获得半岛上的统治权，从而频频发生战争；半岛上的另个一王国葡萄牙则专注本身的发展。战争的导火索通常是王朝的利益纠葛。佩德罗四世的父王阿拉贡国王阿方索四世与卡斯蒂利亚女继承人埃莉诺（Eleonore）再婚，后者为他诞下两子。佩德罗四世拒绝承认这两个同父异母的弟弟，拒绝将父亲留给他的遗产给予费迪南德，而将费迪南德弟兄俩流放至卡斯蒂利亚，从此纠纷不断。另外支付雇佣军军饷完全依靠贷款，加剧了王国财政负担。在佩德罗四世退位之前，1381—1383 年国家陷入财政危机，导致巴塞罗那银行倒闭。

阿拉贡王国危机四伏。当国王与贵族冲突爆发时，鼠疫蔓延至加泰罗尼亚；而鼠疫到来之前这里曾出现饥荒，这使得民众的抵抗力减弱。不过，相较于欧洲其他地区，巴塞罗那拥有更为发达的公共社会救济网，这些机构照顾病患、孤寡和精神病人，帮助处理孤儿的教育和婚姻事宜。[93]

不久后的1356年，佩德罗四世与卡斯蒂利亚陷入王位纷争，阿拉贡王国被卷进战争。被佩德罗四世的流放的费迪南德成为特拉斯塔马拉王朝恩里克二世（Heinrich II Trastámara）的候选竞争者。恩里克二世同时是法兰西王位候选继承人，他又与英格兰面临新的冲突。依赖阿拉贡和法兰西的援助，这位特拉斯塔马拉人于1369年成为卡斯蒂利亚国王；直到中世纪末期，特拉斯塔马拉人一直拉掌管该地区。然而战争使得原本捉襟见肘的阿拉贡王国财政雪上加霜，国王不得不依赖社会各等级的税收。加泰罗尼亚人甚至从对外贸易税收中获取收益；议会里的下层贵族和城市新贵形成第四等级，形成限制国王权力的强大力量。阿拉贡君主的统治权力受到很大程度的制约。而等级议会在税收批准上权力扩张。该议会制度为未来制度建设指明了发展方向。

阿拉贡王国的这些发展新动向，其影响远远超出了阿拉贡王国的范围，且不受那个时代的局限，并引发了理论思考，如中世纪最负盛名的政治理论作者之一弗朗西斯科·爱希美尼斯（Francesc Eiximenis，卒于1409年）的观点。这位曾在瓦伦西亚、科隆、巴黎和牛津求学的方济各修士了解阿维尼翁的教廷，后来成为莱里达（Lerida/Lleida）的大学的神学讲师，并与阿拉贡国王保持着频繁的交流。爱希美尼斯在代表作《论基督徒》（Lo Crestia）中将国家的"共和"（cosa pública）和共同体（comunitat）置于君主之上，并强调君主要遵从法律。长久以来，阿拉贡王国的国王本人或其代理人会在"大法官"面前宣誓，这位大法官负责仲裁议会与国王之间的纷争。这在很多方面令人联想到英国的《大宪章》，尽管目前并没有证据证明二者直接相关。宣誓内容包括：在不经过审讯的情况下，禁止判处死刑、剥夺财产或者驱逐出境，或侵犯领地的法律特权和自由。[94]西欧各地都在朝这个方向发展。在阿维森纳的启发下，爱希美尼斯将共和政府一分为三："行政""服务""司法"。这种思想在加泰罗尼亚地区生根发芽。当时在加泰罗尼亚地区不存在"大法官"，爱希美尼斯代之以"议会",作为监督统治者的法庭,倘若国王违法,议会甚至有权力剥夺统治者的权力。12世纪索尔兹伯里的约翰提出的"抵抗权"(Widerstandsrecht)在当时有了越来越多的追随者,当时的社会由此向未来的法治社会大步前进。尤为重要的是,爱希美尼斯承认等级会议有权审核所有会影响纳税者权利的决议,包括决定战争或保持和平等。爱希美尼斯由此被视作资产阶级的早期理论家,他很早便探讨了好政府、公共福祉、工作和功绩之间的关系,并将相关的理论用文字表达出来。这些思想在16世纪重新受到关注。

双教宗的对立使得欧洲局势更为错综复杂。任何单个的君主对此都束手无策,因为其中混杂了诸多矛盾与利益,而期待所有利益相关方携手解决问题似乎不太现实。此外,像查理四世一样的优势统治者近期没有再出现过;即便查理再世也无所成效。曾执着于建立地中海帝国的阿拉贡的佩德罗四世留下两个儿子:胡安(Juan von Aragón)和马丁(Martin)。他俩先后执政,时间不长,最后绝嗣。这两位加泰罗尼亚的统治者政绩平平,乃至1394年加泰罗尼亚的本笃十三世当选为阿维尼翁克雷芒七世的继任者,而法兰西并不认可他,因此他在1409年的比萨公会议上遭废黜。教宗本人拒不辞职,退隐至加泰罗尼亚的佩尼斯科拉(Peñiscola),并在那里安度晚年,直至1423年去世。今天他被看作对立教宗。阿拉贡王权已过顶峰,呈衰弱之势。西班牙统一大势所趋,在15世纪最终实现。而此时,欧洲各权力体系总体上仍然以诸侯及其"邦国"(Staat)各持主权为主,而非成立联盟;继续纷争割据,而非结成共同体或统一。15、16世纪得到广泛讨论的"统治者人格"(Status principis)理论成为孕育现代国家的温床;但在此阶段,这些旧国家还无法看到,它们解体的必然性和条件已经出现。

这时的欧洲大陆陷入了无休止的战争之中,欧洲诸国无一幸免。西班牙战火熊熊,法兰西硝烟不止,德意志邦国诸侯之间、意大利城邦之间冲突不断,宗座为了维护教廷的领地利益不惜发动战争,西西里王国不得安宁。英法百年战争继续,黑死病肆虐,贵族贪得无厌,使得法兰西和英格兰两国不得不提高税收。农民和市民相继起来反抗他们的领主和国王。在法国，一些从各国招募的雇佣军组成了"自由部队"，这些有着严密组织的军队在短暂的停战期间无所事事，抢劫村落、城堡、城市，无恶不作，北至塞纳河南到卢瓦尔河大范围地区的人们提心吊胆。其中一支部队在臭名昭著的"大司铎"（Erzpriester）的领导下入侵阿维尼翁地区，要挟教宗英诺森六世，只有缴纳大笔赎金才免遭其害。鼠疫加剧了老百姓的苦难。1356年莫佩蒂伊（Maupertuis）战役后，为了凑得从获胜方英格兰那里赎回被俘骑士所需的高额赎金，法国大幅提高赋税，底层农民被压得喘不过气来，一时间怨声载道。1358年"扎克雷暴动"拉开了民众反抗斗争的序幕，他们惩处贵族，抢夺其财产，暴动席卷了巴黎西堤岛、皮卡第和诺曼底地区。法兰西的14世纪前叶，如此动荡不安。巴黎市民奋起反抗代被俘法王约翰行使统治权的王国参事会（Reichsrat）。尽管缺乏组织纪律的起义运动在领袖埃蒂安·马塞尔被暗杀之后一溃千里，并在大赦之后归于沉寂，普通老百姓却仍然生活在恐惧之中。

二十五年之后，1381年英格兰爆发"瓦特·泰勒起义"，革命的火种从佛兰德地区传到岛国。牛津大学神学家、改革派的布道者约翰·威克里夫神父抨击教会的腐败，14世纪70年代起，威克里夫的反教宗言论点燃了国内民众的不满之火。甚至"那些外形与贵族无异，同样由天主创造，却被视作贱民的"（编年史作者让·伏瓦萨语）农民，也联合起来反抗贵族。他们的要求比法国"扎克雷暴动"更为激进，更具系统性，安排得更为合理。在起义领导者约翰·鲍尔神父的带领下，农民要求彻底改革，争取自由。和过去一样，他们把自由建立在每个人自由意志的基础之上，这哪怕不是彻头彻尾地排斥不自由，起码也是含蓄地质疑一切形式的奴役。这种先锋思想必然引起社会变革，只是时间早晚的问题。参加起义的人们唱着口号："亚当耕田，夏娃纺线，那时哪有什么贵族？"当时的经济危机的种种迹象，有利于起义革命，而起义军队事实上也利用了这一切。英格兰境内情势急转直下，让·伏瓦萨记载了约翰·鲍尔传播革命的口号："只有财产为大家所共有，没有贵族老爷，也没有奴仆。"社会乌托邦思想在传唱过程中萌生。"我们要成为王国的主人"，这些呼喊久久萦绕在耳。

约翰·威克里夫布道并不局限于穷苦大众；这位先驱把《圣经》翻译

成民族语言，在广大天主教徒中传播。威克里夫的追随者罗拉德派批评教会的"圣餐论"，转而强调《圣经》的含义，他们把《圣经》翻译成民族语言，使每个信徒能够直接阅读圣言；不久后又质疑宗座权威、修道团和朝圣事宜，呈现出信徒皆为司祭的思想趋势。1401 年以降，该思想团体被定为异端，面临被处以火刑的惩罚。即使有这样的高压政策，罗拉德派在当时仍然活跃。起义此起彼伏，王位之争不断，整个 15 世纪，英格兰都呈现出紧张不安的态势。而凡此种种，无一不是宗教纷争和教会剧变的表现，欧洲大陆也无法置身事外。无论高级教士抑或普通教士都开始担忧，而他们的担心不无道理。

面对饥荒、瘟疫和黑死病的肆虐，西方世界越发焦虑不安。14 世纪一位匿名的比萨编年史作者记载道："瘟疫如秋风扫落叶一般凶猛，几乎所有人都死去了。""人们如此地惊恐不安，不再愿意相互照面，即使是父子、兄弟抑或夫妻，人们不再相见。"[95] 不仅普通老百姓感受到了死亡的恐惧，宗教权威也不例外。教宗的私人医生圭·德·肖利亚克（Guy de Chauliac）叹息道："邻里之爱消亡，希望日渐被弃。"[96] 亲情友情被割裂。恐惧隔离孤立了每一个人，即使缅怀死者的诫命都无法与之相抗衡。14 世纪以降，在欧洲大陆横冲直撞的黑死病没有放过任何人，无论贵族或佣工，诸侯或乞丐，在死亡面前，人人平等。灾难过后，社会及秩序遭遇重创，催生了新的世界和人类形象。现实中的死亡之舞为文学艺术提供了素材。

薄伽丘的小说《十日谈》以这一黑暗的历史时期为背景。根据小说的主体框架，来自佛罗伦萨上流社会的七位年轻女士和三位年轻男子成了故事的讲述者。他们逃离了鼠疫横行的城市，来到偏僻乡下，在看似远离危险的无忧无虑的环境中讲述故事以消遣，用各种情欲故事来驱逐对死亡的恐惧，享受生活的种种诱惑。小说中，即使面临死亡，这位佛罗伦萨的文学家仍强调对生命的渴望，有别于当时基督教信仰厌世的主张。然而同时期的其他作品语调要严肃得多，泰伯尔的约翰（Johannes von Tepl）在作品《波西米亚的农夫》（Ackermann aus Böhmen）中强烈谴责瘟疫这个"众人谋杀者"，它夺走了他心爱的妻子，使他抱憾终身。临死前，约翰与铁石心肠的死神对话，死亡对他而言意味着从那个束缚每一个灵魂的尘世牵绊中解脱出来，而不是中世纪早期伴随生命终结而来的安息，也不再是追求荣誉的骑士战死沙场那样主动拥抱光荣之死。即使农民对死神的质询有那么点咬文嚼字，涉及时兴的虚无话题——"一切皆空"，最终又过渡到抚慰人心的套话；字里行间却明显透露着新气象，即对感觉、绝望、无法抑制的愤怒及为什么应该愤怒的理解与接受，也就是说肯定此生，认可此生的价值和美好。"诅咒你，死亡！"

鼠疫大浩劫来临之时，欧洲大陆已经遭到气候恶化的影响。1316年到1318年开始年年阴雨不断，庄稼没成熟就烂在秸秆上，到处是麦角菌中毒引起的四肢坏疽病，同时饥荒蔓延开来。风暴汹涌成洪，如1364年的大洪灾（mandränke）永久地吞噬了北弗里西亚海岸大部分地区。当时石勒苏益格主教区便失去了叙尔特岛（Sylt）上的两个村落，它们被洪水冲走。自然灾害导致人们的生活水平不断下降，随之而来的是病痛的折磨。究其原因，从营养学上讲，一味地种植黑麦，即使配以面包，也会导致营养摄入单一。"大面积种植谷物"曾被视为中世纪社会进步的一个表现，如今却被证明是一个缺点：长此以往，造成人们的身体素质下降。可人们又怎能辨识与克服他们根本无法得知的原因呢？黑死病恶化了经济萧条状况，而农民和骑士阶层所受到的冲击最大。

事实上，这一切指向了一个缓慢发展的过程；虽然今天历史学家通过统计数据得以回望当时的这一过程，然而生活在那个时期的当事人却无法从这一角度来感知与经历。对他们而言，黑死病犹如天降大祸，改变了一切。这一变化如此剧烈，处处都有痕迹。为了弥补减少的人口，城市放开移民限制令，大力吸引外来民，一股由农村流向城市的大规模移民潮出现，不少经济问题也随之而来，例如农村人口大幅减少，导致收获季节劳动力匮乏。此前东进的运动停滞不前。社会上层的幸存者一夜之间获得丰富的遗产。那位佛罗伦萨编年史作者记载道，"一无所有者突然变得富有"。此外，当死神不再光顾，人们再次注重起穿着来。"裁缝不再满足于一小笔报酬，他们漫天要价；仆人们蛮横要求得到很高的酬劳，不得不用严厉的惩罚来约束他们；农民则要求签订协议，规定他们收割的农作物都归他们所有。"[97] 在遭遇鼠疫之前，佛罗伦萨已出现严重的社会危机，其他地区同样如此。原有的社会纽带撕裂，老旧的欧洲社会逐渐瓦解。当局开始介入，在危机中证明其紧急措施的合理，证明政权扩张和中央集权化的合法性。未来的国家权威正日益巩固。

惊恐并非仅仅存在于欧洲社会底层人民中，它也蔓延至王公贵族之中。但是领主们对鼠疫的恐惧远不及他们对民众愤怒、对敌手的惧怕。因此诸侯们忙着加固城堡，加厚城墙，紧守城堡大门。法兰西的路易五世不再扩建卢浮宫，而是想方设法加固它，他还下令修建了巴士底狱（Bastille），后来成为奴役人民的标志。老百姓苦不堪言，怨声载道。1379年佛兰德和朗格多克地区爆发的起义一直持续到1380年查理五世驾崩。根特的民众甚至赶走统治城市的伯爵和军队。"所有人都被可怖的恐惧笼罩了，他们连滚带爬四处逃窜；儿子不顾父亲，父亲不等儿子。"[98] 国王诸侯则害怕突然被谋杀，他们的恐惧并非空穴来风。1407年奥尔良的路易遇害，头盖骨被劈开，据称为勃艮第公爵所指使。"哀悼吧！不管你是男人还是女人，老人还是小孩，穷人还是富人。甜美的和平和安宁从你们身边被夺走。战争和毁灭在等着你们"[99]，路易的遗孀瓦伦蒂娜·维斯孔蒂（Valentina Visconti）预言道。此时巫术已涉入法兰西宫廷。法兰西笼罩在暗夜里。又发生一起谋杀，勃艮第的无畏者约翰（Johann Ohnefurcht）1419年遇害，上一起谋杀案的凶手成为这次的受害者，据传法国王太子牵涉其中。拉丁基督教世界的教宗之争持续引发不安和怀疑，遏制了所有的改革。敌基督的出现之日越来越近。锡耶纳的凯瑟琳（Katharina von Siena）的传记作者记载道，凯瑟琳在罗马教廷闻到了地狱罪孽的恶臭，她告诉她的忏悔神父教宗格里高利十一世，后者却不愿意相信她。难道这个世界只剩下罪行和恐惧？

第十二章

对最后的审判与重生的期待

对末日敌基督的期待

末日审判法官基督端坐在云端的彩虹宝座上。彩虹高耸入云,同时伸向大地,众多圣徒作为协判官簇拥在基督身旁,合掌的圣母在基督旁侧为人说情。天使们在空中飞翔,一些手中捧着耶稣受难的圣物;还有一些天使吹响着审判的号角。在大地上,圣米迦勒身穿金光闪闪的盔甲站在草地上,这位身形巨大、最具权威的天使长正在履行他的职责,称量人类灵魂的重量,区分正义和不义的灵魂。在天地相交的远处,死者从墓穴中爬起来,少数得救者遮住私处,赤身裸体走向天堂。圣彼得站在天国的入口,迎接每一个到达天堂的灵魂,与他们握手,同时天使为裸露的灵魂披上象征着福喜的长袍。另一些从死亡中醒过来的人希望获得怜悯,祈求宽容。一位天使用十字杖在驱赶一个绝望的迷途者,将他赶回魔鬼的爪中。在魔鬼的带领下,受诅咒的灵魂队伍正缓缓向地狱走去。这些被罚入地狱的灵魂一丝不挂,象征着脱去了人世的等级地位,绝望惊恐写满了他们的面颊。在地狱里,他们哀号着,叫喊着,表情因痛苦而狰狞,跌入火海深渊深处,受尽恶魔的折磨,永世不得翻身。

这幅富于想象力的画作创作于 1479 年左右的布鲁日,画师名为汉斯·梅姆林(Hans Memling),他受美第奇银行的布鲁日代理安杰洛·塔尼(Angelo Tani)的邀约绘制此画。作品完成之后准备运往意大利,但被汉萨同盟的舰艇截获扣押，作为战利品保留在波兰的但泽（Danzig），直到今天。艺术家为文艺复兴发源地佛罗伦萨创作的这幅作品，符合当时人们对危险地临近的末日审判的期待。那个时期的人们（至少是城市居民与诸侯）所忧虑的宗教法庭、末世、恐惧元素一一入画。尼德兰和意大利的艺术家们创作了相关主题的画作。我们这里只能举出其中比较优秀的画师，有梅姆林曾经在其手下工作过的画坊主罗希尔·范德魏登（Rogier van der Weyden）、弗拉·安杰利科（Fra Angelico）、彼得鲁斯·克里斯图斯（Petrus Cristus）、卢卡·西诺莱利（Luca Signorelli）。他们的作品启发了后来的米开朗琪罗，后者又在此基础上形成了独有的个人风格。

审判场景一直是教会救赎理论和救赎历史的基本组成部分；几乎所有有装饰画作的教堂里都存在相应主题的场景，例如巴黎、班贝格和伯尔尼等城市教堂大门上方的穹顶部分；时祷书中也开始出现类似的插图。然而这些以末世审判为主题的作品随着时间的推移经历了根本性的变化。意大利拉文纳的新圣亚坡理纳（S. Apollinare）教堂建成于6世纪，在这座教堂的装饰画中，天主区分了正义的绵羊与不义的山羊。其他地方已经有一些作品。用愚蠢的与聪明的童贞女作为审判的隐喻。到了10世纪左右，赖兴瑙岛的插画师让被诅咒的灵魂以人形入画。不久之后，绘画作品中出现了地狱的豁开的入口，魔鬼把守着地狱入口。获得恩赦的正义灵魂面部出现幸福的微笑，被惩罚的被诅咒者则表情扭曲狰狞。

但丁在其代表作中详细描述了地狱、炼狱和天堂里的景象，轮番展现了14世纪人们对绝望与希望的想象。《神曲》手抄本华丽的细密画将人们对惊惧与救赎的幻想淋漓尽致地表现出来。欧洲文艺复兴早期佛罗伦萨画派艺术家桑德罗·波提切利就受某位美第奇家族成员的委托绘制了一组独一无二的画作。[1] 在波提切利活跃的15世纪晚期，对末日审判的表现强调生动的戏剧性对比，既致力表达无法言说的喜乐，又细致描摹痛苦难忍的、近乎"自然主义的"恐惧。梅姆林的老师罗希尔·范德魏登擅长表达丰富的感情，在他的作品中，天使与魔鬼为了死者的灵魂进行殊死搏斗。无论在祈祷书的小插图还是在大型三联画中，末日审判都生动地表现了人们的恐慌。即使文艺复兴带来对生的快乐的肯定，人文主义带来对幸福生活的崇尚，但忧虑的希望与无尽的惊恐无疑仍成为这个世纪的关键词。无论在意大利、德意志，抑或法兰西，欧洲人都在反复地寻求关于末世的信息。星相学、预言性的文学贯穿整个文艺复兴时期，这个时代最负盛名的作家、最杰出的画家都围绕这一主题进行创作。这些伟大的艺术家们又怎会认为这是错误方式呢？几乎所有的科学都暗示了这一点，这看起来并非不合理。

　　整个社会人心惶惶，不管是诸侯王宫还是平常人家里。"如今每个人都由着性子做事，他们担心一切只会越来越糟糕。"法兰西王后普瓦捷的埃莉诺的女官愤然抨击世风日下、道德沦丧。哪怕只是礼数或品位的细微变化，都会让这位妇人愤恨不已；例如当时佛兰德地区产妇在火堆附近坐月子，也能让人们嗤之以鼻。这一时期墨守成规的程度，在让·伏瓦萨关于 1389 年法兰西国王查理六世去阿维尼翁拜访克雷芒七世的记载中可见一斑。"教宗一人端坐一桌，主持宴会，国王也单坐另一桌的次席，大主教和公爵们依次排开，井然有序。这样，筵席变得冗长、精致而且丰盛。"[2] 直至神圣罗马帝国灭亡，德意志国王加冕宴一直保留这样的传统。然而，只要从这些华丽的宫殿、宽阔的宴会厅和温暖的房间往窗外瞥一眼，就会看到残忍的现实。此时，圣彼得宝座上的人不止两位，偶尔甚至出现三位；国王被人废黜，或者被谋杀；勇敢的勃艮第公爵即遭此厄运，毫无尊严地被埋葬，他死时仅穿着背心、裤子和鞋子，没有正式的长袍，葬礼也没有相应的排场。[3] "异教徒"土耳其人压迫着基督教世界，攻破了十字军军队，1453 年征服了拥有千年历史的东罗马；人民起义此起彼伏，意大利、法兰西和英格兰无一幸免；德意志境内宗教战争战火肆虐；圣女贞德拯救了法兰西的王位，震天杀声中曾经无往不胜的战士纷纷死去。而与此同时，拥有王室血统的贝里公爵让（Jean, Herzog von Berry）修筑了当时最为豪华的城堡，赞助绘制了装饰华美的时祷书。这一时期的普通市民大多数贪婪吝啬，而教宗王侯更甚，高利贷盛行，穷人和富人深受其害；教士不再保持贞洁，情妇在教宗宫殿自由出入；[4] 在罪孽中诞生的私生子、教士的儿子们要求并获得教会职位；异端和巫师在城市和农村兴风作浪；信仰受到威胁，悔罪布道者呼吁浪子回头，然而应者寥寥。罗马教廷的一位冷眼旁观者点评时势："我们生活在愚人时代，而只有这些妄人手握大权。"[5] 到处是混乱不堪的景象；人们不再信任任何事与任何人，到处是瓦解和嘈杂的状态；一切变得糟糕。如果说有必要改革，谁又能主持大局？另外，如何进行改革？从哪里开始着手？

这是中世纪的秋天？丰收的时节？最后的骑士？抑或变革、危机和叛乱？事实上，一个新的时代即将来临，它将突破已有的秩序，更复杂，更拥挤，更多样化，更快速，也更为不安，比过去的王朝更具颠覆性，也更令人惧怕。正如彼特拉克在1336年攀登旺图山时描述的风暴，颇有象征意义，不过他的描述可能是虚构。尽管漫游者并未攀登到山顶，但在山上他们鸟瞰了海洋与高山。尽管彼特拉克根据以往作家的榜样虚构了所遭遇的风暴，但他记录这次登山，是赞颂人的解放、视野的拓展，颂扬人从此对世界敞开心灵。不过彼特拉克还没攀登至山顶时，脑中便出现了奥古斯丁《忏悔录》中的字句："我愿意回顾曾做过罪恶的勾当及肉体的堕落，并不是因为我喜欢做这些事，而是因为我爱你，我的天主。"他首先认为，他听到世人所敬仰的圣人对他呼唤：不要迷失自我；而后坦露诗人的心声："将所有恐惧和尘世欲望都践踏于脚下的人是有福的。"[6] 可怕的山顶风暴让人畏惧。若要拥有广阔的胸怀，必须战胜恐惧。这是否能成为现实？下地狱的恐怖场景势必挑起人们心中的疑问。

葡萄牙王子，基督骑士团（Christusorden）①领导者"航海家"亨利采取实际行动，冲破欧洲地区的边界，开辟通往印度的航道。而这些举动绝非偶然，自1418年开始亨利就派出船只去探索非洲大陆，发现通往新大陆的航道。那时但丁还认为这类举动是无视天主的妄举；而在前往蒙古帝国首都"汗八里"的传教和通商之旅进行数十年后，这些举动看来是可行的。正是新航线开辟时期，首批殖民帝国开始形成。葡萄牙和西班牙争先恐后，占据有利的位置。之前一直无人居住的加那利群岛（今属西班牙管辖）和亚速尔群岛（今属葡萄牙管辖）被西班牙和葡萄牙占领，教宗宣布这些地方由其国王所有。沿非洲海岸线建立了相应的基地。继古代以后，

---

① 其前身是葡萄牙的圣殿骑士团组织。

奴隶贸易得到新的刺激，再次兴盛。

技术方面的革新促进并伴随着新大陆的发现。比如指南针。磁铁早在古希腊罗马时期便为人所知。1187年亚历山大·内卡姆（Alexander Neckam）首次提到指南针。他谈到浮在水面上的指针，指向南北，海员出海时会携带此类水浮指南针。1269年，法国学者马里孔特的皮埃尔·佩勒兰（Pierre Pélerin de Maricourt）首次描述了非水浮且更精确的指南针。直至1300年左右人们制作出可实用的指南针，置于玻璃盒里并配有刻度盘。1400年左右，指南针首次被安装在船只上使用，从而使航行路线更加精准，而精确在外海航行中是必不可少的。天文学家格奥尔格·冯·波伊巴赫（Georg von Peuerbach，卒于1461年）首次发现地磁偏角——北磁极和北极之间的差异。此后，人们在实际运用中考虑到了这一发现。哥伦布发现新大陆，以及其他大西洋的航海家的探险都离不开这些成就。一系列不起眼的发明贯穿了整个世纪，正是这点滴的积累促进了全球化的进程。13、14世纪指北针被用于地下采矿。很快，作为古代和中世纪星盘进一步发展的产物，六分仪首次出现。而武器技术方面也有了长足的进步。在百年战争中，黑火药和大炮首次大规模运用，且对战争的结果起到决定性的作用。

在非军事领域，技术也有了和平的进步。古腾堡（卒于1468年）凭借天才创造力发明了活字印刷术，与书写材料纸张结合后，加速了知识的传播；1454年，著名的四十二行《圣经》出版发行。书本与知识不再过于昂贵，知识的网络正在变得更大、更密集和更容易普及，从此，社会各阶级都有可能接触到知识。知识加速传播，许多领域出现以前所无法预见的创新，如数学、球面三角几何、采矿、建筑和艺术理论等方面，不久变革波及政治宣传、宗教改革和"新闻业"等方面。对时间的新理解和时间意识也逐渐出现。中世纪晚期带着报时和钟摆装置的机械钟表出现并广泛传播；此后，为了安装教堂大钟，教堂钟塔的设计开始做出相应的改变。时间的测量、按钟点工作以及整点报时改变了人们对时间的感知，改变了所有人包括小孩的生活。

关于世界的知识在增长，对时间空间的定位更为精准，这些无疑是伟大的进步；但这些也令人烦恼，引起不安，人们不得不适应越来越迅速的变化。整点的钟声带来日常生活的规范化，生活秩序得到遵守，而这一切都在影响人们的生活，无论在农村、城市还是王宫，人们都受到更多的社会控制。越来越严格的规定和宫廷礼数必须严格遵守，人们的共同生活更加有规范、有效率，受到更强的控制。理性、经济和理性规则逐渐进入平民百姓家，尤其是市民家庭，从此能干（virtù）与幸运（fortuna）成为治家的主要手段。人文主义者、诗人、文艺理论家和建筑师莱昂·巴蒂斯塔·阿尔伯蒂（Leon Battista Alberti，卒于1472年）以他的家庭为例，将家规提升为艺术（1437—1441年）。"家庭人口宜多，不宜少；钱财宜增，不宜减；避免任何有害行为，维护好名声；逃离憎恨、嫉妒和敌意；主动结识，赢得好感，维系友谊。"[7]

城市市民阶级家庭观念的变化不仅体现在巴蒂斯塔·阿尔伯蒂身上；全家福为主题的画作不断涌现，也反映出这一点，这些画作不同于曾兴盛一时的赞助人或恩主像。1465—1474年，安德烈亚·曼特尼亚（Andrea Mantegna）为边区伯爵曼托瓦的路多维科·贡扎加（Ludovico Gonzaga von Mantua）及其宫廷下属（一群纪律松散的雇佣兵）绘制了群像。随后不久，以父亲、母亲和孩子组成的核心家庭为内容的全家福出现，家人按照年龄和身高美好地排列。人文主义运动和宗教改革都从中获益匪浅。不时被行会斗争所困扰的市民阶级坚决抵制铺张浪费与奢侈作风。他们拒绝已有的建筑和穿衣规范，而是满足于简单黑色的贡多拉船、小凸肚窗、没粉刷灰浆的试衣间等。但行会统治阻碍了手工业的竞争和创新。而税收正在增加，至少对社会底层民众来讲是这样。社会秩序和规范的约束无处不在。即使仍然存在各种条条框框，市民阶级也有办法展示本阶级的文化风貌。

当然贵族、诸侯和王宫所必须遵守的礼仪规范比市民阶级更为严格[8]：铺张浪费的庆典、开销巨大的竞技和骑士比赛、公共葬礼仪式、国事规格的颜色的使用、床位排放秩序，每一处礼仪都有繁复的规定，需要一丝不苟地照办。而这一切都要接受无数只眼睛的审视，包括宫廷宣谕官、总管和女官。不遵守礼数的人被视作粗俗的无礼之徒，或有意冒犯惹事。1463

年，法兰西的路易十一世和卡斯蒂利亚国王的恩里克二世两位国王会面，虽然两者之间并无敌对关系，但彼此看对方不顺眼，因为他俩穿着不宜场合的长袍出席。尽管两人没有用言语说出来，但他们的着装便已表达出对对方的看法。菲利普·德·科米纳（Philippe de Commynes）记载道："卡斯蒂利亚国王丑陋无比，法国人不喜欢他的衣着。""我们的国王外衣过短，穿得如此不得体，简直不能更糟糕了。"人们不放过任何细节。1467年普法尔茨的胜利者腓特烈一世（Friedrich I der Siegreiche）去布鲁塞尔拜会勃艮第的大胆查理，那里举行了豪华的欢迎庆典，然而这位科米纳在公爵的随从中嘀咕："这些德意志人真肮脏，将他们的靴子脱到刚铺好的床榻上，一点儿不体面。德意志人像心怀嫉妒的人那样指责着庆典排场。从此以后，这两位诸侯的确不再亲近。"[9]这个例子说明，穿着和礼节即政治。

然而，即使礼仪与规范深入政治与生活的方方面面，如何应对新事物的不安与不确定乃至害怕情绪，弥漫着整个社会。暴力与战争更加激化了这种不安和害怕，各种预言幻象也加强了不安，或对未来做出许诺预言；宗教和信仰将对未来的期许具体化。对末世的期待更加迫切，敌基督正在迫近，魔鬼在各国肆虐，大气、土地和火之神灵正在等待召唤。理性渴望着神秘、信仰和奇迹，启蒙不断触到恼人的限制。14世纪晚期新的宗教运动已初现端倪，幻想家、改革者和受过教育的妇女一道发挥着作用。查理四世年轻的时候就觉得他见过幻象。曾看到圣母玛利亚显灵的瑞典的布丽吉特（Brigitta von Schweden，卒于1373年）认为她负有在英格兰和法兰西之间缔结和平的使命，抨击瑞典国王马格努斯·埃里克松（Magnus Erikson）有同性恋情且藐视教廷的禁令，最后她辗转去罗马。神秘主义者锡耶纳的凯瑟琳（卒于1380年）曾亲眼见到耶稣、圣彼得、圣保罗及受耶稣青睐的使徒的显灵，这位曾体验过耶稣圣痕的多明我会修女，在公共场合（这对女子来说不寻常）劝诫人们；她在意大利受到欢迎。

个人主义的观念早已在贵族和市民家庭萌生，这体现在12世纪末期出现的珍贵的时祷书中。这些时祷书稀有贵重、装帧豪华，时常有赞助人如贝里公爵便因为其精美、富丽和珍贵而专门收集它们。书中的祷告文、日历、圣徒崇拜和赎罪规定都反映了那个时代的宗教实践,从虔诚和冥想的图像中,可窥得使用这些祈祷书的人对往生的信仰、对救赎的期待,以及对现世的惶恐以及对来世的希望的原因。

14世纪末期,"新虔敬"运动广泛传播,该运动可溯源至来自代芬特尔(Deventer)的吉尔特·格罗特(Geert Groote,卒于1384年),他创立了"共同生活兄弟(和姊妹)会"。格罗特受埃克哈特和鲁伊斯布鲁克的约翰的影响很大。来自聚特芬(Zutphen)的盖哈德·泽博尔特(Gerhard Zerbolt)及其来自乌特勒支的学生佛罗伦斯·拉德文(Florens Radewijns)按照圣奥古斯丁会规推动了新虔敬运动的组织发展。这一运动不仅在佛兰德、布拉班特、洛林、荷兰和德意志王国其他地区(包括温德斯海姆圣会)等地进行,直至巴塞尔(圣莱昂哈德)和因特拉肯等地也有许多追随者,只有在地处西部的西班牙和南部的意大利的影响比较小。巴黎神学教授让·吉尔松也是虔敬运动的推动者。尽管该运动的参与者均接受过良好的大学教育,但他们拒绝经院主义,而是寻求全心全意侍奉天主。因此,他们受到普通民众的大力支持,且重要的是影响了后来的宗教改革先驱马丁·路德和加尔文。

新虔敬运动者颇具影响力的著作《新虔敬运动》(*Devotio moderna*)曾被归在肯彭(肯培)的托马斯(Thomas a Kempis,卒于1471年)名下,后证实并非如此。这本"效仿基督"的冥想著作的作者迄今未知,有可能是格罗特亲笔撰写。该书流传广泛,甚至在意大利的某些地方发现了该书的抄本。在很长一段时间里,该书印刷数量仅次于《圣经》。《新虔敬运动》共四卷,警告世人要注重灵修,放弃虚无的尘世生活,注重内心和内心的慰藉,以及时刻准备迎接圣餐礼。"我们要尽最大的努力沉浸在耶稣基督的生命当中,基督的教导超越了所有圣人的教义。"(1,3—4)该书作者开篇即警示读者:"倘若你不够谦卑,因此无法取悦于圣父、圣子、圣灵三位一体,那么来讨论三位一体又有何意义?高深的言语无法让人看起来神圣与正义,而崇高且富有美德的生活会取悦于天主,与其去寻求它的定义,毋宁去感受悔罪。"(1,7—9)

与其追求冷冰冰的知识,不如在生活中实践美德,这样的行为纲领与人文主义者的主张不谋而合。这一切仿佛是在神秘信仰与内心需求的指引下，对13、14世纪理性的、唯名论的启蒙思潮的回应；在强烈的理性化发展阶段过后，很容易出现诸如此类的反思。"虔敬"是人文主义者与世俗思想的宗教关联。启蒙的辩证性召唤内在心性、信仰和非理性。即使最古老的修道会也在寻求改变。本笃会通过迈尔克（Melk）修道院、位于上普法尔茨的卡斯特尔（Kastel）修道院和布尔斯费尔德（Bursfelde）修道院获得了新的发展，在教士团中也出现了新的宗教势力。

15世纪并未出现杰出的哲学家，在神学领域也只有让·吉尔松和枢机主教库萨的尼古拉发表观点，这一个世纪的佼佼者非画家和人文主义的文学家莫属。这些艺术家与这个时代强烈的宗教需求遥相呼应。克里斯蒂娜·德·皮桑很早便在法国宫廷轰动一时，成为首位专职女作家，也成为思想史转折的见证人。修辞、历史编纂、书信艺术、教育等由此成为公共与私人生活的焦点。古典时期未受基督教思想影响的作家的写作风格被重新挖掘出来，不断被模仿和学习。而这种四处渗透的世俗化笼罩在受过教育的精英阶层周围。即使宗教人士也为凡俗世界的丰富多彩所吸引。薄伽丘《十日谈》所讲述的许多情欲的故事广为流传。文艺复兴时期人文主义者波焦·布拉乔利尼（卒于1459年）的《逸闻妙语录》（*Facezien*）收集了当时罗马教宗宫发生的逸事和丑闻（例如《接着，三人上了床》），[10]反映了当时社会全面"感官化"的趋势，这种强烈的感官追求能让读者受到震撼，唤起他们的罪恶感，以及羞耻、悔悟和想要寻求赎罪的心理。

悔罪布道者向这些焦虑的人们呼吁。作为严肃的人文主义者，波焦·布拉乔利尼用笔锋讨伐尘世的浮华。时代的严重情势使冥想及反思受到青睐。1451—1454年，一直在阿尔卑斯以北乡间活动的小兄弟会修士乔万尼·卡佩斯特拉诺（Giovanni Capestrano，卒于1456年）布道反对胡斯信徒和土耳其人，支持教宗，其足迹远及匈牙利。这位托钵修士对皇帝与帝国会议期待甚高。1454年，诸侯汇聚在法兰克福召开帝国会议期间，乔万尼·卡佩斯特拉诺工作日时在大教堂外的圣巴多罗买教堂墓地逗留，而安息日和节假日时则在市政厅前人来人往的罗马山广场（Römerberg），他严厉抨击放高利贷和通奸，将纸牌和骰子等赌博用具扔进熊熊大火，达三周之久。这是多么怪异的时代！这一切都如罪恶般预示着衰落。然而，这位布道者呼吁向土耳其进行十字军东征的努力注定徒劳，未能阻挡真正的危险的到来。[11]

中世纪的人对地狱的想象独出心裁。那个时期的人们认为，地狱渴望吞噬人尤其是普通人的身体与灵魂。那些名人和富人，只要他们不堕落至放高利贷，就能够轻易逃过尘世法官审判。不过在《神曲·地狱篇》中，但丁就遇到大量的知名人士与富豪遭受着可怕的折磨作为惩罚；不仅如此，但丁还毫不避讳，点出了这些受诅咒者的名字。正是这些谴责激怒了他那个时代的权势人士。邪恶无处不在，无休止地煽动着地狱之火。人们一方面受到极大的震动而惶惶不安，另一方面又耽于诱惑，任由灵魂堕落。魔鬼似乎千方百计地设计更多引诱手段，用魔法诱骗人们作乐。堕落的艺术已经在"许多人心中播下种子，无论他高贵或贫贱"，甚至波及当时社会地位最高的人群。无论如何，制止魔鬼行径成为当务之急。世纪之初，海德堡大学神学教授大尼古拉（Nikolaus Magni）迫于情势发表了启蒙文章；1455 年约翰内斯·哈特利布（Johannes Hartlieb）采用更便利的形式，为边区伯爵勃兰登堡的约翰撰写了《被禁艺术手册》。在书中哈特利布混入了他遭遇魔法的经历。他讲道，受"极其狡诈的撒旦"的蛊惑，"轻信的人们才会误入歧途"，这一警示多么直白。[12]

为了警示世人，大尼古拉和哈特利布这两位学者谴责了七大禁忌术：灵占或招魂术（Nigromantie）、泥土占（Geomantie）、水占（Hydromantie）、天象占（Aeromantie）、火占（Pyromantie）、手相术（Chiromantie）和甲骨占（Spatulamantie），从黑魔法、妖术到看手相，或用大型动物或人类的肩胛骨进行预言，等等。例如地位极高的条顿骑士团团长就信奉甲骨占，当时"不论贵族还是普通人都对其推崇不已"。这些禁忌术无一例外是魔鬼使出的幻觉，为了迷惑人类的自由意志。在谴责这些巫术的同时，约翰内斯·哈特利布一同摈弃了犹太哲学和部分阿拉伯占星术。他的著作有意反对当时的知识精英。他本人是医生，也是位严肃的占星术士。这些禁忌巫术的把弄者将面临炼狱之火的惩罚，而当时有罪的普通人则面临更为普遍的火刑。

实际上，魔鬼对人类灵魂产生的影响越来越大，迄今为止很少被注意的危机突然频繁出现。古典时期及教父时期的迷信思想、经院时期的神学和法学思想、异端和巫术审判、古老的迷信和实际上服药后出现的幻觉行为融为一体，加之以最高深的知识和非文字的传统习俗，现在这一切有了血肉之躯，还拥有了骇人听闻的名称——巫师（Hexen）。巫术思想的发源地还有待考证，最早出现在瑞士西部的瓦莱州（Wallis），不久便出现在莱茵河上游地区。1446 年，"海德堡地区有女人因为实施巫术被活活烧死"[13]。捕杀女巫的行为最初出现在偏远乡村地区，而非诸侯贵族的王宫；根据史料记录，捕杀女巫似乎也比较少出现在城市居民中。

宗教裁判所很快接管了女巫裁决问题。1484 年，教宗英诺森八世颁布教令《至高的期望》（Summis desiderantes），由此拉开了大规模女巫迫害的序幕。时任阿勒曼尼亚省裁判官的海因里希·克雷默（后拉丁化改名 Henricus Institoris，卒于 1505 年）在因斯布鲁克和布雷萨诺内（Brixen）实施女巫审判，之后不久他写成了《女巫之锤》（*Malleus Maleficarum / Hexenhammer*），为猎杀女巫提供了理论基础。尽管另一位裁判官雅各布·施普伦格被称作合著者，但鉴于后来施普伦格反对用该书所建议的方式[14]进行审判，其合作者的身份有待进一步证明。《女巫之锤》的写作风格为晚期经院主义文风，追求三大目标：其一是证明巫师（无论男性或女性）存在及为什么存在；其二证明巫师如何作恶，可以采取哪些防范措施；其三描述女巫审判的过程。在书中，所有关于恶魔和妖怪的信仰、男性和女性梦魔、男女巫师、古怪的召魔行为、与魔鬼订立契约和女巫安息日集会、无节制的肉欲和恶意的符咒，都被刻画成能害人性命的恶行，这些被捏造的罪名导致之后的数百年人心惶惶。1487 年，《女巫之锤》首次出版，在法兰克福集市上散布，直至 17 世纪，该书多次再版。该书作者自夸道，曾亲手将 200 名女巫处以火刑。随着该书的反复出版与印刷，出现大规模猎杀女巫的疯狂举动。自然，处死女巫的活动早先就已出现，也绝非仅在农民和村民中。此后不久，北方文艺复兴代表丢勒和汉斯·巴尔东·格里恩（Hans Baldung Grien）用铜版画等画法刻画了各种赤身裸体的女巫形象（只有女巫，而非男巫），她们摆着不堪入目的姿势。这些女巫形象在当时的欧洲大陆广泛传播，而这些艺术作品极具诱惑力又让人反感，更加深了人们对女巫的成见：她们是恶毒、受到诅咒和诱惑的代名词。

对魔鬼和女巫的恐惧感染了那个时期的艺术家，包括建筑师、画家、雕刻家等，他们仿佛冥冥之中受到召唤，纷纷修建教堂，并用湿壁画和圣坛画等来装饰它；用精美的插画来装饰祈祷书和礼拜书。这些杰出的艺术家受到热烈的追捧，而他们也懂得展示其天才。当时艺术家发现了焦点透视法（central perspective），这种透视法将所有平行的线汇聚到一个点上，而画面可视为相应的"视觉金字塔"的切面。焦点透视法的发现者菲利波·布鲁内勒斯奇（Filippo Brunelleschi，卒于1446年）及系统地把透视理论引入绘画的莱昂·巴蒂斯塔·阿尔伯蒂都是建筑师，他们分别于1410年和1436年为该技法打下了数学和视觉基础。1470年意大利画家皮耶罗·德拉·弗朗切斯卡（Piero della Francesca）详细地描述了透视法。[15] 布鲁内勒斯奇23岁的天才弟子马萨乔（Masaccio）早已在实践中大胆运用此法，如佛罗伦萨卡尔米内圣母教堂内的布兰卡契礼拜堂（Capella dei Brancacci）的湿壁画及1429年新圣母教堂的《圣三位一体》。透视法的发现打开了观察世界的全新视角，它绝非仅仅是绘画阐释的核心概念。"西方绘画之父"乔托放弃的黄金底色从此完全消失在欧洲绘画历史中，"现实主义"的背景取而代之。从此，人们越来越期待看到画中对自然的勾勒和描摹。新的建筑风格逐渐形成，巴蒂斯塔·阿尔伯蒂首先撰写了相关的理论著作《建筑论》（De re aedificatoria，1452年）。此后，正方形、矩形、三角形和平滑的平面等取代了尖拱和镂空，运用于建筑的外立面。

那个时期的人们推崇刚发现和出土的古希腊罗马雕像之美，如随之被诸侯收藏的拉奥孔雕像或观景殿的阿波罗像。人文主义者、连任四位教宗的秘书的弗拉维奥·比翁多（Flavio Biondo，卒于1463年）在其中脱颖而出，他是首位意图重建古代罗马城的人（《重建罗马》，1444/1446年）。意大利画家安德烈亚·曼特尼亚画作背景中出现重重墙壁和遗址，他的代表作《圣塞巴斯蒂安受难像》的背景即为古代建筑遗址，这位画家自信地用希腊文写下"安德烈亚之作"。相较数世纪前的艺术家，这些画师和雕刻师越来越关注此生，越来越入世，更加注重吸引人们的眼球。艺术家们注重观察现实，注重丰富细节，注重事物和物体的外表、质地、表面对光的反射。人体的庄严和美不仅受到前所未有的关注，而且常常被理想化，甚至作为衡量美的标准。亚当与夏娃成为裸体肖像的范例，不久连亚当、夏娃用来遮羞的无花果叶也不见了，不过有些画作后加了衣物。现实主义的肖像画顺应而生，它们捕捉每一条皱纹、每一个表情、每一个疣和每一丝微笑，许多面部动作参照了那个时期的相面学。经常有人相信，面相之学是王侯的秘密知识，他们能借此洞察智囊和亲信的内心。早期尼德兰画派的扬·凡·艾克（Jan van Eyck）所画的天使报喜圣母像中，圣母抬头直视来报喜的天使；意大利画家相同题材的圣母像则低垂着头专注于祈祷，仿佛在聆听内心的声音。安德烈亚为他的安葬礼拜堂所绘的自画像则残酷真实地画出了年老的形象：下垂的嘴角、满面的沟壑和幻灭的眼神。

这一时期不仅有美和美好的事物庆祝生命的复苏，那衬托着所有美的丑及丑陋的事物也进入人们视野中。丑可以说从美的精神中同时孕育而出。令人作呕的表情、畸形扭曲的人形频繁出现，有时为了激发人们的同情和怜悯之心，有时仅为了呈现丑本身或作为罪恶的隐喻。魔鬼形象变化万千，证明了奇形怪状、凶神恶煞的怪物的不竭的创造力。末世审判的恐怖场景将地狱中种种酷刑生动地展示在人们眼前，恶魔无休止的怒火，之前无法想象的残暴，如今亦成现实。教会当局和宗教裁判所的审讯密室为人们提供了地狱折磨的现世蓝本。

这些闯入现实世界的超自然的想象越来越"客观化"，越来越"现实化"，有更多细节，且与现世的关系越来越紧密。针对这些恐惧的现实，只有用那些"彼岸"天堂的景象来反击；那里的天使和圣徒有摄人心魄之美和感官之华丽，伊甸园里无忧无虑，圣母像富有怜悯之心，被拯救者和得到救赎者脸上有抑制不住的欢乐、愉悦的心醉神迷和永恒的福喜。艺术家们发展了哀悼基督的私人虔敬画，突出了耶稣受难时"现实感"，极具戏剧性。这一时期出现大量为收藏而量身定制的作品。[16]然而，在世纪末出现了意义逆转，很多画作表现出欺骗和悲观，如荷兰画家希罗尼穆斯·博斯（Hieronymus Bosch）的恶作剧的《变戏法的人》

（Taschenspieler）及《干草车》（Heuwagen）三联画。博斯生活的时代还没有出现宗教改革，其画作却已揭示充满虚伪、欺瞒的世界与欺诈的人性，这是富有的尼德兰地区给世人的警示。这些画作清楚生动地表现了中世纪晚期欧洲经济发达地区的精神状态。

博斯的画作中运用了令人瞠目结舌的象征手法。变戏法的人用他的愚蠢的小伎俩吸引着呆头呆脑的观众，与此同时，他的同伙则在人群中偷盗。而在另一幅画中，干草车正朝向地狱驶去，这些象征着整个现实世界。博斯没画过祭坛画，但仍用三联画形式创作了《干草车》：右边一联是人间乐园，左边是地狱，中间则指代现实世界，喻示人类从乐园走向地狱；画面外围是居无定所的"流浪汉"、"堕落的儿子"、诡异的乞丐和不停歇的漫游者。人类始祖被驱逐出伊甸园后，便直接堕落至魔鬼的国度。画中并未出现任何悔罪的暗示，也没有救赎的召唤。一位天使陪着干草车顶端的一小拨人，他的祷告也注定徒劳。而在上方天空里，出现了一个瘦小的基督，这位末日审判者坐在敞开的天堂里俯视着一切。怪兽在吹奏音乐。干草车上的一小拨人受到恶魔与鬼怪的引诱，他们过着表面上祥和宁静、歌舞升平的生活。而车下有一些人在奋力抽取车上的干草，另一些人则嫉妒他们的所获，互相杀戮。在干草车后面是教宗和皇帝，以及他们的浩大的车马随从队伍，他们争吵不休，完全不顾周围发生的事情。世界一片混乱，正在走向毁灭，走近地狱。精神和世俗的权威都不顾身份，列队紧跟而非引导干草车。中世纪晚期的圣饼崇拜和宗教游行象征了可见的、直接可获得的救赎，而这救赎迫在眉睫。笃信地狱与救赎的人们需要这些宗教仪式行为来安慰不安的灵魂，以继续生活。

事实上，博斯的《干草车》并非仅仅体现了目不识丁的贫穷普通之人的信仰；相反，它也表明了当时社会的上层阶级和精英的想法，毕竟他们才是博斯的顾客群。据侍臣传言，1392年法兰西查理六世因为从事魔法与巫术而发疯，据说巫术可以治好他；将军桑塞尔的路易（Louis de Sancerre）和勃艮第公爵大胆菲利普二世（Philipp II der Kühne）联合资助了巫术治疗。因为没有缓解病情，至少有五位巫师被指控犯欺诈之罪，遭到诅咒，被公开处以火刑。[17]奥尔良的圣女贞德被一些人视作先知，他们至少有后见之明；而她被另一些人视作令人恐惧的女巫。1431年她在鲁昂被处以火刑。而她所做的不少预言最终应验，对整个民族及不少宫廷人士而言，她是天主送来的女先知。然而，她的死对头，替未成年的英格兰的亨利六世在法国征战的贝德福公爵，是位杰出的阴谋家，他向他的国王汇报道，"被称为少女的贞德，是魔鬼的追随者和奸细，凭借充满恶意的咒语和巫术"，导致他们在奥尔良大败。[18] 人们放眼望去，都可以看到超自然的力量在蠢蠢欲动。

新的生命喜悦与精神的重生

到底是黑死病打断了生活方式，还是饥荒、突如其来的自然灾害、物价上涨、无休止的战争搅乱了人类社会的所有计划和一切秩序，挑战了现有的伦理？是这些号召唤出新的魔鬼？或给予当时人的生活以现世的或新的世俗意义？不管具体结论如何，中世纪早期和盛期并没有出现类似的变化。而中世纪晚期，人们享受身体，享受感官的躁动和心灵的感知，以及整个人性。欲望的幻想探出头来，画家将其微妙地呈现在画中。"美貌非凡的女子刚沐浴结束，用精美的麻纱得体地遮挡住私处；女性的身体被如此呈现：面部、胸部面向观众，而背部则在对面墙上刻意画出的镜子中映照出来。"这是一个迎合男性欲望的全景监狱（panopticon）。[19] 当时著名的艺术家扬·凡·艾克被后世尊为油画的开山鼻祖，他赋予画作以诱惑性的色泽，让一切呈现出令人迷醉的光彩。文学家们饶有兴致地讨论颇富争议的性行为。"我认识两个年纪不同、长相不同的罗马妓女，有次她俩一同走进我们教宗的卧房，为了满足他的生理需求，也为了获得回报。教宗与漂亮的那个享受了两次爱的欢愉，而与另外一位只进行了一次，只为了不让后者觉得受到冒犯，且以后还能再带她美丽的同伴来。"紧接着两位女士因为酬劳发生争执，即那位美丽的女士所获的报酬是否应该是她的同伴的两倍。[20] 记载这件逸事的教宗秘书关注的并非宗座的荒淫无度，而是两位女士的争执、"我认识"两位女士……教士最熟悉诸如此类的猎艳冒险。恩尼亚·席维欧，即后来的庇护二世，年轻的时候也会享受热那亚女人热烈的注视和她们危险的诱惑陷阱。

在这一派充满感性和知性的生命喜悦的气象中，人们重新燃起了基督教之前的古典文化的热情之火。当时流行的口号是"回到本源"（Ad fontes），即回到语言的最初本源。在康斯坦茨公会议期间，波焦·布拉乔利尼于圣加伦修道院重新发现了中世纪早期以来的手抄本收藏，鼓吹它们的珍贵价值。寻找手抄本一时间成为时尚。而塔西佗的短篇作品在富尔达或黑尔斯费尔德（Hersfeld）保存的手抄本中被发掘出来，其中包括《日耳曼尼亚志》；修道院的僧侣显然不曾料到他们拥有的这些抄本有多么珍贵，不知道它们的价值所在。直到后来意大利人文学者对它们产生兴趣，才挽救了这些要被拿来喂猪的羊皮纸抄本。15 世纪中期，德意志地区许多曾经作为文化机构盛极一时的古老的本笃会修道院，因为文化的鸿沟、缺乏兴趣以及无法说清的困境，都不再投入精力参与本世纪的改革运动。

最早，皇帝查理曼及其同辈人曾为古典文化大家的推广做出努力，而到此时，他们的努力再次产生蝴蝶效应。人文主义者正是因为加洛林时期流传下来的手稿而获得不竭的灵感，这些手稿提供了通往古希腊罗马遗产最古老的途径。文艺复兴时期对古典的理解建立在中世纪早期的基础之上。那时不仅拉丁文本受益于古代手抄本的发现，希腊语和希伯来语的研究也绽放出前所未有的光彩。古典时期的诸神如丘比特、维纳斯和马尔斯如今再次出现。桑德罗·波提切利的《维纳斯的诞生》（1486 年）就在这一背景下诞生。无论如何，古典诸神和英雄的雕像重新被认定为审美的典范。文学家和艺术家们惊叹地站在这些有着不可抗拒的魅力的作品前面，无言以对，沉迷其中。[21]

对亚里士多德著作的再三阐释"反刍"，将亚里士多德的辩证学、自然志或伦理学等单调无趣地灌输给大学里的人文学者，这已让彼特拉克之类的人文主义者反感。现在人们重新发现了古典时期的两位伟大的修辞大家：被称为"不朽的神"的西塞罗[22]和昆体良。来自君士坦丁堡的逃亡者给西方带来了柏拉图，带来了拜占庭风格的柏拉图艺术理论。在这种情形下，亚里士多德并非被忘却，而是被重新阐释。著名的古希腊历史学家例如修昔底德（Thukydides）也在这一时期为西方读者所认识，通过他们以及柏拉图，人们对雅典及古希腊城邦有了初步印象。从那时到数百年后，欧洲人都全心全意地寻求古希腊的精神家园。凡此种种，都唤起了新的思想潮流，挖掘出迄今为止不为人知、长时间被尘封的看待世界的洞见和陌生的视角。古罗马建筑被重新审视。古老的罗马本源早就在比萨这样的城邦里得到颂扬。不久之后，文艺复兴时期的人们痴迷于罗马共和国，如彼特拉克之前那样，他们还赞颂恺撒和帝国制度。彼特拉克的后继者们有的成为文学家，有的成为鼓吹者，还有的成为教师。他们向一代又一代的学生传授古典的精神。科卢乔·萨卢塔蒂（Coluccio Salutati）和他的学生列奥纳多·布鲁尼（Leonardo Bruni）、波焦·布拉乔利尼、洛伦佐·瓦拉、马尔西利奥·费奇诺成为这种新兴文化潮流中的明星，他们的影响远远超出了佛罗伦萨的范围。列奥纳多·布鲁尼学过希腊语，他拥有制作于1405年前的西方世界首部托勒密《宇宙志》的手抄本，因此宇宙方面的知识自那时开始从意大利向拉丁语世界传播开来。1406年该书便出现了拉丁语译本。此后，这位古罗马学者的发现就补入中世纪地图学家的知识积累中，就如加泰罗尼亚世界地图和古希腊地图学的结合，这可谓人类地理学历史上的里程碑。这次知识进步的成果体现在威尼斯的弗拉·毛罗制作的新的世界地图上。可以说文艺复兴发生在意大利城邦和城市贵族阶层中，主要集中在经济、政治和教育的枢纽如佛罗伦萨等地；这里早已成为星相学的发源地，这里的人们一次次回忆起古罗马的荣光。

在美第奇家族的带领下，一系列的私人"学院"建立。在佛罗伦萨活跃着那个时代意大利最著名的文学家和最杰出的艺术家。佛罗伦萨的市民惊讶地望着翻新的大教堂树立起高耸的拱顶，感叹道："看到菲利波·布鲁内勒斯奇的建筑的人，如果不夸奖他，那肯定是自负的或者嫉妒他的才华。菲利波的建筑如此壮丽，高耸入云；如此雄伟，阴影似乎可以遮住整个托斯卡纳的所有人民。然而，它不需要用任何木柱来支撑，高昂向上，它是一件艺术品……它实现了，在当下看来难以置信。"[23] 佛罗伦萨的新圣母教堂最初是哥特式建筑风格，于1470年改建为朴实的文艺复兴风格的立面，其设计者正是建筑师巴蒂斯塔·阿尔伯蒂。在佛罗伦萨还有许多艺术家受到这种内在化的古典精神的影响，篇幅所限，这里只能再补充几位，如弗拉·安杰利科；同一时期桑德罗·波提切利的代表作《春》(*La Primavera*) 诞生，多纳泰罗的青铜雕塑《大卫》（约 1440 年）成为自古代以来第一件独立的裸体雕像作品；在这里，列奥纳多·达·芬奇各方面的技艺日臻完美。而这一切都是对佛罗伦萨的大家族的一种宣传；如美第奇家族伟大的洛伦佐（Lorenzo il Magnifico）那样，他们受到这个时代的人文主义思想和新柏拉图主义的影响，还亲自提笔写诗创作。

这些文学家、艺术家和资助者们无一例外将人文学科（Studia humaniora）视作思想的重心，认为历史学是主导性的人类学科目。他们将研究的重点放在了修辞学、高雅风格和古代语言上，并将通书信视作具有社会效应的事件。意大利文艺复兴时期人文主义者萨卢塔蒂（卒于 1406 年）是彼特拉克的朋友，作为佛罗伦萨共和国的秘书官，萨卢塔蒂的身份不只是作家。他收集手抄本，大力推进佛罗伦萨的古希腊研究；因为青睐加洛林时期的小写字母，他摒弃了繁复的哥特字体，并发明了清晰、易读、优雅且赏心悦目的"古式"（Antiqua）字体，该字体成为印刷字样的蓝本，并沿用至今。其他人紧跟萨卢塔蒂的步伐。"人文主义"这一概念直到 19 世纪才被广泛使用，用来称呼 15 世纪占主导地位的思想发展潮流。这种潮流不仅宣扬了新教育理念，还宣告了新人的诞生；而关于人的新形象，他们看重人的精神独立，也依照皮科·德拉·米兰多拉《论人的尊严》和赫密斯·特里斯梅季塔斯的思想，将人称为"伟大的奇迹"，并置于"世界的中央"（in mundi positum meditullio）[24]；他们认为人是按照造物主的形象所造，并传达造物主的意志。人具有自由意志，具有创造精神；人不应该遭受奴役；他具有敏感的情感活动，具有不同于其他物种的复杂的表达能力，可以表达自己的内心感受。哪怕对自然的研究也会受益于这种对内心世界的注重。星相学和它的姊妹学科天文学此时早已搭好门径，引领人们去探索新的观点和新的学科领域。

在其他领域，"人文学科"也在奏响凯旋的号角。人文主义者相互结交，与意大利城市米兰、曼托瓦、帕多瓦、威尼斯、罗马或者那不勒斯维持相互联系。文艺复兴兴起的历史研究促进了思想启蒙，而思想的启蒙无疑将对现存的统治秩序产生威胁。例如，在罗马、那不勒斯和威尼斯活动的史学家洛伦佐·瓦拉1440年对《君士坦丁的赠礼》进行考证，很多学者认为赠礼归属于教宗的至高权力，结果瓦拉揭穿其为伪作；拥抱了人文主义的库萨的尼古拉同样怀疑过该文件的真实性。水城威尼斯的政治家弗朗西斯科·巴尔巴罗（Francesco Barbaro，卒于1454年）与美第奇家族的洛伦佐、波焦·布拉乔利尼、弗拉维奥·比翁多及其他人文主义者保持着思想方面的交往和友谊。来自锡耶纳大家族的文人恩尼亚·席维欧·皮可洛米尼不仅跟同时代名流有书信交流，还编著历史书籍，他一开始支持公会议至上主义，后来又支持教宗，最后登上教宗宝座。成为庇护二世（1458—1464年在位）后，他进行城市建设，偏爱古典风格；然而他并未垂青永恒之城罗马，而是对出生地克西格纳诺（Corsignano）念念不忘。庇护二世根据他的名字将其更名为皮恩扎（Pienza），有意规划了各种广场、宫殿和大教堂，想把它塑造成一颗人文主义古典化风格的建筑明珠。

尽管人文主义孕育于城市世俗贵族的文化中，而非出自教会文化精英，但人文主义思潮在教会人士甚而修道院中也得到广泛流传。[25] 不久后这一文化潮流影响到大学的人文院系，并波及王公诸侯宫廷，即使罗马也无法幸免。而之后登上圣彼得宝座的尼古拉五世（1447—1455年在位）和庇护二世均自认为人文主义者，枢机主教团中不乏"人文学科"的支持者。除了东部的东正教地区，人文主义思潮席卷了几乎整个欧洲。

人文主义教育并非像大学教育仅针对男性学生，其教育理念可以说有意识地涵盖了曾经被排除在大学课堂之外的年轻女子、普通妇女和贵族妇女。当然，按照这种教育理念，首先，她们应该阅读教父尤其是圣奥古斯丁的著作，列奥纳多·布鲁尼就向他的女笔友巴蒂斯塔·马拉泰斯塔（Battista Malatesta）推荐了相关书籍；其次，她们应该同时涉猎历史方面的书籍如撒路斯提乌斯（Sallustius）、塔西佗、昆图斯·库尔蒂乌斯·鲁夫斯（Curtius Rufus）、恺撒的著作，以及著名的演说家或诗人如赫西俄德（Hesiod）、品达（Pindar）、欧里庇得斯（Euripides）、荷马等人的作品，当然还有柏拉图、苏格拉底和毕达哥拉斯。[26] 著名的人文主义学者托马斯·莫尔便在他女儿的教育上下了很大功夫。

青少年的基础教育和全面的大学教育实际上是人文主义的核心，因为离开了教育，人文主义思潮无法生根发芽。托马斯·莫尔的朋友鹿特丹的伊拉斯谟在《对话录》(*Colloquia / Familiarenbriefen*)中大力主张教育。而在教育中，语言课程、对话练习以及人格培养等融为一体。"一个一无所知却自认为知道些什么的女人，会加倍的愚蠢。"自15世纪早期开始，许多有文学素养的作者留下了不计其数的信件，这些书信生动地记载了文艺复兴时期世袭贵族和市民贵族的日常生活与困苦，以及他们遭受的放逐的折磨和屈辱。[27]书信这一文学形式引起了人文主义者的广泛共鸣，早期的印刷所也多由他们操办。多亏了人文主义运动，塑造了未来新教的堂区牧师的精神面貌。而欧洲新时期的科学文化也留下了人文主义的烙印。

诸侯与政治

这一时期欧洲政治舞台上也发生着翻天覆地的变化。为了领地，为了领地边界，诸侯们对峙且相互征战。政治上的野心与荣誉再一次驱动王公贵族采取行动，野心与荣誉受到那些人文主义者的赞美与歌颂。这些人文主义者是执政团贵族、雇佣兵将领、王侯的秘书和谋士，作为他们的使者和外交官活跃在欧洲政治舞台上，事实上，这个舞台正是因为他们以及他们的活动才得以形成。人文主义者鼓吹"理性"与"教养"、美德与能力、"命运"的祝福即独断自信的行动者所需要的幸运，这些理想的价值似乎在那些成功的新贵与实干者中得以实现；无论如何，这些绅士开始推崇提倡这些价值，他们自比为古典时期的实干家。政治与文化以独有的方式结合在一起，相互利用，互相影响。

意大利城邦之间无休止的冲突和战争，产生了许多具有风险的上升机会。屡建战功的雇佣兵将领以及发家致富的银行家成为城市的领导者，成为皇帝都害怕的独裁者。意大利米兰的维斯孔蒂家族和斯福尔扎家族、曼托瓦的贡扎加家族、费拉拉的埃斯特家族（Este）以及佛罗伦萨的美第奇家族都是城市新贵，其中有一些甚至是最平凡的出身。斯福尔扎家族的祖先只是一个小镇的修鞋匠，崇尚贵族出身的历史学家菲利普·德·科米纳如此嘲讽道。[28]曾为许多领主效力的"强盗首领"、斯福尔扎家族的穆齐奥·阿滕多罗（Muzzio Attendolo）受益于这一时期的社会阶层流动，其子弗朗西斯科受雇于维斯孔蒂家族，而最终与该家族的女继承人联姻，并用武力来保障他们的继承权。而他的孙女比安卡·玛丽亚·斯福尔扎（Bianca Maria Sforza）后来成为皇帝马克西米利安一世的第二任妻子，尽管对她而言这一段婚姻极其不幸，但她的叔父由此获得公爵头衔。

高级神职人员的表现并没有太大的区别。他们同样转向人文主义思潮，一边支持人文主义学者，一边毫无顾忌地投入战争；注重排场，铺张浪费；像世俗贵族一样雇杀手并支付高额酬金，负债累累，还借取高额贷款。高利贷行业繁荣一时。不过听起来有些矛盾，这些高级教士也渴望用文化来正名。他们需要博学的文人与艺术家来宣扬自己。于是社会上出现资助文化事业的风气，耀眼的自我标榜促进了人文主义、科学和艺术的发展；通过审美、建筑、鼓动人心的修辞以及震撼人心的艺术来展示已获取或篡夺的权力，赢得社会的普遍承认。这种需求是大势所趋，不过在不同地域表现得或早或晚。那些接受古典修辞学训练的人文主义学者歌颂他们的崇高伟大，从古典历史学家那里为他们编织值得追求的目标，而非仅追求赤裸裸的权力，为当权阶级的行为做出合理的解释，并传授取得成功的策略，以及融合精神、艺术与政治的方法。至于这一切建立在被压迫的劳动阶级之上，又有何妨？后世颂扬的并非牺牲者，而是胜利者。

美第奇家族统治的佛罗伦萨尤为突出。该家族靠纺织业和银行生意积累了大量财富。[29]1378年爆发了震动整个佛罗伦萨的梳毛工起义（Ciompi-Aufstand），萨尔韦斯特罗·迪·阿拉马诺·德·美第奇（Salvestro di Alamanno de' Medici）镇压了起义，第一次将家族推向佛罗伦萨政府的顶层。真正使美第奇发达起来的是金融业务。作为支持教宗的银行家，既具有高风险又带来了丰厚的回报，美第奇家族借此在百年战争的最后阶段大发战争财。萨尔韦斯特罗的孙子科西莫·迪·乔凡尼（Cosimo di Giovanni），即老科西莫，在短期流放后，重新在执政团中取得领导地位，一直保持着对佛罗伦萨的影响力。1478年，在教宗西克斯图斯四世和比萨大主教指使下，洛伦佐·德·美第奇（Lorenzo de' Medici，卒于1492年）和他的兄弟遭遇行刺，在洛伦佐血腥镇压了这次帕齐阴谋

（Veschwörung der Pazzi）后，美第奇家族对佛罗伦萨实现前所未有的控制。他被同时代的佛罗伦萨人称为"伟大的洛伦佐"。在从拜占庭帝国国都君士坦丁堡流放到此的格里高利·格弥斯托士·卜列东的启发与支持下，老科西莫曾效仿古代的榜样，大力支持佛罗伦萨的学院计划；而后来洛伦佐也是该计划的慷慨资助者，这位佛罗伦萨僭主又是科学、学术和艺术的朋友。那时，像达·芬奇这样的艺术家争先恐后为这位"伟大的"政治家服务，然而，这位佛罗伦萨真正的统治者却更希望看到出自桑德罗·波提切利（画出了温柔的圣母像和圣徒像）之手的谋反者被绞死或遭迫害的屈辱画作。难道文化繁荣离不开权势和镇压，离不开独裁与谋杀？

人文主义的理想在高墙之内展现，而中世纪晚期意大利城邦的社会发展却呈现出不一样的态势，形成鲜明对比。如果暂时忽略众多大学生，人文主义一开始展现的是地位不高、采用暴力的小精英的文化，他们在为贵族效力时相互竞争；除了这些精英，并没有出现多少贵族的体面。法兰西和英格兰所陷入的社会动荡早已在意大利出现。早在黑死病袭击之前，1345年佛罗伦萨就发生穷人（popolo minuto）对抗富人（popolo grasso）的暴动。神圣罗马帝国皇帝查理四世逝世那年，这里发生了上文所提到的梳毛工起义，西方历史上第一次取得短暂胜利的工人运动。"Ciompi"的意思是梳毛工，这些工人没有公民权，也没有组织，为了赚取微薄的薪水，从事羊毛加工行业最低贱的梳毛工作。虽然起义很快失败，但后来马基雅维利仍回顾历史，说梳毛工起义绝不可能是佛罗伦萨最后的社会革命。

15世纪末期，萨沃纳罗拉在佛罗伦萨大肆鼓动，准备掀起革命的风浪，这位意大利多明我会修士以良心问题与这个城市的富人对话，为再次兴起的骚动寻求正名。萨沃纳罗拉在佛罗伦萨进行激进的悔罪布道，不畏世俗和宗教权威，对美第奇家族的统治造成威胁。1494年法国国王查理八世入侵佛罗伦萨，遭人憎恨的美第奇家族遭到驱逐。这一切犹如天主对罪恶的审判即将降临。萨沃纳罗拉成为佛罗伦萨新的精神和世俗领袖。然而辉煌的成功转瞬即逝。人民称呼萨沃纳罗拉为"天主的预言者"，他们呼唤革命；可萨沃纳罗拉启用僧侣阶层掌权，他也沦为独裁者。教宗亚历山大六世介入，把异端反叛者萨沃纳罗拉开除教籍。在法庭上，萨沃纳罗拉被判死罪；1498年在佛罗伦萨市政厅广场上被活活烧死。一位不知名的佛罗伦萨画派艺术家用作品刻画了这复仇和残暴的一幕。而当时马基雅维利正是新建共和国的秘书官。

15世纪初期政治与宗教方面的动荡令人忧心忡忡。整个欧洲大陆陷入动荡不安之中。东边土耳其步步紧逼，欧洲的基督徒倍感压力，而顽强对抗土耳其的塞尔维亚同时渴望西进，入侵匈牙利。在1389年血腥的科索沃（Amselfeld/Kosovo Polje）会战后，土耳其人强迫此前早已脱离拜占庭帝国且日益壮大的塞尔维亚承认奥斯曼帝国的统治。在科索沃会战中，拉扎尔大公（Fürst Lazar）、米洛斯·奥比里克（Miloš Obilić）和他勇敢的骑士战友令人难忘，这些英雄事迹在民族史诗中歌颂流传，成为东正教塞尔维亚民族意识的组成部分。帝国东南边及地中海地区危机四伏，影响到了西欧和南欧诸国。匈牙利国王约洛什的遗孀伊丽莎白原本计划与那不勒斯王族联姻，寻一个女婿。然而那不勒斯王室出现多起谋杀事件，神圣罗马帝国皇帝西吉斯蒙德趁机维护匈牙利国王的遗孀。西吉斯蒙德用武力保障他迎娶匈牙利公主玛丽的权力，并于1387年获得了匈牙利王冠；而他的皇子也准备参战对抗奥斯曼帝国。

作为刚登基的匈牙利国王，西吉斯蒙德需要证明他的统治能力，他决定进攻塞尔维亚。此举并不明智，因为塞尔维亚在对抗土耳其，这样一来帝国东边的奥斯曼帝国的威胁将越发严重。而西吉斯蒙德无法阻止土耳其人的西进。这位罗马皇帝联合勃艮第的无畏者约翰召集十字军，1396年在尼科波利斯（Nikopolis）战役中大败。约翰被俘，不得不支付赎金才重获自由。为了重振威望，增进贵族的团结，1408年这位匈牙利国王创设了龙骑士团（Drachenorden），其成员直接听命于国王，与天主教之敌作战。骑士团的建立增进了贵族的团结，给予他们荣誉感，但无法完全克服匈牙利军事方面的弱点。骑士阶层的黄金时代早已过去。西吉斯蒙德死后十一年，即1448年，还是在科索沃，匈牙利对抗土耳其再次惨败。关于土耳其入侵者和土耳其苏丹近卫军（耶尼切里）的恐怖传言四处流传，一如既往地让人们对入侵者产生道德方面的反感。不过，基督教阵营一方也同样臭名昭著。嗜血残酷的瓦拉几亚的大公弗拉德三世·德拉库里（Vlads Ⅲ Drăculea）臭名远扬，土耳其人称之为"穿刺公"，同时代的基督教徒听之也闻风丧胆，认为他杀人如麻，干了许多丧尽天良的勾当。[30] 最后人们称他为"龙之子"，因为其父弗拉德二世·德拉库里为龙骑士团成员。到近现代，这位"穿刺公"成为著名的吸血鬼传说"德古拉伯爵"的原型。然而西欧再怒气冲天也于事无补。1453 年，君士坦丁堡的基督教的终结时刻到来，东正教由此没落为次级教派，只有少数基督徒还留在那里维护他们的信仰。

当时欧洲大陆风起云涌，欧洲中部和东部动荡不安，意大利战争不断，西吉斯蒙德的兄长罗马国王瓦茨拉夫四世（1378—1400 年在位）无法应付这种复杂的局面。兄弟二人都缺少他们的父王查理四世在政治上的能力与幸运。[31] 他俩不管采取什么措施，都难以应付各种各样的问题，无法成为掌控者。此外，他俩没有留下有继承权的男嗣。据说，瓦茨拉夫不是位勤奋的国王，可能不太具有政治天赋，而且明显酗酒成性。而这一时期，1337/1338—1453 年的百年战争参战各方的利益错综复杂，需要兼顾；另外 1378—1417 年西方世界教会大分裂，德意志领土上邦国诸侯针锋相对，约 20 位世俗诸侯和 90 多位教士诸侯都在为争夺"帝国"的共同统治权而大动干戈，而波西米亚贵族并未放弃争取自由。凡此种种都超出了查理四世儿子的能力。瓦茨拉夫无法保障帝国的和平。

哈布斯堡和维特尔斯巴赫之间存在的冲突完全不受这位卢森堡家族的国王的掌控。而那些至少有万数居民的城市有坚固的城墙、塔楼和护城门，如同军事要塞，它们联合起来，能与诸侯与贵族相抗衡。莱茵城市重新结盟，施瓦本地区也有城市联盟出现。出于纯粹防守的目的，骑士团体建立。农民和庄园领地中出现了骚乱，影响了整个封建等级社会。而这种现象遍及整个欧洲地区，只是现在才到达神圣罗马帝国而已。为了筹集资金，国王瓦茨拉夫重新颁布了针对犹太人的规定，实际上不再为他们提供保护，任由其他人抢夺他们；1390—1391 年，国王下令在帝国范围内实施"减免犹太人借出的债务"政策。而纽伦堡的城市贵族在 1384—1388 年"合法化的抢劫"中表现相当活跃。这一时期虽然没有出现血腥的屠犹运动，却出现了迫害活动，任意剥夺犹太人财产，给犹太人带来无法言说的伤害。

瓦茨拉夫对波西米亚王国的治理显得比帝国更加吃力，他无法在东边国家重新组合的过程中发挥决定性的影响，许多重大事件都脱离他的掌控，导致整体形势朝着不利于他的局面发展。1386年立陶宛大公约盖拉（Jogaila）加冕为波兰国王，源自立陶宛大公的雅盖隆王朝（Jagiellonen）开始崛起，由此损害了条顿骑士团的利益。查理四世在位时忽视了骑士团的发展，而瓦茨拉夫尽管尝试增强其影响力，但徒劳无果。这位国王竟然没能笼络住1383年卢森堡西边独立出来的家族领地，没能拯救自己的家族。事实上，勃艮第家族通过巧妙的联姻政策在此站稳脚跟，控制这块领地长达一个世纪，这一系列举措令波西米亚国王黯然失色。

新上任的波兰国王瓦迪斯瓦夫二世·雅盖沃（Władysław II Jagiello，1386—1434年在位）有能力加强王权，将克拉科夫作为加冕之地和首都。早在1364年洛约什一世便在那里建立了莱茵以东、阿尔卑斯山以北的第二古老的大学。有资料显示，在15世纪早期波兰众议院（Sejm，亦称"色姆"）开始形成，其最初是国王的大议事会，之后演变为贵族、教会和城市代表的议会。比起召开众议院会议，波兰国王会更频繁地召集各地区的集会。相比之下，市民阶级在城市之外影响力较小。1410年，波兰和立陶宛军队在格伦瓦德（Grunwald，亦称"坦能堡"）之战中决定性地战胜了由大团长乌尔利希·冯·容金根（Ulrich von Jungingen）率领的条顿骑士团，导致之后骑士团一蹶不振，其残余力量在宗教改革时于1525年合并入勃兰登堡选帝侯区。

1396年瓦茨拉夫这位顶着德意志王冠的好酒的国王被其王弟西吉斯蒙德所监护，四年后其王位被废，普法尔茨的鲁普雷希特三世取而代之，当选为罗马人的国王；最后他仅保留有波西米亚王冠，直到1419年去世，可以说是波西米亚王国的不幸。即便如此，在统治波西米亚王国期间，他仍然受到波杰布拉德的伊日（Jiří z Poděbrad / Georg von Podiebrad）的监管。在此期间，瓦茨拉夫终于在文化方面有所建树，留下了让他名垂青史的文化功绩，由此成为那个时代最伟大的统治者之一。他留给后世一部装帧精美的典籍，囊括了当时关于星相学和天文学方面的最新知识概要；一本极具代表性的富丽堂皇的《金玺诏书》手抄本；以及一本华丽无比、装饰有非常精致的细密画的《圣经》，近乎轻佻的描绘令人获得感官上的愉悦。大力资助艺术家是值得肯定的，但这不足以成就一位英明的君主。

瓦茨拉夫四世的继任者鲁普雷希特三世，首位下令修建海德堡宫殿和海德堡大学的国王，同样没能够解决令他的王国陷入动乱的困境，不过这位普法尔茨人很快去世，没有如其前任那样饱受困扰。可他没能从家族中找到相应的继承者。选帝侯们对此意见不一，人选再次回到古老的卢森堡王室家族，这次该家族同时提供了两位针锋相对的候选者：查理四世的侄子摩拉维亚的约斯特（Jobst von Mähren）和查理四世的次子匈牙利的西吉斯蒙德，前者拥有勃兰登堡边区伯爵领作为帝国筹码。《金玺诏书》也无法阻止这次违背诏书宗旨的双重选举。不过摩拉维亚的约斯特很快去世，从而避免再次出现很可能重创该家族的王位之争。西吉斯蒙德终于成为独一无二的国王，他是该家族最后一位"掌握世界缰绳"的统治者。

然而，西吉斯蒙德也没有他父王所拥有的权力资源，无法重申王权。这位波西米亚国王和罗马人的皇帝很少出现在德意志地区，大部分时间都在锡本布尔根（Siebenbürgen，即特兰西瓦尼亚）和匈牙利逗留；在那里他将布达城堡（Buda Burg）改建成气势恢宏的王宫，装饰以精致的雕塑，又将布拉迪斯拉发扩建成王座驻地。整个建筑群彰显了国王的威严，在国王不在时，它如同王权。帝国东部边境动荡的局势消耗了他大量的精力。帝国内部不安定的局势促使国王不断地与这个或那个选帝侯缔结新的盟约，达成新的妥协。全面改革虽如此迫切，却根本无法实施。诸侯最关心的是各自小块领地的统治，而跨地区的、在欧洲范围内具有影响力的选帝侯对增强帝国权力没有兴趣。教会方面的冲突不断，让整个局势更加紧张。神圣罗马帝国最终没落，坚持到最后一刻的只有皇帝的纹章，而这是西吉斯蒙德皇帝的影响的残留。因为自他加冕以来，金底黑色的双头鹰就成为皇帝的标志，而国王的标志是向右展望的单头鹰。双头鹰头部环绕着光环，代表了末世的思想，这种对末世的看法为当时的皇帝和同时代人所共有。[32]

大公会议的年代

西方社会出现教宗对立,导致教会大分裂,再次引发对基督教古老的主题的讨论,即日渐临近的末世。末世审判短时期内不会降临?神职人员和普通老百姓、饱学之士和目不识丁者都因为末世的预言和教会大分裂而焦虑不已。谁又是教宗和世俗皇帝的合法继承人?那个时期各种利益交错,使得人们无法回答这一问题。他们一会儿认为是这个,一会儿认为是那个,最终只能留给时间来选择,到底谁是天主的真正代理人。为了终止这一分裂的局面,不能直接要求双教宗退位,或者由双方约定一个委员会来仲裁,而是应该召集大公会议。皇帝西吉斯蒙德即在康斯坦茨召开公会议,并尽力给予支持。他的计划也涵盖了宗教问题中的帝国和帝国改革问题,1414 年的召集函的开头写道:不仅为了教会,而且关乎帝国和普遍事宜,这两者都急需获得建议和帮助。[33] 另外还有必要反对在英格兰和波西米亚兴风作浪的危险异端;众所周知,异端正是末世的征兆。正如其所说,教会要进行"从头到脚"的改革。很快教父们(包括主教,更多的是中层教士和神学教授)齐聚会议,但大家认为首要的改革是重新分配教会财力,并将教宗的决策权下放到主教区的主教,而非研究新的教会教义,或重新组织教会。[34] 德意志、法国和大学的神学教授对此都表示同意。

在好几个阶段,公会议都召开了,但一一失败。公会议首先在比萨召开,1409 年无果而终;之后在罗马国王召令下转移到康斯坦茨;1423—1424 年在锡耶纳短期召开,其间休会十五年。在多年的准备之后,1431 年公会议重新在巴塞尔召开。1438 年公会议分裂,1437 年移往费拉拉,1439 年到佛罗伦萨,之后转移到罗马,旨在建立与东方教会的联合,结果以彻底失败而告终。在皇帝腓特烈三世(Friedrich Ⅲ)的驱逐下,巴塞尔公会议的残余组织转移到洛桑(Lausanne),1448—1449 年在那里解散。繁荣一时的公会议至上主义没有获得长远的发展。在国王的大力扶持下,马丁五世于 1417 年当选为教宗,他独当一面,致力于重新恢复罗马与教宗国的中心地位。不过重回罗马的教宗无法恢复到教会大分裂之前权倾一时的地位。马丁五世及其继任者尤金四世(Eugen Ⅳ)不得不勉强承认欧洲大国如法国、英国、阿拉贡对国内教会的广泛自治权，虽然神圣罗马帝国不在这些国家之列，但帝国内的大小诸侯也要求在其领地内享有类似权力。无论如何，来自西方基督教世界诸国的神职人员在神圣罗马帝国集聚召开公会议，而不是像之前那样在法国或法王领地内。作为"教会的执行官"，罗马人的国王一再充当教宗和公会议之间的调停者，例如西吉斯蒙德在康斯坦茨大力推进改革事宜。

尽管如此，公会议却没有给帝国带来任何成果。人们也许会怀疑，公会议是否代表整个教会。"从头到脚"对教会进行改革这项基本任务始终未能完成。其他事情如建立东西教会的联合，也因为似是而非的解决办法而一再推迟，并最终随着君士坦丁堡的陷落而变得毫无意义。即使教宗重返罗马，象征着教会大分裂结束后新的开始，但这也未能促成教会彻底改革；这场改革不仅承载了多方的希望与多次的期待，而且确实迫在眉睫。那时，扬·凡·艾克满怀信心地在根特祭坛画中描绘出末日审判后出现的新"伊甸园"（据《启示录》7：17）。然而，它依然是一种乌托邦想象。

公会议唯一达成的目标是打击异端。在身着盛装的皇帝西吉斯蒙德的王座前，大家谴责了牛津大学神学教授约翰·威克里夫批评圣礼、教会和教宗的言论。威克里夫还声称："绝罚是针对基督教敌人的惩处（censura），所以我们不用担心被教宗或高级神职人员逐出教门。"[35] 而布拉格大学神学教授扬·胡斯神父就没有那么幸运了。他反对赎罪券，虽然不赞同威克里夫的某些观点，但坚决维护其教会至上主义；这位波西米亚国都的激进改革派教士的代表最终被判为异端，1415 年在康斯坦茨被执行火刑。尽管国王允诺保证这位捷克神父的安全，并同意他不受阻碍返回布拉格，但昨日的诺言在今天的权势算计面前不堪一击！扬·胡斯被逮捕，他的反对者要求处决胡斯，他被活活烧死，波西米亚国王西吉斯蒙德听之任之，巴伐利亚公爵路易（Ludwig von Bayern）负责监刑。

然而熊熊烈火并没有如所期待的那样摧毁"罪孽的肉身"，也没有毁灭扬·胡斯的学说。不过由经验丰富的英国财政专家和枢机主教博福尔的亨利（Heinrich von Beaufort）组织推行的全面新型的帝国税收有效地打击了胡斯的追随者。然而，火刑并没有长期有效地防止教会大分裂。胡斯和胡斯信徒以及波西米亚兄弟会走上了由威克里夫开辟的新的信仰之路，这条路一直通往马丁·路德，他看到丑恶的敌基督者占据了罗马；并延续到瑞士宗教改革者胡德莱希·茨温利（Huldreich Zwingli）和法国宗教改革者让·加尔文，在这两位的生活环境中，人们似乎对反抗权威和谋杀暴君习以为常。这条路推动西方基督教走向分裂，展现可怕的未来，推动欧洲建立社会新秩序的进程。在这一发展过程中，钥匙的权力、至上教权、圣餐的变体说、忏悔的效力等教会经过几个世纪的思想斗争所巩固的基本信仰内涵被否定和摈弃，世俗统治同样历经变迁且变得更强大。尼可罗·马基雅维利、瓦伦蒂诺公爵切萨雷·博尔吉亚（Cesare Borgia）洞察局势并将这些记下来。出生于佛罗伦萨的马基雅维利发现政治权力的稳固、扩张和获取的过程必须冷酷无情，而这种观点直到今天仍然适用。

如果说那个时代有哪个社会宗教运动富于革命性，那无疑是波西米亚的胡斯动乱。[36] 胡斯信徒并非只提出要求，他们践行教会财产世俗化，放弃教会领地、司法权、经济特权，即教会所有的统治权力。基督徒中没有"领主和臣属之分"。胡斯信徒反对任何形式的教会集权及等级制度。他们认为，教会神父应该保持清贫的状态，因此教会不需要财产，它只是圣言的宣告者。胡斯教派的塔波尔分支（Taborites）更为极端，他们崇尚兄弟情谊，要求平等博爱，主张财产共有，虔敬地期待末世审判。即使他们后来在波西米亚失败，被判为异端，面对十字军的绞杀和火刑的威胁，他们的乌托邦教会的思想也没有被忘却，对当今的社会理论仍然有影响。

这位捷克宗教改革者被处死，欧洲西边战争爆发，这些可怕消息一齐传来。英格兰国王与贵族关系紧张，后者激烈地反对王权；而与罗拉德教派的斗争也如火如荼。为了转移人们的视线，刚登基的亨利五世再次对法国宣战。英格兰军队连连取胜，势不可挡。而法兰西屡战屡败。辉煌一时的法兰西王国如今显现出颓势，因为当时的国王查理六世精神错乱，饱受臆想的折磨；而掌握实权的摄政王之间无法达成共识，一边是勃艮第的公爵，另一边是奥尔良公爵与阿马尼亚克的伯爵。当时贸易无法顺利进行，商人宁愿取道勃艮第和日内瓦，避开纷争不断的法兰西。而1415年阿金库尔战役的落败给法国骑兵致命一击。战役发生在加来以南的阿金库尔村，在亨利五世的率领下，英国长弓手瓦解了法国骑兵的进攻。此战法军有五千骑兵、一位大主教、三位公爵和五位伯爵战死，由此加速了法国的溃败。皇帝西吉斯蒙德原计划首先与阿拉贡国王费迪南德一世在法国纳博讷（Narbonne）会面，然后再到巴黎访问法国宫廷，最终1416年去伦敦协调，试图在解决教会大分裂问题之余，为欧洲范围内的和平商讨方案。但结果是，西吉斯蒙德同年与英国结盟对抗法国。战后在1420年签订的《特鲁瓦条约》（Vertrag von Troyes）中，亨利五世要求与国王的女儿瓦卢瓦的凯瑟琳（Katharina von Valois）联姻，从而迫使查理六世承认他为法兰西王位的继承人。而1419年勃艮第的无畏者约翰在法兰西王太子的眼皮底下被谋杀，很可能是得到了后者的允许；约翰的儿子勃艮第的菲利普三世（Philipp）承认了亨利五世的法兰西国王继承人的身份。可是，亨利五世在两年后的1422年死于痢疾，同年逝世的还有法兰西的疯王查理六世。亨利五世之子亨利六世当时还只是个襁褓中的婴儿，日后他将同时拥有法国和英国的王冠。贝德福公爵约翰·兰开斯特（John Lancaster）代他在法国执政，并继续与法国开战。查理六世的幼子也就是唯一幸存下来的王子查理七世，一开始不承认剥夺他继承权的《特鲁瓦条约》，但不久便打了败仗。他的敌人嘲讽他为"布尔日的国王"（König von Bourges）。最后他逃往那些还愿意听命于他的地区。法兰西北部直到卢瓦尔河的地区完全沦于英国统治之下，威胁到贝里行省和奥尔良，而奥尔良则扼守着卢瓦尔河的渡口。倘若该城陷落，可能意味着瓦卢瓦王朝的结束。

奥尔良的少女贞德

之后奇迹出现了。穿着战袍的少女贞德出现在人们的视野当中，成为受压迫的贫苦人民希望的化身。无论在英国人还是（变节的）勃艮第人的统治之下，他们仍然忠于法国王室。[37]后来1431年鲁昂的异端审判书记录道[38]，"她说，十三岁时得到天使的感召，天使的声音指引了她的行为……天使几次对她说，她应该前往法国，必须赶紧前往法国，去解奥尔良之围"，并保护法兰西的王太子查理骑士前往兰斯加冕，从而解放整个法兰西。用贞德的原话即"我所做的一切，都是遵从天主的旨意"。贞德后来确实到达希农，见到了当时将信将疑的查理七世。据后来人的回忆，"她对国王说，她是天主派来帮助他的人，帮助他重新夺回王国"。为什么一个农村女孩成了天主的使者？后来，在获得一系列胜利之后，天主给予她的"使命"才被重新阐释成预言。当然，首先普瓦捷的大学神学教授需要求证她的信仰的正统性，宫妇要检验她的处子之身。

这两者得到证实之后，国王授予贞德利剑与盔甲。从此，贞德手持"底面上印满代表法兰西的鸢尾花的旗帜，上面有两位天使守护世界。白色的旗帜由亚麻或粗绒布制成，上面写着基督和玛利亚的名字。旗帜还带有丝质的流苏"。贞德大声向敌人宣战："英格兰的国王……我是法国将领，以后不管在哪里，只要我看到你们英国人在法国土地上，我将与你们斗争，不管你们愿意与否，我将驱逐你们，如果你们不听，那我将杀无赦。"她坚信，英国人将被驱逐离开法兰西。受到她独有的个人魅力的震撼，英国士兵开始害怕这是上天的女使者，或"女巫"。在这种情况下，贞德领兵进攻，同时代德意志史学家记载道。[39]由贞德领导和鼓动的法国王太子的军队，袭击英国军队占据的重要棱堡——河岸南边的塔楼，突破了包围城市的封锁线，朝东有一个缺口。"贞德曾向那些人保证，让他们不要害怕，她将突破包围。贞德还曾经预言，在冲上桥攻占该塔楼时，她将被弓箭或弩箭伤到颈部，但圣凯瑟琳会给她极大的安慰……即使如此，她也不会停下来，继续跃上战马，继续未竟的事业。"[40]这些预言难道都跟现实相吻合？英国人认为这是巫术，法国人则继续认为这是少女带来了神的旨意。

无论如何，奥尔良得以解围。之后贞德带领王太子马不停蹄地转战其他地方，节节胜利，至少法国民众这么认为。随后法军短暂包围了雅尔若，英国军队遭受重创，在法军的逼迫下，后来不得不交出特鲁瓦。最后贞德携王太子去兰斯加冕。在1429年的加冕仪式中，贞德高举法兰西旗帜，站在加冕祭坛边上，这一幕成为贞德短暂一生的重要时刻。"高贵的国王，如今依照天主的旨意行事。天主希望我去解除奥尔良之围，带领你们进入这座城市，在此，陛下您将接受涂油礼。"[41]圣女贞德的出现成为英法百年战争的转折点，此后战争逐渐进入尾声。可是在贞德被俘之后，国王却没有解救她。查理七世想要和谈，贞德却执意要继续上战场，她在贡比涅（Compiègne）的战斗中落入勃艮第人之手，之后被转手卖给英格兰人。而这一切，距贞德离开故乡小村洛林的栋雷米（Domremy）奔赴战场还不到两年。

法兰西国王任由事情发展。1431年，在年仅十岁的亨利六世保护之下，宗教裁判在法国鲁昂举行，法国北部博韦的主教负责主持，巴黎大学神学教授也通力合作，审判过程中贞德的发言都详细地记载下来。而审判结果如下："贞德是异端（因为身着男性服装），且有再犯倾向（因为她违背禁令在牢狱中身穿男性服装），她是位顽固不化的异端。""我们因此宣布，民间称之为圣女的贞德背叛教会，盲目崇拜，信奉魔鬼……我们宣布，我们将她从教会的大家庭中驱逐出去，就好像从身体上撕扯掉烂肢从而保护其他的肢体不受感染，将她交给世俗当局来处置。"该判决未经过正常的法律形式立即得到执行，贞德，据她说"她十九岁左右"，被活活烧死，最后灰烬被撒入塞纳河中。[42]

贞德被烧死后二十年，在查理七世那位常给他出主意的情妇阿涅丝·索蕾（Agnès Sorel）死后六天，查理七世已然胜券在握，重新攻占了鲁昂，国王想起曾救他于危难之中的贞德。查理七世无法容忍别人说他今天的统治应归功于一位女巫。他下令调查审判过程和判决，1456年在洛林、奥尔良、巴黎和鲁昂长时间审问目击者后，原判被宣布无效，"因为它充满了阴谋、错误的指控、不公正和欺骗"。在当年行刑的地方，贞德被宣布无罪，人们"举行了庄重的布道仪式，为了永远纪念她，修筑了象征敬仰的十字架"；而在奥尔良，举行了游行狂欢活动，以纪念这座城市的解放者。[43]在最后几场战役中，法国加农炮已然决定了胜负，它无论在射程或摧毁力上都远远胜过长弓；武器技术和军备竞赛时代开始。然而一百年以后，1558年最后一批英国人才离开他们在法国的最后堡垒加来，圣女贞德的遗愿才达成。

从那以后，人们始终难以评定"奥尔良的少女贞德"的意义，直到今天这仍然是一个难题。现代学者倾向从心理学角度出发，甚至从精神分析模式着手，认为禁欲提升了她的战斗能力。另外一些谣言认为她是法国国王的私生女，即查理七世的同父异母的姊妹。民众则普遍认为她是天主派来解救他们的使者。在贞德以前，瑞典的克里斯蒂娜（Christine von Schweden）和锡耶纳的凯瑟琳的活动都曾对现实政治产生影响，然而栋雷米的圣女所获得的成功令她们无法望其项背。当时的人们已经认识到少女贞德的独一无二。女诗人克里斯蒂娜·德·皮桑在贞德生前便已经为她写下一首赞颂诗。中世纪晚期诗人维庸（François Villon）用诗歌纪念她，"还有贞德，这洛林的闺秀……至圣之贞女"[①]。庇护二世赞美过她，莎士比亚将她塑造成女巫，在席勒笔下她是个女英雄，萧伯纳、阿努伊（Jean Anouilh）、布莱希特、威尔第、柴可夫斯基、奥涅格（Arthur Honegger）都曾为贞德写过戏剧、歌剧或清唱剧。以贞德传说为题材的电影数不胜数。1909 年贞德受宣福（Seligsprechung）；1920 年第一次世界大战的腥风血雨过后，洛林和栋雷米重新划归到法国时，贞德被封圣，永远活在"人们的心中"（安德烈·马尔罗语）。

欧洲诸国

查理七世是位成功的君主，算得上最伟大的法兰西国君之一。尽管他在位时期法国宫廷在文化艺术方面无法与勃艮第王宫相提并论，但在这里活跃着那个时代最杰出的艺术家如让·富凯。出自他手的国王肖像是那个时期最早的肖像画之一。画中长着一对小眼睛、大鼻子和厚嘴唇的查理七世看起来多疑，而阿涅丝·索蕾的美丽也永久地保存在让·富凯为她绘制的肖像中。查理七世身边汇聚了有谋略的智囊，如他的编史者让·沙尔捷（Jean Chartier，卒于 1464 年）及后来成为兰斯大主教的于尔森的朱文尼尔（Jean Juvénal des Ursins，卒于 1473 年），沙特尔的勒尼奥（Regnault von Chartres，卒于 1444 年）这位查理七世的文书大臣同时是兰斯大主教，后来为其加冕。另外还有国王的忏悔神父、未来的卡斯特尔主教杰

[①] 出自维庸名作《昔日贵妇谣曲》(*Ballade des dames du temps jadis*)，原文为 "la bonne Lorraine...Vierge souveraine"。

拉尔·马谢（Gérard Machet，卒于 1448 年），以及大商人雅克·科尔（Jacques Coeur，卒于 1456 年）。这位商人租到布尔日的造币厂，铸造掺假的钱币；他及时地察觉到东方和西方金银价值的差异，提供给国王高额贷款投入战争，最终成为管理国王财政的银行家（argentier du roi），聚敛了巨额财富。不够谨慎的雅克·科尔讲究铺张的排场，引起国王的反感。国王下令将他的大债主逮捕，并进行审判，后来又悄悄让他逃出狱，流亡国外；而与此同时，国王顺理成章地将其财产充公。直到今日，人们仍可以在布尔日参观这位富商的晚期哥特式风格的豪华住宅。

战争并没有完全粉碎法兰西的行政统治，至少英国和勃艮第控制地区没有受到波及；即使在外省流亡时期，查理七世也没有费多大气力，成功地组织了有效的替代管理。另外，即使困难重重，国王与法国贵族之间仍保持友好的联系。加冕登基后，查理开始重组王国。首先查理就成功地稳定了财政；他将被解雇的四处打劫的危险雇佣兵收编成为为他效力的正式常备军，可谓划时代的创举，从而保证了国内的稳定和平。勃艮第公爵好人菲利普三世很早便意识到，勃艮第与法国王室之间关系紧张，彼此猜忌，边界纷争持续影响二者的和平共处，他有意与法国重新交好。在长时间的谈判与领土划分后，1435 年他们在阿拉斯（Arras）签订了《阿拉斯和约》。由此法国虽未赢得勃艮第，却明确孤立了英国，尤其是法国赢得了与勃艮第公国相邻的德意志诸侯的支持。甚至 1440 年部分贵族联合起来反对查理七世推行的军事改革，即所谓的"布拉格叛乱"（Praguerie），王太子路易都有所牵连，查理七世也没有耗费太多精力便镇压下去了。之后他与儿子关系持续紧张，时有冲突，路易最后甚至"流亡"到勃艮第王宫。查理七世懂得利用尤金四世和这位教宗所不支持的巴塞尔公会议之间的矛盾。到公会议运动晚期，教宗不得不承认 1438 年颁布的"布尔日国事诏书"（die Pragmatische Sanktion von Bourges），即赐予法国教会以自由，实际上是让教会听命于本国国王。1461 年查理七世逝世时，已然成为欧洲最强势的君主之一。法兰西帝国荣耀复兴的时代重新来临，查理之子路易十一世遗传了他的多疑而迷信的性格，这位国王同时善于外交，懂得如何实现目标。

英法百年战争之后，英国最终退回不列颠群岛。它无法阻挡法兰西的复兴。亨利六世无法继承他父亲的胜利传统，即使在本土也日渐处于防守状态；他被诊断为有精神疾病。国内起义不断，宫内勾心斗角，逐渐蚕食国王的权力。英国逐渐陷入"玫瑰战争"时代，即1445—1485年兰开斯特家族和约克家族为了争夺英格兰王位而断续发生的内战，因为白玫瑰是约克家族的象征，红玫瑰是兰开斯特家族的家徽，故名"玫瑰战争"。当时两大家族早已斗争了几十年，此时冲突白热化，上升到暴力和谋杀，甚至爆发血腥的战争；双方耗费了金钱，付出了外交努力，直到两大家族不再出现直系男嗣，1458年亨利·都铎（Heinrich Tudor，1485—1509年在位）与约克的伊丽莎白（Elisabeth von York）联姻，敌对关系才结束。亨利七世事实上是兰开斯特家族旁系亲戚，他的母亲来自该家族。虽然两大家族的联姻重新保证了君主制的稳定，在欧洲大陆上也有加来作为英国的桥头堡，但英格兰王国没有再重返大陆。英国对外与西班牙、苏格兰和神圣罗马帝国结盟，都铎王朝与法兰西签订和平协定；对内采取灵巧的财政税收政策，从而缓解内战对国家的重创。亨利七世之子亨利八世通过多方联姻稳固统治，尽管后来也引起不少麻烦，但最终能够稳定大局，在此不再赘述。而莎士比亚将过往的战争记忆保存在他的一系列历史戏剧中；比起准确的历史事实，莎翁更熟于历史人物的心理变化。

在南欧地中海边，形势匆匆变化，大国在为近代国家之间的冲突进行军备。威尼斯早已与奥斯曼帝国苏丹及其军队剑拔弩张，而在必要的情况下，双方也会达成协议（1454年）。在此期间，他们像是被基督教西欧遗忘的人，面对着来自东边的压力孤军奋战。阿拉贡国王"宽宏的"（il Magnanimo）阿方索五世人如其名，他利用教会大分裂的困境，扩展他的势力范围。不顾教宗马丁五世的反对，阿方索五世作为那位热衷于情场猎奇的那不勒斯女王乔万娜二世[44]的"养子"（教宗的秘书在他们的圈子里如此打趣道），获得了那不勒斯王国的继承权。虽然这位女王后来抛弃了他，但阿方索五世坚持自己的权力，并于1432年将这份遗产与西西里岛重新统一为"两西西里"王国。到此，阿方索五世统治着马略卡、西西里王国、撒丁岛，又打败热那亚人而征服科西嘉。他作为安茹王朝的敌对者，结束了该家族在那不勒斯的统治，招致法兰西的敌意。然而，权力扩张的代价很大，国内局势动荡不安，比如马略卡、加泰罗尼亚尤其是巴塞罗那地区。阿方索五世死后，他建立的地中海帝国便无法继续维持下去。阿方索五世的兄弟胡安二世（Johann II）成为阿拉贡王位继承人，他经历了几次大规模的起义，失去了鲁西永。但胡安二世得以将那不勒斯留给他的儿子"天主教徒"费迪南德二世（1479—1516 年在位），这位阿拉贡国王后来统一了西班牙。撒丁岛和科西嘉后来的发展与此不同。但当时的情形还不是如此，面对阿方索五世，教宗不得不放弃收取撒丁岛、科西嘉和西西里王国的纳贡；事实上当地教会的有俸圣职人选要经过国王的同意才能录用。教会征收的十一税由国王处置，不仅如此，国王还获得了那些将提升为枢机主教的教士的任命权。

教会大分裂和公会议明显地削弱了教宗的权力。后来的教宗，无论庇护二世（1458—1464 年在位），还是美第奇家族、罗韦雷家族（Rovere）或博尔吉亚家族出身的教宗，都无法隐藏这一事实。令人惊讶的极端声音开始出现。在巴塞尔公会议的背景下，约 1453 年一位不知名作者发表了《西吉斯蒙德改革》（*Reformatio Sigismundi*，以下简称《改革》），分析国王、骑士、城市、手工业、贸易、法庭、战争与和平等方面，俯瞰帝国的权威。其中有些在当时还古怪陌生的想法，例如国王应该至少授任助祭，最好是授任司祭；例如还主张对教会与世俗政治进行翻天覆地的改革，允许教士结婚；要求教会财产世俗化，从而使帝国城市和低等贵族受益；此外维护和平的任务重心从帝国转移到城市。《改革》的作者宣称，理想主义者西吉斯蒙德怀有乌托邦信念，即那些弱小、贫穷、卑微和受到屈辱之人能够让世界变得更好，他们能够制约不可一世之徒。穷人和纯洁的人能够拯救世界，这种古老的观念和基督教梦想再次兴起。低级神职人员（sacer pusillus），而非高级教士或教宗，将承担建立世界新秩序的任务。尽管《改革》中所描述的翻天覆地的变革可能还不适用于那个时期，但这份文献仍然通过多个手抄本和多次印刷而在宗教改革前夜流传开来，犹如火种，点燃了宗教改革和农民战争。

教会改革并未进行，相反，公会议领袖之间的争论陷入关于"教廷至上主义"(kurialistische)和"公会议"的理论的纷争之中；纷争拖垮了他们，耗费了公会议的脑力资源。公会议的基本议题是，到底由谁来引领教会这艘大船？是继承圣彼得权力的教宗，还是使徒和七十二门徒的传人公会议，可"代表"象征基督身体的整个教会？参加康斯坦茨公会议的大多是修道院、修会和大学的代表，几乎没有主教和枢机主教列席。会议自信地昭告天下："普世大公会议代表了正发生纠纷的教会；其权力直接源自基督；每个人，不论社会出身或地位，哪怕是教宗，都应该听命于它。"[45]而1439年巴塞尔公会议通过的教令《三大真理》(Tres veritates)的表达方式更加极端，将公会议凌驾于教宗之上："普世大公会议代表了整个教会，它所宣布的真理即天主教信仰的真谛。"[46]根据该教令，公会议随即要求教宗尤金四世退位。这一具有颠覆效应的教令令人联想到帕多瓦的马西留斯，特别是奥卡姆的威廉，它威胁到自格里高利改革以来以教令集和教会法学家的阐释为基础而发展起来的整个教会组织，即使公会议的理论同样建立在这些教令集和教会法专家的阐释之上。[47]然而这些具有合作性质和代表精神的准则并非长久之计，随着时间的推移，在国王和统治当局的支持之下，教会的权力重新回到有君主性质的"天主的代理人"手中。事实上，这也是教会发展的必然趋势，因为没有人愿意看到教会从此在公会议喋喋不休的辩论泥潭中沉沦。具有虔诚信仰及精神诉求的教徒徒劳地期待教会能够净化。基督的代理人对教会内部领导权力再次稳固并增强。博尔吉亚家族出身的教宗的时代正在酝酿，米开朗琪罗的时代也在临近。在这一时期，重新修建的圣彼得大教堂在视觉上呈现了圣彼得继承人教宗重新获得的权力："我还告诉你，你是彼得，我要把我的教会建造在这磐石上。"(《马太福音》16：18)[48]

神圣罗马帝国皇帝西吉斯蒙德去世，并没有留下男性子嗣，新的危机出现。他的女儿卢森堡的伊丽莎白嫁给了奥地利的阿尔布雷希特二世，这位卢森堡人的遗产随之并入奥地利王国，然而阿尔布雷希特二世很早便在抵御土耳其人的战争中牺牲，没法持久有效地掌控帝国的命运。他的遗腹子拉斯洛五世(Ladislaus Postumus)登基为王时，还是个未成年的孩子，离不开他堂叔腓特烈的监护。而根据《金玺诏书》的条款，德意志选帝侯选择这个腓特烈为罗马国王；从此，神圣罗马帝国的王冠——除了一次例外——一直留在哈布斯堡家族。

这位腓特烈三世渴望像他的同名前辈斯陶芬家族的腓特烈二世那样，但是帝国人民的期待最终落空，这个腓特烈名不副实，无法为这个名字增添荣耀。德意志诸侯反对他，其中以他的兄长奥地利的阿尔布雷希特二世和维特尔斯巴赫家族为首。腓特烈三世不愿意放弃波西米亚和匈牙利王国，导致无休止的纷争与战争，由此减弱了西欧基督教世界对奥斯曼帝国的抵抗。土耳其人已经入侵了锡本布尔根、塞尔维亚、匈牙利，很快会到达卡尼奥拉和克恩滕。因为担心篡位和褫夺威权，猜忌的腓特烈三世执着地维护着他君主的威严和特权，具体表现为优越的权威（Superioritas）、源于罗马法的全能权力和对冒犯君主的罪行进行广泛的阐释等观念。这位皇帝，极尽所能，要求臣服和顺从；并签署通过了一份针对德意志地区的五年的和平协定。根据协定，任何破坏和平的行为将遭到严厉的惩处，而腓特烈三世也确实尽可能地强制执行这一协定。他的统治跨越半个世纪（1440—1493年），他可以称得上是统治时间最长的国王或者皇帝，却鲜有政绩。敏锐的洞察者菲利普·德·科米纳认为，法兰西国王路易十一世、匈牙利国王匈雅提·马加什一世（Mathias Corvinus/Hunyadi Mátyás）、奥斯曼帝国苏丹征服者穆罕默德二世为那个时代最杰出的统治者。而腓特烈三世更多像是"我们时代"最吝啬的统治者。[49] 腓特烈三世所取得的最重要的功绩，算是他比帝国内外任何具有威胁的对手都活得更久，从而得以报复过去所经受的多次打击，得以在他去世之前重新统一哈布斯堡家族的世袭领地，并指定孙子费利佩（腓力）一世为继承人，他的国家当时已经成为欧洲最富裕的国度之一。不过腓特烈三世未曾预料到，欧洲大陆很快将陷入纷乱与战争，他的帝国甚至整个欧洲历史都面临严峻的考验。

早在腓特烈三世还是奥地利大公时，他就设计了奇特的口号"AEIOU"，这段口号的拉丁语或德语含义（"普天之下，均为奥地利之王土"）① 直到17

---

① Alles Erdreich ist Oestereich untertan.

世纪才演绎出来。时任大公的腓特烈三世想要借此传递绝无仅有的王朝自觉意识,即哈布斯堡家族的统治可以溯源至尤利乌斯·恺撒,其他家族同样也借鉴过其谱系。腓特烈三世对那个时代的思想潮流持开放包容的态度,但并非一个慷慨的资助人或推动者。他当上国王的早年,任文书部秘书官的是伟大的人文主义者恩尼亚·席维欧·皮可洛米尼,以此为起点,皮可洛米尼后来平步青云,登上教宗的宝座。在腓特烈三世位于林茨(Linz)、维也纳新城和其他地方的宫殿里,还汇聚了希伯来语及希腊语学者约翰内斯·罗伊希林(Johannes Reuchlin)、帝国桂冠诗人康拉德·策尔蒂斯(Konrad Celtis)、数学家和天文学家雷格蒙塔努斯等学者、文人。此外,腓特烈三世非常喜欢音乐。但他的宫廷并没有为文艺复兴、人文主义及艺术发展注入新的动力。

在库萨的尼古拉和皮可洛米尼的建议下,腓特烈三世认可了在教会大分裂时与教宗菲利克斯五世(Felix V)同时当选的教宗尤金四世,与其继任者尼古拉五世达成共识,1448年二者签订了《维也纳政教协定》(Wiener Konkordat),该协定从根本上调节了皇帝与教宗的双边关系,规定了"帝国等级"(Reichsstände)[①]及神圣罗马帝国与罗马教廷的关系,一直沿用到1803年帝国解体。协定意味着公会议时代的终结。后续的高级教士相互争执的会议遭到国王的驱逐而四分五裂。该协定赋予教宗在奇数月份委任有俸圣职的权力;协定规定,大教堂教士团可自由选举大主教和主教,帝国修道院和修会也可自由选任领导者,当然教宗保留最终确认的权利;还保障了教宗收取一些其他佣金的特权,由教廷财务院决定税捐之法(Abgabenordnung)。在随后的几年中,帝国等级在达成特殊约定的情况下才承认协定有效,由此为后来德意志境内各邦国教会的形成创造了前提条件,为近现代德意志多中心的教会体制奠定了基础。那个时期,主张教会改革的声音逐渐销声匿迹,改革承诺也没有再兑现。腓特烈三世却凭借与教宗达成共识而为自己铺平了去罗马加冕之路。

---

① 亦称"帝国阶层",其实为神圣罗马帝国的政治势力或集团,每一阶层在帝国议会中拥有代表席位和投票权,该阶层统治者拥有仅次于皇帝的种种特权。如选帝侯、帝国教俗诸侯、帝国城市等。

之后没几年，腓特烈三世前往意大利，首先加冕为意大利国王，之后从教宗手中获得皇帝冠冕。这次加冕同样极具历史意义，腓特烈成为最后一位在圣彼得大教堂加冕为皇帝的德意志人。新时代的号角开始吹响。加冕之后，腓特烈赶往那不勒斯，到阿拉贡国王阿方索五世的宫廷，不仅仅为了去完婚，主要还是为了结盟对抗斯福尔扎家族统治的米兰。1453年当腓特烈三世回到国内时，穆罕默德二世征服君士坦丁堡的噩耗也传过来。"君士坦丁堡的陷落，对所有身为基督徒的诸侯贵族而言都是莫大的耻辱。"[50] 圣索菲亚大教堂被改建为清真寺，君士坦丁堡城内的教堂纷纷被关闭、被废弃，壮丽的征服者清真寺和其他清真寺建立起来。托普卡帕宫（Topkapi-Palast）成为穆罕默德二世在城内的新官邸及居所。位于金角湾的君士坦丁堡，曾经东正教皇帝统辖的城市，如今成为奥斯曼帝国的首都。征服者大肆改建城市，向西方鼓吹胜利者的事迹。这些一方面让西方人闻风丧胆，另一方面也让他们惊叹于"伟大的土耳其"帝国。

腓特烈三世刚从意大利回来不久，被迫让12岁的拉斯洛五世单独统治。这个小男孩显然无法应对匈牙利和波西米亚所面临的多重困难，五年之后死去。传言道，这位国王还没能建功立业，就被一位被伤透心的情人毒死了。[51] 捷克人选了波杰布拉德的伊日作为他的继任者，而著名的人文主义思潮的推动者与书籍收藏家马加什（一世）成为匈牙利国王。而兄长阿尔布雷希特二世与皇帝争执于奥地利的祖地，腓特烈三世不得不容忍这一切。尽管不情愿，他还是于1459年和1463年放弃这两个王国，以便挽救奥地利；而这也费了他不少工夫才勉强成功。

如果要抵抗奥斯曼帝国对西方的入侵，西方世界不能再分裂，必须团结起能够团结的所有力量，不再因为王位之争或王室竞争而发生内讧。奥斯曼帝国的苏丹近卫军令人闻风丧胆，这支由奴隶、贩卖的农民之子组成的军队逼近欧洲。1448年匈雅提·亚诺什（Johannes Hunyadi）带领的十字军在另一场科索沃的战役中被击溃。听闻君士坦丁堡陷落，教宗立即召集十字军对抗土耳其，然而没有人愿意追随，除了醉心于骑士小说、传奇的十字军以及古代英雄故事的勃艮第公爵菲利普三世。长久以来，菲利普三世都期望能够投身于战争，他在地中海区域成功找到了盟友，如葡萄牙和阿拉贡，并开始组建海军。后来菲利普三世临死前坦白道，他想要为父亲报仇雪耻。西吉斯蒙德几年前为了鼓舞士气成立了龙骑士团，而菲利普三世1430年为捍卫基督教信仰建立了被视为十字军的"金羊毛骑士团"（Orden vom Goldenen Vlies），荷兰人因为商业利益的关系也参与其中。勃艮第的战队到了罗得岛和黑海一带，但在战争真正开始之前就四分五裂。[52]

匈牙利国王马加什一世巧妙设防，多次打败土耳其人的军队。但是神圣罗马帝国皇帝拒绝为他提供援军。西方基督教和帝国无法进行团结一致的行动。这种令人发指的无所作为在1454年法兰克福帝国会议达到顶峰。在那里，枢机主教库萨的尼古拉发出警告，教宗特使皮可洛米尼言辞激烈地劝诫，最后他们还是放弃了："德意志人摇摆不定，不愿为十字军出力。"他们最终无功而返，皇帝根本就没有出现。西方世界在土耳其人面前瑟瑟发抖，却不做任何抵抗。庇护二世依旧祈祷十字架保佑西方不受土耳其人的肆虐，菲利普三世仍然渴望奔赴战场；但是菲利普的封君法兰西国王路易十一世，一方面因为害怕英国人从西面进攻，另一方面也存在其他原因，拒绝为勃艮第公爵提供任何帮助。那些关于地狱的骇人听闻的描述看来并非仅仅因为教派大分裂。整个欧洲，在东南边，在地中海区域，甚至在威尼斯的"亚得里亚"，危机四伏。

威尼斯共和国孤军奋战十六年，几乎没有得到西欧其他基督教国家的援手，因此他们也摆脱不了失败的命运。最后侵略者的铁骑在威尼斯城外汇集，从圣马可教堂钟楼上可以看到被征服的地方燃起火光的景象。"敌人已到了家门口，斧子已经抡起来"，有人这样警告威尼斯总督安德里亚·温德拉敏（Andrea Vendramin）。曾经无往不胜的威尼斯商人，1479年不得不与入侵者签订和平协定，并放弃在爱琴海地区和摩里亚半岛的至关重要的据点，为了保留在土耳其帝国的贸易权而交大笔贡税。骄傲的威尼斯受到极大的屈辱。往日征服君士坦丁堡的记忆仍历历在目，过去的胜利荣耀重新激起了他们的勇气，但直到一个世纪之后，经过勒班陀（Lepanto）战役，威尼斯共和国才再次证明他们的实力。

征服者穆罕默德二世（1444/1451—1481年在位）接受过良好的教

育，通晓多门语言，渴望像过去的英雄那样建立伟业，对所有的十字军都毫无畏惧。[53]菲利普·德·科米纳称他不仅"英勇善战、不畏艰险，更拥有智慧和计谋"，还是位"没有节制的美食家"。[54]1479年签订和平协定之后，在这位伟大的苏丹的邀请之下，威尼斯总督派遣威尼斯最重要的画家之一真蒂莱·贝利尼前往君士坦丁堡的庄严朴特（Porte）①。他也很可能为穆罕默德二世绘制了肖像，这是穆斯林王公贵族留下来的第一幅真实的肖像画。真蒂莱·贝利尼为这位奥斯曼帝国苏丹画了侧身肖像，他身着红色的长袍，加上厚重的皮毛坎肩，头戴红白色的头巾，他有黑色的络腮胡、薄嘴唇和鹰钩鼻，视线看向远方。这位征服者坚决果敢，的确让人畏惧。据说，令人闻风丧胆的土耳其军队中约两百名苏丹近卫军驻守在边境的沙巴茨（Schabatz），匈牙利经过艰苦的包围战后将该据点夺回，由此危及苏丹的军队。穆罕默德二世大怒，因为他们没有死守到最后一刻，这位残暴的君主下令处死这两百多名近卫军，用石磨吊在他们颈部，将他们沉入多瑙河。奥斯曼帝国军队深入匈牙利腹地，匈牙利人民继续反抗，但随着时间的推移，他们的抵抗力量逐渐减弱。

勃艮第的崛起实际上增加了欧洲防卫的困难，它的邻国因为勃艮第的强大而产生猜疑和敌对情绪。1363年瓦卢瓦王朝大胆菲利普二世成为第一位勃艮第公爵，从而拉开了勃艮第逐渐壮大的序幕；之后在无畏者约翰的统治下，勃艮第实力大大增强；瓦卢瓦王朝的第三代勃艮第公爵好人菲利普三世的十字军计划，也反映出勃艮第的强大。勃艮第公国在欧洲历史上绝非昙花一现。在法兰西、英格兰和神圣罗马帝国之间，勃艮第领土扩张，从尼德兰地区到旧瑞士邦联（Eidgenossenschaft）②边境，成为欧洲的新强国之一，从根本上改变了欧洲势力的格局。好人菲利普三世在勃艮第公国实施严格到近乎苛刻的统治，严重压榨纳税者。在公国的大城市如根特，市民纷纷起义。在镇压了1467年的市民起义后，勃艮第的大胆查理指责根特市民："我热爱你们，但是无法姑息你们。"[55]他的好人父亲的想法和行动并没有什么不一样。无论如何，勃艮第宫廷盛极一时，在当时

---

① 庄严朴特指苏丹的对外宫廷，最高朴特则指苏丹的内廷。
② 今瑞士联邦的前身，主要由几个独立的小邦所组成之松散联邦。

的欧洲风光无两，贵族的排场也无与伦比。而富裕的尼德兰地区保障了公国的奢侈和铺张的作风。在尼德兰地区，贸易兴盛，纺织业繁荣，文化艺术也得到长足的发展。这个时代最重要的画家都活跃于此，如林堡兄弟（Brüder Limburg）、扬·凡·艾克、佛兰德的罗伯特·康平（Robert Campin）、罗希尔·范德魏登、彼得鲁斯·克里斯图斯、来自黑森地区的画家汉斯·梅姆林。1425—1426年，公爵和鲁汶市共同建立了鲁汶大学，鲁汶大学很快便跻身于欧洲学术的中心地带。杰出的学者在这里汇聚一堂。勃艮第光芒四射，令人目眩；第四任勃艮第公爵大胆查理继续实施其父的扩张政策，甚至有过之而无不及。他的座右铭是"我敢为"（Je l'ay emprins），但大胆尝试并不一定会有好的结局。1477年大胆查理在与洛林公爵勒内二世（René von Lothringen）之间爆发的南锡战役中阵亡，勃艮第向王国发展的大好势头突然中断，其遗留下来的问题还影响到现代欧洲的政治局势。

这位好战公爵的肖像可能出自罗希尔·范德魏登或他的作坊里的其他艺术家之手，为后人呈现了一位正陷入沉思的年轻人形象，他仿佛正想入非非，面部轮廓柔和，并没有头戴公爵冠或王冠，只是颈部戴着金羊毛项链，手持短刀。完全看不出这位勃艮第的大胆查理生前的勇武好战。然而，勃艮第的邻国及勃艮第子民都十分惧怕这位暴戾的公爵。他在位的时候，卢森堡成为勃艮第的一部分，萨伏伊也已归顺，而洛林也面临着分裂。勃艮第对莱茵河下游地区、阿尔萨斯也虎视眈眈，其目光甚至伸及1467年曾与查理父亲签订友好协定的旧瑞士邦联。大胆查理与英格兰国王爱德华三世结盟，依仗着英国军队威逼这些地区。大胆查理已经占据整个莱茵河谷地区，一直延伸到上阿尔萨斯南部的费雷特（Pfirt / Ferrette）伯爵领，他将此地作为奥地利的抵押，并有意强迫该地区成为勃艮第的附庸。"这位公爵头脑中如此多宏伟计划在膨胀。"[56]大胆查理原本就想要统治该地区，还期待能够将他的统治权合法化，让外界承认他掠夺的领土，寻求复兴一个独立的勃艮第-洛林帝国。大胆查理的野心还不止于此，他还想要戴上皇帝的冠冕，后来他把女儿玛丽嫁给罗马皇帝之子马克西米利安，为他获得皇冠铺平道路。大胆查理留下来的一封信函和一枚装饰有钻石的指环证明了这位公爵的意图。[57]

罗马皇帝腓特烈三世事实上涉入了与大胆查理的谈判。为了保险起见，腓特烈三世同时暗地里与瑞士和路易十一世谈判，因为法兰西国王历来反对勃艮第的扩张。1473年腓特烈三世在特里尔会见了大胆查理。皇帝宣布授予公国以王国的地位，作为帝国的封地，也就是将大胆查理升格为国王；同时通过金钱资助授封他为布拉班特公爵；不过大家并不清楚，这个新的王国该如何命名。然而大胆查理提出了更多的要求，要求获得选举为罗马 – 德意志国王的权利，从而争取成为罗马皇帝的继承人，导致谈判破裂。腓特烈三世不辞而别，这让公爵感觉尊严受冒犯，因此他用战争来威胁皇帝。

旧瑞士邦联转而与路易十一世结盟，在法兰西的支持下，八个"旧邦地区"得以于1474年与奥地利的西吉斯蒙德签订和约（Ewige Richtung），结束了与哈布斯堡王朝几十年的对抗。这预示了新的转折，不过这位奥地利君主绝不会将和约规定适用到他所有的继承领地。"和约适用于订约双方所有的领地、城堡、城市、乡村和市集，但双方过去所征服或拥有的地区仍然是双方各自的财产。"有了和约，加上又与洛林公爵勒内二世结盟，旧瑞士邦联就能够无所顾虑地反抗勃艮第的扩张。之后不久，虽有神圣罗马帝国警告，战争还是爆发了。大胆查理相继在三场战役中落败。1476年在沃州（Vaud/Waadtland）的格朗松（Grandson）和穆尔滕（Murten）战败；最后大胆查理到南锡郊外，计划入侵洛林公国，在1477年这场南锡战役中，查理命丧沙场，尸体面目全非，战争结束后三天才被人发现。这场战争的最后胜利者勒内二世获得了不计其数的战利品：珠宝、华服、纹章还有查理的大炮。早在格朗松，勃艮第公爵的所有"行头"便落入敌人的手中，被参战的瑞士旧邦所平分。勃艮第带来的战争和留下的战利品，今天已被寄托了瑞士联邦的国家自豪感，这也是一段塑造联邦身份认同的历史记忆。[58]

勃艮第公国陨灭后，欧洲大陆上出现新的纷争和纠葛。大胆查理去世后，路易十一世立即派军队开进勃艮第公国的各个省区，企图占领之。查理的女儿、20岁的玛丽原本应该嫁给正好九岁的法兰西王太子。但在尼德兰的三级会议（Generalstände）的领导下，勃艮第人反对继续联姻。他们要求这位女继承人重新调整现有的统治秩序，争取政府自治，同时他们仍对她保持忠诚。实际上1477年勃艮第的"富贵者"玛丽最后与18岁的皇子马克西米利安一世缔结婚约，不久后嫁给了他。这位新郎带领七八百骑兵来到根特。一年后，两人的儿子美男子费利佩一世降生。经过这位勃艮第继承人的努力，勃艮第公爵家族过去几十年征战所获的大部分领地，如佛兰德、布拉班特、卢森堡和尼德兰，还有公爵驻地和商贸都会、大城市如布鲁塞尔、布鲁日、根特、安特卫普、阿姆斯特丹，等等，最终都由费利佩一世的儿子、大胆查理的曾外孙查理继承，而他将成为以查理为名的第五位皇帝；他所统治的帝国可谓"日不落帝国"。只有南锡和第戎归于法国。然而欧洲很快出现新的矛盾和前所未见的冲突。

旧瑞士邦联所取得的伟大胜利改变了欧洲。威尼斯人和奥斯曼帝国宫廷签订和平协定，尽管该协定并不稳定，但同样可视作欧洲历史的转折。匈牙利国王马加什一世选择向皇帝开战，腓特烈三世再次陷入纷争。马加什一世渴望获得波西米亚的王冠，从而获得选帝侯领。事实上，他跟旧瑞士邦联和维特尔斯巴赫家族结盟，夺得了奥地利哈布斯堡家族大部分的世袭领地。曾经坚决反对国王选举的老皇帝，1486年认可帝国等级选举马克西米利安为德意志国王，这位哈布斯堡家族的国王在1490年马加什一世死后才重新夺回其家族的世袭领地。然而，在同一时期，佛兰德诸城联合起来反对他的统治，因为1482年皇后玛丽在她喜爱的猎鹰活动中受到致命伤害后身亡。而"封臣们对她的尊敬和崇拜远胜过她的丈夫。玛丽非常爱她的丈夫，有着良好的名声"。勃艮第人实际上对他们的这位新公爵不以为意。菲利普·德·科米纳评价道："他毫无主见，这跟他年少时期的经历有关，他在陌生的国度成长，没有接受过很好的教育，至少他无法处理好国家大事。"[59]哈布斯堡家族的传人需要学习的东西还有很多。

这次佛兰德城市的反抗迫使皇帝对尼德兰地区发动军事行动。直到去世，马克西米利安一世的王国都没有片刻的安宁。当他87岁高龄去世时，他仍然没能解决土耳其带来的危险，也没能看到美洲大发现，却已饱受腿部动脉硬化症的折磨。临死前，外科医生不得不对他的一条腿进行截肢。

当他去世时，与法兰西的战争再次爆发，尼德兰地区起义不断。他的儿子并未轻松继承这位"最后的骑士"父亲留给他的遗产。

不过，年轻的马克西米利安一世是位具有学习能力的君主，也受到良好的人文教育。[60] 他调解了卡斯蒂利亚和哈布斯堡王朝的关系，二者的联盟成为法兰西国王的心腹大患；在1495年沃尔姆斯帝国议会上，他定下了神圣罗马帝国的宪法，为帝国后续几百年的法典打下基础。在遭到强烈反对的情况下，1515年他为哈布斯堡家族争取到了波西米亚和匈牙利的王冠。他在国内促进艺术和科学的发展，但这位君主一直不擅长理财。他向奥格斯堡的雅各布·富格尔（Jokob Fugger）①借贷，作为交换，他认可富格尔家族的许多富人特权。然而，玛丽死后两年，马克西米利安一世不得不迎娶米兰的比安卡·玛丽亚·斯福尔扎，因为比安卡将带来40万古尔登钱币和价值高达4万古尔登的珠宝首饰的嫁妆，能缓解他的巨额债务负担。马克西米利安一世几乎还没与她成婚，便开始抱怨与比安卡无法沟通，之后对她不闻不问。而策划这场婚事的卢多维科·斯福尔扎（Ludovico il Moro），即比安卡的叔叔，已经获封米兰公爵。事实上，比安卡的兄长吉安·加来亚佐（Gian Galeazzo）先前已获得米兰公爵的封号。据菲利普·德·科米纳记载，卢多维科·斯福尔扎后来强夺该封号，将吉安·加来亚佐关进地牢并最终将他谋杀。马基雅维利从中总结出政治权谋论。列奥纳多·达·芬奇用文字和庆典为这位凶手正名，以他的名义研究科学，创作了不计其数的艺术作品。正是受这位有嫌疑的谋杀犯的委托，米兰执政团的圣母感恩教堂（S. Maria delle Grazie）内独一无二的壁画《最后的晚餐》诞生。如影随形的暴力与艺术，在此再次汇聚一堂。

佛罗伦萨和米兰之间的矛盾牵扯到整个意大利，皇帝和教宗都卷入其中，竟然还招致法兰西国王查理八世起兵入侵。洛伦佐的儿子皮耶罗（Piero II de'Medici）掌权后，保持着亲那不勒斯的政策，米兰公爵卢德维科不得不向盟求助反对该联盟。皮耶罗与查理的匆忙订约，在佛罗伦萨引发了骚乱，导致执政的美第奇家族1494年被流放。然而美第奇家族

---

① 富格尔家族是15—16世纪德意志著名的工商业和银行业家族。其银行业后来取代了美第奇家族的地位。

的一支，以伟大的洛伦佐的侄子乔万尼（Giovanni il Popolano）为首，站在佛罗伦萨"民众"这一边。而属于他这个阵营的还有曾画过神圣的舞蹈和优雅的寓言故事的桑德罗·波提切利。在佛罗伦萨这座城市历经颠覆性革命的时期，波提切利的绘画风格也出现断裂，他用画笔记下了佛罗伦萨的政治动荡和社会变迁。过去他画笔下的女性妩媚而优雅，如今人物依旧穿着华丽的衣裳，却成为被驱逐的暴君的代名词："诽谤""欺骗"和"阴谋"在拽着无辜裸露的受害者的头发，将她拖到国王面前，赤身裸体的"真相"无助地祈求上天。与此同时，怀着嫉妒心的"仇恨"穿着破烂的长袍，正向法官施压，而身着黑衣的"悔恨"正悄悄望着"真相"（参见《阿佩莱斯的诽谤》）。而在其他画作中，出现了传说中古罗马时期争取自由、反抗暴政的女英雄维尔吉妮亚（Virginia）和卢克丽霞（Lucretia）。这些画中有非常激烈的场面，扭曲的面部表情反映了粗野暴力，代表了渴望打破社会束缚的起义人民。在这里，针对女性的暴力行为无处不在，而女性在这里象征了所有被压迫被镇压的人，同时政府对此束手无策。在这里，再也看不到如《维纳斯》或《春》那样夸张的、远离现实的、优雅的美丽。正如"艺术史之父"乔尔乔·瓦萨里（Giorgio Vasari）所说，波提切利晚年烧毁了他之前所创作的古典裸体形象画。新的时代再次来临，人文主义转化成为政治和社会革命力量。萨沃纳罗拉的悔罪布道也许影响了波提切利，他的处死场景可能给波提切利留下了深刻的印象。二十多年以后，美第奇再次回到阿诺河畔的佛罗伦萨，重新掌权。但曾经的欧洲文化领袖力量一去不复返，尽管后来出现了米开朗琪罗这样的天才艺术家，但是热爱自由的他与其说是这些城市贵族的朋友，不如说是反对者。而波提切利早已于1510年去世。

阿尔卑斯山以北，社会、教会和贵族统治的状况也令人沮丧，尽管在雅各布·汪斐林（Jakob Wimpfeling）和约翰内斯·罗伊希林等人的引领下，这里的人文主义和希腊文化研究等得以发展。1500年所谓的"上莱茵的革命者"发表了比以前《西吉斯蒙德改革》的无名作者更为极端的观点。这位匿名者与皇帝宫廷的人保持往来，可以看出他是位有星相学知识的法学家，但我们无法确认其身份；他渴望在尘世间实现天主正义。而他确立的乌托邦式的目标混杂着末世和星相学方面的元素，实现该目标需要对教会和社会进行极端的改革。广泛的道德败坏，将招来天主的审判。这位作者满腔怒火，抨击教士的私生子们在教会占据了许多职位，成为主教和高级教士，他们是敌基督者的孩子。奴隶制是贪欲的产物，是无法度的暴力和压迫，应该予以废除。只有来自德意志的主张和平的皇帝，"黑森林的王"，无论具体是谁，才应该统辖全天下。这位德意志的皇帝将惩罚教士阶层，取消修道院，向贵族和领主征税，没收富商的财产，保护穷苦百姓。通过合理的税收，为必要的开支提供财政来源。正义的法庭由教士、法官组成，且需要进行定期忏悔。德语应该成为教会语言。这样的文章，即便没有广泛传播，也能反映出社会渴求变化的情绪，反映出德意志宗教改革前夕人们的期待。对财富和金钱的支配地位的仇恨并非没有根据，但无论这位激进人士还是哪位革命者，都无法改变这一现状。

金钱和信贷支配着中世纪晚期的经济、政治、王权和教宗权的行使；此后它们也没有退出历史的舞台。匈牙利、意大利、西班牙战火不断，人民起义此起彼伏。1494 年，法兰西的查理八世入侵意大利，但次年因为梅毒不得不撤兵。苏丹派出近卫军征战西方，不久布达（Buda）和佩斯（Pest）受到威胁，那时匈牙利国王马加什一世已将布达扩建成为宏伟壮观的文艺复兴风格的都城。王公贵族们野心勃勃。中世纪，就这样带着战争、叛乱、财政危机、法律法规和对改革的期望，带着宗教和人文主义价值观念和学说，带着政治上的洞察、对女巫和魔鬼的迷信，带着预测计算、尘世的追求以及科学的发展，带着它的理性运动，虽然仍有"不成熟"和"非理性"的顽固残留——悄悄地进入没有多大差异的近代时期，未曾留下明显的跨越时代门槛的痕迹。而中世纪与近代的区别，不过是后来的启蒙学者和历史学家所建构出来的划分而已。

结语：黑暗的中世纪？

中世纪？难道这个时代陷入了自身不成熟的限制？并非如此！"士兵国王"腓特烈·威廉一世（Friedrich Wilhelm von Preußen），即普鲁士国王腓特烈大帝（Friedrich der Große）的父王，非常重视让王位继承人接受良好的历史教育，但禁止他学习古代史和中世纪史。[1] 古代罗马人的历史可能还有借鉴作用，但是中世纪，对于新教徒而言，太过于陈腐、无用且天主教色彩太过于浓重。其他人如"三大批判"的作者、鲜有社会经验的哲学家伊曼努尔·康德，有着同样的疑虑，他对待中世纪的态度更为严肃，全盘否定。这位柯尼斯堡的哲人，在他生前已经出版八版的《论优美感和崇高感》（1764年）之末尾写道，"关于诗歌、雕塑、建筑、立法甚至道德领域的优美和崇高的真诚之感，古希腊人和古罗马人生活的时代已表现出明显的特征"，"罗马皇帝的统治"无疑改变了许多事情，然而最终"剩下的一些好的品位随着帝国的衰落"而消亡。康德在这里只是对同时代思想家的想法做了一个总结而已。

然而，康德的论证几乎每个字都对后世产生了毁灭性的影响，只是因为这些话出自康德之口。所有关于中世纪的负面成见似乎在这里汇合，并形成一个整体。经过多次再版，康德的观点广泛地传播开来，造成了之后西欧对中世纪千年的歧视与不屑。康德称呼日耳曼人为"蛮族"："在他们确立了势力范围之后，人们的审美趣味出现堕落，史称"哥特式风格"，最终以狰狞怪相结束。不仅在建筑艺术中，在科学和其他领域也出现了怪相。虚假的艺术风格引领出恶劣的感觉，让人习惯接纳各种其他不自然的形态，而不是接纳古代自然的朴素，这种不自然或太夸张，或太愚昧。那个时代的天才自我膨胀，热衷于冒险，追求崇高宏大。人们可以看到精神世界和现实世界的冒险者，二者往往是相互冲突又怪异恶劣的混合。教士们一手拿着弥撒书一手举着战旗，紧跟在他们身后的是受到欺骗的战争牺牲品组成的整个大军，他们将葬身于异乡的天空下，埋骨于更神圣的土地里。他们发动战争，那出发之前的隆重宣誓将暴力杀戮和非人行径神圣化，由此产生了一种对英雄的奇怪遐想。这些英雄自称为骑士，热衷于冒险、竞技、决斗和猎艳活动。在此期间，宗教连同科学和风俗，在病态的扭曲下改变了模样。有人觉察到，审美品位并不会单方面轻易地堕落，在其他所有品位更好的方面，同样会清楚显现出败坏的特征。……最终，当人类的天赋在几乎彻底毁灭后，又通过某种轮回而幸运地得以新生和升华，那我们将在我们的时代看到优美而高贵的恰当品位，如花朵般绽放于艺术、科学领域，同样绽放于道德之中。"[2] 除了康德这位远离教会的启蒙主义者对中世纪的批判，还可以加上德意志诗人、历史学家弗里德里希·席勒的评语。对席勒而言，中世纪到处吹着"北方野蛮人的精神压抑"之风。[3]

普鲁士国王的评判、哲学家康德的判定和诗人席勒的诽谤，这三个证据足以表达许多人对中世纪的看法。启蒙时期，人们一致认为，中世纪是倒退、愚昧、断裂、不思进取的时代。[4] 地球上没有第二个高等文明像我们欧洲人这样歧视、指责我们自己的过去，甚至想要忽视它，抹除它，这种现象真是独一无二。"中世纪"是典型的欧洲现象，更确切而言是西方现象。而其他高度发达的文明，无论古印度或远东地区，抑或东正教的拜占庭和伊斯兰文明的国度，都没有出现过类似对过渡时期的认知，即在渴望寻求自己文化根源的过程中，又要界定、嫌弃、刮除他们的"中间时代"（aetas media）。这一时代并不包含拜占庭文明和阿拉伯–穆斯林文化，但时人的目光却受二者影响得到极大的拓宽。事实上，正是因为外交方面的接触以及拉丁基督教会所要求的传教使命感，中世纪的欧洲人开始形成全球视野。

当然，德意志人之中还广泛传播着不一样的中世纪印象，其中包含了一种浪漫的、献身于基督信仰的狂热精神。正是这种精神，让人仿佛看到一种融洽的共同体，不被苍白的思想所削弱；在向圣墓进发的武装朝圣队伍中，看到一种令人喜悦的对救赎的笃信，伴随着某种乌托邦式的梦幻时光。然而，这种梦幻图景是向相反方向发展的极端，也不符合中世纪的真实面目。这种想入非非忽略了规范化的理性在各种文化中逐步占据主导地位并取得广泛的胜利的事实，而理性是无所不在的精神思想世俗化进程的酵母；忽视了入世观念日渐受到重视和强调，忽视了几乎所有领域，甚至是精神生活的方式和思想风格方面脱离教会与世俗化的大趋势。这种关于中世纪的浪漫图景的始作俑者没有认识到由阿贝拉尔引入并烙印在西方科学中的怀疑方法论的力量，没有看到怀疑思想的回归与排斥信仰的哲学学科的诞生，也没有看到实验精神及经验主义学科的伟大胜利；而中世纪晚期初现端倪的经验主义正是理性科学的开端，这种科学原则上遵循逻辑法则，不再建立在宗教假设的基础之上。持有这种想法的浪漫主义者完全忽视了农民阶层的不满，忽视了市民阶级集体渴望自由的诉求，忽视了日益明显的劳动分工，分工伴随着社会分化、不断深化的专业化，以及新的社会精英阶层的形成。这些不切实际的人最终还忽视了狂热的教会批判者的激进程度，忽视了"异端"的胜利——即使面临活活烧死及反异端的十字军攻击的威胁，他们的胜利也不可阻挡。其中包括埃克哈特大师、约翰·威克里夫或者扬·胡斯。而且这些人也没有看到物质主义的第一次临近，他们没有注意到，"天主已死"。

"文艺复兴"作家们是最早开始提出"中世纪"概念的人，其中却没有哪一位持有以上观点。这些人渴望变革，不仅在语文学、语言和修辞方面，也在人的形象方面；自莱昂·巴蒂斯塔·阿尔伯蒂起，虽然文艺复兴时期的建筑师仍参考古罗马建筑大师马尔库斯·维特鲁威的著作，但并不因此而否定文艺复兴之前的中世纪建筑样式。最关键的是，文艺复兴学者并没有歧视整个中世纪时期；他们最多是贬低其中的个体发展问题和违背规则之处，反对晚期经院主义时期僵化的大学在学术方面停滞不前，并最终背弃了它。虽然艺术史之父乔尔乔·瓦萨里（1511—1574年）创造了哥特风格这一有负面意味的概念，并将这一概念推广到了语文学、绘画和建筑学领域，但瓦萨里也没有抛弃中世纪整个时代，而仅仅是否定了那个时期的建筑风格，即柱子的设计法则。"天主保佑，不要让这种建筑学说和建筑形式蔓延到他所护佑的地方，这种风格与我们的建筑之美相左，而这种建筑方式甚至不值得我们进一步地详细分析。"[5] 乔托的老师奇马布埃曾凭借黄金底色圣母像"收获了荣誉和赞赏"，而正是他们"最早推动了绘画艺术的复兴"；文艺复兴作家十分崇拜但丁、奇马布埃、乔托、尼古拉·皮萨诺或乔凡尼·皮萨诺，崇拜13世纪和14世纪初的诗人、画家和雕刻家，就像瓦萨里那样，将他们划归到"现代"或者至少称他们为时代先驱。例如西蒙·马丁尼（卒于1344年）"是一位生前便久负盛名的优秀画家，他在教宗的宫廷受到特别的礼遇"，即便他的画不怎么样，但瓦萨里并没有排斥这位中世纪艺术家。[6] 哥特人410年攻陷罗马城后烧杀抢掠，后来这种一文不值的艺术风格因此得名；但历史上的哥特人并没有发明"哥特风格"，甚至并没有摧毁"罗马"。事实上，正是他们第一个主张复兴那已逝去的古典罗马风格。

这种"特定的逆向审美"，"人们称之为哥特式"，其实不过是对历史的歪曲；然而这种歪曲，却因为康德及类似的文化名人的评判，被人用来排斥整个时代，以及它的宗教、艺术、骑士文化、科学和"其他的风俗习惯"。这种启蒙式的判决方式令人想起对伽利略的审判。甚至到现在，法官们判定反对某个事物，却不了解所反对的事物是什么；他们反对的事实上是他们那个时代的基础，是他们的文化的根源。然而，如果一个人离开了这个基础，他就不会知道，他自己到底是谁，他从哪里获得了判断力，他如何能够进行思考，他的兴趣和感受是什么，他的艺术品位如何按照自己的方式得到培养。那时谁又能知道，这种文化之源及对它的判决，那种黑暗和压迫，对于他本身、他的生命和未来，对于社会、文化的未来，意味着什么？后来，西格蒙特·弗洛伊德才第一个认识到无意识和压抑背后的真正力量。

"复兴"是以"衰落"为前提条件的。但是，"衰落"本身何时进行？"中间时代"何时开始？"黑暗"何时开始降临？弗拉维奥·比翁多仅指出了罗马帝国的灭亡（inclinatio imperii），并认为哥特人扫荡罗马标志着帝国衰落的开始；这并非思想文化开始走上衰亡之路，也不是人类精神"几乎完全毁灭"的标志。而只有到哲学家康德这里才逐渐形成后面这种观念。然而，古典高等文明的源泉何时枯竭？欧洲人又何时走进怪相，或遗忘了理性，在咎由自取的不成熟中自我逃避？比如，是在古罗马时期或古典晚期，人们忘掉了他们才学不久却已所剩不多的古希腊文化？是在他们不再理解亚里士多德时？当犹太教－基督教的一神论逐渐占据主导地位时，不仅诸神被背弃，而且在中世纪给亚里士多德主义的复兴造成最大的知识挑战？或放弃斗兽或角斗士的游戏时？伊利里亚人和酒馆女仆生的儿子、杀妻者君士坦丁大帝在位期间？是在好战的罗马帝国皇帝狄奥多西一世为了赎罪，在他驻扎的米兰拜倒在博学多才的主教圣安布罗斯面前时？抑或废除古代占卜和血腥的动物祭祀之时？还是在关闭异教徒庙宇，终结了朱庇特、狄奥尼索斯、密特拉（Mithras）或大母神（Magna Mater）库柏勒崇拜时？又或者是将维纳斯和罗马诸神崇拜转化为圣母崇拜时？还是遭受诽谤的哥特人头一个想要复兴罗马，为中世纪的辩证理性奠定关键的知识基础之时？那么黑暗时代持续了多长时间呢？

所谓开始和结束的节点，意味着清晰可见的分段、明显的转折；"从此刻开始，直到某一个时刻，是黑暗时期，是中世纪"，这种时刻和节点显然是模糊的，但没有哪位启蒙学者对此做过详细分析。狄奥多西一世、克洛维以及那些"日耳曼"英雄，还有查士丁尼一世的同时代人（后者是农民之子和来自伊利里亚的蛮族），这些人到底算是"中世纪"的还是"古代"的统治者？同样归功于查士丁尼一世的《民法大全》成为"中世纪"法学学科的基础，那么这些是"中世纪"的成果么？另外，"中世纪"在东罗马帝国开始的时间要晚于意大利和高卢吗？启蒙时期的写作者没能够发展出不同事物的同时性的文化理论。文艺复兴的写作者们肯定对每个民族学家所熟悉的三分法并不陌生，即古远的英雄的黄金时代、有历史记忆的时代和"我们的"当前时代。当康德谈到"我们时代"的"优美感和崇高感"绽放之时，亦受到这种思维模式的束缚。而且他也没有给出清晰全面的答案，没有构建出关于完全堕落和怪诞的类型学和社会学，并进行历史论证。康德仅仅照搬我们现有的成见，完全相信具有欺骗性的文化记忆。他只是模糊地认为 16、17 世纪更适合作为转折的时间点。但没有理论基础的论断是站不住脚的，首先它们不具备批判性。它们类似于非理性的不成熟的表现。

总之，对答案的强求看似多余。每种文化都渐渐地消亡，即使在衰退的过程当中，它们仍然会吸收与转化文化知识，因此促成知识的革新。古埃及和古巴比伦绝非一夜之间消失不见，古罗马同样如此；向古埃及人学习的文明——例如古希腊——没有哪个会继续建造金字塔。世界历史更像是原始森林（Silva），古典和经院时期的自然哲学家将它作为构建世界的原料，将它比作受保护的葡萄园；在园中，世界花匠严格地剪除并烧掉老旧的藤蔓。即将死去的树木和嫩枝同时出现。为了确定某一段时期的开始和结束，人们可以指向气候恶化，指向欧洲范围的灾难，因为它们带来最深刻的人口变化；如 6 世纪和 14 世纪出现的大规模瘟疫，成千上万人的死唤醒了人们对于生的渴望。与此同时，"中间时代"有明确的思想史基础，无疑根本不符合这种"以自然为条件的"分期方式；随后的文艺复兴关注美、诗人和艺术，算是取代了中世纪时期。这一复兴最多是实现了过去的那个时期数百年的追求，追随基督教父、异教诗人、历史学家、哲学家，追求复兴古罗马。这样一种有意识的、有目标的、有计划的对复兴的渴望和努力，以及它最早的成果，何以被称为"中世纪"？而其后进一步的后果和时代，又何以被视为近代呢？

在 6 世纪瘟疫爆发之前，波埃修斯这位被东哥特国王狄奥多里克交给刽子手的高贵罗马人，却由于多方面的原因，为后来远离了科学的"中世纪"数代人保存了文化复兴的基础知识。因此，发生在黑死病肆虐时代的文艺复兴，从查理四世或意大利米兰大教堂那里向北传播。不管什么原因促成了文艺复兴，文艺复兴同样属于这同一个中世纪，而近代在此之后的某个时间开始。但值得怀疑的是，新时代到底何时开始；至于后来人如何规定，意义并不大。后来的一切规定都是武断的，体现的意识形态只是表明了意识形态人士的立场而已，并无法显示出世界历史的客观结构。

我们并不是要批评启蒙时期的哲学家，而是要批判地对待启蒙时代的代表，这个时代以"启蒙"为名义，不顾本身的原则，刻意宣传错误的判断，号召将"启蒙"观念植入后来千百年的集体文化记忆中。他们由此完成了历时近三百年的诋毁历程。这种诋毁最初以语言和大学机构为出发点，紧接着占领了艺术和建筑领域，最终全面覆盖了漫长时代里的文化整体。即使康德在批判哲学领域取得了惊人的成就，但这位戴着假发的学者，在生活方式、对艺术的理解及历史知识方面还只是个孩童，就像那个时代其他哲学家一样。这些人不仅对中世纪一无所知，而且也不想知道。成见带来昏暗，让人变得盲目。

理性并非因为17、18世纪的启蒙运动才得到运用，它的"复兴"，即专注于总结抽象的规则，构建逻辑和辩证法的批判性法则，再逐渐形成形式上的逻辑运用。就如同发展心理学所描述的一般，理性复兴早在数百年前就在查理曼宫廷拉开序幕，可以说在康德之前千年就开始了；10世纪时理性得到加强。而在持续的文化反馈下，康德这位柯尼斯堡人得以站在那些他所不知道的巨人的肩膀上，从上往下看，从而得以继续思考。早在"近代"以前，欧洲早已踏上理性的征途，在经验和批判思考的相互影响下探索世界。

在邻近的地区和遥远的地方，人们的视野或快或慢地得到拓展。就邻近地区而言，中世纪早期，未来的德国地区，不同于当时的西欧，不仅人口稀少，落后不发达，而且境内多是沼泽和茂盛的原始森林。在这一片荒原中，"人类聚集地"宛如一个个小岛，被"未开发地区"包围着。这里的居民的语言，即后来康德使用的语言的早期阶段，还完全不适用于各个学科。直到后来的数个世纪，也就是中世纪，这种情况才得到改变。在中世纪千年即将过去时，后来的教宗庇护二世（1458—1464年在位）周游这片土地，这里已经发生了翻天覆地的变化，成为文化繁荣发展的地方。中世纪初期的大面积的森林被砍伐和清理，沼泽大多干涸，人口开始聚集。吕贝克、汉堡和马格德堡以及莱比锡成为跨地区的城市辐射中心，更不用说法兰克福、科隆或尼德兰地区的其他更强大的城市如根特、布鲁日等等。而普鲁士的柯尼斯堡，这个康德生前从未离开过的视野范围，多亏了十字军东征及波西米亚国王奥托卡二世对骑士的狂热，才得以开发；而柯尼斯堡著名的儿子却只知道嘲讽这个时期。人口逐渐增长，高效率的商业得到发展，密集的道路网逐渐形成，而越来越勇敢的航海人士开发了更为广泛的贸易关系。国家与人民共同加入了这个时代的创新与动态的力量。最后，文艺复兴和人文主义思想、10世纪与12世纪便在拉丁西方世界再次发现的古典的异教诗人和修辞学家，也被德意志民族所知晓。

得到中世纪养分的德意志人很快就被冲昏了头脑，完全不顾他们基本的基督精神，开始虚构自身。直到15世纪中期，意大利人在黑尔斯费尔德发现了塔西佗的《日耳曼尼亚志》，并将它从"野蛮人的牢笼"中解救出来，带到意大利。德意志人，尤其是以人文主义者雅各布·汪斐林、贝图斯·雷纳鲁斯（Beatus Rhenanus）、康拉德·策尔蒂斯、阿芬提努斯为首，当他们读到这本书时，发现了本民族的日耳曼精神。他们认为他们是古老的民族，有些人开始自夸，他们德意志人比高傲的法国人、意大利人、罗马人和希腊人更古老；他们甚至自认为比《圣经》中的民族更悠久，那是一段从诺亚"之子"图伊森（Tuyscon）[①]开始的宏伟的早期历史。图伊森传授给日耳曼民族以文字、诗歌与法律。他们还宣称，所有文化都从日耳曼民族那里发源。他们扼腕叹息，历史变迁，时间流转，早期的光芒被遮掩，最原初的"真实"没落，至今可见。德意志的民族主义从那时开始萌生，直到20世纪还在兴风作浪。这段历史纯然虚构，又有什么关系；他们自导自演的自我美化还没有遭到揭穿，直到未来有那么一天，他们的阴暗面完全显现出来。启蒙未能阻止这种灾难性的日耳曼狂热的产生，更别谈根除这种妄想了。它正是从这里，从人文主义思想开始发端。在很多时候，美丽和丑陋本是同根所生。

西罗马帝国灭亡之后，地理和文化上的变化拓宽了欧洲人的眼界，他们活动的范围也扩大到整个欧洲。查理曼和奥托大帝的皇帝加冕，涉及拜占庭帝国；主要由法国人发起的第一次十字军东征，则开往小亚细亚和东方；而伴随着西班牙的收复失地运动，欧洲接触了伊斯兰教和阿拉伯科学；欧洲各大教育中心面对犹太科学和犹太学者的研究经验时，这个被否

---

① 巨人图伊森（giant Tuyscon）是诺亚之子，统治阿尔曼地区（Almaign，即日耳曼）的王。

定的和被迫害的文化挑起了欧洲的好奇心，呼唤欧洲人来追根究底，即使当时反对科学的教父们禁止进行这方面的探索。而恰好是犹太人的知识、犹太人对神的崇拜以及他们对《圣经》的理解，还有长久的跨文化知识交流的实践，被证明是一根刺，刺进禁止知识和疑问的教会之身体。如果没有这方面的刺激，西方的知识文化无法以未来的方式繁荣发展。

13世纪蒙古西征将"拉丁"欧洲人的目光引向了远东地区，引到了蒙古帝国首都哈拉和林，引到了元大都"汗八里"；欧洲人的目光甚至延伸到了印度次大陆和东南亚地区，延伸到了印度尼西亚。而就目前所知，古罗马人虽然听闻过位于远东的中国，但他们的足迹不过到达了印度东南部。马背上的蒙古人的西进无疑是世界历史的重大转折，是全球化的关键环节，因为正是蒙古人的侦察攻击威胁激发了欧洲的反应。为了应对危险，欧洲人开始派遣一支又一支探险队到远东，其中有国王的使者，或教宗的代表、商人、传教士、探险者。而探险人员的报告纷至沓来。欧洲人学习探索地球，知道得越多，便要求了解更多，获得更准确的知识。欧洲人首次产生由经验总结出来的世界知识，第一次知道了地球的实际大小，了解了生活在地球上各种各样的人；而且欧洲人有了运用这些知识的冲动。

阻隔欧洲与知识世界的云层在一一散去，欧洲人获得的新的经验打开了未知世界的大门，各种问题出现，需要做出新的解答。从此，传教士、海上贸易的商人、被侵扰的西方世界的探索者整装待发，开启探索世界之旅；商队踏上了丝绸之路，直达中亚和东亚地区，绕过好望角，踏上占领整个地球的精神与物质的旅程。而这一过程中所积累的世界知识——人们可以赞美它，抑或诅咒它——与某种战略远见结合起来。例如，在此基础之上，广泛游历的外交官、传教士和多明我会修士威廉·亚当（Wilhelm Adam/Guilielmus Adae）于1330年左右经过冷静的计算并根据亲身经历，判定十字军如果派出1,200人的军队和四艘战船封锁位于阿拉伯和非洲之间途径亚丁的道路，就能够为攻占耶路撒冷的战争占得先机。而这标志着地缘战略的思考开始出现。从此以后，所有这些传教士、商人和企图征服世界的人，怀着不同的目的携手并进。

这一行人的目的绝非仅仅是获得丝绸，或传教、获利和灵魂的救赎。他们带着不可抑制的知识诉求出发前行。小兄弟会的马黎诺拉的乔万尼用十五年的时间穿越远东地区后，对神圣罗马帝国皇帝查理四世坦白道："我对印度所有地区有着极强的好奇心，与其说我的灵魂高贵，毋宁说充斥着好奇；如果可以，我想要知道一切知识，比我所读到或知道的任何人都要更加努力，去探索感知世界的神奇。"[7]中国人惊叹于欧洲人的这种好奇心。意大利方济各会修士波代诺内的鄂多立克前往中国，在那里看到猴群表演，仿佛看到了不可思议的奇迹，"因此当他回到故乡时，他报告他发现了新事物（quid novum）"。[8]东方人意识到，西方人有着谜一般的、无法满足的好奇心。从此东西方知识交流拉开了序幕，交流成果无法估量。在元大都出生的畏兀儿人拉班·扫马（Rabban Sauma）信奉景教（聂斯脱里派），1287年作为当时驻扎在巴格达的伊尔汗阿鲁浑（Ilkhan Argun）的使者出使西方，并探访多个王室驻城。扫马记载道，他在那不勒斯吃惊地发现，受多方节制的战争并未伤及平民百姓。而在巴黎让他瞠目结舌的并非是王家圣礼拜堂，而是巴黎大学各专业"勤奋练习写作的""三万多名大学生"，而"他们每个人都从国王那里获得日常生活费"。[9]实际上，自12、13世纪以来，大学和公共或城市的学校对西方教育带来革命性的变革。这位来自远东的观察者，惊叹于这种求知欲，他比沉迷于其中的欧洲人看得更清楚。

自从"蛮族"入侵地中海地区的发达文明以来，哥特国王阿拉里克和阿陶尔夫之后，欧洲出现了锲而不舍不断学习的精神，对知识的渴求，最终通过革新的愿望表现出来。中世纪时期，在不同的领域相继出现革新与进步，而这些对传统的知识和价值观造成新的震撼。其结果是思想和信仰变得更加活跃，人们越来越勇于尝试。那种"低劣的感受"创造了全新的逻辑思维，而缺少手抄本阅读知识的逻辑学家康德永远无法在桌旁阅读中了解这种新的思维，他当然对此一无所知。教宗约翰二十二世借用圣保罗的话（《罗马书》12：3）来指责埃克哈特大师：他想知道的比所允许的更多。[10]中世纪学习、研究、观察、反思和试验的浪潮影响深远，直到今天。科学的指导原则、西方的理性文化、启蒙和全球化效应首先要归功于它们。

教育的普及绝不仅仅是对科学产生积极的作用。思想逐渐世俗化，知识日益立足于现世，无论在日常生活还是在信仰中，不管是在唯利是图的商人群体中，还是最高级别的教士群体中，都出现追求知识的足迹。总之，教士群体代表了大多数社会知识精英，其中产生了不少革新者和革命者。而组织方面、制度方面以及技术方面的大量革新在那时都变成现实，从而获得了经济、政治意义或普遍的文化意义。一个典型的例子是中世纪早期为了规范时间秩序所做出的努力。查理曼推动这方面的工作，即以耶稣基督出生年份为元年开始计算历法。不过有传言说公元纪年的首创者是凯撒勒雅主教尤西比乌斯（Eusebius of Caesarea），他有异端倾向，属于阿里乌派，同时是编年史学家、君士坦丁大帝的传记作者。公元纪年最初仅适用于西方拉丁世界，而到今天，公元纪年已经遍及全球，无论那里信奉哪种宗教，以何种文化为主。拜占庭－东正教按照创世纪元（Annus Mundi）来纪年，犹太教－希伯来历法至今仍然采纳这种方法，不过模式有些不同；而伊斯兰文化以622年的"希吉拉"（Hedschra）作为元年，在这一年，先知穆罕默德带领信众离开麦加前往麦地那；其他的文明纪年方式各不相同，即便曾经隶属于西哥特王国的西班牙也使用本地独有的纪年法（spanische Ära）。自查理曼统治时期开始，唯有西方天主教世界一如既往地根据"主的元年"来纪年，直到今天，这就是"公历"，是全世界的纪年形式。

那个时代的人懂得巧妙运用凸轮轴和齿轮，用新方式转化水能，开发种种技术，除了研磨谷物，还有漂洗缩绒（Walkmühle）、捶打粉碎、抽水以及地下开矿技术，从而防止比如冰天雪地里的柯尼斯堡的哲学家受饥饿或寒冷的折磨，这样的时代具有多么不一般的实际意义！采矿业发生了翻天覆地的变化。矿石熔炼法取得进展，可以改善浇铸质量，减轻冶炼工作负担。[11]古希腊罗马人在制作纪念碑般的青铜雕塑时，没有使用大件熔铸法，而是使用焊接的方法，将部件焊成整体。在中世纪早期或盛期，查理曼的铁门、希尔德斯海姆大教堂的伯恩瓦德铜门（Bernwardstür）、格涅兹诺大教堂大门（Gnesener Domtür）、不伦瑞克的雄狮（der Braunschweiger Löwe）、罗马母狼乳婴雕塑（die kapitolinische Wölfin）都是整体浇铸而成的。尽管今天我们再也无从得知完成这些作品的工匠、工程师或发明家的名字，但他们的才能通过他们的作品一直保存到了今天。不同于中国很早就发明了黑火药，14世纪以降，欧洲人才将黑火药与金属加工中发达的熔铸技术结合起来，革命性地运用到军事领域，改变了欧洲历史。从此以后，枪和大炮决定了战争的胜负及国家实力的强弱。从此种意义上讲，中世纪的战争也是知识与理性的产物。

中世纪建筑师具备多么高超的技艺，建成了骄傲的古希腊人和古罗马人曾经梦想建成却不得的圆形穹顶！中世纪的造型艺术家需要多么仔细地观察和推断，才能发现其他发达的文明包括古希腊罗马文明都未曾发现的焦点透视法！诚然，来自柯尼斯堡的康德知道闻名遐迩的沙特尔大教堂以及比萨大教堂建筑群，包括主教堂（Bischofskirche）、洗礼堂（Baptisterium）、教堂墓地（Campo Santo）以及（今天已经倾斜）的比萨斜塔，但与那些称赞过比萨大教堂伟大建筑群的意大利文艺复兴学者不一样，康德最多只是听过关于这些宏伟建筑的传说，或者从不恰切的插图上看到它们，而非亲身体验。这位东普鲁士人一辈子也不懂得欣赏宫廷抒情诗或叙事诗，就像对诗歌和音乐一样。相较于真切的生活体验，康德的"定言令式"（绝对命令）显得多么苍白和做作。在生活中，中世纪人努力去控制情感，体会"骑士风范"（Ritterlichkeit）、"彬彬有礼"（Höflichkeit）、"城市风尚"（Urbanität），以及感性的欲望与永恒的灵魂救赎之间的和解，而这种学习贯穿了中世纪文明的进程，这些直到今天仍然是所有伦理观念的组成部分。

在这个被误解的时代，产生了史无前例的理性货币经济。这个时代，银行业得到发展，"资本"这一概念出现，无现金转账产生，高利贷带来的问题似乎得到体面的解决，银行业被社会信赖。货币经济在宫廷中出现。这一切体现在早期欧洲巨额复杂融资上，由此富人阶层能够参与政治权力，企业精神、金钱和资本高奏凯歌。康德所属的大学教育系统也离不开这些金钱的支持，而货币经济一直持续到全球化的今天。在航海业发达的中世纪，分散风险的需求促生了海损保险业。这个时期出版业欣欣向荣，令经济得到自古典时期以来前所未有的扩张发展。贸易技术不断完善。新兴的商会组织成立，例如拉文斯堡大商会。这个时期的商业发展还得益于生产方式的不断改善。水运和陆运运输行业更有效率。造船业空前繁荣，商船如汉萨克格船（Hansekogge）和卡拉维尔帆船（Karavelle）得到改进，而且战舰变得更大，线条更为平滑，速度更快，也更具杀伤力。加洛林时代出现的马轭更好地运用了马匹的运输能力，从而使马能够拉动较重的马车。与古罗马时期主要为了行军而修筑道路不同，中世纪为了贸易交通而修建了合适的道路，保证了密集的基础设施条件。

中世纪的人们对世界的看法和对自然的探索，以特别的方式受到影响。古典时期的地理学家和天文学家托勒密的世界观点，在不断增长的知识面前已显不足和落后。而数学知识与计算能力的增长促进了人们对世界认识的改变。各学科环环相扣，除了星相学和天文学，加上数学，还有日益拓展的地理知识都参与进来。皇帝、国王、教宗和王公贵族都容易对这些知识产生兴趣，毕竟他们相信，这些知识的积累都有利于他们的福祉。例如数学家、星相学家、天文学家雷格蒙塔努斯在皇帝腓特烈三世的宫廷中活跃。纽伦堡的地理学家马丁·贝海姆（Martin Behaim）曾在葡萄牙王宫中服务，他结合当时海上强国葡萄牙积累的地理知识，于1493—1494年制作了"地球苹果"（Erdapfel），这是现存最早的地球仪，向后人展示了中世纪关于地球与宇宙方面的知识汇总。

地球是球体的观点很早便已出现，不像有些古典时期的写作者那样，认为地球是圆盘。托勒密认为地球静止居于宇宙的中心，这种观点得到教父们认可，在欧洲中世纪持续了数百年。大阿尔伯特或者库萨的尼古拉能够将球状的地球从它的中心位置上解放出来，甚至宣称地球处于运动的状态。马丁·贝海姆的地球仪上已经能够清楚地看到欧洲、亚洲、非洲等大陆（除了还没被发现的美洲），可以看到亚速尔群岛、印度、印度尼西亚和几大洋；他的地球仪上还标明了商贸路线，不得不说，这个仪器体现了知识、抽象与工艺的奇迹。文艺复兴时期佛罗伦萨数学家保罗·托斯卡内利（Paolo Toscanelli）开始计算欧洲到中国和印度的距离。雷格蒙塔努斯的老师和朋友天文学家格奥尔格·冯·波伊巴赫（卒于1461年）大胆尝试测量1456年出现的哈雷彗星的距离，并有计划测量宇宙。无论如何，他编写的星历表（ephemeris）被达伽马和哥伦布用于探索新世界的航海活动。

这个"地球苹果"不仅自转，而且还绕着太阳公转。在波兰克拉科夫、意大利博洛尼亚和帕多瓦学习过法律并获得医学博士学位的哥白尼，早在1509年便在他的小论文《短论》（Comentariolus）中首次提出了他的日心说观点，认为太阳位于宇宙的中心，而地球只是太阳的卫星，不过他没有提供确切的证据。几十年后，1543年哥白尼才出版他的代表作《天体运行论》（*De Revolutionibus Orbium Caelestium*），就像许多创新的理论的命运一样，他的观点最初并不会得到大家的认可。但是哥白尼的观点带来了科学界的革命。不过几十年以前，库萨的尼古拉和雷格蒙塔努斯就提到过类似的想法，为这种新的观点做了准备。中世纪晚期看似要张开双臂迎接这种观点。可是，地球不再是造物的中心？人也不再享有至高无上的尊荣？"哥白尼的革命让人文主义的'自恋'受到了'伤害'"，人们开始不安和害怕。[12] 诚然，农民阶级几乎不会受到这种新的知识的影响，但这些新知识更会在接受过大学教育的神学家、天文学家和学者中传播。从此，对造物需要做出不同的解释，但如何解释？中世纪遗留下来的问题无疑给近代带来了前所未有的挑战；事实上，直到今天，我们仍然没有找到最终的答案。

从西到东，从南到北（此举在当时更具革命性），从温带地区到炎热地区（按照古典学说，这个地区最靠近太阳，在这里一切都被蒸发被煮沸，又称为不可进入的地带），对整个地球进行测量，该举动可以说全面促进了全球化的进程。具体而言，从知识、思想、信仰、观念、利益、交流、贸易、战争、经济及组织等各个层面上启动全球化，这一进程残酷打击了那些还没有进入该进程的"古老的世界"。1492年，哥伦布携带着指南针扬帆向西，他只是继续早已开始的探索之路。这位以西班牙天主教国王名义出发的热那亚人，行囊中带着威尼斯人马可·波罗的《行纪》和虚构的英国人（？）约翰·曼德维尔的游记。而在美洲，正是因为中世纪的发明，改良过的铁质武器、枪、护胸甲和这些西班牙征服者的战马，终结了原住民文化。在殊死搏斗中，土著居民阿兹特克人和印加人所持有的最锋利的武器只是黑曜石剑。哥白尼发现美洲后便开始驱逐当地人，并拒绝接受他们受洗，这样就能将土著运到欧洲市场上去贩卖。他的这种行为与传教士和贸易商人或多或少存在竞争；但本质上还是合作，航海家、传教士和商人百年以来一直在尝试合作。惨绝人寰的暴力屠杀很快出现，新大陆的发现对陌生文化来说不亚于末日的降临。相当长一段时间之后，"野蛮的"印第安人才被赋予人的尊严。

中世纪为现代国家的形成提供的基础，"创造"出城镇社区的市民群体，他们拥有集体特权且受自主法律保护，正在准备推倒古代晚期和中世纪早期以来的贵族社会和农业社会；而到18、19世纪，市民的后代将成为欧洲政治、文化的主力军。最后，自由，政治、社会和思想方面的自由，也是为我们所唾弃的那个时代的产物。中世纪几百年借助"自由意志"理念，为自由奠定了理论基础，启蒙学者所做的也不过如此。值得一提的是，中世纪的自由却是在教宗和皇权、精神力量与世俗力量、城市领主和市民阶级、领地贵族和乡村共同体的角力中形成的。另外，获得了金钱和政治权力的城市居民从当务之急和日常需求角度出发，宣扬这些自由权利，而几百年后，这些权利成为受普遍认可的基本人权。[13] 这种自由的意志给信仰和教会带来了压力，体现在11世纪以降迫害异端运动重新抬头，同时宗教裁判所再次活跃。康德对这一切一无所知，他一叶障目，只看到米开朗琪罗和弥尔顿之前的几百年，生活方式、科学、艺术和风俗方面怪象万千。而他的论断却受到重视，影响深远。

不仅中世纪信仰、教会或异端经历着变化，王国、诸侯领地和行会更是如此。实际上它们既可以算作中世纪知识文化及其所引发的世俗化进程的第一批"牺牲者"，也可称为第一批获益者。9世纪以来，加洛林王族便相互猜忌，12世纪以来欧洲君主及后来的民族国家都互不信任。从而产生了无休止的政治、经济、知识、宗教以及信仰方面的冲突。如何能够建立一个平衡欧洲大国的政治体系，联合相对立的世俗和教会的力量，以促进政治自由和外交的发展，那个时代的人们为解决这个问题而努力。他们的努力表现在不停地向前推动公共统治权力的抽象化进程，并将这些公权力"国家化"（Verstaatung）。最终，尼可罗·马基雅维利（1469—1529）在他的《君主论》中极具才能地分析了当时的社会问题，这是对中世纪晚期的社会历史经验的总结。马基雅维利曾任佛罗伦萨共和国的秘书官，并作为该国的使者与国王、皇帝和教宗打交道，亲身经历过领主的暴力统治，从而懂得应该向后世传达这些经验。马基雅维利在《君主论》第六章中写道："拥有武装的先知都获得了胜利，而没有武装的先知都灭亡了。""神圣罗马帝国和德意志民族"完全没有听从这位佛罗伦萨人的洞见。这个中世纪时期的大帝国畸变成一种被称作怪物的政体构造（塞缪尔·普芬道夫语[14]）。神圣罗马帝国怀揣着古罗马帝国的理想，而罗马这片记忆所托之地，曾孕育了普世的观念，如今被荒废被遗弃。只有罗马之名保留下来。神圣罗马帝国的罗马精神不断丧失，经过几代人之后，越来越"德意志"化，变得越来越像外省。[15] 而西方君主国面对它的没落，只会趁机获取利益。

马基雅维利许多见解，包括对人的悲观的看法以及具有教育意义的《论李维》（*Discorsi sopra la prima deca di Tito Livio*），都建立在古代事例的基础之上。古罗马历史学家李维之作成为马基雅维利的圣经，"通过阅读罗马史，人们会明白，如何建立一个好的政府"（《论李维》，1，10）。而在他的《君主论》中可以找到怎样进行成功的统治的建议。马基雅维利将这部作品献给教宗利奥十世的侄子，美第奇家族的洛伦佐，在献辞中他直接声明此作源自"不断研读古代历史（大事）"（continua lezione delle (cose) antique），同时并不回避晚近的事例，如中世纪国家的事件。这本书总结了中世纪末期的政治经验，同时又背离这个时期，一心专注于对古罗马的过往做出现世的独特阐释。一般来说，人都是"忘恩负义，容易变心，虚假，伪善，怯懦而贪婪"（c. 17）。因此，马基雅维利认为，君主只能相信自己，由此提出了那个声名狼藉的观点：君主有必要结合人和野兽的特质（a uno principe è necessario sapere bene usare la bestia e l'uomo，c. 18）。君主或国王要超越仅仅作为人道的部分。君主的地位，即"君主的身份"，确实成了现代早期"国家"思想的出发点。这些"国家"并非合作体，也不是联盟，更多的是君主。君主成为虚构的人格，脱离了无数利益驱动的个体，使得共同行动成为可能，能够分配好与恶；对于臣民，既能进行镇压，又能施以援手，既具有吸引力，又具有震慑力。总之，这个正在成形的国家只有一张面孔，它既可以是人的，也可以是野兽的。

后来的启蒙人士，康德和他同时代的人，实际上继承了他们所歧视的这些知识遗产，而并没有克服。他们站在陌生巨人的肩膀上而不自知，瞧不起孕育这些知识的中世纪。诚然，在发现历史主义（Historismus）之前，在关于现实的经验、认知和感受现实的经验及与之相适应的价值相对主义出现之前，甚至在了解文化演进现象之前，[16] 启蒙人士就对中世纪做出了评判。因为年轻时期受到传统的熏陶，他们崇尚理想化的古希腊罗马图景；但这古典图景却没有经过批判的历史学问的验证，它其实是由中世纪晚期发现并创造的关于古典的想象。在他们的启蒙运动开始之前，在启蒙学者培养出一种知觉，能够科学而有条理地辨别出年代误植（Anachronismus）的误导和毁灭性缺陷，并将这种知觉运用于历史研究之前，启蒙学者便开始思考与创作，难免会得出武断的结论。何况，时过境迁，这些启蒙学者根本没有意识到中世纪人与天主之间存在直接联系，其中不少人却已经怀疑天主是否存在。

不管怎样，他们的判决，他们对中世纪的误判，最终都成为欧洲文化记忆的组成部分，而且将一直发挥影响。但是被压制的真相最终还是会留下痕迹。不久之前，当德国足球精英们因为丑陋的喜悦表达方式而备受指责时，还出现过这样的口号："到处都是中世纪晚期。"[17] 一切卑鄙的、令人反感的、野蛮的事物，连同折磨、信仰狂热、宗教激进主义或粗野无礼都被称作"倒退回中世纪"，甚至"黑暗的中世纪"，而鲜有人将这些看作现代社会的不成熟和失败的发作。因而我们自己构建了一个虚构的、陌生的、总归不受待见的时代，在那里似乎我们所有的错误都能被推脱掉，或一笔勾销，或暗暗被原谅：因为我们不是这样的。就像"士兵国王"将中世纪史从历史科目中驱逐出去一样，这种压制排挤再次上演，至少在德意志是如此。这就是当前的"怪相"，18 世纪的愚蠢所为，就如今天一样。与启蒙时代学者以及 21 世纪初的大多数人所认为的不同，中世纪其实更加成熟，更聪慧，更具好奇心，更具创造力，更具艺术感，在理性和思想方面更具革命性；而同时，中世纪在自我评价方面更谦卑、更适度。那个时代最重要的、最具颠覆性的思想家都明白，他们是侏儒，站在巨人的肩膀之上，站在过往时代经验的总和的肩膀之上，才得以比前人看得更远。因此他们能够指出通向重视理性的未来的发展之路。

早在中世纪时期，欧洲思想和文化的统一、诸王国和民族的统一就有了一定的基础。[18] 中世纪是欧洲历史上不停追寻、迫切向前、努力扩张的时期，也是最不安分的、革新的历史时期。它拯救了大部分古典知识。如果没有9、10世纪的修道院，没有11、12、13世纪的学者，古典时期将只会存留于拜占庭和阿拉伯人的手抄本中，只存在于废墟和埋葬在地下的宝藏之中。然而，13世纪以来，在征服君士坦丁堡之后，继阿拉伯学术受宗教条件限制走向僵化，又是谁有兴趣关注古典文化财富？多亏了拉丁中世纪，这时期的统治者如查理曼热衷于了解和传习古希腊罗马文化，这时期的文化精英接受古典文化的语言、艺术和思维方式的训练，由此他们的审视世界的目光更具洞察力，他们的技艺更加完善；他们获得机会与文化遗产打交道，开始接触陌生的事物；甚至与敌对力量抗争，即使面对魔鬼同样面不改色，面对外来宗教也不害怕。中世纪的人们一次次尝试理解和掌握前人留下来的知识，并精益求精，发现和创造新事物，革新科学和对世界的认识。这样的中世纪极具创造性，它发现并踏上了通往世界之路；它已觉醒，向着现代迈出前进的步伐。

注　释

前　言

1　Johan Huizinga, Zur Geschichte des Begriffs Mittelalter, in: Geschichte und Kultur. Gesammelte Aufsätze, hrsg. von Kurt Köster, Stuttgart 1954 u.ö., S. 213–27; Peter von Moos, Gefahren des Mittelalterbegriffs, in: Modernes Mittelalter. Neue Bilder einer populären Epoche, hrsg. von Joachim Heinzle, Frankfurt am Main/Leipzig 1994, S. 33–63.

第一章　波埃修斯与欧洲的崛起

1　Brian E. Daley, Boethius' Theological Tracts and Early Byzantine Scholasticism, in: Mediaeval Studies 46 (1984) S. 158–91, hier S. 160.
2　Theologia «Scolarium» I,25 und II,9 ed. C. J. Mews (Corpus Christianorum Cont. Med. 13) S. 329 und S. 410–1.
3　Ulrich Schindel, Zu spätantiken Wissenschaftsgeschichte: eine anonyme Schrift über die Philosophie und ihre Teile (Paris BN 7530) (Nachrichten der Akademie der Wissenschaften zu Göttingen I. Phil.-Hist. Klasse 2006,1), Göttingen 2006.
4　此外，尽管有学者批评，但关于Alexander Lurijas研究结果的评价，仍可参见Walter J. Ong, Oralität und Literalität. Die Technologisierung des Wortes, Opladen 1987 (zuerst amerikanisch 1982)。这一成果被Vollrath的历史分析所采用，见Hanna Vollrath, Das Mittelalter in der Typik oraler Kulturen, in: Historische Zeitschrift 233 (1981) S. 571–94；参 Johannes Fried, Der Schleier der Erinnerung. Grundzüge einer historischen Memorik, München 2004, S. 80–152。
5　Orosius, Historiarum adversum paganos libri VII, VII,43,5–6, ed. Carl Zangemeister. Corpus Scriptorum Ecclesiasticorum Latinorum 5, Wien 1882, S. 560.
6　Ulfilas 被一个世纪后的教会史学家 Philostorgios 提到，见其作 Kirchengeschichte II,5；引自 Herwig Wolfram, Die Goten Von den Anfängen bis zur Mitte des sechsten Jahrhunderts, ³München 1990, S. 84。
7　这个例子来自 Elfriede Stutz, Gotische Literaturdenkmäler, Stuttgart 1966, S. 60。
8　例如 Variae IV,32: Magni Aurelii Cassiodori Senatoris Opera 1, ed. A. J. Fridh (Corpus Christianorum Ser. Lat. 96), Turnhout 1973。
9　Aarne Stüven, Rechtliche Ausprägungen der civitas im Ostgotenreich. Mit

vergleichender Berücksichtigung des westgotischen und burgundischen Rechts (Europäische Hochschulschriften, Reihe 2: Rechtswissenschaft 1742), Frankfurt am Main u. a. 1995.

10 Edictum Theoderici regis, ed. Friedrich Blume, MGH Leges 5 (1868).
11 Liebs, Jurisprudenz, S. 157–63 und S. 166–76.
12 Anastasis Childerici I. Francorum regis sive Thesaurus sepulcralis … auctore Ioanne Iacobo Chifletio, Antwerpen 1655. 其中的许多插图并未上色；所有上色版本都是依照美因茨的罗马-日耳曼史中央博物馆（Römisch-Germanischen Zentralmuseums）的修复版所作，见 Michael Müller-Wille, Zwei religiöse Welten: Bestattungen der fränkischen Könige Childerich und Chlodwig (Abhandlungen der Geistes-und Sozialwiss. Klasse der Akademie der Wissenschaften und der Literatur Main, 1998,1), Stuttgart 1998。
13 无论如何，应当指出，马具上的公牛头装饰和 300 多只蜜蜂饰物，这些仪式用品似乎来自东方地区。见 Fried, Schleier, S. 272 und S. 337–8。
14 Liebs, Jurisprudenz in Gallien.
15 Kommentar zu den Liedern der Edda, hrsg. von Klaus von See u. a., bislang Bde. 1–5, Heidelberg 1997–2006.

第二章　大格里高利和法兰克人的新兴权力

1 Hermann Nehlsen, Die Entstehung des öffentlichen Strafrechts bei den germanischen Stämmen, in: Gerichtslauben-Vorträge. Freiburger Festkolloquium zum 75. Geburtstag von Hans Thieme, hrsg. von Karl Kroeschell, Sigmaringen 1983, S. 3–16; Ders., Reaktionsformen der Gesellschaft auf Verletzung und Gefährdung von Gemeinschaftsinteressen in Spätantike und frühem Mittelalter bei den germanischen Stämmen, Vortrag gehalten auf dem 33. Deutschen Rechtshistorikertag in Jena, 12. September 2000.
2 自 596 年起希尔德贝特二世（Childeberts II）的法令：MGH Capit. I Nr. 7 cc. 2 und 5, S. 15–6。
3 例如 Lex Baiuvariorum I,14；然而惩罚的威胁可以追溯到 6 世纪。关于法律的年代测定，见 Peter Landau, Die Lex Baiuvariorum. Entstehungszeit, Entstehungsort und Charakter von Bayerns ältester Rechts- und Geschichtsquelle (SB München 2004,3), München 2004。
4 Contin. Fredegar. c. 13, vgl. noch ebd. c. 17 und 20, in: Quellen zur Geschichte des 7. und 8. Jahrhunderts. Unter der Leitung von Herwig Wolfram (Ausgewählte Quellen zur deutschen Geschichte des Mittelalters. Freiherr vom Stein-Gedächtnisausgabe IVa), Darmstadt 1982, S. 284–91.
5 Bonifatius ep. 80, MGH Epp. 3, S. 356–61.
6 MGH Conc. 2 S. 1–4.
7 首次证实于 Cod. Carol. 6 von 755, MGH Epp. 3, S. 488,36。
8 关于 754 年的涂油礼：Vita Stephani II., ed. Louis Duchesne, Le Liber Pontificalis 1, Paris 1886, S. 448。关于圣彼得的身份认同：Codex Carolinus 10, MGH Epp. 3, S. 501–5。我们期望的教宗撒迦利亚关于 751 年王室涂油的信函，其实并不存在。可以推测所谓弗莱德加者，乃两名编撰者和独立编年史家，Childbrand 和 Nibelung（c. 33 和 c. 36），二人是父子，在 751/753 年互换身份。教宗对 754 年涂油礼的认可，他们只字未提，还把时间误推为 751 年：Contin. Fredegari（见本章注释 4），S. 298–303。
9 关于圣彼得对战争的帮助：Contin. Fredegari c. 37（见本章注释 4），S. 302–5。
10 Cod. Car. 10, MGH Epp. 3, S. 501–5.
11 Vita Stephani II, ed. Louis Duchesne, Le Liber Pontificalis 1, Paris 1886, S. 454–5.
12 Cod. Car. 11 (März/April 757), MGH Epp. 3, S. 504–7. 实际上这里提到了罗马涅、总督区和五城地区若干城镇名，它们都要回归圣彼得名下。归还行动似乎分几步进行。

13 见下文"虔诚者路易时代加洛林帝国的危机"一节，S. 95。
14 Cod. Car. 45, MGH Epp. 3, S. 560–3, hier S. 561, 13–4.

第三章　查理曼与第一次"罗马帝国的复兴"

1 来自一种神学观点：Karl Kardinal Lehmann, Augustinus als Lehrerder «Gnade»–Ein Blick auf Wirkung und Rezeption in der Gegenwart, in: Gnade–Freiheit–Rechtfertigung. Augustinische Topoi und ihre Wirkungsgeschichte, hrsg. von Cornelius Mayer, Andreas E. J. Grote, Christof Müller (Akademie der Wissenschaften und der Literatur zu Mainz, Abh. der Geistes- und Sozialwiss. Klasse 2007,3), Stuttgart 2007, S. 73–94；奥古斯丁引文见该书第 74 页。
2 Zur Komputistik am Hof und in der Umgebung Karls des Großen: Arno Borst, Die karolingische Kalenderreform (MGH Schriften 46), Hannover 1998; Ders. (Hrsg.), Schriften zur Komputistik im Frankenreich von 721 bis 818 (MGH Quellen zur Geistesgeschichte des Mittelalters 21), 3 Teile Hannover 2006：这里第一部为引言，第 1—204 页，第二部第 867 页是接下来的引文。
3 Vita Karoli c. 16, ed. O. Holder-Egger (MGH SS rer. Germ 25), Hannover/Leipzig 1911, S. 20.
4 关于所谓《科隆备忘录》(Kölner Notiz)，见 Johannes Fried, Papst Leo III. besucht Karl den Großen in Paderborn oder Einhards Schweigen, in: Historische Zeitschrift 272 (2001) S. 281–326。
5 所谓辛玛古（Symmachianischen）伪作来自 500 年前后：Constitutum Silvestri: *Nemo iudicabit primam sedem*，它又变换了形式，被收入《格拉提安教会法汇要》：C. 9 q. 3 c. 13。参见 799 年利奥三世的涤罪誓词：MGH Epp. 5 S. 63: *a nemine iudicatus*。
6 群众欢呼词"Karl, dem (frommsten) Augustus, dem von Gott Gekrönten, dem großen und Frieden stiftenden Kaiser [der Römer], Leben und Sieg!"——两个主要来源：Annales regni Francorum, hrsg. von Friedrich Kurze (MGH SS rer. Germ. [6]), Hannover 1895, zu 801 S. 112（很明显，通过让加冕、欢呼和赞美同时进行，这种修订改变了宣告的措辞，同上书 S. 113）; Liber Pontificalis, ed. L. Duchesne Bd. 2, Paris 1892, S. 7. 对群众欢呼的阐释，见 Ernst H. Kantorowicz, Laudes regiae. A Study in Liturgical Acclamations and Mediaeval Rulership (Univ. of California Publications in History 33), Berkeley/Los Angeles 1946, S. 83–4。艾因哈德提到了查理曼的愤怒，见 Vita Karoli c. 28, hrsg. von O. Holder-Egger (MGH SS rer. Germ. [25]), Hannover 1911, S. 32。
7 MGH Capit. 1 Nr. 46 c. 13 S. 132.
8 这种观点见 Wolfram brandes, *Tempora periculosa sunt*. Eschatologisches im Vorfeld der Kaiserkrönung Karls des Großen, in: Das Frankfurter Konzil von 794. Kristallisationspunkt karolingischer Kultur, hrsg. von Rainer Berndt SJ (Quellen und Abhandlungen zur mittelrheinischen Kirchengeschichte 80), 2 Bde. Mainz 1997, Bd. 1 S. 49–79。
9 见下文 MGH Capit. 1 S. 91–102 Nr. 33–4 sowie S. 120–6 Nr. 43–44 (805 Dez./806 Jan.)。
10 Paschasius Radbertus, Vita s. Adalhardi c. 50 migne PL 120 Sp. 1534C.
11 关于此观点和下文，见 Fried, Donation of Constantine, S. 88–109。
12 Gelasius ep. 12, Andreas Thiel, Epistolae Romanorum Pontificum genuinae 1, Braunsberg 1867, S. 349–58, hier S. 350–1.
13 Johannes Fried, Der karolingische Herrschaftsverband im 9. Jh. zwischen «Kirche» und «Königshaus», in: Historische Zeitschrift 235 (1982) S. 1–43; Ders., *Gens und regnum*. Wahrnehmungs- und Deutungskategorien politischen Wandels im früheren Mittelalter. Bemerkungen zur doppelten Theoriebindung des Historikers, in: Sozialer Wandel im Mittelalter. Wahrnehmungsformen, Erklärungsmuster, Regelungsmechanismen, hrsg. von Jürgen Miethke und Klaus Schreiner, Sigmaringen 1994, S. 73–104.

14. Johannes Fried, Ludwig der Fromme, das Papsttum und die fränkische Kirche, in: Charlemagne's Heir. New Perspectives on the Reign of Louis the Pious (814–840), ed. by Peter Godman and Roger Collins, Oxford 1990, S. 231–73.
15. Adelheid Hahn, Das Hludowicianum. Die Urkunde Ludwigs d. Fr. für die römische Kirche von 817, in: Archiv für Diplomatik 21 (1975; ersch. 1977) S. 15–135.

第四章 王国的巩固与罗马帝国的第二次复兴

1. Nikolaus I. ep. 71 = Decretum Gratiani D. 19 c.1.
2. 第一条引文：Ann. Bertiniani zu 864, ed. Reinhold Rau, Quellen zur karolingischen Reichsgeschichte 2 (Freiherr vom Stein-Gedächtnisausgabe 6), S. 130；第二条引文：Anastasius' Widmung an Nikolaus I.: MGH Epp 7 S. 397,15–6: vicem namque in terris possides Dei。
3. 见 Heiko Steuer, Das Leben in Sachsen zur Zeit der Ottonen, in: Otto der Große, Magdeburg und Europa, hrsg. von Matthias Puhle, 2 Bde. Mainz 2001, hier Essayband S. 89–107。
4. Joachim Wollasch, Cluny. Licht der Welt. Aufstieg und Niedergang der klösterlichen Gemeinschaft, Zürich 1996，乌尔班二世的引文来自 S. 167。关于修道院的消耗：S. 238–45。

第五章 末世危险地临近了

1. 见 Johannes Fried, Die Endzeit fest im Griff des Positivismus?, in: HZ 275 (2002) S. 281–321，此句见 S. 289。
2. Ed. Elisabeth Magnou-Nortier, La place du concile du Puy (v. 994) dans l'évolution de l'idee du paix, in: Mélanges offertes à Jean Dauvillier, Toulouse 1979, S. 489–506, hier S. 499.
3. Ælfric's Colloquy, ed. by G. N. Garmonsway (Exeter Medieval English Texts), Exeter 1978, S. 33–4.
4. 关于这一过程，见 Johannes Fried (Hrsg.), Dialektik und Rhetorik im früheren und hohen Mittelalter, (Schriften des Historischen Kollegs 27), München 1997, Einleitung, S. VII–XVIII, hier S. XII–XIV。
5. 引自 Fried, Einleitung（见本章注释4），S. XVII。
6. 见下文 "教宗分立及欧洲的后果" 一节，S. 465。
7. Straßburg: Nithard, Historiarum III,5, hrsg. von Ernst Müller (MGH SS rer. Germ. 44), Hannover 1907, S. 35–7。关于忠诚，见802年查理曼的誓言：MGH Capit. I S, 102 Nr. 34。关于富尔贝：The Letters and poems of Fulbert of Chartres, ed. by Frederick Behrends (Oxford Medieval Texts 39), Oxford 1976, S. 90–2；可见《Decretum Gratiani》: C 22 q.5 c.18；见 Libri Feudorum: 2F6。
8. Fulbert, Tractatus contra Judeos (Migne, PL 141, 307–8).
9. Chronicon S. Benigni Divionensis, MGH SS 7, S. 236.
10. Anselm, Gesta episcopum Leodicensium c. 58 und c. 66, MGH SS 7 S. 230.
11. « Der römische Aberglauben bedarf des Gerichts, der römische Ehebruch zerstört das Imperium. Ein Papst sitzt über einem Papst entgegen dem Kirchenrecht. Des Goldes und Silbers wegen wurde solches Übel erfunden». –Hermann Grauert (Hrsg.), Rom und –Gunther der Eremit?, in: Historisches Jahrbuch 19 (1898) S. 249–87，hier S. 254–5.
12. De sancta Romana Ecclesia, hrsg. von Percy Ernst Schramm, Kaiser, Könige und Päpste Bd. 4,1, Stuttgart 1970, S. 143–70.
13. Ludwig Schmugge, Kirche, Kinder, Karrieren. Päpstliche Dispense von der

unehelichen Geburt im Spätmittelalter, Zürich 1995.
14 MGH Const. 1 S. 539–41, Nr. 382. 引文化用了 Horst Fuhrmann, Die Wahl des Papstes–Ein historischer Überblick, in: Geschichte in Wissenschaft und Unterricht 9 (1958) S. 762–80, hier S. 769 an(删减及更正后见：Ders., Einladung ins Mittelalter [beck'sche reihe], München 2000, S. 135–50)。

第六章 "真正的皇帝是教宗"

1 Gregors VII.?, in: DA 28 (1972) S. 105–32, hier S. 129 c. 15；见 Myron Wojtowytsch in: ebd. 40 (1984) S. 612–21。
2 Mt. 24,12，引用自 Gregor VII. Reg. I,18; I,29; II,40; VIII,2; ed. Erich Caspar (MGH Epp. sel. 2); vag. 51 ed. The Epistolae Vagantes of Pope Gregory VII, ed. and transl. by H. E. J. Cowdrey (Oxford Medieval Texts), Oxford 1972。
3 Gregor VII. Reg. II,45 (ed. Caspar).
4 有关教宗使节的丰富文献无法在此一一列举；对更老的教宗机构的研究，见 Stefan Weiss, Die Urkunden der päpstlichen Legaten von Leo IX. bis Coelestin III (1049–1198) (Beihefte zu J. F. Böhmer, Regesta Imperii 13), Köln/Weimar/Wien 1995；教宗使节司法管辖权的例子：Harald Müller, Päpstliche Delegationsgerichtsbarkeit in der Normandie (12. und frühes 13. Jahrhundert), (Studien und Dokumente zur Gallia Pontificia 4,1/2), 2 Bde. Bonn 1997。
5 见亨利四世时代的书信集。(MGH Briefe der deutschen Kaiserzeit 5), Weimar 1950, S. 33–5, Nr. 15.
6 Reg. IX, 3提到君士坦丁和查理曼的赠礼，但无疑后者暗指加洛林和奥托诸王为罗马教会所订的"后续条约"（Pacta）。同样，援引君士坦丁之名，首先适用于罗马教会的继承遗产；依据《教宗名录》而非《君士坦丁规定》，这份财产是首位基督教皇帝慷慨赠予罗马教会的。
7 Luis Weckman, Las Bulas Alejandrinas de 1493 y la Teoría Política del Papado Medieval. Estudio de la Supremacia Papal sobre Islas 1091–1493. Introducción por Ernst H. Kantorowicz (Universidad Nacional Autónoma de Mexico. Publicaciones del Instituto de Historia 11), Mexico 1949.
8 关于下文问题，见 Johannes Fried, Der Pakt von Canossa. Individuelles und kollektives Gedächtnis. Schritte zur Wirklichkeit durch Erinnerungsanalyse, demnächst in: Die Faszination der Papstgeschichte. Neue Zugänge zum frühen und hohen Mittelalter, hrsg. von Wilfrid Hartmann und Klaus Herbers (Beihefte der Regesta Imperii 28), Köln, Weimar, Wien 2008, S. 133–97。
9 Ep. vag. 18, ed. Cowdrey.
10 Liber de unitate ecclesiae conservanda c. 38, MGH LdL 2 S. 266.
11 关于这一点（与 Alfons M. Stickler 有分歧），见 Hartmut Hoffmann, Die beiden Schwerter im hohen Mittelalter, in: DA 20 (1964) S. 78–114。
12 Manegold von Lautenbach, Liber ad Gebehardum c. 30, MGH LdI 1 S. 365f.
13 综述方面见 Arno Borst, Die Katharer (Schriften der MGH 12), Stuttgart 1953；马克思主义的阐释见 Ernst Werner, Pauperes Christi. Studien zu sozial-religiösen Bewegungen im Zeitalter des Reformpapsttums, Leipzig 1956。
14 Richard William Southern, Saint Anselm. A Portrait in a Landscape, Cambridge 1991. Gangolf Schrimpf, Anselm von Canterbury Proslogion II–IV. Gottesbeweis oder Widerlegung des Toren? Unter Beifügung der Texte mit neuer Übersetzung (Fuldaer Hochschulschriften 20), Frankfurt am Main 1994; Ders., Die Frage nach der Wirklichkeit des Göttlichen. Eine wirkungsgeschichtliche Hinführung zu klassischen philosophischen Texten (Fuldaer Hochschulschriften 35), Frankfurt am Main 2000; Joachim Ringleben, Erfahrung Gottes im Denken. Zu einer neuen Lesart des Anselmschen Argumentes (Proslogion 2–4), (Nachrichten der Akademie der Wissenschaften in Göttingen I. Phil.-Hist. Klasse 2000,1), Göttingen 2000.

15 Liber contra Wolfelmum c. 20, ed. Wilfried Hartmann, MGH Quellen zur Geistesgeschichte 8, Weimar 1972, S. 88–9; *finis seculorum* (S. 88,4); *ad dimeciendas plagas celi et planetarum concursus ... discernendos* (S. 89,3–5).
16 Robertus Monachus, Historia Iherosolimitana I,1 aus Urbans II. Predigt in Clermont-Ferrand, Recueil des Historiens des Croisades, Hist. Occidentaux 3, S. 728–9.
17 Balderich von Dol, Historia Jerosolimitana, c. 5, Rec. des Historiens des Croisades, Hist. Occidentaux 4, S. 15–6.
18 Analecta Hymnica Medii Aevi 14b, hrsg. von Guido Maria Dreves, Leipzig 1894, N_R.95 S.76–9.

第七章　教宗分立的漫长世纪

1 Philippe Wolf, Quidam homo nomine Roberto negociatore, in: Le Moyen Âge 69 (1963) S. 129–39.
2 Roberto S. Lopez, The Commercial Revolution of the Middle Ages, Princeton 1971.
3 Ulrich Meier, Menschen und Bürger. Die Stadt im Denken spätmittelalterlicher Theologen, Philosophen und Juristen, München 1994, hier S. 75 mit Anm. 23 (De bono comuni, ed. Maria Consiglia De Matteis, La «teologia politica comunale» di Remigio de' Girolami, Bologna 1977, S. 18).
4 Robert von Keller, Freiheitsgrantien für Person und Eigentum im Mittelalter. Eine Studie zur Vorgeschichte moderner Verfassungsgrundrechte (Deutschrechtliche Beiträge, Forschungen und Quellen zur Geschichte des deutschen Rechts 14,1), Heidelberg 1933.
5 Barbara Frenz, Gleichheitsdenken in deutschen Städten des 12. bis 15. Jahrhunderts (Städteforschung A/52), Köln/Weimar/Wien 2000.
6 The Chronicle of John of Worcester 1118–1140. J. R. Weaver (Anecdota Oxoniensisa 4,13), Oxford 1908, S. 32–3.
7 关于下文，见针对公众的普及作品 Derek W. Lomax, Die Reconquista. Die Wiedereroberung Spaniens durch das Christentum, München 1980 (zuerst engl.«The Reconquest of Spain», 1978)。
8 Alexander Fidora, Die Wissenschaftstheorie des Dominicus Gundissalinus. Voraussetzungen und Konsequenzen des zweiten Anfangs der aristotelischen Philosophie im 12. Jahrhundert (Wissenskultur und gesellschaftlicher Wandel 6), Berlin 2003.
9 Fried, Der päpstliche Schutz, S. 214 mit Anm. 144.
10 William of Malmesbury, Gesta regum Anglorum, Ed. by William Stubbs, London 1889, Bd. 2, S. 467.
11 布道词复制本改编自译本 Hans Eberhard Mayer, Geschichte der Kreuzzüge, [10] Stuttgart 2005, S. 124–6 an。
12 Die Ältere Wormser Briefsammlung, bearb. von Walther Bulst (MGH Die Briefe der deutschen Kaiserzeit 3), Weimar 1949, Nr. 25 S. 46–7.
13 Sic et non, Prolog, edd. Blanche B. Boyer and Richard McKeon, Chicago/London 1976, S. 103,34–9.
14 见第十章。
15 Peter Abaelard, Theologia Summi boni. Lateinisch-Deutsch, übersetzt, mit Einleitung und Anmerkungen hrsg. von Ursula Niggli, Hamburg 1997, S. 66. 关于 Abaelard，见 John Marenbon, The Philosophy of Peter Abaelard, Cambridge 1997; Michael T. Clanchy, Abaelard. Ein mittelalterliches Leben, Darmstadt 2000。
16 Epistola 337, S. Bernardi opera, Bd. 8, Epistolae, edd. J. Leclercq O. S. B., H. Rochais, Rom 1977, S. 276，交叉引用 Migne PL 182 Sp. 540–2。
17 Johannes Fried, Über den Universalismus der Freiheit im Mittelalter, in: HZ 240 (1985) S. 313–61, hier S. 347–55.

18 Gavin I. Langmuir, Thomas Monmouth: Detector of Ritual Murder, in: Speculum 59 (1984) S. 822–46 (wieder in: Ders., Toward a Definition of Antisemitism, Los Angeles 1990, S. 209–36).
19 Peter Dronke, Die Lyrik des Mittelalters. Eine Einführung, München 1973, S. 88. «Mein Herr Ibrahim, o du lieblicher Mann, komm heut Nacht zu mir».
20 Johannes Heil, Kompilation oder Konstruktion? Die Juden in den Pauluskommentaren des 9. Jahrhunderts (Forschungen zur Geschichte der Juden Abt. A Bd. 6), Hannover 1998.
21 «Jener Peter, welcher der hl. Kirche seinen Schatz offerierte…».
22 Bernhard von Clairvaux, Ep. 191, edd. Leclercq, Rochais（见本章注释 16）, S. 41–3.
23 Peter Herde und Hermann Jakobs (Hg.), Papsturkunde und europäisches Urkundenwesen. Studien zu ihrer formalen und rechtlichen Kohärenz vom 11. Bis 15. Jahrhundert (Archiv für Diplomatik, Beiheft 7), Weimar/Wien 1999.
24 这一构想出现于伪普鲁塔克的《Institutio Traiani》中；尚不清楚它到底是基于古代晚期的原型，还是索尔兹伯里的约翰的原创，Policraticus V und VI, ed. C. C. I. Webb, 2 Bde. London 1909, hier Bd. 1；讨论的短文散落于约翰的作品中，这一主题可见下文两条参考文献。古代原型说：Max Kerner, Die Institutio Traiani–spätantike Lehrschrift oder hochmittelalterliche Fiktion?, in: Fälschungen im Mittelalter I (Schriften der MGH 33,1), Hannover 1988, S. 715–38。原创说：Peter von Moos, Fictio auctoris. Eine theoriegeschichtliche Miniatur am Rande der Institutio Traiani, in: ebd. S. 739–80。无论如何，约翰在 C. 9.8.5 章节进一步说明，他能恰当运用这一构想，以阐明概念思考的抽象进展。而同时，9 世纪都灵的克劳迪乌却并非真的知道，该如何掌握一个借鉴于圣安布罗斯的类似构想，见 Johannes Fried, Der karolingische Herrschaftsverband zwischen «Kirche» und «Königshaus», in: HZ 235 (1982) S. 1–43, hier S. 18–20。
25 MGH Diplomata 10,2 S. 27–9 Nr. 237.
26 Diego Quaglioni, Il diritto comune pubblico e le leggi di Roncaglia. Nuove testimonianze sulla l. «Omnis iurisdictio», in: Gli inizi del diritto pubblico. L´età di Federico Barbarossa: legislazione e scienza del diritto. Die Anfänge des öffentlichen Rechts. Gesetzgebung im Zeitalter Friedrich Barbarossas und das Gelehrte Recht, a cura di/hrsg. von Gerhard Dilcher, Diego Quaglioni (Annali dell' Istituto storico italo-germanico in Trento, Jahrbuch des italienisch-deutschen historischen Instituts in Trient, Contributi/Beiträge 19), Bologna und Berlin 2007, S. 47–65.
27 Johannes von Salisbury, Brief 124 an Ralph von Sarre, The Letters of John of Salisbury vol. 1, edd. W. J. Miller, S. J. and H. E. Butler revised by C. N. L. Brooke, London u. a. 1955, S. 204–15, hier S. 206.
28 MGH Die Urkunden Friedrichs I. Teil 3, hrsg. von Heinrich Appelt, Nr. 687.
29 Johannes Fried, Friedrich Barbarossas Krönung in Arles (1178), in: Historisches Jahrbuch 103 (1983) S. 347–71.
30 Klaus Schreiner, Die Staufer in Sage, Legende und Prophetie, in: Die Zeit der Staufer. Geschichte–Kunst –Kultur. Katalog der Ausstellung, Württembergisches Landesmuseum Stuttgart 1977, Bd. 3, 249–262.
31 Matthias Thumser, Letzter Wille? Das höchste Angebot Kaiser Heinrichs VI. an die römische Kirche, in: Deutsches Archiv 62 (2006) S. 85–133.
32 Abaelard, Die Leidensgeschichte und der Briefwechsel mit Heloisa, übertragen und herausgegeben von Eberhard Brost mit einem Nachwort von Walter Berschin, Heidelberg 1979, S. 81 und S. 108.
33 可见 Erich Maschke, Die Wirtschaftspolitik Kaiser Friedrichs II. im Königreich Sizilien, in: Vierteljahrsschrift für Sozial- und Wirtschaftsgeschichte 53 (1966) S. 289–328。

第八章 天主的代理人

1. Die Register Innocenz' III., I,401, edd. Othmar Hageneder, Anton Haidacher (Publikationen der Abteilung für Historische Studien des Österreichischen Kulturinstituts in Rom II/1,1), Graz/Köln 1964, S. 599–601（译本有所缩减）; vgl. X 1,33,6 vo inter solem et lunam。关于此文，见 Othmar Hageneder, Das Sonne-Mond-Gleichnis bei Innocenz III. Versuch einer teilweisen Neuinterpretation, in: Mitteilungen des Instituts für Österreichische Geschichtsforschung 55 (1957) S. 340–68, hier S. 340–1. –Bonifaz: zur Konfirmation des Königs Albrecht (1303): MGH Const. 4,1 S. 139。概述：Wolfgang Weber, Das Sonne-Mond-Gleichnis in der mittelalterlichen Auseinandersetzung zwischen Sacerdotium und Regnum, in: Rechtsgeschichte als Kulturgeschichte. Fschr. f. Adalbert Erler, hrsg. von Hans-Jürgen Becker u. a., Aalen 1976, S. 147–75。
2. 见 X 2,2,10 及其注解 *vacante imperio*。
3. 关于这一主题有一个不错的引介：Harald Müller, Streitwert und Kosten in Prozessen vor dem päpstlichen Gericht–eine Skizze, in: ZRG Kan. 118 (2001) S. 128–64；亦见 Ders., Päpste und Prozeßkosten im späten Mittelalter, in: Stagnation oder Fortbildung? Aspekte des allgemeinen Kirchenrechts im 14. und 15. Jahrhundert, hrsg. von Martin Bertram, Tübingen 2005, S. 249–70。
4. 小册子 *Eger cui lenia* 据称为英诺森四世所作，但同样可能出自其亲密圈子里的人之手，见 Fried, Donation of Constantine, S. 26 Anm. 77。
5. Zu X 3,34,8 und X 1,2,1.
6. Extrav. Comm. 1,8,1.
7. Arnoldi Chronica Slavorum e recensione I. M. Lappenberg ed. Georgius Heinricus Pertz, MGH SS rer. Germ. [14], Hannover 1868, S. 240. 见 Johannes Fried, Schuld und Mythos. Die Eroberung Konstantinopels (1204) im kulturellen Gedächtnis Venedigs, in: Festschrift für Elmar Wadle, hrsg. von Tiziana J. Chiusi, Heike Jung, Berlin 2008, S. 239–81.
8. Bulle《*Etsi karissimus*》von 24.8.1215: Selected Letters of Pope Innocent III concerning England (1198–1216), edd. C. R. Cheney, W. H. Semple, London u. a. 1953, Nr. 82 S. 212–16.
9. X 2,1,13.
10. X 4,17,13.
11. Alexander Patschovsky, Kurt-Viktor Selge (Hgg.), Quellen zur Geschichte der Waldenser (Texte zur Kirchen- und Theologiegeschichte 18), Gütersloh 1973, S. 16–7 und S. 70.
12. 来自信件：Gervasii monachi Cantuariensis, Opera historica, ed. William Stubbs (Rerum Britannicarum medii aevi scriptores, Rolls Series 73,1), London 1879, S. 269–71。
13. Kurt-Viktor Selge, in: Probleme um Friedrich II. (Vorträge und Forschungen 16), Sigmaringen 1974, S. 309–43, hier S. 328.
14. Llibre dels fets c. 9.
15. Caesarius von Heisterbach, Dialogus miraculorum, dist. 5 c. 21 ed. Joseph Strange, Köln 1851, S. 301–2.
16. Malcolm Lambert, Häresie im Mittelalter. Von den Katharern bis zu den Hussiten, Darmstadt 2001, S. 122.
17. Monumenta diplomatica S. Dominici nr. 4 (Monumenta Ordinis Fratrum Paedicatorum Historica 25), Rom 1966, S. 11–3.
18. Chronica fratris Jordani, ed. Heinrich Boehmer (Coll. d'Études et de Documents 6), Paris 1908.
19. 如下主题见 Wilhelm Preger, Geschichte der deutschen Mystik im Mittelalter Nach den Quellen untersucht und dargestellt, 1. Theil, Leipzig 1874, S. 60–4；进一步的文献见 Peter Dinzelbacher LexMA 3 Sp. 1918 und 6 Sp. 242。
20. Summa Theologica I qu. 92 art. 1 ad sec. und ebd. Qu. 93 art. 4 ad prim.

第九章　法理高奏凯歌

1　Othmar Hageneder, Das päpstliche Recht auf Fürstenabsetzung. Seine kanonistische Grundlegung, in: Archivum Historiae Pontificiae1 (1963) S.53–95; Peters, Shadow King; Helmut G. Walther, Das Problem des untauglichen Herrschers in der Theorie und Praxis des europäischen Spätmittelalters, in: Zeitschrift für Historische Forschung 23 (1996) 1–28.

2　首先出现在教会法学家的相关作品中，Alanus zu D. 96 c. 6 v° *cursu: Unusquisque (sc. Rex vel princeps) enim tantam habet iurisdictionem in regno suo quantam habet imperator in imperio*, ed. Alfons M. Stickler, Alanus Anglicus als Verteidiger des monarchischem Papsttum, in: Salesianum 21 (1959) S. 346–405, hier S. 363–4）。关于理论的形成参见 Francesco Calasso, I glossatori e la teoria della sovranità, ^{2}Mailand 1951; dagegen Sergio Mochi Onory, Fonti canonistiche dell'idea moderna dello Stato (Pubbl. dell'Università catt. del sacro cuore, nuova serie 389), Mailand 1951；见 E. M. Meijers in: Tijdschrift voor Rechtsgeschiedenis 20 (1952) S. 113–25; Robert Feenstra, Jean de Blanot et la formule Rex Franciae in regno suo princeps est, in: Ders., Fata iuris Romani. Etudes d'histoire du droit, Leyden 1974, S. 139–49 (zuerst in Fschr. G. Le Bras, Bd. 2, Paris 1965); Bruno Paradisi, Il pensiero politico dei giuristi medievali, in: Storie delle idee politiche, economiche e sociali, diretta da Luigi Firpo, Turin 1973, S. 5–160。下一引文出自《七章法典》II, 1, 5："作为天主的代理，国王在其王国里管理子民，主持正义，告知真相，如同皇帝对其帝国的统治那样。"

3　J. L. A. Huillard-Bréholles, Historia diplomatica Friderici Secundi 6, Paris 1861, S. 685f.

4　首先是化名出版：Severini de Monzambano Veronensis, De statu imperii Germanici ad Laelium fratrem, Genf 1667; dt. Samuel Pufendorf, Die Verfassung des deutschen Reiches, Übersetzung, Anmerkungen und Nachwort von Horst Denzer, Stuttgart 1976, hier S. 106 (6. Kap. §9)。普芬道夫应该知晓巴托鲁斯（Bartolus）的论述《论城邦的统治》(*De regimine civitatum*)，其中援引罗马帝国为第七种宪制形式，称其"巨型且怪异"（monstruosa）。

5　见 Elmar Wadle, Gerichtsweg und Fehdegang im Mainzer Reichsfrieden von 1235, in: Fschr. Heike Jung, hrsg. von Heinz Müller-Dietz u. a., Baden-Baden 2007, S. 1021–31 (mit der wichtigsten Lit.)。

6　进一步了解腓特烈二世为西西里王国制定的宪法，参见 Die Konstitutionen Friedrichs II. für das Königreich Sizilien, hrsg.von Wolfgang Stürner (MGH Const. 2, Suppl.); 参见 Wolfgang Stürner, Rerum necessitas und divina provisio. Zur Interpretation des Prooemiums der Konstitutionen von Melfi (1231), in: Deutsches Archiv 39 (1983) S. 467–554。

7　Johannes Fried, In den Netzen der Wissensgesellschaft. Das Beispiel des mittelalterlichen Königs- und Fürstenhofes, in: Wissenskulturen. Beträge zu einem forschungsstrategischen Konzept, hrsg. von Johannes Fried und Thomas Kailer (Wissenskultur und gesellschaftlicher Wandel 1), Berlin 2003, S. 141–93.

8　Gregor IX. und Friedrich II. in: Kaiser Friedrich II. in Briefen und Berichten seiner Zeit, hrsg. und übersetzt von Klaus J. Heinisch, Darmstadt 1968, S. 423 und S. 424 (mit dem Verweis auf die maßgeblichen Editionen). –Salimbene: Cronica, ed. G. Scalia (Scrittori d'Italia 232/3), Bari 1966, Bd. 2 S. 507. –Das im Text folgende anonyme Zitat: Das Brief- und Formelbuch des Albert Behaim, hrsg. von Thomas Frenz und Peter Herde, MGH Briefe des späteren Mittelalters 1, S. 192–3.

9　Ernst H.Kantorowicz, Zu den Rechtsgrundlagen der Kaisersage. in: Ders., Selected Studies, Locust Valley, New York 1965, S. 284–307 (zuerst: Deutsches Archiv 13 (1957) S. 115–50).

10　Chartularium Universitatis Parisiensis 1, ed. Heinrich Denifle, Paris 1889 S. 209–11 Nr. 178.

11　参见 X 5.6.16 *blasphemus Christi*，注释进一步解释：那时亵渎基督者（*id est blasphemans Christum*)。

12 Zum Folgenden: Wilhelm Berges, Die Fürstenspiegel des hohen und späten Mittelalters (Schriften der MGH2), Stuttgart 1938, S.185–95 und S.303–13. Die Texte: Vincent of Beauvais, De eruditione filiorum nobilium, ed. by Arpad Steiner (The Academy of America, Publ. Nr.32), Cambridge (Mass.) 1938; Vincentii Belvacensis De morali principis institutione, ed. Robert J.Schneider (Corpus Christianorum Cont. Med. 137), Turnhout 1995.

13 Matthäus Parisiensis, Chronica maiora zu 1223, ed. Henry Richard Luard (Rolls Series 57,3), London 1876, S. 75–76.

14 该拉丁引言源自贵族的请愿书，法文引言摘自《牛津条例》: Select Charters and Other Illustrations of English Constitutional History, Arranged and Edited by William Stubbs, ^{9}Oxford 1913, S.375 (c. 15) und S. 379。

15 II c. 24 und III,1 c. 9, bei Stubbs, Select Charters, S. 413.

16 例如 Llibre dels Fets c.379. Jaume I–Bernat Desclot–Ramon Muntaner–Pere III, Les quatre grans cròniques. Revisió del text, pròlegs i notes per Ferran Soldevila, Barcelona 1971; engl. The Book of Deeds of James I of Aragon. A Translation of the Medieval Catalan Llibre dels Fets, Damian Smith, Helena Buffery (Crusade Texts in Translation), Aldershot/Burlington 2003。

17 早先对阿方索十世的负面评价产生于 14 世纪，持续影响了 20 世纪的历史研究，而 Barbara Schlieben 的著作改变了这种状况，这位国王得到重新评价，参见 Barbara Schlieben, Verspielte Macht. Politik und Wissen am Hof Alfons' X., masch. Diss. Frankfurt am Main 2007 verdankt. 这两句引言均摘自此书；二者源自：Juan de Mariana (Iohannes Mariana), Historia de rebus Hispaniae, libri XX, Toledo 1592, S. 649 und auf die portugiesische Crónica Geral de Espanya de 1344, IV,791, ed. Luis Filipe Lindley Cintra, Bd. 4, Lissabon 1990, S. 384。

18 Fried, Der päpstliche Schutz, S. 213–9 und S. 239–41.

19 Aus Ibn al-Hatîb, Kitab A'mâl al-a'lâm, nach Wilhelm Hoenerbach, Islamische Geschichte Spaniens, Zürich/Stuttgart 1970, S. 483–4.

20 Llibre dels Fets（见本章注释 16）c. 396.

21 引言均摘自 *Enseignements au Prince Philippe* (c. 25 und c. 8) Ludwigs IX. entnommen; die Übersetzung der beiden ersten lehnt sich an Ludwig Buisson, Ludwig IX., der Heilige, und das Recht. Studie zur Gestaltung der Lebensordnung Frankreichs im hohen Mittelalter, Freiburg 1954, S. 236 und 238 an; das dritte findet sich bei Berges, Fürstenspiegel, S. 195. 但原始版本几乎不可能复原。

22 Les Grandes Chroniques de France publ. par Jules Viard 10 Bde., Paris 1920–53, hier VII, S. 7. Zur Sache: Karl Ferdinand Werner, Die Legitimität der Kapetinger und die Entstehung des «Reditus regni Francorum ad stirpem Karoli», in: Die Welt als Geschichte 12 (1952) S.203–25; Gabrielle M.Spiegel, The *Reditus Regni ad Stirpem Karoli Magni*: A New Look, in: French Historical Studies 7 (1971) S. 145–71. 德国有影响力的杂志《明镜》正确地指出，"统治谱系溯源"理念宣扬与强调王朝合法性是一方面，该学说更多地是具有政治领土方面的意义，意味着削弱金雀花王朝的占领，督促归还领土给法兰西国王。

23 参见对《大编年史》第一版的图片规划的解释：Anne D. Hedeman, The Royal Image. Illustrations of the Grandes Chroniques de France, 1274–1422, Berkeley 1991, hier bes. Kap. 1, S. 9–29, bes. S. 24–8。

24 进一步了解该主题参见 Willibald Sauerländer, Die Saint-Chapelle du Palais Ludwigs des Heiligen, in: Jb. d. Bayerischen Akademie der Wissenschaften 1977, S. 92–115。

25 关于近现代圣物收藏参见 Natalis de Wailly, Récit du treizième siècle sur les translations faites en 1239 et en 1241 des saintes reliques de la Passion, in: Bibl. de l'École des Chartes 39 (1878) S. 401–15。下文英诺森的引文被 Sauerländer 援引（见本章注释 24），S. 93 und S. 111。

26 关于圣路易十字军的总结: Hans Eberhard Mayer, Geschichte der Kreuzzüge, ^{10}Stuttgart 2005, S. 302–314。

27 参见 1273 年奥尔米茨主教呈给教宗的机密汇报: Constantin Höfler, Analekten

zur Geschichte Deutschlands und Italiens. Bericht des Bischofs Bruno von Olmütz an Papst Gregor X. über die kirchlichen und politischen Zustände Deutschlands bei der Thronbesteigung Rudolphs von Habsburg, in: Abhandlungen der Hist. Classe der Königl. Bayerischen Akad. d. Wissenschaften IV,3,B, München 1844, S. 1–28。

28　Winfried Trusen, Spätmittelalterliche Jurisprudenz und Wirtschaftsethik dargestellt an Wiener Gutachten des 14. Jahrhunderts (VSWG Beihefte 43), Wiesbaden 1961, S. 91–5.

29　例如 die Glossa ordinaria zu X 5.19.18。

30　这里仅能提及 Armin Wolf 和 Franz-Reiner Erkens 之间关于选帝侯起源的讨论，参见 Franz-Reiner Erkens, in: ZRG Germ.122 (2005) S.327–51，简要概述了两位学者的不同立场。

31　参见 die Collectio de scandalis ecclesiae, hrsg. von P. Autbertus Stroick O. F. M., in: Archivum Franciscanum Historicum 24 (1931) S. 33–62。

32　Burkhard Roberg, Die Tartaren auf dem 2.Konzil von Lyon 1274, in: Annuarium Historiae Conciliorum 5 (1973) S. 241–302.

33　Peter Herde, Cölestin V. (1294) (Peter vom Morrone). Der Engelpapst (Päpste und Papsttum 16), Stuttgart 1981, S. 97, 127 und 120.

34　Ernst H.Kantorowicz, Laudes Regiae. A Study in Liturgical Acclamation and Mediaeval Ruler Worship, 2Berkeley/Los Angeles 1958, S. 1–12 und Appendix II S. 222–30. Übrigens hatte schon Abbo von Fleury im ausgehenden 10. Jahrhundert dem Geld (*nummus*) Adel, Weisheit und Macht zuerkannt, ebd. S. 6 Anm. 17.

35　这种说法参见 Jacques LeGoff, Wucherzins und Höllenqualen. Ökonomie und Religion im Mittelalter, 2Stuttgart 2008, auf。

第十章　理性之光

1　Epistola de incarnatione verbic.1,Opera omnia,ed.Franciscus Salesius Schmitt, Stuttgart-Bad Canstatt 1968, Bd. 2 S. 10；参见 Kurt Flasch (Hrsg.), Aufklärung im Mittelalter? Die Verurteilung von 1277。该主教的记录的翻译和解释 (Excerpta classica 6), Mainz 1989, S. 15 mit Anm. 2。

2　关于此问题的讨论参见 Anselm von Canterbury, Proslogion Anrede. Lateinisch/Deutsch. Übersetzung, Anmerkungen und Nachwort von Robert Theis, Stuttgart 2005。

3　Olaf Pedersen, Astronomy, in: Science in the Middle Ages, ed. by David C. Lindberg, Chicago/London 1978, S. 303–37, hier S. 312.

4　Augustin, De civ. Dei XI,21; Boethius, De cons. III,9.

5　Immanuel Kant, Allgemeine Naturgeschichte, 转引自 Ders., Werke in zehn Bänden. Hrsg. von Wilhelm Weischedel, Sonderausgabe, Bd 1 Vorkritische Schriften bis 1768. Erster Teil, Darmstadt 1983, S. 234–5。

6　De natura loci 1,12, ed. Auguste et Emile Borgnet Bd. 9 S. 553–5，参见 Albertus Magnus, Ausgewählte Texte. Lateinisch-Deutsch, hrsg. und übersetzt von Albert Fries, 2Darmstadt 1987, S. 94 Nr. 144。

7　Azonis Summa super Codicem. Instituta extraordinaria (Corpus Glossatorum Iuris Civilis11), Turin 1966 (nach dem Druck von Pavia 1506), S. 1.

8　第一处引用：De caelo et mundo, ed. Paul Hossfeld (Editio Coloniensis Bd. 5) S. 103。第二处引用：De generatione et corruptione 1 tr. 1 c. 22, ed. Borgnet Bd. 4 S. 363b。两处均可参见 Ausgewählte Texte（见本章注释6），S. 6 Nr. 17 und Nr. 18。

9　Divina Commedia, Inferno 3,9 und 22–7.

10　如今能够读到冈迪萨林版，应该感谢 John Blund verdankt: Tractatus de anima. Traktat über die Seele 由 Dorothée Werner 从拉丁文译为德文并做介绍 (Herders Bibliothek der Philosophie des Mittelalters 6), Freiburg/Basel/Wien 2005。

11　Super Dionysium De divinis nominibus, ed. Paul Simon (Ed. Colon. Bd. 37) S. 6；参见 Ausgewählte Texte（见本章注释6），S. 242 Nr. 262。

注　释　461

12　见上文，S. 309–10。
13　例如阿奎那的王侯镜鉴：Thomas von Aquin, De regimine principum: Über die Herrschaft der Fürsten. Übersetzt von Friedrich Schreyvogel. Nachwort von Ulrich Matz, Stuttgart 1975, hier S. 51 das folgende Zitat (I,13), S. 54 (Tugend, I,14), S. 59 (Frieden, I,15)。仅将阿奎那的部分译成了德文，该著作未完成。
14　So Aegidius Romanus: Giles of Rome, Errores philosophorum c. 5,1 ed. Joseph Koch, Milwaukee 1944, S. 24；参见 Kurt Flasch, Aufklärung im Mittelalter? Die Verurteilung von 1277. Das Dokument des Bischofs von Paris übersetzt und erklärt (exempla classica 6), Mainz 1989, S. 17 mit Anm. 4。
15　例如 De IV coaequaevis q.18 a.1, ed. Borgnet Bd.34 S.450；参见 Ausgewählte Texte （见本章注释 6），S. 96 Nr. 146a；那里还有天体运行影响自由意志的例子。
16　De vegetabilibus et plantis 7 tr. 1 c. 1, ed. Ernst Meyer, Carl Jessen, Berlin 1867, S. 590, 参见 Ausgewählte Texte（见本章注释 6），S. 8 Nr. 21。
17　Federigo Melis, Documenti per la storia economica di secoli XIII–XVI con una nota di Paleografia commerciale a cura di Elena Cecchi (Ist. Int. di stor. Econ. F. Datini Prato, Pubbl. Ser. I. Documenti 1), Florenz 1972, S. 556 Nr. 199。答案是 6 年零 8 天 5 又 13/29 小时，利息 20%。
18　Zu Daniel 14,15, ed. Borgnet Bd. 18, S. 636b，参见 Ausgewählte Texte（见本章注释 6），S. 6 Nr. 19。
19　Summa Logicae III 2,17–19, Edd. Philotheus Boehner, Gedeon Gál, Stephen F. Brown (Opera Philosophica 1), New York 1974, S. 532–7；参见 Wilhelm von Ockham, Texte zu Theorie der Erkenntnis und der Wissenschaft. Lateinisch/Deutsch. Hrsg., übersetzt und kommentiert von Rudi Imbach, Stuttgart 2001, S. 114–21。
20　Flasch, Aufklärung（见本章注释 14），S. 73.
21　最新注解版本：Flasch, Aufklärung（见本章注释 14）。文中引用均摘自发表的主教教令。条款如 1、4、6、9、66、104 和 133 的翻译参考 K. Flasch 译本。
22　In librum primum Sententiarum, ed. Gedeon Gál, Opera theologica 1, Franciscan Institute, St.Bonaventure, New York 1967, S.199；转引自 Wilhelm von Ockham, Texte zu Theorie der Erkenntnis（见本章注释 19），S. 124；参见 Imbachs 给每个章节写的导论。
23　Epistola ad fratres minores，转引自 Wilhelm von Ockham, Texte zu Theologie und Ethik. Lateinisch/Deutsch, Ausgewählt, übersetzt und herausgegeben von Volker Leppin und Sigrid Müller, Stuttgart 2000, S. 276, S. 280。
24　教宗的训谕《在主的耕地上》（In agro dominico）由 Heinrich Denifle 编辑：Meister Eckeharts lateinische Schriften und die Grundanschauungen seiner Lehre. Acten zum Prozesse Meister Eckeharts, in: Archiv für Literatur- und Kulturge-schichte des Mittelalters 2 (1886) S. 417–687, hier S. 636–40。
25　Vom edlen Menschen, in: Meister Eckhart, Das Buch der Tröstungen. Übersetzt von Kurt Flasch, München 2007, S.94–115, hier S.94–9; in: Meister Eckhart, Die deutsche und lateinischen Werke. Textkritische Ausgabe. Deutsche Werke Bd. 5, hrsg. Josef Quint, Stuttgart 1963, S. 106–36, hier S. 106–11.
26　参见 Fried, Aufstieg aus dem Untergang, S. 113–53。
27　Olaf Pluta, «Deus est mortuus.» Nietzsches Parole «Gott ist tot!» in einer Geschichte der Gesta Romanorum vom Ende des 14. Jahrhunderts, in: Atheismus im Mittelalter und in der Renaissance, hrsg. von Friedrich Niewöhner und Olaf Pluta (Wolfenbütteler Mittelalter-Studien 12), Wiesbaden 1999, S. 239–70 (mit dem Text der Erzählung); 参见 Ders., Materialismus im Mittelalter, in: Kurt Flasch, Udo Reinhold Jeck (Hrsg.), Das Licht der Vernunft. Die Anfänge der Aufklärung im Mittelalter, München 1997, S. 134–45。
28　见 Martin Grabmann, Geschichte der scholastischen Methode II S. 63。
29　Karlheinz Stierle, Francesco Petrarca, München 2003.
30　引自 Francesco Petrarca, Über seine und vieler anderer Unwissenheit–De sui ipsius et multorum ignorantia. Lateinisch-Deutsch, übers. von Klaus Kubusch, hrsg. und eingel. von August Buck (Philosophische Bibliothek 455), Hamburg 1993, S. 22, S. 56, S. 30,

S. 28。
31 德文翻译转引自 Eckhard Kessler, Petrarca und die Geschichte. Geschichtsschreibung, Rhetorik, Philosophie im Übergang vom Mittelalter zur Neuzeit (Humanistische Bibliothek. Reihe I Bd. 25), München 2004, S. 243 Anm. 1 (nach «*Invective contra medicum*»)。
32 德译本例如 Petrarca, Dichtungen Briefe Schriften. Auswahl und Einleitung von Hanns W. Eppelsheimer, Frankfurt am Main 1956, S.25–34, hier S. 25 (Übers. Hermann Hefele)。
33 《给后世的一封信》(Brief an die Nachwelt, 见本章注释 32), S. 25。
34 见 die Abb. bei Florian Neumann, Francesco Petrarca, Reinbek bei Hamburg 2005, S. 117 und 120。
35 Claire Richter Sherman, Imaging Aristotle: Verbal and Visual Representation in Fourteenth-Century France, Berkeley/Los Angeles/London 1995.
36 Johannes Fried (Hrsg.), Die Frankfurter Messe. Besucher und Bewunderer. Literarische Zeugnisse aus ihren ersten acht Jahrhunderten, Frankfurt am Main 1990, S. 26–7.
37 Zum Folgenden: Kurt Flasch, Nikolaus von Kues in seiner Zeit. Ein Essay, Stuttgart 2004; die folgenden (unwesentlich veränderten) Nikolaus-Zitate (aus De docta ignorantia 2,11,157; 162 und 1,4,11 finden sich dort S. 34, S. 35 und S. 38.
38 Pico della Mirandola, Oratio de hominis dignitate. Rede über die Würde des Menschen. Lateinisch/Deutsch. Auf der Textgrundlage der Editio princeps hrsg. und übersetzt von Gerd von der Gönna, Stuttgart 1997，此后引用分散在该书第 4—18 页。

第十一章　君主制

1 推荐实用版本：Dante Alighieri, Monarchia. Lateinisch/ Deutsch. Studienausgabe, Einleitung, Übersetzung und Kommentar von Ruedi Imbach und Christoph Flüeler, Stuttgart 1987。
2 Paul-Joachim Heinig, Gescheiterte Inbesitznahme? Ludwig der Brandenburger und die Mark, in: Vielfalt und Aktualität des Mittelalters. Fschr. f. Wolfgang Petke zum 65. Geburtstag, hrsg. von Sabine Arend u. a., Bielefeld 2006, S. 1–26.
3 William M. Bowsky, Le Finanze del Comune di Siena 1287–1355, Florenz 1976 (S. 405 zu Florenz); engl. Oxford 1970.
4 见 Johannes Fried, Kunst und Kommerz. Über das Zusammenwirken von Wissenschaft und Wirtschaft im Mittelalter vornehmlich am Beispiel der Kaufleute und Handelsmessen, in: Historische Zeitschrift 255 (1992) S.281–316, hier S. 293; separat: München 1993, S. 17。
5 Pietro e Ambrogio Lorenzetti a cura di Chiara Frugoni, Florenz 2002, S. 186–91 (S. Francesco, Siena).
6 Margareta Porète, Der Spiegel der einfachen Seelen. Aus dem Altfranzösischen übertragen und mit einem Nachwort und mit Anmerkungen versehen von Luise Gnädinger, Zürich 1987.
7 «*Defensor Pacis*» I,3,2; III,2,3, III,2,7 und III,2,9.
8 Joseph R.Strayer, Die mittelalterlichen Grundlagen des modernen Staates (Böhlau Studien-Bücher), Köln 1975.
9 Johannes Fried, Wille, Freiwilligkeit und Geständnis um 1300. Zur Beurteilung des letzten Templergroßmeisters Jacques de Molay, in: Historisches Jahrbuch 105 (1985), S. 388–425, hier S. 417 das Philipp-Zitat. 关于审判的资料，因为 2001 年的新发现而丰富了许多，并出版了全面的复制本：Processus contra Templarios, Venedig 2007。见 Barbara Frale, L' ultima battaglia dei Templari, Rom 2001. –Dante: Div. Commedia Purg. 7,109 und 20,91。诗人指责法兰西国王伪造钱币：Par. 19,118–9。
10 转引自 William Chester Jordan, The French Monarchy and the Jews From Philip Augustus to the Last Capetians, Philadelphia 1989, S. 214。面临判死刑的威胁：ebd. S. 215。

11 见 Div. Commedia, Par. 19,100–148。
12 加冕仪式情况见 Eduard Eichmann, Staat und Kirche. Teil II: von 1122 bis zur Mitte des 14. Jahrhunderts (Quellensammlung zur kirchlichen Rechtsgeschichte und zum Kirchenrecht 1),2Paderborn 1925, S. 56–69, hier die Zitate: S. 59, S. 65 und S. 66。
13 Paradies, 17. Gesang v. 82 und 30. Gesang v. 137.
14 见 Ockhams «*Breviloquium de principatu tyrannico*», ed. Richard Scholz, Wilhelm von Ockham als politischer Denker und sein Breviloquium de principatu tyrannico (Schriften der MGH 8), Leipzig 1944, S. 38–218; Auszüge in: Wilhelm von Ockham, Texte zu Theologie und Ethik(见第十章注释 23), S. 288–313。
15 Stefan Weiss, Die Rolle der Damen am päpstlichen Hof von Avignon unter Papst Johannes XXII. (1316-1334), in: Das Frauenzimmer. Die Frau bei Hofe in Spätmittelalter und früher Neuzeit, hrsg. von Jan Hirschbiegel und Werner Paravicini (Residenzenforschung 11), Stuttgart 2000, S. 401-9.
16 后续参见 Max Seidel, Dolce Vita. Ambrogio Lorenzettis Porträt des Sieneser Staates (Vorträge der Aeneas-Silvius-Stiftung an der Universität Basel 33), Basel 1999。
17 Robert Suckale, Die Hofkunst Ludwigs des Bayern, München 1993.
18 Karl IV., Vita(见本章注释 19)c. 18.
19 Autobiographie c.14, edd. Karl Pfisterer, Walther Bulst, Heidelberg 1950, S. 47-8.
20 Das Reichsbanner erwähnte Froissart，参见 Neureither, S. 166。
21 关于"加来市民"的英雄化一直到 20 世纪，参见 Jean-Marie Moeglin, Les bourgeois de Calais. Essay d'un mythe historique, Paris 2002。
22 转引自 Neureither S. 94。
23 *Impius Antichristus* Bavarus: MGH Const.8 Nr.100 S.160,32. –Ockham bei Richard Scholz, Unbekannte kirchenpolitische Streitschriften aus der Zeit Ludwigs des Bayern (1327–1354) (Bibliothek des Kgl. Preußischen Historischen Instituts in Rom 9–10), 2 Bde. Rom 1911/14, hier Bd. 2 S. 358. –Clemens' VI. Approbationsbulle für Karls Königswahl läßt entsprechende Erwartungen erkennen: MGH Const. 8 Nr. 100 S. 142–63.
24 Giovanni, Matteo e Filippo Villani, Croniche, pubbl. per cura del A. Racheli, Bd. 2, Triest 1858, S. 139.
25 Grundlegend: Edmund E.Stengel, Avignon und Rhens. Forschungen zur Geschichte des Kampfes um das Recht am Reich in der ersten Hälfte des 14. Jahrhundert (Quellen und Studien zur Verfassungsgeschichte des Deutschen Reiches in Mittelalter und Neuzeit VI,1), Weimar 1930, S. 204–25; zur Übersicht: Ludwig Schmugge, Kurie und Kirche in der Politik Karls IV., in: Kaiser Karl IV. Staatsmann und Mäzen, S. 73–87. –Erinnerung daran, *quare papa et pontifices etiam de temporalibus habent iudicare*: MGH Const. 8 Nr. 100 S. 158,31.
26 Ellen Widder, Mons imperialis, Baldenau, Karlstein. Bemerkungen zur Namengebung luxemburgischer Gründungen, in: Studia Luxemburgensia. Festschrift Heinz Stoob zum 70. Geburtstag, hrsg. von Friedrich Bernhard Fahlbusch und Peter Johanek, Warendorf 1989, S. 233–84.
27 国王的编号看起来并不清楚。查理大帝之后是查理二世、查理三世，糊涂查理为卡佩王室的查理五世，而并非实际上的查理四世。而在《法兰西大编年史》中，漏掉了查理三世，而糊涂查理是卡佩王室的第一位登上王位的国王，他被塑造成为虚弱的统治者形象。厄德（Odo）暂时被迫退位。据此，"王室溯源说"和"国王是一国之君"的理念不遗余力地将法国的君主制融入帝国传统和传承当中。
28 见第九章。
29 见第九章。
30 Reinhard Schneider, *Karolus, qui et Wenzeslaus*, in: Festschrift für Helmut Beumann, hrsg. von Kurt-Ulrich Jäschke und Reinhard Wenskus, Sigmaringen 1977, S. 365–87.
31 MGH Const. 8 S. 146,16–24.
32 相关总结参见 Sascha Schlede, Ausdruck einer tiefen Verbundenheit? Karl IV. und Aachen, in: Der Aachener Dom als Ort geschichtlicher Erinnerung. Werkbuch der Studierenden des Historischen Instituts der RWTH Aachen, hrsg. und eingel. von

Max Kerner, Köln 2004, S. 493–508, sowie Karsten C. Ronneberg, Das Aachener Glashaus–zur Entstehung und Deutung der Chorhalle der Aachener Marienkirche, in: ebd. S. 509–26。

33 Die Chronik Heinrichs Taube von Selbach, hrsg. von Harry Bresslau (MGH SS rer. Germ. NS 1), Berlin 1922, S. 117, 22–4.

34 "一位智者", "用智慧而非武力" 进行统治，参见 So die Chroniques des quatre premiers Valois, 转引自 Neureither S. 92。

35 Paul Piur und Konrad Burdach, Petrarcas Briefwechsel mit deutschen Zeitgenossen (Vom Mittelalter zur Reformation 5), Berlin 1933, S. 1.

36 受皇帝与波西米亚国王的传召去罗马：Cola di Rienzo ep.27 ed. Konrad Burdach, Paul Piur, Briefwechsel des Cola di Rienzo Dritter Teil (Vom Mittelalter zur Reformation 2,3), Berlin 1912, S. 100–6, hier S. 104–5. –Kaiserwahl: ebd. Nr. 41 (S. 152–7). –Weitere Zitate aus Colas ep. 14 (Z. 11, 14, 72 und 109–11), ebd. S.37–41. –Revokation der «Rechte des heiligen Römischen Volkes» z.B. ep.41 (Z.23–51, S.153–4)。参见 Gustav Seibt, Anonimo Romano. Geschichtsschreibung in Rom an der Schwelle zur Renaissance (Sprache und Geschichte 17), Stuttgart 1992, S. 108–10。

37 Neureither S.160.

38 Anna Dorothee v. den Brincken, Die universalhistorischen Vorstellungen des Johann von Marignola OFM. Der einzige mittelalterliche Weltchronist mit Fernostkenntnis, in: Archiv f. Kulturgeschichte 49 (1987) S. 297–339. 但是 Brincken 设想的乔万尼关于赤道、四分海洋的知识，以及否定"对跖点"存在的观念（见本章注释39），与大地圆盘说并不相符。

39 Sinica Franciscana 1, S. 548 (Sumatra, das Reich der Königin von Saba), S. 549 (Gegenfüßler), S. 545–6 (Florentiner Mädchen), S. 546 (Neugier).

40 Johannes Fried, Mäzenatentum und Kultur im Mittelalter, in: Die Kunst der Mächtigen und die Macht der Kunst. Untersuchungen zu Mäzenatentum und Kulturpatronage, hrsg. von Ulrich Oevermann, Johannes Süssmann und Christine Tauber, Berlin 2007, S. 47–72; Barbara Schlieben, Herrscherliche Wißbegier und politisches Unvermögen. Historische und allegorische Lesarten der Herrschaft Alfons' X., ebd. S. 89–104.

41 导论性介绍参见 Miroslav Bašta, Die Musik am Prager Hof, in: Die Parler und der schöne Stil 1350–1400. Europäische Kunst unter den Luxemburgern, hrsg. von Anton Legner, Köln 1978, Bd. 3 S. 133–4。

42 Jakob Twinger von Königshofen, Deutsche Chronik, hrsg. Carl Hegel (Die Chroniken der deutschen Städte 8), Leipzig 1870, S. 493.

43 尽管1618年国王宫殿"大厅"和帝王像已被焚毁，查理四世时 Jean de Jandun 仍留下了简短的介绍："大家甚至会相信，他们还存活于世。" 参见 Hedeman, Image（见第九章注释23），S. 35 mit Anm. 13 und 14.

44 见 Hermann Heimpel, Königlicher Weihnachtsdienst im späteren Mittelalter, in: Deutsches Archiv 39 (1983) S. 131–206。

45 Gustav Pirchan, Karlstein, in: Prager Festgabe für Theodor Mayer, hrsg. von Rudolf Schreiber (Forschungen zur Geschichte und Landeskunde der Sudetenländer1), Freilassing/Salzburg 1953, S.56–90, hier S.68. 影响和结果参见 Heinrich Taube, ed. Bresslau（见本章注释33），S. 82。该报道表明此处明显模仿法国的荆棘冠崇拜。

46 见 Pirchan, Karlstein（见本章注释45），passim。

47 转引自 Neureither S. 91。

48 见 Erling Ladewig Petersen, Studien zur Goldenen Bulle von 1356, in: DA 22 (1966) S. 227–53, hier S. 230–1。

49 关于该问题的总结与延伸：Klaus Schreiner, Antijudaismus in Marienbildern des späten Mittelalters, in: Das Medium Bild in historischen Ausstellungen. Beiträge von Klaus Schreiner u. a. (Materialien zur Bayerischen Geschichte und Kultur 5/98), Augsburg 1998 S. 9–34。

50 关于总结：Willehad Paul Eckert, Die Juden im Zeitalter Karls IV., in: Kaiser Karl IV. Staatsmann und Mäzen, S. 123–30; 亦见 Wolfgang von Stromer, Der kaiserliche Kaufmann–Wirtschaftspolitik unter Karl IV., in: ebd., S. 63–73, hier S. 64;

Luxemburg: Thomas, Deutsche Geschichte, S. 224。

51 见 Nirenberg, Communities of Violence, S. 69 ff。
52 Nirenberg, Communities of Violence, S. 234–45.
53 So Clemens VI. in der Approbation Karls IV.: MGH Const. 8 Nr. 100 S. 159–60.
54 见 Michael Tönsing, Contra hereticorum pravitatem. Zu den Lucchser Ketzererlassen Karls IV. (1369), in: Festschrift Heinz Stoob（见上，尾注 26），S. 285–311，此处 S. 304 由查理四世所引（见 1369 年 7 月 9 日敕令），S. 285 引自 1371 年教宗训谕。出自圣保罗的《罗马书》（12：3）的这句引言，引自教宗训谕《在主的耕地上》，由罗马教廷将埃克哈特的全部著作作为异端加以禁绝，此前并没有觉察到这一点，但是从条文中并不难辨识出。
55 Emmanuel Le Roy Ladurie, Un Concept: L'Unification microbienne du monde (XIV-XVII siècles), in: Schweizerische Zeitschrift für Geschichte 23 (1973) S. 627–96; 见 Neithard Bulst, Der Schwarze Tod. Demographie, wirtschafts- und kulturgeschichtliche Aspekte der Pestkatastrophe von 1347–1352. Bilanz der neueren Forschung, in: Saeculum 30 (1979) S. 45–67.
56 见 Bulst, Der Schwarze Tod（见本章注释 55），S. 59。
57 见 Bulst, Der Schwarze Tod（见本章注释 55），S. 66。
58 见 Neureither S. 90–1。
59 So der Anonimo Romano，转引自 Seibt, Anonimo（见本章注释 36），S. 83。
60 彼特拉克在其史诗《非洲》中构想了这一观念。
61 Petrarca an Rienzo und die Römer: Konrad Burdach, Vom Mittelalter zur Reformation. Forschungen zur Geschichte der deutschen Bildung, Bd. 2: Briefwechsel des Cola di Rienzo, hg. von Konrad Burdach und Paul Piur, 4 Teile, Berlin 1912–28, hier II,3 S. 63–81 Nr. 23 (Juni 1347), hier S. 68,99ff; 见删减版：Karl Brandi, Vier Gestalten aus der italienischen Renaissance. Dante, Cola Rienzo, Machiavelli, Michelangelo, München 1943, S. 52–3。
62 Anonimo Romano，转引自 Seibt, Anonimo（见本章注释 36），S. 12。
63 Ed. Burdach, Piur, Briefwechsel（同下文注释），Nr. 71, S, 406–10, das erste Zitat S. 407, 13–4, das zweite S. 410, 52–3 in Burdachs Paraphrase (zu Z. 52 f.).
64 Konrad Burdach, Paul Piur, Petrarcas Briefwechsel mit deutschen Zeitgenossen (Vom Mittelalter zur Reformation Bd. 7), Berlin 1933, S. 51–54 (1355).
65 见 Neureither S. 160–1。
66 Stefan Weiss, Kredite europäischer Fürsten für Gregor XI. Zur Finanzierung der Rückkehr des Papsttums von Avignon nach Rom, in: QFIAB 77 (1979 S. 176–205. –Vgl. unten S. 454 mit Anm. 79.
67 Peter Johanek, Die «Karolina de ecclesiastica libertate». Zur Wirkungsge-schichte eines spätmittelalterlichen Gesetzes, in: Blätter für deutsche Landesgeschichte 114 (1978) S. 797–831.
68 Armin Wolf, Das «Kaiserliche Rechtbuch» Karls IV. (sogenannte Goldene Bulle), in: Ius Commune 2 (1969) S. 1–32; 关于结论，参见 Petersen, Studien（见本章注释 48）; die Zeitumstände: Neureither S. 103–4。
69 纽伦堡帝国会议日程参见 Karl Zeumer, Die Goldene Bulle Kaiser Karls IV. (Quellen und Studien zur Verfassungsgeschichte des Deutschen Reiches), 2 Bde. Weimar 1908, hier 2 S. 70–1。
70 Bernd Schneidmüller, Die Aufführung des Reichs. Zeremoniell, Ritual und Performance in der Goldenen Bulle von 1356, in: Die Kaisermacher. Frankfurt am Main und die Goldene Bulle. 1356–1806. Aufsätze, hrsg. von Evelyn Brockhoff und Michael Matthäus, Frankfurt am Main 2006, S. 76–92.
71 Vielfach gedruckt, bequem bei Karl Zeumer, Quellensammlung zur Geschichte der Deutschen Reichsverfassung in Mittelalter und Neuzeit 1, Tübingen 1913, Nr. 142 S. 184.
72 见 Beat Frey, Karl IV. in der älteren Historiographie, in: Kaiser Karl IV. Staatsmann und Mäzen, S. 399–404, hier S. 399 Piccolomini-Zitat.
73 对波西米亚王座的质疑参见：Wolf, Rechtbuch（见本章注释 68），S. 9 Anm. 37。

74 双语版本可见：Herrschaftsverträge des Spätmittel-alters, bearb. von Werner Näf (Quellen zur neueren Geschichte 17), ²Bern 1975, S. 45–67, das Zitat: S. 57 (c. 3)。
75 参见 Reg. Imp. 8 Nr. 4483 (1367 Januar 21)。
76 巴伐利亚的路易四世由"对立教宗"尼古拉五世加冕是例外。
77 举例参见 Reg. Imp. 8 Nr. 4696f。
78 Reg. Imp. 8 Nr. 4708a und 4709.
79 St. Weiss, Kredite（见本章注释 66）。
80 Johannes Fried, Friedrich Barbarossas Krönung in Arles, in: Historisches Jahrbuch 103 (1983) S. 347–71.
81 见 Reg. Imp. 8 Nr. 4171a。
82 Reg. Imp. 3695 und 3698 (1361 Mai 17 und 19)。
83 Reg. Imp. 5861–5863.
84 转引自 Neureither S. 138–9。
85 据《Grandes Chroniques》，见 Neureither S. 119。
86 Anders Thomas, Deutsche Geschichte, S. 297–8.
87 见 Reg. Imp. 8 Nr. 2433。见 Bernd-Ulrich Hergemöller, Der Abschluß der «Goldenen Bulle» zu Metz 1356/57, in: Festschrift Heinz Stoob（见本章注释 26），S. 123–232, hier S. 130–1 und S. 218–9。
88 当其中一位国王地位明显高于或低于另一位，或者是王室家庭聚会时，情形会不一样。
89 Zuletzt dazu: Martin Kintzinger, Der weiße Reiter. Formen internationaler Politik im Spätmittelalter, in: Frühmittelalterliche Studien 37 (2004) S. 315–53 (mit Tafel IX-XII).
90 同类主题参见让·富凯创作的关于第二次十字军东征的插画。这次军事远征由被刻画为帝王的康拉德三世和法兰西路易七世联合组织，只见在插画中，康拉德三世在他的王国里骑着装饰有帝国纹章的白马，而路易骑着装饰有王国纹章的栗色马。而且康拉德位于路易的右边，以示尊贵。
91 此外，查理四世进驻当时还隶属神圣罗马帝国的康布雷时，骑着没有标记纹章的白马。该插画意图明显，认为康布雷不从属于帝国，很可能含蓄地否定了法兰西对该主教城的统辖权。
92 Heimpel, Königlicher Weihnachtsdienst（见本章注释 44），S. 162–9 mit Abb., hier S. 163 und S. 165。摘自法兰西查理四世时编撰的《法兰西大编年史》。
93 Uta Lindgren, Bedürftigkeit, Armut, Not. Studien zur spätmittelalterlichen Sozialgeschichte Barcelonas, Münster 1980.
94 见 Victor Fairen Guillen, Die aragonesischen Verfassungsprozesse, in: Zeitschrift der Savigny-Stiftung für Rechtsgeschichte Germ. Abt. 91 (1974) S. 117–74, hier S. 124–5 mit dem Wortlaut des Eides von 1348 (nach dem Sieg Peters IV. über die Adelsunion!). –Zu Eiximenis: Uta Lindgren, Avicenna und die Grundprinzipien des Gemeinwesens in Francesc Eiximenis' Regiment de la cosa publica (Valencia 1383), in: Miscellanea Mediaevalia 12 (1980) S. 449–59；参见 Dies.（见本章注释 93）。
95 转引自 Die Pest 1348 in Italien. Fünfzig zeitgenössische Quellen. Hrsg. und übersetzt von Klaus Bergdolt. Mit einem Nachwort von Gundolf Keil, Heidelberg 1989, S. 74。
96 Guy de Chauliac, La grande chirurgie, composée en 1363, hrsg. von Edouard Nicaise, Paris 1890, S. 170；参见 Bulst, Der Schwarze Tod（见本章注释 55），S. 57。
97 见 Die Pest 1348 in Italien（见本章注释 95），S. 72–3。
98 转引自 Burgund und seine Herzöge in Augenzeugenberichten, hrsg. und eingel. von Christa Dericum, München 1977, S. 48。
99 Enguerrand de Monstrelet, Chroniques, éd. Louis Douët-d'Arcq, 6 Bde. Paris 1857–63, hier I S. 44；转引自 Burgund und seine Herzöge（见本章注释 98），S. 90。

第十二章 对最后的审判与重生的期待

1. Hein-Th. Schulze Altcappenberg, Sandro Botticelli. Der Bilderzyklus zu Dantes Göttlicher Kommödie, Ostfilder-Ruit (und London) 2000.
2. 转引自 Burgund und seine Herzöge（见第十一章注释 98）, S. 54。
3. Jan Huizinga, Herbst des Mittelalters. Studien über Lebens- und Geistesformen des 14. und 15. Jahrhunderts in Frankreich und in den Niederlanden, hrsg. von Kurt Köster, [9]Stuttgart 1965, S. 327 (*tout ira mal*); S. 68（1419 年勃艮第的无畏者约翰的葬礼）。
4. 例如 Die Facezien des Florentiners Poggio. Nach der Übersetzung von Hanns Floerke, Hanau 1967, S. 106–7。
5. Poggio Bracciolini, Facezien（见本章注释 4）, S. 109–10.
6. Francesco Petrarca, Le Familiari IV,1. Ed. critica per cura di Vittorio Rossi, Bd. 1, Florenz 1933, S. 157, 150–3 und S. 159–60; dt. Die Besteigung des Mont Ventoux. Lateinisch/Deutsch. Übers. und hg. von Kurt Steinmann, Stuttgart 1995, hier S. 18–9, S. 24–5 und S. 28–9. 彼特拉克在此深受圣波纳文图拉《心向上帝的旅程》的影响，1259 年圣波纳文图拉在维尔纳山（也就是圣方济各在神启中见到六翼天使并接受圣痕的地方）撰写了这神秘主义代表作；关于彼特拉克这封信的其他阐释参见 Dieter Mertens, Mont Ventoux, Mons Alvernae, Kapitol und Parnass. Zur Interpretation von Petrarcas Brief Fam. IV,1 ‹De curis propriis›, in: Nova de veteribus. Mittel- und neulateinische Studien für Paul Gerhard Schmidt, hrsg. von Andreas Bihrer und Elisabeth Stein, München/Leipzig 2004, S. 713–34。
7. Leon Battista Alberti, Vom Hauswesen (Della Famiglia). Übers. von Walther Kraus, eingel. von Fritz Schalk, Zürich 1962；转引自 der Ausgabe München 1986, hier S. 131–2。
8. Huizinga, Herbst, S. 67ff.
9. Beide Stellen: Philippe de Commynes, Memoiren. Europa in der Krise zwischen Mittelalter und Neuzeit. In neuer Übersetzung hrsg. von Fritz Ernst, Stuttgart 1972, S. 71–2 (II,8).
10. Poggio Bracciolini, Facezien（见本章注释 4）, S. 33–4.
11. Heribert Müller, Kreuzzugspläne und Kreuzzugspolitik des Herzogs Philipp des Guten von Burgund (Schriftenreihe der Historischen Kommission bei der Bayerischen Akademie der Wissenschaften 51), Göttingen 1993.
12. Das Buch aller verbotenen Künste von Johannes Hartlieb, hrsg. und ins Neuhochdeutsche übertragen von Frank Fürbeth, Frankfurt a. M. 1989；引自 S. 19–20 und S. 127–8。
13. 转引自 Hexen und Hexenprozesse, hrsg. von Wolfgang Behringer, München 1988, S. 82 (aus Hartliebs «Buch der verbotenen Künste»)。
14. Malleus Maleficarum. Ed. and transl. by Christopher S. Mackay, Cambridge 2006; deutsche Übersetzung: Jakob Sprenger, Heinrich Institoris Der Hexenhammer. Aus dem Lateinischen übertragen und eingeleitet von J.W.R. Schmidt, München 1982 u. ö. (zuerst Berlin 1906).
15. De prospectiva pingendi, ed. Giusta Nicco Fasola, Florenz 1984; zur Person: Bernd Roeck, Mörder, Maler und Mäzene. Piero della Francescas «Geißelung». Eine kunsthistorische Kriminalgeschichte, München 2006.
16. 见 Hans Belting, Giovanni Bellini Pietà. Ikone und Bilderzählung in der venezianischen Malerei, Frankfurt am Main 1985。
17. Peter Gorzolla, Magie und Aberglauben im Frankreich Karls VI. Studien zu ihrer Kritik bei Jacques Legrand, Jean Gerson und Heinrich von Gorkum, Diss. phil. masch. Frankfurt am Main 2006.
18. 转引自 Herbert Nette, Jeanne d'Arc, [10]Reinbek bei Hamburg 2002, S. 49。
19. Bartolomeo Facio, De viris illustribus (1456)，转引自 Die Kunstliteratur der italienischen Renaissance. Eine Geschichte in Quellen. Hg. von Ulrich Pfisterer, Stuttgart 2002, S. 220。

20 Poggio Bracciolini, Facezien（见本章注释 4）, S. 106–8。
21 参见 etwa den Bericht des Giovanni Dondi dell'Orologio aus Padua von 1370，引自 Pfisterer (Hg.), Kunstliteratur（见本章注释 19）, S. 221–2。
22 见 Leonardo Bruni 在其作 «De studiis et litteris liber» 中给 Baptista Malatesta 的书目, ed. Hans Baron (Hrsg.), Leonardo Bruni Aretino. Humanistisch-philosophische Schriften, Leipzig 1928, S. 5–19. hier S. 8。
23 Leon Battista Alberti in der Widmung seines Werks «Della pittura» (1436)，转引自 Pfisterer, Kunstliteratur（见本章注释 19）, S. 224–5。
24 Pico della Mirandola, De hominis dignitate（见第十章注释 38）, S. 4–8。
25 进一步了解"修道院人文主义"可参见 Harald Müller, Habit und Habitus. Mönche und Humanisten im Dialog (Spätmittelalter und Reformation N. 32), Tübingen 2006。
26 布鲁尼推荐的书，见本章注释 22。
27 Lothar Schmidt, Frauenbriefe der Renaissance (Die Kultur 9), Berlin o. J. (1900). 仍具有可读性。
28 Commynes, Memoiren VII, 4, Übers. Ernst S. 295.
29 Volker Reinhardt, Die Medici, ³München 2004.
30 So Gebhard Dacher (1472) in: Die Chroniken der Stadt Konstanz, hrsg. von Philipp Ruppert, Konstanz 1891, S. 233.
31 研究西吉斯蒙德皇帝的概要性专著：Sigismundus Rex et Imperator. Kunst und Kultur zur Zeit Sigismunds von Luxemburg 1387–1437. Ausstellungskatalog, hrsg. von Imre Tekács, Mainz 2006。
32 见 Bettina Pferschy-Maleczek, Der Nimbus des Doppeladlers. Mystik und Allegorie im Siegelbild Kaiser Sigmunds, in: Zschr. f. hist. Forschung 23 (1996) S. 433–7, bes. S. 451 ff。
33 Reichstagsakten Ältere Reihe 7, Gotha 1878, Nr. 176 S. 269–70.
34 Alexander Patschovsky, Der Reformbegriff zur Zeit der Konzile von Konstanz und Basel, in: Reform von Kirche und Reich zur Zeit der Konzilien von Konstanz (1414–1228) und Basel (1431–1449), hrsg. von Ivan Hlaváček und Alexander Patschovsky, Konstanz 1996, S. 7–28.
35 这是威克里夫遭受谴责的名句之一（见本章注释 30），见马丁五世训谕 «Inter cunctas» von 1418。
36 František Šmahel, De Hussitische Revolution (Schriften der MGH 43/I–III), Hannover 2002.
37 推荐一本篇幅不长，但非常实用且用德文撰写的书：Gerd Krumeich, Jeanne d'Arc. Die Geschichte der Jungfrau von Orléans, München 2006。
38 见本章注释 40。
39 Markus Twellenkamp, Jeanne d'Arc und ihr Echo im zeitgenössischen Deutschland, in: Jb. f. westdeutsche Landesgeschichte 14 (1988) S. 43–62, hier S. 46, dort auch das folgende Zitat desselben anonymen Zeugen.
40 以下是针对普通大众的贞德介绍：Der Prozeß der Jeanne d'Arc vorgestellt von Georges und Andrée Duby, Berlin 1985 (u. ö.)，（据文中引用的顺序）S. 23–4, S. 36（此处为直接引语）, S. 37, S. 156, S. 26, S. 38。关于审判流程记录的引文，可按上文 Krumeich 的说明适当做订正（见本章注释 37）。
41 Journal du siège d'Orléans et du voyage de Reims (um 1460)，转引自 Nette, Jeanne d'Arc（见本章注释 18）, S. 59–60。
42 Jeanne d'Arc. Dokumente ihrer Verurteilung und Rechtfertigung 1431–1456, übersetzt und eingeleitet von Ruth Schirmer-Imhof, Köln 1956, S. 123, S. 125–6. Altersangabe: Duby（见本章注释 40）, S. 21.
43 Jeanne d'Arc (Schirmer-Imhof)（见本章注释 42）, S.267–9；参见 Duby（见尾注 40）S. 181–2。
44 贞德的个性描写，参见 Poggio Bracciolini, Facezien（见本章注释 4）, S. 135。
45 Sessio V, 6.April 1415, Mansi 27,590 = Codex Oecumenicorum Decreta. Ed. Istituto per le Scienze Religiose, ³Bologna 1973, S. 409.
46 最新的版本：Quellen zur Kirchenreform im Zeitalter der Großen Konzilien des 15.

Jahrhunderts 2, Ausgewählt und übersetzt von Jürgen Miethke und Lorenz Weinrich (Freiherr vom Stein-Gedächtnisausgabe 38b), Darmstadt 2002, S. 396–7, Nr. XXIII (16. Juni 1439)。

47 Brian Tierney, The Foundations of the Conciliar Theory. Contributions of the Medieval Canonists from Gratian to the Great Schism (Studies in the History of Christian Thought), ²Cambridge 1998.
48 «Du bist Petrus, und auf diesen Felsen will ich meine Kirche bauen».
49 关于颂歌：Commynes, Memoiren VI,12, Übers. Ernst, S. 282；der Geiz des Kaisers ebd. VI,2 S. 244。
50 Commynes, Memoiren VI,12, Übers. Ernst S. 282.
51 Commynes, Memoiren VI,12), Übers. Ernst, S. 281.
52 参见 Heribert Müller, Kreuzzugspläne und Kreuzzugspolitik（见本章注释 11）。
53 Franz Babinger, Mehmed der Eroberer. Weltenstürmer einer Zeitenwende (Serie Piper 621), München, Zürich 1987 (zuerst 1953).
54 Commynes, Memoiren VI,12, Übers. Ernst S. 282 und 283.
55 转引自 Walter Prevenier, Wim Blockmans, Die burgundischen Niederlande, Weinheim 1986, S. 216 (nach der *Excellente cronike van Vlanderen*»)。
56 Commynes, Memoiren IV,1, Übers. Ernst S. 135.
57 Commynes, Memoiren VI,2, Übers. Ernst S. 243.
58 总览可参见目录 «Bernisches Historisches Museum: Die Burgunderbeute und Werke burgundischer Hofkunst», Bern 1969. Karl der Kühne Charles le Téméraire Charles the Bold (1433–1477), Katalog der Ausstellung im Historischen Museum Bern 25.4.–24.8.2008。
59 Memoiren VI, 2, Übers. Ernst S. 245–6.
60 最新的专著：Manfred Hollegger, Maximilian I. (1459–1519). Herrscher und Mensch einer Zeitenwende, Stuttgart 2005。

结语：黑暗的中世纪？

1 Arnold Berney, Friedrich der Große. Entwicklungsgeschichte eines Staatsmannes, Tübingen 1934, S. 9.
2 引自 Immanuel Kant, Werke in zehn Bänden. Hrsg. von Wilhelm Weischedel, Sonderausgabe Bd.2 Vorkritische Schriften bis 1768, Darmstadt 1983, S. 883–4。
3 Friedrich Schiller, Was heißt und zu welchem Ende studiert man Universal-geschichte?, in: Schillers Werke. Nationalausgabe Bd. 17, hrsg. von Karl-Heinz Hahn, Weimar 1970, S. 359–76, hier S. 370. 参见 Arno Borst, Was uns das Mittel-alter zu sagen hätte. Über Wissenschaft und Spiel, in: Historische Zeitschrift 244 (1987) S. 537–55, hier S. 537。
4 德国大文豪托马斯·曼的哥哥作家海因里希·曼提到反抗和落后的时代：Ein Jahrhundert wird besichtigt (Gesammelte Werke Bd. 24), Berlin/Weimar 1973, S. 5。文艺复兴与宗教改革被划分为反抗的时代。
5 Giorgio Vasari, Einführung in die Künste der Architektur, Bildhauerei und Malerei. Erstmals übersetzt von Victoria Lorini, hrsg., kommentiert und eingeleitet von Matteo Burioni, Berlin 2006, S. 63–4, das Zitat: S. 64；参见 Einleitung S. 14–5。
6 Vasari（见本章注释 5）S. 100 und S. 109.
7 Sinica Franciscana 1, ed. P. Anastasius van den Wyngaert O. F. M., Quaracchi-Florenz 1929, S. 546.
8 Sinica Franciscana 1, S. 466.
9 参照的是该游记从叙利亚文译成法文的版本：J.-B. Chabot, Histoire du Patriarche Mar Jabalaha III et du moine Rabban Çauma, in: Revue de l'Orient latin 2 (1894) hier S. 87–122。
10 见第十章注释 24。
11 Dieter Hägermann, Das Reich als Innovationslandschaft, in: Heiliges

Römisches Reich Deutscher Nation 962 bis 1806. Von Otto dem Großen bis zum Ausgang des Mittelalters. Essays, hrsg. von Matthias Puhle und Claus-Peter Hasse, Dresden 2006, S. 439–51.

12　Umberto Eco, Die Geschichte der Schönheit, München/Wien 2004，转引自 der Taschenbuch-Ausgabe München 2006, S. 225。

13　Robert von Keller, Freiheitsgarantien für Person und Eigentum im Mittelalter. Eine Studie zur Vorgeschichte moderner Verfassungsgrundrechte. Mit einem Geleitwort von Konrad Beyerle (Deutschrechtliche Beiträge 14,1), Heidelberg 1933.

14　Samuel Pufendorf, De statu imperii Germanici VI,9, zuerst (unter Pseudonym) Genf 1667, dann Berlin 1706. 不过 Bartolus 在其著作《论城邦的统治》c. 7 中称罗马帝国宪制是"巨型且怪异"的（见第九章注释 4）。

15　见 Peter Moraw, Von offener Verfassung zu gestalteter Verdichtung. Das Reich im späten Mittelalter 1250 bis 1490 (Propyläen Geschichte Deutschlands 3), Berlin 1985, S. 17。

16　进一步了解文化相对主义参见 Karl Mannheim, Historismus, in: Archiv für Sozialwissenschaft und Sozialpolitik 52 (1924) S. 1–60。

17　见《法兰克福评论报》（Frankfurter Rundschau）2006 年 6 月 25 日所载 Christian Thomas 的评论文章：Die nächste Pose ist nicht mehr die schwerste。

18　Michael Mitterauer, Warum Europa? Mittelalterliche Grundlagen eines Sonderwegs; München 2003.

参考文献

下面所列的参考书目并不能穷尽本书写作时参考的所有一手资料和二次资料，而是提供进一步阅读的建议。

Gadi Algazi, Herrengewalt und Gewalt der Herren im späten Mittelalter, Frankfurt am Main 1996.

Arnold Angenendt, Heilige und Reliquien. Die Geschichte ihres Kultes vom frühen Christentum bis zur Gegenwart, München 1994.

Ders., Geschichte der Religiosität im Mittelalter, Darmstadt 1997.

Ders., Das Frühmittelalter. Die abendländische Christenheit von 400–900, ³Stuttgart 2001.

Ders., Liturgik und Historik. Gab es eine organische Liturgie-Entwicklung? (Quaestione Disputatae 189), Freiburg u. a. 2001.

Last Things. Death and the Apocalypse in the Middle Ages, ed. by Caroline Walker Bynum and Paul Freedmann (The Middle Ages Series), Philadelphia 1999.

Philippe Ariès, Geschichte des Todes, ⁹München 1999 (frz. 1977).

Ders., Geschichte der Kindheit, ³München/Wien 1976 (frz. 1960).

Jan Assmann, Das kulturelle Gedächtnis. Schrift, Erinnerung und politische Identität in frühen Hochkulturen, ²München 1997.

Hans Belting, Das Bild und sein Publikum im Mittelalter. Form und Funktion früher Bildtafeln der Passion, Berlin 1981.

Ders., Bild und Kult. Eine Geschichte des Bildes vor dem Zeitalter der Kunst, München 1990.

Ders., Florenz und Bagdad. Eine westöstliche Geschichte des Blicks, München 2008.

Robert Benson, The Bishop Elect. A Study in Medieval Ecclesiastical Office, Princeton, New Jersey 1968.

Dieter Berg, Die Anjou-Plantagenets. Die englischen Könige im Europa des Mittelalters, Stuttgart 2003.

Harold J. Berman, Recht und Revolution. Die Bildung der westlichen Rechtstradition, 2Frankfurt am Main 1991 (engl. 1983).

Helmut Beumann, Die Ottonen, ³Stuttgart 1993.

Die Bibel als politisches Argument, hrsg. von Andreas Pečar, Kai Trampedach (Historische Zeitschrift Beiheft 43), München 2007.

Bilder der Macht in Mittelalter und Neuzeit. Byzanz – Okzident – Rußland, hrsg. von

Otto Gerhard Oexle und Michail A. Bojcov (Veröffentlichungen des Max- Planck-Instituts für Geschichte 226), Göttingen 2007.
Peter Blickle, Das alte Europa. Vom Hochmittelalter bis zur Moderne, München 2008.
Marc Bloch, Die wundertätigen Könige, München 1998 (frz. 1961).
Michael Borgolte, Europa entdeckt seine Vielfalt 1050–1250 (Handbuch der Geschichte Europas 3), Stuttgart 2002.
Ders., Christen, Juden, Muselmanen. Die Erben der Antike und der Aufstieg des Abendlandes 300 bis 1400 n. Chr. (Siedler Geschichte Europas), München 2006.
Arno Borst, Die Katharer (MGH Schriften 12), Hannover 1953 (mit einem Nachwort von Alexander Patschowsky, ²Freiburg 1992).
Ders., Der Turmbau von Babel. Geschichte der Meinungen über Ursprung und Vielfalt der Sprachen und Völker, 6 Bde, Stuttgart 1957–63, als Taschenbuch München 1995.
Ders., Einleitung, in: Schriften zur Komputistik im Frankenreich von 721–818 (MGH Quellen zur Geistesgeschichte des Mittelalters 21), Hannover 2006, S. 1–326.
Egon Boshof, Die Salier, ⁴Stuttgart 2000.
Ders., Europa im 12. Jahrhundert. Auf dem Weg in die Moderne, Stuttgart 2007.
John Boswell, Christianity, social tolerance and homosexuality. Gay people in Western Europe from the beginning of the Christian era to the 14th century, Chicago 1980.
Ders., The kindness of strangers. The abandonment of children in Western Europe from late antiquity to the Renaissance, Chicago 1998.
Fernand Braudel, Das Mittelmeer und die mediterrane Welt in der Epoche Philipps II., 3 Bde, Frankfurt am Main 1990 (frz. 1949).
R. Allen Brown, Die Normannen, München 1988 (engl. 1984).
Hanns-Peter Bruchhäuser, Kaufmannsbildung im Mittelalter. Determinanten des Curriculums deutscher Kaufleute im Spiegel der Formalisierung von Qualifizierungsprozessen (Dissertationen zur Pädagogik 3), Köln/Wien 1989.
James A. Brundage, Law, sex and christian society in medieval Europe, Chicago 1987.
Philippe Buc, The Dangers of Ritual. Between early medieval texts and social scientific theory, Princeton 2001.
Joachim Bumke, Höfische Kultur. Literatur und Gesellschaft im hohen Mittelalter, München 1986.
Jacob Burckhardt, Die Kultur der Renaissance in Italien. Ein Versuch (Gesammelte Werke Bd. 3), Darmstadt 1962 (zuerst 1869).
The Cambridge History of Later Medieval Philosophy from the Rediscovery of Aristotle to the Desintegration of Scholasticism, ed. by Norman Kretzmann, Anthony Kenny, and Jan Pinnborg, Cambridge 1982.
Mary Carruthers, The Book of Memory. A Study of Memory in Medieval Culture, Cambridge 1990.
Yves Christe, Das Jüngste Gericht (Die Welt des Mittelalters), Darmstadt 2001 (frz. 1997).
Eric Christiansen, The Norsemen in the Viking Age, Oxford 2002.
M. T. Clanchy, From Memory to Written Record. England 1066–1307, Oxford 1993.
Mark R. Cohen, Under Crescent and Cross. The Jews in the Middle Ages, Princeton, New Jersey, 1994.
Norman Cohn, Sehnsucht nach dem Millennium. Apokalyptiker, Chiliasten und Propheten im Mittelalter, Freiburg i. Br. 1998 (engl. 1957).
Marcia L. Colish, Medieval Foundations of the Western Intellectual Tradition 400–1400, New Haven/London 1997.
Albrecht Cordes, Spätmittelalterlicher Gesellschaftshandel im Hanseraum (Quellen und Darstellungen zur Hansegeschichte NF 45), Köln u. a. 1998.
Jean Delumeau, Angst im Abendland. Die Geschichte kollektiver Ängste im Europa des 14. bis 18. Jahrhunderts, 2 Bde., Reinbek bei Hamburg 1985 (frz. 1978).
Die deutschen Herrscher des Mittelalters. Historische Portraits von Heinrich I. bis Maximilian I., hrsg. von Bernd Schneidmüller und Stefan Weinfurter, München 2003.

Philippe Dollinger, Die Hanse, 5Stuttgart 1998 (frz. 1964).
Anna Maria Drabek, Die Verträge der fränkischen und deutschen Herrscher mit dem Papsttum, (Veröffentlichungen des Instituts für österreich. Geschichtsforschung 22), Wien 1976.
Hans Peter Duerr, Nacktheit und Scham. Der Mythos vom Zivilisationsprozeß 1, 2Frankfurt am Main 1988.
Umberto Eco (Hrsg.), Die Geschichte der Schönheit, München 2006 (ital. 2004).
Ders. (Hrsg.), Die Geschichte der Häßlichkeit, München 2007 (ital. 2007).
Joachim Ehlers, Das westliche Europa (Die Deutschen und das europäische Mittelalter), München 2004.
Norbert Elias, Über den Prozeß der Zivilisation. Soziogenetische und psychogenetische Untersuchungen, 2 Bde., ^{2}Bern 1969.
Bettina Emmerich, Geiz und Gerechtigkeit. Ökonomisches Denken im frühen Mittelalter (Vierteljahrschrift für Sozial- und Wirtschaftsgeschichte, Beiheft 168), Wiesbaden 2004.
Carl Erdmann, Die Entstehung des Kreuzzugsgedankens (Forschungen zur Kirchenund Geistesgeschichte 6), Stuttgart 1935.
Franz-Reiner Erkens, Herrschersakralität im Mittelalter. Von den Anfängen bis zum Investiturstreit, Stuttgart 2006.
Die kulturellen Werte Europas, hrsg. von Hans Joas und Klaus Wiegandt, Frankfurt am Main 2005.
Jean Favier, Gold und Gewürze. Der Aufstieg des Kaufmanns im Mittelalter, Hamburg 1992 (frz. 1987).
Kurt Flasch, Das philosophische Denken im Mittelalter. Von Augustinus bis Machiavelli, Stuttgart 2001.
Ders., Nikolaus von Kues in seiner Zeit. Ein Essay, Stuttgart 2004.
Ders., Meister Eckhart. Die Geburt der «deutschen Mystik» aus dem Geist arabischer Philosophie, München 2006.
Josef Fleckenstein, Rittertum und ritterliche Welt, Berlin 2002.
Valerie Flint, The Rise of Magic in the Early Medieval Europe, Oxford 1991.
Geschichte Frankreichs, hrsg. von Ernst Hinrichs, Stuttgart 2002.
Die französischen Könige des Mittelalters. Von Odo bis Karl VIII., hrsg. von Joachim Ehlers, Heribert Müller und Bernd Schneidmüller, München 1996.
David Freedberg, The Power of Images. Studies in the History and Theory of Response, Chicago 1989.
Barbara Frenz, Gleichheitsdenken in deutschen Städten des 12. bis 15. Jahrhunderts. Geistesgeschichte, Quellensprache, Gesellschaftsfunktion (Städteforschung A/52), Köln u. a. 2000.
Johannes Fried, Der päpstliche Schutz für Laienfürsten. Die politische Geschichte des päpstlichen Schutzprivilegs für Laien (11.–13. Jahrhundert) (Abhandlungen der Heidelberger Akademie der Wissenschaften, Phil.-Hist. Klasse 1980,1), Heidelberg 1980.
Ders., Der Weg in die Geschichte. Die Ursprünge Deutschlands bis 1024. Propyläen Geschichte Deutschlands Bd. 1, Berlin 1994.
Ders., Aufstieg aus dem Untergang. Apokalyptisches Denken und die Entstehung der modernen Naturwissenschaft im Mittelalter, München 2001.
Ders., Der Schleier der Erinnerung. Gründzüge einer historischen Memorik, München 2004.
Ders., Donation of Constantine and *Constitutum Constantini*. The Misinter - pre tation of a Fiction and its Original Meaning. With a Contribution by Wolfram Brandes: «The Satraps of Constantine» (Millennium-Studien 3), Berlin/New York 2007.
Horst Fuhrmann, Einladung ins Mittelalter, München 2000.
Ders., Überall ist Mittelalter. Von der Gegenwart einer vergangenen Zeit, München 1996.
Ders., Die Päpste. Von Petrus zu Benedikt XVI., 3München 2005.
Patrick Geary, Phantoms of Remembrance. Memory and Oblivion at the End of the First Millennium, Princeton, N. J. 1994.

Ders., Europäische Völker im frühen Mittelalter. Die Legende vom Werden der Nationen, Frankfurt am Main 2002.

Geschichte der Mädchen- und Frauenbildung, hrsg. von Elke Kleinau, Claudia Opitz, Bd. 1 Vom Mittelalter bis zur Aufklärung, Frankfurt am Main 1996.

Knut Görich, Die Staufer. Herrscher und Reich, München 2006.

Werner Goez, Kirchenreform und Investiturstreit 910–1122, Stuttgart 2000.

Hans-Werner Goetz, Europa im frühen Mittelalter 500–1050 (Handbuch der Geschichte Europas 2), Stuttgart 2003.

Shlomo Dov Goitein, A mediterranean society. The Jewish communities of the Arab World as portrayed in the documents of the Cairo Geniza, 6 Bde., Berkeley 1967–93.

Antony Grafton, Leon Battista Alberti. Baumeister der Renaissance, Berlin 2003 (engl. 2001).

Aaron J. Gurjewitsch, Das Individuum im europäischen Mittelalter, München 1994.

Wolfdieter Haas, Welt im Wandel. Das Hochmittelalter, Stuttgart 2002.

Rolf Hammel-Kiesow, Die Hanse, 3München 2004.

Matthias Hardt, Gold und Herrschaft. Die Schätze europäischer Könige und Fürsten im ersten Jahrtausend (Europa im Mittelalter 6), Berlin 2004.

Alfred Haverkamp (Hg.), Geschichte der Juden im Mittelalter von der Nordsee bis zu den Südalpen. Kommentiertes Kartenwerk Bd. 1, (Forschungen zur Geschichte der Juden, Reihe A/14), Hannover 2002, S. 267–74.

Peter Hawel, Das Mönchtum im Abendland. Geschichte, Kultur, Lebensform, Freiburg i. Br. 1993.

Werner Hechberger, Adel im fränkischen Mittelalter. Anatomie eines Forschungsproblems, Ostfildern 2005.

Klaus Herbers, Jakobsweg. Geschichte und Kultur einer Pilgerfahrt, München 2006.

Arno Herzig, Jüdische Geschichte in Deutschland. Von den Anfängen bis zur Gegenwart, ²München 2002.

Jörg K. Hoensch, Die Luxemburger. Eine spätmittelalterliche Dynastie gesamteuropäischer Bedeutung 1308–1437, Stuttgart 2000.

Johan Huizinga, Herbst des Mittelalters. Studien über Lebens- und Geistesformen des 14. und 15. Jahrhunderts in Frankreich und in den Niederlanden, ⁹Stuttgart 1965 (die niederl. Ausgabe letzter Hand erschien 1941).

Andrea v. Hülsen-Esch, Gelehrte im Bild. Repräsentation, Darstellung und Wahrnehmung einer sozialen Gruppe im Mittelalter (Veröffentlichungen des Max-Planck-Instituts für Geschichte 201), Göttingen 2006.

Kurt-Ulrich Jäschke, Europa und das römisch-deutsche Reich um 1300, Stuttgart 1999.

Juden, Christen und Muslime. Religionsdialoge im Mittelalter, hrsg. von Matthias Lutz-Bachmann und Alexander Fidora, Darmstadt 2004.

Bernhard Jussen, Der Name der Witwe. Erkundungen zur Semantik der mittelalterlichen Bußkultur (Veröffentlichungen des Max-Plack-Instituts für Geschichte 158), Göttingen 2000.

Ders. (Hrsg.), Die Macht des Königs. Herrschaft in Europa vom Frühmittelalter bis in die Neuzeit, München 2005.

Ders., Craig Koslofsky (Hg.), Kulturelle Reformation. Sinnformationen im Umbruch 1400–1600 (Veröffentlichungen des Max-Planck-Instituts für Geschichte 145), Göttingen 1999.

Kaiser Karl IV. Staatsmann und Mäzen, hrsg. von Ferdinand Seibt, München 1978.

Ernst H. Kantorowicz, Laudes Regiae. A Study in Liturgical Acclamations and Mediaeval Ruler Worship (Univ. of California Publ. in History 33), Berkeley/Los Angeles 1946.

Ders., Die zwei Körper des Königs. Eine Studie zur politischen Theologie des Mittelalters, Stuttgart 1992 (zuerst engl. 1957).

Ders., Selected Studies, Locust Valley (NY) 1965.

Ders., Götter in Uniform. Studien zur Entwicklung des abendländischen Königtums, Stuttgart 1998.

Hagen Keller, Zwischen regionaler Begrenzung und universalem Horizont. 1024– 1250. Propyläen Geschichte Deutschlands Bd. 2, Berlin 1986.
Ders., Die Ottonen, München 2001.
Max Kerner, Karl der Große. Entschleierung eines Mythos, Köln u. a. 2001.
Christine Klapisch-Zuber, Women, family, and ritual in Renaissance Italy, Chicago 1985.
Geoffrey Koziol, Begging pardon and favor. Ritual and political order in early Medieval France, Ithaca (NY) 1992.
Karl-Friedrich Krieger, Geschichte Englands von den Anfängen bis zum 15. Jahrhundert, 2München 1996.
Ders., Die Habsburger im Mittelalter Von Rudolf I. bis Friedrich III., ²Stuttgart 2004.
Ludolf Kuchenbuch, Bäuerliche Gesellschaft und Klosterherrschaft im 9. Jahrhundert. Studien zur Sozialstruktur der Familia der Abtei Prüm, Wiesbaden 1978.
Ders., Die Grundherrschaft im früheren Mittelalter (Historisches Seminar. Neue Folge 1), Idstein 1991.
Hermann Lange, Römisches Recht im Mittelalter I. Die Glossatoren, München 1997.
Odd Langholm, Economics in the Medieval Schools. Wealth, Exchange, Value, Money and Usury according to the Paris Theological Tradition, 1200–1350, Leiden u. a. 1992.
Jacques LeGoff, Die Geburt des Fegefeuers, Stuttgart 1984 (frz. 1981).
Ders., Die Intellektuellen im Mittelalter. Mit einem Nachwort von Johannes Fried, Stuttgart 2001 (frz. 1957).
Ders., Die Geburt Europas im Mittelalter, München 2004 (frz. 2003).
Ders., Wucherzins und Höllenqualen. Ökonomie und Religion im Mittelalter. Mit einer Einführung von Johannes Fried, Stuttgart 2008 (frz. 1986).
Das Licht der Vernunft. Die Anfänge der Aufklärung im Mittelalter, hrsg. von Kurt Flasch und Udo Reinhold Jeck, München 1997.
Detlef Liebs, Römische Jurisprudenz in Gallien (2. bis 8. Jahrhundert) (Freiburger Rechtsgeschichtliche Abhandlungen NF 38), Berlin 2002.
David C. Lindberg, Auge und Licht im Mittelalter. Die Entwicklung der Optik von Alkindi bis Kepler, Frankfurt am Main 1987 (engl. 1976).
Ders., Von Babylon bis Bestiarium. Die Anfänge des abendländischen Wissens, Stuttgart/Weimar 1994 (engl. 1992).
Lester K. Little, Religious Poverty and the Profit Economy in Medieval Europe, Ithaca, N. Y. 1978.
Karl Löwith, Weltgeschichte und Heilsgeschehen. Die theologischen Voraussetzungen der Geschichtsphilosophie, ⁵Stuttgart 1953 u. ö.
Hubertus Lutterbach, Sexualität im Mittelalter. Eine Kulturstudie anhand von Bußbüchern des 6. bis 12. Jahrhunderts, Köln/Weimar/Wien 1999.
Hans Eberhard Mayer, Geschichte der Kreuzzüge, ¹⁰Stuttgart 2005.
The Medieval World, ed. by Peter Linehan and Janet L. Nelson, London/New York 2001.
Memoria in der Gesellschaft des Mittelalters, hrsg. von Dieter Geuenich und Otto Gerhard Oexle (Veröffentlichungen des Max-Planck-Instituts für Geschichte 111), Göttingen 1994.
Memoria als Kultur, hrsg. von Otto Gerhard Oexle (Veröffentlichungen des Max-Planck-Instituts für Geschichte 121), Göttingen 1995.
Memoria. Erinnern und Vergessen in der Kultur des Mittelalters, hrsg. von Michael Borgolte, Cosimo Damiano Fonseca, Hubert Houben, Bologna 2005.
Jürgen Miethke, De potestate papae. Die päpstliche Amtskompetenz im Widerstreit der politischen Theorie von Thomas von Aquin bis Wilhelm von Ockham (Spätmittelalter und Reformation 16), Tübingen 2000.
Mittelalter, hrsg. von Matthias Meinhardt, Andreas Ranft, Stephan Selzer (Oldenbourg Geschichte Lehrbuch), München 2007.
Michael Mitterauer, Warum Europa. Mittelalterliche Grundlagen eines Sonderwegs, München 2003.

Ders., John Morrissey, Pisa. Seemacht und Kulturmetropole, Essen 2007.
Robert I. Moore, Die erste europäische Revolution. Gesellschaft und Kultur im Hochmittel alter, München 2001 (engl. 2000).
Ders., The Formation of a Persecuting Society. Power and Deviance in Western Europe, 950–1250, ²Oxford 2007.
Peter Moraw, Von offener Verfassung zu gestalteter Verdichtung. Das Reich im späten Mittelalter 1250–1490, Propyläen Geschichte Deutschlands Bd. 3, Berlin 1985.
Colin Morris, The Sepulchre of Christ and the Medieval West From the Beginning to 1600, Oxford 2005.
Ulrich Muhlack, Geschichtswissenschaft im Humanismus und in der Aufklärung. Die Vorgeschichte des Historismus, München 1991.
Ders., Staatensystem und Geschichtsschreibung. Ausgewählte Aufsätze zu Humanismus und Historismus, Absolutismus und Aufklärung, hrsg. von Notker Hammerstein und Gerrit Walther, (Historische Forschungen 83), Berlin 2006.
Marina Münkler, Erfahrung des Fremden. Die Beschreibung Ostasiens in den Augenzeugenberichten des 13. und 14. Jahrhunderts, Berlin 2000.
Alexander Murray, Reason and Society in the Middle Ages, Oxford 1985 (zuerst 1978).
Heinrich Neureither, Das Bild Kaiser Karls IV. in der Zeitgenössischen Französischen Geschichtsschreibung, Diss. Heidelberg 1964.
David Nirenberg, Communities of Violence. Persecution of Minorities in the Middle Ages, Princeton, New Jersey 1996.
August Nitschke, Bewegungen im Mittelalter. Kämpfe, Spiele, Tänze, Zeremoniell und Umgangsformen (Historisches Seminar 2), Düsseldorf 1987.
John Thomas Noonan, Empfängnisverhütung: Geschichte ihrer Beurteilung in der katholischen Theologie und im kanonischen Recht, Mainz 1969 (engl. 1965).
Orientalische Kultur und europäisches Mittelalter, hrsg. von Albert Zimmermann und Ingrid Craemer-Ruegenberg (Miscellanea Mediaevalia 17), Berlin/New York 1985.
Eugen Paul, Geschichte der christlichen Erziehung 1. Antike und Mittelalter, Freiburg i. Br. 1993.
Edward Peters, The Shadow King. *Rex inutilis* in Medieval Law and Literature, 751–1327, New Haven 1970.
J. R. S. Phillips, The Medieval Expansion of Europe, Oxford/New York 1988.
Post-Roman Towns, Trade and Settlement in Europe and Byzantium, ed. by Joachim Henning (Millennium-Studien 5,1–2), 2 Bde, Berlin/New York 2007.
Verena Postel, Die Ursprünge Europas. Migration und Integration im frühen Mittelalter, Stuttgart 2004.
Folker Reichert, Begegnungen mit China. Die Entdeckung Ostasiens im Mittelalter (Beiträge zur Geschichte und Quellenkunde des Mittelalters 15), Sigmaringen 1992.
Wolfgang Reinhard, Geschichte der europäischen Expansion 1. Die Alte Welt bis 1818, Stuttgart 1983.
Frank Rexroth, Das Milieu der Nacht. Obrigkeit und Randgruppen im spätmittelalterlichen London, Göttingen 1999.
Susan Reynolds, Fiefs and Vassals. The Medieval Evidence Reinterpreted, Oxford 1994.
Die Welt der Rituale. Von der Antike bis heute, hrsg. von Claus Ambos u. a., Darmstadt 2005.
Werner Rösener, Die Bauern in der europäischen Geschichte, München 1993.
Ders., Einführung in die Agrargeschichte, Darmstadt 1997.
Miri Rubin, Corpus Christi. The Eucharistic in Late Medieval Culture, Cambridge 1991.
Kurt Ruh, Geschichte der abendländischen Mystik, 5 Bde, München 1990–99.
George Saliba, Science and the Making of the European Renaissance, Cambridge (Mass.) 2007.
Salisches Kaisertum und neues Europa. Die Zeit Heinrichs IV. und Heinrichs V., hrsg. von Bernd Schneidmüller und Stefan Weinfurter, Darmstadt 2007.
Rudolf Schieffer, Die Karolinger, ⁴Stuttgart 2006.

Bernhard Schimmelpfennig, Das Papsttum Von der Antike bis zur Renaissance, ^{5}Darmstadt 2007.

Leonhard Schmeiser, Die Erfindung der Zentralperspektive und die Entstehung der neuzeitlichen Wissenschaft, München 2002.

Felicitas Schmieder, Europa und die Fremden. Die Mongolen im Urteil des Abendlandes vom 13. bis in das 15. Jahrhundert (Beiträge zur Geschichte und Quellenkunde des Mittelalters 16), Sigmaringen 1994.

Jean-Claude Schmitt, La raison de gestes dans l' Occident médiéval, Paris 1990.

Ludwig Schmugge, Kirche, Kinder, Karrieren. Päpstliche Dispense von der unehelichen Geburt im Spätmittelalter, Zürich 1995.

Bernd Schneidmüller, Die Welfen. Herrschaft und Erinnerung, Stuttgart 2000.

Ders., Die Kaiser des Mittelalters. Von Karl dem Großen bis Maximilian I., München 2006.

Klaus Schreiner, Maria. Jungfrau, Mutter, Herrscherin, München/Wien 1994.

Peter Schuster, Der gelobte Frieden. Täter, Opfer und Herrschaft im spätmittelalterlichen Konstanz, Konstanz 1995.

Shulamith Shahar, Kindheit im Mittelalter, München 1991 (hebr. 1990).

Harald Siems, Handel und Wucher im Spiegel frühmittelalterlicher Rechtsquellen (MGH Schriften 35), Hannover 1992.

Wolfram von den Steinen, Homo caelestis. Das Wort der Kunst im Mittelalter, 2 Bde., Bern 1965.

Edmund E. Stengel, Die Entwicklung des Kaiserprivilegs für die römische Kirche 817–962. Ein Beitrag zur ältesten Geschichte des Kirchenstaats, in: Ders., Abhandlungen und Untersuchungen zur mittelalterlichen Geschichte, Köln/Graz 1960, S. 218–48.

Brian Stock, The Implications of Literacy. Written Language and Models of Interpretation in the Eleventh and Twelfth Centuries, Princeton, N. J. 1983.

Wolfgang von Stromer, Oberdeutsche Hochfinanz 1350–1450 (Vierteljahrsschrift für Sozial- und Wirtschaftsgeschichte Beihefт 55–57), Wiesbaden 1970.

Ders., Bernardus Teotonicus e i rapporti commerciali tra la Germania Meridionale e Venezia prima della istituzione del Fondaco dei Tedeschi (Centro Tedesco di Studi Veneziani. Quaderni 8), Stuttgart 1998.

Wolfgang Stürner, Friedrich II., 2 Bde, Darmstadt 1992–2000.

Loris Sturlese, Die deutsche Philosophie im Mittelalter. Von Bonifatius bis zu Albert dem Großen 748–1280, München 1993.

Robert Suckale, Kunst in Deutschland von Karl dem Großen bis Heute, Köln 1998.

Europäische Technik im Mittelalter. Tradition und Innovation, hrsg. von Uta Lindgren, Berlin 1996.

Tod im Mittelalter, hrsg. von Arno Borst u. a. (Konstanzer Bibliothek 20), Konstanz 1993.

Geschichte der Universität in Europa, hrsg. von Walter Rüegg. Bd. 1 Mittelalter, München 1993.

Devotio Moderna. Basic Writings, Transl. and Introduced by John Van Engen, New York/Mahwah 1988.

Ludwig Vones, Geschichte der Iberischen Halbinsel im Mittelalter 711–1480. Reiche – Kronen – Regionen, Sigmaringen 1993.

David Wasserstein, The Rise and Fall of the Party-Kings. Politics and Society in Islamic Spain, 1002–1066, Princeton, N. J. 1985.

Horst Wenzel, Hören und Sehen – Schrift und Bild. Kultur und Gedächtnis im Mittelalter, München 1995.

Joachim Wollasch, Cluny. Licht der Welt. Aufstieg und Niedergang der klösterlichen Gemeinschaft, Zürich 1996.

Yosef Hayim Yerushalmi, Zachor: erinnere Dich! Jüdische Geschichte und jüdisches Gedächtnis, Berlin 1988 (engl. 1982).

Ernst Zinner, Entstehung und Ausbreitung der copernicanischen Lehre. Hrsg. Und ergänzt von Heribert M. Nobis und Felix Schmeidler, ^{2}München 1988.

缩略语

Cod. Car.	Codex Carolinus
DA	Deutsches Archiv für Erforschung des Mittelalters
HZ	Historische Zeitschrift
LexMA	Lexikon des Mittelalters
MGH	Monumenta Germaniae Historica

各版本缩略如下：

Capit.	Capitularia regum Francorum
Conc.	Concilia
Const.	Constitutiones et acta publica imperatorum et regum
Epp.	Epistolae
Epp. sel.	Epistolae selectae
LdL	Libelli de lite imperatorum et pontificum
SS	Scriptores
SS rer.	Germ.Scriptores rerum Germanicarum in usum scholarum separatim editi
SS rer. Germ.	NS Scriptores rerum Germanicarum, Nova series
Migne PL	(Migne) Patrologia Latina
QFIAB	Quellen und Forschungen aus italienischen Archiven und Bibliotheken
Reg. Imp.	Regesta Imperii
VSWG Beihefte	Vierteljahrschrift für Sozial- und Wirtschaftsgeschichte Beihefte
ZRG	Zeitschrift der Savigny-Stiftung für Rechtsgeschichte
Germ.	Germanistische Abteilung
Kan.	Kanonistische Abteilung

出版后记

欧洲"中世纪"是什么样的时代？王侯争斗、宫廷传奇、战争风云、骑士浪漫、宗教愚昧……相比于古典的辉煌、近代的热闹繁华，在许多读者心中，它昏暗而神秘，附会了许多奇异想象。近年来国内的中世纪史图书层出不穷，本内特、蒂尔尼、勒高夫、福西耶等史家中世纪通史著作，还有关于王侯、骑士、艺术、哲学的专门作品，拨开迷雾，助我们了解中世纪之面貌。

而如何理解中世纪？这或许值得我们仔细琢磨。德国史学家约翰内斯·弗里德教授的这部著作，试图论证一个问题：看似黑暗愚昧的中世纪，如何能孕育出近代欧洲的理性、人文、商业和开辟新世界的闯劲？弗里德并不满足于史实叙写编排，可谓放眼于历史结构，思考其走向和意义，以作通论。此著横跨千年，力图将有血有肉的人物形象与时代大势结合起来。从一个个王侯、学者、神父、传教士、艺术家或冒险的商人身上，我们看到权力结构的变化，教权与王权的相互影响，末日期待成就了宗教虔诚，古典文化从未断绝，十字军和商贸带来陌生世界的知识，罗马法和理性文化逐渐复兴。

罗马帝国虽然衰亡，但中世纪的人们并未忘记日夜期盼新罗马的皇冠与古典的文化，就和期盼基督再临审判世界一样。相信这部充满有趣细节的中世纪史著，能引发读者更多地思考，如何破开偏见和印象的遮蔽，看清历史的本来面目。

图书在版编目（CIP）数据

中世纪历史与文化 / (德) 约翰内斯·弗里德著；李文丹, 谢娟译. — 北京：九州出版社, 2020.9（2023.7重印）
ISBN 978-7-5108-9179-3

Ⅰ. ①中… Ⅱ. ①约… ②李… ③谢… Ⅲ. ①欧洲—中世纪史 Ⅳ. ①K503

中国版本图书馆CIP数据核字(2020)第101859号

Das Mittelalter: Geschichte und Kultur by Johannes Fried
© Verlag C. H. Beck oHG, München 2009

著作权合同登记号：01-2020-4070

中世纪历史与文化

作　　者	［德］约翰内斯·弗里德 著　李文丹　谢　娟 译
责任编辑	李文君
出版发行	九州出版社
地　　址	北京市西城区阜外大街甲35号（100037）
发行电话	（010）68992190/3/5/6
网　　址	www.jiuzhoupress.com
印　　刷	天津雅图印刷有限公司
开　　本	655 毫米×1000 毫米　16 开
印　　张	30.5
字　　数	453 千字
版　　次	2020 年 9 月第 1 版
印　　次	2023 年 7 月第 5 次印刷
书　　号	ISBN 978-7-5108-9179-3
定　　价	99.80元

★ 版权所有　侵权必究 ★